汉译世界学术名著丛书

斯特拉博地理学

下 册

〔古希腊〕斯特拉博 著

李铁匠 译

商务印书馆
The Commercial Press

下 册 目 录

第十四卷　爱奥尼亚、卡里亚、潘菲利亚、西里西亚

第一章　爱奥尼亚 ………………………………………………… 1185

第二章　卡里亚 …………………………………………………… 1216

第三章　吕西亚 …………………………………………………… 1238

第四章　潘菲利亚 ………………………………………………… 1244

第五章　西里西亚 ………………………………………………… 1246

第六章　塞浦路斯 ………………………………………………… 1267

第十五卷　印度、阿里亚纳、波斯

第一章　印度、基本地理、动物、人民 ………………………… 1275

第二章　阿里亚纳、格德罗西亚和卡尔马尼亚 ………………… 1324

第三章　波斯本土 ………………………………………………… 1335

第十六卷　亚述、巴比伦、美索不达米亚、
叙利亚、腓尼基、犹太、阿拉伯

第一章　莱夫卡尼亚 ……………………………………………… 1351

第二章 叙利亚——科马吉尼、叙利亚本土、塞琉西亚、
犹太和腓尼基 ························· 1369

第三章 波斯湾和红海等地 ··················· 1394

第四章 阿拉比亚 ······················· 1398

第十七卷 埃及、埃塞俄比亚、利比亚

第一章 埃及和埃塞俄比亚（上）············· 1427

第二章 埃及和埃塞俄比亚（下）············· 1480

第三章 利比亚（北非）··················· 1486

《斯特拉博地理学》早期的抄本和译本 ········· 1509

古代希腊、罗马、波斯等国度量衡和货币单位 ····· 1512

参考文献 ··························· 1514

专用名词一览表 ······················ 1515

附录 ····························· 1671

第十四卷

爱奥尼亚、卡里亚、潘菲利亚、西里西亚

第一章　爱奥尼亚

1. 接下来我要说的是爱奥尼亚人、卡里亚人和托罗斯山脉那边的沿海地区，这里居住着吕西亚人、潘菲利亚人和西里西亚人。我将这样结束我对整个半岛和地峡的叙述，正如我先前说过的那样，这条地峡是由攸克辛海进入伊苏斯海的道路。

2. 爱奥尼亚周边的海路大约是 3430 斯塔德。这段航程这么长，是因为这些海湾和这个地区是由不平常的半岛所造成的，越过这个地峡的直线距离实际上是不长的。例如，从以弗所前往士麦拿旅行，直线距离只有 320 斯塔德，因为到梅特罗波利斯的距离为 120 斯塔德，剩下的是到士麦拿的距离，但这两个城市之间沿岸的航程，长度超过了 2200 斯塔德。因此，爱奥尼亚海岸的界线从米利都人的波塞迪乌姆和卡里亚人的边界开始，直到福西亚和赫尔姆斯河，后者是爱奥尼亚海岸的终点。

3. 菲勒塞德斯谈到这条海岸线时说，从前卡里亚人统治着米利都、米乌斯、米卡利和以弗所（Ephesus）周边地区。紧接着这条海岸线之后直到福西亚、希俄斯和萨摩斯，由勒勒吉人的国王安凯厄斯（Ancaeus）统治着。但两者都被爱奥尼亚人驱赶出去，逃往卡里亚残存的地方躲避。他说，雅典国王科德鲁斯合法的儿子安德洛克卢斯是爱奥尼亚移民运动的领导人。这个移民运动比埃奥利斯人移民运动晚，他因此成了以弗所的奠基人；据说由于这个原因，以弗所成了爱奥尼亚人的王都。直到现在，他家族的后裔仍然被称为国王；他们享有某些荣誉，如在运动会中坐在前排的座位上，穿着象征王族的紫色长袍，以权标代替王杖，主持祭祀埃莱夫西斯的得墨忒耳的宗教仪式。米利都是皮卢斯人内莱乌斯建立的。麦西尼亚人和皮卢斯人自称彼此有某种亲缘关系，根据这种说法，现代作家把涅斯托尔称为麦西尼亚人；他们认为有许多皮卢斯人与科德鲁斯之父米兰图斯，还有他的追随者移居到雅典，所有这些人和爱奥尼亚人共同进行移民运动。这里有一座内莱乌斯建立的神坛，位于波塞迪乌姆角；米乌斯是科德鲁斯的私生子基德雷卢斯建立的；莱贝图斯是统治阿尔提斯的安德洛庞普斯建立的；根据米姆奈尔姆斯（Mimnermus）在其著作《南诺》之中所说，[①] 科洛封是皮卢斯人安德雷蒙建立的；普里恩是内莱乌斯之子埃皮图斯建立的，后来菲洛塔斯又从底比斯带来移民开发；特奥斯最早是阿萨马斯建立的，因为这个原因，阿纳克雷翁把它称为阿萨曼提斯。在爱奥尼亚移民运动时期，领导者是科德鲁斯的私生子诺克卢斯，然后是阿波库斯和达马苏斯，他们都是雅典人，而格雷斯是维奥蒂亚人；埃利色雷是克诺普斯建立的，他也是科德鲁斯的私生子；福西亚是菲洛格尼斯领导的雅典人建立的；克拉佐梅尼是帕拉卢斯建立的；希俄斯是埃格提乌斯建立的，他带来了一群混杂的移民；最后是萨摩斯，它起初是滕布里昂建立的，后来是普罗克利斯。

---

① 米姆奈尔姆斯，《残篇》，10，贝克。

第一章　爱奥尼亚　　　*1187*

4. 这是 12 座爱奥尼亚人的城市，后来又增加了士麦拿，它是被以弗所人拉进爱奥尼亚联盟的；因为在古代以弗所人是士麦拿人同乡，那时候以弗所就叫做士麦拿。卡利努斯在有些地方就这样称呼它，他在一篇献给宙斯的祈祷文之中，就把以弗所人称为士麦拿人：

　　　　请饶恕士麦拿人吧。

在另一个地方他又说：

　　　　记住，士麦拿人在给你献燔祭的时候，
　　　　任何时候献的都是犍牛最好的部位。

　　　　　　　　　　　　　　　　　　（《残篇》，2，贝克）

士麦拿是以弗所统治者亚马孙人的城市，因此居民和城市都得名于它；就好像以弗所有部分居民因为西西尔贝而被称为西西尔贝人一样。正如希波纳克斯（Hipponax）明确指出的那样，还有某个属于以弗所的地方也叫做士麦拿：

　　　　他居住在城市后面的士麦拿境内，
　　　　位于特拉吉亚和勒普拉·阿克特之间。

　　　　　　　　　　　　　　　　　　（《残篇》，44，贝克）

因为勒普拉·阿克特从前被称为普里昂山脉，它位于现在的城市之

后，支撑起了城市的部分城墙。无论如何，普里昂之后的领土现在称
为"在俄皮斯托勒普拉"的领土。[①] 而科雷苏斯山脉周围的山麓地区
被称为"特拉吉亚"。[②] 在古代，这座城市位于雅典娜神庙附近，它现
在位于城市外面希佩劳斯附近。因此，士麦拿位于现在的城市之后、
体育馆附近，特拉吉亚和勒普拉·阿克特之间。士麦拿人与以弗所人
分开之后，他们前往过去被勒勒吉人占领的、现在被称为士麦拿的地
方远征。他们把勒勒吉人赶走了，建立了老士麦拿，它距离今士麦拿
大约20斯塔德。但是，他们后来又被埃奥利斯人赶走了，逃往科洛
封避难。然后，他们和科洛封人一起回到自己的土地，夺回了城市。
正如米姆奈尔姆斯在其著作《南诺》之中所说的那样，士麦拿一直是
一个争夺的对象：

> 我们离开内莱乌斯险峻的城市皮卢斯之后，
> 乘船来到了可爱的亚细亚沿岸，
> 以超人的力量定居在亲爱的科洛封，
> 我们以积极的进取精神寻找新的家园，
> 从这里，从阿斯提斯河出发，
> 按照神意占领了埃奥利斯的士麦拿。

（《残篇》，9，贝克）

关于这个问题的资料就是这么多。但是，我必须从最重要的地方开

---

① 即"在勒普拉之后的"地区。
② "不平的"或"多岩石的"地区。

第一章　爱奥尼亚　　　*1189*

始，更加详细地叙述几个地方。这些地方都是最早建立的，这就是米利都和以弗所周围的地方，因为这些是最好的和最著名的城市。

5. 在米利都人的波塞迪乌姆角之后，向内地前进18斯塔德是布兰奇代人狄杜马城的阿波罗神谕所。[1]除了以弗所的神庙之外，它和其他的神庙一起都被薛西斯放火烧毁了。布兰奇代人把神庙的宝库交给波斯国王，并且和国王一起逃走了，以逃避由于抢劫和背叛神庙所遭到的惩罚。但是，后来米利都人建立了世界上最宏伟的神庙，由于神庙过于宏伟，它一直没有屋顶。无论如何，这个神庙的面积足以容纳一个村庄；在神庙范围的里里外外，有一片巨大的圣树林，另一片圣地包括一座神谕所和一座神庙。这里是有关布兰库斯和阿波罗爱情神话故事发生的地方。神庙装点着许多贵重的献祭品，这些都是古代的工艺品。从这里前往城市，无论是走陆路还是海路，都有一段不长的路程。

6. 埃福罗斯说米利都是克里特人在海岸之后最早建立的设防城市。古代米利都就在它现在的地方，它是萨耳珀冬率领克里特的米利都移民开拓的，并且用那个米利都为这座城市命名。这个地方原先是勒勒吉人占领的；后来，内莱乌斯及追随者为现在的城市建立了要塞。现在，这座城市有四个港口，其中最大的一个可以停泊整个舰队。这个城市取得了许多成就，但最大的成就是建立了许多殖民地；这些人在攸克辛海各地，还有普罗庞提斯海和其他几个地方进行殖民活动。无论如何，兰普萨库斯的阿纳克西梅涅斯认为米利都人开垦了伊卡鲁斯岛，还有赫勒斯滂海附近

---

①　即在狄杜马（希罗多德，I，46；V，36；VI，19）。

切尔松尼斯的利姆内城、亚细亚的阿拜多斯、阿里斯巴和培苏斯，
基齐库斯岛上的阿尔塔塞和基奇库斯；特洛阿德内地的锡普西斯。
但是，对于他所忽略的城市，我已经详细地叙述到了。无论是米
利都人还是提洛岛人，都把阿波罗称为 Ulius，意为"健康之神"，
因为动词 ulein 就有"健康"之意；因此，名词 ule[①] 的问候语就是
"祝你健康和快乐"；由于阿波罗是健康之神，阿尔忒弥斯得名于
她能够使人"健康而不受损害"。[②]赫利乌斯和塞勒涅也和这些神
紧密相连，因为他们是空气之神。瘟疫和突然死亡都归这些神祇
控制。

7. 米利都人之中著名的人物有：希腊七贤之一泰勒斯，他是
希腊人之中最早开始研究自然哲学和数学的人。他的弟子有阿那
克西曼德，后者的弟子有阿纳克西梅涅斯和《历史》的作者赫卡
泰奥斯、现代演说家埃斯奇涅斯，由于后者在大庞培面前说话随
便，毫无拘束，现在仍然在流放之中。这座城市由于关紧城门反
抗亚历山大而被武力占领，遭到了大灾难；哈利卡纳苏斯也遭到
了同样的命运，在此之前它就被波斯人占领了。卡利斯提尼斯认
为雅典人惩罚悲剧诗人弗里尼库斯（Phrynichus）1000 德拉克马，
是因为他创作了剧本《大流士攻占米利都》。拉德岛在米利都前
面，还有许多小岛在特拉盖伊港附近，这个港口是海盗停船之处。

8. 接下来是拉特姆斯湾，海湾旁有"拉特姆斯山下的赫拉克
利亚"，这座小城有一个锚地。它最初与小城之后的山脉名字相

---

① "愈合的伤口"或"疤痕"。

② Artemeas.

同，叫做拉特姆斯。根据赫卡泰奥斯的意见，它与诗人提到的"弗提雷斯人的山脉"[1] 是同一座山脉（因为他认为弗提雷斯人的山脉就在拉特姆斯的之后）。但是，有些人认为它是格里乌姆山脉，它大致与拉特姆斯山脉平行，从米利都地区向东经过卡里亚一直延伸到欧罗姆斯和卡尔西托雷斯。这座山脉位于赫拉克利亚的后方，可以看到它。在距离格里乌姆不远之处，渡过拉特姆斯附近的小河，可以看到洞穴中的恩迪米昂圣体安放所。然后，从赫拉克利亚到达小城皮拉，航程大约是 100 斯塔德。

9. 但是，从米利都到赫拉克利亚，包括各个海湾的弯曲之处，航程略超过 100 斯塔德，虽然从米利都到皮拉沿着海岸笔直走，航程就只有 30 斯塔德这么多。但是，如果去一些著名的地方，读者们就必须忍受类似干旱地区的折磨。

10. 从皮拉前往迈安德河口地区，距离为 50 斯塔德，这个地方由浅滩和沼泽地区组成，乘坐小船为 30 斯塔德。然后到达 12 座爱奥尼亚城市之一的米乌斯城，由于它人口稀少，现在被合并到了米利都城。据说薛西斯把这座城市赐给了地米斯托克利，为他提供鱼类；马格尼西亚为他提供面包，兰普萨库斯为他提供葡萄酒。

11. 由此再走 4 斯塔德，到达卡里亚人的一座村庄辛布里亚，在它附近有一个神圣的奥尔努姆洞穴，又称查罗尼乌姆洞穴，因为它喷出致命的水汽。在它之后是迈安德河畔的马格尼西亚，这是从色萨利来的马格尼西亚人和克里特人的殖民地。

---

① 《伊利亚特》，II，868。

1192　　第十四卷　爱奥尼亚、卡里亚、潘菲利亚、西里西亚

12. 在迈安德河口之后就是普里恩的海岸线，海岸线上方是普里恩城和米卡利山，这座山上有许多野兽和树木，它位于萨摩斯地区附近，并且和它一起在那边形成了特罗吉利角，还有一条 7 斯塔德宽的海峡。有些作家把普里恩称为卡德梅，因为它的奠基人菲洛塔斯是维奥蒂亚人。希腊七贤之一比亚斯（Bias）是普里恩本地人，希波纳克斯这样说到他：

> 在打官司方面，没有人能够胜过普里恩人比亚斯。
>
> （《残篇》，79，贝克）

13. 特罗吉利角之外有一个名字相同的小岛。从那里到苏尼乌姆角最短的路程是 1600 斯塔德；在这段航程中，在右边最先到的是萨摩斯、伊卡里亚和科尔西亚；在左边是米利都的暗礁；剩余的航程要通过基克拉泽斯群岛的中间。特罗吉利角本身类似米卡利山的支脉。紧挨着米卡利，在以弗所境内还有另外一座帕克提山，一直延伸到梅索吉斯山。

14. 从特罗吉利角到萨摩斯距离是 40 斯塔德。萨摩斯和它的海港和军港面朝南方，城市的大部分位于平地上，沐浴着大海的波涛，但是有一部分延伸到它后方的山区。如果从右边乘船来这座城市，可以看到波塞迪乌姆角。这个海角与米卡利山一起形成了一条 7 斯塔德宽的海峡，它有一座波塞冬神庙。在海角的前面有一座纳尔西奇斯岛。在左边赫拉神庙附近是郊区和伊姆布拉苏斯河，赫拉神庙由一座古代的神庙和一个巨大的圣所组成，这个圣所后来成了一个收藏绘画的仓库。除了收藏绘画之外，这里还收

第一章 爱奥尼亚 *1193*

藏着献祭的绘画，还有一些小神庙收藏着许多古代艺术珍品。神庙是开放的，它同样还收藏着许多精美的雕像。在这些雕像之中，有三个巨大的雕像是米隆的作品，立在一个底座上。安东尼把这些雕像抢走了，奥古斯都·凯撒下令把两座雕像归还原来的地方，它们是雅典娜和赫拉克勒斯的雕像；但是，他把宙斯的雕像搬到了朱庇特神庙，并且在那里为这座雕像建立了一个小收藏室。

15. 萨摩斯人的岛屿周长是 600 斯塔德。在古代，这里居住着卡里亚人，海岛被称为帕西尼亚，后来又被称为安提米斯、墨兰皮卢斯，然后才是萨摩斯。它可能是得名于本地某个英雄人物，也可能是得名于某个从伊萨卡或凯法莱尼亚岛来到这里的殖民者。萨摩斯的安培鲁斯角几乎对着伊卡里亚的德雷帕努姆角，但整座山使这个海岛变成了一座多山的海岛，名字也与这座山相同。这座海岛不出产优良的葡萄酒，但周围所有海岛都出产优良的葡萄酒，例如希俄斯岛、莱斯沃斯岛和科斯岛。以弗所和梅特罗波利斯的葡萄酒确实是优质葡萄酒；而且，梅索吉斯山、特莫卢斯山、卡塔塞考梅内地区、尼多斯城、士麦拿和一些不大出名的地方也出产质量非常好的葡萄酒，它们或者是口味很好，或者是有治疗疾病的作用。在葡萄酒方面，萨摩斯不太走运，但在其他方面它是最好的地方，有一个事实可以清楚地证明这一点，即它是战争所争夺的对象。还有一个事实也可以说明这一点，即有些人毫不犹豫地使用一个谚语来赞美他，"它那里甚至出产鸟奶"，就像米南德夸奖某个地方一样。这种海岛的环境是他们实行僭主政治的原因，也是他们仇恨雅典人的原因。

16. 僭主政治在波利克拉特斯（Polycrates）与其兄弟西洛松

（Syloson）的时期达到了极盛时期。波利克拉特斯是一个非常聪明的人，既有极好的运气，又有天生的才能，他甚至统治了大海；为了证明他的运气，[①] 他故意把自己镶有贵重宝石、雕刻精美的戒指投入大海之中，不久之后，有个渔夫送给他一条吞食了戒指的鱼；当这条鱼被剖开之后，发现了那个戒指。据说埃及国王知道这件事情之后，预言一个如此成功的人，很快就将不幸的死去。这件事情还真的发生了，他因为背叛波斯总督而被逮捕和绞死了。抒情诗人阿纳克雷翁和波利克拉特斯关系非常友好，他的诗歌充满了对波利克拉特斯的赞美。据说他在位时期，毕达哥拉斯眼看着僭主的势力日益加强，由于热爱知识，他离开这座城市去了埃及和巴比伦。他回到这里的时候，看到僭主势力仍然存在，他又乘船去了意大利，在那里一直住到去世。关于波利克拉特斯的情况就说这么多了。

17. 至于西洛松的情况，他的哥哥让他当了一个公民。但是，他曾经送给希斯塔斯普之子大流士一件长袍，因为大流士看上了他穿着的这件长袍并且希望能够得到它，从而使大流士感到高兴。那时大流士还不是国王，但是，大流士成了国王之后，西洛松收到了回礼，担任萨摩斯的僭主。但是，他的统治时期非常艰难，因为这座城市人口减少了很多，并且由此而产生了一个谚语：

拜西洛松所赐，这里有这么多空地。

---

① 希罗多德，Ⅲ，40—43，120，125。

第一章　爱奥尼亚　　**1195**

18. 雅典人首先派将军伯里克利和诗人索福克勒斯进攻不听话的萨摩斯人，用包围的办法使他们陷入困境。后来，他们从自己人之中挑选了 2000 名移民派往岛上，其中就有哲学家伊壁鸠鲁之父尼奥克利斯，据说他是一名学校教师。实际上，伊壁鸠鲁据说是在这里和特奥斯成长，后来成为了雅典公民。[①] 而喜剧诗人米南德也在同一个时期成了公民。克雷奥菲卢斯也是萨摩斯人，据说他曾经款待过荷马，并且获得了他赠送的《攻占俄查里亚》诗歌手稿作为礼物。但是，卡利马科斯在他的诗歌之中，明确地反对克雷奥菲卢斯（Creophylus）说他曾经款待过荷马的说法：

> 有一个萨摩斯人杜撰说他曾经在家里
> 款待过神圣的荷马，我为欧律托斯和金色
> 头发的约利亚所遭受的一切痛苦而悲哀，
> 我读过荷马的作品。尊敬的宙斯，
> 这就是克雷奥菲卢斯的丰功伟绩。

有些人认为克雷奥菲卢斯是荷马的老师，其他人则认为不是他，而是普罗康内斯人阿里斯蒂斯。

19. 与萨摩斯并排的是伊卡里亚岛，伊卡里亚海得名于这座岛屿，而这座海岛本身则得名于代达罗斯之子伊卡鲁斯（Icarus）。据说他和父亲一起逃走，迷失了方向，从克里特用翅膀飞到了这里；据说他们飞得离太阳很近，他们的翅膀掉下来了，因为这是

---

① 雅典的年轻人达到 18 岁之后，必须经过检查之后才能成为公民。

用蜡粘起来的。这个海岛周长300斯塔德，它没有港口，但有几个锚地，其中最重要的是西斯提锚地，这是个向西部延伸的海角。这里还有一座海岛和一座阿尔忒弥斯神庙，名叫陶罗波里乌姆，还有一座小城俄诺；还有另外一座小城德拉卡努姆，它与附近的海角名字相同，在海角附近有一个锚地，这个海角距离萨摩斯人的坎萨里乌斯角80斯塔德，这是两个海角之间最短的距离。现在，有的海岛上有了一些居民，他们大多是放牧牲口的萨摩斯人。

20. 如果乘船前往以弗所，在米卡利山附近的萨摩斯海峡之后，在它的右边是以弗所人的海岸线。这条海岸线有一部分是由萨摩斯人统治着。海岸线上第一个地方是泛爱奥尼乌姆，位于海岸线之后3斯塔德，那里举行爱奥尼亚人的泛爱奥尼亚共同节日活动，并且向赫利孔的波塞冬神庙献祭；普里恩人担任这种献祭仪式的祭司，关于他们的情况，我在叙述伯罗奔尼撒半岛时已经说过了。然后是奈阿波利斯，它在古代属于以弗所人，现在属于萨摩斯人，他们用马拉塞西乌姆交换这座城市，用一个更远的地方换取了一个更近的地方。然后到达一座小城皮格拉，这座城市有一座姆尼恰的阿尔忒弥斯神庙，它是阿伽门农和其军队中部分定居在这里的人建立的；据说他的士兵之中有些人饱受屁股糜烂之害，并且因此被称为"烂屁股"。[①]他们居住在这里，遭受着疾病的折磨，这个地方也就得到了这样恰当的名字。然后到达了帕诺姆斯港，它有一座以弗所人的阿尔忒弥斯神庙，然后到达以弗所城。在同一条海岸线上，略微在海岸线之后，有一个地方名叫

————————

① 希腊语称 Pygalgia。

奥尔提吉亚，它是一个著名的公园，有许多各种各样的树木，大多数是柏树。森契里乌斯河流过这个公园，据说勒托在分娩之后，曾经在这条河中洗澡。由于这里是分娩和保姆奥尔提吉亚神话故事发生的地方，它也是女神分娩和分娩之后在橄榄树之下休息的神圣地方。在这个公园之后是索尔米苏斯山，据说库雷特人在这里安营，并且用自己的武器吓唬嫉妒勒托的赫拉，帮助勒托藏匿了自己的子女。这个地方有几座神庙，一些是古代的，一些是近代建造的；古代的神庙有许多木质的雕像，近代的神庙有斯科帕斯的作品，例如勒托手持权杖、姆奥尔提吉亚两只胳膊各抱着一个小孩站立在她身旁的雕像。这里每年举行一次共同的节日庆典活动；有一个风俗习惯是年轻人竞争荣誉，特别是竞争宴会的豪华。那时库雷特人的特殊社团还举行宴会和某些秘密的献祭仪式。

21. 以弗所城先前居住着卡里亚人和勒勒吉人，但安德洛克卢斯把他们赶走了。他占领了科雷苏斯山麓部分地区之后，把那些与他一起到这里来的人大多安置在雅典娜尼乌姆和希佩劳斯周围。直到克罗伊斯时期，以弗所的居民还是这些人。但后来山区居民移居到了现在的神庙的周围，这种情况一直延续到亚历山大时期。利西马库斯为现在的城市建筑了城墙，但居民们并不乐意搬到城里去居住。因此，他等到天降大雨的时候，为了加强洪水的威力，他下令堵塞下水道，使城市一片汪洋，然后居民才高高兴兴地搬家。他以自己的妻子阿尔西诺伊之名命名这座城市，但原来的名字更流行。城市有一个元老院负责征兵，与他们有关的是所谓的埃皮克来提（Epicleti），他们负责管理城市的一切事务。

22. 阿尔忒弥斯神庙第一位建筑师是切尔西弗隆，后来又有一个人把它扩建了，但神庙后来被某个叫赫罗斯特拉图斯的人放火烧毁了。市民们为此募集妇女的首饰和自己私人的财产，出售了原先的神庙石柱，建造了一座更好的神庙。这件事情的证据是当时发布的命令。根据阿尔特米多鲁斯所说，陶罗梅尼乌姆的提迈乌斯不知道这些命令，出于嫉妒和毁谤（因此他被人称为埃皮提梅乌斯），[①] 坚持说以弗所人重建神庙使用的是波斯人存放在国库之中委托他们管理的资金；但那时这里没有委托他们管理存放资金的国库，即使这里有国库，它们也随着神庙一起被火烧毁了。在火灾之后，神庙的屋顶被破坏了，谁敢在光天化日之下拿走存放在圣地之中的国库金钱？阿尔特米多鲁斯补充说，亚历山大答应为以弗所人支付所有的花销，无论是过去的，还是将来的，条件是在铭文之中必须提到他的功绩。但是，以弗所人没有同意，因为他们不愿意背上亵渎神圣和掠夺神庙的臭名。阿尔特米多鲁斯赞扬他们对国王所作的答复，[②] 这就是一位神向众神奉献祭品是不合时仪的。

23. 根据阿尔特米多鲁斯所说，在神庙建筑工程完成之后，切罗克拉特斯 [③] 的工程也完工了（这个人建设了亚历山大城，他还建议亚历山大把圣山改造成自己的形象，为了体现国王正在从水罐之中把酒倒入宽口大碗奠酒，必须建立两座城市，一座在山的右边，另一座在左边，还要有一条河流从这个城市流到那个城市）——他说，在神庙竣工之后，收到了当地艺术家奉献的大量

---

① 造谣污蔑者、毁谤者。

② 向亚历山大。

③ 取代马其顿建筑师戴诺克拉特斯显然是错误的（维特鲁威，1.1.4）。

作品，以表达他们对神庙高度崇敬之心，那时整个神坛可以说挂满了普拉克西特列斯的作品。他们还让我看了斯拉松的某些作品，他创作了赫卡特的雕像、珀涅罗珀的蜡像、老妇人欧里克利亚的蜡像。他们使用阉人做祭司，并且把这种人叫做梅加比齐。以弗所人经常从外地邀请从事这种高级职务的人，并且给予他们崇高的荣誉。他们必须与还是处女的女祭司在一起履行祭司的职务。不过，他们的习惯做法现在只有一些保留下来了，其他的则不再使用；尽管避难的地方界限经常改变，这个神庙像古代一样保留了一个避难的地方；[①] 例如，亚历山大把避难的地方扩大到 1 斯塔德，米特拉达梯则从屋顶的角上射出一支箭，并且认为箭飞出去的长度要略微超过 1 斯塔德，安东尼则把这个长度扩大了两倍，把城市的一部分也包括进了避难的地方之内。但是，避难的地方这样大，证明是有害的，因为它把城市交到了犯罪分子手中。因此，它被奥古斯都·凯撒宣布无效了。

24. 这座城市既有兵工厂，又有港口。港口的出入口处被设计师做得很狭窄，但他们和命令他们这样做的国王（阿塔罗斯二世·费拉德尔夫斯）都错了；因为他认为进出口很深，足以供大商船进出——而港口本身先前是个浅滩，这是由凯斯特河带来的淤泥形成的——即使在进出口处修筑一道防波堤，它仍然非常宽，因此国王下令修筑一道防波堤。但结果适得其反，因为淤泥被阻在防波堤之内，使整个港口和出入口越来越浅。在此之前，大海的涨潮和退潮还可以使淤泥减少，把它们带入外海。这个港口的

---

① 为罪犯和逃亡奴隶设立的。

情况就是这样。至于这座城市，由于它在其各个方面的优越地理位置，正在日益发展，它现在是托罗斯山脉这边亚细亚行省最大的商业中心。

25. 这座城市出生的著名人物有：古代有绰号为模糊不清的赫拉克利特、赫莫多鲁斯（Hermodorus）。关于后者，赫拉克利特本人说，"所有以弗所人，凡是把本国最有本事的人赫莫多鲁斯放逐出去的人，毫无例外都应该处于绞刑，因为他们主张：'不要让我们之中有最有本事的人，如果有这种人，也要让他到别的地方去和别的民族居住在一起'。"赫莫多鲁斯由于为罗马人制定了某些法律而获得了美名。诗人希波纳克斯、画家帕拉西乌斯和阿佩莱斯（Apelles）也是以弗所人；绰号"利克努斯"[①]的演说家亚历山大，是一位国务活动家，写过历史著作，身后留下了有关天体的位置，各个大陆地理情况的描叙，每个问题都形成了一首诗歌。

26. 在凯斯特河口之后有一个塞利努西亚湖，它是由大海潮水倒灌内陆形成的。接着是另一个与它连在一起的湖泊，两个湖泊都带来了大量的收入。这些收入虽然是神庙的，但国王夺走了女神的收入。罗马人把它归还了女神，但包税人用武力强占了这些收入；阿尔特米多鲁斯作为使节被派往罗马，正如他自己所说的，他为女神收回了这些湖泊，他还赢得了一个判决，把正在反叛的赫拉克利奥提斯和以弗所分开，他提出的诉讼在罗马做出了判决。为了对此表示感谢，这座城市在神庙之中建立了一座他的金身塑像。在这个湖泊最远的地方，有一座国王的神庙，据说是阿伽门农建立的。

---

① Lychnus 意为"灯光"。

第一章　爱奥尼亚　　　*1201*

27. 然后就到了加勒西乌斯山和爱奥尼亚城市科洛封，到了克拉里乌斯城阿波罗神庙圣域，这里有一座古老的神谕所。根据传说，预言家卡尔卡斯和安菲阿劳斯之子安菲罗库斯从特洛伊步行回家路过这里，但是在克拉鲁斯附近看见比他更厉害的泰瑞西亚斯之女曼托之子、预言家莫普苏斯，他痛苦地死了。赫西奥德把这个故事改编成这样，他让卡尔卡斯向莫普苏斯提出这样的问题：

> 我奇怪这些野无花果树结了这么多果实，
> 虽然它们是小树，你能告诉我果实的数量吗？

而莫普苏斯则答复说：

> 它们的数量是10000个，容量是1梅迪姆努斯，
> 他这样说，果实的数量和容量都是准确的，
> 你不可能数得差一个。

赫西奥德接着说：

> 果实的数量和容量被证实都是准确的，
> 这时卡尔卡斯被死神闭上了眼睛。

> （赫西奥德，《残篇》，160，日扎克）

但是，菲勒塞德斯认为，卡尔卡斯提的问题是关于怀孕的母猪，它能够生产多少猪仔，而莫普苏斯则答复说："三头，其中一头是母仔。"

当莫普苏斯证实了自己说得正确的时候，卡尔卡斯痛苦地死了。有些人认为卡尔卡斯提出的是母猪的问题，但莫普苏斯提出的野无花果树的问题，后者说得是准确的，前者因为不正确而痛苦地死了，正好符合某个神谕所说的。索福克勒斯在剧本《要求送还海伦》之中说到这个神谕，即在遇到一个强于自己的预言家的时候，卡尔卡斯命中注定会死去。但是，他把卡尔卡斯竞赛和死亡的地点搬到了西里西亚。古代的故事就是这样。

28. 科洛封人曾经拥有相当强大的海军和骑兵，他们的骑兵，对其他人占有了压倒的优势。无论在什么地方，当着战争难以结束的时候，科洛封人的骑兵作为支持力量，就胜利地结束了战争。由此产生了一个谚语："他帮助科洛封取胜。"这个谚语常常被用来表示任何事情一定会有确定的结果。在科洛封人之中，值得牢记的人有：长笛吹奏者和哀歌诗人米姆奈尔姆斯；自然哲学家色诺法尼斯，他用韵文写作了《希利》。[1] 品达还提到某个著名的音乐家波利姆纳斯图斯：

> 你知道所有人熟悉的声音，
> 科洛封的波利姆纳斯图斯。
>
> （品达，《残篇》，188，贝克）

有些人甚至认为荷马也是这里人。从以弗所到这里的直线航程是 70 斯塔德，如果算上蜿蜒曲折的海湾，航程则是 120 斯塔德。

---

① 攻击荷马与赫西奥德的讽刺诗。

第一章　爱奥尼亚　　　*1203*

29. 在科洛封之后就到了科拉西乌斯山和一座属于阿尔忒弥斯的小岛，据说梅花鹿会游到那里产下它们的幼崽。然后就到了莱贝图斯城，它距离科洛封 120 斯塔德路程，它是爱奥尼亚和赫勒斯滂所有"狄奥尼索斯的艺术家"[①]聚集和居住的地方，它也是一年一度为了纪念狄奥尼索斯举行运动会和共同节日庆典活动的地方。他们从前居住在爱奥尼亚人的特奥斯城，这座城市紧挨着科洛封城之后，但在叛乱爆发之后，他们逃到以弗所避难来了。当阿塔罗斯二世把他们移居到位于特奥斯城和莱贝图斯城之间的米昂内苏斯之后，特奥斯人曾经派遣使节前去向罗马人请求，不要允许米昂内苏斯建立要塞来对付他们。他们移居到了莱贝图斯，当地居民热情欢迎他们，因为他们那时饱受人口稀少的折磨。特奥斯距离莱贝图斯也是 120 斯塔德，在这之间有一座阿斯皮斯岛，有些人也把它称为阿尔康内苏斯岛。米昂内苏斯建筑在高地上，形状像个半岛。

30. 特奥斯也位于半岛上，它有一座港口。抒情诗人阿纳克雷翁就是特奥斯人，在他那个时代，特奥斯人由于不堪忍受波斯人的傲慢无礼，离开自己的故乡，迁居到了色雷斯的阿夫季拉城。从此，诗歌中就提到了阿夫季拉：

阿夫季拉、特奥斯人美丽的殖民地。

但是，后来有些特奥斯人又回到了故乡。正如我先前已经说过的那

---

①　悲剧和喜剧演员。

样，阿佩利孔也是特奥斯人；历史学家赫卡泰奥斯也是这个城市出生的。距离这座城市30斯塔德还有一个朝北的格尔雷港。

31. 然后就到了卡尔西戴斯人那里，然后是属于特奥斯人和埃利色雷人的切尔松尼斯地峡，埃利色雷人现在居住在地峡的这边，而特奥斯人和克拉佐梅尼人居住在地峡本身；地峡的南边，即卡尔西戴斯人地区居住着特奥斯人；地峡的北边居住着克拉佐梅尼人，他们的地区和埃利色雷人地区相连。在地峡的起点有一个名叫希波克雷姆努斯的地方，它位于地峡这边的埃利色雷人地区和地峡那边的克拉佐梅尼人地区之间。在卡尔西戴斯人之后有一块奉献给腓力之子亚历山大的圣域；由爱奥尼亚人共同会议举办的亚历山大运动会，在这个圣地举行。穿过地峡的道路，从亚历山大圣域或从卡尔西戴斯人地区到达希波克雷姆努斯距离是50斯塔德，但沿着海边环游的距离超过1000斯塔德。爱奥尼亚城市埃利色雷大约在环游路线的中间，它有一座港口，城外有四个小岛，名叫希皮群岛。[①]

32. 在到达埃利色雷之前，首先到达的是一座属于特奥斯人的小城埃雷，然后是高山科里库斯山，然后到达山脚下的卡西斯特斯港，再到另一个港口埃利色拉斯港，然后一个接一个又到了其他几个港口。据说，科里库斯山沿岸水域是科里库斯人海盗到处出没的地方。他们发明了一种新的攻击商船的办法：即他们分散在各个港口，跟踪那些把船停靠在锚地的商人，偷听他们载运了什么货物，他们将要到什么地方去，然后集中起来，攻击和掠夺

---

① 意为"马"。

那些出发到海上的商船。这就是为什么我们把那些好管闲事,千方百计偷听他人私密谈话的人称为科里库斯人,并且经常使用一个谚语的缘故:

> 甚至连科里库斯人也知道这件事。

当某个人认为自己做的或说的某件事情天衣无缝,实际上它已经无法保密了,因为有些人专门侦察他的情况,竭力打听那些与他们毫不相干的事情。

33. 在科里库斯山之后有一座小岛哈隆尼索斯岛,然后到了埃利色雷地区的阿尔根努姆角,它距离希俄斯人的波塞迪乌姆非常近,后者形成了一条大约宽 60 斯塔德的海峡。在埃利色雷和希波克雷姆努斯之间是高耸的米马斯山,那里有许多野兽和茂密的森林。然后到达基贝利亚村和所谓的梅利纳角,[①] 那里有一个石磨加工厂。

34. 埃利色雷是西比拉的故乡,她是一位古代妇女,有像神一样的创造力和预言未来的天赋。亚历山大时期,这里又有一位女性具有同样的预言天赋,她名叫雅典娜伊斯,她也是这座城市的本地人。而且,阿波罗尼奥斯·米斯的同学、希罗菲卢斯学派的医生赫拉克利德斯也出生在这里。

35. 至于希俄斯岛,沿着海岸线环绕它航行的距离是 900 斯塔德,岛上有一座城市、一个优良港口和一个可以容纳 80 艘战船的

---

① "黑色的"。

军港。从城里出发环绕海岛航行，海岛在右手，首先到达的是波塞冬神庙，然后到达一个深水港法尼，接着是阿波罗神庙和棕榈树林。然后到达海岸边的锚地诺蒂翁，接着是海岸边的拉伊斯锚地，从那里到地峡的城市有60斯塔德。正如我刚刚说过的那样，环绕地峡航行的距离有360斯塔德。然后到达了正对着的梅利纳角，普西拉距离海角50斯塔德，它是一座高耸的海岛，周长40斯塔德，有一座名字相同的城市。然后到了一个崎岖不平的、没有港口的地方阿里乌西亚，长度约30斯塔德，当地出产最好的希腊葡萄酒，然后是岛上最高的佩林内乌斯山。岛上还有一座大理石采石场。希俄斯本地著名的人物有：悲剧诗人伊翁、历史学家泰奥彭波斯和诡辩家提奥克里图斯。后两人是政治对手。希俄斯人也声称荷马是他们那里人，他们提出的有力证据是那些被叫做荷马族的人是荷马的后裔；品达提到过这些人：

> 还有这里的荷马族，
>
> 最擅长诗歌的歌手，
>
> 常常……

（品达，《奈迈阿颂》，Ⅱ.1）

希俄斯人曾经拥有一支舰队，获得过自由和海上帝国的地位。从希俄斯到莱斯沃斯，向南航行距离约400斯塔德。

36. 在希波克雷姆努斯之后是希特里乌姆，古代克拉佐梅尼城就在这里。然后就到了现在的克拉佐梅尼城，在它前面有8个小岛可以耕种。自然哲学家安那克萨哥拉是一位著名人物和米利都人阿纳克西梅涅斯的同道，他就是克拉佐梅尼人。自然哲学家阿基劳斯和诗人欧里庇得斯曾经听完了他的全部课程。然后就到了阿波罗神庙、温泉地区、海湾和一座士麦拿人的城市。

37. 接下来是另外一个海湾，老士麦拿就在这里，距离今士麦拿20斯塔德。在士麦拿被吕底亚人摧毁之后，它的居民继续在农村之中生活了大约400年之久。后来，他们被安提柯和在他之后的利西马库斯集中到一座城市之中居住，他们的城市现在成了最著名的城市之一；城市部分建筑在山上，而且有城墙。但大部分在平原地区，靠近海港、靠近大母神庙和体育馆。城市的街道规划特别好，尽可能地按照直线布局。路面铺上了石头，城里有许多四棱柱的柱廊，层数有低有高。城里还有一座图书馆；一座荷马里乌姆，本身是一个四棱柱的柱廊；还有荷马的神庙和木质雕像，因为士麦拿人特别强调诗人是士麦拿人。他们甚至还有一种叫做荷马里乌姆铜币。梅莱斯河流过城墙附近，还有一座封闭的港口也属于城市的附属设施。不过，工程师在工作之中出了一个不小的错误，当工程师在铺设街道的时候，没有为街道铺设下水道；因此街道上到处是脏物，特别是在下雨的时候，废弃的垃圾堆满了街道。就是在这里，多拉贝拉活捉并处死了背叛并且杀害神圣凯撒的凶手之一特雷博尼乌斯，并且使这座城市大部分地区获得了自由。

38. 在士麦拿之后就到了莱夫凯小城，在阿塔罗斯二世·费拉德尔夫斯去世之后，这座城市被阿里斯托尼库斯鼓动起来造反了。阿里斯托尼库斯认为自己是王族后裔，极力想篡夺王位。当他在基梅地区附近海战之中被以弗所人打败之后，他被赶出了士麦拿，逃到内陆地区，但他迅速召集了大量的穷人和奴隶，他允诺给予这些人自由，把他们称为"太阳城的公民"。他首先出其不意地攻下了锡亚蒂拉，然后攻下了阿波罗尼斯城，然后又转而进攻其他要塞。但是，他没有能够长期坚持下去；各个城市马上派出一支大军进攻他，并且得到了比希尼亚国王尼科墨德斯和卡帕多西亚各国国王的援助。后来又来了五位罗马使者，接着是执政官帕布利乌斯·克拉苏率领的罗马军队，[①] 后来是马可·珀佩尔纳斯结束了战争，活捉了阿里斯托尼库斯，将其押送到罗马。阿里斯托尼库斯在监牢之中结束了自己的生命。珀佩尔纳斯死于疾病。克拉苏在莱夫凯附近地区受到某个人的攻击，死在战场上。马尼乌斯·阿奎利乌斯[②] 作为执政官带领 10 名副总督来到这里，建立行省政府机构，它一直保留到现在。在莱夫凯之后是海湾边的福西亚，关于它的情况，我在叙述马萨利亚的时候已经说过了。然后到了爱奥尼亚人和埃奥利斯人的边界，这些地方的情况我也已经说过了。在爱奥尼亚沿岸之后的内陆地区，还需要叙述的是从以弗所通往安条克基亚和迈安德河道路两旁的地区。这些地方混杂地居住着吕底亚人、卡里亚人和希腊人。

39. 在以弗所之后，第一座城市是埃奥利斯人的马格尼西亚，它被称为"迈安德河畔的马格尼西亚"，因为它位于这条河附近。但是，它更靠近莱西乌斯河，这条河流汇入迈安德河之中，它的发源地在以弗所地区的帕克提山。第二条莱西乌斯河在戈提纳，

---

① 公元前 131 年。

② 公元前 129 年。

第三条在特里斯附近，据说阿斯克勒皮俄斯就是在这里出生的。第四条河在西利比亚人地区。马格尼西亚城位于托拉克斯山附近的平原，据说语法学家达菲塔斯（Daphitas）就是在这座山上被钉死在十字架上，原因是他利用诗歌对句侮辱历代国王：

> 紫色的鞭子不过是利西马库斯国库的无用之物，
> 你却能统治着吕底亚人和弗里吉亚人。

据说达菲塔斯得到过一个神谕，告诉他必须提防托拉克斯山。

40. 马格尼西亚人被认为是居住在色萨利地区的狄杜马山德尔斐人的后裔。赫西奥德曾经提到过他们：

> 她像未婚的处女，居住在阿米鲁斯前面
> 多提平原神圣的狄杜马山，
> 她在维贝湖的波涛之中濯脚。

（赫西奥德，《残篇》，122，日扎克）

这里还有一座众神之母丁迪梅内神庙。传说地米斯托克利的妻子，有人认为是他的女儿，曾经是这里的女祭司。但是，这座城市今天已经不复存在，因为这座城市也搬迁到了另外一个地方去了。现在的城市有一座莱夫科弗里恩的阿尔忒弥斯神庙，这座神庙在面积和得到的祭品数量方面都不如以弗所的神庙，但它的圣域结构所表现的和谐理念与建筑技巧则远胜于后者。在面积方面，除了以弗所和丁迪梅内的神庙之外，它超过了亚细亚其他所有神庙。在古代，马格尼西亚人曾经遭受悲惨的命运，尽管他们长期是一个繁荣兴旺的民族，但被辛梅里安部落特雷雷人彻底毁了；在下一年，米利都人占据了这个地方。确实，卡利努斯提到马格尼西亚人是一个繁荣兴旺的民族，他们战胜了以弗所人的时候，阿基洛库斯显然已经觉察到危运正在降临他们的头上：

> 为萨索斯人而悲哀，更为马格尼西亚人悲哀。
>
> （阿基洛库斯，《残篇》，20，贝克）

由此可以判断出他生活的年代比卡利努斯更晚。卡利努斯回忆起辛梅里安人另外一次更早的入侵，他说：

> 现在辛梅里安人强大的军队来到了。
>
> （卡利努斯，《残篇》，3，贝克）

显然，他在这里表明萨迪斯已经被占领了。

41. 马格尼西亚本地著名人物有：演说家赫格西亚斯，他比任何人都更努力地引进所谓的亚细亚风格，借以破坏已经定型的阿提卡方式；抒情诗人西姆斯，他破坏了古代传统的抒情诗歌，引进了西莫迪亚（Simodia），[①] 在很大程度上他也破坏了利西奥迪和马哥迪；拳击手克莱奥马库斯爱上了一个西尼杜斯[②] 和他年轻的女奴隶情妇，开始模仿西尼杜斯之间流行的说话风格和举止。索塔

---

① 淫秽性的讽刺诗。

② 喜欢说黄段子的人。

德斯是第一位记录西尼杜斯谈话的人；第二位是埃托利亚的亚历山大。不过，这两个人都仅仅是模仿说话方式而已，而利西斯则以音乐为他们伴奏；比他更早的西姆斯也是这样。至于吉他拉歌手阿纳克塞诺尔，剧院赞扬他，安东尼尽可能地提拔他，他甚至被任命为四座城市的征税官，并获得了私人警卫。而且，他的故乡也对他表示高度的尊敬，给他穿上像神圣的救世主宙斯一样的紫衣，在市场的广场上公开地展出他的彩色雕像。在剧院之中还有他的青铜雕像，雕像的铭文是：

> 这确是一件美妙的事情，听这样的
> 歌手唱歌，就像是听到众神的声音。

（《奥德赛》，Ⅸ，3）

但是，由于雕刻工没有好好地计算出字母所占空格，他们不得不省略第二行诗歌最后一个字母，因为它的宽度无法容纳这个字母。因此，这些雕刻家要让城市公开面对无知的指责，由于铭文的意思模棱两可，最后一个单词到底是理解为主语格还是给予格呢；[①] 由于许多人在书写给予格的时候不写 iota，甚至完全否认通常写法的正确性，认为它没有任何天然的理由。

42. 在马格尼西亚之后是通往特拉莱斯城的道路，道路的左边是梅索吉斯山，道路本身和右边是迈安德河平原，平原上居住着吕底亚人、卡里亚人、爱奥尼亚人（不管是米利都人还是米乌斯

---

① 即 AGDÊ 或 AGDÊI。

人），还有马格尼西亚的埃奥利斯人。直到尼萨和安条克基亚都是
同样的地理环境。特拉莱斯人的城市位于一个梯形的地方，它的
顶部是天然的要塞，周围所有地方都有坚固的防御工事。城里有
很多人口，就像亚细亚其他的城市一样，他们是富裕的居民。城
市居民常常有人在行省担任重要的职务，被称为 Asiarchs。[①] 在这
些人之中有皮托多鲁斯，他原来是尼萨本地人，但后来搬到有名
的城市特拉莱斯居住去了。他和少数几个人成了庞培重要的朋友。
他获得国王的财富，价值超过 2000 塔兰特。由于他和庞培的友谊，
他的财产被神圣的凯撒出卖了，但皮托多鲁斯把它赎买回来，毫
无损失地传给了自己的子女。他还是现今本都女王皮托多里斯的
父亲。[②] 关于她的情况，我先前已经说过了。后来，到了我那个时
期，皮托多里斯和学者梅诺多鲁斯都时来运转，飞黄腾达了，成
了受尊敬的、有身份的人。梅诺多鲁斯成了拉里萨宙斯神庙的祭
司。但是，他被多梅提乌斯·阿赫诺巴布斯的朋友推翻了，多梅
提乌斯相信自己的情报人员，认为他应当对策动舰队造反负责，
把他杀了。这里出现过两位著名的演说家：狄奥尼索克利斯和在
他之后的达马苏斯·斯康布鲁斯。特拉莱斯据说是阿尔戈斯人和
某些特拉莱斯的色雷斯人建立的，并且得名于此。这座城市有一
段短暂时间由克拉蒂普斯的儿子实行僭主统治，这是在米特拉达
梯战争时期。

43. 尼萨位于梅索吉斯山附近，大部分位于山麓地区；它可以

---

① 即"亚细亚人的长官"。这个职务大概与比希尼亚人和卡帕多西亚人相似，
是一个祭祀国王的高级祭司职务。

② 参见本书XIII，iii，29，31，37。

说是一座双城，因为它被一条湍急的河流形成的峡谷分成两部分，在一边有一座桥梁把这两个城市连接起来，在另一边有一个露天的圆形竞技场，它有一条暗藏的地下泄洪道。在剧院旁有两座山丘，一座山丘下是年轻人的体育馆；另一座山丘下有市场和老年人的体育馆。城市的南边是一个平原，它也在特拉莱斯的南边。

44. 在特拉莱斯和尼萨之间的道路旁有一座尼萨人的村庄，它距离阿哈拉卡城不远。这座城市有一座普路托尼乌姆神庙，它有一个豪华的圣域、一座普路托和科雷的神庙，还有一个查罗尼乌姆洞穴，这个洞穴在圣域的后面，天生的非常美丽；据说这里经常有病人来光顾，他们相信这些神灵的治疗效果，并且居住在距离洞穴不远的村落，居住在有丰富经验的祭司家中。后者为了他们在洞穴之中过夜，根据梦境之中的指示开出治疗疾病的处方。他们还祈求众神治愈疾病，常常有祭司把自己的病人带入洞穴之中，留在洞中安静地躺着，就好像动物进了自己的洞穴一样，几天不吃不喝。有时病人也得到托梦，但他们仍然会求助于那些人（如祭司）解释其中的秘密和提供建议。对于所有其他人而言，这个地方是禁地，是致命之地。阿哈拉卡城每年要举行宗教庆典活动，那时参加庆典活动的人可以看见和听到所有这类事情。举行庆典的时候大约是正午时分，体育馆的几个男孩和年轻人赤身裸体，用橄榄油涂身之后，抓了一头公牛，急急忙忙赶进这个洞穴；然后，他们放开公牛，公牛向前面走了一点儿，就倒在地下断气了。

45. 在翻越特莫卢斯山和梅索吉斯山之后，距离尼萨30斯塔德的梅索吉斯南部有一个地方叫做莱蒙，[1] 尼萨人和其他人在那里举行他们的宗教庆典活动。距离莱蒙不远有一个进入诸神洞穴的入口，据说这个洞穴一直通到阿哈拉卡。诗人曾经提到过这个牧场：

在亚细亚的牧场……

(《伊利亚特》，II，461)

同时，人们还指出凯斯特和某个阿西乌斯的英雄神庙，还有从附近流过的凯斯特河。

46. 据说有三兄弟阿希姆布鲁斯、阿希姆布拉图斯和海德雷卢斯，他们从拉克代蒙来这里，建立了三座以他们的名字命名的城市；但是，这些城市后来由于人口稀少，就被合并成了尼萨城；现在，尼萨城的居民还认为阿希姆布鲁斯是他们最早的奠基人。

47. 在尼萨附近，迈安德河那边的重要居民点是科斯希尼亚和奥尔托西亚；河这边重要居民点是布留拉、马斯托拉、阿哈拉卡，在这座城市之后的山区有阿罗马村（这个单词的字母 rho 被省略了），[2] 这里出产梅索吉斯最好的葡萄酒，即阿罗马葡萄酒。

48. 尼萨出生的名人有：帕内提乌斯最好的学生、斯多葛派哲学家阿波罗尼奥斯；阿里斯塔库斯的学生梅内克拉特斯；梅内克拉特斯之子阿里斯托德姆斯（Aristodemus），他年迈的时候我正值

---

① 草地。

② 原文佚失。

青春年少，我在尼萨学完了他的全部课程；阿里斯托德姆斯的兄弟索斯特拉图斯和另一个教过大庞培的阿里斯托德姆斯（他的堂兄弟），他们是著名的语法学者。我的业师也教过修辞学，他在罗德岛和本城开设了两个学校，上午教修辞学，下午教语法学；但是，他在罗马负责教授大庞培的诸子时，只教授语法学课程。

第二章 卡里亚

1. 接下来是迈安德河那边尚待叙述的地区，它们全部是卡里亚人的地区，因为那里没有吕底亚人与卡里亚人混杂在一起，因为后者已经单独占领了整个地区，只有沿海地区被米利都人和米乌斯人所占领。这条海岸线的起点是海边罗德岛人的大陆地区，它的终点是米利都人的波塞迪乌姆角；内陆地区是托罗斯山脉的端点，一直延伸到迈安德河边。据说这些高山位于所谓的切利多尼亚群岛之后，这些岛屿位于潘菲利亚与吕西亚的范围之外，托罗斯山脉由此开始越来越高；但是，整个吕西亚地区就是被托罗斯山脉把它的外部和南部与西拜拉人地区和罗德岛人大陆地区分割开来，托罗斯山脉从这里继续伸展，但它的高度很低，也不被认为是托罗斯山脉的一部分；这里也没有区分托罗斯山脉的里边和外边，因为这些高高低低的地方均衡地散布在整个地区，按照它的长度和宽度，不像是城墙那样可以截然分开。沿着蜿蜒曲折的海湾，环绕整个海岸的航程是4900斯塔德，如果仅仅是环绕罗德岛人的大陆地区，航程接近1500斯塔德。

2. 罗德岛人的大陆地区开始于罗德岛人地区的代达拉（Daedala），终结于菲尼克斯山，它也在罗德岛人的领土内。埃利乌萨岛位于大陆地区之外，距离罗德岛120斯塔德。在这两地之间，如果直线向西可以航向到达西里西亚、潘菲利亚和吕西亚沿岸，然后到达格劳库斯湾，海湾有一个优良港口；然后到达阿尔忒弥西乌姆，它是一个海角和一座神庙；然后到了勒托的圣域，距离这片圣域和海岸的上方60斯塔德是卡林达城；然后到达了考努斯城和城市附近的卡尔比斯河，这条河流很深，可以供商船航行；在二者之间是皮西利斯。

3. 这座城市有几个造船厂和一个封闭的港口。在这座城市之后的高地上有一个伊姆布鲁斯要塞。虽然这个地区非常肥沃，但大家认为这座城市夏季和秋季的气味难闻，这是因为温度太高，水果太多的缘故。因此，关于西塔拉琴师斯特拉托尼库斯的传奇故事就不断到处传播，他认为考努斯人非常苍白，并且认为这就是诗人在诗歌之中的想法：

> 正如树叶的枯荣，人世的代谢也一样。

（《伊利亚特》，Ⅵ，146）

当人们开始指责他讥笑城市好像是病人，他回答说："难道我敢说这座城市病了，甚至还有死人在城里散步？"考努斯人曾经造反脱离过罗德岛人，但罗马法庭判决他们应当服从罗德岛人统治。这里有一句莫隆的名言："反对考努斯人。"据说他们的语言与卡里亚人相同，但他们来自克里特岛，按照自己的风俗习惯生活。

4. 接下来是一座小城菲斯库斯，它有一个港口和一个勒托的圣域；然后到达洛利马，这是一片崎岖不平的海岸，然后到达这个地区的一座高山；在山的顶上有一座菲尼克斯要塞，名字与高山相同；在山的前面距离 4 斯塔德之处，有一座埃利乌萨岛，其周长约 8 斯塔德。

5. 罗德岛人的城市位于罗德岛东面的海角。它在港口、道路、城墙和其他设施方面，远远胜过其他一切城市，我认为没有一座城市可以与它媲美，更不用说是超过它。令人惊叹的还有罗德岛良好的制度，以及罗德岛对国家大事管理的认真严格。因此，它得以长期统治海洋，清除海盗活动，并且成为罗马人、所有对罗马人和希腊人友好的国王的朋友。所以，罗德岛不仅保留了自治权，而且还装饰了许多献祭品，其中大部分陈列在狄奥尼索斯神庙和体育馆之中，还有一部分在其他地方。最精美的献祭品是巨像，有一位抑扬格诗人[①]说到过这个雕像：

高度为 10 肘尺的七倍，

林都斯人查雷斯的作品。

但是，这座雕像现在倒在地下，它被地震推倒，双膝已经破碎。根据某个神谕，人们没有再修复它；然而，这是献祭品之中最杰出的作品（无论如何，它被公认为七大奇迹之一）。这里还有普罗托格内斯的绘画，即雅利苏斯和萨蒂罗斯，萨蒂罗斯立在一根圆柱旁，圆柱的顶上站着一只公山鹑。当这幅画被展出的时候，人们对这只好像活的山鹑感到发自内心的惊叹，他们以惊奇的眼光注视着山鹑，而忽略了萨蒂罗斯，但后者也画得非常成

———————

① 不知名的诗人。

功。不过，山鹑的饲养者更加惊奇，他们带来了驯养的山鹑放在绘画的对面；他们的山鹑朝着绘画尖叫，招来了一群观众。当普罗托格内斯看见绘画的主要部分反倒变成了次要部分，他请求圣域的负责人允许他去那里把山鹑处理掉，他完成了这件事。虽然罗德岛人实行的不是民主制度，但他们关心全体人民的利益，他们愿意关照贫困人群。因此，人民有食品供应；富人按照祖传的风俗习惯，经常帮助穷人；这里还有一些宗教仪式也提供饮食。因此，在穷人获得自己给养的同时，城市也不缺少有用的人才，特别是舰队的人员。至于锚地，有些是隐蔽的，不允许普通百姓通行的；无论何人，如果侦探锚地的情况或者穿过其内部，都必须处以死刑。无论在这里，还是在马萨利亚和基奇库斯，所有与建筑、兵器制造、武器储存和其他各种事情，比其他任何地方都更受重视。

6. 罗德岛人像哈利卡纳苏斯人、尼多斯人和科斯人一样，都是多利亚人；因为在科德鲁斯死后，一些多利亚人建立了迈加拉城，并且留在当地；另外一部分人参加了阿尔萨马涅斯领导的阿尔戈斯人对克里特进行的移民远征，第三批人移居到了罗德岛和刚才提到的那些城市。但是，这些事件发生的时间比荷马提到的事情晚。因为尼多斯和哈利卡纳苏斯当时还不存在，罗德岛和科斯虽然存在，但居住的是赫拉克利德族。特利波利姆斯那时已经长大成人：

他立刻杀死其父的亲叔，

利辛尼乌斯当时已年迈，

他立刻建造船只，召集大军，
乘船走了。

（《伊利亚特》，Ⅱ，662）

诗人接着说：

他流浪到罗德岛，在那里
他的人分成三个部落居住。

他提到了那时的城市：

林都斯、雅利苏斯和白色的卡梅努斯。

（《伊利亚特》，Ⅱ，656）

由于罗德岛人的城市还没有建立，诗人当然在什么地方都没有提到多利亚人的名字；如果赫拉克勒斯和利辛尼乌斯真的居住在这里的话，他可能会提到埃奥利斯人和维奥提亚人。但是，如果像其他人所说的那样，特利波利姆斯是从阿尔戈斯和梯林斯来的，因此在这里殖民的就不是多利亚人，因为它必定发生在赫拉克利德族回来之前。荷马也说到了科斯的居民：

由赫拉克勒斯之子、色萨卢斯国王的
两个儿子菲迪普斯和安提普斯率领着。

（《伊利亚特》，Ⅱ，678）

这些名字也证明他们是埃奥利斯人而不是多利亚人。

7. 罗德岛过去叫做奥菲乌萨岛和斯塔迪亚岛，后来由因为居住在这座岛上的特尔奇尼斯之名而称为特尔奇尼斯岛。有些人认为特尔奇尼斯是"魔鬼"或者"巫师"，他们把冥河之水[1]和硫磺[2]混杂在一起，倒在动物和植物上面，企图杀死它们。相反，其他人认为由于他们擅长于工艺技术，他们被对手"妖魔化了"，因此名声不好；他们起初是从克里特来到塞浦路斯，然后才到罗德岛。他们是最早制造铁器和铜器的人，他们还为克罗诺斯制造过大镰刀。关于他们的情况，我在先前已经叙述过了。但许多神话故事促使我重复讲述他们的故事，补充我有可能忽略的空白。

8. 根据神话故事，在特尔奇尼斯之后是海利亚迪族统治着这座海岛。他们之中的塞尔卡福斯和他的妻子基迪佩是这些城市的建立者的孩子，这些城市的名字是：

> 林都斯、雅利苏斯和白色的卡梅努斯。
>
> （《伊利亚特》，II，656）

但有人认为是特利波利姆斯建立了它们，并且以达那俄斯某些女儿的名字命名了它们。

9. 现在的城市是在伯罗奔尼撒战争时期由同一位建筑师建立的，据说佩雷乌斯也是他建立的。但是，佩雷乌斯没有存在多长

---

[1] 在神话故事中，冥河之水被认为是死水。

[2] 原文脱落。

时间，因为它遭到了严重的破坏，首先是拉克代蒙人摧毁了两道城墙，后来是罗马统帅苏拉造成的破坏。

10. 关于罗德岛人还有如下传说：他们因为海洋而繁荣昌盛，并不仅仅是从这座城市建立之时开始的，在奥林匹克运动会举行之前很多年，为了保卫本国人民的安全，他们就已经游弋在远离祖国的地方。从这个时候开始，他们就航行到了伊比利亚，他们在这里建立了罗德岛城，① 它后来被马萨利亚古希腊移民所占领；在奥皮齐人的土地上建立了帕耳忒诺珀城，在多尼亚人和科斯人的地区建立了埃尔皮伊城。有些人认为盖姆尼西群岛也是他们离开特洛伊之后开垦的；根据提迈乌斯所说，这些岛屿很大，其中最大的是七个海岛：撒丁岛、西西里岛、塞浦路斯岛、克里特岛、埃维亚岛、西尔努斯岛和莱斯沃斯岛。但这种说法是不正确的，因为还有其他大得多的岛屿。据说腓尼基人把"盖姆内特"② 称为"巴利亚里德"，因此，盖姆尼西岛也称为巴利亚里德斯岛。有些罗德岛人居住在乔尼亚的锡巴里斯城周围。诗人似乎也见证了自从三座城市建立之后，罗德岛人自古以来就享有的繁荣兴旺：

> 它的人民按照三个部落居住在这里，
>
> 他们是众神和人类之主宙斯所喜爱的，
>
> 克罗诺斯之子赐给他们令人惊叹的财富。

（《伊利亚特》，Ⅱ，668）

---

① 参见本书Ⅲ，iv，8。

② 轻装步兵。

第二章　卡里亚　　　1223

其他作家把这些诗句看成是神话故事，他们认为，当雅典娜从宙斯的大脑之中诞生的时候，岛上降下金雨，这是品达说的。[①]这个岛屿的周长是920斯塔德。

11. 如果从这座城市出发，离开岛屿向右航行，首先到达的是林都斯（Lindus），这座城市位于山区一直向南延伸，几乎到了亚历山大城。[②] 林都斯城有著名的林都斯的雅典娜神庙，它是达那俄斯的女儿修建的。在古代，林都斯人有他们各自独立的政府，就像卡梅努斯人和雅利苏斯人一样，但后来他们和罗德岛联合起来了。希腊七贤之一的克莱奥布卢斯（Cleobulus）是林都斯本地人。

12. 在林都斯之后是伊克西亚要塞，然后是姆纳西里乌姆；然后是岛上最高的阿塔比里斯山，它是奉献给阿塔比里乌斯宙斯的圣山；然后到了卡梅努斯、雅利苏斯村，在它的后方有一座卫城奥奇罗马。然后到达一座罗德岛人的城市，距离大约是80斯塔德。在这之间有一个托安提乌姆角；在托安提乌姆角的前面，正好是卡尔西亚附近的斯波拉德斯群岛，关于它们的情况，我在前面已经说过了。

13. 罗德岛出了许多值得提到的著名人士、指挥官和运动员，其中有哲学家帕内提乌斯的前辈；在国务活动家、演说家和哲学家之中，有帕内提乌斯本人、斯特拉托克利斯、逍遥派哲学家安德罗尼库斯、斯多葛派哲学家莱奥尼德斯；在他们之前是普拉克西法尼斯、希罗尼姆斯和欧德姆斯。波塞多尼奥斯虽然是叙利亚

---

① 品达:《奥林波斯山》，Ⅶ，61。
② 斯特拉博认为罗德岛与亚历山大城在同一条子午线上。

阿帕米亚人，但他在罗德岛从事国务活动和教授生徒。同样的情况还有阿波罗尼奥斯·马拉库斯和莫隆，因为他们是阿拉班达人，也是演说家梅内克利斯的门徒。阿波罗尼奥斯·马拉库斯来这里居住的时间比莫隆更早，莫隆很晚才来到这里，前者曾经对他说："你是一个后'molon'①"，而不是"后'elton'"。创作《赫拉克勒斯的功绩》的诗人佩山大也是罗德岛人；还有语法学家西米亚斯和现代的阿里斯托克利斯也是罗德岛人。色雷斯人狄奥尼修斯和阿波罗尼奥斯创作了《阿尔戈英雄传》，虽然他们是亚历山大人，但也可以称为罗德岛人。关于罗德岛的情况，我说的已经足够多了。

14. 在罗德岛之后是卡里亚沿岸地区，起自埃利夫斯和洛利马，形成了一个向北的急拐弯，随后，航线笔直地通向普罗庞提斯，形成了类似于子午线的一条大约5000斯塔德长或稍微短一点的直线。沿着这条直线有卡里亚的剩余部分、爱奥尼亚人和埃奥利斯人地区、特洛伊地区、基奇库斯和拜占庭周围地区。在洛利马之后是锡诺塞马，②然后到达希梅岛。

15. 然后到达尼多斯，它有两个港口，其中一个可以封闭，接纳三层桨战船，还有一个军港，可以容纳20条战船。在尼多斯的前面有一座海岛，周长约7斯塔德，像戏台一样高耸在海水之中，由一条防波堤把它和大陆连在一起，使尼多斯在某种程度上变成了一座双城，由于它的人口大部分居住在海岛上，岛上有两个港

---

① Molon——意为"来者"或"往者"。

② 本义为"狗的陵墓"。

口。正对着这座城市，在外海之中是尼西努斯岛。尼多斯的著名人物首先是柏拉图的同行之一、数学家欧多克索斯；其次是逍遥派哲学家和历史学家阿加萨奇德斯。现代著名人物有神圣的凯撒的朋友泰奥彭波斯，他和其子阿尔特米多鲁斯都是非常有影响的人物。然后是阿尔塔薛西斯的御医克特西亚斯，他写作了《亚述史》和《波斯史》。在尼多斯之后是塞拉姆斯和海岸上方的巴加萨小城。

16. 接下来是卡里亚王朝的王城哈利卡纳苏斯，它从前叫做泽菲拉。这里有希腊七贤之一摩索拉斯的陵墓，[①] 这是阿尔忒米西亚（Artemisia）为了纪念自己的丈夫而建立的一座丰碑；那里有一处萨尔马齐斯泉水，名声非常狼藉，我不知道为什么它能使所有喝过此水的男人变得像女人一样。通常，人们把男人变得像女人一样归罪于空气或者水的原因；但是，原因并不在于此，而是因为富裕和生活骄奢淫逸，这就是男人变得像女人一样的原因。哈利卡纳苏斯有一座卫城，在城市的前面有阿尔康内苏斯岛。城市的建立者之中有安提斯和许多特罗伊曾人。哈利卡纳苏斯本地人有：历史学家希罗多德，后来有人把他称为图里亚人，这是因为他参加了图里城的殖民活动；卡利马科斯的朋友、诗人赫拉克利特；现代的则是历史学家狄奥尼修斯。

17. 这座城市在抵抗亚历山大的强大进攻时失败了。卡里亚国王赫卡通努斯有三个儿子，摩索拉斯、海德里耶乌斯和皮克索达鲁斯和两个女儿。摩索拉斯是老大，娶了大女儿阿尔忒米西亚；

---

① 现代用语"陵墓"由此而来。

海德里耶乌斯是老二，娶了第二个女儿阿达。摩索拉斯担任了国王，但是没有儿女，他把帝国留给了自己的妻子，就是她建立了上述陵墓。但是，他因为思念丈夫憔悴和悲伤而去世了。海德里耶乌斯随后担任了国王，他死于疾病，其妻阿达继承了王位；但是，她被赫卡通努斯仅存的儿子皮克索达鲁斯放逐了。在获得波斯人的支持之后，皮克索达鲁斯请来一位总督和他一起分享国家权力；在他去世之后，波斯总督统治了哈利卡纳苏斯。当亚历山大来到这里的时候，波斯总督进行了长期的抵抗，他的妻子是皮克索达鲁斯和卡帕多西亚妇女阿菲尼斯之女阿达。但是，被皮克索达鲁斯放逐的赫卡通努斯之女阿达乞求并且说服亚历山大把她被剥夺的王国归还给她，她答应协助亚历山大镇压国内尚在革命之中的地区。她说，因为占领这些地方的人是自己的亲属；她还把自己现在居住的阿林达交给了亚历山大。他同意并且任命她为女王；当这座城市被占领之后，还剩下卫城没有占领，因为它是双城，他指定她去围攻卫城。不久之后，卫城也被占领了，这次围攻变成了报复和发泄私人仇恨的战场。

18. 接下来是属于门杜斯人的特尔梅内乌姆角，正对着它的是科斯的斯坎达里亚角，它距离大陆49斯塔德。在科斯的海角之后有一个地方名叫特尔梅鲁姆。

19. 这座科斯人的城市在古代叫做阿斯提帕莱亚，它的居民原先居住在海边另外的地方。后来由于发生了暴乱，他们搬到了现在这座靠近斯坎达里乌姆的城市居住，把它的名字也改成了和这座海岛一样的名字科斯。这座城市不大，但建设得非常漂亮，它的外貌使那些从外海来的人觉得非常高兴。这座海岛的周长大约是 550 斯塔德。岛上到处都有水果，像希俄斯岛和莱斯沃斯一样，它出产的最好水果是葡萄。在科斯的南面有一个拉塞特角，距离尼西罗斯 60 斯塔德（在拉塞特角不远之处有一个地方名叫哈利萨纳），在西面有德雷卡努姆角和斯托马林内村。德雷卡努姆角距离这座城市大约 200 斯塔德，如果到拉塞特角还要加上 35 斯塔德航程。在城市郊区有一座阿斯克勒皮俄斯神庙，它是一座非常出名的神庙，庙内堆满了祭品，其中包括阿佩莱斯的作品《安提柯的画像》。《阿纳迪奥梅内的阿弗罗蒂忒》原来也在这里，[1] 现在已经作为礼物献给了罗马神圣的凯撒，因为奥古斯都要把其家族女始祖的画像奉献给自己的父亲。据说科斯人因此被豁免了预定的 100 塔兰特赋税，作为这幅油画的回礼。还有人说希波克拉底治疗病人的药方主要出自这座神庙的献祭铭文治疗记载；后来，他成了科斯著名的人物之一；还有西姆斯医生；菲雷塔斯既是诗人，又是批评家。现代著名人物有科斯人的僭主尼西亚斯，逍遥派的门徒和继承人阿里斯通，[2] 著名竖琴手提奥姆尼斯图斯是本地人，也是尼西亚斯政治对手。

20. 阿斯提帕莱亚角和泽菲里乌姆角位于门杜斯地区附近的海岸边。然后就到了门杜斯，它有一个港口；在门杜斯之后是巴吉利亚城；在两座城市之间是卡里安达港和一座名字相同的海岛，岛上居民叫做卡里安达人。古代历史学家西拉克斯就出生在这里。在巴吉利亚城附近有辛迪亚斯的阿尔忒弥斯神庙，据说神庙周围

---

① 意为"海中出现的"。

② 即凯奥斯的逍遥派学者阿里斯通（公元前 3 世纪）。

下雨淋不到神庙上。这里有一个地方叫做辛迪。巴吉利亚的著名人物有伊壁鸠鲁派学者普罗塔科斯，他是拉科尼亚人德米特里的老师。

21. 然后到了雅索斯城，它位于一个靠近大陆的海岛上。这座城市有一个港口，居民依靠大海获取大部分生活资料，因为这里的大海鱼类很多，土地比较贫瘠。人们编造了许多这种有关雅索斯的故事：从前有一个吉他拉歌手举行演唱，所有人都在认真地听他唱歌，直到召唤卖鱼的铃声响起来了，除了一个聋子之外，所有的人都离开他前往鱼市。因此，吉他拉歌手走到他面前说道："先生，我非常感谢你给与我的荣誉，感谢你对音乐的喜爱，因为除了你之外，所有人听到卖鱼的铃声都走了。"那个人回答说："你说什么？难道铃声已经响了？"当吉他拉歌手回答"是的"时候，那个人回答说"再见了"，他也站起身来走了。这里产生了逻辑学家狄奥多罗斯，他的绰号克罗诺斯[1]开始是假的，因为这是他的老师阿波罗尼奥斯的绰号，这个绰号传给了他，是因为真正的克罗诺斯是没有名气的人。

22. 在雅索斯之后是米利都人的波塞迪乌姆角。在内陆地方有3个重要城市：米拉萨、斯特拉托尼西亚和阿拉班达。其他的城市附属于沿海的这个或那个城市，如阿米佐、赫拉克利亚、欧罗姆斯和卡尔西托。所以，关于这些城市的情况讲得很少。

23. 米拉萨的情况是这样的：它位于一个极其富饶的平原上；在平原之后耸立着一座高山，有一座出产极其优良白色大理石的

---

① 意为"老夫子"、"老顽童"。

采石场。居民们从这个采石场可以获得不少好处，因为它出产的大理石数量众多，路程又近，适合于建筑物使用，特别是适合于建筑神庙和其他公共建筑；因此，这座城市像其他城市一样，装饰了许多的柱廊和神庙，以至于使人惊奇那些在这座陡峭的、高耸的悬崖之下建立城市的人是不是发疯了。正因为如此，据说有一位统治者惊奇地说："如果这座城市的建立者不感到害怕，难道他也不感到羞耻？"米拉萨人有两座宙斯神庙，奥索戈的宙斯神庙和拉普兰达的宙斯神庙。前者位于城市之中，后者在拉普兰达，这是一座远离城市的村庄，位于从阿拉班达到米拉萨道路附近的山边。拉普兰达有一座古代的神庙和斯特拉提乌斯的宙斯塑像，它受到周边居民和米拉萨人的崇拜。从神庙到米拉萨有一条铺设好的道路名叫神道，将近60斯塔德；有人率领着朝圣的队伍在道路上前进，神职人员大多由市民之中最杰出的人物担任，常常是终身的职务。这些神庙属于本城所有，但这里还有第三座神庙，即卡里亚人的宙斯神庙，它是所有卡里亚人的共同财产，吕底亚人和密细亚人作为同胞在其中也享有股份。据说米拉萨在古代仅仅是一个小村庄，它是本地人的故乡和卡里亚人的赫卡通努斯家族王都所在地。这座城市在菲斯库斯附近，最接近大海。这是米拉萨人的海港。

24. 米拉萨在现代出了两个著名人物，他们就是演说家和城市的首领欧西德莫斯（Euthydemus）和希布里斯。欧西德莫斯继承了祖先的大笔财富和崇高的声望，再加上自己的聪明才智，不仅在本国是一个重要的人物，而且被认为是亚细亚最值得尊敬的人物。至于希布里斯的情况，正如他自己经常喜欢在他的学校所说，并且得到他的同事们证实的那样，他的父亲只留给他一头搬运木材的骡子和一名骡把式。他依靠这种方式谋生，曾经在一段不长的时间当过安条克基亚城狄奥特雷费斯的学生。后来他回到故乡，"担任市场办事员的职务"。他担任这个职务赚到一点钱之后，开始投身于国务活动，成了人民大会的发言人之一，他很快就掌握了权力，在欧西德莫斯生前就成了一位引人瞩目的人物。在后者去世之后，他成了这座城市的统治者。在欧西德莫斯活着的时候，他是一个坚强的人物，也是一个强有力的、有利于城市的人物。因此，即使他身上有某些僭主的风格，也可以用他给城市带来的利益抵销。无论如何，人们欢迎希布里斯在一次人民大会结束时的发言："欧西德莫斯，对于这座城市而言你是难以避免的魔鬼，因为我们既不能与你共同生活，但没有你也不能生活。"然而，虽然他已经成了一个强有力的人物，而且获得了杰出市民和演说家的美名，但他反对拉比耶努斯的政策遭到了失败；因为其他没有军队的人倾向和平，投降了拉比耶努斯；而他却率领一支军队和帕提亚的盟军去进攻拉比耶努斯。当时的帕提亚人统治着亚细亚地区，而劳迪西亚的芝诺和希布里斯两位演说家拒绝投降，鼓动他们自己的城市起来革命。希布里斯以一个声明激怒了年轻、毛糙而愚蠢的拉比耶努斯，因为当拉比耶努斯宣布自己是帕提亚皇帝的时候，希布里斯回答说："那好，我也可以称自己是卡里亚皇帝了。"因此，拉比耶努斯派出在亚细亚招募的几个罗马军团去进攻这座城市。拉比耶努斯没有能够抓住希布里斯，因为他已经逃到罗德岛去了。但是，拉比耶努斯可耻地洗劫了他的住宅，抢走了他的贵重家具。同样，拉比耶努斯也洗劫了这座城市。在拉比耶努斯离开亚细亚之后，希布里斯又回来了，他恢复了自己的地位，重建了这座城市。关于米拉萨的情况就是这么多了。

25. 斯特拉托尼西亚是马其顿人的城市，历代国王用许多豪华的建筑把这座城市装点得非常漂亮。在斯特拉托尼西亚人地区有两座神庙，其中最著名的是拉吉纳的赫卡特神庙，每年要吸引大量人群来参加庆祝活动；在这座城市附近有克律绍里的宙斯神庙，这是所有卡里亚人共同的神庙，他们集合在那里举行献祭，讨论有关的共同利益。他们的同盟由许多村落组成，称为克律绍里同盟。那些代表大多数村庄的人具有表决权，例如塞拉姆斯人就是如此。斯特拉托尼西亚人参加了这个同盟，尽管他们不是卡里亚人出身，但他们的村庄属于克律绍里同盟。在我的上一代，这里产生了一个重要人物梅尼普斯·卡托卡斯（Menippus Catocas），西塞罗称赞说，在他自己见过的演说家之中，梅尼普斯·卡托卡斯是亚细亚所有演说家之中最伟大的演说家，[①] 并且把他与色诺克勒斯和当时其他著名演说家相提并论。这里还有另外一个斯特拉托尼西亚，即"托罗斯山脉附近的斯特拉托尼西亚"，它是这座山脉附近的一座小城市。

26. 阿拉班达位于两座丘陵的脚下，两座山丘彼此紧密连在一起，外表上好像是一头驮着箩筐的驴子。确实，阿波罗尼奥斯·马拉库斯曾经因此而讥笑过这座城市，还有这里的蝎子太多，说它是"一头驮着许多筐蝎子的驴子"。无论是这座城市，还是米拉萨和在它们之间的所有山区，都有很多这种动物。阿拉班达是

---

① 西塞罗，《布鲁图斯》，91，315。

一座奢华和淫荡的城市，有许多少女演奏竖琴。阿拉班达值得提到的人物有两位演说家兄弟：我刚才说到过的梅内克利斯，还有希罗克利斯。阿波罗尼奥斯和莫隆后来搬去了罗德岛居住。

27. 在有关卡里亚人的记载之中，有一点是大家都接受的，即卡里亚人曾经受到米诺斯的统治，他们在那时被称为勒勒吉人，居住在许多海岛上；后来他们才移居到大陆上来，占领了许多沿海和内陆地区，把它们从原先的主人，主要是勒勒吉人和佩拉斯吉人手上夺走。接着，他们的地区又被另一部分希腊人——爱奥尼亚人和多利亚人夺走了。关于他们对于战争的狂热，作家们引用了盾托、盾面图案和头盔的顶饰作为证明，因为所有这些东西都被称为"卡里亚的"。至少，阿纳克雷翁说过：

　　来吧，伸出你的手抓住卡里亚制造的盾牌。

（《残篇》，87，克鲁西乌斯）

阿尔凯奥斯也说：

　　卡里亚头盔的装饰在抖动。

（《残篇》，22，贝克）

28. 当诗人说

　　接着是马斯特勒斯率领的说蛮族语言的卡里亚人。

（《伊利亚特》，Ⅱ，867）

的时候，我们没有理由质问为什么他知道这么多蛮族部落，单单只提一个卡里亚人是"说蛮族语言的"，对其他"蛮族"却从来不提。因此，修昔底德是错误的，[①] 他认为荷马"既没有使用术语'蛮族的'，那个时候也无法分清古希腊人和与他们对立的民族"。但诗人已经驳斥了他所说的古希腊人无法分清的观点，他说：

> 我的丈夫名声传遍希腊和阿尔戈斯中部。
>
> （《奥德赛》，I，344）

他还说：

> 如果你想在希腊和阿尔戈斯中部旅行的话。
>
> （《奥德赛》，XV，80）

如果他们不是被称为蛮族，那么他们又怎么可能被称为"说蛮族语言"的部落？因此，无论是修昔底德，还是语言学家阿波罗多罗斯都错了，因为后者认为这个术语是古希腊人在特定的、骂人的场合用来咒骂卡里亚人的常用术语。特别是爱奥尼亚人，他们咒骂卡里亚人是因为他们仇恨卡里亚人，双方之间经常发生军事冲突。所以，荷马可能是在这种场合下把他们称为蛮族的。不过，我有一个疑问是，为什么荷马把他们称为"说蛮族语言的"，但却没有一次把他们称为"蛮族"？阿波罗多罗斯说："因

[①] 修昔底德，I，3。

为在诗歌之中不使用复数的形式，这就是为什么他在诗歌中不把他们称为蛮族人的原因。"尽管这个格的形式 [1] 在韵律之中不用，但蛮族主语格的形式 [2] 在韵律之中和"达达尼亚人" [3] 的形式没有区别：

> 特洛伊人、吕西亚人和达达尼亚人。
>
> （《伊利亚特》，XI，286）

单词"特洛伊的"在韵律之中也是一样：

> 特洛伊的马匹多么雄壮。
>
> （《伊利亚特》，V，222）

他说卡里亚人的语言是非常粗鲁的，这也是错误的。因为根据创作《卡里亚历史》的腓力所说，它不但不粗鲁，而且混合使用了许多希腊语的词汇。我认为"蛮族"这个单词，最初是那些发音困难、粗糙和沙哑者的拟声词汇，就好像希腊语词汇"battarizein"、"traulizein"和"psellizein" [4] 一样；因为我们天生习惯为发音相同的词汇标上读音，它们具有相同的特点。所以，在我们的词汇之中有许多拟声的词汇，如，"celaryzein"、"clange"、

---

① 第二格（barbaron）。

② barbaroi.

③ dardanoi.

④ 说话口吃、结巴。

"psophos"、"boe"和"crotos"，[①]这些词汇大多用来表示它们的本义。因此，如果这样粗糙发音的人就被称为"蛮族"的话，那么，所有外国人，即非希腊人的发音显然同样也是粗糙的。所以，他们是本义上的"蛮族人"。这个词起初是讥笑他们发音粗糙和困难；后来我们把这个词作为通用术语，滥用于表示与希腊人对立的其他所有民族。而且，我们在与蛮族长期的相识和交往之中也已经认识到，这些缺陷完全不是由于他们的发音粗糙，或者是发音器官有什么毛病造成的，而是由他们各自的语言特点造成的。在我们自己的语言之中，显然也有其他的缺点和蛮族式的发音，但从来就没有任何说希腊语的人发音不正确，而那些像蛮族一样发音的人，只是一些刚刚开始学习希腊语，还不能正确使用希腊语的人。这就好像我们学习他们的语言所发生的情况一样。这种情况在卡里亚人之中特别明显，因为其他民族和希腊人既没有太多的交往，也不想按照希腊人的生活方式生活或者学习希腊语——除了极少人偶然地、单独地和个别希腊人有交往之外——而卡里亚人正好相反，他们作为雇佣兵，为了金钱走遍了整个的希腊。因此，作为他们在希腊各地远征的结果，在他们所说的希腊语之中蛮族成分是非常强烈的。后来，当卡里亚人和希腊人一起移居到各个海岛的时候，他们的语言传播更加广泛了。即使在他们从海岛上被赶到亚细亚地区之后，他们也无法离开希腊人而生活，因为那时爱奥尼亚人和多利亚人已经渡海来到亚细亚地区定居。术语"蛮族化"的起源相同。因为我们已经习惯于使用

---

① 呼喊声、响声、破裂声。

这个术语来表示那些希腊语说得不好的人,而不是表示那些说卡里亚语的人。同样,"说蛮族语的"和"像蛮族说话的",可以解释为是指那些希腊语说得不好的人。术语"蛮族化"出自"Ca-rise",[1] 在希腊人说话艺术的论著之中,它使用于不同的场合;而术语 soloecise[2] 出自索利,或者是以其他方式构成的词汇。

29. 据阿尔特米多鲁斯所说,从罗德岛人大陆地区的菲斯库斯城到以弗所,其中到拉吉纳的距离是 850 斯塔德;然后到阿拉班达是 250 多斯塔德;到特拉莱斯是 160 斯塔德;但是,如果从陆路渡过迈安德河前往特拉莱斯,大约一半路程的地方就是卡里亚的边界地区。从菲斯库斯城到迈安德河,然后走陆路到达以弗所,总距离是 1180 斯塔德。如果从迈安德河沿着同一条道路直接到爱奥尼亚,从河边到特拉莱斯的距离是 80 斯塔德;然后到马格尼西亚,距离 140 斯塔德;到以弗所距离是 120 斯塔德;到士麦拿距离是 320 斯塔德;到福西亚和爱奥尼亚边界不足 200 斯塔德;因此,根据阿尔特米多鲁斯所说,爱奥尼亚的直线长度略多于 800 斯塔德。由于所有从以弗所前往东方的旅行者都选择一条固定的共同道路,阿尔特米多鲁斯也曾经走过这条道路:从以弗所到卡里亚与弗里吉亚的边界卡鲁拉,穿过马格尼西亚、特拉莱斯、尼萨和安条克基亚,路程总共是 740 斯塔德。从卡鲁拉开始,在弗里吉亚境内有一条通向劳迪西亚、阿帕米亚、梅特罗波利斯和切利多尼亚的道路。同样,从卡鲁拉到帕罗里亚[3] 起点附近的霍尔米,距离大约

---

① 用卡里亚人的腔调说希腊语。

② 即像西里西亚索利城居民一样说不标准的希腊语。

③ 即山边的弗里吉亚地区。

是 920 斯塔德，穿过菲洛梅利乌姆到利考尼亚附近帕罗里亚终点的提里亚乌姆，距离略超过 500 斯塔德。然后是利考尼亚，道路穿过劳迪西亚、卡塔塞考梅内[①]和科罗帕苏斯，距离是 840 斯塔德；从利考尼亚境内的科罗帕苏斯到卡帕多西亚的边境小城加尔索拉，距离是 120 斯塔德；然后穿过索安杜姆和萨达科拉，到卡帕多西亚人的大都会马扎卡，距离是 680 斯塔德；从这里穿过小城赫尔菲，到索费内境内托米萨前面的幼发拉底河，距离是 1440 斯塔德；按照阿尔特米多鲁斯和厄拉多塞所说，许多地方和直到印度的那些地方都位于这条直线上。但波利比奥斯认为，对于这些地方的情况，我们大多是依靠阿尔特米多鲁斯的资料。他以科马吉尼境内宙格马附近渡口的萨摩萨塔城为起点，确定从托米萨附近卡帕多西亚的边界翻越托罗斯山脉到萨摩萨塔，距离是 450 斯塔德。

---

① "被烧过的"地区。

第三章　吕西亚

1. 在罗德岛人海岸地区的边界代达拉之后，乘船朝着日出的方向前进，就来到了吕西亚，这个地区一直延伸到潘菲利亚；潘菲利亚又延伸到西里西亚人的山区，后者又延伸到伊苏斯湾周围另外一个卡里亚人居住的地区。这是半岛的一部分，半岛的地峡是由伊苏斯通往阿米苏斯的大路，或者按照某些人的说法，是通往锡诺普的大路。不过，它们都位于托罗斯山脉那边狭窄的海岸线上，这条海岸线从吕西亚一直延伸到索利地区，即今庞贝奥波利斯城。然后是索利附近的海岸线，从索利和塔尔苏斯（Tarsus）开始，延伸到平原地区。这样，当我叙述完这条海岸线之后，关于整个半岛的记载也就结束了。此后，我将转而叙述托罗斯山脉那边亚细亚的其他地区；最后，我将开始叙述利比亚地区。

2. 在罗德岛人的代达拉之后，就到了吕西亚境内与这座城市名字相同的代达拉山。从这里开始，整个航程都是沿着吕西亚的海岸线航行；这条海岸线长 1720 斯塔德，它布满暗礁，很难行走，但沿途有许多港口和淳朴的居民，可以提供充足的给养。这个地区的自然条件非常类似于潘菲利亚人和西里西亚人海岸地区的自然条件；但是前者把他们的地方作为海盗活动的行动基地，他们或者是亲自从事海盗活动，或者是向海盗提供自己的港口作为出售赃物的市场和停靠船只的码头。无论如何，在潘菲利亚的锡德城，有许多为西里西亚人建造的造船厂，尽管他们知道被抓来的俘虏是自由民，他们还是把这些人拍卖了。吕西亚人相反，他们继续过着非常文明的、淳朴的生活。所以，当西里西亚人成功地使自己成为直到意大利的海洋霸主时，他们仍然没有丝毫要改变自己生活方式的意愿，因为他们不想获得这种可耻的利益，而是继续居住在吕西亚同盟古老的土地上。

3. 同盟有 23 座城市拥有表决权。他们从每个城市来出席共同大会，随后挑选他们支持的城市。最大的城市每城拥有 3 票表决权，中等大城市每城 2 票表决权，其他城市每城 1 票表决权。按照同样的比例，他们交纳赋税和履行其他的义务。根据阿尔特米多鲁斯所说，最大的 6 座城市是桑索斯、帕塔拉、皮纳拉、奥林波斯、米拉和特洛斯，最后一座城市位于通往西拜拉的山隘附近。在大会上，他们首先选举出一位"吕西亚统治者"，[①] 然后选举同盟的其他官吏，任命共同的法官。在古代，他们要讨论战争、和平以及同盟的事务，现在他们当然不需要做这些事情，因为这些问题必然掌握在罗马人手中。而且，只有当这些问题对罗马人有利的时候，罗马人才会允许他们开会讨论。同样，法官和代理人也是从几个城市之中按照同样的比例选举产生的。由于他们生活在良好的政治制度下，他们甚至在罗马人统治时期仍然保留着自由民的身份，保留了祖先的风俗习惯；他们目睹了海盗被彻底肃清：首先是塞尔维利乌斯·伊索里库斯，那时他摧毁了伊索拉，后来

① Lyciarch 本义为"吕西亚人的长官"。

是大庞培，他放火烧掉了 1300 多条船舶，毁掉了海盗的老巢。战后幸存的海盗，部分被他移居到索利，这个地方被他命名为庞贝奥波利斯城；另外一些人被移居到人口稀少的迪梅，它现在成了罗马人的殖民地。但是，诗人，特别是悲剧诗人对这些部落感到困惑，如特洛伊人、密细亚人和吕底亚人，他们把这些人称为弗里吉亚人；同样，他们把吕西亚人称为卡里亚人。

4. 接着，在代达拉城之后是吕西亚山区，山区附近有吕西亚小城特尔梅苏斯、特尔梅西斯角和港口。在安条克战争之中，欧迈尼斯从罗马人手中得到了这个地方，但当他的国家瓦解之后，吕西亚人又把它夺回去了。

5. 然后，到了一座险峻的外克拉古斯山，那里的深山峡谷之中有一个有人居住的地方卡尔米莱苏斯；在这个地方之后是克拉古斯，它有 8 个海角和一座名字相同的城市。吐火兽的神话故事就发生在这座山附近的地区。附近有一条希梅拉峡谷，从海边一直延伸到距离这里不远的地方。在克拉古斯山脚下的内陆地区，有吕西亚最大的城市皮纳拉，这里祭祀潘达鲁斯，他可以与特洛伊的那个英雄人物视为一人，正如诗人所说：

潘达鲁斯之女是莽莽森林之中的夜莺。

（《奥德赛》，XIX，518）

据说，因为潘达鲁斯是吕西亚人。

6. 然后到了桑索斯河，古人把这条河称为希尔比斯河，乘小船沿河而上前进 10 斯塔德，到达勒托乌姆；从神庙向前再走 60

第三章　吕西亚　　　　**_1241_**

斯塔德，来到吕西亚最大的城市桑索斯城。在桑索斯之后是帕塔鲁斯建立的帕塔拉，它也是一座大城市，有一个港口，一座阿波罗神庙。托勒密·菲拉德尔福斯把这座城市修复之后，改名为吕西亚的阿尔西诺伊，但原来的名字更流行。

7. 米拉距离海岸线上方 20 斯塔德，位于一个山丘上。然后是利米鲁斯河口，然后步行 20 斯塔德，进入内陆地区一座小城利米拉。在沿着海岸航行的这段距离之中，有许多小岛和港口，其中有一座迈伊斯特岛和一座名字相同的城市，还有西斯特内岛。在内陆地区有菲卢斯、安提菲卢斯和希梅拉，最后这个地方我在前面已经说过了。

8. 然后到了希拉角和切利多尼亚群岛三个崎岖不平的海岛，它们的面积大致相等，彼此相距 5 斯塔德。他们距离海边大约 6 斯塔德，其中有一座海岛可供船只停泊。根据大多数作家所说，这里就是托罗斯山脉的起点，其原因不仅是因为海角的高度，也是因为它从潘菲利亚之后的皮西迪亚山延伸而来，还因为在它前面的这些海岛在海中形成了某种类似罗德岛人的大陆地区，类似于山麓地区。确实，这座山脉沿着罗德岛对面的海岸线不断地延伸，一直延伸到了皮西迪亚附近地区，这一片土地也叫做托罗斯山脉。同样，切利多尼亚群岛被认为与卡诺布斯（Canobus）大致相对。[①]从这里到卡诺布斯的航程[②]据说有 4000 斯塔德。从希拉角到奥尔比亚城（Olbia）还有 367 斯塔德；在这个区间的不仅有克兰布萨

[①]　即与埃及的卡诺布斯城在同一条子午线上。

[②]　通过红海。

岛，还有一座大城市奥林波斯以及一座名字相同的山脉，后者又叫做菲尼库斯。接着是海岸边的一块土地科里库斯。

9. 然后到了著名的城市法塞利斯，它有三个港口和一个湖泊。在城市之后是索利马山和皮西迪亚人的特尔梅苏斯，它位于峡谷附近，这座城市有一条道路越过高山通往米利亚斯，为了打通这条峡谷的道路，亚历山大毁灭了米利亚斯。在海边的法塞利斯附近有许多峡谷，亚历山大率领自己的军队通过了这些峡谷。这里有一座山，名叫克里马克斯山，它靠近潘菲利亚海边，并且在海岸边留下了一条狭窄的通道。在风平浪静的时候，这条道路不会被海水淹没，可以供行人通行；但在大海涨潮的时候，这条道路大部分被海水淹没了。由于翻越高山的道路迂回曲折而又险峻，因此在天气好的时候人们通常使用这条海边的道路。亚历山大遇上了有暴风雨的季节，他是一个非常相信运气的人，在海浪来到之前他就率领军队出发了，结果他的士兵一整天都在齐腰深的海水之中行军。这座城市也是吕西亚人的城市，它位于潘菲利亚的边境附近，但它没有参加吕西亚人联盟，而是独立的自治地区。

10. 诗人是把索利米人与吕西亚人区分开来的，因为吕西亚人的国王派遣柏勒洛丰去参加第二次战争，

> 他在战争之后去了光荣的索利米人那里。

（《伊利亚特》，Ⅵ，184）

但其他人认为吕西亚人在古代称为索利米人，后来又称为特尔米利人，得名于从克里特来的特尔米利人和萨耳珀冬；在这之

后才称为吕西亚人，得名于潘迪昂之子吕西乌斯（Lycius），他被放逐出祖国之后，被萨耳珀冬允许担任自己本国的共治者，这与荷马所说的不一致。其他人认为诗人所说的"索利米人"就是现在米利伊人，这种观点是比较可靠的。关于他们的情况，我先前已经说过了。

第四章 潘菲利亚

1. 在法塞利斯之后是潘菲利亚的起点奥尔比亚，它是一个重要的要塞；在这个要塞之后是卡塔拉克特斯河，它的河水从高处倾泻而下，在很远的地方就可以听到河水的喧哗声。然后到达了阿塔利亚城，它得名于城市的奠基者阿塔罗斯·费拉德尔夫斯，他还在附近一座小城科里库斯进行过殖民活动，在城市周围建立了一道高大的环形城墙。据说在法塞利斯和阿塔利亚之间可以看见底比斯和利尔内苏斯，根据卡利斯提尼斯所说，特洛伊的部分西里西亚人被驱逐出底比斯平原之后，就来到了潘菲利亚。

2. 然后到了塞斯特鲁斯河，溯河而上航行 60 斯塔德，来到了佩尔格城；在城市附近高地上有一座佩尔格的阿尔忒弥斯神庙，那里每年要庆祝一个共同的节日。然后，在海岸线之后大约 40 斯塔德，到了西利乌姆城，从佩尔格可以看见这座高大的城市。然后到达卡普里亚湖，这是个巨大的湖泊；在这个湖泊之后是欧里墨冬河，溯河而上前进 60 斯塔德，到达阿尔戈斯人建立的、人口众多的阿斯彭杜斯城。在阿斯彭杜斯城之后是佩特内利苏斯。然后到了一条河流旁边，在河流的前面有许多小岛；然后是基梅人的殖民地锡德，当地有一座雅典娜神庙；附近是小西拜拉人的海岸线，然后是米拉斯河和一个锚地。然后是托勒密城。在这座城

第四章　潘菲利亚　　　　　　　　　　　　**1245**

市之后，就到了潘菲利亚的边界和科拉凯西乌姆要塞，它是西里西亚山区的起点。沿着整个潘菲利亚海岸边航行的距离是640斯塔德。

3. 根据希罗多德所说，[①]潘菲利亚人是安菲罗库斯和卡尔卡斯带来的那些人的后代，这些人是跟随他们从特洛伊来的混杂人群；他们大多数留在了这里，但有些人分散到了地球上的其他许多地方。卡利努斯认为卡尔卡斯死在克拉鲁斯，而这些由莫普苏斯率领、越过托罗斯山脉的人有一些继续留在潘菲利亚，其他人则分散到了西里西亚、叙利亚和腓尼基地区。

①　希罗多德，Ⅶ，91。

第五章　西里西亚

1. 至于托罗斯山脉之外的西里西亚，它的一部分是崎岖不平的山区，另一部分是平坦的地区。[①] 崎岖不平的地区是一条狭窄的海岸线，没有平坦的地方，或者是几乎没有平坦的地方；除此之外，它地处托罗斯山麓地区，直到伊索拉、霍莫纳德人地区的北坡和皮西迪亚，都是贫困的地区。这个地区称为崎岖不平的地区，它的居民被称为崎岖不平地区的居民。但是，西里西亚的平坦地区从索利和塔尔苏斯一直延伸到伊苏斯，还有在托罗斯山脉北坡的那些地区，那里居住着卡帕多西亚人；因为这个地区大部分是平原地区和肥沃的土地。由于这个地区部分在托罗斯山脉这边，部分在托罗斯山脉那边，由于我已经讲过托罗斯山脉这边的地区，现在我就从崎岖不平地区的居民开始，讲述托罗斯山脉那边的地区。

2. 接着就到了西里西亚第一个地方科拉凯西乌姆要塞，它建立在一块陡峭的岩石上，它曾经被狄奥多托斯·特里丰作为行动基地，当时他正在叙利亚起义反对国王，他和国王的战斗时而取得胜利，时而遭到失败。由于特里丰被德米特里之子安条克包围

---

① 崎岖不平的和平坦的西里西亚。

第五章　西里西亚　　　　*1247*

在某个地方，被迫自杀了。就是特里丰和一群世袭统治叙利亚和西里西亚的平庸国王，他们对西里西亚人组织自己的盗匪集团起了推动作用。因为在他的起义之后，还有其他人也起义了，同胞之间彼此的纷争使国家变成了外敌侵略的对象。他们大多数人卷入了贩运奴隶这种罪恶的买卖，因为它是最有利可图的行业；因为奴隶不仅容易捕捉，而且市场很大，很富裕，距离又不太远，这就是提洛岛。提洛岛一天之中输入和卖出的奴隶有上万人之多，因此而产生了一个谚语："商人到此，船上卸下的货物全部卖光。"原因是罗马人毁灭了迦太基和科林斯之后，成了暴发户，需要大量奴隶，而海盗们看见这件事情非常容易获利，开始大批出现，他们不仅抢劫货物，而且从事奴隶贸易。在这方面，叙利亚的对手、塞浦路斯和埃及的国王为海盗提供了许多帮助。罗德岛人与叙利亚人关系不好，不给他们提供帮助。同时，海盗们假装自己是奴隶贩子，从事着不受限制的罪恶贸易活动。罗马人当时很少关注托罗斯山脉那边的部落，但他们派出了西庇阿·埃米利亚努斯，后来又派出了其他人前去视察这些部落和城市。罗马使者确定上述海盗活动是统治者无能而造成的结果，由于这些人是塞琉古·尼卡托确认的世袭统治者，虽然罗马人感到为难，还是把这些统治者废除了。这就是为什么帕提亚人成了这个地区统治者的原因。帕提亚人占领了幼发拉底河那边的地区，后来又成了亚美尼亚人的统治者。他们还不仅占领了托罗斯山脉那边的地区，而且占领了腓尼基。他们竭尽全力，推翻了许多国王和所有的王族，但把大海交给了西里西亚人去统治。后来，帕提亚人的势力强大之后，罗马人被迫使用军队和战争去消灭他们，但这并不能阻止他们日益强大的势力。人们很难责备这是由于罗马人的疏忽大意造成的结果，因为他们当时正在处理即将到来的更为紧迫的事情，他们无力关注那些发生在遥远地方的事情。这就是我决定离开地理学的本题，简短地叙述这个问题的原因。

3. 在科拉凯西乌姆之后，就到了阿尔西诺伊城；[①] 然后到了山丘上的哈马克西亚城，它有一座港口，可以运来造船用的木材。这些木材大多是雪松，看来这个地区造船用的雪松比其他地方更多；正是由于这个原因，安东尼提出把这个地区送给克娄巴特拉，因为这种木材适合于建造她的战船。之后是奶头山的莱尔特斯要塞，它有一个锚地。接着到了塞利努斯，它是一座城市和河流的名称。然后到了克拉古斯礁，它比周围所有礁石更险峻，更接近大海。接着是查拉德鲁斯要塞，它有一个锚地（在锚地之后是安德里克鲁斯山）；在它的旁边是崎岖不平的普拉塔尼斯特斯。然后到了阿内姆里乌姆角，在那里大陆与正对着克罗米乌斯角的塞浦路斯相距最近，路程是350斯塔德。从潘菲利亚边界到阿内姆里乌姆角西里西亚沿岸的海路是820斯塔德，其余部分直到索利大约是500斯塔德。这条海岸线在阿内姆里乌姆角之后的第一座城市是纳吉图斯；然后到了阿尔西诺伊，那里有一个锚地；接着是米拉尼亚、塞伦德里斯城，这座城市有一个港口。根据有些作家（其中包括阿尔特米多鲁斯）所说，西里西亚的起点是塞伦德里斯，而不是科拉凯西乌姆。阿尔特米多鲁斯认为从培琉喜阿河口到奥尔托西亚，距离是3900斯塔德；到奥龙特斯河距离是1130

---

① 文字脱落，可能应当读为 "Sydrie" 或 "Syedra" 或 "Aunesis"。

第五章　西里西亚　　　　　　　　　　　　　　　　　*1249*

斯塔德；到下叙利亚门的距离是525斯塔德；到西里西亚的边界[①]
是1260斯塔德。

4. 然后到了霍尔米城，现在的塞琉西亚人原来就居住在那里；
但是，在卡利卡德努斯的塞琉西亚城建成之后，他们就移居到那
座城市去了。绕过形成萨耳珀冬角的海岸，接着就到了卡利卡德
努斯河口，在卡利卡德努斯河附近是泽菲里乌姆角。这条河流提
供了一条通往内陆塞琉西亚的道路，这座城市人口众多，风俗习
惯与西里西亚和潘菲利亚很不相同。这个地方出了现代著名的逍
遥派哲学家雅典尼乌斯和色纳尔库斯（Xenarchus）。在这两个人
之中，雅典尼乌斯还从事国务活动，有一段时间担任过本国人民
的首领，他的失败可以归罪于他和姆雷纳之间的友谊，当着反奥
古斯都·凯撒的阴谋被发现之后，他在和姆雷纳一起逃走的时候
被俘虏了，但被证明确实是无罪的，凯撒把他释放了。当他从罗
马回来的时候，[②] 对于最早看见他的人们，他一再用欧里庇得斯的
诗歌来回答他们的欢迎和询问：

　　　　我来了，离开了地狱的殿堂和黑暗的大门。

　　　　　　　　　　　　　　　　　（欧里庇得斯，《赫卡柏》，1）

但是，他回来没多久就因为晚上发生房屋倒塌的悲剧死了，
当时他正在房子中睡觉。至于我的老师色纳尔库斯，他没有在这

---

① 即到达西部边界。

② 手稿中"到罗马"是明显的错误。

里住很久，他居住在亚历山大、雅典，最后是居住在罗马。他选择教师作为终生的职业，获得了阿雷乌斯和奥古斯都·凯撒的友谊，一直到老年都备受尊敬；但是，他在去世之前不久失明了，随后死于疾病。

5. 在卡利卡德努斯之后，就到了波齐莱礁，① 礁石上开凿有石梯，一直通向塞琉西亚；然后就到了阿内姆里乌姆角，它与前者名字相同，② 然后到了克兰布萨岛和科里库斯角，在它之后 20 斯塔德之处是科里库斯洞穴，那里生长着最好的藏红花。③ 科里库斯洞穴地区是一个巨大的圆形山谷，四周是岩石嶙峋的高耸山脊，走进这个洞穴，来到它的底部，也是崎岖不平、岩石嶙峋的地方，但它有很多灌木类树丛，既有常绿植物，也有栽培植物。在这些树木之中，有些小块土地上长着藏红花。这里还有一个山洞中有一条很大的溪水，是一条水质纯净、透明的小河；这条河流很快就流入地下，从看不见的地下一直汇入海中。这条河被称为苦河。④

6. 在科里库斯角之后是埃利乌萨，这座海岛靠近大陆，阿基劳斯曾经在这里居住，在获得了整个西里西亚山区之后（只有塞琉西亚除外），⑤ 他把它作为自己的王都。同样，先前的阿敏塔斯和更早时候的克娄巴特拉，也是以同样的方式占领了它。这个地区

---

① 即五光十色的礁石。

② 第 3 节。

③ Crocus sativus 出产藏红花。

④ Pikron hydor.

⑤ 从罗马人那里获得的（参见本书 XII, i, 4）。

不管是陆地或是海上，都天生适合海盗活动；在陆地上是因为它有许多高山，在高山之后居住着许多大部落，这些部落有平原地区和农田，他们大而容易征服；在海上是因为他们有良好的供应，不仅是造船的木材，而且还有许多港口、要塞和秘密的港湾。考虑到所有这些方面，我认为罗马人觉得这个地区交给国王们来统治，比交给罗马行政长官来管理要好得多，因为他们不可能一直呆在那里，也不可能一直使用武力来统治。正因为如此，阿基劳斯在卡帕多西亚之外还获得了西里西亚山区，位于索利和埃里乌萨之间的拉姆斯河和一个名字相同的村庄成了后者的边界。

7. 在托罗斯山脉附近，有一座强盗泽尼塞图斯的山寨——奥林波斯，它既是一座山，又是一个山寨，站在山上可以看见整个吕西亚、潘菲利亚、皮西迪亚和米利亚斯；但是，当这座山被伊索里库斯攻占之后，泽尼塞图斯和他全家成员都自焚了。他还统治着科里库斯、法塞利斯和潘菲利亚许多地方。但是，所有这些地方都被伊索里库斯占领了。

8. 在拉姆斯河之后是著名城市索利，它是伊苏斯附近另一个西里西亚的起点，由亚该亚人和林都斯的罗德岛人建立的。由于这座城市人口稀少，大庞培把那些幸存的海盗移居到这座城市，他认为可以给他们一条生路，并且为他们提供生计；他把这座城市更名为庞贝奥波利斯城。索利本地著名人物有：斯多葛派哲学家克里西普斯，他的父亲、喜剧诗人菲雷蒙从塔尔苏斯搬到此地；另外，阿拉托斯用诗歌写了一本著作《现象》。

9. 然后便到了泽菲里乌姆角，它与卡利卡德努斯附近的一个地方名字相同。然后是距离海岸线之后不远的安恰勒。根据阿里斯托布卢斯所说，这座城市是萨尔达纳帕卢斯建立的。他说，这里有萨尔达纳帕卢斯的陵墓，还有一座石像（其右手的手指紧握，关节好像发出了响声）雕像上面的亚述文字铭文如下："阿纳辛达拉克斯之子萨尔达纳帕卢斯在一天之中建立了安恰勒和塔尔苏斯，他们吃喝和欢乐，因为其他所有事情都比不上这件事。"——表示小事一桩。科里洛斯也提到了这个铭文；确实，下面的韵文是众所周知的：

> 我吃到了我所有的一切，
> 我享受到了爱情的欢乐，
> 却失去了身后大量的福分。

10. 在安恰勒之后是基因达要塞，过去它曾经是马其顿人的国库所在地。但是，这座国库在欧迈尼斯反抗安提柯的时候被洗劫了。在基因达和索利的之后是一个山区，这里有一座奥尔贝城和一座宙斯神庙，它是透克罗斯之子埃贾克斯建立的。这座神庙的祭司成了西里西亚山区王朝的君主。后来，许多僭主企图占领这个地区，这里也出现了有组织的盗匪。这些海盗被消灭之后，人们把这个地区称为透克罗斯的领土，祭司们称为透克罗斯的祭司，大部分祭司都被称为透克罗斯和埃贾克斯。但是，一位僭主的女儿色诺法尼斯通过婚姻进入了这个家族，夺取了政权，这是他的父亲先前作为摄政所拥有的权力。后来，安东尼和克娄巴特拉碍于她谦恭的请求，把这种权力赐给她以示恩宠。她后来虽然被推翻，但权力保留在她的后裔手中。在安恰勒之后是雷格马附近的

第五章　西里西亚　　**1253**

基德努斯河口。这是一个湖泊，湖边有一座古代的兵工厂。基德
努斯河汇入湖中，这条河流经过塔尔苏斯中部，发源于塔尔苏斯
之后的托罗斯城。这个湖泊也是塔尔苏斯的军港。

11. 整个海岸线就延伸到这里，从罗德岛人的大陆地区开始，
从赤道的西方延伸到赤道的东方，[①] 然后折向冬季日出的方向，[②] 直
到伊苏斯，然后折向南方，直到腓尼基，剩余部分向西延伸到赫
拉克勒斯石柱为止。实际情况是，我所说的半岛地峡从塔尔苏斯
和基德努斯河口延伸到阿米苏斯，因为这是从阿米苏斯到西里西
亚边界最短的路程。由这里到塔尔苏斯距离是 120 斯塔德，由塔
尔苏斯再到基德努斯河口距离不会比这更长。实际上，从阿米苏
斯到伊苏斯和附近大海的道路，没有比通过塔尔苏斯更短的其他
道路，从塔尔苏斯到伊苏斯也不比到基德努斯河口更近。[③] 因此，
事情很清楚，这是一条真正的地峡；不过，人们仍然认为一直延
伸到伊苏斯湾那条道路是真正的地峡，这是由于海湾的重要性而
造成对于事实的严重误解。由于这个明确的事实，我认为通过罗
德岛延伸到基德努斯河的直线，和延伸到伊苏斯的直线是同一条
直线，它们之间没有任何区别，我认为沿着这条直线，托罗斯山
脉可以一直延伸到印度。

12. 塔尔苏斯位于平原上，它是特里普托勒摩斯率领阿尔戈斯
人寻找伊俄时建立的城市，基德努斯河把它从中间一分为二，从
年轻人的体育馆旁边流过去了。由于这条河的源头不远，河水流

---

①　即从西到东。

②　在东南方。

③　即在基德努斯河口。

过深谷，很快就流入了城市之中，它的水流寒冷而迅速，对那些有肿胀病的人和家畜而言，如果浸泡在水里是有好处的。

13. 塔尔苏斯人不仅热衷于研究哲学，而且热衷于公共教育的各个方面，他们超过了雅典、亚历山大城和其他任何有名的、有学校、教授哲学的地方。它和其他城市最大的不同之处在于，这里的人们热爱知识。所有居民，无论是本地人，还是外地人都不乐意移居这里。那些本地居民不愿意留在这里，即使他们在国外接受了完满的教育，他们在完成了教育之后也喜欢居住在国外，只有少数人回国。而在其他城市，情况正好相反；我刚才已经指出只有亚历山大城除外，有许多外国人到那里去，在那里快乐地打发时光，你看不见多少本地人由于热爱知识前往国外，或者由于渴望献身于知识而留在国内。对于亚历山大人而言，两种情况都有，他们允许外国人入境，也派遣了不少本国公民出国。而且，塔尔苏斯存在着修辞学的所有派别；总之，它不仅人丁兴旺，而且实力最强，因此获得了母邦的名望。

14. 下面这些人物是塔尔苏斯人：斯多葛派学者安提帕特、阿基德姆斯和涅斯托尔；还有两位雅典诺多罗斯，其中一位绰号叫做科迪里昂，居住在马可·卡托家中，并且在他家中去世；另外一位是桑登之子、绰号卡纳尼特斯（得名于某个村落），他是凯撒的老师，非常受凯撒的尊敬；他回到故乡的时候已经是一位老者，他解散了当地现存的政府，这是一个由博伊图斯、蹩脚诗人和无赖市民领导的糟糕政府，他们之所以被接受是因为他们极力讨好人民大众。他因为安东尼而大大地提高了声望，因为他最初高兴地接受了诗人为纪念腓力皮胜利而创作的诗歌，但在很大程度上

第五章　西里西亚　　**1255**

是由于自己的才能（它在塔尔苏斯人之中很流行），他可以就任何既定的题目，马上不做准备、不断地发表意见。而且，安东尼允诺塔尔苏斯人设立一个运动会总监的职务，[①]并且任命了博伊图斯担任了运动会总监，委托他负责经费。但博伊图斯被揭露藏匿了（除了其他物品）橄榄油，揭发者当着安东尼的面揭发他的时候，他使安东尼消除了怒火，他说："正如荷马赞扬阿喀琉斯、阿伽门农和奥德修斯一样，我也曾经赞扬过你，因此，我被带到你面前承受这样诽谤性的控告，这是不公正的。"揭发者接住他的话说："是的，但荷马既没有盗窃阿伽门农的橄榄油，也没有盗窃阿喀琉斯的橄榄油，而你却这样做了，因此你必须受到惩罚。"但是，他以恭谦的态度消除了安东尼的怒火，他像以前一样继续洗劫城市，直到安东尼垮台为止。雅典诺多罗斯发现城市处于这样的困境，一度企图劝说博伊图斯及其同伙改弦易张，由于后者自己坚持傲慢无礼的态度，他利用凯撒赐予自己的权力，宣布把他们流放出国。这些人起初还控诉他，在墙上写下了如下的铭文：

年轻人的功绩、中年人的劝告和老年人的自负。

他把这个铭文看成是一个笑话，下令在铭文旁边写上"老年人的雷霆"。有人藐视一切正常的礼节，遭受腹泻的折磨，在晚上路过雅典诺多罗斯家门口的时候，毫不犹豫地弄脏了他家的大门和墙壁。雅典诺多罗斯在人民大会上谴责内讧时说："我们可以通

---

①　运动会的长官，年轻人体育锻炼的导师。

过许多方式观察到城市的疾病和困境，特别是根据它的排泄物。"
这些人就是斯多葛派学者；但是凯撒的姊妹屋大维娅之子马塞卢
斯的老师，当代的涅斯托尔是一位学园派的学者，他是塔尔苏斯
的政府首脑，雅典诺多罗斯的继承人，一直受到行政长官和城市
的尊敬。

15. 塔尔苏斯的其他哲学家还有：

　　　　我熟悉他们，可以说出他们的名字。

（《伊利亚特》，Ⅲ，235）

　　普鲁提亚德斯和第欧根尼属于那种从一个城市流浪到另一个
城市的哲学家，他们创造了最好的学派。第欧根尼还创作诗歌，
根据铭文记载，它的主题大部分是悲剧的诗歌；至于语法学家，
现在有著作传世的有阿尔特米多鲁斯和狄奥多罗斯。《七星集》①列
举的最优秀悲剧诗人之中，就有狄奥尼西德斯。罗马就是这样一
座城市，它可以为我们提供塔尔苏斯许多的著名学者；因为这座
城市有许多塔尔苏斯人和亚历山大人。关于塔尔苏斯的情况就是
这样了。

　　16. 在基德努斯河之后是皮拉姆斯河，它从卡陶尼亚流出，关
于这个地区的情况，我先前已经说过了。根据阿尔特米多鲁斯所
说，由此前往索利，海上直线距离是500斯塔德。在这附近是位

_____

　　①　即"亚历山大城的七星"，指的是阿特拉斯的七个女儿——普勒阿得斯，
她们被宙斯变成了普勒阿得斯（昴宿星团）。

于高地上的马卢斯城，它是安菲罗库斯和莫普苏斯所建，后者是阿波罗与曼托之子，关于他们有许多神话故事。除此之外，我在叙述卡尔卡斯、卡尔卡斯与莫普苏斯争论自己预言的威力时，也提到过他们。由于某些作家、如索福克勒斯把争论的地点改在了西里西亚，他根据悲剧诗人的习惯把它称为潘菲利亚，正如他把吕西亚称为卡里亚，把特洛伊和吕底亚称为弗里吉亚一样。索福克勒斯和其他人说卡尔卡斯死在这里。但是，根据神话故事，相关的争论不仅涉及预言的威力，而且涉及最高的权力。据说安菲罗库斯和莫普苏斯是从特洛伊来到这里的，他们建立了马卢斯，然后安菲罗库斯又去了阿尔戈斯，由于不满于那里的事情，他又回到了马卢斯，但被排除在政府之外。他和莫普苏斯进行了决斗，两人都死在决斗之中，并且被埋葬在互相看不见的两个地方。今天，在皮拉姆斯河畔马加尔萨附近的地方仍然可以看见他们的陵墓。语法学家克拉特斯就出生在这里。据说帕内提乌斯曾经是他的学生。

17. 在这条海岸线之后是阿莱平原，菲洛塔斯曾经率领亚历山大的骑兵穿过这个平原，而亚历山大本人则率领方阵，沿着马卢斯的海岸线和土地朝着伊苏斯和大流士的大军前进。据说亚历山大向安菲罗库斯进行了献祭，因为他与阿尔戈斯人有亲属关系。赫西奥德认为安菲罗库斯是被阿波罗杀死在索利的；但其他人说他被杀死在阿莱平原附近的地方，还有人说他被杀死在叙利亚，当时他由于争吵而放弃了阿莱平原。

18. 在马卢斯之后是小城埃盖伊，它有一个锚地；然后到了阿马努斯门，它有一个锚地，托罗斯山脉的支脉阿马努斯山到此结束，它延伸到西里西亚之后的东部。它一向由几个强大的僭主统治着，他们居住在要塞之中；但是，现在一位著名人物自立为所有人的君主，并且因为自己的崇高品质被罗马人任命为国王，这就是塔尔康迪莫图斯，他把继承权转交给了自己的后裔。

19. 在埃盖伊之后就到了小城伊苏斯，它有一个锚地，然后就到了皮纳鲁斯河。亚历山大和大流士的战争就发生在这里。这个海湾称为伊苏斯湾。在这个海湾附近有罗苏斯、米里安德鲁斯、亚历山大、尼科波利斯、莫普苏伊斯提亚和所谓的比利，即西里西亚人和叙利亚人的边界地区。在西里西亚有一座萨耳珀冬的阿尔忒弥斯神庙和神谕所；发布神谕的预言家具有像神一样的品质。

20. 在西里西亚之后，第一座叙利亚城市是皮埃里亚地区的塞琉西亚，在它的旁边是奥龙特斯河。从塞琉西亚航海到索利，直线距离略少于1000斯塔德。

21. 由于荷马所说特洛阿德的西里西亚人距离托罗斯山脉之外的西里西亚人非常遥远，因而有些作家认为特洛伊的西里西亚人是托罗斯山脉最早的殖民者，并且指出了一些名字相同的地方，例如潘菲利亚境内的底比斯和利尔内苏斯；然而，反对者则指出那里还有阿莱平原。由于托罗斯山脉之外的上述半岛许多地方都已经讲述过，我还要补充如下内容。

22. 阿波罗多罗斯在其著作《船只登记册》之中，谈到过这件事情的影响，特洛伊人所有的亚细亚盟友都被诗人作为半岛居民一一提到，半岛最狭窄的地峡就在锡诺普与伊苏斯之间。他说，半岛是一个三角形，每条外边的长度是不相等的；其中一条边从西里西亚延伸到切利多尼亚群岛，另外一条边从切利多尼亚群岛

第五章　西里西亚　　　　　*1259*

延伸到攸克辛海口，第三条边由这里回到锡诺普。因此，荷马认为所有的盟友都是半岛居民显然是错误的，正如我先前已经指出的那样，特洛伊人的盟友不仅仅是居住在哈利斯河这边的居民。因为正如在帕尔纳西亚周围地区一样，我先前说过在那里居住着哈利宗人，这些地区都在哈利斯河以外的地方，[①] 因此它们也在地峡之外，也就真的在锡诺普和伊苏斯之间最狭窄的地方之外；不仅是在这些地方之外，也在阿米苏斯和伊苏斯之间最狭窄地方之外。由于阿波罗多罗斯对地峡和最狭窄之处的确定有误，他用锡诺普和伊苏斯之间最狭窄的地方代替了阿米苏斯和伊苏斯之间最狭窄地方。更荒谬的是他把半岛称为三角形，提出它有三条外边；由于他在谈到"外边"的时候，私下大概把沿着最狭窄处的边排除在外了，虽然这也是一条边，但不是"外边"或者靠海的边。如果这些狭窄处的边短于终点在伊苏斯和锡诺普的外边，或者差不多重合，人们还可以承认这个半岛被称为三角形。但是，由于上述伊苏斯和锡诺普之间的狭窄之处彼此距离 3000 斯塔德之远，把这个四边形称为三角形是愚蠢的，也是对地形学知识一窍不通的表现。虽然他还出版了以喜剧韵律[②] 写成的地形志著作《大地通论》。同样无知的是，他把地峡的长度减少到最短——只有整个长度的一半，即 1500 斯塔德，这是那些极力歪曲事实的人（其中包括阿尔特米多鲁斯）干的。但是，即使这样也无法把最窄之处的边长减少到足以使半岛变成一个三角形。阿尔特米多鲁斯确定的

---

① 参见本书 XII, iii, 24。

② 抑扬格诗集没有保存下来。

外边也是不正确的，他提到了"从伊苏斯延伸到切利多尼亚群岛的那条边"；因为这里还有一条边，即整个吕西亚的海岸线，它沿着直线延伸到他所提到的那条边，还有罗德岛的大陆地区直到菲斯库斯的海岸线。从这里开始，陆地转弯，形成了第二条，或者是西面的边，它一直延伸到普罗庞提斯和拜占庭。

23. 但是，埃福罗斯认为这个半岛居住着 16 个部落，其中 3 个是希腊部落，除了那些混合的部落之外，其余都是蛮族部落。他补充说，在海边居住的是西里西亚人、潘菲利亚人、吕西亚人、比希尼亚人、帕夫拉戈尼亚人、马里安迪尼亚人、特洛伊人和卡里亚人；在内陆居住的是皮西迪亚人、密细亚人、卡里比人、弗里吉亚人和米利伊人。阿波罗多罗斯审查了这些资料之后认为，第 17 个部落加拉提亚部落出现的时间比埃福罗斯时期还晚，而在上面所说到的部落之中，希腊部落在特洛伊战争时期也还没有移居到这里，而蛮族部落随着时间的流逝，混合越来越严重；诗人在《船只登记册》提到了特洛伊部落，还有现在所谓的帕夫拉戈尼亚部落、密细亚部落、弗里吉亚部落、卡里亚部落、吕西亚部落，还有代替吕底亚人的梅奥尼部落；还有其他不出名的部落，如哈利宗人、考科尼亚人；在《船只登记册》之外还有塞泰人、索利米人、底比斯平原的西里西亚人、勒勒吉人。但是，诗人在任何地方几乎都没有提过潘菲利亚人、比希尼亚人、马里安迪尼亚人、皮西迪亚人、卡里比人、米利伊人，或者是卡帕多西亚人，有些是因为他们还没有定居在这个地方，还有些是因为他们被包括到其他部落之中去了，如海德里伊人和特尔米利人被包括在卡里亚人之中，多里奥内人和贝布里塞人被包括在弗里吉亚人之中。

第五章　西里西亚 *1261*

24. 但是，阿波罗多罗斯显然没有认真地分析埃福罗斯的资料，而且他还混淆和歪曲了诗人的意思。因为他一开始就应当向埃福罗斯提出如下问题，为什么他把卡里比人放在半岛的范围之内，而那时他们距离东方的锡诺普和阿米苏斯还非常遥远。由于有些人认为这个半岛是一条从伊苏斯通往攸克辛海的路线，并且把这条路线看成是一条子午线，有些人认为它是通往锡诺普路线，而其他人认为它是通往阿米苏斯的路线。但是，没有人认为它通向卡里比人地区，因为它绝对是曲线。实际上，通过卡里比人地区的子午线只通过小亚美尼亚和幼发拉底河，在它的这边留下了整个的卡帕多西亚、科马吉尼、阿马努斯山和伊苏斯湾。但是，如果我们承认地峡以这条曲线为界，那么，这些地方的大部分、特别是卡帕多西亚，就将被划在这边，还有现在所谓的本都，它在特定的意义上也是攸克辛海附近卡帕多西亚的一部分。因此，如果要把卡里比人地区看成是半岛的一部分，那就必须把卡陶尼亚、两个卡帕多西亚，还有被他忽略的利考尼亚都包括进来。还有，埃福罗斯为什么要把卡里比人放在内陆地区？正如我先前所说的，诗人把他们称为哈利宗人。因为如果要把他们划分开来的话，一部分放在海边，一部分放在内陆是最恰当的办法。对于卡帕多西亚和西里西亚也应当这样划分比较好。但是，埃福罗斯根本就没有提到卡帕多西亚，只提到了海边的西里西亚人。而那些被安提帕特·德尔贝特斯统治的部落是霍莫纳德人和其他一些与皮西迪亚人交界的部落：

　　那些没见过大海，甚至

没有吃过有盐食物的人。

(《奥德赛》，XI，122)

他们将要被安排到什么地方？他既没有提到吕底亚人，也没有提到梅奥尼人；他们是两个部落还是同一个部落，他们是孤立的生活或者是被包括在其他的部落中。因为这些是不可以忽视的重要部落；如果埃福罗斯对他们都一言不发，那么，他必定还忽略了某些最重要的事情，这不是很明显的吗？

25. 还有，哪些部落是"混合的"部落呢？除了比较上述地名之外，在他提到或者忽略的这些部落之中，我们无法说出哪些部落属于"混合的"部落，在他提到的或忽略的这些部落之中，我们也无法把哪些部落称为"混合的"部落。因为即使他们是混合部落，其主要成分不是希腊族，就是蛮族成分。对于第三种形式的"合杂"部落，我一无所知。

26. 而且，怎么可能会有三个希腊部落居住在半岛上呢？原因是雅典人和爱奥尼亚人在古代是一个部落，即使把多利亚人和埃奥利斯人也算成是一个部落，这样也只有两个部落。如果人们要根据后来的风俗习惯、根据方言来划分，那么，这些部落就像方言一样，一共有四个。但是，正如我在其他地方所指出的那样，这个半岛根据埃福罗斯的划分，不仅是住着爱奥尼亚人，还有雅典人。对于所有这些问题，可以同意埃福罗斯的观点。但是，阿波罗多罗斯完全没有注意到这一点，而且在16个部落之上又加上了第17个部落，即加拉提亚人——他做了一件有益的事情，但这对于判断埃福罗斯说过什么，忽略了什么并不是非常必要的。阿波罗多罗斯自己

第五章　西里西亚　　*1263*

的解释是，这些事情都是在埃福罗斯去世之后发生的。

27. 阿波罗多罗斯转而谈到诗人。他正确地指出，在蛮族部落出现的许多混乱情况，都是从特洛伊时期到现在，由于各种变化的结果才出现的，由于某些部落的壮大，某些部落的消失，某些部落的分裂，某些部落联合成一个部落而出现的。但是，他对于为什么诗人没有提到他们之中某些部落的问题，错误地提出了两个原因：或者是因为这些部落当时还没有居住在这个地区，或者是因为这些部落包括在其他部落之中。但是，诗人没有提到卡帕多西亚、卡陶尼亚和利考尼亚，但它并不符合这两个原因之中的哪个原因，而是因为我们没有任何关于他们的这种资料。可笑的是，阿波罗多罗斯在谈到为什么荷马忽略了卡帕多西亚人和利考尼亚人的原因时，自己为自己辩护，有意不说埃福罗斯为什么同样忽略他们的原因，并且有目的地引用埃福罗斯的观点加以分析和判断；更可笑的是他还教训我们，为什么荷马以梅奥尼人代替吕底亚人，却没有注意到埃福罗斯既没有提到吕底亚人，也没有提到梅奥尼人。

28. 在说完了这些之后，诗人提到了某些不出名的部落，阿波罗多罗斯正确地把他们称为考科尼亚人、索利米人、塞泰人、勒勒吉人和底比斯平原的西里西亚人。但是，哈利宗人是诗人自己虚构的，或者说那些起初不知道谁是哈利宗人的作家，用几种不同的方式记载下了这个名字，[1]并且把它虚构成"出产白银"、[2]拥

---

① 参见本书XII, iii, 21。

② 参见本书XII, iii, 24。

有许多其他已经用尽矿藏的地方。由于受到争强好胜思想的驱使，他们还收集了许多故事，它们都是锡普西斯的德米特里从卡利斯提尼斯和其他某些作家那里摘录下来的。他们对于哈利宗人的说法，不免有自己的虚构。例如，坦塔卢斯和珀洛普斯族的财富来源于弗里吉亚和西皮卢斯附近的矿山；卡德摩斯的财富来自色雷斯和潘盖乌斯附近的矿山；普里阿摩斯的财富来自阿拜多斯附近阿斯提拉的金矿（那里至今仍然有一个不大的遗址，一个相当大的废弃土堆是古代发掘金矿的象征）；米达斯的财富来自贝尔米乌斯山附近的矿山；盖吉兹、阿利亚特斯和克罗伊斯的财富来自吕底亚的矿山，以及阿塔内乌斯和帕加马之间的地区，那里有一座已经废弃的小城，它的土地上到处是废弃的矿渣。

29. 接下来，人们要责备阿波罗多罗斯的是，当许多现代作家持反对荷马的新观点时，他通常会以谨慎的观点反对新的观点，但这次他不仅赋予它们次要的意义，而且把各种不同的观点糅合成了一个观点。例如，吕底亚人桑索斯说在特洛伊战争之后，弗里吉亚人从欧罗巴，从本都的左边来了，斯卡曼德里乌斯率领他们从贝勒辛特人地区和阿斯卡尼亚出发。阿波罗多罗斯把桑索斯说到的阿斯卡尼亚的故事加到了荷马提到的这个阿斯卡尼亚之中：

> 福尔西斯和神样的阿斯卡尼乌斯率领
> 弗里吉亚人从遥远的阿斯卡尼亚来了。
>
> （《伊利亚特》，Ⅱ，862）

但是，如果情况真是这样，他们的迁徙活动必定发生在特洛伊战争之后，由于诗人提到的盟军就来自对面的大陆，来自贝勒辛特人地区和阿斯卡尼亚。那么，谁是弗里吉亚人呢。

> 那时谁扎营在桑加利乌斯河边。
>
> （《伊利亚特》，Ⅲ，187）

普里阿摩斯则说：

> 我作为一位盟友，是否也在那些人之中？
>
> （《伊利亚特》，Ⅲ，188）

普里阿摩斯怎么能够召唤贝勒辛特人地区的弗里吉亚人，他与他们并没有契约关系，他为什么不邀请那些原先居住在自己边界上的盟友？在以这种方式谈到弗里吉亚人之后，他又谈到了与此无关的密细亚人；他说，在密细亚有一个村庄叫做阿斯卡尼亚，靠近一个名字相同的湖泊。从湖中流出的河流叫做阿斯卡尼乌斯河，欧福里翁提到过这条河流。

> 在密细亚有一条阿斯卡尼乌斯河。

埃托利亚的亚历山大也谈到了这条河流：

> 那些人的家在阿斯卡尼乌斯河，
>
> 在阿斯卡尼乌斯湖畔，那里居住着多利昂，

西莱努斯和墨利埃之子。

他说，在基奇库斯附近地区，在通往米利都波利斯的大路边，有一个多里奥尼斯和密细亚。如果情况真是这样，那么，现在提到的地名还有诗人的都可以证明，是什么原因阻碍了荷马提到这个阿斯卡尼亚，而不是桑索斯提到的那个阿斯卡尼亚？在先前叙述密细亚人和弗里吉亚人的时候，我已经讨论过这个问题。因此，这个问题的讨论可以到此结束。

第六章　塞浦路斯

1. 现在，我只剩下位于半岛南边的塞浦路斯需要叙述了。我已经说过这个海周围环绕着埃及、腓尼基、叙利亚和直到罗德岛的其他海岸线，大致由埃及海、潘菲利亚海和伊苏斯湾附近的海组成。塞浦路斯就位于最后这个海之中，它的北部靠近西里西亚山区，最靠近大陆，东部沐浴着伊苏斯湾的海水，西部是潘菲利亚海，南部是埃及海。埃及海与西部的利比亚海和卡尔帕图斯海汇合在一起，而在南部和东部与埃及、直到塞琉西亚和伊苏斯的海岸线相连，在北面与塞浦路斯和潘菲利亚海相连；潘菲利亚海在北方与西里西亚山区、潘菲利亚、吕西亚的顶端和罗德岛地区相连；在西边与罗德岛人的海岛相连，在东边与帕福斯和阿卡马斯角附近的塞浦路斯部分相连，在南边与埃及海汇合在一起。

2. 塞浦路斯包括海湾的曲折部分在内，方圆3420斯塔德，从克利德斯群岛到阿卡马斯角，也就是从东到西，陆路的长度是1400斯塔德。克利德斯群岛是塞浦路斯前面的两个海岛，正对着它的东方，距离皮拉姆斯700斯塔德。阿卡马斯角有两个奶头形的山头和许多树木。它位于海岛的西部，一直向北延伸；它最靠近西里西亚山区的塞利努斯，距离1000斯塔德，还有一条道路进入潘菲利亚的锡德，距离1600斯塔德；到达切利多尼亚群岛，距离 1900 斯塔德。海岛外形基本上是长圆形，它在许多地方形成了地峡，按照它的边长可以确定它的宽度。这个海岛分成几个部分，需要简单地叙述，让我们从距离大陆最近的地方开始。

3. 我先前已经叙述了正对着西里西亚山区阿内姆里乌姆角的某些地方，即塞浦路斯人的克罗米乌斯角，距离 350 斯塔德。由此走海路前往克利德斯群岛，保持海岛在右边，大陆在左边的方向，向着东北方的直线距离是 700 斯塔德。在这段航程之中，有一座拉帕图斯城，它有一个锚地和几座造船厂；它的建立者是拉科尼亚人和普拉克山德，正对着纳吉图斯城。然后到了阿弗罗蒂忒城，海岛在这个地方很狭窄，因为通往萨拉米斯的海路只有 70 斯塔德。然后到了亚该亚人的海滩，据说塞浦路斯萨拉米斯的建立者透克罗斯被自己的父亲特拉蒙放逐之后，最初是在那里登陆。然后才到了有一个港口的卡尔帕西亚城，它正对着纳吉图斯城；从卡尔帕西亚穿过地峡到达卡尔帕西亚群岛和南海，路程是 30 斯塔德。然后到了一个海角和一座高山，高山名叫奥林波斯；它有一座阿克雷亚的阿弗罗蒂忒神庙。这座神庙不允许女性入内或者观看。正对着海角，在海角附近是克利德斯群岛和其他几座海岛；然后到了卡尔帕西亚群岛，在它之后是历史学家阿里斯图斯的故乡萨拉米斯；然后到了阿尔西诺伊城和港口。然后到了另一个港口莱夫科拉港。然后到了佩迪利乌姆角，在它的上方有一座岩石嶙峋的梯形高山，这是阿弗罗蒂忒的圣山，从克利德斯群岛到那里的距离是 600 斯塔德。然后走海路到基提翁，它的大部分路程是弯弯曲曲和岩石嶙峋的。基提翁有一座可以封闭的港口。斯多葛派最早的创始人芝诺、医生阿波罗尼奥斯就是在这里诞生。从这里到贝里图斯，距离是 1500 斯塔德。然后到了阿马图斯城，在这之间有一座小城帕莱亚，还有一座奶头形的奥林波斯山。然后到了库里亚斯角，它像一个半岛的形状，从斯罗尼角到这里距离是 700 斯塔德。然后到了有一个锚地的城市库里乌姆，这座城市是阿尔戈斯人建立的。在这里可以发现一位挽歌诗人的粗心大意，它的开始是这样的：

> 我们以鹿向神圣的福玻斯献祭，迅速地穿过无尽的波涛，
> 我们飞速奔跑，为的是躲避射向我们的死亡之箭。

它的作者是赫迪卢斯或者其他某个人，因为他说鹿来自科里库斯山区，从西里西亚沿岸渡海来到了库里亚斯的海滩，接着，他又说：

> 人们感到难以言传的惊奇，我们是怎样
> 借着春天的西风飞越了无法通过的激流。

实际上这里有一条从科里库斯到库里亚斯的环岛航路，它既不需要借助西风，也不需要管它海岛是在右边或是左边，在这两个地方之间，没有海路相通。无论如何，库里乌姆是西边前往罗德岛航路的起点；然后很快就到了一个海角，许多亵渎阿波罗圣坛的人从那里被扔下了大海。然后到了特雷塔、布苏拉和帕莱帕福斯，帕莱帕福斯距离海岸边大约 10 斯塔德，它有一个锚地和一座古代帕福斯人的阿弗罗蒂忒神庙。然后到了泽菲里乌姆角，它

有一个锚地；然后是另一个阿尔西诺伊，它同样有一个锚地、一座神庙和一块圣地。距离海岸不远之处是希罗塞皮斯。然后到了帕福斯城，这座城市是阿加佩诺尔建立的，它有一个港口和许多建筑华丽的神庙。它与帕莱帕福斯陆路相距60斯塔德；每年一度，各个城市的男男女女聚集在这条大路上，前往帕莱帕福斯举行宗教庆典活动。有些人说从帕福斯到亚历山大城的距离是3600斯塔德。在帕福斯之后，就到了阿卡马斯；在阿卡马斯之后，向东航行就到了阿尔西诺伊城和宙斯的圣域。然后就到了索利城，它有一座港口、一条河流和一座阿弗罗蒂忒与伊西斯的神庙；这座城市是雅典人法莱鲁斯和阿卡马斯建立的，居民被称为索利人。亚历山大的主要将领之一斯塔萨诺就出生在这里。[1] 在这座城市之后，在内陆地区有一座利梅尼亚城。然后就到了克罗米乌斯角。

4. 但是，为什么我们会对许多诗人，特别是那些主要关注风格的作家感到惊奇呢？如果我们把他们和达马斯特斯的说法加以比较的话，就会明白我们为什么会对他们感到惊奇了。因为他测量过海岛从北到南的距离，正如他自己所说的，他测量过从希罗塞皮亚斯到克利德斯群岛的距离。厄拉多塞的意见是不正确的，因为他在指责达马斯特斯的时候，坚持认为希罗塞皮亚斯不是在北方，[2] 而是在南方；而它既不是在北方，也不是在南方，而是在西方，那里还有帕福斯和阿卡马斯。关于塞浦路斯的地理位置，就是这样了。

---

① 马其顿国王的宫廷卫士。

② 第3节称为希罗塞皮斯。

第六章　塞浦路斯　　　*1271*

5. 在富裕方面，塞浦路斯不次于任何岛屿，因为它既出产优质的葡萄酒，又出产优质的橄榄油，它有足够自己使用的粮食供应。在塔马苏斯附近有丰富的铜矿，在铜矿之中发现了硫酸铜和铜绿，后者常常被当成药物使用。厄拉多塞说，这个平原在古代生长着茂密的森林，到处覆盖着树木，没有开垦种植；矿石的开采对此略有帮助，因为人们要冶炼铜矿和银矿，就要砍伐树木；后来建造舰队的帮助就更大，因为当时已经出现了海军，海上航行已经有了安全。但是，他们无法提供大量的木材，不得不允许那些想要，或者有力砍伐树木的人清除这个地区的树木，并且把这个地区变成自己的财产，免除税收。

6. 从前，塞浦路斯人的每个城市都由僭主统治着，但自托勒密王朝历代国王统治埃及开始，塞浦路斯也处于他们的统治之下，罗马人常常与他们合作。但是，最后一位托勒密国王、克娄巴特拉（这位女王与我是同时代人）之父的兄弟是一个讨厌的人，也是一个不知道感恩图报的人，他被罢免之后，罗马人占领了这个岛屿；它成了一个由执政官统治的行省。促使国王下台的首领是帕布利乌斯·克劳迪乌斯·普尔切（Publius Claudius Pulcher）。因为后者落入了海盗集团手中，当时西里西亚人正处于极盛时期，他被要求支付赎金，信息送给了国王，要求他派人前去营救。国王确实送出了赎金，但是数量太少，以至于海盗羞于接受，并且把这笔赎金送了回来，并且不要赎金就把克劳迪乌斯释放了。在获得了安全之后，克劳迪乌斯怀恨在心，决心报复二者；当他担任保民官之后，他获得了这样大的权力，派遣马可·卡托（Marcus Cato）前去把塞浦路斯从它的统治者手中夺过来。但国王预先就自杀了。卡托来到这里，占领了塞浦路斯，他卖掉了国王的财产，把卖得的金钱上交了罗马国库。从这时起，塞浦路斯成了一个行省，就像现在一样，它是一个执政官管理的行省。曾经有一个很短的时期，安东尼把它转交给克娄巴特拉和她的姐妹阿尔西诺伊。但是，当他垮台之后，他的所有机构也随着他一起被消灭了。

第十五卷

印度、阿里亚纳、波斯

第一章 印度、基本地理、动物、人民

1. 除了西里西亚、潘菲利亚和吕西亚之外，亚细亚还有托罗斯山脉之外的地区，我指的是位于托罗斯山脉与外海①之间的南部，从印度一直延伸到尼罗河的地区。在亚细亚之后是利比亚，我将在以后叙述这个地区，现在我必须开始讲述印度，因为它是东方第一个、也是最大的地区。

2. 但是，我们必须谦虚地听取有关这个地区的报道，因为它不仅距离我们非常遥远，还因为我们没有多少人亲眼看见过它。即使是那些看见过它的人，也只是看到了它的部分地区，他们所说的大部分是道听途说的东西。即使是他们看见的、听到的东西，那也是在随着军队匆匆忙忙通过这个地区时所得到的。所以对于同一件事情，他们的说法都不一样，虽然他们写下的这些报告好像经过认真的考证一样。他们之中有些人既共同参加过远征，又共同在这个地区逗留过，像那些曾经帮助亚历山大征服亚细亚的人就是这样；即使他们之间也经常互相批驳对方。如果因为他们对自己亲眼所见的东西都有这么大的分歧，我们为什么不能认为他们所报告的东西是道听途说的东西？

① 印度洋。

3. 而且，有关这个地区的大部分报道，都是很晚的作者、甚至是到过那里的现代航海者所写的，他们没有提供一点准确的资料。无论如何，《帕提亚历史》的作者阿波罗多罗斯提到过希腊人鼓动巴克特里亚起义，脱离塞琉古·尼卡托的继承人、叙利亚历代诸王。他说，当这些国王强大起来之后，他们进攻了印度；但是，除了我们早已知道的东西之外，他没有提供更多的新东西。他甚至批驳了一些早已知道的东西，例如，他认为这些国王比马其顿人征服印度的地方更多；无论如何，欧克拉提达斯（Eucratidas）征服了印度1000座城市。但其他作家认为他仅仅是征服了位于希达斯佩斯河与海帕尼斯河之间的9个部落，5000座城市。其中没有一座城市比迈罗皮斯的科斯更小。而亚历山大征服了整个这个地区，把它交给了波鲁斯。

4. 至于当代从埃及沿着尼罗河和阿拉伯湾航海前往印度的商人，只有少数人到达了恒河流域；这些人都是普普通通的公民，他们的见闻对于研究各地的历史毫无用处。但是，现在从印度一个地方和一位国王那里，我指的是潘迪昂或者是另一位波鲁斯那里来了一个代表团，携带着礼物前来看望奥古斯都·凯撒，还有一位印度的学者在雅典自焚，[①]卡拉努斯也做过这种事情，他在亚历山大面前也进行了类似的惊人表演。

5. 如果我们忽略这些故事不谈，专注于在亚历山大远征之前有关这个地区文字记载，就会发现事情更加模糊不清。当然，有理由认为亚历山大本人相信这些记载，因为他完全被自己的一系

---

① 参见本书 XV，i，73。

列好运所蒙蔽。无论如何，奈阿尔科斯说，当亚历山大听说塞米拉米斯和居鲁士曾经远征过印度人，塞米拉米斯只带着20个人逃回家去，而居鲁士只带着7个人逃回家去之后，他决心要带领自己的军队穿过格德罗西亚地区；他认为如果他能带领这支胜利之师安全地、完整地通过其前辈遭受如此巨大损失的同样部落和地区，这将是如何伟大的荣誉。因此，亚历山大是相信这些报道的。

6. 但是，我们有什么理由相信诸如居鲁士或者塞米拉米斯远征印度的报道？麦加斯提尼实际上是同意这种观点的，他建议我们不要相信那些有关印度人的古代故事；他说，因为印度人从来就没有派军队到自己的国家之外去，除了赫拉克勒斯、狄奥尼索斯和近代马其顿人之外，也没有任何外国的军队进攻他们的国家，征服他们。但是，他认为埃及人塞索斯特里斯和埃塞俄比亚人蒂科走在了欧罗巴之前；纳布科德罗索在迦勒底人之中的威望远高于赫拉克勒斯，他曾经带领军队到达了赫拉克勒斯石柱。他说，蒂科也到过这些地方；塞索斯特里斯甚至率领军队从伊比利亚到达了色雷斯和本都；西徐亚人伊丹西尔苏斯纵横亚细亚直到埃及；但是他们没有一个人到过印度。塞米拉米斯还没有来得及实现自己的计划就去世了；虽然波斯人招募了印度的海德拉塞人作为雇佣兵，但他们并没有去波斯作战，仅仅是在居鲁士远征马萨革泰人的时候，在波斯附近作战。

7. 至于赫拉克勒斯和狄奥尼索斯的故事，麦加斯提尼和其他少数人认为它们是真实的。但是大多数作家，其中包括厄拉多塞认为它们和在希腊人之中流行的许多故事一样，都是不可靠的神话故事。例如，在欧里庇得斯《酒神的伴侣》之中，狄奥尼索斯

像年轻人一样故作勇敢地说,

> 我离开了吕底亚和弗里吉亚产金
> 的地区,我游历过波斯被阳光烤焦
> 的平原,有城墙的巴克特里亚城市,
> 米底人寒冷的地区和阿拉伯福地,
> 还有整个的亚细亚地区。

(《酒神的伴侣》,13 以下)

在索福克勒斯的剧本之中,有人赞美尼萨是祭祀狄奥尼索斯的圣山:

> 为什么我注视着著名的尼萨,
> 沉醉在酒神节凡人的疯狂之中,
> 有角的伊阿科斯把它当成最可爱的奶妈,
> 那里听不到鸟儿嘈杂的叫声。

(《残篇》,574,瑙克)

以及诸如此类的东西等等。它也被称为"Merotraphes"。[1] 荷马也说到埃多尼人来库古:

> 他曾经把疯子狄奥尼索斯的

---

① Merotraphes——"腿上养大的"或"腿上出生的"。

第一章 印度、基本地理、动物、人民 *1279*

奶妈，赶下最神圣的尼萨山。

(《伊利亚特》，VI，132)

关于狄奥尼索斯的故事就是这样。至于赫拉克勒斯，有些作家只说到他到过对方，到过西方最遥远的边界地区；而另外一些人则认为他东西两边最遥远的边界地区都到过。

8. 于是，作家们从这些故事之中，把某个部落的居民称为"尼萨人"，把他们的一座城市称为是狄奥尼索斯建立的"尼萨"；他们把这座城市之后的高山称为"梅努斯山"，声称这个名字是因为这里生长着常春藤和葡萄藤。然而这个地区的葡萄不能成熟，因为降雨过多，大量的葡萄在成熟之前就已经掉果了。他们说西德拉凯人是狄奥尼索斯的后裔，这是因为在他们的国家生长着葡萄藤，流行豪华的游行，他们的国王不仅在国外远征的时候要举行类似酒神节的游行，而且，其他的游行还要伴之以敲鼓，穿花袍，这种风俗习惯在印度其他部落之中也普遍存在。亚历山大在一次袭击中占领了奥尔努斯悬崖，这个悬崖的脚下是印度河，这是它的源头附近；他的吹捧者声称赫拉克勒斯曾经三次进攻这个悬崖，三次都被打败；西贝人就是赫拉克勒斯远征参加者的后裔，他们至今仍然保存着后裔的象征，他们穿着像赫拉克勒斯一样的野兽皮，拿着大头棒，在他们的家畜、骡子上烙上大头棒的印记。他们还极力用高加索和普罗米修斯的故事来证明这个神话的真实性。因为他们用一些微不足道的借口把所有这些故事发生的地点都挪到了其他地方，所以他们在帕罗帕米萨迪人的地区发现了圣洞；他们宣布这些洞穴就是监禁普罗米修斯的牢狱，这个地方就是赫拉克勒斯前来释放普罗米修斯的地方，这个地方就是希腊人所说的监禁普罗米修斯的高加索。

9. 但显而易见的是，所有这些故事都是奉承亚历山大的人编造的；首先一个事实是，历史学家们的意见彼此不一致。因为有些人提到过他们，而另外一些人没有提到一点儿有关他们的事情；要相信连所有历史学家都不知道的、如此伟大和充满浪漫情调的功绩，那是毫无道理的。即使历史学家们知道，它们也是被那些最可靠的历史学家认为不值得载之史册的故事；第二个事实是，狄奥尼索斯、赫拉克勒斯和他们的追随者进行远征经过了许多中间地带，中间地带的民族却无法提供这些人远征经过他们领土的任何证据。最后，关于赫拉克勒斯的穿着打扮，是在有关特洛伊战争的记载问世之后很久，由《赫拉克勒斯的伟绩》作者佩山大或是某个其他人编造的。赫拉克勒斯在古代的雕像没有这种衣着打扮。

10. 因此，在类似的情况下，人们必须认为这些事情非常接近于事实。我在最初讨论地理学的对象时，^①已经在可能的范围内对这些问题作出了探讨。现在，我希望使这些探讨很快能得到公认，为了讲清这个问题还必须补充一些其他的东西。从我先前的探讨看来，其中特别重要的，显然是厄拉多塞在其《地理学》第三卷之中总结性的论述，其中提到一个地区，在他那个时期（即亚历山大侵略这个地区时）被认为是印度，这是最可靠的；印度河是印度和阿里亚纳之间的分界线，后者紧邻印度西边，当时由波斯

---

① 参见本书 Ⅱ，i，1 以下。

第一章 印度、基本地理、动物、人民 *1281*

人占领着；后来，印度人占据了阿里亚纳大部分地区，这是从马
其顿人手中夺得的。厄拉多塞关于印度的记载如下。

11. 印度与从阿里亚纳到东海的地区，在北部以托罗斯山脉边
远地区为界，[①] 当地人对托罗斯山脉有许多不同的叫法，如"帕罗
帕米苏斯山脉"、"埃莫杜斯山脉"和"伊梅乌斯山脉"等等，但
马其顿人把它叫做"高加索山脉"；西部的边界是印度河；但南部
和东部比其他两边长得多，一直延伸到亚特兰蒂斯海。因此，这
个地区的形状像个长菱形，每一条长边都超过了对应边3000多斯
塔德；东岸和南岸共同的海角，与其他两边的海岸相比也长出了
同样的距离。西边从高加索山脉到南海的长度通常认为是13000
斯塔德，我指的是沿着印度河直到河口地区的长度；对应的东边，
必须在这个长度之上再加海角的长度3000斯塔德，这就是16000
斯塔德；这个国家最短和最长的宽度是这样。至于它的长度，一
般认为是从西向东测量；到帕利波特拉的这段距离可以说比较准
确，因为它用测量绳测量过，而且这里有一条御道，长达10000
斯塔德。帕利波特拉之后地区的长度，是根据沿着恒河从海岸到
帕利波特拉的航程来推测的。它大概有将近6000斯塔德。因此，
这个国家总的长度最少有16000斯塔德，根据厄拉多塞所说，这
个数字来自《旅行日记》，[②] 这是一本普遍公认可信的书籍；麦加斯
提尼同意厄拉多塞的说法，但帕特罗克莱斯认为少1000斯塔德。
如果这段距离再加上海角的长度，即向东伸出的3000斯塔德，就

---

① 参见本书Ⅺ，ⅷ，1。
② 《旅行日记》（ⅩⅣ，ⅱ，8）又称《亚细亚旅行日记》（雅典尼乌斯，Ⅺ，
500D；Ⅻ，529E）。

是这个国家最大的长度。① 这也是从印度河口沿着后面的海岸直到上述海角，即印度东部边界的距离。这个边界地区居住着所谓的科尼亚奇人。

12. 由此可以看出，某些作家的报道分歧是如何之大。克特西亚斯认为印度不小于亚细亚其余部分；奥内西克里图斯认为它相当于有人居住世界的三分之一；奈阿尔科斯说仅仅是通过平原地区的远征就花了四个月时间；但麦加斯提尼和戴马库斯的估计比较谨慎。因为他们估计从南海到高加索的距离是"超过20000斯塔德"，虽然戴马库斯说"在某些地方距离超过30000斯塔德"；但我在开始探讨印度问题的时候，就回应了这些作家的意见。② 现在有充分的把握可以说，我的观点与那些作家的观点是一致的，如果说到印度问题，请原谅他们没有提出任何确定的东西。

13. 整个印度河流纵横，在这些河流之中，有一些河流共同汇入两条最大的河流，即印度河与恒河，然而也有一些其他的河流通过自己的河口汇入大海。他们全部发源于高加索山脉；最初都流向南方，但后来一些河流沿着同样的方向流去，特别是那些汇入印度河的河流；另外一些河流、如恒河则转而朝向东方流去。现在，恒河是印度所有河流之中最大的河流，它从高山地区流出，当它到达平原地区之后，转而向东流去，流过了一座非常大的帕利波特拉城，然后在这个地区通过一个河口汇入大海。但是，印度河通过两个河口汇入南部大海，这两个河口之内的帕塔雷内地

---

① 19000 斯塔德。

② 参见本书Ⅱ，i，4。

第一章　印度、基本地理、动物、人民　　*1283*

区类似埃及的三角洲地区。根据厄拉多塞所说，由于受到所有这些河流潮湿空气和地中海季风的影响，印度夏季降雨集中，平原地区变成一片水乡泽国。在雨季可以套种亚麻、小米，还有芝麻、水稻和bosmorum，[①] 冬季可以种植小麦、大麦、豆类和我们所不知道的其他可以食用的植物。我几乎可以说，在印度可以发现与埃塞俄比亚和埃及同样的家畜，在印度的河流之中，除了河马之外，生活着其他所有河流中的动物。奥内西克里图斯说在印度也发现过河马。至于印度的居民，南方的居民在皮肤的颜色上类似埃塞俄比亚人，而在表情和头发方面像其他人（由于空气潮湿，他们的头发不卷曲）；而北方的居民类似埃及人。

14. 据说，塔普罗巴内岛（Taprobanê）位于外海之中，距离印度最南端的科尼亚奇人航程为 7 天的时间，海岛向埃塞俄比亚方向延伸，长约 8000 斯塔德，岛上也有大象。厄拉多塞所说的印度，情况就是这样；但是，我自己的报道由于补充了其他作家的报道，使其更加准确，因而更加具有特色。

15. 例如，奥内西克里图斯说塔普罗巴内岛不分长度和宽度，"方圆为 5000 斯塔德"；它距离大陆的航程是 20 天时间，但船只航行非常困难，因为它们装备的风帆很差，安装在没有横梁的船舱两侧；塔普罗巴内和印度之间还有一些其他的海岛，但塔普罗巴内在最南边；在它的周围发现有两栖的怪兽，其中有些像黄牛，另外一些像马，还有其他的陆地动物。

16. 奈阿尔科斯举了许多事例说明河流的冲积层：赫尔姆斯河

_____

①　谷物类禾本植物（小麦）。

平原、凯斯特平原、迈安德河与凯库斯河平原，它们之所以叫这样的名字，是因为河流从高山带来的淤泥扩大或者形成了这些平原，所有这些淤泥都是肥沃的、松软的土壤；河流带来了淤泥，因此这些平原就是它们的产物，这是十分正确的说法，因为它们是属于这些河流的。在谈到尼罗河与两岸的土地时，希罗多德表达了同样的观点，即这个国家是尼罗河的礼物；[①] 因为这个原因，奈阿尔科斯正确地指出，尼罗河被认为与埃及国家是同一个名字。

17. 阿里斯托布卢斯说，印度只有高山和山麓丘陵地带有雨水和积雪，平原地区缺乏雨水和降雪，只有在洪水泛滥时期被淹没在水里。高山地区冬季积雪，春季开始降雨，逐渐地越来越多；到季风来临时期，大雨不分昼夜、接连不断地、猛烈地从天空中倾盆而下，直到大角星升起为止；河流充满了雪水和雨水，灌溉着平原地区。他说，无论是他自己还是其他人都注意到这个现象，当他们从帕罗帕米萨迪人那里出发前往印度时，在七星团落下之后，他们在海帕西人和阿萨卡努斯境内的高山地区附近度过了冬天，在春季开始的时候，他们走过平原地区，到达一座大城市塔克西拉（Taxila），从那里又到了希达斯佩斯河和波鲁斯的国家；在冬季看不见降雨，只有降雪；在塔克西拉第一次看见下雨；在他们到达希达斯佩斯河之后，征服了波鲁斯，转而向东方的海帕尼斯河前进，然后又再次回到希达斯佩斯河，大雨持续不断地下着，特别是在地中海季风时期；但是，当大角星升起之后，降雨停止了；由于在希达斯佩斯河畔建造船只，他们停留了一段时间。

---

① 参见本书 I，ii，29。

第一章 印度、基本地理、动物、人民 **1285**

然后在七星团落下之前的几天开始航行，他们在旅途中花了一整个秋天、冬天，还有春天和夏天，才到达大海边；大约在犬星座升起的时候，[①] 他们来到了帕塔雷内；这一段航程花费了10个月时间，他们在所到各地都没有遇到降雨，甚至在地中海季风最猛烈的时候也没有遇到降雨；当着河水泛滥的时候，平原地区被洪水淹没，海上无法航行，因为季风的风向相反，陆地上的风向也不利于他们航行。

18. 奈阿尔科斯说的与此完全一样，但他不同意阿里斯托布卢斯关于夏季雨的说法，他认为平原在夏季降雨，冬季不降雨。然而，两位作家都说到了河流泛滥。奈阿尔科斯说他们在阿塞西尼斯河畔宿营的时候，在涨水的时候被迫搬到高处一个安全的地方，这件事情正好发生在夏至日。阿里斯托布卢斯甚至使用尺子测量了河水上涨的高度为40肘尺，其中20肘尺是河边涨水时超过原先的深度，其余20肘尺是平原地区洪水泛滥时的深度。他们一致说到在洪水泛滥时期，位于土丘上的城市就像埃及和埃塞俄比亚的城市一样，变成了许多孤岛；等到大角星升起之后，泛滥停止，洪水消退；他们说尽管土地在半干半湿的时候进行播种，但还是使用各种耕地的工具进行了耕作，庄稼成熟之后，收成极好。根据阿里斯托布卢斯所说，水稻播种在秧田中，生长在被围起来地方的水中；植株有4肘尺高，稻穗很多，生产的粮食也很多；收获季节大约在七星团升起的时候，稻子像大麦一样扬场；在巴克特里亚、巴比伦尼亚、苏西斯，还有下叙利亚也生长水稻。根据

---

① 天狼星。

梅吉卢斯所说，水稻播种在雨季之前，但需要水利灌溉和移植。灌溉使用储水池。根据奥内西克里图斯所说，博斯莫努姆是一种比小麦更小的谷物，生长在许多河流之间的地带，它在脱粒之后要烘烤，因为人们从前发过誓，不把没有烘烤的博斯莫努姆拿出场院，以免它的种子外泄。

19. 阿里斯托布卢斯比较了这个国家与埃及、埃塞俄比亚相同的特点，以及它与这些国家不同之处，即尼罗河的泛滥是由于南方降雨造成的，而印度的河流泛滥是由于北方降雨造成的。然后，他提出了一个问题，为什么它们的中部地区没有降雨；因为无论是从底比斯到赛伊尼和麦罗埃，还是从印度的帕塔雷内到希达斯佩斯河地区，都没有任何降雨。但是，在这些地区的后面都有降雨降雪，适于耕作。他说，在印度之外的地区也是一样；他说，因为它们都是依靠雨水和雪水灌溉的。从他的报告之中有理由推测这个地区遭受地震，是由于它的土地极其潮湿形成了许多的空洞和裂缝，以至于造成了河床的改道。无论如何，他说，当他被派去出使时，他看见这个国家有一千多座城市和村庄已经荒废，因为印度河离开了原来的河床，流入了左边附近的另一条更深的河床，像大瀑布一样奔腾而下；[①] 因此，印度河不再以洪水灌溉右边被遗弃的土地，因为这个地方不仅高出了新河道的水面，也高出了它在泛滥时期的水面。

20. 关于河流泛滥与陆地上没有风吹的报道，也得到奥内西克里图斯的证实；因为他说到由于淤泥、洪汛和外海季风的影响，

---

① 瀑布。

第一章　印度、基本地理、动物、人民　　　*1287*

沿海地区被浅水所覆盖，特别是在河口地区；麦加斯提尼指出，印度土地的肥沃使它的水果和谷物可以一年两熟。厄拉多塞同样也说到这件事情，他说到冬季和夏季播种，同样也说到降雨的问题；因为他说他发现一年之中只有两个季节下雨；因此，这个地区一年到头风调雨顺，农作物从来不歉收；果树结果很多，还有许多根茎类植物，特别是那些高大的芦苇，它们生吃和熬制之后都是甜的，因为雨水与河水都被阳光烤热了。因此在某种意义上，厄拉多塞想说的是在其他民族那里被称为"成熟"的东西，无论是果实或者果汁，在印度人那里就被称为"熬制"。成熟的果实具有非常好的滋味，就像用火熬制的滋味一样。他接着说，制造车轮的树枝根据这个道理比较容易弯曲成形；根据同样的道理，有些树上长出了羊毛。[①] 奈阿尔科斯说，这种羊毛可以制成精细的纺织品；马其顿人用它来做枕头和马鞍的坐垫；塞里卡（Serica）就是用"比苏斯"（Byssus）制成的纺织品；[②] 比苏斯是从某种皮中纺出来的。他也说到了芦苇，虽然当地没有蜜蜂，但它们可以生产蜜，[③] 这种蜜实际上是一种树上结的果实，这种果实可以制蜜，但人们更喜欢生吃它的果实。

21. 印度确实生长着许多奇怪的树木，其中有一种树枝下垂到地，树叶不亚于盾牌大小。奥内西克里图斯甚至花了许多笔墨来详细地描述穆西卡努斯的国家。他说，这个国家在印度的最南部，

---

① 棉花。

② 即塞里人用来做服装的蚕丝。斯特拉博以为它是棉花。希腊人把印度东方的居民（大多是中国人）称为塞里人。

③ 甘蔗。

他有一些高的树木，它的树枝首先向上长得有 12 肘尺那么高，然后向下生长，好像被弯曲向下，直到接触地面；然后，它们在地面伸展开来，像压条法一样把根扎在地下，然后重新向上生长，长成树干，这些树干的枝条又弯曲向下生长，又形成了另一根压条，接着又是另一轮生长，依此类推不断循环生长，结果只要一棵树就可以形成一大片树荫，就好像一个用许多柱子支撑起来的帐篷一样。[①] 他说这种树大到它们的树干五个人都难以合抱。阿里斯托布卢斯谈到阿塞西尼斯河和它与海厄罗提斯河汇合之处附近也有这种树，它们的枝条弯曲向下，它们的大小可以供 50 名骑兵——而奥内西克里图斯说可以供 400 人——中午在一棵树荫之下休息。阿里斯托布卢斯还提到另一种树，它不大，果实如豆荚，长为 10 指，果实充满蜜汁，如果有人食用这种果实，很难逃脱一死。在谈到各种树的大小时，则那些说在海厄罗提斯河那边看见一棵树的树荫在中午时分有 5 斯塔德长，胜过了其他所有作家的报道。至于长羊毛的树，阿里斯托布卢斯指出它的花里含有种子，摘去种子之后，剩下的东西可以像羊毛一样梳理。

22. 阿里斯托布卢斯还提到穆西卡努斯的国家有一种类似小麦的野生谷物，还有酿酒的葡萄，但其他作家认为印度没有葡萄酒；阿纳查西斯认为印度除了杂耍艺人使用的钹、鼓和响板之外，没有长笛和其他任何乐器。他和其他作家都说这个国家有丰富的草本植物、根茎植物，既有药用植物，也有毒药。还有各种颜色的植物。除此之外，阿里斯托布卢斯还说，他们有法律要处死任何

---

① 印度菩提树 Ficus Bengalensis——榕树。

第一章 印度、基本地理、动物、人民 1289

发明毒药的人，除非他还发明了解毒的药物，如果谁发明了解药，他还会受到国王的奖赏。他说，印度的南部像阿拉比亚、埃塞俄比亚，出产肉桂、松香和其他芳香类植物，因为它像这些地区一样处于酷热地带。但是它比这些地区降雨更多；因此它的气候潮湿，更有营养，更有利于丰产；更准确点是指它的土地和降雨。当然，印度陆上和水中的动物也比其他地区的动物更多。但是尼罗河出产的东西比其他河流更多，出产大动物，其他动物之中还有两栖类动物。埃及妇女有时一次竟然能够生出四胞胎。亚里士多德说，某个妇女一次竟然生了七个婴儿；他把尼罗河称为富饶的、肥沃的，因为它的日照温和，带来了大量养分，而把不必要的多余东西蒸发掉了。

23. 阿里斯托布卢斯说，由于同样的原因，这种现象出现也是可能的，即尼罗河的水用火煮开，与其他河水相比只需一半的柴火。他说，从比例上来说，尼罗河笔直地流过了国内一片狭长的地区，流过了许多不同的黄道带和环境，而印度河流过更大和更辽阔的平原，长时间停留在同一个黄道带。按照相同的比例，印度的河流比尼罗河更加肥沃，由于这个原因，他们河流之中的动物也更大，数量更多。他还说，当雨水从云层之中落下来的时候，雨水早已经被烤热了。

24. 阿里斯托布卢斯和他的支持者不同意这种说法，即有人说平原地区不用雨水灌溉。奥内西克里图斯说雨水是造成动物明显不同的原因；他举证说外国的牛喝了这里的水，他们的毛色变成了当地牛的毛色。在这一点上，他是对的，但他认为埃塞俄比亚人的肤色是黑的，头发是卷曲的，仅仅是因为水和西奥德克底的说法，这又不完全正确。西奥德克底提到了阳光对这些特点所起的作用：

> 太阳神赶着马车走近这个民族的边界，
>
> 把人们变成黝黑发亮的皮肤，卷曲的头发，
>
> 以永恒的火焰熔化了它。

（《残篇》，17，瑙克）

但奥内西克里图斯的某些观点有可能是正确的。他说，首先，埃塞俄比亚人并不比其他民族更靠近太阳，如果他们在它的垂直照射之下，他们应当更灼热；因此，"太阳神走近……边界"这种说法是不正确的，因为太阳与各个民族的距离是相等的。第二，温度也不是肤色改变的原因，它对于尚在母腹之中的胎儿不适用，因为阳光不可能照射到他们身上。而那些认为由于阳光和它的灼热，造成了皮肤表面极度缺乏湿润的观点，可能更加正确。因此，根据这个事实，我认为印度人没有卷曲的头发，他们的肤色也不很黑，是因为他们生活的气候比较湿润。母腹之中的胎儿是由精子造成的，他们在肤色上类似自己的父母；先天性疾病和其他类似之处也可以这样解释。但是，认为太阳距离所有民族都是相等的，这是根据观察得出的结论，不是推理；是根据观察得出的结论，不是随意的；而且，根据观察的结果，我断定地球和太阳这个球体相比，还不如一个标点符号大小；因为根据观察的结果，我们发觉太阳的温度是不同的，距离我们近的时候更热，距离远的时候次之——这说明它与大家的距离是不同的；只有在这种意

义上，才可以说太阳"走近"埃塞俄比亚人的边界，而不是奥内西克里图斯所设想的那种情况。

25. 下面一个事实也是公认的，它证明印度与埃及、埃塞俄比亚具有类似的特点：即所有没有被洪水淹没的平原，由于缺水的原因都是不毛之地。奈阿尔科斯说，以前曾经提到尼罗河泛滥原因的问题，可以由印度河来回答，因为它们的泛滥是由于夏季降雨的结果；但是，当亚历山大在希达斯佩斯河看见鳄鱼，在阿塞西尼斯河看见埃及的豆科植物之后，他认为自己已经发现了尼罗河的源头，并且考虑制造船只远征埃及，他认为沿着这条河流就可以航行到埃及。但是，不久之后他就认识到他的希望是无法实现的：

> 因为途中有大河和恐怖的激流，
> 首先是俄克阿诺斯。

（《奥德赛》，XI，157）

印度所有的河流都汇入了俄克阿诺斯之中。然后还要经过阿里亚纳、波斯湾、阿拉伯湾、阿拉比亚和特罗格洛迪特人的国家。

关于季风、降雨、河流泛滥和平原洪水的情况，就是这么多了。

26. 关于这些河流，我必须补充一些详细的资料，因为它们对地理学研究有所补益，也因为我了解它们的历史。因为这些河流像某种天然边界，可以确定这个地区的大小和形状，对我们现在研究整个课题非常有用；与其他河流相比，尼罗河与印度的河流具有某种优势，如果没有它们，这个适于航行和耕作的地区将会荒无人烟，它们将不复有人光顾，也绝不会有人居住；至于那些汇入印度河的重要支流，还有它们流过的那些地区，我将会叙述它们的历史；但对于其他的地区，我们知道的东西实在太少。由于亚历山大比其他所有人对这些地区的发现都多。起初，当背信弃义杀害大流士的凶手准备鼓动巴克特里亚纳起义时，他决定要不失时机地追击和消灭他们。因此，他通过阿里亚纳来到了印度附近，他从右边离开印度，越过帕罗帕米苏斯山脉进入北部地区和巴克特里亚纳；他在征服这里所有臣服于波斯的地区和更多地区之后，他立刻进军印度，因为有许多人已经对他讲到了这个国家，虽然不是很明确。因此，他通过其他更短的道路越过同一座山脉，来到了印度的左边，他立刻转向印度、印度的西部边界、科费斯河和乔阿斯佩斯河前进，后一条河在普莱米利乌姆城附近汇入科费斯河，在流过了另一座戈里斯城之后，又流过了戈里斯城和甘达里提斯地区。他打听到高山和北部地区是最适合人类居住和富饶的地区，南部地区部分缺水，部分被河水淹没，极其炎热，更适合野兽而不是人类居住。因此，他首先出兵占领了那些人们向他提到的地区，同时开始考虑如何渡过那些必经的河流，因为它们挡在他打算经过的地区，切断了他前进的道路，只有在它们的源头附近比较容易渡过。同时，他也打听到有几条河汇入一条河之中，而且流得越远，河流越大；所以，这个地区很难通过，特别是在缺乏舟船的情况之下。他考虑到这种情况，因此在渡过科费斯河之后，他开始征服所有朝向东方的山区。

27. 在科费斯河之后，他渡过了印度河、阿塞西尼斯河、海厄罗提斯河、最后是海帕尼斯河；继续前进受到了阻碍，部分原因

第一章　印度、基本地理、动物、人民　　**1293**

是要遵守某些神谕，部分原因是他受到自己军队的逼迫停滞不前。由于劳累，他们早已经精疲力尽，但他们遭受的更大痛苦是霪雨连绵，使他们浑身湿透。至于印度东部地区，我们知道海帕尼斯河这边的所有地区，还有河那边的一些地区；在亚历山大之后，有一些曾经深入到海帕尼斯河之后、直到恒河和帕利波特拉的人补充了那边的情况。在科费斯河之后是印度河；在这些河流之间居住着阿斯塔塞尼人、马西亚尼人、尼塞伊人和海帕西人；然后是阿萨卡努斯的地区，这里有一座王城马索加城，接着又来到了印度河附近，又有一座普科莱提斯城，在它附近有一座先前建成的桥梁专供军队通行。亚历山大曾经率领军队走过这座桥梁。

28. 塔克西拉位于印度河与希达斯佩斯河之间的地区，这座城市是一座大城市，拥有最好的法律；城市周围的地区辽阔而肥沃，与平原地区直接相连。他们的居民和国王对亚历山大友好相待，他们获得亚历山大的礼物，超过了他们给予亚历山大的礼物，因此引起了马其顿人的嫉妒，说在亚历山大没有渡过印度河之前，显然没有赐予过任何人这样多礼品。有些人认为这个国家比埃及更大。这个国家北方的山区是阿比萨鲁斯的国家，根据他派出的使节们说，他养了两条蛇，一条长 80 肘尺，另外一条长 140 肘尺；奥内西克里图斯也这样说过。后者与其称为主要的造谣头子，不如说是专为亚历山大造谣的头子。因为亚历山大所有的随从[①]都喜欢接受不可思议的奇迹，而不是事实。奥内西克里图斯在讲述奇迹方面，似乎超过了他所有的随从。但是，他也讲了一些似是而

_____

　　①　跟随亚历山大的史学家和地理学家。

非的、值得一提的事情。因此，我们即使不相信他的人格，也不应当对他的报道一笔抹杀。无论如何，其他的人也谈到了蛇，说它们是在埃莫达山脉抓到的，养在洞穴中。

29. 在希达斯佩斯河与阿塞西尼斯河之间，最重要的是波鲁斯的国家，它辽阔而肥沃，拥有大约300座城市；其次是埃莫达山脉附近的森林，亚历山大从这个地区砍伐大量的冷杉、松树、雪松和各种适合建造船只的木材，运到了希达斯佩斯河，在河边用它们来建造船只。造船的地点在河两岸他所建立的城市附近，他就是从这里渡河打败和征服了波鲁斯。在这些城市之中，有一座用他的战马布塞法拉斯命名的布塞法利亚城，这匹马在与波鲁斯作战时阵亡了（这匹战马得名于其前额的宽度，[①] 它是一匹优秀的战马，亚历山大在作战时总是骑着它）；另一座城市称为尼西亚，用以纪念他的胜利。在上述森林之中，据说生活着许多特别大的长尾猿猴，[②] 马其顿人有一次看见许多猿猴在光秃秃的山冈上站成一条战线（因为这类动物在智力方面很像人类，不次于大象），使人觉得它们是由人类组成的军队；他们确实准备把这些猿猴当成敌人来进攻，但从塔克西利斯（他当时和国王在一起）打听到真相之后，他们停止了前进。抓住这些动物有两种方法。这种猿猴喜欢模仿和迅速跳上树枝逃跑。因此，猎人看见猿猴坐在树上的时候，他在看得见的地方放置一个装水的碗，用它来涂抹自己的眼睛；然后，他们放置一碗黏鸟胶代替水，走开，在不远的地方

---

① 本义为"牛头"。

② 出自 Cercopitheces 种类（参见本书 XIV, i, 37）。

躺着等候；当着猿猴跳下来用黏鸟胶涂抹自己的眼睛时，在它的眼睛闭上的那一瞬间，猎人走上前去就把它活捉了。这是一种方法，还有一种方法是猎人穿上类似长裤的袋状马裤，然后走开，留下一些多毛的、内部涂了黏鸟胶的马裤；当着猿猴穿上这些马裤，它们就很容易被抓住了。

30. 某些人居住在卡萨亚和土著统治者索佩塞斯的地方，这是一个两条河流之间的地区，另外一些人居住在阿塞西尼斯河那边和海厄罗提斯河，靠近第二位波鲁斯的国界，他是被亚历山大俘房的那位波鲁斯的堂兄弟。他统治的国家称为甘达里斯。卡萨亚据说是一个非常美丽的神奇地方，我指的是它特别受重视的东西，例如，它的马匹和狗；根据奥内西克里图斯所说，他们挑选最俊美的男子担任国王，新生儿在两个月之后要经过公众审议决定他是否符合法律规定的选美标准，他是否值得活下去；地方任命的法官可以作出判决，允许他活下去或须处死。那里的男子用许多各色各样的美丽颜料染胡子，只是为了把自己打扮得更漂亮；印度许多其他地区的人们也小小心心地遵守着这种风俗（他说，因为这个国家盛产各种各样的颜料），美化自己的头发和衣服；有些人虽然在其他一切方面下而流之，也很喜欢打扮。卡萨亚人据说还有一个特别的风俗习惯：新郎和新娘可以互相挑选。由于这个原因——她们爱上了年轻人，抛弃或者毒死了自己的丈夫，妻子必须与已死去的丈夫一起烧掉；因此，卡萨亚人把这定为一条法律，提议他们禁止使用毒药。不过，谈到法律本身和法律制定的原因，似乎有点不大可靠。据说索佩塞斯的国家有一个蕴藏盐矿的山区，足够供应整个印度之需。离这里不远的另外一个山区，据说还有金矿和银矿。有丰富经验的矿业专家戈尔古斯明确指出，这是优质矿藏。但是，由于印度人在采矿和冶炼方面缺乏经验，他们不知道自己有什么资源，只能从事比较简单的商业活动。

31. 许多作家也谈到索佩塞斯国家的良种狗。无论如何，据说亚历山大从索佩塞斯手中获得了150条狗；为了检验它们，两条狗被放去进攻狮子，当它们被打败之后，又放了两条狗去进攻狮子，这时，双方变成了势均力敌。索佩塞斯下令某人抓住一条狗的腿部，把它拉开，如果狗不听话，就砍掉它的腿；亚历山大起初没有同意砍去狗腿，但索佩塞斯告诉他，将给他四条狗交换时，他同意了；这条狗在放开项圈之前，就被慢慢地砍去了一条腿。

32. 前往希达斯佩斯河进军的路线大部分朝着南方，从那里朝着更东的方向前往海帕尼斯河，这条道路基本上是丘陵山区而不是平原地区。无论如何，亚历山大从海帕尼斯河回到希达斯佩斯河，回到海军基地的时候，他已经造好了船只，接着就沿着希达斯佩斯河扬帆顺流而下。上述所有河流，包括最后的海帕尼斯河都汇入了一条河流——印度河之中；据说印度河一共接纳了15条著名的河流；根据作家们夸张的说法，在接受所有支流如此丰富的水源之后，在某些地方它的宽度甚至达到了100斯塔德；但是，根据比较恰当的说法，它最宽的地方是50斯塔德，最窄的地方是7斯塔德（那里有许多部落，所有的城市都在河边附近）；然后，它通过两个河口汇入南海之中，形成了一个帕塔雷内岛。亚历山大接受了这个主意，① 拒绝向东方地区挺进；这首先是因为他根据

_____

① 即决定从海帕尼斯河撤退。

第一章　印度、基本地理、动物、人民　　**1297**

自己的亲身经验知道，他所听到的报告都是编造的，即平原地区是炎热的，它更适合野兽而不是人类居住；这就是为什么他进入了平原地区，而不向东方前进的原因，因为我们对于前者的了解要胜于对后者的了解。

33. 据说在海帕尼斯河与希达斯佩斯河之间居住着九个部落，约有5000座城市，它们全都不小于迈罗皮斯的科斯城。但是，城市的数目看来是过分夸大了。至于印度河与希达斯佩斯河之间的国家，那些居住在那里的、值得一提的民族，我已经叙述过了。接下来，在他们的南边，居住着所谓的西贝人，关于他们的情况，我先前也已经叙述过了；还有马利人、西德拉凯人——他们是大部落。在马利人的国家，亚历山大在占领一座小城市时受了伤，差点儿死了；至于西德拉凯人，他们是狄奥尼索斯虚构的同族。据说在帕塔雷内附近，就是穆西卡努斯的国家、萨布斯的国家，该国有辛多马纳城；还有波提卡努斯的国家和其他人的国家，他们全都被亚历山大征服了，这些人居住在印度河沿岸地区。最后是帕塔雷内，它是由印度河形成的。它的支流分成两个河口。阿里斯托布卢斯说这些河口彼此距离1000斯塔德，奈阿尔科斯说有1800斯塔德。奥内西克里图斯测得这个三角形岛屿的每边长为2000斯塔德，河的宽度、即支流在河口的宽度大约是200斯塔德。他把这个岛屿称为三角洲，认为它类似埃及的三角洲，这种说法是不准确的。据说埃及三角洲的底宽就有1300斯塔德，它的每边都比底边短。在帕塔雷内有一座大城市帕塔纳，得名于这座海岛。

34. 根据奥内西克里图斯所说，由于淤泥、洪水泛滥，以及大陆吹来的风，这个地区的海滨地区大部分是浅滩，特别是在河口地区；相反，这些地区大部分有外海吹来的季风。奥内西克里图斯详细地叙述了穆西卡努斯的国家，赞扬了他所取得许多成就，其中有些现在被说成是其他印度人的共同成就，例如，他们的长寿，有些人能够活到130岁（有些人还说塞里斯人［Seres］可以比这些人活得更长），他们健康而简朴的生活，他们的国家物产丰富。他们有一个特出的风俗是他们有类似于拉科尼亚的公共食堂，他们在那里公费用餐，肉食由狩猎获取；他们不使用金银，但他们有许多矿藏；他们使用健壮有力的年轻人而不是奴隶，就好像克里特人使用的阿法米奥泰人和拉科尼亚人的希洛人；[①] 除了医学之外，他们不从事精细的科学研究；因为他们认为过份地从事某些研究，例如军事科学等等，简直就是犯罪行为；他们的司法审判只有杀人罪和侮辱罪，因为遭到这类不幸不是个人之力可以避免的，而契约方面的内容却是各自双方有权确定的，因此，任何一方破坏了信用，他也必须协商，他必须认真地挑选可信的伙伴，不要使城市诉讼不断。亚历山大远征参加者的报告就是这样了。

35. 有一封克拉特鲁斯写给其母阿里斯托帕特拉的家书已经发表了，家书提到了许多不同于其他任何来源的怪现象，特别是说到亚历山大远征恒河更是如此。他说自己本人到过恒河，看见了河两岸的怪物；恒河无论是在宽度和深度方面与附近的河流相比，其体量之大都令人难以置信。确实，可以确信恒河是三大洲已知的最大河流，在它之后是印度河，第三和第四是伊斯特河和尼罗河；但是，关于恒河的详细情况，不同的作家说法也各不一样。

---

① 参见本书Ⅷ, ⅴ, 4；Ⅻ, ⅲ, 4。

第一章 印度、基本地理、动物、人民 *1299*

有些人认为它的最少宽 30 斯塔德，其他人认为只有 3 斯塔德；而麦加斯提尼认为它的平均宽度都达到了 100 斯塔德，它的深度最少有 20 拓。

36. 据说帕利波特拉城位于恒河与另外一条河流汇合之处，[1] 这个城市有 80 斯塔德长，15 斯塔德宽，呈平行四边形状，周围是木制城墙，上面有箭孔，可以从箭孔之中向外射箭；城墙前面有壕沟，既可以用作防御设施，又可以用来容纳城市排出的污水；这座城市居住的部落居民称为普拉西人，它是所有部落之中最出名的；在位的国王必须以城市的名字作为自己的别名，称为帕利波特鲁斯，再与自己家族的姓加在一起使用；例如，麦加斯提尼就曾经出使到国王桑德罗科图斯那里去。[2] 帕提亚人也有同样的风俗习惯；因为他们所有的国王都称为阿萨息斯，虽然他们个人的名字一个叫做奥罗德斯，另一个叫做弗拉特斯，第三个又叫做别的什么名字。

37. 作家们一致认为，海帕尼斯河那边的整个地区是最好的地方；但是，没有人对它做出过准确地描述。由于他们的无知，以及这个地区离我们极其遥远的缘故，作家们对它的描叙不免过于溢美或者带有神奇的性质。例如，有关蚂蚁采金的故事[3] 和其他动物（既有野兽，也有人类）的故事，他们具有独特的形状，具有某些天生的力量可以应对各种变化；例如，塞里斯人据说是长寿的民族，他们可以把自己的寿命延长到 200 多岁。他们还说到当

---

①　埃兰诺波阿斯河（阿里安，《印度》，10）。

②　参见本书 II，i，9。

③　神奇的动物，半是狮子半是蚂蚁（希罗多德，III，102）。

地有一种贵族寡头制度，政府完全由 5000 名顾问组成，每个顾问都必须提供给这个新国家一头大象。麦加斯提尼说，最大的老虎生活在普拉西人地区，身材将近有狮子的双倍大小，非常凶猛有力，一只驯服的老虎需要四个人牵引，可以抓住骡子的后腿把它拖到自己身边；长尾猿比最大的狗还要大，[①] 除了面部是黑色的之外，全身都是白色的（其他的猿类正好相反），它们的尾巴长度超过 2 肘尺，它们是非常驯服的动物，不会恶意地进攻和盗窃物品；这里的地下可以挖出乳香色的石头，比无花果和蜂蜜还甜；在其他地方有 2 肘尺长的爬行动物，长着像蝙蝠一样的膜状翅膀，它们也是晚间飞行，排出的尿液或者汗水可以腐蚀没有防护者的皮肤；这里还有体型巨大的飞蝎；这里还出产乌木；这里还有勇猛的猎狗，它们用牙齿咬住猎物，直到水淹到了它们的鼻子才松口；有些狗在撕咬物体时十分凶猛，以至于眼睛眶眦，有时眼珠甚至从眼眶中掉了出来；一只狗可以迅速地抓住一头狮子、一头公牛，被狗咬住头部的公牛，在狗放开它之前，实际上就已经死了。

38. 麦加斯提尼继续说，在山区有一条西拉斯河，河面没有什么东西漂浮；可是，德谟克利特不相信这事，因为他漫游过亚细亚许多地方。不过，亚里士多德也不相信这事，因为那里的空气稀薄，有翼的动物在这样的空气中飞不起来。除此之外，某些上升的水蒸气也能够吸引它们，在某种程度上可以"吞下"那些在它们上面飞行的东西，就好像是琥珀吸引小碎片，磁铁吸引铁器一样。可能，在水里也许存在着这种自然力量。在某种程度上，

---

① 本章第 29 节。

第一章　印度、基本地理、动物、人民　　*1301*

这些问题都属于自然哲学和流体科学，应该在那个领域之中进行研究。至于我们所研究的这个课题，我还必须补充下述与地理学领域密切相关的成果。

39. 接着，他又说印度的居民分成七个等级：第一个等级由哲学家组成，最受尊敬，但人数很少；这些哲学家通常单独为人们向诸神奉献祭品，或者是向亡灵奉献祭品，但他们要共同参加国王举行的宗教大会，这种会议在新年开始的时候召开，哲学家全部都要集中在宫门之前。每个人都要拿出自己的论文或者观察报告，它们必须有利于提高果实的产量或者动物的产量、或者是有利于政府的管理，他必须当众宣读。他如果被发现弄虚作假三次，按照法律规定终生被取消发言权；如果他被证明是正确的，他将被赐予免除贡赋和税收的特权。

40. 他说，第二个等级是农夫等级，他们不仅人数最多，也最受重视，因为他们免除了兵役，有权在自己的土地上自由地劳动；他们不去城里，因此也不卷入公共纷争或其他任何事务。无论如何，他说常常有这样的事情，在同样的时间和同一个地方，有人站在战斗队伍之中冒着生命危险抗击敌人，而农夫却在士兵的保护之下，安然自得地耕种自己的土地。这个地区完全属于国王所有，农夫耕种土地要交纳租金，数量为产量的四分之一。[①]

41. 第三个等级是羊倌和猎手，他们是唯一允许狩猎、繁殖牲畜、出卖或者出租役畜的等级；由于他们使土地免遭野兽之害和鸟儿啄食种子，他们获得了国王赐予的相应的谷物补助作为回报，

————————

① 　狄奥多罗斯·西库卢斯（2.40.5）。

他们主要过着游牧的、居住帐篷的生活。私人不允许饲养马匹和大象，因为拥有马匹和大象是王室的特权，有专门的人员负责照看它们。

42. 捕捉大象是用这样的方法：他们在一个方圆4—5斯塔德、清除了植物的地方挖一道环形的深沟，入口用一座非常狭窄的桥梁连接；然后在这个包围圈之中放入三四头驯服的母象，他们自己则躺在隐蔽的小棚之中等待时机。野象不会在白天接近这个地方，但它们会在晚上一个接一个地来到这里；当它们进来之后，人们偷偷地封锁住出口；然后带领最勇敢的驯象进入包围圈之中，迫使它们与野象拼命战斗，同时用饥饿使它们感到疲劳；一旦这些野象感到精疲力尽，那些最勇敢的骑士便偷偷地爬下象来，躲在自己骑的大象肚子之下，蹑手蹑脚地向前走去，然后又从那里蹑手蹑脚地走到野象肚子之下，偷偷地把它的脚捆在一起；做完了这件事情之后，他们命令驯象殴打那些脚被捆住的野象，直到把它们打倒在地上为止；当野象倒在地上之后，他们用生牛皮做的皮带把野象的脖子和驯象的脖子系在一起，目的是当野象要甩掉那些企图骑在它背上的骑手时，不能把他们甩下来。人们可以围着它的脖子切一道切口，在切口中嵌入皮带，这样，由于痛苦，他们不得不屈服于束缚它们的镣铐，保持安静。在这些被捕获的大象之中，他们要淘汰掉那些太老或太小、无法工作的野象，其他的野象带入象舍。然后，把它们的脚互相捆在一起，把它们的脖子系在一根牢牢的柱子上，他们要用饥饿来制服这些野象；然后，他们要用绿色的芦苇类植物和青草来恢复它们的体力；然后教会大象听从命令，一些是通过语言命令，另外一些是通过曲调

第一章　印度、基本地理、动物、人民　　　**1303**

和鼓声的诱惑。只有少数大象无法驯服；因为从本性上来说，大象是一种温和、驯服的动物，在这方面接近有理智的动物。有些大象甚至会把在战争之中因为失血过多而掉下象背来的骑手扶起来，安全地离开战场；还有些大象会保护那些爬到它们前腿之间的骑手，为他们而战斗。如果大象愤怒起来，它们会杀死那些喂养者或是自己的主人，在此之后它们又非常怀念这个人，为了表示悲伤的感情，他们拒绝进食，有时甚至活活饿死。

43. 大象交配和生产像马一样，大部分是在春季。每当繁殖季节，公象就变得狂暴而凶猛；这时，它在太阳穴旁边的出气孔会流出一种像脂肪的物质。对于母象而言，这些出气孔同样也会张开。它们怀孕的时间最长 18 个月，最短 16 个月；母象要照顾小象 6 年。大部分大象的寿命与人类最长寿的人相同，有些甚至可以活到 200 岁。不过，它们会染上许多难以治愈的疾病。治疗眼疾使用牛奶冲洗眼睛，治疗大部分疾病则让它们饮黑葡萄酒；治疗创伤使用融化的黄油涂抹（因为它是铁嚼子造成的），溃疡用猪肉敷。奥内西克里图斯说大象可以活 300 年，有些特殊的大象甚至可以活 500 年；而且，它们在 200 岁的时候还非常有力气，母象繁殖时间长达 10 年。不仅是他，还有其他人也说它们比利比亚大象个头更大、更强壮；无论如何，它们用后腿站立，可以打碎城堞，可以用鼻子把树连根拔起。奈阿尔科斯说，在捕捉大象的时候也使用脚夹，把它们放置在经常看见大象脚印的地方，然后由骑士带领更强壮的驯象把野象赶进这些地方；而且，大象很容易驯化，它们可以学会用石头做标记和使用武器；它们还是优秀的游泳家；大象拉的战车被认为是最尊贵的，它们也可以像骆驼一样上轭供人们驱使；如果一个妇女从他的情人那里获得一头大象作为聘礼，这将被认为是最高的荣誉。但是，这种说法与那些作家的观点不同，他们坚持认为马匹和大象只属于国王一人。[①]

44. 奈阿尔科斯说掘金的蚂蚁皮肤像豹子皮。麦加斯提尼关于这些蚂蚁说了如下的话：居住在东方山区的印度大部落德迪人有一片高原，方圆约3000斯塔德，在这个高原之下有许多金矿，他们的矿工就是蚂蚁，这种动物身材不小于狐狸，行动非常迅速，依靠它们捕获的动物为生，他们好像鼹鼠一样在冬天挖洞，挖出的土堆在洞口；金砂只需要稍微加以提炼就行。附近的居民为了金砂，偷偷地骑在驼兽上跟着它们，如果他们被发现了，蚂蚁就会和他们拼命战斗，如果他们要逃跑，蚂蚁就会追击他们，一旦追上了他们，就会连人带驼兽一起弄死；为了不让蚂蚁发现他们，人们在不同的地方放置了很多新鲜的野兽肉条，当着蚂蚁被从洞口周围引走之后，人们就可以拿走金砂。但是，他们不懂得如何提炼金砂，只好把未经加工的金砂以微不足道的价格卖给商人。

45. 关于猎人和野兽的故事，由于我已经提到了麦加斯提尼和其他作家的报告，但我还必须补充如下资料。奈阿尔科斯曾经对印度的爬行动物数量之多和它们毒性之大感到惊奇。他说在洪水泛滥时期，爬行动物从平原上逃到了洪水难以淹没的居民点之中，挤满了屋子；有鉴于这种情况，因此，居民们不得不把自己的床铺垫高，有的时候由于爬行动物危害实在太严重，他们还不得不离开自己的房屋。如果爬行动物大部分没有被洪水消灭，这个国

---

① 本章第41节。

第一章　印度、基本地理、动物、人民　　**1305**

家的人口就要减少；体型小的爬行动物由于难以防御而十分讨厌，而体型大的爬行动物则因为它们的力量大而使人生畏；例如，那里曾经发现 16 肘尺长的蟒蛇；捕蛇者走遍全国，因为他们相信蟒蛇可以治愈创伤；而且，这还是唯一的治疗方法，人们没有罹患许多疾病，是因为他们简朴的生活方式和节制饮酒；但是，一旦发生了疾病，他们就由贤哲来治疗。阿里斯托布卢斯说，他除了看见一条 9 肘尺 1 磔长的蟒蛇之外，在那里都没有见过所说的那种大动物。我自己在埃及也看见过一条同样大小的蟒蛇，它是从印度带来的。他说，你可以看见许多小蟒蛇、角蝰和大蝎子。但是，这些爬行动物没有一种比身长不过 1 磔的小细蛇更可怕，因为它们躲藏在帐篷中、船上和篱笆中；凡是被他们咬伤的人，如果得不到及时救助，就会因为痛苦和七窍流血而死去。这种救助也很容易获得，因为印度有许多块根和药剂具有治疗的作用。他接着说，鳄鱼在印度河数量不多，也不会对人类造成危害；除了河马之外，其他动物大部分也像尼罗河的动物一样。但奥内西克里图斯说在印度也有河马。阿里斯托布卢斯认为，由于鳄鱼的缘故，除了 thrissa、[①]cestreus[②] 和海豚[③] 之外，没有一种海洋鱼类游入尼罗河。但是，印度河有许多不同的鱼类。小型的真虾类[④] 溯印度河而上，游到了高山地区；[⑤] 大型的则游到了印度河与阿塞西尼斯

---

① 　Trichiuridae（带鱼科）的鱼类。

② 　*Mugilidae*——鲻鱼。

③ 　海豚不是鱼类，而是哺乳动物。

④ 　*Caridea*——真虾类。

⑤ 　原文有脱落。

1306　第十五卷　印度、阿里亚纳、波斯

河交汇之处。关于野兽的报道就是这么多了。现在让我们回到麦加斯提尼的话题上，从我刚才离题的地方继续叙述。

46. 第四个等级是工匠、商人和短工；其中有些人要向国家交纳贡赋，而制造甲胄和船舶的工匠可以从国王那里获得规定的工资和给养，因为他们只为国王工作。司令官必须为士兵提供武器装备，舰队司令把船只出租给水手和商人。

47. 第五个等级是战士，他们不打仗的时候整天无所事事，饮酒斗殴，靠国王花钱养着；所以他们在遇有必要情况的时候可以迅速地出征，因为他们除了自己的身体之外，赤条条无牵无挂。

48. 第六个等级是监察官，他们的任务是监察出现的问题，秘密向国王报告，他们的帮手是妓女，城市监察官使用城市的妓女，兵营的监察官使用兵营的妓女。只有最优秀、最可靠的人才被任命为这种官吏。

49. 第七个等级是国王的顾问和议员，他们控制着国家的重要职务、司法审判和管理各种事务。法律不允许他们与别的等级妇女结婚，也不允许他们从一种工作换成另一种工作；除了哲学家之外，也不允许同一个人从事几份工作。麦加斯提尼说，哲学家被允许这样做，是因为他的优秀品质。

50. 在官吏之中，有些人是市场监察官员，另外一些人是城市监察官员，[①] 还有一些人监督军队。在这些官员之中，最重要的是维修河渠，重新丈量土地，[②] 像埃及的官吏一样监督分配流水的水

---

①　Astynomoi——斯特拉博认为他们类似于雅典管理城市治安和街道的官员。

②　在洪水破坏地界之后。

渠开启和关闭，以便使大家都能平等地使用水源。这些官吏同样还负责管理猎手，有权按照他们的表现决定对他们的奖惩。他们还负责收税，管理与土地有关的行业，如伐木工、木匠、铜匠和矿工。他们还要负责修筑道路，在每隔10斯塔德的地方立一根石柱，标明支路和距离。

51. 城市监察官员分成六组，每组五个人。第一组监察手工业者行业。第二组接待外地人，安排他们的住宿，派随从人员严密地监视他们的行动，这些人要陪同他们，如果他们去世了，要帮助把他们的财产寄回国去；[①] 这些人要关心生病的外地人，他们死了之后要负责埋葬。第三组负责监督城市的出生和死亡情况，它们是如何发生的，是因为税负沉重还是由于出生和死亡的缘故。不管情况是好是坏，不允许不闻不问。第四组负责买卖和实物交易，他们要监督度量衡器和时令果实，后者必须打上印记之后才可以出售。同一个人如果不付双倍的税收，不许出卖一种以上的物品。第五组负责监督手工业者制造的产品，出卖这些物品必须打上标记，新旧物品必须加以区别。如果有人把新旧物品混在一起，将处以罚金。第六组向被出卖的商品征收什一税，对偷税漏税者的惩罚是死刑。这是每个集团必须执行的特别任务，他们还要共同关心公私事务，修理公共建筑，调整商品价格，修理市场、港口和神庙。

52. 在城市监察官员之后，是第三个联合管理机构，负责管理军队事务，他们分成六组，每组五个人。第一组人员派去监督舰

---

① 给他们的亲属。

1308 第十五卷 印度、阿里亚纳、波斯

队司令；[①] 第二组派去监督公牛运输队的长官，运输队的任务是运送军队器械，人畜的粮草以及军队所需其他之物，还要运送仆人，如锣鼓手、马夫、机械师和他们的助手，他们运送粮草要敲锣，使用奖励和处罚两种手段保证迅速安全地把物资运往目的地；第三组负责监督步兵；第四组负责监督马匹；第五组负责监督战车；第六组负责监督大象队。马匹和牲口的畜舍都是国王的财产，军械库也是国王的财产，[②] 因为士兵要把装备交还军械库，马匹交还马厩，其他牲口也要交还，他们使用不上笼头的牲口。战车由公牛拖拉前行；马有缰绳，为的是它们的腿部不会被马器擦伤，它们在拖拉战车的时候动作迅速。每辆战车有 2 名战车兵，1 名御手；但大象可以载 4 个人，1 名御者和 3 名弓箭兵，他们从象背上射击敌人。

53. 所有印度人都过着简朴的生活，特别是他们在远行的时候；他们不喜欢无益的争吵，因此，他们过着有条理的生活。他们对盗窃行为也极为容忍；至少，麦加斯提尼说他在桑德罗科图斯营房之中的时候，虽然营房有 40000 人，但从来没有看到过价值超过 200 德拉克马的盗窃报告；这是人类之中唯一没有成文法的地方。他接着说，印度人不知道文字，他们审理每一个案件都是凭记忆；但是，他们由于简朴和节俭，生活非常幸福；除了献祭时候，他们实际上不饮酒，而且他们饮用的是米酒而不是麦酒。他们的食物大部分也是米粥；他们的简朴也表现在法律和契

---

① 舰队的指挥官。

② 也就是属于国王的。

第一章　印度、基本地理、动物、人民　　*1309*

约之中，证明他们不喜欢打官司；因为他们没有关于抵押或者保证金之类的法律，也不需要证人和印章，他们相信自己委托的财产管理人。他们的家庭财产，一般也没有人守护。当然，这些事情都是明智的做法；但是，没有人会赞成他们这些不同的风俗习惯——总是一个人吃喝，没有大家用午餐和早餐的公餐时间，用餐根据各人的喜好自行其是；因为以另外一种方式用餐将更有益于社会和公民生活的发展。

54. 至于保养身体，他们在各种方法之中最喜欢的是推拿按摩，他们使用乌木的按摩棒按摩自己的身体。他们的葬礼是简朴的，坟堆很小。与他们的简朴相反的是，他们很喜欢打扮自己。例如，他们穿着绣金的衣服，使用镶嵌贵重宝石的装饰品，穿着色彩华丽的亚麻布衣服，打着阳伞；因为他们重视美观，只要能够美化自己的外观，他们可以做一切事情。而且，他们同样尊重美德和真理；因此，除非老人们有大智慧，否则他们也享受不到特权。他们有许多妻子，这是他们从女方的父母手中交换来的，他们以一对公牛换取妻子。他们娶的妻子有些是为了使唤，有些是为寻欢作乐和子嗣众多；但是，如果丈夫不强迫她们守贞的话，她们可以卖淫。他们在献祭、烧香和奠酒的时候，没有人戴花冠；他们不把活的牺牲割断咽喉，而是把它闷死，为的是要把完整的、而不是残缺不全的牺牲献给神。任何人如果犯伪证罪，要砍去他的双手双脚；任何人残害他人，不仅要遭受同样的痛苦，还要砍掉他的双手；尽管麦加斯提尼说没有一个印度人使用奴隶，但奥内西克里图斯声称，穆西卡努斯国内印度人的特点是存在奴隶制度，并且认为它是一个成就，就有如他提到这个国家其他的许多成就一样，也像他说它是管理最好的国家一样。

55. 照顾国王女眷的任务委托给妇女，这些妇女也是从他们的父母那里买来的；卫士和其他的军队守卫在宫门之外。有一名妇女杀死了醉酒的国王，她得到的奖赏是和王位继承人结为夫妻；他们的孩子继承了王位。国王白天不睡觉，即使在晚上也被迫不停地改变睡觉的地方，以防有人暗害自己。在非军事人员出入的宏伟宫门之中，第一个宫门是进入法庭的，国王整天在这里听取案例直到结束，甚至没有时间关心他自己，这种关心包括用木棒来给他按摩，因为他正在听取案例，他周围有四个人站着给他按摩。第二个宏伟的宫门是献祭时使用的大门。第三个是狩猎的，在某种方式上也是寻欢作乐的地方，国王在这里被一群妇女包围着，而在她们之外则是一群长矛兵守卫着。这条道路两边有围栏，任何人胆敢跨过栏杆之内接近妇女，就要判处死刑；她们行进的时候有人在前面敲锣打鼓开道。国王在有栅栏的围场打猎，站在战车的踏板上射箭（还有两三名戎装妇女站在他的两旁），在没有围栏的地方，国王狩猎大象；妇女们部分乘坐战车，部分骑马，部分乘象，她们装备着各种各样的武器，好像是随从国王去出征一样。

56. 当然，这些风俗习惯与我们的风俗习惯比起来是非常稀奇的，但下面这些就更加稀奇了。例如，麦加斯提尼说到居住在高加索地区的男子公然在大庭广众之下与妇女性交，吃自己亲属的遗体。那里的猴子会丢石头，它们时常出没于悬崖峭壁，用石头投掷捕猴者。在我们这里大多数动物都是家养的，而在他们那里则是野生的。他还提到了头上有一只角的鹿头马；一些直立长达

第一章 印度、基本地理、动物、人民 *1311*

30英寻的芦苇，另外一些平躺在地上的芦苇长达50英寻，它们的直径有些达3肘尺，有些达6肘尺多。

57. 然后，麦加斯提尼的叙述进入了纯粹的神话领域，他提到5指距和3指距长的人，他们有些人没有鼻子，仅仅是在嘴的上方有两个呼吸孔；他说3指距高的人曾经与鹤作战（荷马提到过这场战争），[①] 也曾经与山鹑作战，这里的山鹑像鹅一样大小；这些人收集和打烂鹤藏在那里的鹤蛋；因为这个缘故，那里的任何地方再也见不到鹤蛋和小鹤了；常常有鹤在战斗中逃脱了青铜箭矢对自己的伤害。类似这样的故事还有"用耳朵睡觉"部落的故事，野人的故事和其他怪物的故事。他说，人们无法把野人抓到桑德罗科图斯那里，因为他们宁愿饿死自己。野人的脚后跟在前，脚趾和脚板在后面；还有一个没有嘴巴的人被送到了他那里，这是个温顺的人；他们居住在恒河边上；他们依靠烤肉发出香味和果实、花朵发出的臭味为生，因为他们没有嘴巴，只有呼吸孔；他们受伤的时候会呼出臭空气，由于这个原因很难存活下来。特别是在营房之中。他说，哲学家们还对他说过一些其他部落的情况，他们说到奥西波德人[②] 跑得比马还快；伊诺托科泰人[③] 的耳朵一直下垂到脚上，因此他们可以睡在耳朵上，他们强壮到可以拔起树木，拉断弓弦；另外一个部落莫嫩马提人长着狗耳朵，眼睛长在前额的中央，头发竖立，胸部长着粗毛；阿米克特雷人[④] 各种各样的

---

① 《伊利亚特》，Ⅲ，3，6。

② 本义为"飞毛腿"。

③ 本义为"用耳朵睡觉"。

④ 本义为"没有鼻子的"。

东西都吃，包括生肉，但他们寿命不长，活不到老年就死掉；上嘴唇比下嘴唇长出很多。至于可以活1000年的希佩尔波里人，他说的与西莫尼德斯、品达和其他讲神话故事的人一样。提马格尼斯说那里从天上落下铜雨，铜雨被河水冲走了，这个报道也是神话故事。但是，麦加斯提尼的说法比较接近真理，他说河流冲下来的金砂，部分要作为税收交给国王，因为在伊比利亚也是这种情况。

58. 谈到哲学家，麦加斯提尼说这些人居住在山区，赞美狄奥尼索斯，并且提出野葡萄藤（它只生长在他们的地区）、常春藤、月桂树、桃金娘和其他长青植物作为证据；这些植物除了少数生长在精心管理的苑囿之中，在幼发拉底河那边连一种也没有发现过；而穿着亚麻布衣服、戴头饰、穿华丽色彩的衣服、在宏伟的宫门口有锣鼓手伴随国王，这些风俗习惯都是酒神节的风俗习惯。但是，居住在平原地区的哲学家崇拜赫拉克勒斯。当然，麦加斯提尼的这些说法带有神话性质，遭到许多作家的批驳，特别是那些关于葡萄藤和葡萄酒的说法。因为在亚美尼亚的许多地方、整个美索不达米亚、米底的部分地区，还有紧接着它之后、一直延伸到波斯和卡尔马尼亚地区，这些地方都在幼发拉底河的那边；据说上述每个部落的大部分地区都有优质的葡萄藤和优质的葡萄酒。

59. 麦加斯提尼在谈论哲学家的时候，对他们作出了不同的区分，他强调这里有两种不同的哲学家，一种人称为婆罗门，另外一种称为沙门。① 婆罗门相当受尊敬，因为他们在教义方面是非常

---

① Garmanes 即为 Sramans（意为森林居民）。

第一章　印度、基本地理、动物、人民　　**1313**

一致的。胎儿从受精到怀孕期间，就受到饱学之士的关照，他们接近孕妇和尚未出生的婴儿，显然被认为是对他们施魔法，以利于生产顺利，但实际上是提出周到的建议和劝告。妇女们也非常高兴地听取他们的意见，并且相信自己的婴儿是最幸运的人。在婴儿出生之后，不同的人一个接一个继续关心着他们，随着他们年龄的增长，儿童们一直可以得到学识更渊博的教师教导。哲学家们居住在城市前面的小树林之中，在一块围起来、仅供他们生活之需的地方，他们过着简朴的生活，睡在稻草垫子或者兽皮上，戒绝肉食和肉欲，只听最重要的语言，只与那些希望倾听他们说教的人交流。听众禁止交头接耳、咳嗽、甚至吐痰，如果谁要这样做，当天就会把他作为一个不能自制的人赶出会众。在这样生活了 37 年之后，他们退隐回自己的领地，在那里他们可以生活得更自由、更少一点束缚。他们可以穿亚麻的衣服，他们的耳朵和手上可以戴一点儿金首饰，可以吃不是帮助人们干活的动物肉类，但要戒绝辛辣和调味的香料。他们可以尽可能多的娶妻，以便可以有很多的儿子，因为妻子众多才能有更多出色的儿子。由于他们没有奴仆，子女必须为他们提供更多的服务，这也是现成的、最亲近的服务。婆罗门不与自己合法的妻子分享他们的哲学，因为一是担心她们道德败坏，会把某些禁止外泄的秘密告诉那些未受秘传的人；二是即使她们是好人，也可能会抛弃它们。实际上，任何人都不能对生死苦乐视而不见，也不希望被别人统治。即使是真正的善男信女也是一样，他们讨论涅槃的问题比其他问题都多，因为他们认为现世的生活就像胎儿尚在母腹之中一样，而涅槃对于哲学家而言就是往生真正的生活，也就是极乐世界。因此，他们最重视涅槃的修行，他们认为对于人类而言，万物无善无恶，否则，对于同一件事情就会有人欢乐有人愁。至于婆罗门对宇宙的看法，麦加斯提尼说他们有些观点表现出思想的质朴，因为婆罗门信奉行重于言，他们必须使用神话来证实自己的大多数信条；他们对于许多事情抱有与希腊人相同的观点；例如，他们认为宇宙是被创造的，[①] 也是可以毁灭的。希腊人也是这种观点，他们认为宇宙是球形的，[②] 神创造宇宙，管理宇宙，遍布整个宇宙。万物的首要因素是不同的，水是形成世界的首要因素，除了四种因素之外，还有第五种自然因素，它由天空和星座组成，地球位于宇宙的中心。许多作家在有关种子、灵魂和其他方面，表达了与婆罗门同样的观点。他们也像柏拉图一样编造了许多关于灵魂不灭、地狱审判和其他诸如此类的神话故事。关于婆罗门的问题，麦加斯提尼的报告就是这么多了。

60. 至于沙门，他说其中最受尊敬的是出家人，[③] 他们居住在森林之中，依靠树叶和野果为生，穿着树皮，戒绝饮酒和肉欲。他们与君王交通，君王通过信使向他们询问因缘果报，通过出家人祭祀和向神灵祷告。在出家人之后，第二受尊敬的是医师，他们可以说是博爱主义的哲学家，他们过着简朴的生活，但不是出家人，他们依靠大米和脱粒的大麦为生，这些食物是他们向大家乞讨来的，或者是人们把他们作为客人提供的。他们使用巫术可以使妇女子嗣众多，甚至控制生男生女。他们大多是使用谷物，而不是使用药物来

---

① 因此不是永久的。

② 梵天。

③ 森林居民。

第一章　印度、基本地理、动物、人民　　**1315**

治疗疾病。在他们的药物之中，药膏和膏药最受重视，但他们的其他药物之中包含着许多有害的东西。无论是这些还是那些沙门，都必须这样修炼忍耐，不管是辛苦工作还是不断的祷告。他们必须整天保持一种纹丝不动的姿态。还有预言家和巫师，他们熟悉各种宗教仪式和与丧葬有关的风俗习惯，从一个村庄到另一个村庄、一个城市到另一个城市，到处乞讨施舍。还有比他们更博学和文雅的沙门。但是，即使是这些人也不回避通常讨论的地狱问题，因为他们认为这种讨论有助于虔诚和神圣，还有妇女和男子与他们之中某些沙门一起研究哲学，她们同样也戒绝了肉欲。

61. 阿里斯托布卢斯说，他在塔克西拉曾经亲眼看见两位哲学家，两人都是婆罗门；年长的剃着光头，年轻的留着长发，两人后面都跟着信徒。他们在空闲的时候，就在市肆之中度日，由于他们是顾问而备受尊重，他们有权把他们想要的任何商品作为礼物拿走。他们走过去搭讪的任何人，都必须给他们倒很多芝麻油，直到他们的双眼为止。由于那里有大量蜂蜜和芝麻油等着出售，他们用这些东西做饼，依靠施舍维持生活。有一次，他们在亚历山大的桌前站着吃饭，并且教导国王要忍耐。他们举例说，他们之中有一位退隐到附近某个地方去的老者，由于忍耐不住阳光和雨水（因为这年的春季已经开始，天上正在下雨）仰面朝天倒在地上。而他们之中一位年轻者用一条腿站着，双手高举一根长 3 肘尺的木杆，当一只脚感到疲劳之后，他又换过一只脚站着，举着这根木杆站了一整天，年轻人表现得比老人具有更强的忍耐力。由于年轻人只跟着国王走了不多远，立刻又返回家中，国王跟在他后面，这人恳求国王到他那里去，如果他希望从他那里得到什么东西的话。但年长者一直陪伴国王走到了底，并且与他生活在一起，改变了自己的衣着和生活方式。为了回答某些人的责备，他说自己完成了自己发誓遵守的40年修行生活。亚历山大给他的孩子赏赐了礼物。

62. 阿里斯托布卢斯提到塔克西拉某些闻所未闻的奇怪风俗习惯：一些人由于贫穷无法把自己女儿嫁出去，便把自己正在花样年华的女儿带到市场上，吹起喇叭打起鼓（严格地说来这是用来代表战争的乐器），以此把人们召集到一起来。对每个走近的男子首先展示女儿的背部直到双肩，然后再展示她的胸部，如果女儿喜欢他，自己同意接受他提出的条件，他就可以娶她为妻。死者遗体抛在野外任秃鹫啄食。他们其他部落共同的风俗习惯是多妻制。他继续说，他听说在某些部落之中，妇女自愿与死去的丈夫一道火葬，那些不遵从这种风俗的妇女被认为是可耻的。其他作家也提到过这种风俗习惯。

63. 奥内西克里图斯说他自己曾经被派去与这些哲学家交谈；因为亚历山大听说这些人总是赤身裸体行走，非常有忍耐力，非常受尊敬；他们从来没有受到邀请访问别的民族，他下令所有希望看到他们，对他们的事业和言论感兴趣的人都到他这儿来。在这种情况下，由于亚历山大亲自去见他们，或者是强迫他们违背自己的意愿，作出任何违反自己祖传风俗习惯事情都是不恰当的行为。因此，奥内西克里图斯被派去拜访哲学家们；他在距离城市20斯塔德的地方发现了15个人，这些人都是裸体，姿态各个不同，或者是站着，或者是坐着，或者是躺着，静止不动地呆到晚上，然后才返回城里；最难忍受的是阳光，它是如此的炎热，

第一章　印度、基本地理、动物、人民　　**1317**

以至于其他人没有一个敢于在正午时分光着脚在地上行走。

64. 奥内西克里图斯说，他与其中的一位哲学家卡拉努斯进行了交谈，这个人随同国王一直走到了波斯，他在那里去世，按照古老的风俗习惯放在柴堆上火化了。他说，当他第一次见到卡拉努斯的时候，卡拉努斯正好躺在石头上，他因此得以接近后者，并且对后者表示致意。他告诉后者，他是国王派来学习哲学家的智慧，并且必须向国王汇报这种智慧。如果他不反对的话，自己已经做好准备接受他的教诲。但是，卡拉努斯看见他的斗篷、宽大有边的帽子和长筒靴之后，他笑着对奥内西克里图斯说："古时候世界上到处是大麦和小麦粉，就好像现在到处是尘埃一样；后来泉源涌出，有些地方流出泉水，其他地方流出牛奶，流出蜂蜜，流出葡萄酒，还有些地方流出橄榄油，但是，由于人类暴饮暴食、奢侈浪费，傲慢自大，难以控制，宙斯对所有这一切感到憎恨，他毁灭了所有这些东西，规定人类必须过着辛勤劳动的生活。当着克制和其他美德重新出现的时候，幸福才可能再次来临。但是，人类的事业早已与贪婪和傲慢紧密地连在一起，也就存在着一切再次被毁灭的危险。"奥内西克里图斯接着说，卡拉努斯说完这些话之后命令他，如果他想学习的话，就脱掉自己的衣服，裸体躺在同样的石头上，这样来听他的教导。当他正在犹豫要不要这样做的时候，一位年纪最老的硕哲曼达尼斯指责卡拉努斯说别人傲慢，[①] 自己就是一个傲慢的人。然后，他招呼奥内西克里图斯说，

---

　　① 　阿里安:《亚历山大远征记》，7.2 ；普鲁塔克:《亚历山大传》，8，65，把这个人称为"丹达米斯"。

他要赞扬国王，因为他管理如此伟大帝国的事务，还仍然渴望知识；因为国王是他见过的军队中唯一的哲学家。他认为世界上最好的事情就是，贤哲有权说服或者迫使人们自愿或不自愿地学会自制。曼达尼斯说，他要请求原谅，因为谈话是通过三位翻译进行的（除了语言之外，他们知道的东西不比大家多），他也不能提出任何证明其哲学有益的证据。他说，因为这等于就是要求流过污泥的水还是纯净水一样！

65. 奥内西克里图斯说，他的所有谈话归结到一点就是，最有益的教义能够使人们从内心根除喜乐痛苦的感情；痛苦和辛苦工作不同，因为前者对人有害，而后者对人有益。人们必须锻炼自己的身体，使之适应辛苦的工作，以便增强自己的精神力量，他可以借此停止纷争，可以为大家、无论是为国家还是私人提供有益的建议；此外，他也劝告过塔克西利斯接受亚历山大，因为他接受一个比自己优秀的人，他将得到善报，如果接待的是一个坏人，他可以让这人变为好人。奥内西克里图斯说，曼达尼斯说完这些之后，曾经向他打听希腊人是否有类似的教义；他回答说，毕达哥拉斯有类似的教义，他请求人们拒绝肉食，还有苏格拉底和第欧根尼也是这样，而且他自己就是第欧根尼的门徒。曼达尼斯回答说，他认为希腊人是一个善于思考的民族，但他们在有一个问题上是不对的，因为他们把惯例置于自然之上；否则，他们就不会羞于像他们一样天体行走，简朴地生活。他接着说，最好的房子就是修理最少的房子。奥内西克里图斯继续说，他们还研究许多自然现象，如预兆、降雨、干旱和疾病。当他们进城之后，他们就分散到不同的市肆之中去了，他们碰巧遇到的是拿无花果和葡萄的人，他们从那些人那里获得自愿施舍的果实；如果有橄榄油，就会倒很多油给他们，给他们涂油。所有富裕之家、甚至女性住宅对他们都敞开大门，他们可以进去分享食物和交谈；他们认为身体有病是最大的耻辱；那些认为自己有病的人，自己会堆起一个火葬堆，用自焚的方式结束自己的生命，他会给自己行涂油礼，躺在柴火堆上，下令点燃柴堆，不动地等着烧死。

66. 奈阿尔科斯谈到哲学家的故事如下：一些婆罗门作为顾问陪同国王，他们从事国务活动。其他的哲学家研究自然现象，卡拉努斯就是这些人之中的一个，他们的妻子也和他们一起研究哲学。他们所有人的生活方式都是严格的。至于其他印度人的风俗习惯，他是这样说的：他们的法律有公法和私法，都是不成文法，他们的风俗习惯与其他部落比起来是奇怪的；例如，在某些部落之中，处女首先是斗殴之中获胜男子的奖赏，因为她们嫁给胜利者可不要嫁妆；在其他的部落之中，不同的集团可以共同耕种亲属的土地，而在收获之后，他们每个人都可以获得足够维持一年生活的粮食；多余的粮食则被烧掉，以便日后有工作的动力，不至于变成懒汉。他说，他们的武器是弓箭，箭矢长达 3 肘尺；还有标枪、小盾牌和 3 肘尺长的大刀；他们不使用龙头，而是使用鼻羁，他们与口套区别不大，可以从马嘴之中穿过嚼子。

67. 为了证明印度人的高超手艺，奈阿尔科斯说他们看见马其顿人使用的海绵，进行了仿造，使用的完全是羊毛制品、毛发、细绳和丝线制成，在把它们压成毛毡之后，然后抽出镶嵌物，给海绵状毛毡染色，制造洗澡用的刷子，油瓶工匠很快就出现了一大批。他们在纺织紧密的亚麻布上写了许多信件，虽然其他的作家坚持说他们不会使用字母文字；他们使用的黄铜是铸造的，不是锻造的；但是，虽然他提到了使用铸造的黄铜器皿产生的奇怪结果，即它们掉在地上就好像陶器一样，会摔成碎片，却没有说明理由。在涉及印度的陈述之中，也有如下内容，那里的习惯是用为国王、为所有掌权者和上层等级祈祷代替行礼下跪。这个国家还出产宝石，即水晶和各种颜色的红宝石，还有珍珠。

68. 为了证明历史学家的记载是多么的不一致，我们举一个有关卡拉努斯记载的实例。他们所有的人都一致认为他跟随亚历山大一起走了，他是当着亚历山大之面自愿被火烧死的；但是，他们记载他火葬的方式和这样做的理由是不同的。例如，有些人这样说，他作为为国王歌功颂德的人，跟随国王一起离开印度违背了哲学家共同遵守的习惯，因为这些人只能关注印度的国王，在他们与神灵的关系上给予引导，就好像麻葛只关心波斯国王一样。但是，卡拉努斯在帕萨尔加迪就已经病倒了，这是他平生第一次生病，他在73岁的时候不顾国王的请求，迅速结束了自己的生命；一个大柴堆已经准备好，上面放着一把黄金的躺椅，他自己躺在椅子上，盖上覆盖物火化了；但是，其他人说建了一座木屋，里面藏满了树叶，柴堆建在屋顶上。在他参加的游行结束之后，按照他自己的命令，他被关进了屋子，然后，他点燃了柴堆，像木材一样随着房子一起被烧掉了。但是，麦加斯提尼说自杀行为不符合哲学家的教义，那些自杀的人被认为是年轻人的轻率行为；坚强的人敢于面对刀剑和悬崖；害怕痛苦的人可跳入大海之中；还有些人吊死自己，受了很多痛苦；也有性格暴烈的人投入火中自杀；而卡拉努斯也是一个这样的人，他是一个没有自制力的人，

第一章　印度、基本地理、动物、人民　　**1321**

亚历山大桌边的一名奴隶。因此，卡拉努斯遭到了指责，而曼达尼斯则受到了赞扬。因为当亚历山大的信使传唤曼达尼斯去朝见宙斯之子，并且允诺如果他听从命令，就将获得礼物，如果他不服从命令，就将受到惩罚的时候，他回答说，首先，亚历山大不是宙斯之子，因为他不过是整个地球很小很小一部分地区的统治者；其次，他不需要贪得无厌的亚历山大的礼物；第三，他不害怕威胁，只要他活着，印度就将供给他食物；一旦他死了，他就将离开这个老而无用的躯壳，转而过着更美好、更纯洁的生活；结果是亚历山大赞扬和同意了他的意见。

69. 历史学家还说，印度人崇拜宙斯、恒河和各地的神祇。每当国王洗发的时候，他们要举行隆重的庆祝活动，献上大量的礼物，每人都要竞相炫耀自己的财富。他们说有些掘金的蚂蚁长着翅膀；[①] 金砂是被河流带来的，就好像伊比利亚的河流一样。在节日游行的队伍之中有许多装饰着金银的大象列队游行，还有由四匹马拉的战车和牛车；后面跟着穿制服的军队；然后是黄金制成的大盆和宽 1 英寻的大碗；还有桌子、高椅、酒杯、浴盆，所有这些器物都是用印度红铜制造的，大多数镶嵌了宝石——祖母绿、绿柱石和印度红宝石；还有各种镶嵌着金光闪闪饰物的服装、驯服的犏牛、豹子、狮子、各种各样的嗓子甜美的鸟儿。克莱塔库斯提到许多四轮车上面有巨大的阔叶乔木，树上依偎着各种驯养的鸟儿，在这些鸟儿之中，声音最甜美的是俄里翁，[②] 长得最漂亮、

---

① 　本章第 37、44 节。

② 　神鸟。

羽毛色彩最丰富的是卡特雷乌斯；[①]因为它的外貌非常接近孔雀。有兴趣的人还可以从克莱塔库斯叙述之中获得其他的信息。

70. 在对哲学家分类的时候，作家们把普兰尼派（pramnae）与婆罗门对立起来，他们是一群能言善辩的人，他们把研究自然哲学和天文学得婆罗门嘲讽为江湖郎中和笨蛋；普兰尼有些被称为"山区"普兰尼，有些被称为"天体"普兰尼，还有一些被称为"城市"或者"农村"普兰尼。山区普兰尼穿着鹿皮衣服，背着装满树根和草药的行囊，宣称可以用这些东西与巫术、魔法和魔咒为人治病；天体普兰尼正如他们的名称所表示的那样，大部分露天裸体而居，修炼忍耐性，正如我先前所说的那样，他们要修炼37年时间；他们的妻子与他们居住在一起，但他们不能与妻子发生性关系；这些哲学家特别受尊重。

71. 据说"城市"普兰尼身穿亚麻衣，居住在城市，或者是在农村，外面穿着鹿皮或者瞪羚皮；一般来说，印度人穿白色的衣服，白色的亚麻布或者棉布衣服，与那些说印度人穿深色衣服的说法相反；他们总是留着长发和长须，他们把头发梳成小辫子，围在头顶周围。

72. 阿尔特米多鲁斯说，恒河从埃莫达山脉向南流去，当它流到恒河城的时候，转向东方的帕利波特拉城和它通向大海的河口流去。他提到了恒河的一条支流奥达内斯河，说这条河之中有鳄鱼和河豚。他又以一种杂乱和漫不经心的方式谈到一些其他的事情，这些东西都是没有经过深思熟虑的。但是，大马士革人尼古

---

① 印度的孔雀。

第一章　印度、基本地理、动物、人民　　**1323**

拉的报道可以补充上述说法。

73. 他说，他在达弗内附近的安条克城，正好碰上了被派遣去见奥古斯都·凯撒的印度使节；证书明白写着有三名以上的使节，但只有三个人活了下来（他说自己见过他们），而其他人由于长途旅行劳累去世了；公文以希腊文字写在皮革上；文书清楚地表明它的作者是波鲁斯，他虽然是印度 600 位国王的统治者，但仍然渴望成为凯撒的朋友，他表示不管凯撒想要去那里，他不仅已经准备好允许凯撒通过自己的国土，而且已经准备为他的光荣事业在各个方面提供合作。尼古拉说，这就是写给凯撒的公文内容，而送给凯撒的礼物是八名裸体的奴仆，只披着有香味的狮子皮；这些礼物还包括赫耳墨斯，[①] 这是一个天生没有双手的人，我曾经亲眼看见过此人；还有大蟒蛇和 10 肘尺长的毒蛇、3 肘尺长的乌龟、比秃鹫还大的山鹑；他说，与他们一起来的人，有一个在雅典自焚了；有的人自杀是因为身陷不幸之中，企图立即摆脱这种痛苦；还有些人这样做是因为太幸福，这个人就属于后面这种情况；他说，这个人至今为止都是一帆风顺，他认为这时应当结束自己的生命，以免由于留恋人世日后遭到意外的不幸；因此，他在涂油仪式之后，只披着狮子皮，满面笑容爬上了大柴堆；在他的陵墓上有如下的墓志铭："这里安息着来自巴戈萨城的印度人扎尔马诺切加斯，[②] 他由于遵从印度人祖先的风俗习惯而名垂不朽。"

[①]　这个畸形人被称为"赫耳墨斯"，是因为赫耳墨斯代表小神，他们有时还缺手少脚（希罗多德，Ⅱ，51）。

[②]　这个名字的拼音存疑。迪奥·卡西乌斯把这人称为"扎马鲁斯"（迪奥·卡西乌斯，54.9）。

第二章　阿里亚纳、格德罗西亚和卡尔马尼亚

1. 在印度之后是阿里亚纳，这是波斯人在印度河之后统治的第一个地区、也是托罗斯山脉之外上行省的一个地区。在南部和北部，阿里亚纳都以同一个大海和同一座山脉与印度为界，印度河在阿里亚纳和印度之间流过；阿里亚纳从印度河开始向西延伸，直到从里海门与卡尔马尼亚之间的一条直线上；因此，它的形状是一个四边形；它的南边起自印度河口和帕塔雷内，结束于卡尔马尼亚和波斯湾口；在那里形成了一个海角，正对着南方；然后它折向波斯湾内波斯地区一边。阿里亚纳最初的居民是阿尔比人，与阿尔比斯河名字相同。这条河流是阿尔比人和邻近部落奥雷泰人的分界；阿尔比人有长约1000斯塔德的海岸线，奈阿尔科斯说，这条海岸线是印度的一部分。然后是奥雷泰人的地区，这是一个独立自主的部落。沿着这个部落的海岸线航行，航程是1800斯塔德；接着，沿着伊赫提奥法吉人的海岸线航行，航程是7400斯塔德，沿着卡尔马尼亚人地区到波斯地区航行，航程是3700斯塔德；因此，总的航程是13900斯塔德。[①]

[①]　手稿数字是12900斯塔德，克雷默修正的数据是13900斯塔德。

第二章　阿里亚纳、格德罗西亚和卡尔马尼亚　　**1325**

2. 伊赫提奥法吉人[①]的沿岸地区是一块平坦的地区，除了棕榈、荆棘类植物和柽柳之外，大部分地方没有乔木生长；这里既缺少水资源，又缺少栽培的粮食作物；无论是人还是牲口，都以鱼为食，饮用雨水和井水；他们的牲口也有鱼的气味；他们的房屋大多使用鲸的骨头和牡蛎壳建成，他们使用鲸的肋骨做屋梁和支柱，颌骨做门柱；使用鲸的脊椎骨做研钵，他们用研钵来捣碎晒干的鱼类；然后把它和少量的谷物混合在一起，把它们做成面包食用，他们有磨坊，但不知道使用铁。这确实不是什么奇怪的事情，因为他们可以从其他地方进口磨子；但是，当磨子的齿磨平之后，他们是如何重新把磨子修好的呢？据说他们使用同样的石料来制造箭矢、长矛尖，再在火中把它烤得更硬。至于鱼类，有些在泥土的容器之中烤熟再吃，大部分就生吃了；在他们抓鱼的各种方法之中，有一个法子是用棕榈树皮编的渔网。

3. 在伊赫提奥法吉人地区之后的是格德罗西亚，这个地方没有印度酷热，但比亚细亚其他地方更炎热；由于它缺少果实和水源，除了夏季之外，它并不比伊赫提奥法吉人地区好多少。但是，它出产香料，特别是甘松油树和没药树；因此，亚历山大的军队在行军的过程之中使用这些树木做帐篷和寝器，同时非常喜欢它们芳香的气味，有益健康的空气；亚历山大的军队从印度返回的时候，有意选在夏天，因为那时格德罗西亚正在下雨，河流和水井之中有充足的水源，而在冬季水源就干涸了；这些雨水降落在北方靠近高山的高地；当这些河流水量充沛之后，也就灌溉了靠

---

① "食鱼者"。

近海边的平原，水井也充满了雨水。国王在进入沙漠之前就派人前往沙漠掘井，为他自己和他的舰队建立兵站。

4. 他把军队分成三部分，他自己率领一支部队前往格德罗西亚。他自己保持距离大海最多不超过 500 斯塔德的距离，以便同时控制海滨地区接应自己的舰队；他常常非常接近海岸，虽然它的海岸线崎岖不平，难以通行；第二支部队由克拉特鲁斯率领前往内陆地区，他同时受命征服阿里亚纳，提前到达亚历山大将要前去的同一个地方；他把舰队交给奈阿尔科斯和奥内西克里图斯，后者是主要的领航员，他们得到的命令是占领有利地理位置，跟着部队前进，沿着海岸线与他们行军的路线航行。

5. 此外，奈阿尔科斯还说，当国王已经完成行程时，他在秋天普勒阿德斯升起在西方的时候才刚刚开始航行；风向不利，还有蛮族攻击他们，企图把他们赶走；由于国王的离开，蛮族人胆大妄为，像自由人一样行动；克拉特鲁斯是从希达斯佩斯河出发的，他经过了卡尔马尼亚境内阿拉霍提人、德兰吉人地区。但是，亚历山大在整个行程之中遭受了许多的困难，因为他行军通过的是一个环境恶劣的地区；他获得的额外补给来自遥远的地区，不但数量很少，而且间隔时间很长；因此，他的军队饱受饥饿的折磨；驼兽累垮了，辎重被抛弃在道路两旁和营房之中；他们依靠海枣救命，不仅吃枣子，连叶子顶端的嫩芽也吃。[①]据说亚历山大已经觉察到了这些困难，他编造了一个沽名钓誉的故事，按照主流观点的说法是塞米拉米斯从印度逃跑的时候只带着 20 来个人，

---

① 海枣树可食用的心部。

第二章 阿里亚纳、格德罗西亚和卡尔马尼亚 *1327*

居鲁士逃跑的时候只剩下 7 个人，而他自己却带领了这样庞大的一支军队顺利地通过了同一个地区，赢得了这场胜利。[①]

6. 除了资源贫乏之外，这个地区阳光酷热令人难以忍受，还有深深的、火热的沙漠；某些地方有很高的沙丘，士兵们难以迈步，好像掉在陷阱里，这里还有上坡路与下坡路，由于需要寻找井水，他们不得不长途行军 200 或 300 斯塔德，有时甚至要走上 600 斯塔德，行军大多是在晚上。但他们的宿营地离水井很远，经常有 30 斯塔德距离，为的是使士兵们不至于因为口渴拼命地喝水；因为有许多人会全副武装跳入水井之中，好像失足掉在水中的人一样地拼命喝水，然后被水呛死，尸体肿胀浮在水面上，污染了水井；还有一些人因为干渴的原因精疲力尽，躺在道路中间任凭烈日暴晒，好像因为寒冷和疟疾，手脚乱动地死了。有时候士兵们会离开主要的大路倒下来睡觉，因为他们被睡眠和疲劳压倒了。有些人掉队了，由于迷路、天气炎热或一无所有而死了；然而其他人在经历了许多困苦之后，安全到达了目的地；一股汹涌的山洪突然在晚上袭来，损失了许多人员和物品，国王的许多装备也被冲走了。有一次，由于向导不认识道路而误入内陆地区很远的地方，再也看不见大海，国王发现了他们的错误，立刻派出人员去寻找海岸线；当他发现了海岸地区之后，立刻挖出了可以喝的水源，把它交给军队饮用；后来，他们一直沿着海岸线附近行军了七天，以保证有足够的水源供应；然后，他才重新进入内陆地区。

7. 这里有一种类似月桂的树木，造成了许多驼兽的死亡，它

———————————

[①] 参见本书 XV，i，5。

们吃了树上的叶子，便好像患了癫痫病一样口吐白沫而死。这里还有一种多刺的植物，它的果实散落在地上，好像胡瓜一样充满了果汁；如果它的果汁进入任何动物的眼睛内，它们很快就会瞎掉；更有甚者，很多人因为吃了没有成熟的海枣而胀死了。这里的蛇也很危险；由于草药生长在沙丘上，蛇就在这些草药之下偷偷地爬行着；它们将杀死自己攻击的每一个人。据说奥雷泰人的箭头是木质的，用火焰烤硬，并且涂上了致命的毒药，托勒密就中了毒箭，险些丢了生命；亚历山大在睡梦中看见一个人站在他身边，指着一种根类、枝叶和各种东西，他命令亚历山大把这种根类捣碎，敷在伤口上；亚历山大从睡梦中醒来之后记住了这次梦境，他去寻找，并且找到了这种大量生长的根类；他和其他人都开始使用这种根类；当野蛮人看见他们找到了治疗方法之后，都臣服了国王。有理由认为这是某个知道解药的人告诉了国王，而那些神话般的成分则是为了吹捧国王而编造的。在离开了奥雷泰人60天之后，[①] 他们到达了格德罗西亚人王宫所在地。亚历山大命令大部队进行短暂的休息，然后向卡尔马尼亚前进。

8. 这样，他们沿着阿里亚纳南部、大约在格德罗西亚人和奥雷泰人的海岸和海岸以北地区的位置前进。阿里亚纳是一个辽阔的地区，格德罗西亚也是一个辽阔的地区，一个延伸到了德兰吉人、阿拉霍提人和帕罗帕米萨迪人的地区。关于这些人，厄拉多塞曾经做了如下的叙述（因为我无法做出更好的叙述）。他说，阿里亚纳东与印度河交界，南与大海相邻，北与帕罗帕米苏斯山脉

---

① 大概与前面提到的奥雷泰人是同一个部落。

交界，在它之后的山脉一直延伸到了里海门；它的西部边界是同一座山脉，它把帕提亚与米底、卡尔马尼亚、帕雷塔塞尼和波斯分开。他说，这个地区的宽度等于印度河从帕罗帕米苏斯山脉到河口的长度，距离是 12000 斯塔德（也有人说是 13000 斯塔德）；它的长度从里海门开始，根据《亚细亚道路驿站录》记载所说，有两条道路，即从里海门经过帕提亚人地区到阿里人地区亚历山大城的同一条道路；从这里开始，一条道路笔直通过巴克特里亚，翻过山口进入奥尔托斯帕纳，到达从巴克特拉出发的三条道路的会合点，这座城市位于帕罗帕米萨迪人境内；另一条道路稍微向南，从阿里亚通往德兰吉亚纳的普洛弗萨西亚，它的剩余部分折回印度边界和印度河；因此，这条通过德兰吉人和阿拉霍提人地区的道路比较长，它的整个长度是 15300 斯塔德。但是，如果减去 1300 斯塔德，这个地区的直线长度就剩下 14000 斯塔德；海岸线的长度略微短一点，[①] 但有些作家夸大了它的总长度，卡尔马尼亚的 10000 斯塔德，又增加了 6000 多斯塔德；他们显然是把沿着海湾或者卡尔马尼亚沿岸伸入波斯湾的部分，计算在这个长度之内；阿里亚纳的名字后来扩大到了波斯和米底的部分地，还有北方的巴克特里亚人和粟特人地区。因为这些部落说的语言是大致相同、但略有区别的语言。

9. 这些部落的地理位置如下：印度河沿岸是帕罗帕米萨迪人，在他们之后是帕罗帕米苏斯山脉；在他们南边是阿拉霍提人；紧接着向南又是格德罗西亚人和居住在海岸边的其他部落；印度河

---

① 参见本章第 1 节，长度为 13900 斯塔德。

沿着所有这些部落的地区流过，这些地区部分位于印度人居住的印度河两岸，但它们从前属于波斯人。亚历山大从阿里亚人手中夺取了这些地区，建立了自己的居民点。但是，塞琉古·尼卡托把这些地区交给了桑德罗科图斯作为通婚的礼物，交换了500头大象；在帕罗帕米萨迪人的西边是阿里人，在阿拉霍提人和格德罗西亚人旁边是德兰古人；但是，阿里人在德兰吉人的北边和西边，几乎包围了他们的一小部分地区；巴克特里亚纳位于阿里亚和帕罗帕米萨迪人的北方，亚历山大在这个地区翻过高加索山脉，前往巴克特拉，在西边，在阿里人之后是帕提亚人和里海门周围地区；在这些部落的南面是卡尔马尼亚沙漠；然后是卡尔马尼亚其他地区和格德罗西亚。

10. 如果我们要详细地研究亚历山大从帕提亚地区到巴克特里亚纳追击贝苏斯所走过的道路，上述山区的报道已经很明确了；因为他进入了阿里亚纳，然后进入了德兰吉人地区，他在那里因为阴谋案件逮捕了帕尔梅尼昂之子，并将其处死；他还派人前往埃克巴坦那处死阴谋活动的共犯菲洛塔斯之父。据说这些人骑着阿拉伯骆驼11天走了30—40天的路程，完成了任务。德兰吉人模仿波斯人的生活方式，只是他们不喜欢酗酒，他们的境内产锡。然后，亚历山大从德兰吉人地区到了埃沃格泰人地区，[①] 他们的名字是居鲁士取的；然后又到了阿拉霍提人的地区。在七星团落下的时候，他通过了帕罗帕米萨迪人地区，这是一个白雪皑皑的高山地区，很难行走。但是，那里有许多村庄，可以提供除了橄榄

---

① 本义为"恩人"，居鲁士二世给予那些在远征之中帮助过他的部落的称号。

第二章 阿里亚亚纳、格德罗西亚和卡尔马尼亚 **1331**

油之外的各种物资，居民们接待他们，减轻了他们旅途中的困难；在他们左边是群山的高峰。帕罗帕米苏斯山脉南部属于印度和阿里亚纳，至于它的北部，朝西的地方属于巴克特里亚人，朝东的地方属于与巴克特里亚人交界的蛮族部落。他在这里度过了冬天，在自己的右上方是印度，他建立了一座城市，然后翻过山顶进入巴克特里亚纳，他们经过的许多道路除了少得可怜的灌木类松香树之外，都是光秃秃的；因此非常缺乏粮食，以至于杀死驼兽吃肉。由于缺乏木材，甚至要生吃驼兽肉。但是，那里生长着许多罗盘草，有助于消化这些生肉。在城市建成 15 天之后，他离开冬季营地，来到巴克特里亚纳的阿德拉普萨城。[1]

11. 恰雷内位于这个地区附近与印度交界的某个地方；在帕提亚人统治的所有地区之中，这个地方最靠近印度。它与阿里亚纳[2]的距离（经由阿拉霍提人地区和上述山区）是 10000 或者 9000 斯塔德。[3] 克拉特鲁斯经过这个地区，并且征服了所有不愿投降的部落，经过一条捷径火速前去与国王会合；实际上，两支陆军大约同时在卡尔马尼亚会师。稍后，奈阿尔科斯的舰队在航行过程中克服了漂流、艰难困苦和巨大的鲸造成的危难之后，驶入了波斯湾水域。

12. 不过，有理由认为参加这次航行的人有许多夸大之处；但是，这些人的陈述间接地证明了他们所遭遇的苦难，是一种潜在

---

① 更有可能是加德拉斯普。

② 取代"阿里亚"显然是错误。

③ 手稿原文为 19000 斯塔德与实际情况不符，译者认为 10000 或 9000 斯塔德更接近实际。

的苦难，是心理上的恐惧而不是真正的危险。最使他们感到恐惧的是喷水的鲸，它们喷出巨大的水柱形成一片迷雾，使海员们突然看不见他们前面的东西。而领航员告诉对此感到害怕而不明事理的水手，这是海里的动物造成的，人们可以吹喇叭或高声呼喊把它们吓走；因此，奈阿尔科斯率领他的舰队朝着鲸喷出的水柱的方向，朝着它们阻挡舰队前进的方向航行，同时用喇叭声来吓唬它们；这些鲸起初潜入海中，然后又出现在船只的尾部，在上演了一场海战奇观之后，它们立刻又消失了。

13. 但是现在航行到印度的那些人也说到这些动物的大小和它们出现的方式，虽然他们说到用声音和敲鼓来赶走它们，但没有说到它以大群的形式出现，也没有说它们经常发动攻击。他们说这些动物不接近陆地，但它们死了之后，海浪很容易把这些动物光秃秃的骨骼冲上海岸来，伊赫提奥法吉人用前面说过的材料来建造他们的棚屋。根据奈阿尔科斯所说，鲸鱼的大小是23拓。奈阿尔科斯说，他发现舰队的水手确信无疑的一件事情是虚假的，这就是他们认为在他们前进的路上有一座海岛，它可以使所有停靠在它附近的船舶失踪；他说，虽然有一条小船在航行的过程中接近那个海岛之后就不见了踪影，虽然有些被派去寻找失踪人员的人环绕着这个海岛航行，不敢贸然登上该岛，他们高声叫喊召唤失踪人员，但没有一个人回应他们的呼声，他们返回了。虽然所有的人都把这些人的失踪归罪于这个海岛，但他自己航行到了该岛，他和部分随他一起来到这里的人员登上了海岛，走遍了海岛，没有发现失踪人员的踪影，他放弃了寻找，返回了舰队，他告诉自己的人员，指责这个海岛是毫无根据的（否则的话他自己

第二章 阿里亚纳、格德罗西亚和卡尔马尼亚 **1333**

和随同他的人员也同样会遭到灭亡），这条小船的失踪可能是由于其他的原因，因为其他的可能性多得数不清。

14. 卡尔马尼亚是自印度河开始的海岸线最后一个地区，可是它比印度河口更靠北方。然而，卡尔马尼亚第一个海角突出于南方的大海之中；卡尔马尼亚和从阿拉伯福地（Arabia Felix）（它是完全可以看见的）延伸过来的海角一起形成了波斯湾的入口，然后它折向波斯湾，直到波斯地区的边界。卡尔马尼亚是一个很大的内陆地区，它从格德罗西亚一直延伸到波斯地区，但是它比格德罗西亚更加偏向北方。这可以由其丰富的物产得到确证，因为它出产各种果实；除了橄榄树之外，它还有许多高大的乔木，并且有河水灌溉。格德罗西亚则不同，它和伊赫提奥法吉人的地区没有多少区别，所以他们常常歉收；由于这个原因，居民们要保持一年的粮食储备，需要几年的交易时间。奥内西克里图斯说卡尔马尼亚有一条河流可以冲出来金砂；他说这里还有银矿、铜矿和代赭石。这里有两座山，一座山由砷组成，① 一座山由盐组成；卡尔马尼亚有一个沙漠与帕提亚和帕雷塔塞尼交界。② 它的农作物与波斯人的农作物相似，其中包括葡萄藤。我们所说的"卡尔马尼亚"葡萄藤就是这种葡萄藤，它生长的葡萄串常常有 2 肘尺长，这种葡萄串长着密集的大粒葡萄；大概这种葡萄藤在卡尔马尼亚生长的土地更肥沃。由于缺少马匹，大多数卡尔马尼亚人甚至使用驴子作战；他们向自己唯一的神阿瑞斯奉献一头驴子，他们也

---

① 即雌黄。

② 即在西北角。

是好战的部落。一名男人在割下敌人的一颗首级，并且把它献给国王之前，他是不能结婚的；国王在王宫之中收藏了许多头盖骨；他把敌人的舌头切下来剁碎，和上面粉，独自一人吃掉，他也把它赐给那个送给他的人，让这人和其家庭成员吃掉；那些得到最多头颅的国王，享有最高的声望。奈阿尔科斯说，卡尔马尼亚人的语言和风俗习惯大多与米底人和波斯人的语言和风俗习惯相似。渡过波斯湾口的航程用不了一天的时间。

第三章　波斯本土

1. 在卡尔马尼亚之后就是波斯。这个地区大部分位于海湾沿岸，并且得名于这个海湾，不过还有更大的部分位于内陆。它的长度自南方的卡尔马尼亚一直延伸到北方的米底部落地区。根据它的环境和气候条件，波斯被分为三个部分：第一部分是沿海地区，这是一个非常炎热的沙漠地区，除了海枣之外，很少出产果实，它的长度推测为大约4400—4300斯塔德，它的终点结束于这个地区最大的奥罗阿提斯河；第二部分在沿岸地区之后，出产各种物品，它是一个平坦的、饲养牲口的极好地方，有许多河流与湖泊；第三部分在北方，它是一个寒冷的山区，在这部分的边界上居住着饲养骆驼者。根据厄拉多塞所说，这个地区如果从某些突出的海角开始计算，向北到里海门的长度是大约是8000斯塔德；[1] 里海门这边剩余部分的长度不超过2000斯塔德；[2] 至于波斯的宽度，从苏萨到波斯波利斯内陆地区为4200斯塔德，从这里到卡尔马尼亚边界距离1600多斯塔德。居住在这个地区的部落是帕特斯霍里人、阿契美尼德人和麻葛人。麻葛人热衷于宗教生活，西

---

① 　原文佚失（参见本书Ⅱ，i，26）。

② 　斯特拉博在其他地方说到的数字是"大约3000斯塔德"（参见本书Ⅱ，i，26）。

尔提人和马尔迪人以抢劫为生，其他人则是农业部落。

2. 我几乎可以说苏西斯也是波斯的一部分；它位于波斯与巴比伦尼亚之间的地区，有一座最著名的城市苏萨。由于波斯人和居鲁士在征服米底人之后觉得自己的故乡位于帝国的边远地区，苏萨虽然远在内陆，但距离巴比伦尼亚和其他部落更近，因而把自己帝国的都城确定在苏萨。同时，他们非常重视这座城市靠近波斯的重要意义，更重要的是苏萨从来没有起过任何重要作用，一直臣服于外族的统治，仅仅被认为是一个更大的政治组织的一部分（可能，只有古代的英雄时代除外）。因为苏萨据说是门农的父亲提托努斯建立的，它的周长有 120 斯塔德，是一个长方形的建筑。它的卫城被称为门农宫；苏萨人也被称为齐西亚人，埃斯库罗斯说门农的母亲是齐西亚，[①] 门农据说埋葬在叙利亚巴达斯河边的帕尔图斯城附近。正如西莫尼德斯在自己狂热的诗歌《门农》之中所说的一样，这首诗是其提洛岛诗歌集中的一首。正如某些作家所说的那样，这座城市的城墙、神庙和王宫，建筑得像巴比伦人的一样，是用烘烤过的砖和沥青建筑的。波利克莱图斯说这座城市周长为 200 斯塔德，没有城墙。

3. 虽然他们把苏萨的宫廷装饰得比其他宫廷更漂亮，但他们并没有把它看得比波斯波利斯（Persepolis）和帕萨尔加迪（Pasargadae）更重要；不管怎么说，波斯人的国库、财宝和陵墓都在那里，因为它们所在的地方既是祖传的，又是天生非常坚固的。还有一些其他宫廷：在波斯北部某地的加比城、在陶斯城附近的海边都有宫

---

① 埃斯库罗斯:《波斯人》，17，118。

廷。这些宫廷都属于波斯帝国时期的宫廷，但后代诸王使用的是其他宫廷，当然这些宫廷在豪华上要略微逊色。因为波斯地区已经衰败了，这不仅是由于马其顿人的原因，更是因为帕提亚人的缘故。波斯人现在虽然在国王的统治之下，但他们有自己的国王，不过这些国王大多没有权力，臣服于帕提亚国王的统治。

4.苏萨位于乔阿斯佩斯河畔内陆地区一座桥的那边，苏西斯的领土一直延伸到海边；它的沿岸地区大约长3000斯塔德，从波斯沿岸地区的边界一直延伸到底格里斯河的河口附近。乔阿斯佩斯河发源于乌克西人地区，流过苏西斯地区，结束于同一海岸地区；在苏西斯与波斯之间插入了一个崎岖不平、陡峭的高山地区；它有一个狭窄的难以通行的关口，由一群强盗占据着。历代国王从苏西斯去波斯路过这里的时候，他们甚至敢向国王本人索取买路钱。[①]波利克莱图斯说，乔阿斯佩斯河、欧莱乌斯河和底格里斯河汇合于一个类似湖泊的地方，然后从这个湖泊汇入大海；在这个湖泊的附近有一个商业都会，由于人为地建立了一个大水坝，这些河流既不能接收从海上运来的任何货物，也不能运出任何货物，所有货物运输都必须经由陆路；据说到达苏萨的距离是800斯塔德。[②]但是，其他人说流经苏西斯的河流汇合于底格里斯河之中，正对着幼发拉底河中间的运河；由于这个原因，底格里斯河的河口被称为帕西底格里斯河。[③]

---

① 通行税。

② 取代1800斯塔德显然是错误的。

③ 帕西底格里斯河是流经苏萨的河流之一（阿里安，《亚历山大远征记》，3.17.1；《印度》，42.4；普林尼，6.129以及145）。

第十五卷　印度、阿里亚纳、波斯

5. 奈阿尔科斯说，苏西斯沿岸遍布浅水滩，结束于幼发拉底河；这条河的河口有一个村庄，接受从阿拉比亚运来的货物；由于阿拉比亚人的海岸紧邻着幼发拉底河和帕西底格里斯河的河口，整个中间地区就形成了一个湖泊，这个湖泊也接受了底格里斯河的水源；溯帕西底格里斯河而上150斯塔德，就到了一座从波斯到苏西斯的浮桥，浮桥距离苏萨60斯塔德；[①] 帕西底格里斯河距离奥罗阿提斯河大约200斯塔德；经由陆路从这个湖泊到底格里斯河口距离是600斯塔德；在河口附近有一个苏萨人的村庄，距离苏萨是500斯塔德；从幼发拉底河口到巴比伦的陆路，经过一个非常富裕的地区，距离是3000多斯塔德。奥内西克里图斯说，所有这些河流，无论是幼发拉底河还是底格里斯河，都汇合于这个湖泊之中；但是，幼发拉底河再次从这个湖泊之中流出来，通过它自己单独的河口汇入大海。

6. 如果要从乌克西人的地区进入邻近的波斯本土，有几条狭窄的通道；亚历山大也被迫走过这些位于波斯门和其他地方的道路，当时他正通过这个地区，迫切希望搞清这个地区最重要的地方和国库的所在地，这个国库充满了金银财宝，这是波斯人长期以来向亚细亚征收的贡赋；他渡过几条流经这个地区的河流，进入了波斯湾地区。在渡过乔阿斯佩斯河之后，来到了科普拉塔斯河和帕西底格里斯河，后一条河发源于乌克西人地区。这里还有居鲁士河，它流过帕萨尔加迪附近的波斯盆地；[②] 国王认为波斯人

---

① 取代600斯塔德显然是错误。

② 波斯的内陆或中心地带。

把这条河流的名字从阿格拉达图斯河改成了居鲁士河。亚历山大在波斯波利斯附近渡过了阿拉斯河。波斯波利斯是仅次于苏萨的、建设得最美丽的、也是最大的城市。它有一座令人难忘的宫廷，特别是它保存着价值连城的金银财宝。阿拉斯河发源于帕雷塔齐人地区；这条河流与发源于米底的梅杜斯河汇合在一起。这些河流经过与卡尔马尼亚交界的、非常富饶的河谷地区，这个地区的东部就是波斯波利斯城。因为波斯人曾经用火和剑毁灭了希腊人的神庙和城市，亚历山大为了替希腊人报仇，放火烧毁了波斯波利斯的宫廷。

7. 然后，亚历山大去了帕萨尔加迪，这也是一座古代的王宫。在一个苑囿之中，他看到了居鲁士的陵墓，这是一座小塔，隐藏在茂密的树林之中。陵墓的下部是立方体，上部是一个有屋顶的遗体安放所，后者有一个非常狭窄的入口。阿里斯托布卢斯说，国王命令他进入这个入口，装饰了陵墓。他看见了金床、金桌、金杯、金棺，还有数不清的衣服和镶嵌着宝石的装饰品；但是，他第一次在这里看到的所有这些东西，后来都被洗劫一空，所有东西都被盗走了。而金棺和金床仅仅被打掉了一些零碎的东西，盗匪们还把尸体搬到了另外一个地方，这个事实证明这是一次盗窃行动。它不是行省总督干的，因为盗匪们留下了他们难以搬走的东西。这个盗窃行为发生的时候，陵墓周围甚至还有麻葛保卫着，他们每天的给养是 1 头绵羊，每个月 1 匹马。[①] 但是，在亚历山大正朝着遥远的地区进军、朝着巴克特拉和印度前进时，引

────────────

① 马是献给居鲁士的祭品（阿里安，6.29）。

起了其他许多造反行动，这就是许多造反行动中的一次造反行动。阿里斯托布卢斯说的故事就是这样，他还记载了陵墓上的铭文，内容如下："臣民啊！我是居鲁士，波斯帝国的建立者，亚细亚的国王；因此，请不要嫉妒我的陵墓。"但是，奥内西克里图斯说这座塔有10层，居鲁士躺在最顶层，这里有一个用希腊文写成的铭文，用波斯文字雕刻而成，内容是：

"我，众王之王居鲁士躺在这里。"

另外一个用波斯语写成的铭文内容相同。

8. 奥内西克里图斯还记录了大流士陵墓上的铭文："我是朋友中的朋友，我证明了自己是比其他一切人更优秀的骑手和弓箭手，我是优秀的猎手，我无所不能！"萨拉米斯的阿里斯图斯是比这些人晚得多的作家，他说这座塔只有两层，是一座很大的塔；它是在波斯人的继承人时期建立的，陵墓有人保卫；这里有一个先前提到过的用希腊文写成的铭文，还有一个用波斯语写成的铭文，内容相同。居鲁士使帕萨尔加迪备受尊重，因为他在这里的最后一次拼杀之中战胜了米底人阿斯提亚格斯，获得了亚细亚帝国的统治权，他在这里建立了一座城市和宫廷，以纪念这场胜利。

9. 亚历山大从波斯运到苏萨的所有财富，都是金银财宝和物资；他并没有把自己的都城设在苏萨，而是设在巴比伦，并且准备进行进一步的建设；这座城市也有国库。据说不算巴比伦的国库和兵营之中国库，只算苏萨和波斯国库的价值是40000塔兰特；有些人甚至说是50000塔兰特。其他人说，从所有渠道获得的金

第三章 波斯本土 *1341*

银财宝，运到埃克巴坦那的价值共 180000 塔兰特；大流士从米底逃跑时运走的金银财宝价值为 8000 塔兰特，它被那些把他杀死的人作为战利品夺走了。

10. 无论如何，亚历山大挑选巴比伦为首都的原因是，他认为这座城市不仅在规模上，而且在所有方面都远胜于其他城市。据这位作家所说，[①] 苏西斯虽然富饶，但它的气候炎热到酷热难当的地步，特别是在城市附近的地区。无论如何，他说在夏天最热的时候，中午时蜥蜴和蛇如果不飞快地穿过城里的街道，就有可能被烤焦在街中心。他还说，尽管波斯在它的南边，但无论在波斯何地绝对看不到这种现象；洗澡的凉水放在太阳底下一会儿就热了。大麦粒在阳光之下自动爆开，就好像在烘箱中烤裂的大麦一样；由于这个原因，屋顶上的泥土层厚达 2 肘尺，由于屋顶太重，居民被迫建筑狭长的住宅；虽然他们没有长梁，由于闷热的缘故，他们仍然需要建筑大住宅；因此，棕榈树干就成了一种特殊的材料；因为它虽然坚硬，但年久日深之后就会弯曲，但它不是向下，而是在压力之下向上弯曲；这样就能更好地支撑住屋顶。据说这个地区炎热的原因是由于这个地区北方的高山造成的，因为这些高山挡住了所有的北风。因此，这些北风从高山顶上吹过，进入平原地区空气的最上层，不能接触到平原的低层，然而，它们可以吹到更南方的苏西斯地区。无风的天气统治着这个地区，特别是在地中海季风使其他地区变得凉爽的时候，这里却被炎热烤焦了。

11. 苏西斯盛产大麦和小麦作物，平均产量是种子的 100 倍，

---

① 不清楚是阿里斯托布卢斯、奈阿尔科斯，还是奥内西克里图斯翻译的。

有时甚至达到 200 倍；因此，居民不会因为厚厚的庄稼茬妨碍发芽就犁掉靠得很近的沟垄。马其顿人在这里种植葡萄藤之前，这里和巴比伦都不种植葡萄藤。但是，他们不挖地沟，只是用带有铁尖的棍棒在地上扎洞，然后把棍棒拔出来，立刻栽种植物。这个地区内陆的情况就是这样了；它的沿海地区有许多浅滩，没有港口。由于这个原因，奈阿尔科斯说，当他率领舰队沿着海岸线从印度返回巴比伦尼亚的时候，找不到本地的领航员；这条海岸线没有锚地，他也无法找到任何有经验的人给他领航。

12. 靠近苏西斯的是巴比伦尼亚的一部分，它从前叫做西塔塞内，现在被称为阿波罗尼亚提斯。在这两个地区之后，无论是北方还是东方，是埃利迈伊人和帕雷塔塞尼人的地区，他们依仗着自己山区的崎岖难行，专以抢劫为生。由于帕雷塔塞尼人居住地靠近阿波罗尼亚提斯人，因此与他们关系不好。埃利迈伊人曾经与这两个部落和苏萨人作战，乌克西人也曾经与埃利迈伊人作战；不过，现在已经很少有战争了，这可能是因为帕提亚人势力强大，他们已经征服了这个地区所有的部落。因此，如果帕提亚人走运的话，他们所有的臣民日子也就好过。如果这里出现了反叛（即使在当代，这也是家常便饭），其结果在不同的时期也不一样，永远也不可能是相同的；因为一些人在乱中得利，而另外一些人则必然大失所望。关于波斯和苏西斯地区的情况就是这样了。

13. 波斯人的风俗习惯与米底人和其他许多部落相同，虽然有些作家已经说过这些部落，我还是需要说一说与本题有关的问题。波斯人虽然不建造偶像和圣坛，但他们在高处献祭，他们把天空视为宙斯；他们也祭祀被称为米特拉的赫利乌斯、塞勒涅和阿弗罗蒂式，还有火、大地、风和水；[1] 他们在一个干净的地方进行虔诚的祷告和献祭，献上带有花冠的牺牲；当麻葛完成献祭仪式之后，就把牺牲的肉分掉，人们拿上自己的一份就走了，不给诸神留下一点；他们认为诸神只需要牺牲的灵魂，而不是其他别的东西。但是，根据某些作家所说，他们把一点儿网膜放在火上进行燔祭。

14. 他们对火和水进行献祭，这是特别的风俗习惯。他们向火献祭的仪式如下：堆上没有树皮的干燥木材，木材的顶上放着油脂；然后在木材上倒上油料，从木材下面把火点着，不要用嘴吹火，而要用扇子扇火；那些用自己的嘴吹火或是在火上放置死物或者脏物的人，必须处死。他们向水献祭的仪式如下：他们来到湖边、河边或者泉水边，从那里挖一条水沟，在那里屠宰牺牲，为的是保护附近的水源，唯恐它们变成血水，因为他们认为血水将会污染水源；然后，麻葛把牺牲切成块状，放在桃金娘或月桂的树枝上，用细棍接触肉块，念咒语，倒上掺和着牛奶和蜂蜜的橄榄油，但不把它们放在火上或水中，而是放在地上；他们手里拿着一捆细长的桃金娘枝条，进行长时间的念咒。

15. 在卡帕多西亚（因为这里有一个很大的、被称为皮雷西人[2]的麻葛团体，这个地区还有波斯诸神的许多神庙），人们献祭时不使用刀剑，而是使用木棍，他们用木棍把牺牲打死。他们还有皮雷西亚，这是一些辽阔的、围起来的宗教圣地；在这些地方的中央有一个圣坛，圣坛上有大量燃烧过的灰烬，那里有麻葛保

---

① 希罗多德，I，131。
② "点火者"。

护圣火长燃不灭。麻葛每天进入这个地区，他们抱着一捆树枝，头上戴着高高的毡帽，帽子下垂到他们的脸部和嘴巴，在圣火之前念咒大约一小时。在阿娜希塔女神和奥马努斯的神庙之中，也可以看到同样的仪式；这些神庙也有宗教圣地；在宗教庆典队伍之中，人们抬着奥马努斯的木质雕像。我曾经亲眼看见过这些仪式，至于下面所说的其他这些事情，则是历史学家的记载。

16. 波斯人既不在河里撒尿，也不在河里洗东西；他们不在河里洗澡，也不向河里乱扔任何死去的动物或者其他被认为不干净的东西。他们向任何神祇都奉献祭品，在献祭之前他们首先要向圣火祈祷。

17. 他们受世袭国王的统治。凡是不服从国王统治的人要被砍去脑袋和双手，躯体扔掉。为了子嗣众多，波斯人娶了许多妻子，同时还养着几个小妾。国王每年赏赐子嗣众多的人，但子嗣在4岁之前不能给双亲看到。婚礼在春分开始的时候举行，新郎进入洞房之前，先要吃一个苹果或者是骆驼的骨髓，但在这天什么别的东西都不吃。

18. 他们从5岁到24岁学习使用弓箭、掷标枪、骑马和讲真话；他们聘用贤哲担任科技教师，这些人把他们的学说和神话因素混杂在一起，使后者有利于教学目的。他们使用歌声（或不使用歌声）来讲述诸神和杰出人物的功绩。这些教师在黎明之前吹响铜号唤醒年轻人，把他们集中到一个地方，好像是要进行军事检阅或者狩猎；然后，他们把年轻人分成50人一连，每连任命一位国王或者总督的儿子担任连长，命令其他人跟着自己的连长跑，规定的距离是30—40斯塔德。教师要求学生每次上课都必须有报告；同时，

第三章　波斯本土　　1345

还要培养他们敢于大声说话和低声说话，学会使用他们的肺部，训练他们能够经受炎热、严寒和暴雨的考验，训练他们在渡过奔腾的激流时能够保持武器和衣服干燥。除此之外，还要学习放牧牲畜，整个晚上在户外生活，吃野果，如阿月浑子果实、[①] 橡实和野梨。这些人被称为卡尔达塞斯，因为他们依靠偷窃为生，"卡尔达"就意味着男子气概和尚武精神。他们每日锻炼之后的食品包括面包、大麦饼、卡尔达姆、[②] 盐粒、烤肉或煮肉，他们的饮料是水。他们骑在马上投掷长矛猎取动物，也使用弓箭和投石器。在下午之后，他们学习栽树，割断和采集根茎，制作武器，制作亚麻衣服的手艺，编织捕兽的网子。年轻人不能吃野兽肉，按照风俗习惯必须把它们带回家里。国王将给赛跑和五项运动[③] 其他四项竞赛的胜利者奖赏。年轻人用黄金首饰装饰自己，因为波斯人珍视这种金属火一般的颜色；由于珍视它火一般的颜色这个原因，他们不把黄金用于死者，正如他们不把火用于死者一样。

19. 他们从 20 岁到 50 岁，在军队中服役和担任军官，不论是步兵还是骑兵；波斯人不接近市场，因为他们没有什么东西需要买卖。除了弓箭之外，他们的武器有菱形的柳条盾牌，还有刀剑；他们头上戴着塔楼式的帽子；他们的胸甲是铁制的鱼鳞甲。指挥官的服装包括三层的裤子、双层的有袖束腰外衣、一直下垂到膝盖部位，下面的衣服是白的，上面的衣服是各种各样颜色的。夏天，他们穿的是紫色的或者各种各样颜色的外套，冬天只穿各种

---

① 　这种树是 *Pistacia terebinthus*（松树）。

② 　*Nasturtium orientale*，或者是 *Tropaeolum majus*。

③ 　五项运动是指：跳、掷铁饼、跑、摔跤和标枪。

各样颜色的衣服；他们的头饰与麻葛的头饰相同；他们穿着高腰的、双层的靴子。大部分波斯人穿着双层的、一直下垂到小腿中间的束腰外衣，头上缠着亚麻布片；每个人都有弓箭和投石器。波斯人宴饮过度奢华，餐桌上有许多整只的动物和各种各样的食物；他们的长椅、他们的酒杯和其他各种物品都装饰得非常精美，闪耀着金光和银光。

20. 他们在饮酒的时候讨论最重要的问题，却要等到他们认为自己已经清醒之后才能做出决定。他们在街上遇见人的时候，对于他熟悉的，或者是地位相等的人，他们会走过去与那个人接吻；对于地位较低的人，他们会把自己的脸颊让人亲吻；那些地位更低的人则必须鞠躬行礼。他们在安葬死者之前要为死者涂蜡；但是，麻葛不能埋葬，他们的遗体必须丢给鸟吃；按照古老的风俗习惯，这些麻葛甚至可以和自己的母亲结婚。波斯人的风俗习惯就是这样了。

21. 波利克里图斯[①]提到下列风俗习惯，可能也是波斯人的风俗习惯。他说，每位国王为了纪念自己在位时期的统治，都在苏萨卫城为自己建立了一座独立的宫邸、国库，还有储藏各人征收贡赋的地方；他们向沿海地区居民征收白银，向内陆地区征收各地出产的实物；因此，他们也征收染料、药物、头发、羊毛、其他别的东西，还有牲口；确定各地贡赋的国王是长手王大流士，除了他的手长过膝之外，[②] 他是最英俊的男子汉。大部分黄金白银用于制造家

---

①　取代波利克里图斯显然是错误的。

②　许多版本认为这个句子是插入的。

具，只有不多的金属做成了钱币；他们认为这些金属更适合做礼物或者储存在仓库之中；因此，这么多的铸币足以满足他们的需要；他们只按照消耗钱币的数量来铸造同等数量的新钱币。

22. 他们的风俗习惯一般来说是适度的。但是国王因为财富众多而十分奢侈豪华；他们食用的小麦必须来自埃奥利斯的阿苏斯，他们饮用的酒是叙利亚的卡里莫尼亚葡萄酒，他们饮用的水来自欧莱乌斯河，它是所有水之中重量最轻的水。1 阿提卡科提尔的水，要比其他的水轻 1 德拉克马。

23. 在希腊人之中，波斯人是所有蛮族之中最出名的蛮族，因为在统治过亚细亚的蛮族之中，没有一个其他蛮族统治过希腊人；一般来说，除了很短的时间和道听途说之外，这些蛮族不知道希腊人，希腊人也不了解他们。无论如何，荷马既不知道叙利亚人的帝国，也不知道吕底亚人的帝国。否则的话，荷马在提到埃及的底比斯和腓尼基的财富时，不会避而不谈巴比伦、尼努斯和埃克巴坦那的财富。波斯人是第一个统治希腊人的民族，吕底亚人虽然统治过希腊人，但并没有统治过整个亚细亚，仅仅是统治过它的一小部分，即哈利斯河的这边，而且时间也很短，只是在克罗伊斯和阿利亚特斯时期。但是，吕底亚人后来被波斯人所统治，被他们剥夺了先前所有的一切光荣。在波斯人粉碎了米底人势力之后不久，波斯人就征服了吕底亚人，并且使亚细亚的希腊人成为自己的臣民；后来，他们甚至渡海进入希腊；他们虽然在许多战争之中遭到失败，但仍然继续统治着亚细亚以及沿海许多地方，直到他们被马其顿人征服为止。

24. 居鲁士建立了波斯人的霸权。居鲁士的继承人是其子冈比西斯，他被麻葛所罢免。这些麻葛被七名波斯人杀死，他们把帝国交给了希斯塔斯普之子大流士，大流士的继承人一直到阿尔塞斯结束。阿尔塞斯被太监巴勾斯所杀，他立另外一位不是王室成员的大流士为王。这个人被亚历山大所罢免，他自己做了10—11年国王。然后，亚细亚的统治权被他的几位继承人和他们的后裔瓜分，然后这种统治瓦解了。波斯人对亚细亚的统治持续了大约250年之久。现在，他们虽然再次组成了一个自己的国家，但他们的国王臣服于其他的国王：先前是臣服于马其顿国王，现在是臣服于帕提亚国王。

第十六卷

亚述、巴比伦、美索不达米亚、叙利亚、腓尼基、犹太、阿拉伯

第一章　莱夫卡尼亚

1. 亚述人的国家与波斯和苏西亚纳交界。这个名字可以用来称呼巴比伦尼亚和周边许多地区，后者部分地区又称为阿图里亚，其中包括尼努斯、阿波罗尼亚提斯、埃利迈伊人地区、帕雷塔塞尼人地区、扎格罗斯山脉附近的卡洛尼提斯、尼努斯附近的平原，还有多洛梅内、卡拉基内、卡扎内、阿迪亚贝纳、戈尔迪亚人附近的美索不达米亚各部落、尼西比斯附近的米格多尼亚人、幼发拉底河边的宙格马，[①] 幼发拉底河那边的阿拉比亚人和那些被现代人认为是本义上的叙利亚人所占领的许多地方，他们的土地一直延伸到西里西亚人、腓尼基人、犹太人地区和正对着埃及海和伊苏斯湾的大海。

2. 看来，叙利亚人的名字在古代不仅从巴比伦尼亚一直延伸到了伊苏斯湾，而且从这个海湾一直延伸到了攸克辛海。无论如何，卡帕多西亚人的两个部落，即托罗斯山脉附近的部落和本都附近的部落，现在都被称为"白叙利亚人"，似乎还有某些黑叙利亚人，他们是居住在托罗斯山脉之外的叙利亚人。我所说的托罗斯山脉，是把这个名字扩大到了阿马努斯山地区。那些写过叙利

---

① 本义为"桥"。

亚帝国历史的作家说，米底人被波斯人所征服，叙利亚人又被米底人所征服，他们所说的叙利亚人不是别人，正是那些在巴比伦和尼努斯建立王宫的人；在这些叙利亚人之中，尼努斯就是在阿图里亚建立尼努斯城的人，[①] 他的妻子塞米拉米斯继承了丈夫的王位，建立了巴比伦城。这两个人取得了亚细亚的统治权；至于塞米拉米斯，除了她在巴比伦城的工程之外，在这个大陆几乎各地都可以看见许多其他的遗物，我指的是被称为塞米拉米斯陵墓的一个土堆、城墙、防御工事建筑和那儿的壕沟，还有饮用水水库、登山的梯子、河流与湖泊的引水渠、道路和桥梁。他们把自己的帝国传给了自己的继承人，一直到萨尔达纳帕卢斯和阿尔巴塞斯为止。但是，他们的帝国后来转入了米底人的统治之下。

3. 在叙利亚人被征服之后，[②] 尼努斯城立刻就毁灭了。这是一座比巴比伦大得多的城市，它位于阿图里亚平原。阿图里亚与埃尔贝勒地区交界；莱古斯河从它们之间流过。埃尔贝勒正对着巴比伦尼亚，并且属于这个地区；在这个地区的莱古斯河那边，是尼努斯城周围的阿图里亚平原。阿图里亚平原有一个村庄高加梅拉（Gaugamela），大流士三世就是在那里被打败，并且失去了自己的帝国。这是一个著名的地方，它的名字也很出名，因为它翻译过来的意思是"骆驼之家"。希斯塔斯普之子大流士这样称呼它，把它作为饲养骆驼的地区，骆驼在驮运粮食和给养方面，对于国王穿越西徐亚沙漠的艰苦行军起了极大的帮助作用。但是，

---

① 尼尼微。
② 公元前 608 年。

第一章　莱夫卡尼亚　　　**1353**

马其顿人把它看成是一个毫无价值的村庄，而把埃尔贝勒看成是一个重要的居民点（据说它是阿斯莫尼乌斯之子埃尔贝卢斯建立的），他们宣布在埃尔贝勒附近发生了战斗，并且取得了胜利，以这种方式把他们的信息传递给历史学家。

4. 在埃尔贝勒和尼卡托里乌姆山 [1]（亚历山大在埃尔贝勒附近取得胜利之后这样称呼这座山）之后是卡普鲁斯河，它与埃尔贝勒和莱古斯河的距离相等。这个地区叫做阿尔塔塞内。[2] 在埃尔贝勒附近有一座德米特里亚斯城；接着是油井、地下火、阿尼亚神庙、[3] 希斯塔斯普之子大流士的宫廷桑德拉吉、西帕里桑和卡普鲁斯河渡口，那里就接近塞琉西亚城和巴比伦城了。

5. 巴比伦城也位于平原上。它的城墙周长 385 斯塔德。它的城墙厚度是 32 英尺，两个塔楼之间的高度是 50 肘尺，[4] 塔楼高度是 60 肘尺；城墙上部的道路宽度足以容纳 4 匹马拉的战车并排行走；这就是为什么这道城墙和空中花园（hanging garden）被称为世界七大奇迹之一的原因。空中花园是四方形的，每边长 4 普勒斯伦。它由 4 个拱顶支持着，一个拱顶接着另一个拱顶，位于方形的立方体台基之上。这个方形的台基是空心的，上面覆盖着厚厚的泥土，可以栽种大树。台基、拱和拱顶都是烧过的砖和沥青建成的。有楼梯可以通向最高层顶部，沿着这些楼梯有螺旋装置，通过这些装置，专门负责此事的人不断地把幼发拉底河水提送到

---

[1]　"胜利山"。

[2]　取代"阿迪亚贝纳"显然是错误的（参见 16.1.8 以及 16.1.18）。

[3]　与安娜希塔显然是同一位女神。

[4]　希罗多德（Ⅰ，178）确定的规模大得多。

花园之中。因为这条1斯塔德宽的河流穿过城市的中间，而花园就在河岸边。这里有贝卢斯的陵墓，现在已经成了废墟，据说它是被薛西斯摧毁的。它是一个四方体金字塔形烧砖建筑，高度有1斯塔德，每边长1斯塔德。亚历山大曾经打算修复这座金字塔形建筑；但是，它的工程太大，需要很长的时间（仅仅是清除土堆的任务就需要10000人干两个月）。因此，他无法完成自己的计划，因为国王立刻就患上了疾病去世了。他的继承人之中没有一个人关心这件事情，甚至离开了这座被忽视的城市。它部分是由于波斯人的破坏，部分是由于马其顿人对这些建筑漠不关心而变成了废墟。特别是塞琉古·尼卡托在底格里斯河畔建立了塞琉西亚城之后，这座城市距离巴比伦很近，大约300斯塔德。不仅是他自己，而且他所有的继承人都非常重视塞琉西亚，把他们的王宫搬到了这里。而且，现在塞琉西亚已经发展得比巴比伦更大；相反，巴比伦的大部分地区已经变成一片荒漠，以至于人们可以毫不犹豫地重复喜剧诗人关于阿卡迪亚迈加洛波利斯城[①]的诗句：

一座巨大的城市变成了一个巨大的沙漠。

由于缺乏木材，他们的建筑物使用海枣树干做梁和支柱。他们在支柱上缠上芦苇编织的绳子，然后涂上灰泥，再涂上各种色彩，他们用沥青漆门。无论是这些房屋还是私人房屋都很高，由于缺乏木材，都是拱形建筑。因为这个地区除了海枣树和灌木之

---

① 意为"巨大的城市"。

外，大部分地区没有乔木。巴比伦尼亚的海枣树最多，在苏萨、波斯沿海地区和卡尔马尼亚也有很多海枣树。他们的房子大多不使用瓦，因为他们那里不下雨。苏萨和西塔塞内的情况也与此相似。

6. 巴比伦尼亚划出了专门的村庄给当地的哲学家、即所谓的迦勒底人居住，他们大多从事天文学研究；其中有些人声称自己是占星学家，但其他人并不承认他们。这里还有一个迦勒底人部落，他们居住在与阿拉比亚人和所谓的波斯海邻近的地区。还有几个迦勒底天文学家的部落。例如，有的部落称为奥尔切尼人，其他的称为博尔西佩尼人，还有其他几个名字各不相同的部落。他们因为对同一个问题有不同的观点而分成几个不同的学派。数学家们提到了这些人之中的某些人：例如西德纳斯、纳布里亚努斯和苏迪努努斯。塞琉西亚的塞琉古也是一个迦勒底人，还有其他几位著名的人物。

7. 博尔西帕是祭祀阿尔忒弥斯和阿波罗的圣城，它出产大量的亚麻布。它有许多大蝙蝠，在体型上比其他地方的都大得多，这些大蝙蝠可以抓来腌了当食品吃。

8. 在巴比伦人地区的周围，东边是苏萨人、埃利迈伊人和帕雷塔塞尼人；南边是波斯湾、迦勒底人直到梅塞纳的阿拉比亚人；西边是名叫锡尼泰人的阿拉比亚人，[①]直到阿迪亚贝纳和戈尔迪亚；北边是亚美尼亚人、米底人直到扎格罗斯河和居住在河边的部落。

9. 这个地区有几条河流，最大的河流是幼发拉底河与底格里

——————

① 帐篷居民。

斯河。据说这两条河流在亚细亚南部地区仅次于印度的河流，占第二位。他们是可以通航的内陆河流：从底格里斯河到俄皮斯和现在的塞琉西亚（俄皮斯村是其周边地区的商业中心）；从幼发拉底河到巴比伦，航程是3000多斯塔德。由于波斯人害怕遭到外部的进攻，故意阻断了这条河流的航行，他们建立了许多人工水坝。亚历山大在与他们作战的时候，尽可能地破坏他们所建立的水坝，特别是那些位于通往俄皮斯道路上的水坝。他还非常留意运河，因为春初亚美尼亚的积雪融化水量增加，幼发拉底河在夏初泛滥。因此，河水必然会形成沼泽，淹没耕地，除非泛滥的河水和地表的积水被引入水渠和运河；就像埃及尼罗河的做法一样；这就是修建运河的起因；但是，维护运河的日常运作需要花费大量劳动力；因为运河的土壤既深又软，而且松散，非常容易被河水冲刷走，平原地区是裸露的，运河容易灌满水，河口容易被淤泥堵塞；因此，它就再次造成了洪水在沿海平原地区泛滥，形成了许多湖泊、沼泽和苇塘，这些芦苇可以用来编织各种各样的器物。有些器物涂上沥青可以盛水，人们也使用不涂沥青的其他器物。他们还制造芦苇船，这种苇船类似灯芯草的席子或柳条编制的东西。

10. 要完全防止这类洪水泛滥大概是不可能的，优秀统治者的责任就是尽可能地提供这种帮助。这种帮助主要如下：使用堤坝最大限度地防止洪水泛滥，或者相反，防止运河的淤泥过度沉积，这就要清除淤泥，保持河口水流畅通；清除运河淤泥比较容易，但修建水坝需要大量的劳动力；由于这里的土壤松散柔软，无法承载淤泥的重量，而且可能被淤泥压垮，一起被河水冲走，使河口堵塞更严重。确实必须尽快地工作，以便尽快封锁运河，防止洪水从运河流出。因为它们在夏天如果干了，运河与河流也就一起都干了；由于河流水位低于运河，水闸就不能在需要水的时候供水。而夏季这个地区非常炎热和一片焦枯，那时是最需要水灌溉的时候；如果庄稼被洪水淹没，那和它因为缺水而毁灭，两者没有什么区别。同时，具有许多便利条件的内陆航行，总是受到上述两个原因的制约，第一是因为它们不可能正好赶上运河闸口的开启和关闭；第二是运河的水位不可能总是不多不少正好适于航行。

11. 阿里斯托布卢斯说，亚历山大带领大批随从沿河而上，亲自驾驶船只航行，检查运河，疏浚运河；他堵塞了一些河口，又挖通了另外一些河口；他发现有一条运河（通向阿拉比亚前面的沼泽和湖泊）由于土壤柔软松散，河口很难通行，却很容易堵塞，他在距离河口 30 斯塔德的地方重新开辟了另一个河口，这个地方的河床是岩石的，又把河流引到了这个地方；他在做这件事情的时候，已经预先采取措施，使通过这些沼泽地区和湖泊进攻阿拉比亚不至于十分困难，因为这个地区由于水的缘故，早已变成了一座孤岛。他说，亚历山大为了占领阿拉比亚，早已准备好舰队和行动基地，他在腓尼基和塞浦路斯建造了船只，这些船只用螺丝固定，可以拆成片运走，它们花费了 7 天时间运到塔普萨库斯，然后下水运到巴比伦；还有一些是在巴比伦尼亚建造的，使用的是树林或者公园之中的柏树；因为这个地区缺乏造船的木材，虽然科塞伊人和其他一些部落地区有充足的木材供应。阿里斯托布卢斯说，亚历山大宣布战争的原因是因为阿拉比亚人是地球上唯一没有派使节前来见他的民族，但真正的原因是他极力想成为所有人的主人；当他听说他们只崇拜赐给人们最必须生活用品的宙斯和狄奥尼索斯两位神祇的时候，他认为如果他成了他们的统治者，如果他让阿拉比亚人拥有他们自古以来就有的自由，阿拉比亚人将把他尊为第三位神祇。他接着说，亚历山大因此忙于兴修运河，认真地检查历代国王和统治者的陵墓，因为大部分的陵墓都在湖泊边上。

12. 厄拉多塞在提到阿拉比亚附近的湖泊时，说这些湖水找不到出路，在地下开辟了许多通道，通过这些通道一直流到了叙利亚盆地，在里诺科卢拉地区和卡西乌斯山流出地面，形成了许多湖泊和水井；但是，我不知道他的这种说法是否可靠。确实，幼发拉底河的泛滥在阿拉比亚附近形成了许多湖泊，在波斯海附近有许多沼泽，但把它们分割开来的地峡既不宽，也不是岩石的；因此，很可能是（可能是地下或地表的）水的力量使它流进了大海，而不是它穿过了如此缺水干旱的地区，而且途中还有黎巴嫩山、外黎巴嫩山和卡西乌斯山的阻挡，流过了6000斯塔德路程汇入大海。阿里斯托布卢斯和厄拉多塞的报告就是这样了。

13. 但是，波利克莱图斯说幼发拉底河不会泛滥，因为它流过了一个大平原；至于那些山脉，有的距离它有2000斯塔德远，而科塞伊人的山脉也有1000斯塔德，后者不太高，也没有覆盖很深的积雪，不至于造成积雪迅速大量融化。他说，这些山脉的最高峰在埃克巴坦那之后的地区，而在南部地区它们分开了，变宽了，变得更低了。同时，他们的水源大部分流入了底格里斯河，因此淹没了这个平原。后者的说法显然是荒谬的，因为底格里斯河与幼发拉底河从同一座山脉流入同一个平原。上述高山的顶峰高度是不同的，北面的高峰在某些地方更高一些，南面的在某些地方变宽了，但积雪的多寡不单纯是由山的高度来决定的，也决定于它们的纬度。同一座山北面的积雪也比南面的积雪更多，北面的积雪保存的时间也比南面的长。由于底格里斯河接受了靠近巴比伦尼亚的亚美尼亚最南部地区的雪水，由于融雪的数量不大（因为它只是南部的积雪），因此这条河流的泛滥比不上幼发拉底河；幼发拉底河接受的是两个地区的水源，它不仅仅是一座山的雪水，还有我在讲述亚美尼亚时提到的许多山脉的雪水。同时，我还要补充说明幼发拉底河的长度：首先是它流过大小亚美尼亚地区的长度；其次是从小亚美尼亚和卡帕多西亚通过托罗斯山脉到塔普萨库斯的长度，在这里，幼发拉底河成了下叙利亚与美索不达米亚的分界线；第三是其余的长度、即从塔普萨库斯到巴比伦和河口的长度，它的总长度是 36000 斯塔德。关于运河的情况，就是这么多了。

14. 这个地区出产的大麦比其他任何地区都多（据说是 300 倍之多），它的其他需要由海枣树来提供；因为这种树的果实可以做面包、酿酒、醋、糖和海枣粉；这种树还可以做各种各样的编织物品；铜匠可以使用枣核代替木炭；这些枣核在水中浸泡软化之后，可以用来充当牛羊的饲料，使之肥胖。据说波斯有一首诗歌说到海枣树有 360 种用处；至于油料，人们大多使用芝麻油，但这种植物在其他所有地方很少能见到。

15. 巴比伦出产大量的沥青。关于沥青，厄拉多塞说液态的沥青称为石油，发现于苏西斯；干燥的沥青就变成了固体，发现于巴比伦尼亚；在幼发拉底河附近有干燥的沥青井；当积雪融化，幼发拉底河进入泛滥时期的时候，沥青井也灌满了，流到了河里，形成了大片的沥青，它们可以用于烧砖的建筑物上。其他作家说在巴比伦尼亚也发现有液态的沥青。他们说固态的沥青大多用于建筑房屋，据说也使用在用芦苇编成的船只上，这种船只涂上沥青之后可以防止船只漏水。他们把液态的沥青称为石油，它有一种奇特的性质，如果把它靠近火焰，它就可以着火；如果把涂抹了液态石油的物体靠近火焰，这个物体立刻就会燃烧起来；这种火焰不可能用水扑灭（因为它会燃烧得更猛烈），除非使用大量的水源，但它可以使用泥土、醋、明矾和粘鸟胶来窒息和扑灭。据说亚历山大进行了一个实验，他下令在浴室中把石油倒在某个人身上，然后把点燃的灯盏靠近那个人；那人立刻就被火焰所笼罩，如果不是旁观者往他身上倾倒了大量的水，扑灭烈火，救了他一命，他差点儿就被烧死了。① 波塞多尼奥斯说，在巴比伦尼亚有多条石油河，有的流出白色的石油，有的流出黑色的石油；在那些流出白色石油的河流中，有些还有液态的硫磺（就是这些东西引起燃烧），其他流出黑色石油的河流中有液态的沥青，这些沥青可以代替油料点灯。

16. 巴比伦在古代是亚述的都城，现在的都城是塞琉西亚，我指的是底格里斯河畔的塞琉西亚。在它附近有一个大村庄泰西封，由于担心塞琉西亚人遭到驻扎在民间的西徐亚人和士兵的压榨，帕提亚国王把这个村庄作为自己冬季的驻地，保护了塞琉西亚人免遭苦难。由于帕提亚人的强大，泰西封因此从一个农村发展成

---

① 参见本书 XI, xii, 3；XI, xiv, 2。

第一章　莱夫卡尼亚　　*1361*

了一座城市。它的面积非常辽阔，足以容纳大量人口居住，帕提亚人在城内修建了许多建筑物，提供了许多商品，还有帕提亚人自己喜欢的艺术品。由于这里气候宜人，帕提亚国土喜欢在这里过冬，但他们在埃克巴坦那和希尔卡尼亚度过夏天，这是为了尊敬它们古老的荣耀。正如我们把这个地区称为巴比伦尼亚，我们也把它的居民称为巴比伦人一样，我们不是以这个城市的名字，而是以这个地区的名字称呼他们。我们不用塞琉西亚的名字来称呼它的居民，即使他们是这里的人，例如，斯多葛派哲学家第欧根尼就是这里的人。[①]

17. 阿尔忒米塔是一座重要城市，距离塞琉西亚 500 斯塔德，它像西塔塞内一样，几乎正对着东方。西塔塞内是一个辽阔的、肥沃的地方，位于巴比伦与苏西斯之间。因此，从巴比伦到苏萨旅行，一直朝东方前进要通过西塔塞内。从苏萨到波斯内地的旅行要经过乌克西亚，从波斯朝东走又可以到达卡尔马尼亚内陆。卡尔马尼亚的北部被波斯所环绕，波斯是一个辽阔的地区。与这个地区交界的有帕雷塔塞尼和里海门的科塞亚，这个地区居住着山区的强盗部落。与苏萨交界的是埃利迈斯，它的大部分地区崎岖不平，居住着强盗。与埃利迈斯交界的是米底和扎格罗斯地区。

18. 科塞亚人与邻近山民一样，大部分是弓箭手，经常从事抢劫性的远征；他们居住的地区狭小而贫穷，因此他们必然要依靠损害其他部落的利益来生存。他们必定是一个强大的部落，因为他们全部都是士兵；无论如何，当埃利迈人与巴比伦人和苏萨人

---

①　即第欧根尼，他以"巴比伦的第欧根尼（哲学家）"闻名于世。

作战的时候，有 13000 名科塞亚人加入埃利迈人一起参加作战。不过，帕雷塔塞尼人比科塞亚人更喜欢从事农业，但他们仍然没有放弃从事抢劫活动。埃利迈人居住的地区比帕雷塔塞尼人的地区更辽阔和更多样化。这个地区所有肥沃的地方都居住着农民，而山区则是出产士兵的地方，大部分士兵都是弓箭手；由于山区面积辽阔，可以提供大量的士兵，他们的国王认为自己拥有如此强大的力量，像其他部落一样拒绝服从帕提亚国王的统治。他们的国王对待后来统治着叙利亚的马其顿人态度也是同样的。由于安条克大帝企图抢劫贝卢斯神庙，附近的蛮族人全部都起来进攻他，并且将其杀死。后来的帕提亚国王虽然受到安条克事件的警告，但他们听说这个地区的神庙拥有大量的财富，借口这个地区的居民不服从统治发动了一次大规模的武装入侵，占领了雅典娜神庙和阿尔忒弥斯（又称阿扎拉）神庙，抢走了价值 10000 塔兰特的财富。在赫迪丰河畔的大城市塞琉西亚也被占领了，该城从前叫做索罗斯城。进入这个地区有三个天然的入口，一个是从米底和扎格罗斯地区通过马萨巴提斯的入口；另一个是从苏西斯通过加比亚内（这两个地方，马萨巴提斯和加比亚内都是埃利迈亚的省）的入口；第三个是从波斯的入口。戈尔比亚内也是埃利迈斯的一个省。萨加佩尼人和西拉塞尼人的地区很小，与这些部落的地区交界。在巴比伦尼亚之后东方的部落面积和自然特点就是这样。但是，正如我已经说过的那样，米底和亚美尼亚位于北方，阿迪亚贝纳和美索不达米亚位于西方。

19. 阿迪亚贝纳大部分是平原，虽然它也是巴比伦尼亚的一部分，但它有自己的统治者，它在某些地方与亚美尼亚交界。由于

第一章　莱夫卡尼亚　　1363

这个地区三个最大的部落米底人、亚美尼亚人和巴比伦人彼此从一开始起就形成了不变的关系，当他们觉得时机有利时，彼此会互相攻击，然后又重新恢复和平。这种情况一直持续到帕提亚人统治时期为止。帕提亚人现在统治着米底人和巴比伦人，但从来没有统治过亚美尼亚人。确实，亚美尼亚人曾经遭到多次进攻，但他们从来没有被武力所征服，正如我在叙述亚美尼亚时所说的那样，因为提格兰有力量抵抗所有的进攻。阿迪亚贝纳的特点就是这样，阿迪亚贝纳人又称为萨科波德人。[①] 在简要地叙述完亚述的风俗习惯之后，我将详细地讲述美索不达米亚和南方各个部落的情况。

20. 一般来说，他们的风俗习惯与波斯人相同，但他们有一个特殊的风俗习惯，就是任命三名贤者作为每个部落的首领，他们要把适合结婚的少女领到公众面前，用拍卖的方式把她卖给新郎，通常是首先卖给更高贵的人。同样，婚姻要签订契约。他们每次性交之后站起来，都是分开走出去，焚香，早晨在接触任何器皿之前要洗澡。他们在性交之后净身确实是风俗习惯，接触尸体之后进行净身也是风俗习惯。根据某个神谕，所有巴比伦妇女有一个风俗习惯，这就是要与外地人性交，这些妇女带着一群仆从和人们来到阿弗罗蒂忒神庙，每个妇女自己的头上扎着一根细绳。走近她的男子可以把她带出圣地，和她发生关系，所得金钱被认为是献给阿弗罗蒂忒神的。除了国王建立的法庭之外，他们有三个法庭：第一个由免除了兵役的人组成；第二个由最著名的人组

---

① 　有文字脱落。

成；第三个由长老组成。最后一个法庭的职责是使少女成婚，审判通奸案件；另一个法庭的职责是审判盗窃案件；第三个法庭的职责是审判暴力案件。他们把病人放置在三岔路口，询问那些路过的人们，希望知道是否有谁治愈过这种疾病；在路过的人之中，还没有遇到过一个曾经患病，而且又记忆犹新，却不提供任何治疗方法的可悲之人。他们的衣服是亚麻束腰外衣，一直垂到脚上；上衣是羊毛的，还有白色的斗篷；他们留着长发，他们穿的鞋子好像半高统靴，他们还佩戴着印章，拿着手杖，这种手杖不是没有装饰的，而是有花纹的，杖顶刻有苹果、玫瑰、百合花或者其他类似的东西。他们用芝麻油涂身。他们像埃及人和其他许多民族一样，对逝者表示哀悼；首先用蜡涂抹死者尸体，用蜂蜜保存死者的遗体。他们有三个部落不种植粮食，这些人是居住在沼泽地区的食鱼者，他们的生活方式类似于居住在格德罗西亚的居民。

21. 美索不达米亚得名于自己的地理位置。[①] 正如我已经说过的那样，它位于幼发拉底河与底格里斯河之间的地区，底格里斯河在它的东面流着，幼发拉底河在它的西面和南面流着，北面是把亚美尼亚和美索不达米亚地区分割开来的托罗斯山脉。这两条河流相隔最远的地方是在山区附近。厄拉多塞指出它的最大距离等于从塔普萨库斯（那里有一座渡过幼发拉底河的古桥），到亚历山大曾经渡过的底格里斯河渡口，距离是2400斯塔德；两条河流之间最短距离位于塞琉西亚和巴比伦附近某个地方，大约是200多斯塔德。底格里斯河穿过托皮提斯湖中部，这是它的宽度，当

---

① 本义为"两条河流之间的地方"。

第一章　莱夫卡尼亚　　*1365*

它流到对岸之后，带着强劲的上升气流和巨大的声音，流入了地下。它在地下隐蔽地流了相当长距离之后，在距离戈尔迪亚不远的地方重新流出了地面。厄拉多塞说，它穿过这个湖泊的水流是如此湍急，以至于这个湖泊的其他地方都是咸水，没有鱼类，只有这个地方像河流一样流着淡水，有很多的鱼类。

22. 美索不达米亚的形状是固定的，它的长度很突出，形状有点类似一条船只；它的外围大部分地区是幼发拉底河形成的。正如厄拉多塞所说，从塔普萨库斯到巴比伦的距离是 4800 斯塔德；从科马吉尼的宙格马（那里是美索不达米亚的起点）到塔普萨库斯，距离不少于 2000 斯塔德。

23. 这个靠近高山的地区是非常肥沃的地区；在靠近幼发拉底河与宙格马的地区，不管是科马吉尼的新宙格马还是塔普萨库斯的老宙格马，居住着米格多尼人，这是马其顿人取的名字。在他们的境内有尼西比斯城，它又叫做米格多尼的安条克基亚城；它位于马西乌斯山脚下，还有提格兰诺塞尔塔城、卡雷城、尼塞福里乌姆城、乔尔迪拉扎城、辛纳卡城，克拉苏[①]就是在辛纳卡被帕提亚大将苏林背信弃义逮捕后杀死的。

24. 在底格里斯河附近有戈尔迪亚人的许多地方，他们在古代叫做卡尔杜齐人。他们的城市有萨奈萨、萨塔尔卡和皮纳卡，这是一个极为坚固的要塞，有三个城堡，每个城堡有单独的防御工事环绕着，因此，它们可以说是组成了一座三合一的城市。尽管戈尔迪亚人拥有建筑师和制造围城工具专家的美名，但是，这座

---

①　公元前 51 年。

城市不仅屈服于亚美尼亚国王的统治，而且还被罗马人用武力所占领。正是由于这个原因，提格兰利用他们来从事这些工作。不过，美索不达米亚其他地方臣服于罗马人的统治。庞培任命提格兰统治这个地区的大部分地方，我指的是所有那些值得一提的地方。这个地方有丰富的牧草、各种各样的植物，它可以生长常绿植物和豆蔻属香料植物。[①] 这里还是狮子繁殖的地方。它还出产石油，甘吉提斯宝石，[②] 这种宝石可以防备爬行动物之害。

25. 据说，特里普托勒摩斯之子戈尔迪斯居住在戈尔迪尼，后来又有被波斯人俘虏的埃雷特里亚人移居这里。我在叙述叙利亚的时候，会详细地介绍特里普托勒摩斯的情况。

26. 美索不达米亚南部地区是一个远离山区、缺水和不毛之地，居住着阿拉比亚的锡尼人，他们是一个以抢劫为生的游牧部落。当牧场或者战利品难以满足他们的需要时，他们很容易从一个地方搬迁到另一个地方。那些居住在山区的居民不仅因为锡尼人骚扰，而且也因为那些居住在他们北方的亚美尼亚人武力压迫而备受损害；最后，他们大部分臣服了亚美尼亚人或者帕提亚人的统治。因为帕提亚人居住在这个地区旁边，占领了米底和巴比伦尼亚地区。

27. 在幼发拉底河与底格里斯河之间还有一条巴西利乌斯河，在安提姆西亚附近还有另外一条阿博拉斯河。从叙利亚到塞琉西亚和巴比伦的道路通过锡尼人的地区（现在有些作家把他们称为

---

① Amomum subulatum Roxbu——香料植物。

② 普林尼把这种宝石称为 gagetes（Ⅹ，3；ⅩⅩⅩⅥ，19）。

第一章 莱夫卡尼亚 1367

马利亚人），通过他们的沙漠地区。这些旅行者还要在美索不达米亚的安提姆西亚渡过幼发拉底河；在这条河的后方4斯科尼的地方是班柏塞，它又称为埃德萨和希拉波利斯。[①] 这座城市祭祀叙利亚女神阿塔加提斯。在过了河之后，道路穿过沙漠到达锡尼，这是巴比伦尼亚边境运河旁的一座重要城市。从渡口到锡尼，这段路程需要走25天。在这条道路上有许多赶骆驼的人，他们居住在驿站，这些地方有时有充足的储备水供应，通常是储水池，但赶骆驼的人有时会从其他地方运水来。锡尼人是温和的，向旅客索取贡金是适度的。由于这个原因，商人们避开沿着河流的地区，冒险走通过沙漠地区的道路，这条道路在河的右边，距离这条河大约有3天时间的路程。对于那些居住在这条河两边的部落酋长而言，他们的土地资源是贫乏的，比其他地方资源更贫乏。他们每个人都关注自己的领地，毫无节制地索取贡金。由于他们人数众多，这么多人都任意行事，因此很难制定一个收取贡金的共同标准，有利于商人经商。锡尼距离塞琉西亚18斯科尼。

28. 幼发拉底河与河那边的土地是帕提亚帝国的边界。河这边的土地属于罗马人和巴比伦尼亚之前的阿拉比亚酋长。这些酋长有些听命于帕提亚人，另外一些人听命于他们的邻居罗马人。与罗马人关系不太好的游牧部落锡尼人居住在河边，还有一些距离河边更远，距离阿拉伯福地更近的部落。帕提亚人从前渴望与罗马人保持友好关系，[②] 但他们为了保卫自己，和前来进攻他们的克

---

① "圣城"。

② 罗马万民法的术语，"罗马人民的朋友"可能是单独的个人，也可能是整个的国家。"朋友"的概念非常广泛，也包括盟友在内。

拉苏发生了战争。[1] 随后，他们自己发动战争，当他们派遣帕科罗斯进攻亚细亚时，[2] 遭到了同样的失败。但是，安东尼使用一名亚美尼亚叛徒当顾问，[3] 在战争之中遭到了惨重的失败。弗拉特斯是如此渴望与奥古斯都·凯撒建立友好关系，以至于他把帕提亚人缴获的战利品送还给奥古斯都，这些战利品被帕提亚人视为战胜罗马人的纪念品。他把叙利亚行政长官提丢斯请来谈判，把自己四个亲生儿子交给提丢斯当人质，他们是塞拉斯佩达尼斯、罗达斯佩斯、弗拉特斯和博诺涅斯，还有两位妻子和她们的四个孩子。因为他担心发生叛乱，危及他的生命安全。因为他认为帕提亚人都非常忠于他的家族，除非某个阿萨息斯家族的成员支持某个人起来造反，否则没有一个人可以战胜他。因此，他认为把自己的儿子送走了，就可以粉碎那些阴谋家的希望。现在，他所有活着的儿子在罗马都由国家花钱供养，受到王室成员规格的照顾；其他的帕提亚国王[4] 也常常派遣使节前来罗马与（行政长官）谈判。

---

① 公元前 54 年。

② 帕提亚国王奥罗德斯之子帕科罗斯公元前 39 年入侵叙利亚遭到失败，公元前 38 年第二次入侵叙利亚时战死。

③ 亚美尼亚国王阿尔塔瓦斯德斯（参见本书XI, xiii, 4）。

④ 即弗拉特斯的继承人。

第二章　叙利亚——科马吉尼、叙利亚本土、塞琉西亚、犹太和腓尼基

1. 在北边，叙利亚与西里西亚和阿马努斯山交界；从大海到幼发拉底河的桥梁（从伊苏斯湾到科马吉尼旁的桥梁）形成了这边的边界，距离不下于1400斯塔德。在东边，幼发拉底河和幼发拉底河这边阿拉比亚锡尼人（Arabian Scenitae）地区形成了它的边界；在南边，阿拉伯福地和埃及形成了它的边界；在西边，埃及和叙利亚海直到伊苏斯的海岸是它的边界。

2. 我们确定叙利亚的部分起自西里西亚和阿马努斯山，这就是科马吉尼和所谓的叙利亚的塞琉西亚；然后是叙利亚盆地，最后是海边的腓尼基、内陆的犹太。有些作家把整个叙利亚分为叙利亚盆地人、叙利亚人和腓尼基人，认为其他四个部落——犹太人、伊杜马人、加沙人和阿佐图斯人——是他们的混血种，在这些人之中，有一部分人像叙利亚人和叙利亚盆地人一样从事农业；另一部分像腓尼基人一样从事商业活动。

3. 关于叙利亚的情况大致上就是这样。详细来说：科马吉尼是一个比较小的地区，它有一座天生易守难攻的城市萨摩萨塔，国王的都城就在那里，但它现在已经变成了一个行省。城市周围

的土地非常肥沃，但面积不大。这里有一座幼发拉底河的渡桥，美索不达米亚的要塞城市塞琉西亚就在桥边，它被庞培划在科马吉尼的边界之内。提格兰把从叙利亚驱逐出来的塞勒涅·克娄巴特拉囚禁在这里一段时间之后，把她杀死了。

4. 塞琉西斯不仅是叙利亚上述地区最好的地方，而且它也被认为是一个由四座城镇组成的城市，[①] 其中包括一些有名的城市。叙利亚有一些城市，其中比较大的城市有四座，它们是达弗内附近的安条克基亚、皮埃里亚的塞琉西亚，还有阿帕米亚和劳迪西亚；这些城市都是塞琉古·尼卡托建立的。他以其姐妹的名字命名是因为他们彼此之间关系和睦；这些城市之中最大的一座以其父的名字命名，[②] 还有一座最坚固的城市以他自己的名字命名，另外两座城市，一座是阿帕米亚，以其妻之名命名；另外一座是劳迪西亚，以其母之名命名。根据波塞多尼奥斯所说，与这四座城市相应的是，塞琉西斯被划分为四个总督区，叙利亚盆地也被划分为同样多的总督区。但是，美索不达米亚只有一个总督区。安条克基亚同样是一个由四座城市组成的城市，[③] 因为它由四部分组成；四个居民点每部分由共同的城墙和各自的城墙保卫着。尼卡托建立了第一个居民点，并且把附近安提柯尼亚的居民移居到了这里。安提柯尼亚是不久之前由腓力之子安提柯建立的；第二个居民点是由大多数居民建立的；第三个居民点是由塞琉古·卡利尼库斯建立的；第四个居民点是由安条克·埃皮法尼斯建立的。

---

① 四城。

② 安条克基亚城。

③ 原文有脱落。

第二章 叙利亚——科马吉尼……和腓尼基 **1371**

5. 除此之外，安条克基亚是叙利亚的都城，这个国家的统治者把王宫建立在这里。在实力和面积方面，这座城市不比底格里斯河的塞琉西亚或埃及的亚历山大城相差很多。尼卡托把特里普托勒摩斯的后裔移居到了这里，关于他们的情况，我刚刚在前面已经讲过。因此，安条克基亚人把他作为英雄来祭祀，在塞琉西亚附近的卡西乌斯山举行纪念他的庆典活动。据说他是被阿尔戈斯人派去寻找伊俄的（她最初是在提尔失踪的），他在西里西亚到处寻找的时候，有些阿尔戈斯同伴离开了他，建立了塔尔苏斯城，但其他人放弃了寻找伊俄的希望，随着他走到了附近的海岸，和他一起留在奥龙特斯河附近地区；特里普托勒摩斯之子戈尔迪斯率领一些与他父亲一起来的人们移居到了戈尔迪亚，这些留下者的后裔则成了安条克基亚人的邻居。

6. 在安条克基亚之后 40 斯塔德的地方，是一座中等规模的居民点达弗内；它有大片茂密的树林，树林之中有泉水流过，树林中央有一个宗教避难所，一座阿波罗和阿尔忒弥斯神庙。这里的风俗习惯是安条克基亚人与邻居共同庆祝节日。树林的周长是 80 斯塔德。

7. 奥龙特斯河从城市附近流过。这条河流发源于叙利亚平原，然后流入地下，再重新露出地面。然后流过阿帕米亚人的地区，进入安条克基亚，紧挨着这座城市的边上流入塞琉西亚附近的大海。从前，这条河叫做堤丰河，但是，奥龙特斯修建了一座渡河的桥梁之后，把它名字改为奥龙特斯河。这里某个地方是阿里米人神话故事发生的地方，关于他们的故事，我先前已经说过了。据说堤丰（据说是它一条龙）受到闪电的打击，逃到地底下躲避；

它不仅在地上留下了沟垄，造成了河床，而且藏到地底下，使泉水冲出地面流出来了；因为这个原因，这条河以它的名字命名。在西部，在安条克基亚和塞琉西亚以下是大海；在塞琉西亚附近的地方，奥龙特斯河形成了一个河口。这座城市距离河口40斯塔德，安条克基亚距离河口120斯塔德。从大海到安条克基亚的内河航程需要一天的时间。在安条克基亚东方是幼发拉底河，还有班柏塞、贝洛亚、赫拉克利亚，它们都是小城市，曾经由赫拉克利昂之子、僭主狄奥尼修斯统治着。赫拉克利亚距离西雷斯提斯的雅典娜神庙20斯塔德。

8. 然后就到了西雷斯提塞，它一直延伸到安条克基亚地区。在它的北面附近有阿马努斯山和科马吉尼。西雷斯提塞与上述地区交界，一直延伸到上述地区。这里有一座城市金达努斯，它是西雷斯提塞的卫城，也是盗匪门藏身的天然要塞。在这座城市附近有一个地方叫做赫拉克勒斯神庙，位于帕提亚国王的长子帕科罗斯发动进攻叙利亚的远征，[①] 被文提蒂乌斯杀死的那些地方附近。在金达努斯边界上是帕格雷，它在安条克基亚境内，是一个天然的坚固要塞，位于阿马努斯山口的顶部附近，这条道路由阿马努斯门通往叙利亚。在帕格雷下面是安条克基亚平原，阿雷库图斯河、奥龙特斯河与拉波塔斯河流过这个平原。这个平原上有梅利杰的栅栏，还有俄诺帕拉斯河流过。在这条河的两边，托勒密·菲洛梅托打败了亚历山大·巴拉斯，但自己因伤重而亡。[②] 在

---

① 参见本书 XVI, i, 28。

② 公元前146年。

第二章　叙利亚——科马吉尼……和腓尼基　　**1373**

这些地方之后有一座山丘，根据它的外形被称为特拉佩祖斯山，文提蒂乌斯曾经在这座山上与帕提亚将军弗拉尼卡特斯作战。[①] 在这个地区附近的海边是塞琉西亚，还有与阿马努斯山相连的皮埃里亚山、位于伊苏斯和塞琉西亚之间的罗苏斯城。塞琉西亚先前叫做希达托斯–波塔莫伊，[②] 这座城市是一座单凭武力难以攻克的坚固要塞。因此，庞培使之脱离提格兰的统治，宣布它是一座自由城市。在安条克基亚南方是位于内陆的阿帕米亚；塞琉西亚南方是卡西乌斯山和外卡西乌斯山；继续走过塞琉西亚之后是奥龙特斯河口；然后是一个神圣的洞穴尼姆菲乌姆；然后是卡西乌姆山；然后是小城波塞迪乌姆和赫拉克利亚。

9. 接着是海滨城市劳迪西亚。它是一座建筑得最漂亮的城市，有一个优良的港口；城市的土地除了盛产各种谷物之外，还盛产葡萄酒。这座城市为亚历山大城居民提供了大部分葡萄酒，因为在城市之后的整个山区都是葡萄，葡萄藤几乎一直种植到了山顶上。这座山的山顶距离劳迪西亚有相当远的路程，它们缓慢地、逐渐地升高，而在阿帕米亚之后，几乎是垂直地升高。由于多拉贝纳逃到这里避难，劳迪西亚在卡西乌斯围城直到多拉贝拉自杀之前，遭受了不少的苦难，这座城市的许多地方也随着他一起被毁灭了。[③]

10. 阿帕米亚也有一座卫城，[④] 基本上非常坚固；这是一座在

---

① 他的名字是法尔那帕特斯（迪奥·卡修斯，48.41，普鲁塔克:《安东尼传》，33）。

② 本义为"河水"。

③ 为了不当卡西乌斯的俘虏，多拉贝拉下令一名士兵把自己杀死（公元前43年）。

④ 格罗斯库尔德认为是以"卫城"取代了"城市"。

平原深处非常坚固的山丘，这座山丘位于奥龙特斯河和附近一个大湖泊形成的半岛上，这个湖泊的水源流入辽阔的沼泽地区和许多饲养牛马的巨大牧场。因此，这座城市不仅非常隐秘（它也因为自己的地理特点而被称为切罗内苏斯①），而且因为有辽阔的、富饶的土地而供给充足；奥龙特斯河流过它的土地；在这个地区有许多附属城镇。塞琉古·尼卡托在这里饲养了500头大象，还有他的大部分军队，后代国王也是这样。它在一段时间也称为培拉，最先是马其顿人这样称呼它。大多数参加过远征的马其顿人都居住在这里，由于培拉是腓力和亚历山大的故乡，它也可以说是马其顿人的都城。这里还设有军事管理机构和王家种马场，种马场有30000多头母马和300头种马。这里有驯马师和教授军事技术的教头。这个城市的强大表现在特里丰·狄奥多托斯起义和他对叙利亚王国的进攻上。那时，他把这座城市作为自己的行动基地。因为他出生在阿帕米亚地区的卡西亚纳要塞，成长在阿帕米亚，与国王和宫廷关系密切。当他着手发动起义的时候，他从这座城市和其附属城市获得了物资支持，我指的是拉里萨、卡西亚纳、迈加拉、阿波罗尼亚和其他类似这些城市的地方，所有上述城市都向阿帕米亚进贡。因此，特里丰被拥立为这个地区的国王，坚持了很长的时间。塞西利乌斯·巴苏斯和两个军团是激起阿帕米亚起义的原因，虽然被两支罗马大军包围，他们顽强地抵抗了很长时间，直到他自愿地按照自己提出的条件投降之前，他没有受到罗马人的统治；因为这个地区可以供给他的军队各种物

---

① 半岛。

资，他还有许多盟友，我指的是附近的酋长，他们拥有坚固的要塞。在这些地方之中，有拉里萨，它位于阿帕米亚附近的湖泊北面；还有阿瑞托萨，这座城市属于桑普西塞拉姆斯及其子扬布里科斯，他们是埃梅塞尼人部落的酋长；在不远的地方还有赫利奥波利斯和卡尔西斯，后者是门内乌斯之子托勒密的臣属，他统治着马西亚斯和伊图里人的山区。在巴苏斯的盟友之中有拉姆比人的国王阿尔卡德姆努斯，他们是幼发拉底河这边的游牧部落居民。他过去是罗马人的"朋友"，但他认为自己受到了罗马行政长官不公正的对待，因而离开了美索不达米亚，然后作为雇佣军来为巴苏斯服务。当代最伟大的哲学家，斯多葛派学者波塞多尼奥斯就是阿帕米亚人。

11. 在阿帕米亚人的东边是阿拉比亚酋长的帕罗波塔米亚地区和卡尔西迪斯，后者从马西亚斯一直延伸到阿帕米亚人南部的整个地区，这个地区大部分属于锡尼泰人。这些锡尼泰人与美索不达米亚的游牧部落相似。居住在叙利亚人附近的居民一般都是比较文明的，而阿拉比亚人和锡尼泰人的开化则要差一点。前者有组织良好的政府，如在桑普西塞拉姆斯统治下的阿瑞托萨政府，还有在冈巴鲁斯和迪梅拉斯统治之下的政府，以及那类类似于他们的其他部落酋长的政府。

12. 塞琉西亚内地的情况就是这样。而从劳迪西亚城开始，其余沿海地带情况如下：在劳迪西亚城附近有三座城市，波塞迪乌姆、赫拉克勒斯和加巴拉；然后就到了阿拉德人的沿海地区，这个地区有帕尔图斯、巴拉尼亚和卡尔努斯，后者是阿拉杜斯的军港，有一个港口；然后到了伊尼德拉和马拉图斯，后者是一座腓尼基人的古城，现在已经成了一片废墟，阿拉德人瓜分了这个地区，还有附近的西米拉。与这些地方连在一起的是奥尔托西亚，还有附近的一条埃莱提鲁斯河，有些作家把这条河作为塞琉西亚与腓尼基和叙利亚盆地的分界线。

13. 阿拉杜斯位于一条多山岩而无港口的海岸线上，大约位于它的军港和马拉图斯的中间，距离大陆20斯塔德。它是一块沐浴在海浪冲击之中的岩石，周长大约是7斯塔德，岛上住房密集；它的人口直到现在仍然非常之多，以致人们居住在多层楼房之中。据说它是西顿（Sidon）流亡者建立的。他们的饮水供应部分是依靠雨水和储水池解决，部分是依靠大陆地区自己土地上的水源解决。在战争时期，他们依靠城市前面不远的一条水渠解决。这条水渠有充足的泉水；在这条水渠之中，人们用铅制的阔嘴水斗从送水船上取水；水斗从上面向底部逐渐缩小，水斗上有一个中等大小的窟窿；在底部钉有一根皮管（或者可以说它是风箱），用它来汲水，把水压进水斗中去。最初被压上来的是海水，但船夫等到纯净水和可饮用水流出之后，把所需要的水用早已准备的容器装好，把水运回城里。

14. 在古代，阿拉德人像其他所有腓尼基城市一样，由许多国王分别统治着；后来是波斯人、然后是马其顿人，现在，罗马人改变了他们现在的政体；但是，阿拉德人和其他腓尼基人一道作为叙利亚国王的朋友，服从他们的统治。后来，当卡利尼库斯·塞琉古和安条克·西拉克斯两兄弟发生争执之后，阿拉德人和卡利尼库斯联合在一起，并且与他签订了协定。根据协定，他们被允许接收从他的王国逃出来的难民，不得违反他们的意愿把他们交出去；但是，他们不允许难民未经国王允许，航海离开这个海岛。他们从这个协定之中获得了巨大的好处，因为前来他们这里寻求避难的这些人都不是普通百姓，而是担任高级职务的人，他们害怕遭到可怕的下场；这些人被作为客人来接待，把接待他们的主人视为恩人和救星，特别是在他们回到自己的祖国之后，将会报答这种恩情。由于这个原因，阿拉德人在大陆获得了许多土地。直到今天，他们还占有这些土地之中的大部分，并且获得了繁荣昌盛。除了这种幸运之外，他们在航海事业方面既精明又勤俭；据说他们的邻居西里西亚人正在从事海盗活动的时候，他们也从来没有与他们一起参加过这样的活动。

15. 在奥尔托西亚和埃莱提鲁斯河之后是特里波利斯，[①] 它得名于这个事实，即它是由三座城市组成的，它们是提尔、西顿（Sidon）和阿拉杜斯。在特里波利斯附近是特普罗索庞，[②] 黎巴嫩山在那里终结；在两座城市之间是特里雷斯要塞。

16. 这里有黎巴嫩山和外黎巴嫩山两座大体上互相平行的高山，它们形成了叙利亚盆地。两座高山都在大海之后不远，黎巴嫩山在特里波利斯附近的大海之后，距离特普罗索庞很近；外黎巴嫩山在西顿附近的大海之后；在大马士革地区和特拉霍尼斯山 [③] 之后阿拉比亚山附近某地，这两座山终结于其他山脉之中。它们是一些丘陵，盛产水果。在它们之间有一个山谷平原，平原的宽度在靠海的地方有 200 斯塔德，长度从大海到内陆大约是宽度的

————————

① 三城。

② 神的面孔。

③ Trachones 意为"崎岖不平的多岩石地区"。

两倍。平原上河流纵横，最大的河流是约旦河，它灌溉着这个肥沃和富饶的地区。这里还有一个湖泊，它像沼泽地区一样出产乳香树和芦苇。它的名字叫做根内萨里提斯湖。这个平原还出产香脂树。在这些河流之中，克里索罗亚斯河发源于大马士革人的城市和地区，几乎把所有的水源都输入了水渠，用来灌溉大片覆盖着厚厚土壤的土地；相反，莱古斯河和约旦河可以供货船航行到内陆地区，大多由阿拉德人经营。

17. 至于说到这个平原，它开始于马克拉斯海，或者马克拉平原，根据波塞多尼奥斯所说，人们在这里看见一条死龙，尸体长约1普勒斯伦，非常庞大，以至于站在龙两边的骑士彼此看不见对方。它的嘴巴大到足以允许一个人骑在马背上走进去，它的角质的鳞片超过了一个方形盾牌的长度。

18. 在马克拉斯之后是马西亚斯平原，这个平原也包括一些山区，其中有卡尔西斯，也可以说是马西亚斯的卫城。这个平原的起点是黎巴嫩山附近的劳迪西亚。现在，整个山区都被伊图里人和阿拉比亚人所占领，他们都是强盗。但平原地区的居民是农夫，当他们在不同时期受到强盗严重骚扰的时候，他们需要各种帮助。这些强盗把要塞作为行动基地。例如，有些人占据了黎巴嫩山顶峰的辛纳和博拉马，还有其他类似于它们的要塞。在它们下面有博特里斯、吉加尔图斯、海边的洞穴和特普罗索庞过去的城堡。庞培把这两个地方的要塞都毁灭了；从此，盗贼横行于比布卢斯和比布卢斯之后的贝里图斯，这些城市位于西顿和特普罗索庞。现在，比布卢斯是基尼拉斯的王都，它祭祀的是阿多尼斯。庞培用斧子杀死了它的僭主，使它摆脱了残暴的统治。这座城市位于高处，距离海边不远。

19. 在比布卢斯之后是阿多尼斯河、克里马克斯山和帕莱比布卢斯，然后是莱古斯河和贝里图斯，虽然贝里图斯过去被特里丰彻底摧毁，但现在罗马人又把它重新修复了；它接受了两个罗马军团士兵，他也把马西亚斯到奥龙特斯河发源地的许多地方划给了这个城市。这些发源地靠近黎巴嫩山、帕拉迪苏斯和位于阿帕米亚人地区附近的埃及要塞。关于沿海地区的情况就是这么多了。

20. 在马西亚斯之后是国王谷，还有受到高度赞扬的大马士革地区。大马士革是一座重要的城市，在波斯帝国时期几乎可以说它是这个地区最著名的城市；在它之后有两座特拉霍尼斯山。在阿拉比亚人和伊图里人混杂居住的地区那边，是难以通行的山区，那里有入口很深的洞穴，其中有一个在外敌入侵的时候可以容纳4000人，大马士革人曾经遭受过来自各方的侵略。确实，蛮族大多喜欢抢劫来自阿拉伯福地的商人；但是，这种情况现在已经很少发生了，由于罗马人建立的良好政府和驻守在叙利亚的罗马士兵建立了安全秩序，以泽诺多鲁斯为首的盗匪集团已经被消灭了。

21. 在塞琉西亚以北、一直延伸到靠近埃及和阿拉比亚的整个地区称为叙利亚盆地，不过，就其本义而言，这个地名只局限于黎巴嫩山与外黎巴嫩山之间的地方。从奥尔托西亚到培琉喜阿姆的其余沿海地区 [①] 称为腓尼基，它是一个狭窄的、平坦的沿海地区。而在腓尼基之后的内陆地区直到阿拉比亚人地区，位于加沙和外黎巴嫩山之间的地区称为犹太。

---

① 叙利亚平原。

22. 由于我已经说过本义上的叙利亚盆地，现在我来讲讲腓尼基的情况。这个地区从奥尔托西亚延伸到贝里图斯的地方，我已经说过了；在贝里图斯之后是西顿，距离大约是 400 斯塔德；在这两个地方之间有塔米拉斯河、阿斯克勒皮俄斯的圣树林和狮子城。在西顿之后是腓尼基人最大和最古老的城市提尔，它与西顿不仅在城市的面积、名声，还有古老方面都有竞争，并且流传下来许多的神话故事。虽然诗人们提到西顿的次数要比提尔多得多（荷马甚至没有提到过提尔），但是，在利比亚、伊比利亚和赫拉克勒斯石柱以外建立的殖民地，歌颂提尔的更多。无论如何，无论是在古代还是现代，两座城市都是著名的光荣城市。在这两座城市之中，哪一座城市可以称为腓尼基人的都城，在它们之间还存在着争论。西顿位于大陆，靠近港口，这是它的地理位置优势。

23. 但是，提尔完全是个海岛，它的建筑与阿拉杜斯几乎相同。它与大陆通过一道防波堤连接起来，这道防波堤是亚历山大在围攻提尔时修建的。它有两个港口，一个港口可以关闭，另外一个是敞开的，叫做"埃及人的"港口。据说这里的房屋是多层的，甚至比罗马的房屋层数还多。由于这个原因，当地震发生的时候，它差一点儿就彻底毁灭了。当它被亚历山大占领之后，遭到了灾难。但是，它战胜了许多灾难，恢复了城市，这既是依靠了本国人民的航海技术，在航海技术方面一般来说，腓尼基人一直是超越其他所有民族的；同时，它也依靠了本国的紫红染料作坊，因为提尔的紫红染料是所有染料之中色彩最美的染料；在沿海附近可以捕捉到水生贝壳类动物；制造染料必需的其他物品也比较容易得到；虽然大量的染料作坊使城市变得不适于居住，但

第二章 叙利亚——科马吉尼……和腓尼基 **1381**

它的居民通过高超的技艺也使城市变富裕了。提尔人的自治权不仅得到国王的承认，而且他们只花了一点儿钱就使罗马人确认了历代国王的法令有效。赫拉克勒斯被他们赐予非常高的荣誉。他们殖民城市的数量和规模，就是他们在航海事业方面占有统治地位的证据。关于提尔人的情况就是这样。

24. 从传统上来说，西顿人擅长许多精美的技艺；关于这一点，诗人[①]也清楚地指出过；除此之外，他们也从事天文学和算术方面的研究，它们的研究起于实际的计算和夜航。他们在知识领域的每个分支都是商人和船主们所需要的。例如，几何学的发明据说是出自丈量土地，由于尼罗河在泛滥时期破坏了地界，因而使几何学变得必不可少。因此，这门科学被认为是由埃及人传给了希腊人；天文学与算术则是由腓尼基人传给希腊人的；现在，这些城市在每一个学科分支之中都可以提供非常丰富的知识。如果相信波塞多尼奥斯所说，古代的原子学说就起源于西顿人莫库斯，他出生于特洛伊战争之前。但是，我们暂且不说古代的事情。现代西顿出生的著名学者就有如下这些：维奥图斯，我曾经与他一起学习过亚里士多德的哲学；他的兄弟狄奥多托斯；提尔人有安提帕特，而比我稍早一点有阿波罗尼奥斯，他出版了芝诺学派学者名单和他们的书目。提尔距离西顿不超过 200 斯塔德；在它们之间有一座城市奥尔尼西斯；[②] 然后是一条河流，它在提尔附近汇入大海，在提尔之后是帕莱提尔，[③] 两地距离 30 斯塔德。

---

① 《伊利亚特》，XXIII，743。

② "鸟城"。

③ "老提尔"。

25. 然后是一座大城市托勒密城，它从前叫做埃斯城，这座城市曾经被波斯人用来作为进攻埃及的行动基地。在埃斯与提尔之间有一片沙滩，它出产的沙子可以用来制造玻璃。但是，这些沙子据说不在这里熔化，而是要送到西顿去熔化和制造器物。有些人认为西顿人的硅砂熔化比较容易，但其他人认为任何地方的沙子都可以熔化。我从亚历山大城的玻璃工那里听说在埃及有一种硅酸盐土壤，如果没有它便不能制造多彩的贵重器皿，正如在其他不同的国家也需要不同的配方一样。在罗马，据说为了上色和减轻工作，发明了许多方法。例如，在有玻璃器皿的情况下，人们只花一个铜板就可以买到一个玻璃的高脚杯或一个酒杯。

26. 据说在提尔到托勒密之间的这条海岸线上，发生了一件奇怪的、少见的现象：当托勒密人与萨耳珀冬将军开战被打败之后，他们逃离了这个地方。[①]海浪像洪水一样淹没了那些逃跑者；有些人被卷入大海丢了性命，其他的尸体留在低洼的地方；到了退潮的时候，海岸线重新露出，发现尸体横七竖八地躺在死鱼的中间。类似的现象也出现在邻近埃及的卡西乌斯山附近。那里的土地在一次迅速和剧烈的地震之后，地层发生了高低不同的变化，结果是升高的地方对抗住了海水的进攻，而下陷的地方则被海水淹没。相反的变化则可以使当地恢复原有的状况，有时是发生地层彻底的互换，有时又没有出现这种情况。[②]可能，这种现象与我们尚不知道的定期规律有关，就好像是尼罗河泛滥的情况一样。它表现

---

① 根据雅典尼乌斯（Ⅷ，2）所说，参加这场大战的有德米特里的统帅萨耳珀冬和阿帕美的特里丰。特里丰取得了胜利，但他的士兵被涨潮的海水淹死。

② 参见本书Ⅰ，3—4；Ⅹ，13。

第二章　叙利亚——科马吉尼……和腓尼基　　　**1383**

出的形式虽然不一样，但是都受到了某种未知的规律所控制。

27. 在埃斯之后是斯特拉托，[①]它有一个船只靠岸的码头。在两个地方之间是卡梅尔山，还有几座除了名字之外一无所知的小镇，它们是西卡米诺波利斯、布科罗波利斯、克罗科戴波利斯，还有其他类似它们的小镇。然后就到了一个大要塞。

28. 接下来是约佩，埃及的海岸线在那里起先是向东方延伸，然后向北拐了一个大弯。根据某些研究神话的作家所说，安德洛墨达被丢在这里任凭海怪凌辱。由于这个地方海拔较高，高到由这里可以看见犹太人的都城耶路撒冷。确实，犹太人要出海的时候，利用这里作为海港，但强盗的海港就是强盗的巢穴。[②]属于这些人的不仅有卡梅尔，还有森林地区；这个地区可以提供大量的士兵，它可以从附近的扬尼亚村和周围的居民点招募 40000 名士兵。从这里到培琉喜阿姆附近的卡西乌斯山，距离略微超过 1000 斯塔德，再走 300 斯塔德就到了培琉喜阿姆。

29. 在中间是加达里斯，这是犹太人据为己有的地区；然后是阿佐图斯和阿斯卡隆。从扬尼亚村到阿佐图斯和阿斯卡隆的距离大约是 200 斯塔德。阿斯卡隆人的地区是一个良种洋葱市场，虽然这座城市很小。哲学家安条克出生在我之前不久，他是这个地方的本地人。伊壁鸠鲁派学者菲洛德姆斯、梅利杰、讽刺作家梅尼普斯、现代雄辩学家西奥多鲁斯都是加达里斯的本地人。

30. 然后是阿斯卡隆附近加沙人的港口。加沙城位于距离港口

---

① 　为了表示对奥古斯都的尊敬，希律在这个地方建立了一座城市凯撒里亚。

② 　参见本章第 37 节以下。

7斯塔德远的内陆，它曾经是一座著名的城市，但它在被亚历山大夷为平地之后便无人居住了。据说从那里有一条通往埃拉的陆上道路，长达1260斯塔德，位于阿拉伯湾顶部。顶部有两个凹进之处，一个延伸到阿拉比亚附近和加沙，这个地区根据城市的名字称为埃拉尼特；另一个延伸到西朗波利斯城境内靠近埃及的地方，从培琉喜阿姆到这里的陆路距离更短；陆路旅行可以骑骆驼通过荒原和沙漠；在这些道路上可以看见许多爬行类动物。

31. 在加沙之后是拉菲亚，托勒密四世和安条克大帝曾经在这里发生过战斗。然后是里诺科卢拉，[①]它得名于古代定居在这里的鼻子被割掉的居民。因为有些埃塞俄比亚国王入侵埃及，作为处决违法犯罪者的替代办法，把他们的鼻子割掉之后移居在这个地方。他认为他们由于自己的面目狰狞，便不敢再对人们做坏事了。

32. 从加沙起，这个地区完全是一片贫瘠和沙漠地区，但在它之后是一个富有特色的地区，这个地区有西波尼斯湖（Sirbonis），这个湖泊几乎与大海平行，在它的中间有一条不长的道路，直通埃克雷格马。这个湖泊大约有200斯塔德长，它的最宽处大约有60斯塔德，埃克雷格马[②]现在填满了泥土。再往前走，直到卡西乌斯山，又是另一个类似的地方，然后就是培琉喜阿姆。

33. 卡西乌斯山是一个干旱的沙丘，形成了一个海角；大庞培就埋葬在那里，山上有一座卡西乌斯的宙斯神庙。大庞培在这个地方附近被杀死，他是被埃及人背信弃义地杀死的。然后是通向

---

① 意为"割鼻城"。

② 裂缝。

第二章　叙利亚——科马吉尼……和腓尼基　　**1385**

培琉喜阿姆的道路，在道路旁有格尔雷和卡布里亚斯要塞，还有培琉喜阿姆附近的水井，这些水井是尼罗河泛滥时形成的，因为这个地方在地形上是低洼和沼泽地区。腓尼基也是这样。根据阿尔特米多鲁斯所说，从奥尔托西亚到培琉喜阿姆的距离是 3650 斯塔德，包括海湾弯曲部分的长度；从西里西亚塞伦德里斯附近的梅利尼或梅拉尼伊到西里西亚和叙利亚的共同边界，距离是 1900 斯塔德；从这里到奥龙特斯河距离 520 斯塔德；然后到奥尔托西亚 1130 斯塔德。

34. 至于犹太地区，其西部靠近卡西乌斯的边界地区居住着伊杜马人，还有一个湖泊。伊杜马人是纳巴泰人，但由于叛乱被驱逐出那里。[①] 他们与风俗习惯相同的犹太人联合在一起。这个地区靠近海岸的大部分地方是西波尼斯湖，与这个湖泊相连的地区一直延伸到耶路撒冷。正如我先前所说的那样，因为这座城市也靠近海边，由约佩的海港确实可以看见这座城市。这个地区朝着北方，一般来说，这个地方也像其他每个单独的地区一样，混杂地居住着埃及人、阿拉比亚人和腓尼基人部落。那些居住在加利利、希里库斯、费拉德尔菲亚和撒马利亚（后者被希律称为塞巴斯特）的居民情况也一样。但是，尽管居民混居如此严重，大多数可信的报告在谈到耶路撒冷神庙时，都把现在犹太人的祖先描绘成埃及人。

35. 摩西是一名埃及祭司，[②] 统治着下埃及部分地区。由于他

---

①　即从阿拉比亚的佩特里被赶走（参见本书 XVI，iv，21）。

②　关于摩西和耶路撒冷建立的传说（斯特拉博明显是引自波塞多尼奥斯的《庞培传》）。

不满于当地的情况，带着许多崇拜神的信徒从那里移居到了犹太地区。摩西坚持，并且教导众人说，埃及人和利比亚人把神描绘成各种动物和牛的形象，[①] 这种做法是错误的；希腊人把神描绘成人类的形象也是错误的；因为他认为神是唯一的存在，他充满了我们全体、土地和海洋，即我们所说的天空、宇宙或所有存在的本性。人类如果有正常的智慧，怎么胆敢仿照我们周围被创造之物塑造神的偶像？不仅如此，人类还应当离弃所有的偶像制造者，建立宗教圣地和相应的圣所，祭祀神而不是祭祀偶像；那些可以预兆吉凶的人应当栖息在圣所之中，他们不仅要为自己，而且也要为别人祈福。那些过着克制和正直生活的人，终生可以获得神的赐福、赏赐和预兆，其他人却不能指望得到任何好处。

36. 摩西宣传的这些理论，说服了不少有思想的人，他领着他们和自己一起来到这个地方，即现在的耶路撒冷；他很顺利地占领了这个地方，因为这个地方并不是一个值得羡慕的好地方，也没有一个人为它进行过真正的战争。因为它是一个岩石嶙嶙的地方，虽然它本地有水灌溉，但周围地区是贫瘠的、无水的，这个地区半径 60 斯塔德范围之内的土地，在地表土层之下就是岩石。同时，摩西不是把武力，而是把保卫圣物和神放在优先地位，他决心找到祭祀的地方；[②] 因为他向人民允诺过将建立一种祭祀和宗教仪式，他将使接受这种仪式的人们既不因为花费金钱，也不因为神的监视或者其他荒谬事情而受到困扰。摩西和这些人享有公

---

① 斯特拉博显然是指埃及人的公牛崇拜，公牛在古代埃及被认为是神威的象征。

② 即建立城市和神庙。

正的名声，他组织了一个不平常的政府，因为周边所有居民全部都转而支持他，因为他与他们的关系和他对他们的许诺。

37. 有一段时间，他的继承人仍然相信他的学说，公正地、十分虔诚地相信神；后来，首先是有迷信观念的人被任命为祭司，然后是暴君式的人物被任命为祭司；由于迷信观念出现了戒肉食，这种戒肉食的风俗习惯一直保留到今天，还有男孩与女孩行割礼和其他应当遵守的制度；由于暴政而出现了强盗集团；① 由于一些人的革命和暴动，不但破坏了他们自己的地区，而且破坏了附近的地区；另外一些人则与统治者合作，夺取其他人的财产，征服了叙利亚和腓尼基许多地区。但是，他们仍然尊重自己的卫城，因为他们并不因为它曾经是暴君的所在地而憎恨它，而是把它作为圣地来尊重和崇拜。

38. 对于希腊人和野蛮人而言，这些是自然的和共同的风俗习惯。他们都是国家的成员，他们都生活在共同的法律之中；否则，任何国家的人民大众要彼此协调地做同一件事情简直是不可能的。准确地说是按照自由国家的方式还是其他的方式过着共同的生活。这些法律有两部分：因为它们或是出自神，或者是出自人；至少，古人认为出自于神的法律地位更高，更神圣；所以，那时对去请求神谕的人非常尊敬，人们去多多纳

向高大的像树叶子听取宙斯的旨意。

(《奥德赛》，XIV，328)

---

① 参见本书XVI，ii，28。

在德尔斐，人们把宙斯当成顾问：

> 极力打听被遗弃的孩子，
>
> 是否已经不在世上。

（欧里庇得斯，《腓尼基人》，36）

而儿子则

> 已经出发去福玻斯的宫廷
>
> 希望找到自己的双亲。

（欧里庇得斯，《腓尼基人》，34）

而克里特人米诺斯

> 作为君主在位，
>
> 每九年与伟大的宙斯交谈一次。

（《奥德赛》，X，19）

根据柏拉图所说，每九年他就要去宙斯所居住的洞穴，接受给他的命令，把命令带回来传给百姓。他的仿效者来库古所作所为也是一样；[①]
他似乎经常出国前往皮托的祭司那里咨询，他向拉克代蒙人宣布什么样的法律比较适合。

---

① 参见本书 X，iv，18。

39. 至于这些传说，无论其中有多少可能是真实的，至少人们相信它，并且把它作为法律。由于这个原因，先知受到高度的尊敬，并且被认为他们应当担任国王，因为它们不仅在生前，而且在死后也向我们宣传神的法律和命令。例如泰瑞西亚斯就是这样：

> 珀耳塞福涅认为他即使是死了，他在地狱
>
> 也是唯一的智者，而其他人就像影子一样消失了。

（《奥德赛》，Ⅹ，494）

像这样的人还有安菲阿劳斯、特罗福尼乌斯、奥菲士、缪塞乌斯、盖坦人的神，它在古代就是某个毕达哥拉斯的信徒扎莫尔西斯，[1] 在现代就是比雷比斯塔斯的预言家德卡内乌斯；[2] 还有博斯普鲁斯人的阿契卡鲁斯、印度人之中的天体派、波斯人之中的麻葛和巫师；还有所谓的盘子预言家和水预言家、亚述人之中所谓的迦勒底人、罗马人之中的占星表编撰家。[3] 还有摩西及其继承人，也像这些人一样，这些继承人后来把一个不错的开端搞糟了。

40. 无论如何，当暴君式的人物对犹太实行赤裸裸地统治的时候，亚历山大第一个宣布自己是国王，而不再是祭司；希尔卡努斯和阿里斯托布卢斯是他的儿子。正在他们因为统治权发生争执的时候，庞培来了，他废黜了这两个人，毁灭了他们的要塞，特别是以武力占领了耶路撒冷。后者是一座建立在岩石之上，供水

---

① 参见本书Ⅶ，ⅲ，5。

② 参见本书Ⅶ，ⅲ，5。

③ 参见本书ⅩⅥ，ⅰ，43。

良好的要塞；虽然要塞内部供水充足，要塞之外完全没有水源；围着要塞凿开岩石修了一条壕沟，深60英尺，宽260英尺；挖出来的岩石用来修建神庙的围墙和塔楼。据说庞培占领了这座城市之后，在斋戒日[①]看见犹太人停止了一切工作；他填满了壕沟，毁掉了过沟的梯子；此外，他又下令摧毁所有的城墙，以及他可能摧毁的所有东西，摧毁盗匪的巢穴和独裁者的宝库。两个巢穴位于通往希里库斯的道路旁，我指的是色雷克斯和托罗斯；其他的要塞是亚历山大里乌姆、希尔卡尼乌姆、马契鲁斯、利西亚斯和在邻近费拉德尔菲亚和加利利附近的的西徐托波利斯的要塞。

41. 希里库斯是一个位于类似山区地方的平原，这个山区好像是一个舞台与它连在一起。这里有海枣园，其中混杂地生长着其他种类的高产栽培果树，但大部分是海枣树。海枣园长100斯塔德，到处有河水灌溉，民居密集。这里还有一座宫殿[②]和一个香脂树公园。这些香脂树是灌木类植物，类似基提斯[③]和特尔明图斯，[④]具有香味。人们在树皮上切开口子，用容器接住它流出的汁液。这种汁液是黏稠的、乳白色的物质；如果拿出少量物质，它会凝固起来，它对于治疗头痛、早期的白内障和视物模糊具有明显的疗效。因此，它是一种贵重香料。正是由于这个原因，别的其他地方不出产这种香料。海枣园的情况也是一样，除了巴比伦尼亚和巴比伦尼亚之外的东方，只有这里生长海枣树。因此，国家依

---

① 即在星期六。

② 大希律建立的。

③ *Medicago Arborea*。

④ *Pistacia terebinthus*——松树（参见XV，15.3.20）。

第二章　叙利亚——科马吉尼……和腓尼基　　*1391*

靠它获得了大量的岁入。他们也使用树香脂作为香料。

42. 西波尼斯湖是一个大湖。[①] 确实，有些人说它的周长有1000 斯塔德；不过，它与海岸线平行延伸的长度约 200 多斯塔德，靠近湖岸的地方最深，它的水最重，以至于这里无法游泳，人们在水中走到自己肚脐那么深的地方，立刻就浮起来了。湖泊中有许多沥青，沥青不停地从最深的地方喷发到湖面上，湖水好像在沸腾一样；湖的表面突起，好像一座山一样。由于沥青的缘故，这里有许多油烟，但眼睛看不到烟雾；这种烟雾能够使青铜、白银和任何发光的物品失去光泽，甚至能够使黄金变色；当他们使用的器皿失去了颜色，居住在湖边的居民就知道沥青开始浮出湖面了。他们就准备好用芦苇筏子去收集沥青了。沥青是一种土块，它起初由于高温的缘故是液态的，它浮到了水面之后扩散开来，然后由于水变冷的缘故（因为湖水就是这样），它再次变成坚固的物质，因此它需要割开或者砍开。由于水的特性，沥青浮在水面上。[②] 正如我先前所说的，由于它的缘故，这里不能游泳。没有一个人走入水中，可以把自己浸泡在水里而不被浮起来。他们乘筏子靠近沥青，把它砍成小块，尽其所能地把它们运走。

43. 这些现象的特点就是这样。但是，根据波塞多尼奥斯所说，当地居民是巫师，自称会使用咒语，还把尿和其他臭气难闻的液体，等它干燥、变硬，然后把它砍成小块：除非在尿液之中

---

①　斯特拉博显然把死海和西波尼斯湖混为一谈了，后者流入地中海（参见本书 I , iii , 4 ; I , iv , 7）。

②　现代学者证明斯特拉博的记载是正确的（H. L. Jones, *The Geography of Strabo*, VII, London, 1933, p. 294）。

有某种类似的物体，就像那些有膀胱结石的人膀胱之中的结石一样，它在儿童的尿液之中也能发现。有理由认为这种现象出现在湖泊中间，是因为火的根源和沥青都在这个湖的中间。但是，喷发的时间是不规则的，因为火的运动像许多其他的地下爆炸物一样，遵循的是我们无法得知的规律。类似的现象也出现在伊庇鲁斯的阿波罗尼亚。[1]

44. 其他许多证据证明这个地区是炎热的。因为在莫阿萨达可以看见被烧焦的、崎岖不平的岩石，在许多地方还可以看见狭长的裂缝和灰色的土壤，散落的沥青发出令人难以忍受的臭气，弥漫着大片的地区，到处是被毁灭的村落。因此，人们相信当地居民广泛流行的说法，这里曾经有 13 座有人居住的城市，他们的都城是所多玛（Sodom），周长有 60 斯塔德。由于地震、火灾、包含着沥青和硫磺的热水，这个湖泊冲出了它的湖床，岩石被烈火包围，有些城市被烈火吞噬，有些城市被匆匆忙忙逃跑的逃亡者遗弃。但是，厄拉多塞说的正好相反，他说这个地区曾经是一个湖泊，它的大部分地区由于爆炸的结果被裸露出来，就好像色萨利发生的情况一样。[2]

45. 在加达里斯也有有毒的湖水。动物喝了湖水之后，将会掉落头发、蹄子和角。在塔里凯伊湖出产优质的咸鱼，湖岸边生长着类似苹果树的果树。埃及人使用沥青保存死者的遗体不致腐烂。

46. 庞培把某些被犹太人擅自以武力占为己有的土地割走了，

---

①　参见本书Ⅶ，ⅴ，8。

②　科里亚斯和克雷默认为是取代了"海"。

第二章　叙利亚——科马吉尼……和腓尼基　　**1393**

任命希尔卡努斯担任最高祭司；[①] 后来，他的某个后裔、本地人希律钻营到了最高祭司的职位，他在与罗马人的交往和管理国家大事方面都远远超过了他的前辈，因此获得了国王的封号。他首先从安东尼手上获得这种权力，后来又从奥古斯都·凯撒手上获得了这种权力。至于他的儿子，他把那些在暗地里阴谋反对他的儿子都处死了，在他去世的时候，他任命其他儿子作为继承人，统治他分配给他们的国内各地。凯撒也尊重他的儿子们、他的姐妹撒罗米和她的女儿贝勒奈西。但是，他的儿子们不走运，他们受到了控告。其中一位居住在阿罗布洛格斯高卢，在流放中度过了余生；[②] 其他人由于显得非常忠顺，[③] 在经历许多磨难之后被允许返回祖国，每人获得了管理四分之一地区长官的职务。

---

① 科里亚斯认为是取代了"希律"。

② 阿基劳斯。

③ 安提帕斯和腓力。

第三章　波斯湾和红海等地

1. 除了美索不达米亚的锡尼人地区之外，整个阿拉比亚都位于犹太、叙利亚盆地直到巴比伦尼亚和幼发拉底河南部地区之后。我已经讲述了美索不达米亚和居住在那里的部落情况；[①] 至于幼发拉底河那边的情况，那些靠近河口的地区居住着巴比伦尼亚人和迦勒底人，关于它们的情况我已经说过了。那些在美索不达米亚之后直到叙利亚盆地的地区，靠近幼发拉底河与美索不达米亚的地区居住着阿拉比亚的锡尼人，他们分成若干小王国，居住在辽阔的、干旱少水的贫瘠地区。这些人很少或者根本不耕种土地，但他们饲养各种牲畜，特别是骆驼。在这些人之后是辽阔的沙漠地区；但是，在离他们更远的南方是人们居住的阿拉伯福地。阿拉伯福地北部是上述沙漠地区，东部是波斯湾地区，西部是阿拉伯湾，南部是大海，它位于两个海湾的口上，整个大海被称为埃利色拉海。

2. 波斯湾也叫做波斯海。厄拉多塞是这样描述它的，海湾的入口非常狭窄，以至于从卡尔马尼亚的霍尔木兹角可以清楚地看到阿拉比亚的马凯角；海湾入口右边的海岸线是环形的，首先是

---

① 参见本书XVI，i，26以下。

第三章　波斯湾和红海等地　　　***1395***

从卡尔马尼亚略微向东，然后向北，然后向西直到特雷登和幼发拉底河口；包括卡尔马尼亚人的沿海地区，波斯人、苏萨人和巴比伦人的沿海地区一部分，距离大约为10000斯塔德。关于这些部落的情况，从这里接着走到它的入口，海岸线又是10000斯塔德；根据厄拉多塞所说，塔索斯的安德洛西尼声称他不仅随着奈阿尔科斯一起航行过，他自己还独立地沿着阿拉比亚海岸线航行过。因此，这个海的面积显然一点不比攸克辛海小。厄拉多塞说，安德洛西尼随着舰队完成了环绕海湾的航行，他报道说在沿着海岸航行的时候，大陆在右边；在紧接着特雷登之后，可以看见伊卡鲁斯岛，岛上的阿波罗神庙和陶罗波卢斯的神谕所。[①]

3. 在沿着阿拉比亚海岸航行2400斯塔德之后，就到了格尔雷城，它位于海湾顶部，这个地方居住着从巴比伦流放出来的迦勒底人。它的土壤含有盐分，人们居住的房子也是盐做的；由于阳光炙热的照射，盐的碎屑不断地掉下来，人们要经常地向房子上洒水，使墙壁变坚固。这座城市距离大海200斯塔德；格尔雷人（Gerrhaeans）在陆地上经商，主要是经营阿拉比亚的商品和香料。不过，阿里斯托布卢斯说的正好相反，他认为格尔雷人用木筏把大部分商品运往巴比伦尼亚，在那里把货物溯幼发拉底河而上运到塔普萨库斯，然后把货物分散通过陆路运往这个地区的各地。

4. 继续向前航行就到了其他海岛，即提尔和阿拉杜斯，那里有许多类似腓尼基人的神庙。至少，这些海岛上的居民声称，名字相同的腓尼基人海岛和城市都是他们自己的殖民地。这些海岛

[①]　陶罗波卢斯的阿尔忒弥斯神庙。

距离特雷登为 10 天的航程，距离马凯角海湾入口为 1 天的航程。

5. 奈阿尔科斯和奥尔塔戈拉斯声称奥吉里斯岛位于外海，距离卡尔马尼亚 2000 斯塔德，在那里可以看见埃利色拉斯的陵墓，这是一个大土丘，种植着野生的海枣树。埃利色拉斯作为国王统治着那个地区，并且以自己的名字命名了埃利色拉海。① 奈阿尔科斯说，弗里吉亚总督阿里斯特斯之子米特罗帕斯特斯曾经向我们讲述过这些事情；米特罗帕斯特斯曾经被大流士放逐，居住在这个海岛上，当他们在波斯湾登陆的时候，这个人与他们联合在一起，企图通过他们寻求回到祖国的可能性。

6. 在整个红海沿岸边到海中，生长着许多类似月桂和橄榄树的树木，这些树木在退潮的时候可以看到，但在涨潮的时候有时就完全被淹没了。② 在这个时候，位于大海之后的地面就没有了树木。因此，这种现象也是一个伟大的奇观。这就是厄拉多塞关于波斯海的报道，正如我已经说过的那样，这个海是阿拉伯福地的东边。

7. 根据奈阿尔科斯所说，他们曾经与米特罗帕斯特斯和马泽尼斯会面，马泽尼斯是波斯湾奥拉克塔岛的统治者；米特罗帕斯特斯寻求避难，并且在被驱逐出奥吉里斯之后，在这里受到殷勤的接待。而且，米特罗帕斯特斯与马泽尼斯达成协议，由后者向马其顿人推荐他加入海军。马泽尼斯成了他们航海的向导。奈阿尔科斯继续说，在沿着波斯湾航行的初期，在一个海岛上发现了

---

① 红海。

② 斯特拉博说的显然是珊瑚礁。

第三章　波斯湾和红海等地　　　**1397**

大量贵重的珍珠；在其他海岛上又发现了透明闪亮的宝石；在幼发拉底河口的岛上，有的树木发出类似乳香的气味，如果把它的树根粉碎，就有汁液流出。他说，在整个的外海，常常可以见到许多螃蟹和海胆。他说有的海胆比帽子还大，[①] 螃蟹重达 1 品脱，他还看见一条鲸搁浅在海岸边，身长有 50 肘尺。

---

① 　马其顿人的宽边毡帽。

第四章　阿拉比亚

1. 阿拉比亚（Arabia）起自巴比伦尼亚的梅塞内。在梅塞内的前面，一边是阿拉比亚人的沙漠地区，另一边是正对着迦勒底人的沼泽地区，这个沼泽是幼发拉底河泛滥形成的，第三边是波斯海。这个地区气候恶劣，笼罩着雾气，要么是雨水，要么是酷热的天气。但是，它的出产非常丰富。在沼泽地区生长着葡萄藤，只要把植物生长所需要的土壤尽可能多的倒入芦苇编成的筐子中就行；因此，葡萄藤可以经常搬去浇水，等到用支架撑起之后又可以放回它的原处。

2. 但是，现在我要回过头来谈厄拉多塞有关阿拉比亚的报道。关于它的北方，或者是阿拉比亚沙漠地区（它位于阿拉伯福地、叙利亚盆地和犹太地区之间，一直延伸到阿拉比亚湾顶部），它起自西朗波利斯城，在尼罗河附近的阿拉比亚湾形成了一个入口，经过纳巴泰人的佩特拉到巴比伦的距离是 5600 斯塔德，整个旅行都是朝着夏季日出的方向行走，[①] 穿过邻近阿拉比亚部落的地区，即纳巴泰人、肖洛泰人和阿格里人地区。在这些地区之后是阿拉伯福地，它向南方一直延伸了 12000 斯塔德，直

---

①　即朝着东北方。

到亚特兰蒂斯海。在叙利亚人和犹太人之后，最初定居在阿拉伯福地的居民是农夫。[①] 在这些地区之后是沙漠和贫瘠的地区，只有少量海枣树、[②] 多刺的植物和柽柳。用水像格德罗西亚一样，通过挖井来获得。这里居住着帐篷居民和放牧骆驼者。南部最边远地区正对着埃塞俄比亚，有夏季的雨水灌溉，像印度一样每年播种两次，河流汇入平原地区和湖泊之中。这个地区总的来说是富饶的，特别是它有许多养蜂场；除了马、骡和猪之外，还有许多家畜。在上述地区边远之处居住着四个最大的部落：红海边的米内人，他们最大的城市是卡尔纳或卡尔纳那；在他们之后是萨比人，他们的首府是马里亚巴；第三个部落是卡塔巴尼亚人，他们的领土延伸到了海峡和渡过阿拉比亚湾的渡口，他们的王都是坦纳；东边最远的地方是查特拉莫提泰人地区，他们的城市是萨巴塔。

3. 所有这些城市都是由一位统治者治理，并且繁荣昌盛，他们的神庙和王宫装饰得非常美丽。住房类似埃及人的建筑方式，屋梁连接在一起。四个管辖区管辖的地方比埃及的三角洲大得多；这个王国不是国王的儿子继承王位，而是某位贵族儿子，他是在国王被任命之后第一个出生的。同时，也有某个人被指定了王位，他们把本国贵族之妻的怀孕情况进行了登记，并且派遣卫兵监视她们。按照法律，其中第一个生出来的儿子将被收养，并且作为未来的王位继承人，按照国王的方式来培养。

---

① 大概是阿拉伯的农夫。

② Mimosa Ninotica.

4. 卡塔巴尼亚出产乳香，查特拉莫提提斯出产没药；当地人把这两种香料和其他香料用来与商人进行交易。商人从埃拉纳（正如我先前所说的，埃拉纳是加沙附近阿拉伯湾另一个入口旁的城市，这个入口名叫埃拉尼特）到达这里要花70天时间；但是，格尔哈人到查特拉莫提提斯只要40天时间。正如亚历山大的同伴和阿那克西克拉特斯的记载，阿拉伯湾一直延伸到阿拉比亚部分地区，从埃拉尼特入口开始，距离是14000斯塔德，但这个数字过分夸张；正对着特罗格洛迪特人国家的地方（如果从西朗波利斯城航行，这个国家在右手），直到托勒密城和捕捉大象的地方，向南略偏东是9000斯塔德；从这里继续向东到海峡地区是4500斯塔德。这个海峡朝着埃塞俄比亚的方向形成了戴雷角，还有一座名字相同的城市，城里居住着伊赫提奥法吉人。据说在这里有一座埃及人塞索斯特里斯的碑柱，它以象形文字记载了国王渡过海湾的情况。显然，这位国王是第一位征服埃塞俄比亚人和特罗格洛迪特人国家的国王。然后，他穿过阿拉比亚，侵入整个亚细亚地区。因为这个原因，在许多地方有仿照塞索斯特里斯的要塞和埃及神庙式样的建筑物。戴雷角的海峡宽度变窄为60斯塔德，但是这里现在已经不再称为"海峡"。这条航道再向前走，渡过两个大陆之间的地方，海湾的航道大约是200斯塔德。这里有6个海岛，一个紧挨着一个，挤满了航道，在海岛之间只留下极其狭窄的通道。各种商品通过这条航道，由一个大陆运输到另一个大陆。就是这条航道现在被叫做"海峡"。在这些海岛之后，沿着蜿蜒曲折的海湾，从东南方生产没药的国家直到生产香料的国家，距离将近5000斯塔德。据说直到现在为止，没有一个人到过比这个国

第四章　阿拉比亚　　　*1401*

家更远的地方。虽然这里的海岸边城市不是很多，但是在内陆有许多美丽的城市。厄拉多塞关于阿拉比亚的报道就是这样。不过，我还必须补充其他作家的报道。

5. 根据阿尔特米多鲁斯所说，阿拉比亚正对着戴雷角的海角称为阿齐拉角。在戴雷角附近地区的居民，男人的性腺被割掉了。如果从西朗波利斯沿着特罗格洛迪特人的国家航行，就到了菲洛特拉城，它得名于托勒密二世姐妹之名。城市是由萨蒂鲁斯建立的，他被派去调查特罗格洛迪特人的国家和捕捉大象。接下来是阿尔西诺伊城，然后是许多咸的和苦的温泉，他们从高高的悬崖上流下来，汇入大海。附近的平原上有一座红色的山，好像代赭石一样的颜色。然后是米乌斯港，① 它也叫做阿弗罗蒂忒港；它是一个大港口，有着蜿蜒的入口。港口外有三个海岛，其中两个海岛笼罩在橄榄树的树荫之下，第三个海岛树荫很少，但珍珠鸡很多。② 接着是阿卡撒图湾，③ 它也像米乌斯港一样，正对着底比斯地区，它是名副其实的"阿卡撒图"。因为这里是由礁石和暗礁，许多时候还有狂暴的大风统治着。在海湾顶部的内陆有一座贝勒奈斯城。

6. 在海湾之后就到了奥菲奥德斯岛，④ 它叫这个名字是因为这个原因：国王把这个海岛上的蛇清除了，因为这些毒蛇危害登上这个海岛的人，也因为这里发现了黄玉。黄玉是透明的玉石，在

___

① 　Myos hormon.
② 　Numida Milaegris.
③ 　本义为"肮脏的"。
④ 　"蛇一般的"。

日光下发出暗淡的金黄色光泽。但人们不容易发现它（因为它比阳光更刺眼），收集它的人在晚上寻找它，然后把篮子放在它上面作为记号，白天来挖。在岛上有一支由埃及国王指定的部队负责保护和采集这种宝石，这支部队由国王供应给养。

7. 在这个海岛之后是伊赫提奥法吉人和许多游牧部落。然后是索泰拉港，[①] 它叫这个名字是因为有些舵手大难不死的缘故。在这个海岛之后，海岸和海湾都发生了重要变化；因为沿岸的航道不再是礁石密布，在某种程度上已经接近了阿拉比亚地区，大海变浅了，几乎不到2度深；海面覆盖着水藻类植物和海草，还有岩石上的地衣，在水下可以看见它们，这都是海湾常见的东西，在这些植物之中还有生长在水下的树木。在海湾之中还可以看见许多海狗。然后到了陶里山，[②] 这两座山从远处看类似动物的形状。然后又有一座山和一座祭祀伊西斯的神庙，它是仿照塞索斯特里斯所造神庙式样的建筑物。然后是一座长满橄榄树和海水可以淹没的海岛；在这个海岛之后是靠近捕捉大象地方的托勒密城，这座城市是欧梅德斯建立的，他是被菲拉德尔福斯派到这里捕捉大象的人；[③] 他偷偷地用沟渠和围墙包围了一个类似半岛的地方，然后他以殷勤的态度对待那些企图阻止他工作的人，竟然把他们从敌人变成了朋友。

8. 阿斯塔波拉斯河的支流在这个地方流入大海，它发源于一个湖泊，一部分水源流入海湾，大部分流入了尼罗河。接着是六

---

① "救星"（某些女神）。

② "公牛"。

③ 托勒密·菲拉德尔福斯。

个海岛，名叫拉托迈伊，[①]然后是萨巴提河口，还有由托苏克斯在内陆建立的一座要塞，然后就是埃利亚港和斯特拉托岛。然后到了萨巴港和名字相同的捕猎大象的场所。这个地区位于内陆腹地，名叫特内西斯。这个地方居住着被萨姆米提克放逐的埃及人，他们又叫做塞姆布里泰人，即外国人。他们的统治者是一位女王，她还统治着麦罗埃岛，还有这个地区附近尼罗河的一座岛屿；在这座岛屿之后不远之处，河中又有一座岛屿，这里同样居住着流放者。对于一个装备齐全的旅行者来说，从麦罗埃到这个海的路程需要花费15天时间。[②]阿斯塔波拉斯河与阿斯塔普斯河在麦罗埃附近合流，还有阿斯塔索巴斯河与尼罗河合流。

9. 在这些河流的旁边，居住着食根者和沼泽居民，他们得名于他们从附近的沼泽把树根挖出，用石头把树根磨成碎粉做成糕饼，在阳光下烤热，当成自己的粮食。这个地区是狮子出没的地方，在天狼星升起的时候，这里的野兽都被大虫子赶走了。附近居住着食种子者，他们在粮食歉收的时候以坚果为食，他们把坚果做成食物，与食根者把树根做成食物的方式相同。在埃利亚之后是德米特里瞭望台和科农祭坛。在内陆地区生长着许多印度芦苇，这个地区称为科拉西乌斯。在内陆腹地有一个地方名叫恩德拉，这是一个裸体居民的村落，他们使用芦苇做的弓，火烤过的箭矢；他们一般在树上猎取野兽，有的时候也在地上猎取野兽。他们居住的地区有许多野牛，他们依靠各种各样的野兽肉为

---

① 采石场。

② 红海。

生。但是，当他们在狩猎之中一无所获的时候，也会把干的皮革放在火炭上烤熟，满足于以这样的食物果腹。他们的风俗习惯是十几岁的小伙要进行射箭比赛。在科农祭坛之后是梅利努斯港，在这个港口之后是科拉乌斯要塞、科拉乌斯另一个狩猎的地方、另外一座要塞和若干狩猎的地方。然后是安提菲卢斯港，在它之后是克雷奥法吉人，他们的男人和女人都按照犹太人的方式行了割礼。

10. 在他们之后的南部是基纳莫尔吉人，[①] 当地人把他们称为阿格里人，他们留着长发、长胡子，牵着大狗。他们带着这些大狗一起去捕猎印度牛，这些野牛是被野兽从邻近地区驱赶到这里来的，或者是因为缺乏牧草来到这里的。它们来到这里的时间是夏至到冬至时期。在安提菲卢斯港之后是科洛比人的树林、萨比人的城市贝勒奈斯城（Berenice），萨比城是一座很大的城市；然后就到了欧迈尼斯的小树林。在树林之后有达拉巴城捕捉大象的地方，这个地方名叫"井边"。他们的居民称为食象者，他们是捕捉大象者。当他们从树上看见大象群通过树林时，他们那时并不进攻象群，而是偷偷地跟着象群，割断那些落在象群后面大象的脚筋，用蛇毒浸泡过的箭射死它们。但是，只有三个人可以射箭，其中两个人拿着弓走在前面，第三个人拉紧绳子。其他人发现大象经常休息的大树，从旁边接近大象，从下面割断这些树的树干。当着大象走近这些大树，并且把身子靠在大树上的时候，大树倒下来，大象也一起倒下来了；由于大象的腿部是直挺挺的，没有

————————

① 挤狗奶者。

弯曲的骨节，因而不能起身。他们从树上跳下来，把大象切成碎片。游牧部落居民把猎人称为"阿卡塔尔提人"。

11. 在这些食象者之后是一个不大的食鸟者部落，他们的土地上生活着像鹿一样大的鸟，它们像鸵鸟一样，跑得很快，但不能飞。有些人用弓箭猎取它们，另外一些人则蒙上鸟毛的外衣，把右手藏在外衣的脖子部位，像鸟儿摆动脖子一样地摆动外衣的脖子，左手则从袋中掏出谷子撒到旁边，他们用谷子引诱鸟儿，把它们赶入一条沟渠之中，那里有手拿棍棒的人们将它们打死。它们的皮革可以用来做衣服和床垫。被称为"西米人"的埃塞俄比亚人曾经与这些人打过仗，他们使用的武器是瞪羚角。

12. 在这些部落附近居住着食落拓枣者，他们比其他部落身材更矮，寿命更短；确实，他们很少能够活过 40 岁，因为他们的肉体被寄生虫活活地吃掉了。他们依靠蝗虫为生，这些蝗虫是在春季被强烈的西南风和西风吹到这个地区来的。他们把冒烟的木材丢在大山沟里，让它慢慢地燃烧（这样比较容易捕捉蝗虫），因为当蝗虫飞到烟雾的上空时，就会因为看不见而掉下来。人们把它们和盐一起粉碎，做成饼子，用它们做食物。在这些部落的后面是一片无人居住的辽阔地区，有许多牧场。它们被遗弃是因为蝎子、狼蛛和四颌四颚虫太多的缘故。这些害虫的大量繁殖，迫使居民彻底离开了这个地方。

13. 在欧迈尼斯港之后直到戴雷角和正对着六个海岛的海峡，这个地区居住着伊赫提奥法吉人、克雷奥法吉人和科洛比人，一直延伸到内陆地区。这个地区有几个捕捉大象的地方、几座不大重要的城市和几座沿海岛屿。大部分居民是游牧部落，耕种土地的人很少。这个地区某些地方生长着许多安息香树。[1]伊赫提奥法吉人在退潮的时候拾鱼,把鱼晾在岩石上,在阳光下烘烤它们;然后,在它们被彻底烘烤好了之后,他们把鱼骨头收集起来,[2]用脚把鱼肉踩烂,做成饼子;然后再去烘烤,把它们做成食物;但是,在有风暴雨的天气,他们无法拾鱼,他们把已经收集起来的鱼骨头打碎,做成饼子,用它们做食物;他们吮饮新鲜的鱼骨。有些人吃贝壳肉,他们把贝壳放在沟渠和海水池中养肥,然后把米诺鱼作为食物投放给贝壳吃;在鱼类缺少的时候,用贝壳作为食物。他们有各种地方繁殖和喂养鱼类,根据不同的地方来分别饲养鱼类。有些人居住在缺乏淡水的海边,全家每五天要唱着赞歌前去内陆的水库一次,他们在那里趴在地下,像牛一样喝水,直到他们的肚皮灌得滚圆,就像绷紧了的鼓一样为止。然后再回到海边去。他们居住在洞穴或者有屋顶的茅屋之中,横梁和人字梁是用鲸鱼骨或者鱼骨做成的,也有用橄榄树枝做成的。

14. 切洛诺法吉人居住在龟壳之下,龟壳之大,足可以用作船只使用;但是,由于大量海草被冲上海岸形成了山丘一般的高丘,他们之中也有一些人就在这种高丘下挖洞穴居。他们把死者扔给鱼类当食物,尸体被洪水所冲走。在许多海岛之中,有三个海岛彼此接近,它们是龟岛、海豹岛和鹰岛;这个沿海地区生长着海枣树、橄榄树和月桂树,不仅是在海峡的内陆地区,还有大多数外部地区。这里有一个腓力岛,正对着海岛之后的海岸线有一个

---

① 安息香(或苏合香)树产生的芳香树脂可以制作乳香。

② 可能是为了打击。

第四章　阿拉比亚　　　**1407**

捕捉大象的地方，名叫皮桑格卢斯狩猎场；然后是海港城市阿尔西诺伊，在这座城市之后是戴雷角，在它们之后是一个捕捉大象的地方。在戴雷角之后是出产香料的地方，第一个地方出产没药（这个地方属于伊赫提奥法吉人和克雷奥法吉人），这里也出产波斯果树[①]和埃及的桑树。[②]在这个地区之后是捕捉大象的地方，名叫利卡斯狩猎场。在许多地方有储存雨水的水洼。当这些水洼干涸之后，大象用鼻子闻、用牙齿挖地，寻找泉水。这条海岸线到皮托劳斯角之间有两个大湖，其中一个湖泊的水是咸的，被称为海；另外一个是淡水，湖里活动着河马与鳄鱼，湖边生长着纸莎草，在这个地方附近可以看见鹦，从住在皮托劳斯角附近的居民开始，统统都不行割礼。在这些部落之后是出产乳香的地方，这里有一个海角，一座神庙和一片杨树林。在内陆地区有所谓伊西斯河谷地区和奈鲁斯河谷，两条河谷的岸边都出产没药和乳香。这里有一种类似储水池之类的东西，储满了由山上流下来的水源。在这个地区之后是狮子瞭望台和皮桑格卢斯港，然后到了一个出产假肉桂的地区，然后是彼此相连的几条河谷，河边出产乳香，然后到了几条河边和出产桂皮的地区。这个地区的界河出产大量开花的灯芯草。然后到了另一条河，达弗努斯港和阿波罗河谷地区。这个地区除了没药与肉桂之外，还出产乳香；但是在内陆附近地区出产的乳香更多。然后到了突出于大海之中的埃利法斯山

---

　　① 　　Mimusops Schimperi Hochst——一种果实甜美的果树，被冈比西斯移植到波斯帝国本土（狄奥多罗斯·西库卢斯，1.34）。

　　② 　　Mulberry.

和一条运河，接着是一个大港口普西格姆斯和基诺塞法利井。[1] 这条海岸线上最后一个海角是罗图—塞拉斯角。[2] 根据阿尔特米多鲁斯所说，如果我们绕着这个海角向南走，就不再有港口和各地的记载，因为从这里起，我们不知道还有什么海角。同样，我们也不知道在它之后海岸线的情况。

15. 在从戴雷角直到罗图—塞拉斯角的这条著名海岸线上，有皮托劳斯、利卡斯、皮桑格卢斯、狮子城和查理莫图斯石柱和祭坛，但它的距离不清楚。这个地区有许多大象和被称为蚂蚁的狮子。[3] 后者的生殖器官是金黄色的，可以反转，但是比阿拉比亚的狮子体毛稀疏。这里还有凶猛的豹子和犀牛。犀牛在体型上小于大象，但是也不像阿尔特米多鲁斯说的"只有从头到尾那么长"（虽然他说自己在亚历山大城看见过这种动物），它虽然短，但我可以说它将近有……[4] 高，至少我是根据自己看见的一个实体来下结论的。它的毛色不像黄杨木，而更像大象，它的大小像公牛；除了它的鼻子有一根短而扁的、比任何骨头都硬的犀角之外，它的外形非常接近野猪，特别是它的前半身；它使用自己的角作为武器，就像野猪使用牙齿一样；从它的脊柱到腹部，它有两条坚硬的褶皱，好像是蛇的环纹，其中一条在它的肩部，另外一条在耻骨部位。现在，我把我所见到的一头犀牛描绘清楚了。但是，阿尔特米多鲁斯继续说，为了争夺牧场，这种动物特别喜欢和大

---

[1] 狗头人。

[2] 南角。

[3] 参见本书XV，i，44。

[4] 手稿文字脱落。

第四章　阿拉比亚　　　　*1409*

象争斗，它们的前半身猛冲到大象肚子之下，用犀角刺穿它们的肚子，除非大象用它们的鼻子和象牙阻止它们这样做。

16. 这个地区还发现了长颈鹿，[①] 但它们完全不像豹子；因为斑点使它们更像是梅花鹿，后者也是有斑点的。它们的后半部比前半部低很多，使得它们好像是坐在它们的尾部一样，它们的身高像公牛，但它们的前腿不比骆驼腿短；它们的脖子高高的直立着，它们的头部比骆驼的头部抬得高得多。由于这样不对称的原因，我认为这种动物的速度不可能像阿尔特米多鲁斯所说的那么快，他认为它的速度是不可超越的。此外，它不是野生动物，而是驯化动物，因为它表现不出野生动物的野性。在这个地区还发现了大狒狒、[②] 神圣的狒狒、[③] 卷尾猴，[④] 后者有狮子般的面孔，豹子般的身体和瞪羚般的大小。这里还有野公牛，它是肉食动物，在身材和速度方面都超过了我们这里的公牛。它们的颜色是红色的。阿尔特米多鲁斯说克罗库塔斯[⑤]是狼和狗的杂交种。但是，锡普西斯的梅特罗多鲁斯在其著作《论风俗习惯》之中说的故事好像是神话，可以不必理会。阿尔特米多鲁斯也说到 30 肘尺长的蛇，可以制服大象和公牛；他说的长度还是有根据的，至少对这个地区蛇的长度而言是这样，因为印度蛇的长度就更加难以置信，[⑥] 还有

---

① 旧名驼豹。

② Papio sphinx——大狒狒。

③ *Papio hamadryas*——意为"狗头"，神圣的狒狒。

④ *Papio cebus*——狒狒（参见本书 XVII，i，40）。

⑤ 显然是指鬣狗类动物。

⑥ 参见本书 II，i，9；XV，i，28。

利比亚的蛇也一样，据说它们的背上还长着青草。[①]

17. 特罗格洛迪特人过着游牧的生活。他们的一些部落由僭主统治着，除了僭主的家属之外，他们的妻子和孩子都是公共的。任何人与僭主的妻子通奸，罚金都是一头绵羊。妇女们使用斯提比[②]染料精心美化她们的眼睑，她们的脖子上挂着护身符。特罗格洛迪特人为了争夺牧场而发生战争，他们起初用拳头为自己开辟道路，然后是用石头，当有人受到伤害之后，就使用弓箭和匕首。但是，当妇女们走进作战双方的中间，请求双方停战的时候，战士们就和解了。他们的食物是肉类和骨头，这些东西首先放在一起砍碎，然后用皮革包裹起来烘烤，有时用其他许多方式来煮食（他们把这些方式称为"肮脏的"），[③]因为他们不仅吃肉，有时连骨头带肉皮一块儿都吃了，他们还把血与奶混在一起喝。至于饮料，他们喝的大多是药鼠李[④]酿成的酒，但僭主喝的是蜜和水混合的饮料，蜜是从某些花之中压榨出来的。当地中海季风刮起来的时候，他们的冬天就来到了（那时开始下雨）；但在一年的其他时间都是夏天。他们裸体外出，披着兽皮，拿着棍棒。他们不仅损害自己的肢体，而且像埃及人一样行割礼。埃塞俄比亚的梅加巴里人木棍上有小铁钉，使用长矛和生皮做成的盾牌，但其他的埃塞俄比亚人使用弓箭和叉子。有些特罗格洛迪特人在安葬他们的死者之前先用药鼠李的嫩枝把死者的脖子和腿捆起来，然后立刻

---

① 参见本书 XVII，iii，5。

② 拉丁语 stibium，倍半硫化锑，一种黑色的颜料。

③ akathartoi.

④ *Rhamnus paliurus.*

就欢乐地笑起来，向尸体投扔石头，直到尸体被石头掩埋得看不见为止。然后，他们在坟墓上放上一只羊角就走了。他们在晚上行路的时候，首先要在公牛的脖子上系一个铃，为的是用铃声来驱赶野兽。他们也使用火把和弓箭对付野兽，为了保护畜群，他们会彻夜看守，在篝火旁唱着某些歌曲。

18. 阿尔特米多鲁斯说完特罗格洛迪特人和他们的邻居埃塞俄比亚人之后，回过来再说阿拉比亚人。他首先从波塞迪乌姆角开始，讲述居住在阿拉伯湾附近，正对着特罗格洛迪特人的阿拉比亚人。他说，波塞迪乌姆角比埃拉尼特湾远。在波塞迪乌姆角附近有一片灌溉良好的海枣林，它非常受人重视，因为周围地区炎热、缺水而又没有阴凉之处。海枣树的产量令人吃惊。一名男子和一名女子被指定管理这片树林，这是因为他们拥有世袭的权利。他们穿着兽皮，以海枣树上的果实为生。由于野兽太多，他们在树上建了窝棚，住在那里。然后，就是海豹岛，得名于这里的海豹数量众多。在这个海岛附近有一个海角，一直延伸到所谓的纳巴泰部落、阿拉比亚人的岩礁和巴勒斯坦地区。米内人、格尔哈人和所有邻近部落都把他们的香料运送到这里来。然后就到了另外一条海岸线，它从前被称为马拉尼泰人的海岸线。他们之中有些人是农夫，有些人是帐篷居民。但是，它现在被称为加林迪人的海岸线，他们背叛性地打败了马拉尼泰人。因为加林迪人进攻他们的时候，正值马拉尼泰人在庆祝某个四年一度的节日，他们不仅消灭了参加节日庆祝活动的所有居民，而且还蹂躏和彻底毁灭了其他部落。接着是埃拉尼特湾和纳巴泰亚，这个地区有很多人口和优良的牧场。纳巴泰人居住在靠近海岸边的海岛上，他们先前过着和平的生活，后来开始驾驶木筏去抢劫从埃及来的船只。但是，当一支舰队前来洗劫他们的地区时，他们付出了代价。然后到了一个平原地区，这里有许多的树木、丰富的水源和各种各样的家畜，其中有一种是骡子。它还有大量的野骆驼、鹿、瞪羚、狮子、豹子和狼群。[①] 在这个平原外的大海之中有一座迪亚岛，然后是一个海湾，长约 500 斯塔德，周围被群山环绕，只有一个难以通行的出口，周围居民以猎取陆地动物为生。然后是三个无人居住的海岛，岛上长满了橄榄树，它不是我们这种橄榄树，而是土生土长的橄榄树。被称为埃塞俄比亚橄榄树。它的树液具有治疗的效果。接着是一个遍布礁石的海滩，在这之后是一片陡峭的、船只难以通行的海岸线，长度约 1000 斯塔德，没有港口和锚地，因为在它的沿岸都是崎岖不平的高山。然后是一片山麓地区，它也是怪石嶙峋，一直延伸到海中。这些山麓对于海员来说是危险的，特别是在地中海季风和下雨的时候更是无可救药。接下来是一个海湾和几个分散的海岛，海湾和三个很高的沙丘连在一起。在这些沙丘之后是查尔莫塔斯港，方圆大约 100 斯塔德，有一个狭窄的入口，它对于任何船只来说都是危险的。一条河流汇入海湾，在海湾的中央有一座海岛，岛上有许多树木，适合于农耕。接着又是一片崎岖不平的海岸线，在这片海岸线之后是一个海湾和一个游牧部落地区，他们依靠骆驼为生。确实，他们骑在骆驼背上作战，骑着骆驼外出，依靠骆驼奶和肉维持生活。有一条河流过他们的土地，带来了金砂，但这些居民不知道如何加工金砂。

---

① 可能是胡狼。

第四章 阿拉比亚 *1413*

他们被称为德贝人，其中部分人是游牧者，部分人是农夫。我没有提到名字的许多部落，是因为他们毫无意义，而且读音非常奇怪。在德贝人之后是一个比他们更加文明的部落，这些人居住的地区气候更加温和，因为他们的地区经常下雨，灌溉条件很好。在他们地区发现可以发掘的黄金，它不是金砂，而是金块，不需要进行太多的提纯；最小的金块有果核大小，中等的有欧楂果大小，最大的有胡桃那么大。他们用这些金块做成项圈，他们在项圈上穿孔，安上线，用线穿上透明的宝石，把它佩戴在自己的脖子和手腕上。他们以便宜的价格把金块卖给附近的居民，用它们去交换 3 倍重量的黄铜和 2 倍重量的白银。因为他们缺乏制作金器的经验，缺乏公认的、对于日常生活所需显得更重要的交换物品。

19. 与这些部落相邻的地区，是萨比人富饶的地区，他们是一个非常强大的部落。他们的地区出产没药、乳香和桂皮；在沿岸地区有香脂树，还有许多芳香类草本植物，这些芳香类草本植物本身的香气消失得很快。这里还有甜味的海枣、芦苇。一指距长深红色的蛇跑得比兔子还快，可以造成不可治愈的咬伤。由于果实丰富，人们的生活方式比较懒散和逍遥自在。大多数人躺在自己砍到的树根之下。[1] 居住在附近的人们不断地收获香料，然后把它们转卖给自己的邻居，直到叙利亚和美索不达米亚地区。如果他们被甜蜜的气味搞得昏昏欲睡，他们就以吸入沥青或者假升麻的气味来驱赶睡意。[2] 萨比人的马里亚巴城位于一座森林密布的高

---

[1] 原文显然有脱落。

[2] Tragopogon porrifolius L——假升麻。

山之中。他们有一位国王，负责审理案件和其他事情。但是，他离开宫廷是违法的。根据神谕的指示，如果国王离开了宫廷，民众可以用石头把他当场打死。国王本人和他周围的人过着像女人一样奢侈的生活；但是民众部分从事农业生产，部分从事香料贸易，既有本地的，也有埃塞俄比亚进口的香料。为了获得埃塞俄比亚香料，他们乘皮筏渡过海峡。他们拥有的香料非常之多，以至于他们把桂皮和肉桂树当成木棒和柴火。在萨比人地区还发现了拉里姆努（larimnum），① 它是一种最香的香料。由于他们从事香料贸易，萨比人和格尔哈人成了最富裕的人；他们有许多的金银物品，如金沙发、三角凳和金碗，还有金的酒杯和非常昂贵的住宅；因为他们的大门、墙壁和天花板都镶嵌了象牙、金银和宝石。阿尔特米多鲁斯关于这些部落的记载就是这样，他的其他说法部分与厄拉多塞的说法相同，部分是引自其他历史学家的说法。②

20. 他说，例如，有些人把这个海按照水的颜色称为红海，它是由于太阳光线在天顶时反射出现的结果，或者是由于群山在灼热的气候下变成红色的原因。他接着说，人们推测这种现象出现有两个原因。但是，尼多斯人克特西亚斯说有一条河流红色或者赭色的水流入了这个大海；克特西亚斯的同乡阿加萨奇德斯根据某个波斯人博克苏斯的报告说，有一群马被疯狂的狮子赶出了这个地区，来到这个海边，从这里又到了某个海岛上，一个波斯人埃利色拉斯建造了一个木筏，首先来到了这个海岛上；当他看见

---

① 不明植物。

② 斯特拉博所说的其他人是指克特西亚斯和尼多斯的阿加萨奇德斯。

这个海岛非常适合于人类居住，他把马群赶回波斯，他把人们派遣到这个海岛和其他海岛，还有沿海进行殖民，这个海因此得名于他的名字。他说，其他作家认为埃利色拉斯是珀尔修之子，他曾经是这个地区的统治者。有些作家认为从阿拉伯湾的海峡到盛产桂皮的国家边境地区，距离是 5000 斯塔德，但没有指出是什么方向，是朝着南边还是东边。据说在金矿之中还发现了祖母绿和绿玉。根据波塞多尼奥斯所说，在阿拉比亚人地区还有芳香盐。

21. 在叙利亚之后，居住在阿拉伯福地最重要的部落是纳巴泰人和萨比人。他们在臣服于罗马人之前，曾经纵横于叙利亚地区；但是，现在他们和叙利亚人都是罗马人的臣民。纳巴泰人的都城是佩特拉；[①] 它虽然位于一个平坦的地方，但四周以岩石建立了坚固的防御工事，这个地方的外部陡峭而险峻，内部有几条水源充足的河流，既可供家庭饮用，又可以灌溉苑囿。在它的岩石工事之外，大部分地区是荒漠，特别是朝着犹太地区的那个方向。这里有一条通往希里库斯最短的道路，行程需要 3—4 天的时间；到海枣树林行程需要 5 天。佩特拉由一位王室出身的国王统治，国王任命一位同伴作为管理者，这个人被称为国王的"兄弟"。这座城市管理得非常良好。无论如何，我的朋友、哲学家安提诺多鲁斯到过佩特拉人的城市，他提到他们的政府时赞不绝口。因为他发现有许多罗马人和其他的外国人居住在那里，他看见外国人彼此之间经常打官司，也经常和本地人打官司，但本地人彼此之间却从不打官司，他们彼此之间尽量保持着和谐的关系。

---

① 礁石。

22. 由于现在埃利乌斯·加卢斯领导的罗马人远征阿拉比亚人，我们得以知道阿拉比亚许多独特的特点。他是被奥古斯都·凯撒派去考察不仅是阿拉比亚，还有埃塞俄比亚部落和地方的，因为凯撒看见与埃及相连的特罗格洛迪特人的国家与阿拉比亚相邻，把阿拉比亚人与特罗格洛迪特人分割开来的阿拉伯湾非常狭窄。因此，他想赢得阿拉比亚人的友谊或者是征服他们。他还有一个重要的想法，自古以来就盛传阿拉比亚人非常富裕，他们出售香料、宝石换取黄金白银，但从来没有把他们获得的钱财用来购买外国人的任何东西。因此，奥古斯都希望或者是能够结交有钱的朋友，或者是征服有钱的敌人。他也受到预期将会提供援助的鼓励，因为他们对他很友好，答应与他全面合作。

23. 于是，加卢斯在这种情况下开始了远征。但是，他被纳巴泰人统治者西利乌斯欺骗了。西利乌斯虽然答应充当远征的向导，提供一切所需物资和与他合作，但在所有的事情上都欺骗了他，既没有给他指出沿海的安全航线，也没有给他指出陆上的安全路线。西利乌斯在陆地上把他引入了没有道路和道路迂回曲折的地方，极其贫困的地方；在海上沿着礁石密布、没有港口、没有饮用水的海岸线航行，那里很容易搁浅或者是有许多暗礁；特别是在涨潮和退潮的时候，那些地方给罗马人造成了非常巨大的损失。加卢斯的第一个错误是下令建造大船，因为这里眼前并没有，今后也不可能有海战；即使在陆地上，阿拉比亚人比起自己做生意的本事，也算不上是优秀的战士，更不要说他们在海战之中的表现了。但是，加卢斯在克娄巴特里斯城建造了不下80条船，包括二层桨船、三层桨船和轻便船，这个城市在通往尼罗河的古运河

第四章　阿拉比亚　　　　*1417*

附近。但是，当他认识到自己受了严重欺骗之后，他又建造了130条载重船。他用这些船只运送了大约10000名士兵，包括在埃及的罗马人和罗马的同盟者，其中有500名犹太人和西利乌斯统治的1000名纳巴泰人，在经历了许多周折和困难之后，他在第14天到达了纳巴泰人的重要商业中心莱夫斯科姆。[①]但是，由于航行中遇到的困难，而不是由于敌人的原因，他损失了许多船只，有些船只连船上所有人员也一块儿损失了。这是西利乌斯背信弃义造成的结果，他说没有陆上的道路可以供军队前往莱夫斯科姆。但是，有很多骆驼队的商人往返于佩特拉和这里，安全而且便捷，他们有这么多的人和骆驼，和军队没有什么区别。

24. 这种情况的出现，是因为国王奥波达斯非常不重视公共事务，特别是军事问题（这也是所有阿拉比亚国王共同的特点），因为他把所有的事情都交给了西利乌斯管理；因为西利乌斯在一切方面，背信弃义远胜于加卢斯。我认为他企图侦察这个国家，与罗马人共同征服它的某些城市和部落，在罗马人因为饥饿、劳累、疾病和由他背信弃义造成的各种灾难而被消灭之后，建立自己对各地的统治。但是，加卢斯在莱夫斯科姆登陆了。他的军队受到两种地方性疾病——坏血病和脚跛[②]的困扰，前者症状为口部类似麻痹，后者由于当地的水源和草类植物引起腿部麻痹。无论如何，他不得不在这里度过了夏天和冬天，等待患病的士兵康复。那时装载香料的船只从莱夫斯科姆前往佩特拉，然后前往埃及附近的

---

① "白村"。

② 显然是坏血病的表证，而不是一种特殊的病症。

腓尼基城市里诺科卢拉，从这里再去其他的部落地区。但是现在它们大部分由尼罗河前往亚历山大城；它们也由陆路从阿拉比亚和印度运往米乌斯港，[①] 然后用骆驼运往底比斯的科普图斯城（Coptus），这座城市位于尼罗河的运河边，然后再运往亚历山大城。后来，加卢斯重新率领军队从莱夫斯科姆出发，由于向导的可耻行为，部队经过同样的地区，不得不用骆驼运水；因此费了很长时间才来到了奥波达斯的亲属阿雷塔斯的土地。阿雷塔斯友好地接待了他，送给他礼物。但是，西利乌斯的背叛行为使部队通过这个地区路程同样也很艰难；无论如何，部队花了 30 天时间穿过这个地区。一路上所能得到的只有二粒小麦和少量海枣，黄油替代了橄榄油，因为他们通过的是没有道路的地区。接着，他们通过的是游牧部落阿拉雷内地区，其中大部分是真正的沙漠地区，其国王是萨波斯。在通过这个地区的时候，有一些地方是没有道路的。他花了 50 天时间到达了一个和平富饶的内格拉尼城。由于它的国王已经逃走，这座城市在第一次进攻时就被占领了。他从这里花了六天时间来到一条河边，那里的蛮族联合起来共同对抗罗马人，蛮族人阵亡约 10000 人，而罗马人只损失了两个人。因为他们不会使用自己的武器，完全不会打仗。他们的武器有弓箭、长矛、短剑、投石器，但大部分人使用双面斧。随后，他立即占领了被国王抛弃的阿斯卡城。然后，他又到了阿斯鲁拉城，他不战而胜，占领了这座城市。他在城里驻扎了守备军队，安排好了远征所需的粮食和海枣之后，来到了马尔西亚巴城。这座城市属

---

① 鼠港。

第四章　阿拉比亚　　　　　　　　　　1419

于拉姆马尼泰人，他们臣服于伊拉萨鲁斯统治。他进攻和包围了这座城市六天，但由于缺水停止了战斗。根据他的俘虏说，他距离出产香料的地区确实只剩下两天的路程。但是，由于他的向导使坏，他花了六个月时间远征。他在回师的时候才知道这件事情，后来他听说有人阴谋反对他，就从另外一条道路返回了。他在第九天到达了内格拉纳城，在那里发生了一场战争。他在第 11 天到达了赫普塔弗里塔，① 这个地方得名于它有七眼井。最后，他从那里穿过一个和平的地区，来到了恰阿拉村，接着又到了位于河边的另外一个名叫马洛塔的村庄。然后穿过了沙漠地区，这里只有几个地方有水供应，还有位于大海边的埃格拉村，这个村庄在奥波达斯的领土上。在他回师的时候，这个行程只花了不到 60 天时间，但是他第一次行程花了六个月时间。然后，他在 11 天之内带领军队渡过米乌斯港，然后由陆路向科普图斯城进军，他带着所有的幸存者来到了亚历山大城。他损失的其他人员不是因为战争，而是因为疾病、疲劳、饥饿和恶劣的道路状况，因为在战争之中总共只牺牲了七个人。由于这些原因，这次远征对我们了解这个地区的情况并没有起到很大的帮助作用，只是起了一点点作用。不过，对于这次失败负有责任的西利乌斯，在罗马受到了惩罚。虽然他假装友好，他还是被宣判有罪，由于他在这件事情上的背叛行为，再加上其他罪行，他被处以斩首。

25. 正如我先前已经说过的，作家们把出产香料的地区分为四个部分；在各种香料之中，据说乳香和没药是树上生长的，肉桂

---

① "七眼井"。

是沼泽地区生产的。根据某些人所说，肉桂大部分出自印度，最好的乳香出自波斯附近。但是，按照另一种划分方法，阿拉伯福地分为五个等级，其中一个是武士，他们为所有的人打仗；第二个是农夫，他们为其他人提供粮食；第三个等级从事工艺活动；第四个生产没药；第五个生产乳香。在这些地区还出产肉桂、桂皮和松香。他们的职业不会改变，不会从一个等级变为另一个等级，每个人都继承其父辈的职业。他们饮用的酒绝大部分是海枣做成的。他们的兄弟比子女更受重视。王室的后裔按照出生时间的先后，不仅可以担任国王，也可以担任其他官职；年长者是一家之主，但财产是所有家庭成员共有的。一个妇女也是所有家庭成员的妻子；如果有人比其他人先进入房间与她交合，他首先要把他的手杖放在门口，因为按照风俗习惯，每个男人都必须拿着手杖；但在晚上，她必须和最年长者过夜。因此，所有的孩子都是兄弟，他们也可以与他们的母亲交合。对于奸夫的惩罚是处死；但只能是别家的男性奸夫。有一位国王的女儿出奇漂亮，她有15个兄弟都热爱她，因此一个接一个不断地来看她。最后，她厌倦了他们的看望，使出了下面一条计策：她做了许多类似他们的手杖，当他们之中有人离开她之后，她总是把类似他的手杖摆在门口，不久，另外一个兄弟，接着又是一个兄弟来了，她这样做的目的是为了使那些可能来看他的人不可能找到类似于门口摆的那根手杖；有一次，当所有的兄弟在集市上集中之后，他们之中有一个人来到她的门口，看见了门口那根手杖，他猜想有某个人和她在一起；因为他让所有兄弟都留在集市上，他认为她的来访者是一个奸夫；但是，当他跑到父亲那里，把父亲带到房子里之后，证实他诬告了自己的妹妹。

26. 纳巴泰人是一个理智的部落，他们非常重视生财之道。因此，他们当众惩罚那些挥霍自己财产的人，奖励那些发家致富的人。由于他们只有少量的奴隶，为他们干活的大多是他们的亲属，或者是互相帮工，或者是自己动手。这种风俗习惯甚至影响到了他们的国王。他们做好了 13 个人一组的公餐，每次宴会还有 2 名歌女。国王经常举行豪华的宴饮活动，但没有人能够有 11 杯的酒量，每次使用的金杯式样都不相同。国王是这样的民主，他不仅自己动手干活，同样还为别人提供服务。他常常在民众大会上表达国王自己的看法。有时，他的生活方式受到了考验。纳巴泰人的住房完全是岩石建造的，造价昂贵；但是，由于居住在和平环境之中，因此城市没有建造城墙。除了没有橄榄之外，这个地区大部分地方出产许多果实，他们使用芝麻油代替橄榄油。他们的绵羊是白色的羊毛，公牛的体型很大，但是这里没有马匹，骆驼就为他们提供了马匹承担的服务。他们外出不穿束腰外衣，腰上系着腰带，脚上穿着拖鞋——即使是国王本人也是如此，虽然他穿的是紫色的衣服。有些商品完全是从外国进口，有些不完全是进口，特别是那些他们本国能够生产的物品，如金银和大部分香料。但是，他们本国不生产的东西，如黄铜、铁器、紫衣、帽饰、番红花、白肉桂、浮雕作品、绘画和模压作品需要进口。他们同样认为尸体像粪土一般，正如赫拉克利特所说的：

死者的遗体应当像粪土一样扔掉。

所以，他们哪怕是安葬国王也是安葬在粪土堆旁。他们崇拜太阳，在屋顶上建立祭坛，每日在祭坛上奠酒，焚香。

27. 荷马曾经说：

> 我去过埃塞俄比亚人、西顿人和埃伦比人那里。
>
> （《奥德赛》，Ⅳ，84）

首先，历史学家完全不知道有关西顿人的情况，人们是否认为他们是居住在波斯湾的某个部落，他们的殖民者是否是居住在我们这个世界的西顿人。据说这里的岛民提尔人也是同样的情况；还有阿拉比亚人，他们的殖民者据说居住在我们这个世界，他们或许是自称为西顿人。第二，关于埃伦比人的情况更加模糊，人们是否可以猜测他们就是特罗格洛迪特人，正如有些人所做的那样，他们武断地认定埃伦比人的词源出自 eran embainein，即"走进地下的"，或者是阿拉比亚人。例如，我们的芝诺[①] 把原文改成了这样：

> ……到过西顿人和阿拉比亚人那里做客。

不过，波塞多尼奥斯对原文只做了轻微的修改，他认为这样更可靠一点：

> ……到过西顿人和阿兰比亚人那里做客。

---

① 即斯多葛派学者芝诺。

第四章　阿拉比亚　　　　　　　　　　　　　　　1423

他认为诗人就是这样称呼现代阿拉比亚人的。同样，他那个时代所有作家也是这样称呼他们。波塞多尼奥斯认为阿拉比亚人由三个部落组成。他们彼此互相挨着。这表明他们彼此的起源是相同的。因此，他们有一个共同的名称，一些部落称为"亚美尼亚人"，另外一些称为"阿拉米人"，还有一些称为"阿兰比亚人"。正如人们所设想的，阿拉比亚人根据纬度的不同分成三个部落，他们经常地变化着。同样也可以认为他们有几个名字而不止一个名字。我不认为某些人读作"埃伦尼人"是正确的，[①] 因为这个名字更适合埃塞俄比亚人。诗人也提到了"阿里米"，[②] 根据波塞多尼奥斯所说，诗人所说的这个名字可能不是指叙利亚的某个地方，西里西亚的某个地方或者是其他某个地方，而是叙利亚本身。因为叙利亚的居民是阿拉米人。但是，希腊人也有可能把他们称为阿里米亚人或者阿里米人。名字的变化，特别是蛮族部落名字的变化是非常多的。例如，他们把大流士称为"大流塞斯"，帕里萨提斯称为"法尔齐里斯"，阿萨拉称为"阿塔加提斯"，但是，克特西亚斯把她称为"德塞托"。至于阿拉比亚的幸运，人们可以引用亚历山大的例子为证，据说他有意在远征印度回来之后，定都在那里。但是，他所有的计划都因为自己的突然去世而落空了。无论如何，这也是他的计划中的一部分，看看阿拉比亚人是否真正欢迎他，如果不是这样，那就向他们开战。因此，正如我在本书之中说过的那样，当他看见阿拉比亚人不管是在远征印度之前和之后都没有派遣使节来看他，他开始准备作战了。

---

① 黑色的。

② 《伊利亚特》，II，783。

第十七卷

埃及、埃塞俄比亚、
利比亚

第一章 埃及和埃塞俄比亚（上）

1. 由于我在叙述阿拉比亚的时候，已经把环绕阿拉比亚、并且使它变成一个半岛的海湾，即波斯湾和阿拉伯湾包括在其中，同时还涉及了埃及和埃塞俄比亚附近的某些地方、特罗格洛迪特人的国家和那些居住在直到盛产桂皮的国家。因此，现在我必须叙述与这些部落相邻的其他地区，也就是尼罗河附近的地区；在这之后，我将简单地叙述利比亚的情况，它是我的整个地理学的最后一部分。在这里，我必须首先叙述厄拉多塞的报告。

2. 根据厄拉多塞所说，尼罗河距离阿拉伯湾西边900或者1000斯塔德，从外形上来说，它好像是一个反写的字母N；① 他说，它从麦罗埃向北流了将近2700斯塔德，然后折向南方和冬季日出的方向流了将近3700斯塔德，后来几乎与麦罗埃地区的河流平行，然后进入利比亚地区，再次折向北方，流了5300斯塔德，来到大瀑布地区，稍微转向东方，流了1200斯塔德，来到赛伊尼附近的小瀑布地区，然后又流了5300多斯塔德汇入大海。从麦罗埃东边某个湖泊流出的两条河流环绕着大岛麦罗埃，流入大海。上述河流一条流过岛屿的东边，名叫阿斯塔波拉斯河；另一条名叫阿斯

---

① 尼罗河从麦罗埃到赛伊尼，大致符合这种说法。

塔普斯河。但是，有人把它称为阿斯塔波拉斯河，并且声称阿斯塔普斯河是另外一条河流，它发源于南方的几个湖泊，它使尼罗河整个的河床几乎形成了一条直线，在夏季的时候水量充沛。他说，在阿斯塔波拉斯河与尼罗河汇合之后700斯塔德的地方，是麦罗埃城，它和这座岛屿的名字相同。在麦罗埃之后还有一个岛屿，由埃及的逃亡者占领着，他们是萨姆米提克时期的起义者。他们被称为"塞姆布里泰人"，意为"外国人"。[1]统治他们的是一位女王，但他们臣服于麦罗埃国王。这个地区较低的地方在麦罗埃的两边直到朝着红海的尼罗河边，这里居住着梅加巴里人和布莱米斯人，他们臣服于埃塞俄比亚人，与埃塞俄比亚人为邻；沿海地区居住着特罗格洛迪特人（这些特罗格洛迪特人正对着麦罗埃，距离尼罗河10—12天路程），在尼罗河的左边，利比亚境内居住着一个大部落努比人，他们居住的地方从麦罗埃开始，一直到这条河流拐弯的地方，他们不是埃塞俄比亚人的臣民，而是分成几个独立的王国。埃及的海岸线从培琉喜阿姆一直延伸到卡诺布斯河口，长1300斯塔德。厄拉多塞所说的情况就是这样。

3. 但是，首先必须花更多的篇幅来讲述埃及附近的地区，以便使我们的叙述从那些比较熟悉的地方转入比较遥远的地方；因为尼罗河无论是为这个地区，还是为与它相邻的上游地区埃塞俄比亚，都提供了某种共同的财产。这条河流在泛滥时期灌溉了这两个地区，使得这个洪水灌溉地区成为人丁兴旺的地区；相反，它流过了河边所有高出河床的高地，由于缺乏水源灌溉，使它们

---

① 参见本书ⅩⅥ，iv，8。据希罗多德（Ⅱ，30）所说，这些逃亡者共240000人。

第一章　埃及和埃塞俄比亚（上）　　　**1429**

变成了荒无人烟的沙漠。不过，尼罗河并没有流经整个埃塞俄比亚地区，它既不是唯一的一条河，也不是笔直地流过这里。但是，它是唯一流过埃及地区的河流，流过了整个的埃及，笔直地流过了埃及，从埃及和埃塞俄比亚的边境赛伊尼和埃利潘蒂尼之后的小瀑布开始，直到它在沿海的河口地区。确实，埃塞俄比亚人大部分过着游牧生活，由于土地贫瘠、气候恶劣和距离我们十分遥远而过着贫困的生活。而埃及人的情况正好完全相反；因为他们自古以来就过着文明的公民生活，定居在有名的地区，因此他们的组织也是出名的。同样，埃及人之所以出名，还因为他们善于利用本国富饶的土地，他们把土地分成块，非常关心土地。因为他们在挑选国王之后，把人民分成了三个等级：他们把第一等级称为士兵，第二等级是农夫，第三等级是祭司。最后一个等级关心宗教事务，其他两个等级关心人类的需要；有些人负责军事，有些人负责所有和平时期的事务，耕种土地，从事商业活动，他们是国王的税收来源。祭司们从事哲学和天文学，他们是国王的亲信。这个国家首先分成许多州：[①] 底比斯地区包括 10 个州，三角洲地区包括 10 个州，在它们之间有 16 个州（根据某些人所说，州的数目与迷宫的门厅数目相同，但它们的数目不超过 36 个），[②] 州又再划分成另一种行政单位，它们大多被划分为省，省又再划分为另一种行政单位；最小的单位是阿鲁拉。[③] 之所以需要这样准确和细小的单位，是因为尼罗河在泛滥时期经常会使地界造成混

[①]　即州或省。

[②]　迈内克等人把"30"改成了"36"。

[③]　测量土地面积的单位（约 0.2 公顷）（希罗多德，Ⅱ，168）。

乱，由于它冲走或者带来土壤，改变了原有土地的形状，一般来说就使得某人的土地与其他人的土地地界模糊不清。因此，这就不可避免地需要反反复复地重新测量土地。据说，几何学就起源于这里。[①] 这就正如由于腓尼基人从事商业活动，会计学和算术就起源于腓尼基人一样。[②] 像全国的百姓一样，每个州的居民也分成三部分，因为土地也分成了三个相等的部分。人民从事与河流有关的活动，勤奋努力地征服自然。由于大自然的恩赐，这里的土地比其他地区更加肥沃。在有水灌溉的时候更是如此，在没有大自然帮助的时候，勤奋努力也常常给土地灌溉带来了巨大的好处，通过运河与水坝，即便是尼罗河小泛滥时期也能像尼罗河大泛滥时期一样灌溉同样多的土地。无论如何，在佩特罗尼乌斯之前的时期，粮食产量最高，尼罗河泛滥也最严重，水位高达 14 肘尺；当它的水位只有 8 肘尺的时候，大饥荒就接连不断地发生了。但是，当他管理这个地区时，尼罗河水位测量尺指明水位只有 12 肘尺，粮食产量最高。不过，有一次测量尺指明水位只有 8 肘尺的时候，也没有一个人感到饥饿。埃及的组织情况就是这样多了。现在，我将继续讲述接下来的事情。

4. 尼罗河从埃塞俄比亚边境笔直地流向北方，直到所谓的"三角洲"地区。然后，就流到了柏拉图所说的"顶部分叉地区"。[③] 尼罗河使这个地方变成了三角形的顶点，三角形的各边则由尼罗河两边分出的支流形成，一直延伸到大海，一条在右边，

---

① 本义为"测量土地"。

② 参见本书 XVI，ii，24。

③ 提迈乌斯，21E。

第一章　埃及和埃塞俄比亚（上）　　*1431*

流入培琉喜阿姆附近的大海；另外一条在左边，流入卡诺布斯和
赫拉克勒斯城附近的大海。三角洲的底边是培琉喜阿姆到赫拉克
勒斯城之间的海岸线。因此，由大海和两条河流形成的一座岛屿
因为形状与三角洲相似而被称为三角洲岛。在顶点的地方也叫做
同样的名字，因为它就是上述地形的起点；那里还有一个村庄也
叫做三角洲。因此，尼罗河有两个河口，一个河口称为培琉喜阿
河口，另一个称为卡诺布斯河口，或者赫拉克利奥提克河口。在
这些河口之间还有其他 5 个河口至少是值得一提的，还有一些更
小的河口；因为从三角洲的起点开始，尼罗河就有许多分支通过
整个岛屿，形成了许多的小河和岛屿；因此，整个三角洲都是可
以通航的，同时，运河又分出了运河，它们为航行提供了极大的
便利，以至于有些人可以使用陶制的小船航行。整个岛屿的周长
大约有 3000 斯塔德，它与对河的三角洲地区一起被称为下埃及。[①]
但是，在尼罗河泛滥时期，除了居民点之外，整个地区都被洪水
淹没，变成了一片汪洋。这些居民点或者是建立在天然的小山上，
或者是建立在人工堆积的土堆上，它包括一些相当大的城市和村
庄，从远处看去它们就像是许多岛屿。在夏季，洪水停留的时间
有 40 多天，然后再慢慢地消退，就像它们泛滥时一样。在 60 天
的时间之内，这个平原彻底露出来了，并且开始干燥。土地干得
越快，耕种和播种也就进行得越快；那些气候越热的地方，土地
干燥得越快。在三角洲之后的地区，灌溉方式是同样的，除了这
条笔直的、长约 4000 斯塔德河流的河床之外，除了某些岛屿的阻

---

①　参见本书 I，ii，23。

挠之外，其中最重要的岛屿是赫拉克勒斯州。或者是这条河流在某个地方被分流进入了一个很大的地区，通常是用运河引入一个大湖，或者是一个可以引水灌溉的地区，例如用运河将水引入阿尔西诺伊州和莫里斯湖，[①]还有用运河将水引入马雷奥提斯湖。简单一句话，埃及是由河流地区组成的，至少是由河岸两边的地区组成的；尼罗河自埃塞俄比亚边境开始，一直延伸到三角洲的顶点，两岸地区几乎全部是接连不断的，可以居住的空间，宽度达300斯塔德。因此，当这条河流干旱的时候，除了一些大的支流之外，它好像是一条长长的腰带。[②]我认为河流地区的这种形状也是整个国家的形状，它是河流两边的高山造成的，这些高山从赛伊尼一直延伸到埃及海为止。由于这些高山按照大小，或者按照一定的距离排列在一起，这条河流也就按照山的大小收缩或者变宽，这也就使人们居住的地区形状有所不同。但是，在这些高山之外的辽阔地区都是无人居住地区。[③]

5. 古人大多依靠推测，后人作为目击者认为当上埃塞俄比亚、特别是其最遥远的山区洪水暴发时，尼罗河在夏季就江河横溢；当降雨停止的时候，泛滥也就逐渐消退了。这个事实对于那些航行在阿拉伯湾和盛产肉桂国家的人，还有那些去狩猎大象[④]或者从事其他公务（这些公务促使埃及托勒密王朝历代国王把他们派到了这里）的人来说特别明显。因为历代国王对这些事情非常感兴趣，特

---

① 希罗多德，Ⅱ，149。
② 原文有脱落。
③ 参见本书Ⅰ，ⅱ，25。
④ 参见本书ⅩⅥ，ⅳ，7。

第一章　埃及和埃塞俄比亚（上）　　**1433**

别是托勒密二世·菲拉德尔福斯，他是一个喜欢刨根问底的人，由于身体虚弱，总喜欢寻找一些新奇的乐子和令人愉快的事情。尽管古代的国王对这事并不特别感兴趣，但他们表现出自己像祭司一样热爱知识，他们和祭司一起度过了自己的大半生。因此，我们感到惊奇的可能不只是这件事情，还有塞索斯特里斯走遍了整个埃塞俄比亚直到盛产桂皮的国家，他进行远征的纪念物——记功柱和碑文直到今天仍然可以看见。而且，在冈比西斯占领埃及的时候，他和埃及人一起逃到了麦罗埃，据说这个名字也是他赐予这座岛屿和城市的，因为他的妹妹——也有人说是他的妻子——就死在这里。[①]无论如何，他为这个地方赐名是为了纪念这个女人。因此，值得惊奇的是那时的人们就开始有了这样丰富的知识，他们还不完全清楚下雨的原因，特别是祭司在自己的圣书之中精心地记载下了，保留了所有一切已知的奇妙信息。因为他们所做的研究，他们所研究的这个问题，直到今天仍然在进行研究。我说的问题是为什么夏季下雨，而冬季不下雨？为什么是南部，而不是底比斯和赛伊尼周围地区下雨？[②]但是，有一个事实是，河流的泛滥是由于降雨的结果还没有被研究，这个问题不需要波塞多尼奥斯提到的那些证人；例如，他说卡利斯提尼斯认为夏季降雨是洪水泛滥的原因，虽然卡利斯提尼斯的观点出自亚里士多德，亚里士多德的观点又出自塔索斯的色拉西亚尔塞斯（上古时期的自然科学家之一），色拉西亚尔塞斯的观点又出自其他某个人，这个人又出自荷马，荷马把尼罗河称

---

① 　狄奥多罗斯说是他的母亲（狄奥多罗斯·西库卢斯，1.33）。

② 　参见本书 XV，i，9。

为"从天而降的"：

> 从天而降的河流，重新回到埃及的土地。
>
> （《奥德赛》，Ⅳ，5810）

　　但是，我不想讨论这个问题。因为已经有许多作家讨论过这个问题了，其中有两位值得提出来（他们是现代人，写了有关尼罗河的著作），这就是欧多鲁斯和逍遥派哲学家阿里斯通；因为除了结构之外，这两位作家的所有东西，无论是文体还是论述都是一样的。无论如何，由于没有原文加以比较，[1] 我将拿一部著作和另一部著作加以比较，这两个人之中的一个人把别人的著作据为己有，这件事情在阿蒙的神庙之中已经被发现了！[2] 欧多鲁斯指责阿里斯通，但是他的文体与阿里斯通何其相似乃尔。因此，古代作家只是把这个国家的一部分称作埃及，这就是有人居住和有尼罗河灌溉的地区，它起自赛伊尼地区，一直延伸到大海。但是，后来的作家和现代作家又加上了自阿拉伯湾到尼罗河的东边几乎所有的地方（埃塞俄比亚人几乎完全不在红海之中航行），尼罗河西边一直延伸到绿洲地区，还加上了从卡诺布斯河口一直延伸到卡塔巴特姆斯山脉和昔兰尼人领土的沿海地区。因为在托勒密之后的历代诸王是如此强大，[3] 以至于他们占领了昔兰尼，把塞浦路斯合并在埃及一起。罗马人作为托勒密王朝的继承人，把他们三

----

① 即两部著作之中内容相同的"抄本"。

② 即这个问题只有宙斯—阿蒙神谕所可以解决。

③ 托勒密一世（公元前 323—前 285 年）。

第一章 埃及和埃塞俄比亚（上） *1435*

个领地划分开了，使埃及维持在它原来的边界之内。埃及人把有人居住的地方称为"绿洲"，绿洲的周围是浩瀚的沙漠，就好像大海之中的海岛。利比亚有许多绿洲，其中有三个与埃及邻近，并且臣服于埃及。关于埃及的情况，一般简单的叙述就是这样。现在，我将叙述它的各个地区和这个国家突出的特点。

6. 我们将要讨论的最大和最重要的部分，是亚历山大城和它周边的地区。我将从它们开始，接着是从培琉喜阿姆向西航行到卡诺布斯河口的海岸线，长度大约是1300斯塔德，我把它称为三角洲的"底边"。① 从那里到法罗斯岛（Pharos）是150多斯塔德。法罗斯是一座矩形的海岛，离大陆非常近，形成了一个港口和两个入口。大陆的海岸形成了一个海湾，因为它有两个突出的海角深入到公海之中，在它们之间有一个海岛封锁了这个海湾，因为它与海岸线纵向平行。法罗斯东部的边缘靠近大陆和正对着它的海角（这个海角叫做洛奇亚斯角），这就使海港的入口变得十分狭窄；再加上中间的航道狭窄，礁石密布，有些暗藏在水下，有些突出在水面上，常常把从公海冲过来的波浪变成汹涌的波涛。这个海岛的海角同样也是岩石构成，它沐浴在周边的海水之中。岩石上建立了一座白色大理石的多层坚固灯塔，② 灯塔与海岛的名字相同。根据铭文所说，这座灯塔是国王的朋友、尼多斯的索斯特拉图斯奉献的祭品，为的是保护海员们平安无事。因为在平坦的海岸两边都没有港口，而在海岸的前面又有礁石和滩涂，从公海

① 参见本书XVII, i, 4。
② 这个灯塔被认为是世界七大奇迹之一，价值800塔兰特（普林尼，36.18）。其建筑时间众说纷纭。

来到这里的人们需要有某种高高的、明亮的信号为他们指引进入港口的正确航道。西部的入口是不容易进入的，但它也不需要像另一个入口那样小心谨慎。它形成了第二个海港，名叫欧诺斯图斯港。① 它在附近一个封闭的海港前面，这个海港是人工挖成的。② 由于这个海港在上述法罗斯灯塔旁边有一个入口，因此它是一个大港，这两个港口连接着海外深处的那个港口，它们与这个港口仅仅由一道堤坝分开，这道堤坝名叫赫普塔斯塔迪乌姆。③ 这道堤坝形成了连接大陆与这座海岛西部的桥梁，开辟了进入欧诺斯图斯港的两条道路，它们也起到了桥梁作用。但是，这个工程不仅形成了一座通向海岛的桥梁，而且还有一条引水渠，至少是在法罗斯有人居住的时候。但是，现在它已经被神圣的凯撒在进攻亚历山大城居民时毁坏了，因为这个海岛支持历代国王。在灯塔附近居住着一些海员。至于大港，由于它有堤坝和自然环境很好的保护，这个港口的岸边不仅很深，可以停泊最大的船只，大港又分成几个港口。由于古代埃及国王满足于他们已经拥有的东西，完全不需要外来进口物品。因此，他们敌视所有从事航海活动的人，特别是希腊人（希腊人由于自己的土地贫瘠而成了强盗和抢劫他人财产者）；他们在这个地方派驻了警卫，并且下令卫兵禁止任何人靠近这里。他们让警卫驻扎在拉科提斯，它现在是亚历山大城的一部分，位于造船厂之后，但在那时它是个村庄；村庄周围的土地赐给了牧人，他们同样可以防御外来者的进攻。当亚

---

① "顺利归来港"。
② "箱子港"。
③ 即 7 斯塔德长的大坝。

第一章　埃及和埃塞俄比亚（上）　　　　　　　*1437*

历山大视察这个地方时，发现了它的有利地势，决定在港口边建立一座坚固的城市。很多作家都记载了这座城市后来幸运的预兆，这个预兆是发生在制定建筑图案的时候：当建筑师们在用粉笔[①]标明城市范围的界限时，粉笔突然用光了，在国王来了之后，他的管家提供了为工人准备的部分大麦粉，用这些大麦粉划定的街道数量比以前更多。据说，这个现象被解释成一种好兆头。[②]

7. 这个城市地理位置具有许多方面的优势：首先，它的位置连接着两个大海，北面是埃及海，南面是马雷亚湖，又称马雷奥提斯湖。这个湖接纳了尼罗河多条运河的水源，既有从上方来的水源，也有从两边来的水源，通过这些运河运入的商品大大超过了从海外输入的商品，因此湖边的港口实际上比海边的港口更富裕；从亚历山大运出的商品也比输入的商品更多；关于这一点，如果到过亚历山大或者狄凯阿恰的任何人都可以判断出来，他可以看到商船到达和离开的情况，它们来到这里和离开这里是更重还是更轻，还要加上从两个方向，即海边的港口和湖边的港口运来商品的巨大价值。这座城市有益于健康的空气也值得一提，这同样是这个地方连接着、沐浴着两边的海水，由于尼罗河定期泛滥造成的结果。因为那些位于湖边的其他城市在炎热的夏季时，空气是沉闷的，令人窒息的，因为这些在城市边缘的湖泊夏季变成了沼泽，由于阳光的照射，空气蒸发，夹杂着大量污秽的水蒸气上升到空气中，人们吸入这种有害的空气，瘟疫就开始出现了。

---

①　本义为"白土"。

②　普鲁塔克，《亚历山大传》，26。

然而在亚历山大城，夏季开始的时候尼罗河就涨水了，灌满了湖泊，不让沼泽的水质污染上升的蒸汽。那时，还有地中海季风[1] 从北方辽阔的大海吹过来，因此亚历山大的居民夏季过得非常舒服。

8. 这座城市的地形类似希腊人的短斗篷。[2] 它的两条长边沐浴着两个大海，直径约 30 斯塔德，两条短边是地峡，每边宽约 7—8 斯塔德，一边与大海，另一边与湖泊相连。整个城市街道纵横交叉，可以容纳骑马者和马车通过，有两条很宽的、宽度超过 1 普勒斯伦的大街彼此十字交叉，把城市分成两半。这座城市包括许多美丽的公共区域，还有王宫，王宫占据了全城四分之一——三分之一的面积；由于每位国王出于喜好奢华，通常都会为公共建筑增添某些装饰。除了原有的建筑之外，他同样也会自己出资建筑新王宫，这里可以引用诗人的话为证：

> 一座建筑物接着一座建筑物。

> (《奥德赛》，XVII，266）

但是，所有宫廷彼此是连在一起的，宫廷和海港也是连在一起的，甚至还有些在海港之外。[3] 博物馆也是王宫的一部分。[4] 它有公众散步的地方和半敞开式带座椅的建筑物，还有一个大房间，一个供博物馆学者们使用的公共餐厅。这一群人不仅共同掌握财

---

① 埃及的季风，又称"地中海季风"，整个夏天刮西北风。

② 马其顿军队的斗篷。

③ 建筑物在洛奇亚斯角。

④ 本义为"缪斯的圣殿"——学者们的公共宿舍和工作场所。

产，而且还有博物馆的管理人——祭司，祭司先前是国王任命的，但现在是凯撒任命的。塞麻也是王宫的一部分，这是一块安葬着历代诸王和亚历山大陵墓的地方。由于拉古斯之子托勒密及时地从珀迪卡斯手中夺取了亚历山大的遗体，[1] 他的遗体是珀迪卡斯从巴比伦运出，转道来到埃及的，他来到这里是由于贪婪和企图把埃及占为己有。而且，当托勒密进攻珀迪卡斯，并且把他包围在一个荒岛上的时候，他的士兵起来把他杀了。当他的士兵进攻他的时候，他被士兵的长矛刺穿了，珀迪卡斯就这样被杀死了。但是，与他在一起的国王阿里蒂乌斯、亚历山大之子和亚历山大之妻罗克桑娜去了马其顿。亚历山大的遗体被托勒密运走，安葬在亚历山大城——它直到今天仍然在那里；[2] 不过，它不是在原先的那个石棺之中，因为现在的棺材是玻璃做的，而托勒密的遗体安葬在金棺之中。后者的金棺被绰号"科齐斯"[3] 和"帕雷萨克图斯"[4] 的托勒密所掠夺了。他来自叙利亚，但立刻被驱逐了，因此他的掠夺行为对自己毫无帮助。

9. 在大港入口的右手是法罗斯岛和灯塔，左手是暗礁、洛奇亚斯角和海角上的王宫。在进入港口时候，从左边可以看到王宫的内部，它和洛奇亚斯角上的王宫连在一起，它有一片小树林和许多漆成各种颜色的小屋。在这些建筑物之下是人工挖成的隐蔽

---

① 即托勒密一世，其他历史学家（狄奥多罗斯等人）的说法不同。

② 奥古斯都在访问亚历山大城的时候还见到过亚历山大的棺材和遗体（苏埃托尼斯：《亚历山大传》，18）。

③ 紫红色。

④ "非法的篡位者"指托勒密十一世。

港口，它是国王私人的财产，还有这个人造港口之外的安提罗德岛，它有一座王宫和一个小港口。他们这样称呼它是因为它是罗德岛的竞争对手。在这个人工港口之后有一座剧院。然后是波塞迪乌姆，它可以说像一根肘子从所谓的恩波里乌姆伸出，它有一座波塞冬神庙。安东尼为这根肘子似的地方增添了一段伸得更远的防波堤，一直深入到了港口的中间，在防波堤的尽头修建了许多王家的小屋，被称为提莫尼乌姆。这是在他被朋友抛弃之后所做的最后一件事情，他在亚克兴角遭遇不幸之后，[①] 离开了亚历山大城，选择了提蒙式的生活度过余生。他有意脱离所有这些朋友孤独地生活。[②] 然后是凯撒里乌姆、恩波里乌姆城和货栈。在这些地方之后是造船厂，它一直延伸到赫普塔斯塔迪乌姆。关于大港和它周围的情况，就讲这么多了。

10. 在赫普塔斯塔迪乌姆之后是欧诺斯图斯港，在这个港口之后有一个人工港名叫西波图斯港；这个港口也有一座造船厂。更远的内陆地区有一条可以通航的运河，一直通向马雷奥提斯湖。这座城市有一小部分位于运河之外；然后是郊区尼克罗波利斯，这里有许多花园、小树林和适合于保存尸体不腐的地窖。在内地，运河可以通往萨拉皮乌姆和另一个古代圣地，这个圣地由于在尼科波利斯建立了新的建筑物，几乎被抛弃了。例如，在尼科波利斯有一个圆形露天竞技场和一个运动场，每五年举行一次运动会，古代的建筑物已经处于荒废状态。简而言之，这座城市有许多公

---

① 公元前 31 年。

② 公元前 30 年，安东尼自杀。

共建筑和神庙，但最美丽的体育馆，其柱廊比运动场还长。城市中央有法庭和小树林。这里还有潘神的避难所，可以说是"最高的"建筑，它也是由人工建造的；它的外形是冷杉球形，类似岩石的山丘，可以由一条螺旋形的道路盘旋而上，[①] 从山顶上可以看见山下整个城市的四周。一条纵向的、宽广的街道从尼克罗波利斯经过体育馆一直通到卡诺布斯门；然后是希波德罗姆，另一条（街道？）平行地延伸到卡诺布斯运河。在希波德罗姆之后就是尼科波利斯，它在海边有一个不比城市小的居民点。该城距离亚历山大城 30 斯塔德。奥古斯都·凯撒重视这个地方，是因为他在这个地方的战争之中征服了安东尼的追随者；他在第一次进攻之中就占领了这座城市，迫使安东尼自杀，迫使克娄巴特拉在他的统治之下生活；但过了不久，她在监禁之中偷偷地自杀了，据说是被角蝰咬死的，或者是服用了有毒的药膏。结果是拉古斯后裔的帝国延续了多年之后结束了。

11. 拉古斯之子托勒密[②] 继承了亚历山大之位；菲拉德尔福斯又继承了他的王位；奥伊尔格特斯又继承了他的王位；阿加索克利亚之子菲洛帕托又继承了他的王位；埃皮法尼斯又继承了他的王位；菲洛梅托又继承了他的王位；都是儿子继承父亲的王位；但是，菲洛梅托的王位被他的弟弟奥伊尔格特斯二世所继承，奥伊尔格特斯又称菲斯康；他的继承人是托勒密·拉图鲁斯，[③] 他又被现代的奥莱

---

① 原文脱落。

② 普鲁塔克：《安东尼传》，86。

③ 即托勒密七世。斯特拉博没有提到托勒密九世和托勒密十世，他们没有列入官方合法君主的名单之中。

特斯所继承。奥莱特斯是克娄巴特拉之父，在托勒密三世之后，所有的国王都因为生活奢侈而腐败了，处理国事非常混乱，甚至还比不上托勒密四世、七世和最后的奥莱特斯。[①] 他除了放荡的生活方式，还会用长笛给合唱队伴奏，而且他对此感到非常自豪，以至于毫不犹豫地在王宫之中举行了多次比赛，他自己还亲自与竞争对手同台比赛。但是，他被亚历山大城居民放逐了。由于他的三个女儿之中只有长女是合法婚姻所生，他们拥立她担任女王。此外，他的两个幼子也完全被剥夺了权力。[②] 当她登上王位之后，他们从叙利亚为她找了一个丈夫，名叫基比奥萨克特斯，[③] 他自称属于叙利亚王室成员。但是，女王忍受不了他的粗鲁和下流，没过几天就把这个男子扼死了。取而代之的是另一个男子，他也自称自己是米特拉达梯·欧帕托之子。这就是阿基劳斯一世之子阿基劳斯二世，他曾经与苏拉作战，后来受到罗马人的尊敬，他是当代统治着卡帕多西亚人的那位国王的祖父，也担任过本都科马纳城祭司。那时，他和加比尼乌斯住在一起，他希望与加比尼乌斯一起去远征帕提亚人。在加比尼乌斯不知道的情况下，他被某个人带到了女王那里，并且被宣布为国王。[④] 与此同时，大庞培接见了来到罗马的奥莱特斯，把他带到元老院，不仅使他得以恢复原位，而且处死了大部分（总数为 100 人）使节，他们从事的任务就是反对他。在这些人之中有

---

① 吹长笛者。

② 未来的托勒密十二世和托勒密十三世。

③ 绰号"咸鱼贩子"。迪奥·卡西乌斯把它称为"某个塞琉古"（迪奥·卡西乌斯，39.57）。

④ 他在位共六个月，死于与加比尼乌斯的战争。

第一章　埃及和埃塞俄比亚（上）　　　　　*1443*

使团的首领、学园派的哲学家狄翁。因此，被加比尼乌斯恢复了王位的托勒密杀死了阿基劳斯二世及其女儿。但是，他还来不及花更多的时间来巩固自己的统治，就病死了，身后留下了两儿两女，长女是克娄巴特拉。于是，亚历山大居民正式宣布他的长子和克娄巴特拉为国王。但是，长子的追随者起义赶走了克娄巴特拉，她带着自己的妹妹乘船去了叙利亚。这时，大庞培从帕莱法尔萨卢斯逃到了培琉喜阿姆和卡西乌斯山。国王的追随者背信弃义地杀死了庞培，但凯撒来了之后，处死了这个年轻人，召回流放之中的克娄巴特拉，把她立为埃及女王。他任命她剩下的兄弟为王，和她一起统治，但这个人年龄太小。在凯撒去世和腓力城大战之后，[1]安东尼来到亚细亚，给予克娄巴特拉非常高的荣誉，他挑选她作为妻子，和她生了几个孩子；他带着她参加了亚克兴大战，和她一起逃跑了。随后，奥古斯都·凯撒追击他们，把他们两个人都消灭了，结束了埃及放纵和淫荡的统治。

12. 埃及现在是一个行省。它不仅要缴纳大量的贡赋，而且由一些精明的人——偶尔派到这里来的行政长官统治着。[2]行政长官代行国王的权力；他的下属有大法官，[3]他对大多数法律诉讼具有最高的审判权，另一名官吏是州长，[4]他负责管理所有无主的财产和应当转归凯撒的财产。这些职务常常赐予凯撒的释放奴隶，还有负

---

①　公元前 42 年。

②　埃及第一位行政长官是斯特拉博的朋友埃利乌斯·加卢斯（参见本书 Ⅱ，Ⅴ，12）。

③　拉丁语：juri dicendo praefectus。

④　凯撒的"特别代理"或者"行政长官"。

责管理大大小小重要事务的管家。这里驻扎有三个军团的士兵，一个军团驻扎在这座城市，其余的驻扎在国内各地；除了这些军团之外，还有九个罗马大队，三个大队驻扎在这座城市，三个驻扎在赛伊尼与埃塞俄比亚的边界上，守卫这个地区，三个驻扎在其他地区。还有三个骑兵队，他们被分派到各个最重要地点驻守。这座城市本地人出身的官员身穿紫衣，具有世袭的特权，负责管理城市的需要；其中有一人是翻译，①另一人是书记官，②第三人是大法官，③第四人是更夫的长官。④这些本地官员在国王时代就已经存在。但是，由于国王治理不善和无法无天的情况，这座城市的繁荣兴旺消失了。无论如何，曾经来过这座城市的波利比奥斯非常厌恶地提到这里当时的各种情况。他说，这个城市居住着三个等级：第一等级是埃及人或者本地人集团，他们性格温和，不轻易争吵；第二等级是雇佣兵，他们为人苛刻，人数众多，难以对付（因为埃及人按照古代的习惯，供养外国雇佣兵，这些雇佣兵已经不把国王放在眼里，他们更习惯于统治别人而不是服从别人的统治）；第三等级是亚历山大城的部落，由于同样的原因，他们不大喜欢公民的生活，但他们比其他那些人要好些，⑤因为他们尽管是混杂的部落，他们从血统上来说仍然是希腊人，尊重希腊人共同的风俗习惯。后来，这个群体大部分被奥伊尔格特斯·菲斯康消灭了，波利比奥斯就是在

---

① 拉丁语：Interpres。

② 拉丁语：Scriba publicus。

③ 拉丁语：Judicum praefectus。

④ 拉丁语：Praetor nocturnus（类似于警长）。

⑤ 第一等级。

第一章　埃及和埃塞俄比亚（上）　　**1445**

他统治时期来到亚历山大城的（由于感到内讧的压力，菲斯康经常挑动群众和士兵发生对抗，使他们这样被消灭）——这就是这座城市的情况，波利比奥斯说，这里确实用得上诗人的一句话：

前往埃及是一段漫长而艰苦的旅程。

（《奥德赛》，IV，483）

13. 在后来几位国王统治时期，如果说情况不比过去更糟，起码也是同样糟糕。但是，罗马人竭尽全力，使大部分事情回归正道，把城市像我先前说的那样组织起来，任命了名为军事长官、[①]州长、[②]部落首领[③]的国家官吏，部落首领负责管理的事情不大重要。在这座城市的有利条件之中，最重要的是它是整个埃及唯一天然具有两个港口的城市，它既可以通过优良的港口进行海上贸易，也可以进行陆上贸易。因为它的河流便于把所有商品运输和汇聚到一个地方，即这个有人居住世界最大的商业中心。这也可以认为是这座城市的卓越品质。至于埃及的岁入，西塞罗在某次演说之中谈到过这个问题，[④]他说克娄巴特拉之父奥莱特斯每年获得的贡赋是 12500 塔兰特。[⑤]那么，如果一个这样粗心和漫不经心

[①]　斯特拉博在这里错了。军队的统治者自公元前 181 年起开始存在，罗马人保留了这个职务，取消了他的军事权力（H. L. Jones, *The Geography of Strabo*, VIII, London, 1932, p. 52）。

[②]　州的统治者。

[③]　部落首领。

[④]　西塞罗原文佚失。

[⑤]　狄奥多罗斯说是 6000 塔兰特（狄奥多罗斯·西库卢斯，17.52）。

的人管理国家都能获得如此巨大的岁入，那就应该想到现在岁入的征收是如何地认真，而与印度人和特罗格洛迪特人的贸易又增加到了何种地步？从前，最多只有20条船敢于横渡阿拉伯湾，走出海湾的地界。但是，现在有更大的船队甚至远航到印度和埃塞俄比亚边境，从那里把贵重的货物运回埃及，然后再从那里前往其他地方；因此，现在可以收到双倍的关税，既有进口税，又有出口税。对于贵重的商品，征收的关税也重。实际上，国家拥有垄断权；因为亚历山大城不仅是大多数这类商品的储存地，而且也是向外界供应商品的来源。如果人们围着这个国家的四周走一遍，就可以清楚地认识到这座城市的地理优势，他首先可以从卡塔巴特姆斯附近的海岸线开始，因为埃及一直延伸到了那个地方，虽然这个地区后来属于昔兰尼人和附近的蛮族马尔马里迪人。

14. 从卡塔巴特姆斯到帕累托尼乌姆，如果走直线航程是900斯塔德。它是一座城市和一个大港口，周长约40斯塔德。有些人把这座城市称为帕累托尼乌姆，而其他人把它称为阿蒙尼亚。然后是一个埃及人的村庄、埃内西斯弗拉角、滕达里亚礁，后者是四个小岛和一个港口；然后是德雷帕努姆角，埃尼西斯皮亚岛和港口，然后是阿匹斯村，从这里到帕累托尼乌姆距离是100斯塔德，然后到阿蒙神庙需要五天时间。从帕累托尼乌姆到亚历山大城的距离大约是1300斯塔德。然后，首先到白滩海角莱夫斯阿克特角，接着到菲尼库斯港和普尼格乌斯村，然后到佩多尼亚岛和港口，然后到距离海边只有一点儿路程安提弗雷。这些地区都不生产优质的葡萄酒，因为葡萄酒桶装的海水比酒还多。他们把这种酒称为"利比亚葡萄酒"，它和啤酒一样是亚历山大城大多数部

第一章　埃及和埃塞俄比亚（上）　　1447

落的饮料；安提弗雷因为这种葡萄酒经常遭到嘲笑。然后到了德里斯港，[①] 它得名于附近的一块黑色礁石，类似一张"兽皮"。它附近有个地方名叫泽菲里乌姆。然后又到另外一个港口莱夫卡斯皮斯[②] 和其他一些港口；然后到了锡诺塞马村；[③] 然后到不在海边的塔波西里斯附近，它有一个重要的公共节日庆典活动（还有一个塔波西里斯在亚历山大城的那边，距离它很远）。在塔波西里斯附近的海边有一块岩石嶙峋的地方，那里一年四季都聚集着成群狂欢的人们；然后到普林西内和尼西亚斯村，然后到了切尔松尼斯要塞，这里已经接近亚历山大城和尼克罗波利斯，距离为70斯塔德。马雷亚湖[④] 一直延伸到切尔松尼斯，该湖宽度超过150斯塔德，长度不足300斯塔德。湖中有8座岛屿；湖边所有的湖岸都居住着许多人；这个地区的葡萄酒质量是如此之好，以至于人们把马雷奥提斯葡萄酒倒入容器中，指望它变得更香醇。

15. 在埃及的沼泽、湖泊之中生长着纸莎草和埃及豆类，用豆类可以做成容器；[⑤] 两种植物的茎长大致相等，高约10英尺。但是，埃及纸莎草茎部是光秃秃的，顶端有一丛叶子；豆类在许多部位长着叶子和花朵，结的果实类似我们的豆类，只是在果实的大小和味道方面有所不同。因此，豆田为那些希望在那里举行宴会的人提供了一幅令人赏心悦目的景象和享受。他们在船舱之中

---

① 本义为"兽皮"。
② 白盾。
③ 狗墓。
④ 又称马雷奥提斯湖。
⑤ 即"种子的容器"，用它来做酒器。

举行宴会，乘船深入到茂密的豆类之中，躲藏在叶子的阴凉之下；由于豆类的叶子是如此之大，以至于它们可以用来制作酒杯和碗，因为它们有一个凹陷之处，正好可以用来制作这些东西；实际上，亚历山大城的作坊有许多这种叶子，它们在那里被制作成容器，农夫们把这种植物作为自己收入的一个来源，我指的是从叶子上得到的收入。关于埃及豆类的情况就是这样了。至于埃及的纸莎草，这里生长得不太多（因为它不是栽培植物）。但是，它在三角洲低地生长得很多。有一种纸莎草质量低劣，另一种质量很好，这就是祭司用的纸莎草。这里还有某些人为了提高自己的收入，采取了犹太人狡猾的手法，后者用这种手法来抬高海枣树（特别是无核海枣树）和香脂树上的收入；由于他们不允许在许多地方栽培纸莎草，造成了纸莎草缺乏，他们以哄抬纸莎草价格这种方式来提高收入，但损害了平民使用这种植物。

16. 如果从卡诺布斯门出发，在右边有一条运河连接着这个湖泊，通往卡诺布斯。沿着这条运河，不仅可以航行到谢迪亚城，航行到大湖，而且还可以航行到卡诺布斯，但首先要经过埃莱夫西斯（Eleusis）。埃莱夫西斯是亚历山大城和尼克罗波利斯附近的一个村庄，位于卡诺布斯运河旁边，它有凉亭和视野宽阔的楼阁，可以供那些希望在这里寻欢作乐的男男女女使用。它可以说是"卡诺布斯"生活方式[①]的起点，伤风败俗在这里非常流行。距离埃莱夫西斯不远，右边是通往谢迪亚城的运河，谢迪亚城距离亚历山大城4斯科尼；这是一座城市的居民区，这里有一个客船

---

① 卡诺布斯的奢侈生活进入了谚语。

码头，许多行政长官从这里乘船前往上埃及。在谢迪亚城还有据点，征收从上游和下游运来的货物税收；为了这个目的在谢迪亚城修了一座浮桥，[①] 这个地方就得名于这座桥。在通过谢迪亚城的运河之后，下一段航程通往卡诺布斯城，它与从法罗斯延伸到卡诺布斯河口的海岸线平行；因为有一块狭长的土地像一条带子似的延伸到了大海与运河之间，在运河这边的尼科波利斯之后，是小塔波西里斯、泽菲里乌姆角，海角有一座阿弗罗蒂忒·阿尔西诺伊的小神庙。据说在古代这里有一座托尼斯城，它得名于那位曾经殷勤接待过墨涅拉俄斯和海伦的国王。无论如何，诗人这样说到海伦的药物：

托恩之妻波利达姆纳慷慨地把药物送给了她。

(《奥德赛》，Ⅳ，228)

17. 如果走陆路的话，卡诺布斯城距离亚历山大城 120 斯塔德，它得名于墨涅拉俄斯的向导，死在这里的卡诺布斯。城里有一座萨拉皮斯神庙，它非常受尊敬，也非常有疗效，以至于最受尊敬的人都相信它的疗效，相信自己在神庙睡一觉，或者是让别人代替他们睡一觉，对自己的健康有好处。一些作家还记载下了这些疗效，另外一些作家则记载了这里的神谕如何灵验。但最让人感到惊奇的现象是有一群亚历山大城狂饮者从运河来这里欢度公共的节日；他们聚集在船上，不分男女，不分昼夜，不停地演奏长

———————————

① 木排或浮桥。

笛，跳舞，十分放荡，还有卡诺布斯本地人也和他们在一起鬼混。这些人在运河边有度假的房子，已经习惯了这种消遣和寻欢作乐的生活。

18. 在卡诺布斯之后是赫拉克勒斯城，那里有一座赫拉克勒斯神庙。然后是卡诺布斯河口和三角洲的起点。在卡诺布斯运河的右边是墨涅拉俄斯州，它得名于托勒密一世之弟墨涅拉俄斯。我可以向宙斯发誓，他完全不像某些作家所说是出自英雄之名，在这些人之中就有阿尔特米多鲁斯。在卡诺布斯河口之后是博尔比提内河口，然后是塞贝尼提和法特尼提河口，第三个河口大小可以与前两个相比，它们也是三角洲的分界线；因为距离三角洲的顶点不远，法特尼提河口有一条支流流入了三角洲的内陆。紧靠着法特尼提河口是门德斯河口，然后是塔尼斯河口，最后是培琉喜阿河口。在这些河口之间还有一些其他的河口，但它们既不是真正的河口，而且也无足轻重。它们的河口为船只提供了进出的通道，但由于河口水浅，沼泽地区很多，这些河口不适合大船航行，只能允许小船航行。正如我先前所说的，主要是由于亚历山大港已经被封闭。① 卡诺布斯河口成了他们的商业中心。在博尔比提内河口之后是一个低洼、多沙的海角，深深地突入大海之中，它的名字叫做阿格努—塞拉斯角。② 然后是珀尔修斯瞭望塔和米利都人的城墙；因为在萨姆米提克时期（相当于米底人基亚克萨雷斯生活时期），米利都人乘着 30 条船来到博尔比提内河口，他

---

① 由外国进口。

② 本义为"柳树角"。

们在这里登陆，在上述地方修筑了一道防御墙。但过了一段时间，他们沿着河流而上，去了赛斯州，他们在海战之中打败了伊纳罗斯城，在距离谢迪亚城之后不远的地方建立了诺克拉提斯城。在米利都人的城墙之后，如果朝着塞贝尼提河口方向走，就到了两个湖泊，其中一个是布提塞湖，得名于布图斯城，然后到了塞贝尼提城、赛斯城，后者是低地的首府，城里祭祀雅典娜神。萨姆米提克的陵墓就在这座神庙之中。在布图斯城附近有赫尔穆波利斯，它在一座岛上。在布图斯城有一座勒托的神谕所。[①]

19. 在塞贝尼提河口和法特尼提河口之后的内陆地区，是塞贝尼提州的霍伊斯，它既是一座岛屿，又是一座城市。这里还有赫尔穆波利斯、利库波利斯和门德斯，他们在门德斯祭祀潘神，祭品之中有公山羊；正如品达所说，这里的公山羊与女人交合：

> 门德斯在大海的悬崖峭壁旁边，
> 尼罗河最长的触角，在那里妇女们
> 与母山羊的丈夫公山羊交合。

> （《残篇》，201，施罗德）

在门德斯附近，还有狄奥斯波里斯城，[②] 在它的附近有一个湖泊，还有莱昂托波利斯，[③] 然后在很远的布西里斯州有布西里斯城

---

① 希罗多德，Ⅱ，155。

② 宙斯城。

③ 狮子城。

和基诺斯波利斯。[①] 根据厄拉多塞所说，对于蛮族而言，排外是共同的风俗习惯，埃及人也因为这个陋习受到谴责，因为有一个流传很广的布西里斯州与布西里斯有关的神话故事，就是后世作家有意编造出来污蔑这个地方的。而且我可以对天发誓，无论在什么时候都不存在某个名叫布西里斯的国王或僭主；他说，人们经常引用诗人的话语：

前往埃及的道路漫长而艰难。

(《奥德赛》，Ⅳ，483)

港口的缺乏对这种看法起了非常大的影响，而且还有一个事实，这就是埃及已有的港口，即法罗斯港是无法进入的，它由牧人守卫着，这些人就是海盗，经常进攻那些企图在这里停靠船只的人。他说，迦太基人同样把那些经过他们的国家前往萨多或赫拉克勒斯石柱的外国人扔在海里淹死。由于这个原因，关于西方的故事，大多数是不可信的。他说，波斯人也背信弃义领着外国使团绕弯路，通过难以行走的地区。

20. 与这个州交界的有阿斯里比斯州、阿斯里比斯城和普罗索皮特州，在普罗索皮特州有一座阿弗罗蒂忒城。在门德斯河口和塔尼斯河口有一个大湖，还有门德斯州和莱昂托波利斯州、阿弗罗蒂忒城和法尔贝提特州；然后是塔尼斯河口，也有人把它称为赛斯河口，然后是塔尼斯州，塔尼斯城这是当地的一座大城市。

---

① 狗城。

第一章　埃及和埃塞俄比亚（上）　*1453*

21. 在塔尼斯和培琉喜阿河口之间有一个大湖，它连接着村庄密布的许多沼泽，培琉喜阿本身也有许多沼泽环绕着，有些人把这些沼泽称为巴拉斯拉，① 还有泥泞的池塘；它的居民点距离大海20多斯塔德，得名于佩洛斯② 和许多泥泞的池塘，围墙周长有20斯塔德。从这里很难进入埃及，我指的是从东方的腓尼基和犹太地区，还有从紧挨着埃及的纳巴泰人阿拉比亚地区，通过这些地区进入埃及只有一条道路。位于尼罗河与阿拉伯湾之间的地区被称为阿拉比亚，培琉喜阿在它的边缘上；但是，这个地区完全是一片荒漠，军队难以通过。在培琉喜阿与西朗波利斯③ 附近海湾顶部之间的地峡长达1000斯塔德，波塞多尼奥斯认为它略少于1500斯塔德；除此之外，这条地峡缺水，多沙，这里有许多爬行动物藏在沙洞之中。

22. 如果从谢迪亚航行到孟斐斯，右边有许许多多的村庄，一直延伸到马雷亚湖，其中有一个是卡布里亚斯村；顺着河流可以到达赫尔穆波利斯，然后到达盖内科波利斯④ 和盖内科波利斯州，然后到达莫孟斐斯和莫孟斐斯州；在这之间有几条运河，汇入马雷奥提斯湖。莫孟斐斯人崇拜阿弗罗蒂忒，供养着母圣牛，就好像孟斐斯供养着阿匹斯公牛、赫利奥波利斯城供养着尼维斯神牛一样。因此，这些动物在这里被认为是神圣的动物，而在其他地方（因为在许多地方都养着公牛或母牛），其他人虽然认为这些动

---

①　"坑"或"深渊"。
②　污泥。
③　英雄城。
④　女城。

物是神圣的，但并不认为它们是神。

23. 在莫孟斐斯的上方有两个碱湖（湖中有大量的碱），还有碱州。这里崇拜萨拉皮斯；在埃及人之中，只有他们供奉绵羊；在这个州的附近是墨涅拉俄斯城；在三角洲的左边，河边是诺克拉提斯，赛斯城距离河岸2斯科尼，在赛斯城之后不远之处是俄赛里斯的避难所，据说俄赛里斯的遗体安置在避难所里；但有许多人对此提出了权利要求，特别是居住在赛伊尼和埃利潘蒂尼之后的菲莱居民；因为他们声称神话故事说到伊西斯把俄赛里斯的棺材埋葬在几个地方的地下（但是他们之中只有一个人，其他人都不知道俄赛里斯的遗体保存着），她这样做是希望把俄赛里斯的遗体隐藏起来，不让堤丰知道。因为她害怕堤丰找到遗体之后，把遗体扔出棺材。

24. 从亚历山大城到三角洲顶点地区的情况就是这样。根据阿尔特米多鲁斯所说，溯河而上航行的路程是28斯科尼，按照1斯科尼等于30斯塔德计算，也就是840斯塔德。但是，我自己在尼罗河航行的时候，他们在不同的时间使用了各地所用不同的斯科尼单位，因此有1斯科尼等于40斯塔德甚至更长的情况。所以，阿尔特米多鲁斯自己接下来就明确地指出，在埃及人之中，斯科尼并没有固定的长度。他说，因为从孟斐斯到底比斯，每斯科尼等于120斯塔德，而从底比斯到赛伊尼，每斯科尼等于60斯塔德，如果从培琉喜阿姆到三角洲同一个顶点，距离是25斯科尼，使用相同的长度单位就是750斯塔德。他说，从培琉喜阿姆流出的第一条运河，注入了一片湖沼地区，有两个湖沼位于阿拉比亚培琉喜阿姆之后的大河边；他还说，其他的湖沼和运河位于三角洲之外的同一

第一章　埃及和埃塞俄比亚（上）　　**1455**

个地区。在第二个湖沼边是塞斯罗伊特州，但他把这个州列为三角洲地区 10 个州之中的一个，其他两条运河在同一个湖泊汇合。

25. 这里还有一条运河汇入阿尔西诺伊城附近的红海和阿拉伯湾，也有人把这座城市称为克娄巴特里斯。这条运河还流过苦湖地区，这些湖水在从前确实是苦的，但是当上述运河开通之后，湖水的味道变了，因为它们与河水混合了。现在，它们是鱼类和水上鸟类活动的场地。这条运河最初是塞索斯特里斯在特洛伊战争之前挖成的——但也有人说是萨姆米提克之子挖的，[①] 他刚刚开始动工，不久就死了——后来是大流士一世继续动工，完成了这条运河。不过，当这项工程将近完工的时候，他差点儿被一个虚伪的建议所惑，放弃了这项工程；因为有人劝告他说，红海的水位高于埃及，如果中间的地峡完全挖通，埃及就将被海水淹没。但是，托勒密诸王 [②] 挖通了地峡，使海峡变成了一条可以封闭的通道。因为他们希望自己可以不受阻碍地出入公海。关于海水的水位问题，我在本书的开头部分就已经讨论过了。

26. 距离阿尔西诺伊不远是西朗波利斯和克娄巴特里斯，它们在朝着埃及的阿拉伯湾顶部，然后是若干港口和居民点，附近是几条运河和湖泊。这里还有法格里奥罗波利斯州和法格里奥罗波利斯城。汇入红海的运河，起点在法库萨村，菲莱村和这个村庄连着；这条运河有 100 肘尺宽，深度足以供商人的大船航行；这些地方靠近三角洲的顶点。

---

① 在完成这项工程时，尼科夺走了 120000 人的生命（希罗多德，Ⅱ，158）。
② 托勒密二世（狄奥多罗斯·西库卢斯，1.33.11）。

27. 这里有布巴斯图斯城和布巴斯图斯州，在它之后是赫利奥波利斯州。在这个州境内有赫利奥波利斯城，它位于一个很高的土丘上。城里有一座赫利俄斯的神庙，还有尼维斯神牛，它供养在一个圣所里，就像孟斐斯城的阿匹斯神牛一样，它也被居民视为是神。在这个高丘之前有许多湖泊，可以接纳附近运河的洪水。这座城市现在已经完全废弃，包括一座埃及式样的古代神庙，它提供了冈比西斯疯狂和亵渎神圣的许多证据。他部分是用火，部分是用刀剑毁坏了许多神庙，在亵渎了神庙之后，他又在四周放火烧毁了神庙，他还用这种方式毁坏了许多方尖碑。其中有两座还没有完全毁坏的方尖碑被运到了罗马。其他的要么在原地，要么在底比斯，即现在的狄奥斯波里斯城，其中有些方尖碑虽然经受了烈火焚烧，仍然屹立在那里，其他的则倒在地上。

28. 各个神庙的构造图如下：在圣域的入口处有一块石头铺成的平地，宽度大约不到1普勒斯伦，长度大约是宽的三到四倍，有时候还更长；这个地方称作德罗姆斯，[①]正如卡利马科斯所说：

这是安努比斯神圣的德罗姆斯。

在整条长道的两旁，依次放置着石刻的斯芬克斯，彼此之间的距离是20肘尺或者略长一点；因此，左右两边各有一行斯芬克斯。走过这些斯芬克斯之后，来到一座巨大的牌楼，[②]接着又是一

---

① 本义为"跑"或"追赶"。

② 本义为"前门"，组成神庙的大门。

座牌楼，然后还有一座牌楼；但是，牌楼和斯芬克斯数量的多少没有规定，它们在不同的神庙数量也不相同，德罗姆斯的长度和宽度同样也没有规定。走过牌楼之后就是神庙本身，它有一座巨大的、重要的前厅，[①] 然后是大小相等的圣所，圣所之中没有偶像，或者说没有人形的偶像，只有一些荒谬的动物偶像。前厅的两边伸展出两翼，它们的高度与神庙本身相等，它们彼此之间的距离略微比神庙本身地基的宽度远，沿着汇合在一起的线条前进50—60肘尺，这些墙内有许多巨大浅浮雕像，类似于第勒尼亚的造像[②]和非常古老的希腊艺术品。这里还有多柱大厅（例如在孟斐斯），它的建筑风格是蛮族的风格；因为这个大厅除了圆柱高大、数量众多、柱廊列数很多之外，没有任何使人感到赏心悦目之处，倒不如说它是狂妄自大的象征。

29. 在赫利奥波利斯，我看见了祭司们居住的高大房屋。据说，这个地方在古代是专门供那些研究哲学和天文学的祭司们居住的地方，但是现在这种组织和工作都已经不存在了。实际上，我在赫利奥波利斯没有发现一个人主持这项工作，只有祭司们从事祭祀活动，向外国人解释宗教仪式的内容。在行政长官埃利乌斯·加卢斯乘船上埃及游历的时候，有一位亚历山大人喀雷蒙随从，他自吹懂得这些知识，但他不过是一个经常受人嘲笑的牛皮客和笨蛋。不过，在赫利奥波利斯的时候，有人向我们指出了祭司住的房屋和柏拉图与欧多克索斯的学校。因为根据某些作家所

---

① 门扇或前室。

② 在伊特鲁里亚的墓地中。

说，欧多克索斯和柏拉图不但到过这个地方，而且两个人在这里和祭司们一起居住了13年；[①] 因为这些祭司具有高深的天体现象的知识，虽然它们是保密的，不轻易外传，但柏拉图和欧多克索斯终于博得他们的好感，说服他们传授了其学说之中的一些基本原理；但这些蛮族隐瞒了大部分原理。不过，这些人教会了他们划分昼夜的方法，它们循环一遍超过365天，凑足了一个"真年"的时间。[②] 当时，希腊人并不知道真年和其他许多问题。后来，天文学家从把祭司文献翻译成希腊文的人那里学到了这些知识。直到这时，他们才学会了埃及人的学说，对于迦勒底人的学说也是这样。

30. 从赫利奥波利斯可以到三角洲之后的尼罗河。如果溯尼罗河而上，位于三角洲右边的地方称为利比亚，而亚历山大城周围的地区、马雷奥提斯湖位于三角洲左边的地方称为阿拉比亚。因此，赫利奥波利斯位于阿拉比亚境内，而欧多克索斯天文台附近的塞耳塞苏拉城在利比亚境内。在赫利奥波利斯前面的瞭望台（好像尼多斯城前面的瞭望台一样），欧多克索斯曾经在这里对天体的运动进行过某些观察。勒托波利斯州也在这里。乘船溯尼罗河而上，再向前走便到了巴比伦要塞，这里的巴比伦人曾经脱离起义，后来他们成功地获得了国王的允许，建立了这个移民点。现在，驻守埃及的罗马三个军团，就有一个驻守在这个营地。有一座山冈从这个营地一直延伸到尼罗河边，[③] 人们用水车和螺旋压

---

① 《概要》说是三年，第欧根尼说是 16 个月（第欧根尼·李尔提乌斯，8.87）。

② 据狄奥多罗斯所说，埃及祭司用给 12 个月一年增加五又四分之一天的办法来补足一整年的周期（狄奥多罗斯·西库卢斯，1.50）。

③ 即延伸到巴比伦。

水机把水从河里输送过这座山冈。有150名囚犯从事这项工作。在这里，人们可以清楚地看见孟斐斯河对岸的金字塔，[①] 这些金字塔离河边很近。

31. 埃及人的王都孟斐斯也在巴比伦要塞附近，因为从三角洲地区到这里只有3斯科尼。孟斐斯有许多神庙，首先是阿匹斯的神庙，它和俄赛里斯是一码事；正如我先前已经说过的那样，也就是在这里，供养在圣所之中的阿匹斯公牛被视为是神；它的前额或者身体某个小地方有着白色的标志，但其他部分是黑色的；当着一头受到崇拜的公牛死后，他们总是按照这些特征来挑选作为继承者的公牛。在圣所的前面有一个院子，院子中有属于这头公牛母亲的圣所。在某些时候，他们让公牛不受拘束地在这个院子里活动，特别是把它展示给外国人参观。因为人们虽然可以通过圣所的窗户看到阿匹斯神牛，但他们仍然希望能够在户外看到阿匹斯神牛；当阿匹斯神牛在院子里结束短暂的活动之后，人们又把他赶回它熟悉的牛栏里。因此，这里有一座阿匹斯神庙，它就在赫菲斯提乌姆附近，而赫菲斯提乌姆本身无论是从神庙的规模，还是所有其他方面来说都是一座宏伟的建筑。在神庙之前的德罗姆斯，竖立着用整块石头刻成的巨像。根据风俗习惯，公牛之间的决斗在德罗姆斯举行，它们是有人为了这个目的而饲养的，这些人就好像牧马人一样。如果公牛参加战斗被确认为胜利者，可以获得的奖赏是恢复自由。在孟斐斯也有一座阿弗罗蒂忒神庙，

---

① 吉萨金字塔，希罗多德和普林尼都描述过（希罗多德，Ⅱ，124以下；普林尼，ⅩⅩⅩⅥ，16）。

她被尊为希腊女神，但有人认为它是塞勒涅神庙。

32. 孟斐斯还有一座萨拉皮乌姆，它在一个非常多沙的地方，因为狂风在那里把沙子聚成了一座沙丘。我看见由于风沙的缘故，有些斯芬克斯被埋到了头部，其他的只有一半可以看见；由此人们可以设想，如果有人步行来神庙朝拜，遇上了沙尘暴是如何的危险。孟斐斯城市很大，人口众多，仅次于亚历山大城。在城市前面有许多湖泊和宫殿，但这些宫殿现在已经化为废墟，一片荒芜。它们建立在高地上，一直延伸到城市低处的地面，有一片树林和一个湖泊连接着这座城市。

33. 离开这座城市 40 斯塔德，就到了一片高原地区。高原上有很多金字塔，即国王们的陵墓，其中有三座是主要的：它们之中的两座名列世界七大奇观，因为它们有 1 斯塔德高，是个正方形建筑，它们的高度略超过每边的长度，其中一个①略大于另外一个。②从地面向上走，大约在每边半中间的高度有一块可以移动的石头，如果抬起这块石头，下面有一条斜坡通向地下室。这些金字塔彼此靠得很近，位于同一个平面。在最高的山冈上是第三座金字塔，它比其他两座金字塔小很多，但建造费用贵得多，因为从地基到金字塔的中部都是用黑色岩石建成的，而研钵就是用这种石料做成的。同时，这种石料是从很远的地方——埃塞俄比亚山区运来的；由于它的坚硬和难以加工成形，这也使造价提高了很多。这座金字塔被称为"妓女的陵墓"，它是由他的情人建造

---

① 胡夫金字塔。

② 哈弗拉金字塔。

第一章 埃及和埃塞俄比亚（上） *1461*

的——抒情诗人萨福[1]把这位妓女称为多里查，即萨福的兄弟查拉
克苏斯所爱的人，他从事贩运莱斯沃斯葡萄酒[2]到诺克拉提斯出售
的买卖。但是，其他人把她称为罗多皮斯。[3]他们讲了一个难以置
信的故事，说她在大海游泳的时候，一只鹰从她的女仆手上抢走
了她的拖鞋，把它带到了孟斐斯；当时国王正在公开审理司法案
件，鹰飞到他的头顶上空，把拖鞋扔到了他的大腿前；国王因为
这只拖鞋造型美观和这件蹊跷事情的出现而动心，他派了许多人
到国内四处打听，是哪个妇女穿这种拖鞋；当人们在诺克拉提斯
城找到她之后，把她带到了孟斐斯，成了国王的妻子，当他去世
之后被隆重地安葬在上述陵墓之中。

34. 我在金字塔看见一件奇怪的事情，那是难以忘记的：在金
字塔前面有成堆的石头碎片，在这些碎片之中发现像扁豆形状和
大小的碎片，在有些石堆之下发现了好像半去皮谷物的细粒。据
说这些被工人们遗留下来的食物已经硅化了，这事也不是不可能
的。在我故乡[4]的平原上有一个长长的山丘，那里确实有许多扁豆
形的空心园石头；海边与河边的小圆石同样也是难以解释的问题；
但是，后者可以解释为水流运动造成的结果，而前面的情况则更
难解释。我在其他地方曾经指出，[5]在距离开采石头修建金字塔的
采石场附近，河的对岸就可以看见金字塔，在阿拉比亚有一座名

---

① 《残篇》，138，贝克。

② 雅典尼乌斯，13.68。

③ 希罗多德，Ⅱ，134—135。

④ 斯特拉博出生于本都的阿马西亚。

⑤ 可能在《史记》之中。

叫"特洛伊"的石山，山脚下有许多石洞和一个村庄（靠近石洞与河流），它们都叫做特洛伊，这是古代特洛伊俘虏的居民点，他们随着墨涅拉俄斯来到这里，并且定居在这里。[1]

35. 在孟斐斯之后是阿坎图斯城，它也在利比亚境内，然后是俄赛里斯神庙和底比斯的阿坎图斯[2]小树林，这些树林可以获得树胶（gum arabic）。然后是阿弗罗蒂托波利斯州，然后是阿拉比亚境内名字相同的城市，那里供养着神圣的白母牛。然后到了一座大岛上的赫拉克利奥特州，它的右边有一条运河流入利比亚阿尔西诺伊州，由于运河有两个河口，这个岛屿的一部分便在两个河口之间的地区。这个州在它的外观、富饶和物质发展情况方面是最重要的，因为它是唯一的一个种植橄榄树的州，橄榄树长得高大而成熟，出产优质果实，如果细心地采摘橄榄，就能生产出优质的橄榄油。但是，由于他们忽略这件事情，虽然他们出产了许多橄榄油，但油的气味不好（埃及其他地方没有橄榄树，亚历山大城附近的苑囿虽然种植了足够多的橄榄树，可以提供大量的橄榄，但它们不产油）。它也出产大量的葡萄酒，它还出产谷物、豆子和其他各种各样数不清的种子植物果实。它有一个奇怪的莫里斯湖，它从面积和水的颜色来说都是一个大海，它的湖岸也像海岸，以至于人们可以猜测这个地区和阿蒙地区是同样的（实际上阿蒙地区和赫拉克利奥特州彼此相距不远，距离帕累托尼乌姆也不远）；因此，根据大量证据可以推测，这座神庙在古代是位于海

---

① 狄奥多罗斯·西库卢斯，1.56.4。

② *Mimosa Nilotica.*

第一章　埃及和埃塞俄比亚（上）　　*1463*

边的，这些地区在古代同样也是位于海边的。下埃及直到西波尼斯湖都曾经是大海——这个海可能曾经与西朗波利斯附近的红海和埃拉尼特湾是连成一体的。

36. 我已经比较详细地讨论过这个问题。但是，现在我必须简明地讲述大自然和天意的鬼斧神工所在，因为它们都是为了一个目的。大自然的鬼斧神工表现在所有的东西都集中于一点，所有的中心都环绕着它形成了一个球体；最密集和最中心之点就是大地，仅次于大地和在它之后的是水；两者都是球体；前一个球体是坚固的，后一个是中空的，因为水之中包含大地在内。天意的鬼斧神工表现在它好像是绣花工人和各种数不胜数的能工巧匠，在它最初的作品之中，它决定要创造生物，即众神和人类，由于他们的缘故而造成了其他的万物。上天指定神居住在天堂，人类居住在大地，它们是宇宙的两个极点，因为球体的两个极点就是中心和表面。[1]由于水包围了大地，人类不是水生动物而是陆地动物，需要空气和充分的阳光，因此上天在大地上创造了许多高地和洼地，使所有的水或大部分水被收入了洼地，隐藏在大地之下；大地升高，隐藏了水源，除了过多的水源之外，水源对于人类和人类周围的动植物都是有益的。但是，由于万物都在不停地运动，不停地发生巨大的变化（否则宇宙之中如此众多和巨大的万物便无法控制），我们必须承认：首先，大地并不总是这个样子或那样的面积，没有任何的增加或者减少；第

---

　　① 　根据波塞多尼奥斯所说，天空是众神居住的宇宙最外部（第欧根尼·李尔提乌斯，7.138）。

二，水也不是那样一成不变的；第三，两者都不会保持固定的位置不变，因为它们彼此之间的互相变化才是最合乎自然和最正常的现象。有许多陆地变成了水域，同样也有许多水域变成了陆地，就是在陆地上也发生了许多的变化；因为一种土很容易粉碎，而另一种土比较坚硬，或者是岩石，或者包含着矿石和其他东西。液体的性质我看也是一样，有的水体是咸的；有的是甜的，可以饮用的；还有的包含有益的或者致命的药物成分；有的是热的，有的是冷的。同样，如果现在有人居住地区的一部分过去曾经被海水所淹没，现在的大海过去又曾经有人居住，这又有什么奇怪的呢？这就好像过去的泉水已经干涸，而其他的泉水又流出了地面；还有江河湖泊也是一样，高山与平原互相变幻也是一样的原理。关于这个问题，我先前已经说得非常详细。现在，这个问题也已经说得足够详细了。

37. 无论如何，由于莫里斯湖的面积和深度足以容纳尼罗河泛滥时期的洪汛，不至于使居民点和耕地被洪水淹没，而在河水水位下降时，又可以通过同一条运河两个出口中的每个出口把多余的水输回尼罗河之中，这个湖泊和运河可以保存多余的水源，这对于灌溉是有益的。尽管这些现象是大自然的活动造成的，但是在运河两个出口设置的水闸，可以由工程师来控制流进流出的水量。[1] 除此之外，这个州有一座迷宫，足以与金字塔媲美。与迷宫一起的是迷宫建造者国王的陵墓。[2] 在运河第一个入口附近，向前

---

① 本义为"建筑师"。

② 关于这个迷宫有很多记载（希罗多德，2.148；狄奥多罗斯·西库卢斯，1.66.3；普林尼，36.19）。

第一章　埃及和埃塞俄比亚（上）　　**1465**

走30—40斯塔德，到了一块平坦的梯形地方，这里有一个村庄和一座由许多宫廷组成的大宫殿，宫廷的数量与古代州的数量相同；[①] 这些宫廷由彼此连在一起的石柱廊环绕，所有柱廊都是单列，沿着一道围墙，这道围墙类似于与宫廷连在一起的城墙，位于宫廷的前面；通往宫廷的道路正对着这道围墙。在宫廷的入口前面有许多长长的地下室，彼此有弯曲的道路相连。因此，陌生人如果没有人引导，很难找到进出宫廷的入口或是出口。令人惊奇的是每个大厅的屋顶都是一块大石头做成的。而地下室的宽度同样也可以用一块巨大的石板盖住，在任何地方都没有使用木料或者任何其他的材料。由于迷宫只有一层，登上不高的屋顶可以看见由同样大小的石块铺成的平地；从那里再进入各个大厅，可以看见它们有一列柱廊，由27根整块的石柱支撑着；宫墙也是用不小的石头建成的。在这座建筑物的尽头，有一个占地面积较大的体育场，一座金字塔形的陵墓，它的每边大约是1普勒斯伦宽，高度与宽度相等。安葬在这里的人名叫伊曼德斯。[②] 据说宫廷的数目是按照惯例，按照每个州与其男女祭司的地位而建造的，以便各州为诸神举行祭祀和奉献礼物，对最重大案件作出判决。每个州都必须到指定给它的大厅去。

38. 如果沿着海岸航行100斯塔德，就到了阿尔西诺伊城，它从前叫做鳄鱼城；因为这个州的居民非常崇拜鳄鱼，他们把这种神圣的动物单独地养在一个湖泊之中，由祭司来驯化它们。他们

---

①　参见本书ⅩⅦ，i，3。

②　取代 "Mandes" 是错误的（狄奥多罗斯·西库卢斯，1.66；按照埃及语是 Maindes（H. L. Jones, *The Geography of Strabo*, Ⅷ, London, 1932, p. 105）。

把这种动物称为苏库斯；他们用谷物、肉类和葡萄酒来喂养它，这些食物也是那些前来参观这些神圣动物的外地人带来的。无论如何，我们的东道主、一名官员把我们介绍进了当地的一个宗教秘密团体，他拿了一些午餐用的面包、烤肉和一罐掺有蜂蜜的葡萄酒，带着我们一起去了这个湖边。我们发现这种动物躺在湖边，当祭司们走近它的时候，其中一个人把它的嘴巴张开，另外一个人往嘴巴里塞面包、肉类，然后灌掺有蜂蜜的混合物。这种动物然后跳进湖中，迅速游到对岸；但是，当另外一个外地人来了之后，他同样带来了初熟的果实作为祭品，祭司们收下了祭品，绕着湖边跑了一圈寻找到了鳄鱼，把带来的食品用同样的方式喂养了它。

39. 在阿尔西诺伊城和赫拉克利奥特州之后是赫拉克勒斯城，这里的居民崇拜獴，正好与阿尔西诺伊人的风俗相反；阿尔西诺伊人崇拜鳄鱼，是因为在他们的运河和莫里斯湖之中生活着许多鳄鱼，因为他们崇拜鳄鱼，故而避免伤害它们——而前者崇拜獴，是因为獴是鳄鱼和角蝰的死敌；因为它们不仅毁灭角蝰的卵，还杀死角蝰，它们的武装是泥甲；因为他们首先是在泥泞之中打滚，使泥泞在阳光之下晒干，然后抓住角蝰的头部或尾部，把它们拉到河里杀死；至于鳄鱼，獴躺着等待它们，当鳄鱼在太阳底下取暖张开大口时，獴跳进他们张开的喉咙里，吃掉它们的内脏和肚子，然后从它们的尸体之中钻出来。

40. 接着到了基诺波利斯州和基诺波利斯城，[①] 这里崇拜安努比

---

① 狗城。

斯，风俗习惯是崇拜和喂养圣狗。在这条河的另外一边是奥克西林库斯城和与城市名字相同的州。居民崇拜奥克西林库斯，[1] 并且有一座祭祀奥克西林库斯的神庙，在埃及其他普通百姓之中，也流行着奥克西林库斯的崇拜。实际上，有些动物是埃及人共同崇拜的，例如三种陆地动物公牛、狗和猫，两种鸟类动物鹰和鹞，两种水生动物有鳞鱼和奥克西林库斯；但是，也有一些孤立集团崇拜的动物与其他部落不同。例如，赛斯人和底比斯人崇拜绵羊，拉托波利斯人崇拜尼罗河之中的一种鱼类拉图斯；[2] 利科波利斯人崇拜胡狼，[3] 赫尔穆波利斯人崇拜狗面狒狒，[4] 居住在孟斐斯附近的巴比伦人崇拜卷尾猴（卷尾猴的面孔像萨蒂罗斯，在其他方面介于狗和熊之间，生长在埃塞俄比亚）；[5] 底比斯人崇拜鹰，莱昂托波利斯人崇拜狮子；门德斯人崇拜母山羊和公山羊；阿斯里比斯人崇拜鼩鼱，[6] 还有其他居民崇拜别的动物；但是，他们对于这些崇拜的原因说法各不相同。

41. 然后到了赫尔穆波利斯的要塞，它是一个向从底比斯运来的货物征收关税的收税站；从这里开始到底比斯和埃利潘蒂尼，1斯科尼等于60斯塔德；然后是底比斯的要塞，一条通向塔尼斯的运河；然后是利科波利斯、阿弗罗蒂托波利斯、帕诺波利斯和一个亚麻工人、石匠的古代村落。

---

① 本义为"尖鼻"，类似梭子鱼。

② Latos——尼罗河鲈鱼。

③ CanisLupaster——埃及胡狼。

④ Simia hamadryas——狗面狒狒。

⑤ Papio cebus——狒狒。

⑥ Mus araneus.

42. 然后是托勒密城，它是底比斯最大的城市，不比孟斐斯城小，而且有一个希腊形式的政府。在这座城市之后是阿拜多斯城，城里有一座王宫——门农宫，它是一座引人注目的建筑，整个的建筑完全是石料，建筑工艺与我先前说过的迷宫一样，但不是很复杂；宫内有一眼泉水，人们通过用一块巨石做成的精细拱顶通道，可以到达泉水边。这里有一条运河通向大河边的一个地方，在运河附近有一片献给埃及阿坎萨城阿波罗神庙的树林。阿拜多斯曾经是一座大城市，仅次于底比斯，但现在成了小居民点。不过，据说门农被埃及人称为伊斯曼德斯，迷宫可能也是门农宫。它们是同一个人的作品，这个人既在阿拜多斯建立了门农宫，又在底比斯建立了门农宫；因为底比斯据说也有一个门农宫。在正对着阿拜多斯的地方，是利比亚上述三个绿洲之中的第一个绿洲，如果走沙漠之路，它距离阿拜多斯有七天路程；这是一个水源和葡萄酒充足的居民点，其他物资的供应也非常充足。第二个绿洲在莫里斯湖附近，第三个绿洲在阿蒙神谕所附近，这些居民点都是重要的地方。

43. 关于阿蒙的故事，虽然我已经讲了很多，但是还想补充如下这点：在古人之中，无论是对一般的预言或是神谕都非常重视，而现在对它们非常轻视，原因是罗马人满足于女预言家的预言和第勒尼亚人通过动物的内脏、鸟的飞行和观察天象所得到的预言。因此，阿蒙神谕所虽然在古代备受尊重，但现在几乎被遗忘了。那些亚历山大起居注的作家是最有力的证明，虽然他们使用了许多阿谀奉承的方式，但他们所说的某些东西还是值得相信的。无论如何，卡利斯提尼斯说亚历山大有一个伟大的目标，即前往

第一章　埃及和埃塞俄比亚（上）　　*1469*

内陆的神谕所，因为他听说古代的珀尔修斯和赫拉克勒斯都做到了这件事情；他从帕累托尼乌姆出发，进入南风地带，被迫继续前进；因为沙尘暴的缘故，他迷失了道路，由于降雨和两只乌鸦为他指引道路，使他得救了。这个故事宣扬的观点也是阿谀奉承，祭司同意只有国王一个人可以穿着平日的衣服进入神庙，其他人必须改换衣服；所有人都在外面听神谕，只有亚历山大一个人除外，他是在里面听神谕。就好像德尔斐人和布兰奇代人的神谕所一样，[1] 神谕所没有用语言回答，而是像荷马所说的那样，大部分以点头和象征作答：

> 克罗诺斯之子说话，以抖动黑色的眉毛表示同意。
>
> （《伊利亚特》，I，528）

预言家就扮演着宙斯的角色；但祭司明确地告诉国王，他、亚历山大是宙斯之子。卡利斯提尼斯在这个故事之外，又戏剧性地添油加醋地说，布兰奇代人的阿波罗神谕所不再发布神谕，是自从这座神庙被布兰奇代人洗劫之后，因为他们在薛西斯时期支持波斯人，[2] 连泉水也停止了流动。亚历山大来到之后，泉水重新开始流出，而米利都的使节也带来了有关亚历山大出自宙斯的神谕，他将要取得埃尔贝勒附近的胜利，消灭大流士和拉克代蒙起义的企图。他说，埃利色雷人雅典娜伊斯[3] 也说亚历山大出身于

---

[1]　米利都附近的狄杜马城（参见本书XIV，i，5）。

[2]　参见本书XI，xi，4。

[3]　参见本书XIV，i，34。

神，因为这个女人像古代埃利色雷的西比尔拉一样。历史学家的报道就是这样多了。

44. 阿拜多斯人崇拜俄赛里斯。在俄赛里斯神庙之中既不允许女歌手，也不允许长笛手和竖琴手开始祭祀俄赛里斯的仪式。在阿拜多斯之后是小狄奥斯波里斯，然后是坦提拉城，这里的居民与其他的埃及人相反，特别厌恶鳄鱼，认为它们是所有动物之中最讨厌的动物。因为其他埃及人虽然也知道鳄鱼是如何的可恶，它对人类有多大的危害，但他们仍然崇拜它们，避免伤害它们，而坦提拉人却想尽各种方法去追踪和消灭它们。有些人认为，就好像昔兰尼附近的普西利人天生讨厌爬行动物一样，[1] 坦提拉人也是天生讨厌鳄鱼，[2] 因为他们丝毫没有受到过鳄鱼的伤害，他们甚至敢毫无畏惧地跳入河中，涉水渡河，而其他人却不敢这样做。当鳄鱼被送往罗马展览的时候，是坦提拉人在照看它们；在修建水池和水池边上的台阶，以便鳄鱼能够从水里爬上来晒太阳的时候，这些人有时同时走进水里，把鳄鱼拖进网中送到晒太阳的地方，以便观众们能够看到鳄鱼，而在其他时候又把鳄鱼重新拖回水池中。他们崇拜阿弗罗蒂忒，在阿弗罗蒂忒神庙背后是伊西斯神庙。然后到提丰尼亚，到通往科普图斯的运河，这是一座埃及人和阿拉比亚人共同居住的城市。

45. 人们从这里可以穿过贝勒奈斯城附近的地峡。这座城市没有港口，由于地峡优越的位置，它是一个很好的登陆地点。据说

① 参见本书 XIII, i, 14。
② 本义为"厌恶"。

菲拉德尔福斯是第一个用军队沿着缺水的地方开辟这条道路的人，他还修建了驿站，以利于商人和驼队旅行；他这样做是因为红海航行特别困难，特别是对于那些从红海湾来的人而言。实践证明他的计划带来了巨大的利益。现在，所有的印度商品、阿拉比亚商品和埃塞俄比亚商品都被运送到阿拉伯湾附近，并且被送往这些商品交易的中心科普图斯城。距离贝勒奈西不远是米奥斯·霍尔木兹港（Myos Hormos），这座城市有一个海员的锚地；距离科普图斯不远是阿波罗诺斯波利斯；因此，地峡的两边各有两座城市，它们形成了地峡的分界线。但是，现在科普图斯和米奥斯·霍尔木兹港非常有名，人们经常光顾这些地方。从前，驼队商人只有在晚上才行路，依靠星座作为向导；他们也像海员一样，旅行时随身携带饮用水。不过，他们现在已经修建了水井，水井挖得很深，尽管雨水缺乏，他们还建立了地下储水池。这段路程大概要6—7天的时间。[1] 这条地峡还有我们所说的祖母绿矿[2] 和其他宝石矿，为了获得宝石，阿拉比亚人在矿里挖了很深的坑道。

46. 在阿波罗诺斯波利斯之后是底比斯（即今狄奥斯波里斯）。[3]

从百门之城底比斯，冲出 200 名士兵，

他们每人骑着战马，乘着战车。

（《伊利亚特》，IX，383）

————————

① 参见本书 II，V，2。

② 普林尼分析了不下 12 种祖母绿，把埃及的祖母绿列为第三等（普林尼，XXXVII，17）。

③ 卢克索。

荷马说，他还提到了底比斯的财富：

埃及底比斯的所有税收，国库里存有巨大的财富。

（《伊利亚特》，IX，381）

其他作家也说到这类故事，认为这座城市是埃及的首府。甚至这座城市现存的巨大遗址也可以作为证明，因为遗址的长度有80斯塔德；[①] 它有7座神庙，但它们大多已经被冈比西斯破坏了；现在这座城市仅仅是许多村庄的集合体而已，它的一部分在阿拉比亚，那里是城市；另一部分在河那边，那里是门农宫。这里有两座离得很近、用整块巨石雕刻成的石像；其中一块现在还保留着，另一座雕像的上部据说是由于地震的原因，从底座上倒下来了。有一种迷信的说法，即留在王位底座上的残余部分，每天会发出一次声音，好像是受到了轻轻地打击。当我和埃利乌斯·加卢斯以及他的一群随从——朋友和士兵来到这个地方的时候，在大约1点钟左右，[②] 我听到了这种声音；但是，这种声音是从雕像的底座，还是从巨大的雕像，或者是站在底座旁边的某个人为了某种目的故意发出来的，我就没有办法准确地断定了。由于产生这种现象的原因难以确定，我宁可相信其他原因，也不相信声音是来自固定在那里的石头。在门农宫之后有大约40个在岩石上人工开凿的洞穴，它们是国王的陵墓；其结构奇特，值得一看。在

①　据狄奥多罗斯说城市的周长是140斯塔德（狄奥多罗斯·西库卢斯，I，45）。
②　从早晨算起。

底比斯①的某些方尖碑上，②有铭文说明当时国王的财富，他们的领土扩张到了西徐亚人、巴克特里亚人、印度人和现在的爱奥尼亚地区，他们收到的贡赋数量，他们的军队大约有1000000人之多。那里的祭司据说大都是天文学家和哲学家；他们发明了不是按照月亮而是按照太阳运行规律计算日期的方法，每年在12个由30日组成的月之上，再加5天；由于日的误差不断增加，为了凑满1整年，他们确定了足够整日或者整年的计时周期，把这些误差加在一起合成1日。③他们把所有这些特别明智的做法都归功于赫耳墨斯；他们最崇拜宙斯，把最美丽、出身最高贵的少女④（希腊人把这些女子称为"贞女"）奉献给宙斯；她可以卖淫，可以和她喜欢的任何男子同房，除非她来了月经；在月经之后，她被嫁给一个男人；但是在她卖淫之后，出嫁之前，要为她举行一个哀悼仪式。

47. 在底比斯之后是赫蒙西斯，这里崇拜阿波罗和宙斯，这里也养着公牛。然后是鳄鱼城，这里崇拜这种动物。然后是阿弗罗蒂忒城，在这座城市之后是拉托波利斯，它崇拜雅典娜和拉图斯；然后是埃雷图娅城和神庙；在河的那边是鹰城，它崇拜鹰；然后是阿波罗诺斯波利斯，它也与鳄鱼势不两立。

48. 至于赛伊尼和埃利潘蒂尼，前者是位于埃塞俄比亚和埃及

---

① 取代"thekais"——"在墓地之中"。

② 在这些方尖碑之中，有一块现在屹立在巴黎的协和广场。

③ 他们确定的真太阳日长度是$1\frac{1}{1460}$日，真太阳年的长度是$365\frac{365}{1460}$，为了消除分数，人们确定每4年闰1日，这个制度后来被儒略历所采用。

④ 原文有脱落，狄奥多罗斯把这些姑娘称为"宙斯的妾"（狄奥多罗斯·西库卢斯，1.47.1）。

边界的城市，后者是尼罗河之中的一个岛屿，在赛伊尼前面半斯塔德；岛上有一座城市和一座克卢菲斯神庙，像孟斐斯一样，它也有一个尼罗河水位测量尺。这个水位测量尺是尼罗河岸边的一口水井，它是用严密合缝的石头建成的，石墙上标明了尼罗河最高、最低和平均水位；因为水井中的水位是随着河水一起涨落的。因此，水井墙上的水位标尺可以测量最高水位和其他的水位。所以，观察者可以根据这些标尺向其他人报告自己观察的结果，让他们可以知道消息。因为根据这些标记和日期，[1]他们可以预先知道河水未来的涨落趋势，预先解释清楚涨落情况。这不仅对于农夫分配水源，修筑堤坝、运河和其他这类建筑，而且对于行政长官在确定税收方面都是有用的。因为尼罗河上涨较大，表明税收也将增多。在赛伊尼也有一眼水井用来观察夏至点。由于这个地区位于热带的回归线之下，[2]日晷的指针不是在正午投射出阴影；如果从我们希腊地区向南走，赛伊尼的太阳第一次在我们的头顶上，日晷的指针在正午不投射出阴影；可以肯定太阳在我们头顶的时候，它的光线射进了井里和水里，即使水井非常深；因为我们是垂直地站在地上，而水井也是垂直于地面。这个地区有三个大队的罗马士兵驻守。

49. 在埃利潘蒂尼之后不远有一个小瀑布，船夫们向行政长官介绍了一个奇观：由于这个瀑布是一块突出在河中心的岩石，岩石的顶部是平坦的，因此可以接纳河水，但它的尾部是陡峭的，

---

[1] 显然是观测之时开始比较水位情况。

[2] 在赛伊尼实际上有几条北回归线。它的纬度在斯特拉博时代是 $24°1'$，现在大约是 $23°27'$。

第一章　埃及和埃塞俄比亚（上）　　**1475**

水从那里奔腾而下；在岩石的两边与陆地之间有河流，可以乘船逆流而上，因此，船夫起初是沿着河流逆流而上，然后是顺流而下，漂流到瀑布，把船边猛推向悬崖，最后船和全体人员安然无恙离开险境。在瀑布之前不远之处有一个菲莱岛，它是埃塞俄比亚人和埃及人共同居住的地方，它的建筑类似埃利潘蒂尼，面积也与它相等，岛上有些埃及神庙。这里崇拜一种被称为鹰的鸟类，但是我认为它无论是和我国的、还是埃及的鹰都没有一点相似之处，它的体型更大，特别是羽毛的颜色驳杂。据说它是一种埃塞俄比亚的鸟类，还有其他从埃塞俄比亚抓来的鸟类，或早或晚都死了。实际上，鸟类在那个时候就向我们表明了，它们已经因为疾病濒临灭亡。

50. 我们乘车从赛伊尼到菲莱，经过了一个非常平坦的地区，长度总共约是 100 斯塔德。① 在这条道路的两边，人们可以在许多地方看见类似我国赫尔米亚的石头；它们是巨大的、圆形的、光滑的、接近球形的、黑色的、坚硬的、做石钵的石料——小的石头放在大石头上，小的石头上又有另一块石头。但有时只有一块石头。最大的石头直径不小于 12 英尺，所有石头都有这石头一半大。我们乘着帕克同来到这个岛上。帕克同是一种柳条编的小船，类似编织物；虽然是站在水里，坐在小板上，我们划起来还是很容易，毫不担心，因为渡船只要不超载，是没有危险的。

51. 整个埃及的海枣树品种都不好；在三角洲地区和亚历山大城，海枣树出产的果实都不好吃；但底比斯的海枣树比其他任何

---

① 取代 "50" 是错误的。

地方都好。现在有一件奇怪的事情，即那些与犹太及其附近位于同一纬度的地区（即三角洲和亚历山大周边地区），差别是如此之大。因为犹太除了其他的海枣树果实之外，还出产椰子的果实，它比巴比伦的还要好一点。在底比斯和犹太有两种相同的树，椰子树和其他海枣树。底比斯的海枣更坚硬，但味道更好。这里有一个岛上出产最好的海枣，每年为行政长官带来大笔的税收；因为它们通常属于国王的财产，没有任何私人可以分享，但它们现在属于行政长官所有。

52. 希罗多德[①]和其他作家都说了许多废话，在自己的报道中添加了许多不可思议的故事，就好像是给它加上了某种音乐的曲调、韵律或品味。例如，说到尼罗河的源头在靠近赛伊尼和埃利潘蒂尼岛附近的地区（它的源头有几个），这个地方的河道深不可测。尼罗河的河道中分布着许多的岛屿，其中有些岛屿在尼罗河泛滥时完全被淹没，其他的岛屿只露出一部分；后面这些岛屿最高之处也可以用螺旋抽水机灌溉。

53. 埃及自古以来就以爱好和平而闻名，因为它是一个自给自足的国家，外敌很难侵略；正如我先前所说的那样，它的北面由没有港口的海岸和埃及海保护着，它的东面和西面由利比亚和阿拉比亚沙漠高山保护着；它的其他地方，在南方居住着特罗格洛迪特人、布莱米斯人、努比人和梅加巴里人，这些埃塞俄比亚人居住在赛伊尼之后。他们是游牧者，但人数不多，也不好战。虽然古人认为他们是这样，是因为它们像强盗一样，经常进攻手无

---

① 希罗多德，Ⅱ，28。

寸铁的人们。至于那些居住在南方和麦罗埃的埃塞俄比亚人，正如我先前所说的那样，他们的人数不多，也没有形成集团，因为他们居住在一块狭长的、弯曲的河谷地带；他们既无好的装备，也不喜好战争或者其他别的生活方式。即使是现在，整个地区仍然同样是一片和平景象。其证据如下：这个地区只要三个罗马大队就足以防卫，即使这三个大队也不是足编的；如果埃塞俄比亚人敢于进攻罗马人，他们就将使自己的祖国遭到危险。其他的罗马军队驻在埃及，它们是如此的强大，以至于罗马人从来没有把他们集中起来一起使用过；因为无论是埃及人本身，还是邻近的部落，虽然人数众多，都不是真正的战士。科尼利厄斯·加卢斯是凯撒任命的第一位埃及行政长官，他只以少量士兵进攻叛乱的西朗波利斯，就占领了它；他只用很短的时间，就挫败了底比斯因为贡赋问题而发生的叛乱。后来，当亚历山大成千上万市民用石头攻击佩特罗尼乌斯的时候，他仅仅使用了自己个人的卫队就抵抗住了他们的进攻，在杀死了其中某些人之后，就征服了其他人。我先前说过，埃利乌斯·加卢斯在入侵阿拉比亚的时候，是如何只带了部分驻守在埃及的军队，因为他发现当地人不好战；确实，如果西利乌斯不背叛他，他甚至可能征服整个阿拉伯福地。

54. 但是，埃塞俄比亚人因为埃利乌斯·加卢斯率领驻埃及的罗马军队正在与阿拉比亚人作战，因而胆大妄为进攻了底比斯人和驻守在赛伊尼的三个罗马大队，以突然袭击的方式占领了赛伊尼、埃利潘蒂尼和菲莱，当地居民被贬为奴隶，推倒了凯撒的雕像。不过，佩特罗尼乌斯以不到10000名步兵和800名骑兵迎战30000名敌军，首先迫使他们逃回了埃塞俄比亚的普塞尔奇斯城，然后派遣使节要求他们归还被抢夺之物，询问他们发动战争的原因；埃塞俄比亚人说他们受了州长不公正的对待，[①] 他回答说国家的统治者不是这些人，而是凯撒；他们要求慎重考虑 3 天，但他们应当做的事情什么也没有做。他发起进攻，迫使他们前来应战，并且迫使他们迅速转而逃跑，因为他们是一群乌合之众，武器很差；他们有生牛皮做成的长方形大盾牌，他们一些人使用的武器是战斧，另外一些人使用长矛、短剑。他们有些人被赶进了城里，有些人逃入了荒漠，有些人淌过河流，逃到附近的岛上躲藏，因为这里的河流鳄鱼不多。在这些逃亡者之中有埃塞俄比亚女王坎达斯的将军，她是我那个时期埃塞俄比亚的统治者，也是一个具有阳刚之气的女人，她有一只眼睛失明。他把这些人全部活捉了，立刻让他们乘木筏和船只，把他们送到了亚历山大城。然后，他又进攻普塞尔奇斯，占领了这座城市；如果把阵亡的和战争之中被俘的加在一起，逃脱性命的人肯定总共也没有多少。他从普塞尔奇斯来到了坚固的普雷姆尼斯城，通过沙丘地区，这就是冈比西斯的军队因为沙尘暴而全军覆没的地方。他发起进攻，在第一轮攻击中就夺取了几座要塞。此后，他向纳帕塔城前进。这座城市是坎达斯的王都，她的儿子就在那里，她自己居住在附近的地方。但她仍然派了使节前来商讨签订友好条约，她答应归还俘虏和从赛伊尼夺走的雕像。佩特罗尼乌斯进攻并夺取了纳帕塔（她的儿子弃城逃走），把这座城市夷为平地；它的居民被贬为奴隶，他带着战利品再次返回，因为他觉得军队很难通过那些遥远的地

---

① 州的统治者。

第一章　埃及和埃塞俄比亚（上）　　　*1479*

区。但是，他使普雷姆尼斯城变得更坚固，在那里留下了400名士兵驻守和两年的给养，然后去了亚历山大城。至于那些俘虏，他把其中的一些人作为战利品卖了，还有1000人送给了刚刚从坎塔布里亚返回的凯撒，其他战俘则死于疾病。与此同时，坎达斯率领上万人进攻驻守部队，佩特罗尼乌斯第一个赶到要塞，前来援助；当他以各种方式使这个地方变得坚固的时候，使节们来了，但他命令他们去找凯撒；当使节宣称他们不知道谁是凯撒，也不知道要到哪里去找他的时候，他给他们派出了护卫；他们到了萨摩斯，因为凯撒当时在那里，在把提比略派往亚美尼亚之后，他已经准备从那里前往叙利亚。使节们获得了他们所要求的一切，凯撒甚至豁免了他们必须向他交纳的贡赋。

第二章　埃及和埃塞俄比亚（下）

1. 关于埃塞俄比亚部落的情况，在先前的章节之中我已经说了许多。因此，在讲述他们的国家时，可能会一块儿说到埃及的情况。一般来说，有人居住世界的边远地区，是一些由于炎热或寒冷而气候不适合居住或者无人居住的地界，对于那些气候温和的地区而言，它们必定是气候不好或者恶劣的地区；从居民的生活方式和他们缺乏必要的生活用品来看，这个问题就更清楚了。他们确实生活艰难，几乎是一丝不挂地在外面行走，过着游牧生活；他们的家畜是绵羊、山羊、牛，都是身材矮小的动物；他们的狗虽然身材矮小，但非常凶猛好斗。可能是因为这里的人们天生的身材矮小，因而有人编造出俾格米人的故事来描绘他们；因为没有一个值得信任的人声称看见过俾格米人。

2. 埃塞俄比亚人依靠小米和大麦为生，他们也用大麦做成饮料，他们用牛油和动物脂肪代替橄榄油。除了王家花园之中有些海枣树，他们连果树也没有。但是，也有些人把草类、嫩树枝、莲子和芦苇根作为食物；他们食用肉类、动物的血液、乳类和奶酪。他们把自己的国王作为神来崇拜，国王们一般住在自己的家里。他们最大的王都是麦罗埃，这座城市与这座岛屿名字相同。这座岛屿据说像一个长方形盾牌。它的面积大概被夸大了，大约是 3000 斯塔德长，1000 斯塔德宽。岛上有很多山脉和大片密林。居民部分是游牧者、狩猎者，部分是农夫。岛上还有铜矿、铁矿和各种不同的珍贵宝石。这个岛屿靠利比亚一边是大沙丘，靠阿拉比亚一边是连绵不断的悬崖峭壁，在它之后的南方是阿斯塔波拉斯、阿斯塔普斯和阿斯塔索巴斯三条河流的汇合点，在北方是尼罗河下一段河道，它沿着上述蜿蜒的河道一直延伸到埃及。这些城市的住房是用棕榈树劈开的碎片编成的，或者是用砖建成的。他们像阿拉比亚人一样采盐。在植物之中，最常见的是棕榈树、波斯果树（persea）、① 乌木、洋槐树（carob 或 locust-tree）。他们不仅狩猎大象，还有狮子和豹子。他们还猎取蛇（它们敢于与大象作战）和其他许多野兽；因为这些野兽也逃离非常炎热和干燥的地区，前往那些有水的地区和沼泽地区。

3. 在麦罗埃之后是一个大湖普塞波湖，它有几个岛屿非常适合人类居住。由于利比亚人占领了尼罗河西边的土地，埃塞俄比亚人占领了对岸的土地，这就出现了他们轮流统治这些岛屿和河谷地带的情况，两者之中必有一方被赶出去，让位于实力更强大的一方。埃塞俄比亚人使用的是 4 肘尺长的木弓，它们使用火烤而变得更坚硬；他们也武装妇女，大部分妇女嘴唇穿着铜环；他们穿着羊皮，因为它们没有羊毛织物，他们的绵羊毛就好像是山羊毛；有些人一丝不挂在外面行走，或者是在生殖器周围挂一小块绵羊皮，或者是用羊毛编成的腰带。他们把神视为是永恒的存在，万物的根源，而凡人是没有名字的，难以辨认的。一般来说，

---

① 普林尼详细地描绘过这种树木（普林尼，XIII，17）。

他们认为他们的恩人和王室成员是神：在这些人之中，国王是大家共同的救星和保护者，至于那些在特定场合的特定个人，那些受过其恩惠的人也把他们视为神。在那些居住在热带地区的人之中，有些人被认为是无神论者，原因据说是他们仇恨太阳，每当他们看见太阳升起，烤焦了他们，敌视他们，逼得他们只好逃进沼泽地区躲避太阳，他们就会诅咒太阳。麦罗埃崇拜赫拉克勒斯、潘和伊西斯，还有某个蛮族的神。至于死者，有些人把他们的尸体投入河中，有些人把它们用玻璃封起来，保存在家里；也有些人把它们用陶制的棺材埋葬在神庙的四周；他们严格地执行死者的誓言，并且认为这些誓言是最神圣的东西。他们挑选那些最漂亮的、或者最会饲养牛群的、或是最勇敢的、最有钱的人担任国王。在麦罗埃，古代最高的等级是祭司，他们甚至可以对国王发号施令，有时甚至通过信使命令国王去死，他们也可以任命其他人担任国王的职位。但是，后来有一位国王破坏了这个风俗习惯，他带领武装的民众进攻这座神庙（神庙里有一座黄金神龛），消灭了所有的祭司。下面的风俗习惯也是埃塞俄比亚人的风俗习惯：不论在何时，如果一位国王不管是因为什么原因，在身体的什么部位受到伤害，他最亲近的朋友也要受到同样的伤害，他们甚至必须为国王殉葬；因此，这些人对国王的保护特别尽心尽力。关于埃塞俄比亚人的问题，这些报道已经足够了。

4. 关于埃及的报道，我还必须补充这个地区具有特色的一些特点，例如，所谓的埃及豆类，[①] 用它可以做成容器，还有纸莎

———————————

① 参见本书 XVII, i, 15。

草，^①因为纸莎草只发现于这里和印度；波斯果树只发现于这里和埃塞俄比亚，这是一种结着大而甜的果实的树木；结果实的桑科植物聚果榕，果实类似无花果，因为味道不好不受重视；科西乌姆只发现在这里，它是一种味道类似胡椒的植物，^②但比它大一点。至于尼罗河的鱼类，它们的确数量很多，品种不同，具有土生土长的特点，最著名的品种有棱鱼、^③鳞齿鱼、^④拉图斯、阿拉贝斯、^⑤科拉西努斯、^⑥科努斯，^⑦还有法格罗里乌斯^⑧（又称法格鲁斯），还有西卢鲁斯、基塞鲁斯、斯里萨、^⑨塞斯特雷乌斯、^⑩利克努斯、^⑪菲萨^⑫和博斯；^⑬在甲壳类动物之中有大贝壳，它可以发出呱呱的叫声。至于本地动物，埃及有埃及獴和埃及角蝰，埃及角蝰有其他地方角蝰没有的特点；它的角蝰有两种，一种有 1 指距长，可以使人迅速死亡；另一种将近 1 英寸长，据说尼坎德尔曾经在《解毒药剂》之中提到过它。在鸟类之中有朱鹭和埃及鸢，与其他地方的鸢相比，后者驯服得像猫一样。夜鸦是这里的特殊物种，因

---

①　纸莎草。

②　Corsium——尼罗河睡莲（Nimphaea stella）。

③　Oxyrynchus——梭鱼（Acipenseridae）。

④　lepidotus——尼罗河鳞齿鱼类（Cyprinus bynni）。

⑤　alabes——不知名的尼罗河鱼类。可能是 Silrus anquallaris L（普林尼，V，51）。

⑥　coracinus——不知名的黑色鱼类。

⑦　choerus——不知名的鱼类（"猪鱼"）。

⑧　Pagrus vuigaris（海鳊鱼）。

⑨　不知名的鱼类。

⑩　citharus——不知名的鱼类。Mugilidae 种鱼类。

⑪　拉丁语：lucerna（磷光鱼）。

⑫　不知名的鱼类，拉丁语为 pustula。

⑬　可能是 Notidianus greseus。

为在我们的国家它的体型像鹰的大小，声音刺耳；但在埃及它的体型像寒鸦大小，声音也不同。朱鹭是最驯服的鸟儿；它的外貌和体型像鹳，有两种不同的颜色，一种类似鹳，另外一种全身是黑色的。在亚历山大城，所有的十字路口都有许多这种鸟类；但它们也是一部分有益处，另一部分又有害处。它们的益处是吃光所有的害虫，还有肉店和面包店的垃圾，害处是它什么东西都吃，很脏，很难把它们从干净的物品旁边赶走，很难使任何东西不受污染。

5. 希罗多德[①]关于埃及人习惯于用手捏泥巴，用脚和面做面包的报道是真实的。卡基斯[②]是一种特殊的面包，对于肠胃而言它是一种坚硬的食物，基基[③]是一种在大田播种的果实，用它可以榨油，这种油不仅被这个国家几乎所有百姓用来点灯，而且被穷人和苦力用来涂抹身体，不管他们是男是女；科伊基纳[④]是用某种植物编成的埃及织物，类似于用灯芯草或者海枣树编成的织物。埃及人用特殊的方法酿造啤酒，它是许多人共同的饮料，但不同地区有不同的酿造方法。埃及人现在已知的最狂热风俗习惯是他们抚养所有已经出生的儿童，他们也为男男女女行割礼，就像犹太人的风俗习惯一样；正如我先前在本书之中对他们的叙述一样，[⑤]犹太人就起源而言也是埃及人。根据阿里斯托布卢斯所说，由于

---

① 希罗多德，Ⅱ，36。
② kakeis——在斯特拉博的著作之中只出现过一次。
③ kiki——蓖麻的果实，可以用来榨蓖麻油。
④ 用椰枣树叶编成的织物。
⑤ 参见本书ⅩⅥ，ⅱ，34。

鳄鱼的缘故，除了塞斯特雷乌斯、斯里萨和海豚之外，已经没有鱼类从大海游进尼罗河——海豚敢于游入尼罗河，是因为它比鳄鱼更强大，而由于某种天然的亲缘关系，塞斯特雷乌斯在岸边游动有科努斯护卫着。鳄鱼躲避科努斯，是因为它是圆形的，头上长刺，对许多动物构成了危险。他说，塞斯特雷乌斯春天沿着河道逆流而上时怀着大量的鱼卵，为了产卵的目的，它们在普勒阿德斯落下之前，成群地顺流而下；那时，它们已经被抓住了，它们被围栏成群地抓住了；可以猜想，斯里萨大概也是因为这个原因而游入尼罗河的。关于埃及的情况就是这么多了。

第三章　利比亚（北非）

1. 接下来，我将叙述利比亚，这是本书之中唯一剩下的部分。关于这个地区的情况，虽然我以前说了很多，但我现在还必须再次提到与这个地区有关的问题，还有以前没有说到的问题。许多作家把有人居住的世界分成几个洲，分成若干不相等的部分。确实，三个部分的划分，使人以为它划分成了三等分；但是，利比亚太小，不到有人居住世界的三分之一，甚至把它与欧罗巴合起来，似乎也没有亚细亚那么大。它可能比欧罗巴还小，也不如欧罗巴强大，因为它的内陆和沿海地区大部分是荒无人烟的沙漠，点缀在其中的居民点小而分散，而且大部分是游牧部落。除了沙漠之外，它还是野兽的天堂，野兽甚至把人们从可以居住的地区驱赶出去，它的大部分位于热带地区。但是，它正对着我们的整个海岸线，即从尼罗河口到赫拉克勒斯石柱之间的海岸线，特别是迦太基人曾经统治过的沿海地区，是有人居住的繁华地区。不过，这里也有部分地区缺水。例如，在西尔特湾、马尔马里迪人和卡塔巴特姆斯山脉附近的地区就是这样。

如果在平面图上绘出利比亚的外形，它的形状是一个直角三角形，它的底边是正对着我们的海岸线，从埃及和尼罗河一直延伸到莫鲁西亚（Maurusia）和赫拉克勒斯石柱；它的直角边从尼罗河到埃塞俄比亚，我把它一直延伸到大海，而直角的对应边是从埃塞俄比亚人到莫鲁西亚人之间的海岸线。至于上述三角形的顶点，大约在热带地区，由于那里很难到达，我说的仅仅是推测而已，因为我甚至无法确定这个地区的最大宽度；虽然我在前面的章节之中多次说过，如果从亚历山大城向南走到埃塞俄比亚人的都城麦罗埃，距离大约有10000斯塔德，从那里到位于热带和有人居住世界之间的边界地区，距离是3000多斯塔德。无论如何，这个距离应当被认为是利比亚的最大宽度，也就是13000—14000斯塔德，而它的长度略少于宽度的两倍。这就是对于利比亚大致情况的介绍，现在我将详细地叙述它的情况，首先从它的西部地区、或者是比较出名的地方开始。

2. 这里居住着被称为希腊人的莫鲁西亚人、罗马人和本地的莫里人。莫里人是利比亚本地一个强大和繁荣的部落，居住在正对着伊比利亚的海峡地区。在赫拉克勒斯石柱附近还有一个海峡，关于它的情况我经常提到过。如果从石柱附近的海峡继续前进，在利比亚的左边有一座山，希腊人称之为阿特拉斯山，蛮族称之为迪里斯山。从这座山向莫鲁西亚西部延伸出一条长长的支脉，称为科泰斯山。在大海之后有一座小城市，蛮族把它称为廷克斯，[①] 阿尔特米多鲁斯把它称为林克斯，厄拉多塞称之为利克苏斯城。[②] 它位于海峡的另一边，正对着加戴拉城的渡口边，距离大约800斯塔德。这两个地方之中的每个地方与赫拉克勒斯石柱旁

---

① 或廷吉斯。

② 斯特拉博把廷吉斯和林克斯或利克苏斯混为一谈了，参见第8节以下。

的海峡距离大约与此相同。在林克斯和科泰斯的南方是恩波里库斯海峡和许多腓尼基商人的居民点。与这个海湾相连的整个海岸地区被切割成了许多港湾，如果不考虑这些港湾和陆地突出的部分，我认为它的形状类似一个三角形，还可以想象陆地正在朝着南方和东方逐渐延伸。那座从科泰斯到西尔特的山脉已经延伸到莫鲁西亚的中部，还有那些与莫鲁西亚平行的山脉都是有人居住的，首先是莫鲁西亚人。在这个国家内陆地区的腹心地带，居住的是利比亚最大部落盖图里亚人。

3. 我在本书的前面某些章节已经指出，从《奥费拉斯环游记》①开始，历史学家就对利比亚外海岸的情况添加了许许多多捏造的故事；但是，我要请读者们原谅我再次提起这些稀奇古怪的故事，如果我在某些地方不得不离开正题的话，那是因为我不想对这些问题一言不发，保持沉默。在某种程度上，也是为了避免自己的历史残缺不全。据说恩波里库斯海湾有一个洞穴，在涨潮的时候海水可以进入其内部达7斯塔德之远。在这个海湾前面有一块低平的地方，这里有一座赫拉克勒斯的祭坛，据说从来没有被潮水淹没过——我认为这个故事是他们捏造的故事之一。还有一个故事与这个拙劣的故事差不多，即在恩波里库斯海湾之后的许多海湾有古代提尔人的居民点，现在已经荒无人烟了——它们总共有300多个，全部被法鲁西人和尼格里泰人消灭了。这些部落据说居住在距离林克斯30天路程的地方。

4. 大家一致认为莫鲁西亚除了少数沙漠地区之外，是一个富饶

———————————————
① 原文佚失。

第三章　利比亚（北非）　　　*1489*

的地方，拥有许多湖泊、河流。它有大片茂密的森林，出产各种果实。例如，这个地区供给罗马人的桌子是用整块木头做成的，尺寸很大，颜色各种各样。据说在这里的河流之中生活着鳄鱼和其他类似尼罗河之中的动物。有些人甚至认为尼罗河的源头就在莫鲁西亚的边境附近。据说在某条河之中发现有 7 肘尺长的蚂蝗，[①] 通过有孔的鳃呼吸。他们还说这个地方的葡萄树大到两个人难以合抱，长出的葡萄串有 1 肘尺长；各种香草和蔬菜都长得很高，例如疆南星属、[②] 德拉康提乌姆、[③] 斯塔费里尼[④] 的主茎、希波马拉提、[⑤] 马小茴香，[⑥] 它们长得有 12 肘尺高，4 掌尺粗。对于蛇、大象、瞪羚、狷羚[⑦] 和类似动物，同样还有狮、豹来说，这个地区在某种程度上就是它们的乐园。这里还生长着雪貂，其体型与猫一样大小，除了鼻子更长之外，其外形也像猫。这里还有许多猿，波塞多尼奥斯曾经说到它们，当时他正乘船从加戴拉前往意大利，船只紧挨着利比亚沿岸航行，他看见低平的海岸上有一片森林，森林之中有许多这种动物，有些猿坐在树上，另外一些坐在地上，有些猿和幼崽在一起，正在喂奶；当他看见有些猿下垂的大乳房，有些猿光着脑袋，有些猿有疝气，有些猿有其他类似的缺陷时，他笑起来了。

　　5. 在莫鲁西亚之后的公海边，是西埃塞俄比亚人的国家，这个

---

① Petromizondae，大概是八目鳗。

② 大概是 Arum macuratum。

③ Dracunculus（提奥弗拉斯图斯，1.6.6，7.12.2）。

④ 胡萝卜或欧防风属植物。

⑤ 马茴香。

⑥ Scolymus hispanicus——可使用的蓟类植物。

⑦ Antilope bubalis.

地区大部分地方很少有人居住。根据伊菲克拉特斯所说，[①] 这里发现了长颈鹿、大象和犀牛，[②] 犀牛外形像公牛，但它们的生活方式、体型和打斗的勇气类似大象。他说蛇的体型如此之大，以至于青草只有它们的背部那么高；他说，狮子进攻幼象，把它咬出血之后，当母象接近的时候狮子会逃走，母象看见流血的幼象之后，会把幼象杀死，然后狮子回来把幼象尸体吃掉。他说，当莫鲁西亚人的国王博古斯进攻西埃塞俄比亚人的时候，他给自己的妻子送了类似印度的芦苇，每节可容纳 8 科尼西斯，还有同样大小的芦笋。

6. 如果从林克斯进入内海，可以到达泽利斯城、七兄弟纪念碑和它们之后的阿比勒山，山上有许多野兽和树木。赫拉克勒斯石柱附近的海峡长度据说有 120 斯塔德，在埃利法斯山测得海峡最窄之处宽度为 60 斯塔德。为了进入大海，接着要经过几座城市和河流——莫洛查斯河、它是莫鲁西亚人和马塞西利亚人地区的分界线。在这条河附近有一个大海角，即梅塔戈尼乌姆角，它是一个缺水的不毛之地。我可以肯定地说，这座山脉发源于科泰斯山，一直延伸到这里，它的长度从科泰斯山到马塞西利亚人边界地区是 5000 斯塔德。梅塔戈尼乌姆角大约在大海另一边新迦太基对面，但提莫斯提尼误以为它在马萨利亚对面。从新迦太基到梅塔戈尼乌姆角的道路长度为 3000 斯塔德，沿着海岸线航行到马萨利亚的航程超过 6000 斯塔德。

7. 虽然莫鲁西亚人居住的这个地区大部分地方非常富裕，它

---

① 取代"希皮克拉特斯"可能是错误的。

② 可能是犀牛。

第三章 利比亚（北非） *1491*

的大部分居民现在仍然过着游牧生活。但他们尽量美化自己的外貌，他们梳着辫子，留着胡子，戴着金首饰，清洗牙齿，修剪指甲。在他们散步的时候，你很少能够见到他们互相推搡，因为他们担心头发上的装饰品可能被损坏。他们的骑兵大多使用长矛作战，使用灯芯草编成的笼头，骑在没有马鞍的马背上，他们还有短剑。步兵手持象皮做的盾牌，身穿狮子皮、豹皮、熊皮，睡觉也和衣而睡。我可以肯定地说，这些人和在他们之后的马塞西利亚人，还有普通的利比亚人衣着是相同的，在其他各方面也是相同的，他们的马匹身材矮小而动作迅速，驯服而听从主人的指挥。他们的马戴着棉或者毛的套子，用它来固定缰绳，但也有些马跟在主人后面，像狗一样不需要套子。正如我先前说的那样，这些人使用生皮做的小盾牌，宽头的短矛，穿着解开带子的宽边短外衣，使用皮革做的斗篷和盾牌。在西埃塞俄比亚人附近的这些部落之后，居住着法鲁西人和尼格里特人，他们像埃塞俄比亚人一样使用弓箭，他们也使用装着镰刀的战车。法鲁西人很少越过沙漠地区与莫鲁西亚人来往，他们把皮水囊系在马肚子下面。但是，他们有时会通过某些沼泽地区和湖泊前往基尔塔城。据说他们有些人过着像特罗格洛迪特人一样的生活，在地上挖洞而居。据说这里夏季雨水很多，冬季干旱，这里的蛮族使用蛇皮和鱼皮做外衣和床单。根据某些作家所说，莫鲁西亚人是印度人，[①]他们是跟随赫拉克勒斯从那里来的。在现代之前不久，这个地区由博古斯和博库斯家族的国王统治，他们都是罗马人的朋友。这些人去世

---

① 取代"法鲁西人"显然是错误的。

之后，朱巴二世继承了王位，奥古斯都·凯撒又把这个地区和他父亲的王国一起赐给他。他是曾经与西庇阿一起向神圣的凯撒宣战的朱巴一世的儿子。后来，朱巴二世去世之后，他的儿子、安东尼和克娄巴特拉之女所生的托勒密继承了王位。

8. 阿尔特米多鲁斯反对厄拉多塞的观点，因为后者把莫鲁西亚西部边界附近某个城市称为"利克苏斯"，而不是林克斯；因为他提到大量被摧毁的"腓尼基"城市，现在连一点影子都看不到；还因为厄拉多塞把西埃塞俄比亚人的空气称为带"咸味的"空气，说这里早上和晚上的空气稠密和迷蒙。因为阿尔特米多鲁斯认为，这些现象可能与这个地区的干旱和炎热相符。但是，他自己对于这个地区的情况，也有许多更错误的报告。因为他说了某个移民部落洛托法吉人的故事，这些人漫游在无水的地区，以落拓枣和根为生，由于吃这些东西，他们不需要饮水；他们的领土一直延伸到昔兰尼之后的地区；虽然他们都住在同一个纬度，但这些地区的居民却饮乳类，吃肉食。罗马历史学家加比尼乌斯也不免讲了莫鲁西亚许多稀奇古怪的故事。例如，他说了一个有关林克斯附近安泰乌斯陵墓的故事，塞多留曾经挖出他的遗骨长 60 英尺，后来又把它埋入土中。[①]他还编造了一些大象的故事。例如，他说，其他的动物从大火之中逃跑了，大象则和大火斗争，保护自己不被火烧到，因为大火烧毁了树木，它们和人类一起战斗，并且派出了侦察；当它们看见那些人逃跑了，它们自己也逃跑了。在大象受伤之前，它们仍然坚持保护树枝、青草和土地。

---

①　普鲁塔克：《塞多留传》，9。

第三章　利比亚（北非）　　*1493*

9. 在莫鲁西亚人地区之后是马塞西利亚人地区，这个地区起自莫洛查斯河，止于特雷图姆角，这里是马塞西利亚人和迈西里亚人地区的边界。从梅塔戈尼乌姆角到特雷图姆角，距离是6000斯塔德，但有些人认为不到6000斯塔德。这个海岸地区有几座城市和河流，是一个很好的地方，但值得提到的只有那些著名的地方。距离上述边界地区1000斯塔德是西加城，它曾经是索法克斯的都城，现在已经是一片废墟。在索法克斯逝世之后，马萨纳西斯统治了这个国家，然后是米齐普萨斯，再往后是他的继承人，在现代则是朱巴一世，即朱巴二世的父亲，他现在已经去世了。他的都城扎马已经被罗马人夷为平地。在西加之后，再走600斯塔德是提昂·里门港，[①] 然后是其他不大重要的地方。在内陆的腹地是山区和荒漠地区（这些地区有时有些盖图里亚人居住的居民点作为点缀），[②] 一直延伸到西尔特湾，但沿海地区是富裕的平原，有许多城市、河流和湖泊。

10. 我不知道波塞多尼奥斯说利比亚"只有不多的小河流过"这句话是否正确，因为阿尔特米多鲁斯提到仅仅在林克斯与迦太基之间，就有他所说的"数量众多的大河"。[③] 对于这个地区的内陆而言，这种说法是比较可靠的。他自己在谈到这个原因时说，在北部地区没有降雨，据说埃塞俄比亚也是这种情况；因此，由于干旱，由于湖泊充满了污物和虫害盛行，这里经常发生腺鼠疫。他还说："由于太阳升起的时候迅速通过东部地区，这个地区是潮

---

①　意为"诸神之港"。

②　括号之中的原文存疑。

③　原文佚失。

湿的；而由于太阳回到西部地区，这个地区是干燥的。"因为这些地区被称为潮湿或者干燥，在一定程度上取决于水源是充足还是缺少，在一定程度上又取决于太阳的光照；但波塞多尼奥斯的本意只想说是阳光的影响。所有作家都认为，这些影响取决于南方与北方的纬度；确实，对于居民点而言，无论是东部还是西部的变化，都因为每个居民点及其位置的改变而各不相同。因此，由于大量居民点的存在，不可能作出"东方是潮湿的，西方是干燥的"这样普遍结论。因为这个结论既涉及到了整个有人居住的世界，也涉及它的边缘地区，如印度和伊比利亚。波塞多尼奥斯要表达的很可能就是这种意思。但是，他这样来解释原因，又能有多少说服力呢？难道太阳不是连续地、永恒地、"周而复始"地运转吗？还有，太阳运行的速度在所有地方是相同的。除此之外，如果把伊比利亚或者莫鲁西亚边缘地区（西部地区）称为世界上最干旱的地区，也是违背事实的，因为它们不仅气候温和，而且水源充足。但是，如果把太阳"周而复始"的运转理解为这种意思，即它在这里，在有人居住世界之后，那就必须问一问这与干旱有什么关系？因为在这里和在有人居住世界其他纬度相同的地方，太阳为夜晚留下了相等的时间，然后再次回来温暖大地。[①]

11. 这里[②]有铜矿和沥青河；作家们说还有许多蝎子，有的有翅膀，有的没有翅膀，它们体型很大，有七节椎骨，[③]毒蜘蛛同样体型非常大，数量非常多，据说这里的蜥蜴有2肘尺长。据说在

---

① 这段文字包含了波塞多尼奥斯关于经纬度的理论。

② 在马塞西利亚。

③ 他们有七根脊椎骨（*Pandinus heros*）（参见本书 XV，i，37）。

第三章　利比亚（北非）　　**1495**

山区发现了"里合尼特"[①]和所谓的迦太基宝石。[②]正如我在叙述阿蒙时所说过的那样，平原上有许多牡蛎和贝类，这里生长着一种树木，名叫"落拓枣"，[③]用它的果实可以酿酒。有些当地部落的土地，每年可以种植两季谷物，收割两次庄稼，一次在春季，另一次在冬季；庄稼秆子有 5 肘尺高，像小手指一样粗，产量是种子的 240 倍。春天，他们甚至连种子也不播，只是用有刺的植物绑成捆[④]轻轻地把过地面，他们希望那些在收割时掉在地面的种子发芽，因为这就是夏季的好收成。由于野兽太多，他们干活的时候打着绑腿，用兽皮包着身体其他部分。当他们要睡觉的时候，他们在床脚上涂上大蒜，绑上有刺的植物，以防遭到蝎子的毒害。

12. 这条海岸线上有一座约尔城，托勒密之父朱巴改建之后把它更名为凯撒里亚；它是一座港口，港口之前有一座小岛。在凯撒里亚和特雷图姆角之间有一个大港口萨尔达港，它现在是属于朱巴和罗马人领土之间的分界线；这个地区有各种不同的划分方式，因为这个地区有许多部落，罗马人在不同的时间对他们的态度也不一样，有时把他们当成朋友，有时又把他们视为敌人，结果是对于许多不同的部落而言，常常被以各种不同的方式夺走或赐予许多不同的地方。在莫鲁西亚附近的国家不仅提供了大量的税收，而且也非常强大，其实迦太基和迈西里亚人附近的地区过去比较繁荣昌盛，建设较好，但它首先被卷入迦太基战争之中，

---

① "发光的石头"显然是电石。

② 红宝石。

③ Trigonella graeca——甜莲（提奥弗拉斯图斯，9.40.49）。

④ *Rhamnus paliurus*——有刺的灌木丛。

然后又被卷入了朱古达战争之中；因为它袭击伊提斯城，俘虏并杀害了罗马人的朋友阿达鲍，因此使整个利比亚充满了战火；于是，战争一个接一个不停地爆发；最后，终于在神圣的凯撒和西庇阿之间发生了战争，朱巴一世也在这场战争之中被杀死。随着这些统帅一起被毁灭的还有许多城市，如提西亚乌斯、瓦加、塔拉，还有朱古达的国库卡普萨、扎马、津查，还有神圣的凯撒击败西庇阿战场附近的那些城市。他首次战胜西庇阿是在鲁斯皮努姆附近，接着是在乌齐塔附近，[①] 然后是在塔普苏斯附近和湖边，还有一些其他的城市。在附近还有自由城市泽拉和阿科拉。凯撒在首次进攻之中占领了塞尔辛纳岛和沿岸的塞纳城。上述这些城市有些被彻底毁灭，其他一些被部分毁灭；但法拉城是被西庇阿的骑兵烧毁的。

13. 在特雷图姆角之后是迈西里亚人的国家，同样在那里还有迦太基人的土地。基尔塔位于这个国家的中心，它是马萨纳西斯及其继承人的都城；它的城池非常坚固，在各方面建设得非常好，特别是米齐普萨斯，他不仅在城里建立了一个希腊人居住地，而且使城市发展得更大，以至于它可以提供 10000 名骑兵，双倍于这个数字的步兵。因此，这里不仅有基尔塔，还有两个西波斯城，一个在伊提斯城附近，另一个在特雷图姆角那边；两座城市都是王宫所在地。伊提斯在面积和重要性方面仅次于迦太基城，在迦太基被毁灭之后，这座城市成了罗马人的中心城市和利比亚进行军事行动的出发基地。它和迦太基位于同一个海湾之中，形成这

---

① 或者是乌提卡。

个海湾的两个海角，靠近伊提斯的海角被称为阿波罗尼乌姆角，另一个被称为赫尔米亚角；两座城市彼此可以互相看见。在伊提斯附近有一条巴格拉达斯河流过。从特雷图姆角到迦太基距离是2500斯塔德。但是，这个距离和到西尔特湾的距离相同，并不是一致公认的。

14. 迦太基位于某个半岛上，方圆360斯塔德，城市周围有城墙；其中有60斯塔德是从一个海延伸到另一个海的地峡；迦太基人有一个饲养大象的象苑，这是一片很宽广的地方。卫城在这座城市的中央，名叫拜萨；它是一个相当险峻的高地，四周有人居住，高地的顶部有一座阿斯克勒皮俄斯神庙，当这座城市被占领之后，阿斯德鲁巴尔之妻把它与自己一块儿纵火毁灭了。在卫城之下有一座港口和一座圆形小岛科松，海峡环绕着小岛，两边都有造船厂。

15. 迦太基是迪多带来的提尔人建立的。无论是在迦太基的这个殖民地，还是在伊比利亚的那些殖民地——在赫拉克勒斯石柱两边和其他地方的伊比利亚殖民地——都证明了腓尼基人的殖民活动非常成功，以至于直到今天腓尼基人仍然占据着欧罗巴大陆最好的地方，还有邻近的岛屿；他们还统治了整个利比亚，居住在没有游牧部落生活的地区。由于这些领土问题，他们不仅使自己的城市成了罗马的敌人，而且和罗马人进行了三次大战。他们的实力可以从最后一场大战之中反映出来，在这场大战之中，他们被西庇阿·埃米利亚努斯击败，城市被彻底摧毁。当他们开始进行战争的时候，他们在利比亚拥有300座城池和700000城市人口；当他们被包围和被迫求降的时候，为了防备他们再进行战争，他们交出了200000全副装备和3000门弩炮；但是，当他们一旦决定重新开始战争，他们立刻就开始组织武器生产，每天生产140个长盾牌、300把短剑、500支长矛、1000支弩箭；女工们献出她们的头发来做弩炮的弓弦。尽管根据50年前签订的和平条约，他们在第二次战争之中拥有12条船，但他们一起逃进拜萨躲起来，在两个月之内就建造了120条有装甲的船只；因为科松岛的入口有敌人守卫，他们开辟了另一个出口，使他们的舰队出其不意地进入了大海；由于他们以前储存有备用的木材，国家养着大批熟练的工匠，储备着应付这种情况。但是，尽管迦太基资源丰富，它还是被占领和彻底毁灭了。至于这个地区，罗马人宣布把它的一部分，即从前属于迦太基人的那部分变为行省，另外一部分则任命马萨纳西斯及其后裔米齐普萨斯家族为统治者。因为马萨纳西斯的勇敢和对罗马人的友好态度，他在罗马人之中非常受尊敬。确实，是他把一群游牧者变成了公民社会的成员和农夫，把他们训练成了士兵而不是土匪。因此，这个部落发生了奇特的变化，虽然他们居住在一个自然环境优越的地区，那里有许多野兽出没，但他们不肯杀死野兽，来让自己可以安全地从事耕种土地，而是放弃互相杀戮，让这块土地听任野兽横行。这样，他们不得不过着游牧的、迁徙的生活，与那些因为贫穷、土地贫瘠或者气候恶劣而被迫过着这样生活的部落没有什么区别。所以，马塞西利亚人为此获得了一个特殊的名字，他们被人称为"游牧者"。[1]这些部落不可避免地过着节俭的生活，他们更多的是食根茎者，而不

---

① 拉丁语"努米底亚人"即希腊语的游牧部落。

第三章　利比亚（北非）　　*1499*

是食肉者，他们也用乳品和奶酪作为食品。迦太基在很长的时间里（大约与科林斯的时间相当）一直处于荒无人烟的状态。但是，它也和科林斯大约在相同的时间被神圣的凯撒重新修复，他派出了一批自愿前往那里生活的殖民者和士兵。现在，它也像利比亚境内其他任何城市一样，是一座繁荣兴旺的城市。

16. 正对着迦太基湾入口中间是科苏尔拉岛，[①] 在大海的另一边，正对着这个地方是西西里的利利比乌姆地区，距离大约是1500斯塔德；据说从利利比乌姆到迦太基的距离与此相同。埃吉姆洛斯岛和其他岛屿距离科苏尔拉和西西里不远。从迦太基前往对岸最近之处航程是60斯塔德，[②] 从那里走陆路到内非里斯城，距离是120斯塔德——它建立在岩石上，是一座天然坚固的城市。在迦太基所在的同一个海湾，还有一座提尼斯城，有许多温泉和采石场；然后是崎岖不平的赫尔米亚角和一座名字相同的城市；然后是奈阿波利斯；然后是塔菲提斯角和海角旁边的一座山丘，这座山丘因其外形而被称为阿斯皮斯；[③] 西西里僭主阿加索克利斯曾经在这里殖民，并且乘船前去远征迦太基人。但是，这些城市在罗马人毁灭迦太基时也一起被毁灭了。科苏鲁斯岛[④] 距离塔菲提斯角400斯塔德，它正对着西西里的塞利努斯河和一座名字相同的城市，这座城市方圆大约150斯塔德，距离西西里大约600斯塔德；这里还有梅利塞岛、科苏鲁斯岛。然后是亚得里梅斯城，

---

① 科林斯在公元前146年被毁灭，后由凯撒和奥古斯都修复。
② 显然是迦太基湾的东部。
③ 盾牌。
④ 或是科苏拉（参见本书Ⅱ，v，19；Ⅵ，ii，11）。

那里有一座海军造船厂；然后是塔里凯伊群岛，它有许多彼此距离很近的小岛；然后是塔普苏斯城；在这座城市之后是位于公海的洛帕杜萨岛；然后是阿蒙·巴利托角，它附近有一个地方可以观察到金枪鱼的游动；① 然后是塞纳城，它位于小西尔提湾的起点。在这之间还有许多不值一提的小城镇。靠近小西尔提湾有一个长岛塞尔辛纳岛，它是一座比较大的岛屿，岛上有一座名字相同的城市；这里还有一个小岛塞尔辛尼提斯岛。

17. 小西尔提湾与这些岛屿相连，它又称为"食落拓枣者"的西尔特湾。这个海湾方圆大约 1600 斯塔德，海湾口的宽度是 600 斯塔德；形成海湾口的两个海角，每个海角边都有许多离大陆很近的海岛——前面已经提到的塞尔辛纳岛和梅宁克斯岛，两座岛屿面积大致相等。梅宁克斯岛被认为就是荷马所说的食落拓枣者居住之地。这里有该部落的某些象征——奥德修斯的祭坛和落拓枣的果实；因为这座海岛有许多被称为落拓枣树的树木，果实的味道非常甜美。梅宁克斯岛上有几座城镇，其中一座城镇与这个海岛名字相同。在西尔提湾岸边也有几座小城镇。在海湾入口处有一座很大的商业中心，它有一条河汇入海湾；由于海水涨潮和退潮影响到这里，每到这个时候附近的居民便急急忙忙地跑去捕鱼。

18. 在西尔提湾之后是祖奇斯湖，方圆 400 斯塔德；它有一个狭窄的入口，它附近有一座名字相同的城市，城里有制作染料的作坊和各种腌鱼的作坊；然后又到了另外一个小得多的湖泊；走过这个湖泊之后是阿布洛托努姆城和其他几座城市；在它们之后

---

① 参见本书 V, ii, 6, 8。

第三章 利比亚（北非） *1501*

是奈阿波利斯，该城又被称为勒普提斯；从那里有一条道路通向伊皮泽菲里的洛克里人的地区，距离是3600斯塔德。接下来是一条河流，在这条河流之后是迦太基人建立的类似隔墙的东西，希望用它来做越过某些峡谷进入内地的桥梁。虽然沿岸其他地方有许多港口，这里还有一些地方没有港口。然后是一个高耸的、森林密布的凯法莱角，它是大西尔提湾的起点；从迦太基到这个海角距离有5000多斯塔德。

19. 在从迦太基到凯法莱角的海岸线和马塞西利亚人的土地之上，是利比亚—腓尼基人的地区，该地区一直延伸到盖图里亚人的山区，这里就是利比亚的起点。在盖图里亚人之后是加拉曼特斯人的地方，它与前者平行，也是出产迦太基宝石的地方。据说加拉曼特斯人距离居住在大洋边的埃塞俄比亚人有9—10天路程，距离阿蒙城15天路程。在盖图里亚人与我们的海岸线之间不仅有许多平原，还有许多高山、大湖和河流，其中有些河流已经转入地下，再也看不见了。居民的生活方式和衣着打扮非常简朴，但男人有许多妻子和子女，在其他方面像阿拉比亚游牧部落一样。这里的牛马脖子比其他地方的牛马更长，历代国王非常关心养马业，小公马的数量每年达100000匹之多。绵羊可以提供羊奶和肉类，特别是在埃塞俄比亚附近地区。关于内陆的情况，我的报告就是这么多了。

20. 大西尔提湾周长约3930斯塔德，到最里面的海湾顶部直径为1500斯塔德，海湾口的宽度大约是1500斯塔德。麻烦的是在大西尔提湾和小西尔提湾的海底有许多浅滩，在涨潮和退潮的时候，有些海员掉到浅滩上被陷在那里，船只很难安全地从那里脱

第十七卷　埃及、埃塞俄比亚、利比亚

身。由于这个原因，水手们在沿着海岸航行的时候，都保持着一定的距离，采取措施预防突然被风吹入海湾之中。但是，人类敢于冒险的天性促使他们去从事世界上各种各样的活动，特别是沿着海岸边的航行。如果从右边进入大西尔提湾，走过凯法莱角之后就是一个湖泊，其长度约 300 斯塔德，宽度为 70 斯塔德，它的湖水汇入海湾之中，它还有几座小岛，在湖口前面有一个锚地。在港口之后有一个地方名叫阿斯皮斯，还有西尔提湾最好的一座港口。欧夫兰塔斯灯塔与这个港口相连，它是迦太基人的上述地区和托勒密王朝统治的昔兰尼地区的边界；然后是另外一个地方查拉克斯，它是迦太基人的商业中心。他们把葡萄酒运到这里，交换商人们偷偷地从昔兰尼运来的罗盘草液和罗盘草。然后是菲莱尼人的祭坛；在这座祭坛之后是奥托马拉要塞，它位于整个海湾的最远的顶部，有士兵驻守。通过这个海湾的纬度与略微南边的亚历山大城的纬度平行距离是 1000 斯塔德，与通过迦太基的纬度平行距离不足 2000 斯塔德；这条平行线一方面与通过阿拉伯湾顶部西朗波利斯的纬线平行，另一方面又与通过马塞西利亚人和莫鲁西亚人地区的纬线平行。从这里到贝勒奈斯城，剩余的海岸线长 1500 斯塔德。从这条海岸线之后直到菲莱尼人的祭坛，这片内陆地区是利比亚部落纳萨莫尼斯人的地区。这个地区只有几个港口，有淡水的地方也很少。这里有一个海角，名叫伪佩尼亚斯角，贝勒奈斯就在这个海角，海角附近有一个特里托尼亚斯湖，湖中主要有一座岛屿和一座阿弗罗蒂忒神庙。这个地方有一个赫斯珀里得斯湖，[①]

---

①　克雷默和迈内克认为不是港湾。

有一条拉松河汇入湖中。在贝勒奈斯后面，^①有一个小海角博雷乌姆角，它与凯法莱角一起形成西尔提湾的出口。贝勒奈斯正对着伯罗奔尼撒的伊齐提斯角和扎金托斯角，航程为3600斯塔德。从这座城市出发，马可·卡托率领着10000多名士兵，^②花了30天时间从陆上绕着西尔提湾走了一圈，考虑到水源缺乏，他把军队分成了几支，步行走过了炎热的沙漠深处。在贝勒奈斯之后是托凯拉城，这座城市又叫做阿尔西诺伊；然后是先前叫做巴斯城，现在叫做托勒密城的一座城市；然后是菲库斯角，它虽然很低，但与利比亚其他海岸相比，它向北延伸最远；它正对着拉科尼亚的泰纳鲁姆角，航程为2800斯塔德；这里还有与这个海角名字相同的一座小城。距离菲库斯不远是昔兰尼人的军港。阿波罗尼亚是一座大城市，距离菲库斯大约170斯塔德，距离贝勒奈斯1000斯塔德，距离昔兰尼80斯塔德，正如我从海上所看到的，它位于一片梯形的平原上。

21. 昔兰尼是从拉科尼亚特拉岛来的殖民者建立的殖民地，它在古代叫做卡利斯特岛，正如卡利马科斯所说：

> 它从前叫做卡利斯特，后来叫做特拉，
> 我的祖国母亲，以出产良马闻名的地方。

昔兰尼人的军港正对着克里特的克里乌梅托庞角，航程2000

---

① 向南方。

② 公元前47年，他与梅特卢斯·西庇阿一起远征。

斯塔德，航行伴随着南风。[1] 昔兰尼据说是巴图斯建立的，[2] 卡利马科斯声称此人是他的祖先。昔兰尼发展得很强大，是因为它的土地肥沃，因为它具有出色的养马业，出产优质的果实，还因为它拥有许多出色的人物，他们有能力利用各种方式捍卫自己的自由，顽强抵抗居住在其后方的蛮族人。这座城市在古代是独立的。后来，占领埃及的马其顿人力量强大之后，进攻在西布隆及其助手统治之下的昔兰尼人，他们杀死了哈尔帕卢斯。这座城市有一个时期曾经在国王的统治之下，然后转归罗马人统治，现在它与克里特被合并为一个行省。但是，城市周围的阿波罗尼亚、巴斯、托凯拉、贝勒奈斯和其他小镇归昔兰尼管理。

22. 与昔兰尼交界的是出产罗盘草和昔兰尼液的地方，后者是从罗盘草之中提取其汁液做成的。但是，在蛮族人出于某种仇恨而入侵这个国家的时候，他们大肆破坏这种植物的根部，这种植物几乎被毁灭了，这些人都是游牧部落。昔兰尼人之中最著名的是苏格拉底派哲学家阿里斯提普斯，他也是昔兰尼派哲学的奠基人；其女阿雷特继他之后成为学派的首领，阿雷特之子阿里斯提普斯二世又成了阿雷特的继承人，其绰号是梅特罗迪达克图斯；[3] 还有安尼塞里斯，他因为修订昔兰尼派的学说，并且用安尼塞里斯的学说取代前者而受到尊重。卡利马科斯和厄拉多塞也是昔兰尼人，两人都受到埃及国王的尊重，前者是诗人和热心的文字研究者，如果只能挑选一个人的话，后者不仅是在这些方面，而且

---

①   leukonotos.

②   约公元前 631 年。

③   "母亲教出来的"。

第三章　利比亚（北非）　　**1505**

在哲学和数学方面更胜一筹。除此之外，大家公认卡尔尼德斯[①]是柏拉图学派最优秀的哲学家，还有阿波罗尼奥斯·克罗诺斯，他们都是昔兰尼人；后者是逻辑学家狄奥多罗斯的老师，狄奥多罗斯也获得了"克罗诺斯"的绰号，因为有些人把老师的绰号转给了学生。在阿波罗尼亚之后直到卡塔巴特姆斯山脉，是昔兰尼人海岸的剩余部分，长度为2100斯塔德；沿海的航程很不好走，因为这里很少有港口、锚地、居民点和供水的地方。在沿岸各地之中，最著名的是诺斯塔斯姆斯和泽菲里乌姆，它有一个锚地，还有第二个泽菲里乌姆，切罗内苏斯角有一个港口。这个海角正对着克里特的基克卢斯；如果有西南风的话，海路的距离是1500斯塔德；然后是某个赫拉克勒斯神庙，在它之后有一座帕利厄鲁斯村；然后是墨涅拉俄斯港，然后是阿达尼斯角，它是一个很低的海角，有一个锚地；然后到了一个很大的港口，它正对着克里特的切尔松尼斯港，两个地方之间的距离大约是2000斯塔德；[②]克里特从整体上来说，确实是一个狭长的岛屿，几乎与这条海岸线对应平行。在这个大港口之后又有一个普利努斯港，然后是泰特拉皮尔吉亚城；[③]但这个地方叫做卡塔巴特姆斯；关于昔兰尼就讲到这里。关于这条海岸线直到帕累托尼乌姆和亚历山大城的剩余的部分，在我叙述埃及的时候，已经讲过了。

23. 利比亚人居住在西尔提湾和昔兰尼之后干旱、贫瘠的内陆地区。这里最初居住着纳萨莫尼斯人，然后是普西利人和某些盖

---

① 　名字显然残缺。

② 　原文为3000斯塔德，后改正。

③ 　四座塔楼。

图里亚人，接着又是加拉曼特斯人，而在更靠东边的地方居住着马尔马里迪人，后者与昔兰尼的边界线很长，一直延伸到阿蒙神庙。如果从大西尔提湾顶部、从奥托马拉要塞附近出发，大致朝着冬季日出的方向徒步前进，大约四天可以到达奥吉拉城，这个地方类似阿蒙神庙所在地，这里生长着海枣树，水源丰富。它位于昔兰尼之后的南部，有100斯塔德的路段生长着树木，另100斯塔德只能耕种。由于气候干旱，这里的土地不能生长稻子。[①] 在这个地区之后的地方生长着罗盘草，然后是一个无人居住的地区，然后是加拉曼特斯人的地方，这个地方狭长，有点干旱，生长罗盘草。它向东方延伸，长度约1000斯塔德，宽度为300斯塔德或略多一点。至少，那个部分是清楚的，因为我们推测整个地区位于同一个纬度上，可以认为其气候和植物也相似；但是，由于这里有沙漠阻隔，我们不知道这个地区完整的情况。同样，我们也无法知道从阿蒙神庙之后的地方、绿洲直到埃塞俄比亚的情况；我们也无法说清埃塞俄比亚或者利比亚的边界，甚至无法说清靠近埃及地区的边界，也很少知道大洋沿岸的情况。

24. 我们所居住的世界各个地区的方位如下。由于罗马人占领了世界最好和最著名的地区，超过了我们已知的先前所有统治者，这里有必要简短地谈一谈他们的帝国。罗马人从一个罗马城开始创业，通过战争和政治家的统治手段，获得了整个意大利；在统治了意大利之后，他们使用同样高超的手段，又获得了意大利周边的地区。在三个大陆之中，他们几乎占领了整个欧罗巴，只有

---

① 有的手稿为"根茎"而不是"稻子"。

伊斯特河那边的地区，位于雷努斯河与塔奈斯河之间的沿海地区除外；至于利比亚和我们的海沿岸所有地区，都属于罗马人统治；这个地区的剩余地方要么是完全无人居住，要么是居住着一些贫困的游牧部落。亚细亚的情况也是一样，我们的海沿岸所有地区都属于罗马人统治，只有亚该亚人、齐基人和赫尼奥奇人的地区除外，他们居住在狭窄和贫穷的地区，以抢劫和游牧为生；至于这个地区的内陆地区，它的一部分归罗马人统治，另一部分归帕提亚人和在帕提亚人之后的蛮族统治：它的东边和北边居住着印度人、巴克特里亚人和西徐亚人，然后是阿拉比亚人和埃塞俄比亚人。不过，这些部落的边远地区常常被夺走，转归罗马人统治。所有这些臣服于罗马人的地区，有些是由国王统治着，有些是罗马人统治的行省，他们派遣行政长官或者税务官员前去那里统治。但是，也有些是自由城市，其中某些城市从一开始就是罗马人的朋友，还有一些是罗马人为了表示对它们的尊重而建立的自由城市。还有一些小君主、部落首领和祭司臣服于罗马人，他们按照某些祖传的法律生活。

25. 在不同的时期，行省的划分也不一样，现在的划分是奥古斯都·凯撒决定的。随后，他的祖国授予他最高的权力，他成了决定战争与和平问题的主宰，他把整个帝国分成了两部分，一部分留给自己，另一部分给罗马人民管理；他自己留下的所有地区必须用军事力量来保卫（这是一些蛮族的或尚未被征服的邻近部落地区，或者是无法耕种贫瘠的地区，这些地区的居民缺乏各种其他物品，但他们有得是坚固的要塞，并且试图冲破一切束缚，拒绝服从统治）；他给予罗马人民的其他所有地区，都是非常爱好和平的、不需要使用武力就能轻而易举统治的地区。他把两个部分的每一部分首先划分成若干行省，有些称为"凯撒的行省"，有些称为"罗马人民的行省"。对于"凯撒的行省"，凯撒任命总督和代理人，在不同时期以不同方式划分这些地区，根据形势的需要进行统治；对于"罗马人民的行省"，罗马人民派遣执政官或地方总督进行统治，这些行省根据便利统治的原则进行了不同的划分。但是，凯撒在建立罗马人民行省的初期阶段时，只建立了两个执政官的行省；这就是（1）利比亚，因为它已经臣服于罗马人民，只有部分先前归朱巴统治，现在归其子托勒密统治的地区除外；（2）位于哈里斯河和托罗斯山脉这边的亚细亚地区，只有加拉提亚人地区、臣服于阿敏塔斯的部落地区、比希尼亚地区和普罗庞提斯；随后，他又建立了 10 个执政官管理的行省，第一批在欧罗巴及其邻近各岛，这就是（1）远伊比利亚，位于贝提斯河与阿纳斯河①附近地区；（2）凯尔特的纳伯尼提斯；（3）萨多和西尔努斯岛；（4）西西里；（5）和（6）马其顿和伊利里亚邻近伊庇鲁斯的地区；（7）亚该亚到色萨利、埃托利亚、阿卡纳尼亚、与马其顿交界的某些伊庇鲁斯部落；（8）克里特和昔兰尼；（9）塞浦路斯和（10）比希尼亚、普罗庞提斯和本都某些地方。其他行省由凯撒统治，对于其中某些行省，他派遣过去执政官级别的人物作管理者；对于另外一些行省，他派遣军事执政官级别的人物管理；对于第三部分行省，他派遣骑士等级的人去管理。在凯撒管理的地区，一直有小国的国王、君主和部落首领存在。

---

① 手稿之中为"阿塔克斯"，这是今法国奥德地区。

《斯特拉博地理学》早期的抄本和译本

在斯特拉博生前，《斯特拉博地理学》并没有出版。至少，在他身后不久的罗马学者普林尼和托勒密没有提到他的著作。而稍后的约瑟夫斯·弗拉维乌斯、普鲁塔克和雅典尼乌斯开始使用他的著作。公元6世纪，拜占庭辞书编辑学家斯特芬开始把他称为地理学权威。但是斯特拉博的著作直到文艺复兴时期才重新被人发现。在这之前的中世纪，他一直处于默默无闻的状态。

西方第一次出现手稿，是公元1423年意大利人乔万尼·奥利斯佩带到威尼斯的手稿。公元1438年，拜占庭学者乔治·杰米斯图斯·普莱桑又带来了第二部分手稿（Marcianus，379，406，517）。普莱桑使人文主义者的注意力开始转向斯特拉博，给托勒密的影响造成了重大的打击，斯特拉博的名声从此开始显赫，被称为著名的地理学家。

公元1472年，第一个拉丁文译本出版。这个译本是根据一份不好的手稿译成的。公元1480年，在教皇尼古拉五世（梵蒂冈图书馆的建立者）的推动之下，出版了格里诺的拉丁文新译本。公元1516年，希腊文译本第一版问世（马努蒂乌斯·阿尔杜斯出版）。但是，这个译本使用的手稿也不好。公元1587年，巴黎出版了由著名哲学家卡佐博整理和注释的评点本。公元1815年，根据拿破仑一世的建议，在巴黎出版了科勒的评点本希腊文《斯特拉博地理学》（四卷本）。公元 1844—1852 年，古斯塔夫·克雷默出版了根据古希腊语译出的《斯特拉博地理学》（三卷本，包括全书 17 卷，Berlin：Friedericus Nicolaus，1844—1852）。公元1866 年，A. 迈内克的译本问世（"Bibliotheca Teubneriana"）。公元 1853—1856 年，K. 穆勒等翻译的《斯特拉博地理学》2 卷本出版（巴黎）。自公元 1915 年之后，英国洛布古典丛书陆续出版了英文版（London，England：Harvard University Press，William Heinemann LTD，1915—1932）这是一个包括 17 卷全部内容、希腊语—英语对照的译本，反映了公元 1932 年之前西方学术界研究《斯特拉博地理学》的状况。

作为希腊文化的继承者，俄罗斯在《斯特拉博地理学》的研究方面也取得了不小的成绩。俄国学者翻译的译本有：Ф. Г. Мищенко. География *Страбона* в 17 кн. М., 1879；Г. А. Стратановского. *Страбон*. География. М. Наука, 1964。这是一个17 卷本的译本，只有俄文，没有希腊文。其译文参考了洛布古典丛书《斯特拉博地理学》的译文，但在注释之中删减了许多英译者的注释，加入了许多苏联学者的最新观点，可以说代表了苏联学者对其研究的成果。该书在公元 1994 年苏联解体之后，由莫斯科历史思想文献出版社再版。

《斯特拉博地理学》最好的手稿是 Codex Parisinus 1397（A），这个手稿只包括全书的第一——九卷（第 7 卷残），其中还有许多遗漏，其他的手稿包括第十一——十七卷，完整地保留了 17 卷内容的只有 Codex Parisinus 1393。但是，它也有许多的遗漏，特别是第七卷更加严重。公元 1875—1895 年，戈茨—卢茨公开和出版了羊皮纸书写的《斯特拉博地理学》（约公元 500 年写成）。从这份文书可以看到，该手稿在公元 5 世纪保存良好。该文书以奥古斯都时期的字体写成的，原文用草写小字写成（约公元 1—2 世纪），有一些遗漏、污点和破损。公元 1956 年，在阿里重新出版了该羊皮纸文书的音译版。

斯特拉博的残篇由 P. Kuth 出版。古人的解释和摘要也已出版，包括 *Geographi Graeci Minores*（Ⅱ，p. 529）；F. Jacoby, *Die Fragmente. d. grieschen Historiker*，Ⅱ，A，p. 430；Ⅱ，C，p. 291（Berlin，1926）；最重要的是帕拉丁（公元 10 世纪）和梵蒂冈（公元 14 世纪）文献。

古代希腊、罗马、波斯等国
度量衡和货币单位

一、长度与面积单位

1. Arura （阿提卡面积单位）约 0.024 公顷

2. Arura （埃及面积单位）约 0.2 公顷

3. cubit 肘尺（古希腊长度单位，444 毫米，约 18—22 英寸）

4. cubit of astronomy 天文学肘尺，2°

5. dactyl 指距（古希腊长度单位，18.5 毫米）

6. Foot 英尺（约 0.3048 米）

7. mile 罗马里（古罗马长度单位，1481.328 米，相当于 4860 英尺 =8 斯塔德）

8. Orgya 奥吉亚（古希腊长度单位，1.776 米，相当于中国 1 庹）

9. Parasang 帕拉桑（古波斯长度单位，相当于 3—4 英里）

10. Plethron 普勒斯伦（古希腊长度单位，30.48 米，相当于 1/6 斯塔德，或 100 英尺）

11. Schoenus 斯科努斯，约 5.5 千米（古埃及长度单位，相当于 30 斯塔德）

古代希腊、罗马、波斯等国度量衡和货币单位　　*1513*

12. Schoenus　斯科努斯，约5328米（古波斯长度单位，相当于30斯塔德）

13. stadium　斯塔德（复数为stadia，阿提卡长度单位，177.6—192.7米，约607—738英尺）

二、重量和容量单位

14. Choenices　科尼西斯，1.08升（容量单位，等于1加仑半）

15. Drachma　德拉克马（古希腊重量单位，3.41或4.4克）

16. metretes　米特（古希腊容量38.88升，不足9加仑）

17. medimni　梅迪姆尼（古希腊容量单位，51.84升，约1.5蒲式耳）

18. cotyle　科提尔（复数为Cotylae，古希腊容量与重量单位，分别为0.27升和半品脱）

19. minae　明那（古希腊重量单位，341.2克）

20. talent　塔兰特（古希腊和西亚重量单位，各地重量略有差别，约20.47千克）

21. obol　奥波尔（古希腊重量单位，约0.7克或1/6德拉克马）

三、币制单位

22. Drachmae　德拉克马（古希腊币制单位，等于6欧博洛斯）

23. Obol　奥波尔（古希腊币制单位，等于1/6德拉克马）

参 考 文 献

1. Arinim, Stoicorum Veterum Fragmenta Edidit H. v. Arinim, Vv. I−Ⅳ. Lipisiae, 1905.

2. Bergk-Crusius, Anthologia Lurica. Post Bergkium ediderunt E. Hiller-O. Crusius. Lipisiae, 1897.

3. Diels, Die Fragment der Vorsokratiker. Herauegeben von H. Diels. Vv. I−Ⅱ. Berlin, 1912.

   Iospe Inscriptiones Antiquae Orae Septentrionalis Ponti Euxini. Ed. B. Latyschev. Ptropoli, 1885—1890.

4. Jacoby, Fragmenta Historicorum Edidit Jacoby.

5. Korte-Tierfelder, Menandri Religuiae. Editerrunt Korte-Tierfelder. Vv. I−Ⅱ. Munichen, 1957—1958.

6. Nauk, Tragicorum Fragmenta, recensuit A. Nauk. Lipisiae, 1889.

7. Puech, Pindare. Texteetablie et traduitpar A. Puech. Vv. I−Ⅵ. Paris, 1923.

8. Razach, Hesiodi Opera. Edidit A. Razach. Lipisiae, 1902.

9. RE, Realenzyklopadie der Klassischen Altertumswissenschaft. Herauegeben von Pauly-Wissowa-Kroll-Ziegler.

专用名词一览表

Aarassus 阿拉苏斯城（皮西迪亚）

Aba 阿巴城（福西亚）

Abae 阿贝（西里西亚女王）

Abaecus 阿贝库斯（西拉塞人的国王）

Abaeitae 阿贝伊泰人（密细亚与弗里吉亚之间的部落）

Abaeitis 阿贝伊提斯（大弗里吉亚地名）

Abantes 阿班特斯人（埃维亚居民）

Abantis 阿班提斯岛（埃维亚岛古名）

Abaris 阿巴里斯（神话之中的极北地区居民，阿波罗的预言家）

Abas 阿巴斯（神话人物，阿班提斯的国王）

Abdera 阿夫季拉城（色雷斯）

Abderus 阿夫季鲁斯（神话人物，被狄奥墨得斯的马撕碎）

Abedera 阿贝德拉城（伊比利亚）

Abella 阿贝拉城（坎帕尼亚）

Abii 阿比人（意为"与妇女分开生活的"部落，与西徐亚部落同族）

Abile 阿比勒山（莫鲁西亚）

Abilyx. Mt 阿比利克斯山（利比亚）

Abisarus 阿比萨鲁斯（印度国王）

Abonuteichus 阿博努泰库斯城（帕夫拉戈尼亚）

Aborace 阿波拉斯城（博斯普鲁斯的辛迪斯）

Aborigines 阿博里吉内人（居住在罗马附近的部落）

Aborras. R 阿博拉斯河（美索不达米亚）

Abrettene 阿布雷特内城（密细亚地名）

Abrettenus 阿布雷特内的（密细亚地名）

Abrotonum 阿布洛托努姆城（利比亚）

Abus. Mt 阿布斯山脉（亚美尼亚）

Abydeni 阿拜多斯人（特洛阿德的阿拜多斯城居民）

Abydon 阿拜登城（荷马史诗之中的，马其顿）

Abydonis 阿拜登尼斯（马其顿）

Abydus 阿拜多斯城（特洛阿德）

Abydus 阿拜多斯城（埃及）

Academia 学园（约公元前387年之后柏拉图在雅典讲学的地方，后于此形成柏拉图哲学学派）

Academic 柏拉图学派的

Acadia 阿卡迪亚（古希腊伯罗奔尼撒半岛中部山区）

Acadians 阿卡迪亚人（阿卡迪亚居民）

Acalandrus. R 阿卡兰德鲁斯河（意大利南部）

Acamas 阿卡马斯角（塞浦路斯）

Acamas 阿卡马斯（神话人物，塞浦路斯索利城的开拓者）

Acantha 阿坎萨城（埃及）

Acanthian. G 阿坎图斯湾（马其顿）

Acanthians 阿坎图斯人

Acanthus 阿坎图斯城（马其顿）

acapniston 未经烟熏的（阿提卡蜂蜜）

Acarnan 阿卡南（神话人物，阿尔克迈翁之子）

Acarnania 阿卡纳尼亚（希腊地区）

Acarnanians 阿卡纳尼亚人（希腊部落）

Acathartus. G 阿卡撒图湾（阿拉比亚）

Ace 埃斯城（腓尼基）

Acesines. R 阿塞西尼斯河（印度）

Achaea 亚该亚（希腊伯罗奔尼撒半岛北部地名）

Achaea 亚该亚城（阿里亚）

Achaea 亚该亚城（辛梅里安人的博斯普鲁斯）

Achaea 亚该亚崖（伯罗奔尼撒半岛的特里菲利亚）

Achaean 亚该亚的

Achaean Camp 亚该亚人的兵营（特洛阿德）

Achaean League 亚该亚联盟（希腊伯罗奔尼撒半岛亚该亚城市联盟）

Achaeans 亚该亚人（希腊主要部落之一）

Achaecarus 阿契卡鲁斯（博斯普鲁斯人的祭司）

Achaei 亚该亚人（希腊部落之一）

Achaeium 亚该亚乌姆城（特洛阿德）

Achaemenidae 阿契美尼德人（古波斯王族，波斯部落之一）

Achaeus 亚该乌斯（克苏图斯之子）

Achaeus 亚该乌斯（安条西斯之父）

Achaia 阿哈亚城（阿里亚）

Acharaca 阿哈拉卡城（卡里亚尼萨人的）

Achardeus. R 阿哈尔德乌斯河（高加索）

Achatarti 阿卡塔尔提人（猎人）

Acheloüs. R 阿谢洛奥斯河与河神（弗

西奥蒂斯、马其顿）

Acheloüs. R 阿谢洛奥斯河（流过迪梅地区）

Acheloüs. R 阿谢洛奥斯河（流过拉米亚地区）

Acheloüs. R 阿谢洛奥斯河（科林斯湾）

Acheron, R 阿谢隆河（希腊）

Acherrae 阿谢雷港（坎帕尼亚奈阿波利斯城附近）

Acherusian. L 阿谢鲁西亚湖（坎帕尼亚）

Acherusian Marsh 阿谢鲁西亚沼泽（坎帕尼亚）

Achileium 阿喀琉乌姆村（亚细亚）

Achilles 阿喀琉斯（特洛伊战争之中最伟大的希腊英雄，密尔弥冬人的国王）

Acholla 阿科拉城（利比亚）

Acidon. R 阿齐登河（特里菲利亚）

Acila 阿齐拉角（阿拉比亚）

Acilisene 阿齐利塞内（亚美尼亚地名）

Aciris. R 阿齐里斯河（莱夫卡尼亚）

Acisene 阿齐塞内（亚美尼亚地名）

Acmon 阿克蒙（伊达山达克提利的一部分）

Aconites 阿科尼特人（撒丁岛部落）

Acontius. Mt 阿康蒂乌斯山（福基斯）

Acra 阿克拉村（辛梅里安人的博斯普鲁斯）

Acraea 阿克雷亚城（拉科尼亚）

Acraean 阿克雷亚的

Acraephiae 阿克雷菲亚城（维奥蒂亚）

Acraephium 阿克雷菲乌姆城（维奥蒂亚）

Acragantini 阿克拉甘提尼人（西西里，格洛人的）

Acragas 阿克拉加斯城（西西里）

Acrathos 阿克拉托斯角（马其顿）

Acridophagi 阿克里多法吉人（意为"食莲者"，埃塞俄比亚部落）

Acrisius 阿克瑞斯（神话人物，达娜俄之父）

Acritas 阿克里塔斯角（麦西尼）

Acrocorinthus 阿克罗科林斯山（麦西尼）

Acrocorinthus 阿克罗科林斯（科林斯的卫城）

Acrolissus 阿克罗利苏斯城（伊利里亚利苏斯城的卫城）

Acrothoi 阿克罗托伊城（圣山的卫城）

Acta 阿克塔城（参见阿提卡）

Actaeon 阿克特翁（神话人物，阿里斯塔俄斯和奥托诺耶之子、著名猎手）

Actaeus 阿克兴的

Actê 阿克特（即阿提卡）

Actê 阿克特（阿尔戈利斯东边的海岸地区、沿岸地区）

Actian 亚克兴的

Actian games 亚克兴运动会（罗马人为纪念公元前 31 年亚克兴大战胜利而举行的运动会）

Actian war 亚克兴大战（公元前 31 年屋大维在此战胜安东尼，成为罗马的主人）

Acticê 阿克提斯（又称阿克特，得名于阿克特翁，参见阿提卡古称）

Actium 亚克兴角（希腊阿卡纳尼亚北部海岬，亚克兴大战的战场）

Acusilaus 阿库西劳斯（公元前 5 世纪，阿尔戈斯历史学家）

Acutia 阿库提亚城（伊比利亚）

Acyphas 阿西法斯城（品都斯）

Ada 阿达（卡里亚国王赫卡通努斯之次女）

Ada 阿达（卡里亚国王皮克索达鲁斯和阿菲尼斯之女）

Adada 阿达达城（皮西迪亚）

Adae 阿迪城（小亚细亚）

Adarbal 阿达鲍（罗马人的朋友，被朱古达所杀）

Addua, R. 阿杜亚河（发源于阿杜拉山）

Adeimantus 阿德曼图斯（公元前 3 世纪，兰普萨库斯的雄辩家）

Adiabene 阿迪亚贝纳（亚美尼亚地名）

Adiabeni 阿迪亚贝纳人（阿迪亚贝纳居民）

Adiatorix 阿迪亚托利克斯（加拉提亚人的长官之一）

Admetus 阿德墨托斯（阿尔戈英雄之一、埃维亚塔米纳城的建立者）

Adobogion 阿多波吉昂（梅诺多图斯之妻、米特拉达梯·欧帕托之妾）

Adonis. R 阿多尼斯河（叙利亚）

Adonis 阿多尼斯（希腊神话的美少年，在叙利亚等地举行纪念他的宗教节日）

Ador 阿多尔（幼发拉底河的要塞司令）

Adramyttene 阿德拉米提特内湾（密细亚）

Adramytteni 阿德拉米提特尼人（阿德拉米提乌姆人）

Adramyttium 阿德拉米提乌姆城（密细亚）

Adramyttium 阿德拉米提乌姆城（特洛阿德）

Adrapsa 阿德拉普萨城（巴克特里亚）

Adrasteia 阿德拉斯提亚山（对着基奇库斯）

Adrasteia 阿德拉斯提亚平原（密细亚的基奇库斯）

Adrastus 阿德拉斯图斯（神话人物，迈罗普斯国王之子）

Adria 阿德里亚城（意大利）

Adriani 阿德里亚人（阿德里亚城居民）

Adrias 亚得里亚海（地中海的一部分）

Adriatic 亚得里亚的、亚得里亚海的

Adriatic Sea 亚得里亚海

Adrium 亚得里乌姆（亚得里亚海口）

Adrium. Mt 亚得里乌姆山（达尔马提亚）

Adrymes 亚得里梅斯城（利比亚）

Adula. Mt 阿杜拉山（阿尔卑斯山脉）

Aea 埃阿城（科尔基斯法西斯附近）

Aea 埃阿河（马其顿阿修斯河的河源）

Aeacesium 埃阿塞西乌姆（卡利马科斯虚构的伊萨卡岛地名）

Aeacidae 埃阿科斯族（神话故事埃阿科斯的后裔，莫洛西人国王的后裔）

Aeacus 埃阿科斯（神话人物，宙斯之子、埃伊纳的国王、阿喀琉斯的祖父，死后为冥间的判官之一）

Aeaea 埃阿伊娅（荷马虚构的城市，类似于埃阿）

Aeanes 埃阿尼斯（洛克里斯俄庞提人的国王）

Aeaneium 埃阿尼乌姆（圣地，洛克里斯）

Aeanis. R 埃阿尼斯河（洛克里斯）

Aeas. R 埃阿斯河（又称奥乌斯河，伊庇鲁斯）

Aeas 埃阿斯（神话人物，透克罗斯之子）

Aeas 埃阿斯（神话人物，特拉蒙之子、萨拉米斯的国王）

Aeas 埃阿斯（神话人物，洛克里斯奥庞提人的国王）

Aeci 埃齐人（意大利部落，罗马附近）

Aedepsus 埃德普斯城（埃维亚岛）

Aedui 埃杜伊人（凯尔特的部落居民）

Aeetes 埃特斯（科尔基斯的统治者）

Aega 埃加城（又称埃盖，亚该亚）

Aega 埃加角（埃奥利斯）

Aegae 埃盖城（埃盖拉、亚该亚12座城市之一）

Aegae 埃盖城（埃维亚岛）

Aegae 埃盖城（埃奥利斯人在亚细亚的）

Aegaeae 埃盖伊城（西里西亚）

Aegaeans 埃盖人（亚该亚埃盖城居民）

Aegaean Sea 爱琴海（地中海的一部分）

Aegaleum. Mt 埃加勒乌姆山（麦西尼）

Aegean 爱琴海的

Aegeans 爱琴海人

Aegean Sea 爱琴海（地中海的一部分）

Aegeira 埃盖拉（爱奥尼亚）

Aegeira 埃盖拉城（伯罗奔尼撒）

Aegeirus 埃盖鲁斯村（莱斯沃斯岛）

Aegeirussa 埃盖鲁萨（迈加里斯地名）

Aegesta 埃格斯塔城（又称 Aegestaea，西西里）

Aegestaea 埃格斯塔伊城（西西里）

Aegestes 埃格斯特斯（神话人物，特洛伊人，埃格斯塔城建立者）

Aegeus 埃格乌斯（神话人物，潘迪昂之子）

Aegialeia 埃贾利亚（伯罗奔尼撒半岛亚该亚人的海岸）

Aegialeia 埃贾利亚村（帕夫拉戈尼亚海岸）

Aegialeia 埃贾利亚（西锡安古称）

Aegialeians 埃贾利亚人（又作 Aegialians，伯罗奔尼撒半岛爱奥尼亚的居民，又称亚该亚人）

Aegiali 埃贾利城（西锡安）

Aegialus 埃贾卢斯（亚该亚的）

Aegialus 埃贾卢斯村（帕夫拉戈尼亚的）

Aegilieis 埃吉利斯（古代阿提卡居民点之一）

Aegilips 埃吉利普斯（莱夫卡斯岛的地名）

Aegimius 埃吉米乌斯（多利亚人的国王）

Aegimros 埃吉姆洛斯岛（又作 Aegimurus，西西里和利比亚附近）

Aegina 埃伊纳岛（希腊）

Aegina 埃伊纳（埃皮多里亚地名）

Aeginetans 埃伊纳人（埃伊纳岛居民）

Aeginium 埃伊尼乌姆城（希腊北部，滕非人的）

Aegis 埃癸斯的神盾（希腊神话）

Aegium 埃伊乌姆（亚该亚）

Aegletan Apollo 埃格莱特的阿波罗神庙（阿纳费岛）

Aegletes 埃格莱特斯（地中海地名）

Aegospotami 伊哥斯波达米城与河（色雷斯的切尔松尼斯）

Aegua 埃瓜城（伊比利亚）

Aegypt 埃及（古代利比亚境内国家）

Acgyptian 埃及的

Aegyptians 埃及人（埃及古代居民）

Aegyptus 埃及的

Aegys 埃吉斯（拉科尼亚西北部地名）

Aela 埃拉城（阿拉伯湾）

Aelana 埃拉纳城（加沙附近，阿拉伯湾）

Aelanites 埃拉尼特（阿拉伯湾地名）

Aelanites Gulf 埃拉尼特湾（阿拉比亚）

Aelis 伊利斯城（伯罗奔尼撒半岛）

Aelis 伊利斯（伯罗奔尼撒半岛地区）

Aelius Catus 埃利乌斯·卡图斯（公元前 4 年，罗马执政官）

Aelius Gallus 埃利乌斯·加卢斯（公元前 27—前 24 年，罗马派驻埃及的首任总督，斯特拉博的朋友）

Aemilia 埃米利亚（意大利）

Aemilian Way 埃米利安大道（马可·李必达·埃米利安所建）

Aemilianus Maximus 埃米利亚努斯·马克西穆斯（公元前 121 年，罗马执政官）

Aemilius Paulus Macedonicus 埃米利乌

斯·保卢斯·马其顿（罗马执政官，公元前 168 年在皮德纳城打败珀尔修斯）

Aenea 埃涅阿城（参见尼亚科姆）

Aenea 埃涅阿（卡桑德毁灭的城市）

Aenea 埃涅阿村（特洛阿德）

Aeneas 埃涅阿斯（神话人物，波塔昂之子）

Aeneias 埃尼亚斯（神话人物，安喀塞斯之子，达达尼亚人首领）

Aenesisphyra 埃内西斯弗拉角（利比亚）

Aeniana 埃尼亚纳城（亚细亚）

Aenianes 埃尼亚尼人（亚细亚部落）

Aenianians 埃尼亚尼亚人（又名 Aenianes，色萨利部落）

Aeniates 埃尼亚特斯（帕夫拉戈尼亚人名）

Aenisisphyra 埃尼西斯菲拉角（埃及）

Aemsisppeia 埃尼西斯皮亚岛（正对着埃及）

Aenesius 埃涅修斯（神话人物）

Aenius. R 埃尼乌斯河（特洛阿德）

Aenius. R 埃尼乌斯河（色雷斯）

Aenus 埃努斯山（凯法莱尼亚）

Aenus 埃努斯城（色雷斯）

Aeolian 埃奥利斯的

Aeolians 埃奥利斯人（希腊部落）

Aeolic 埃奥利斯的、埃奥利斯方言

Aeolic stock 埃奥利斯人种

Aeolis 埃奥利斯（小亚细亚地名）

Aeolus《埃俄罗斯》（欧里庇得斯）

Aeolus 埃俄罗斯（风王）

Aepasian Plain 埃帕西亚平原（特里菲利亚）

Aepeia 埃皮亚城（麦西尼）

Aepy 埃皮（福西亚部落的首领）

Aepytus 埃皮图斯（神话人物，内莱乌

斯之子，普里恩的奠基人）

Aequi 埃魁人（拉丁姆部落）

Aequum Faliscum 埃库姆·法利斯库姆城（弗拉米尼乌斯大道旁）

Aeria 埃里亚城（凯尔特）

Aesarus, R. 埃萨鲁斯河（意大利）

Aeschines 埃斯奇涅斯（公元前389—前314年，雅典演说家）

Aeschines 埃斯奇涅斯（米利都的演说家，斯特拉博同时代人）

Aeschylean 埃斯库罗斯的

Aeschylus 埃斯库罗斯（公元前525—前456年，剧作家）

Aesepus. R 埃塞普斯河（伊达山，密细亚）

Aesernia 埃塞尔尼亚城（萨莫奈人的城市）

Aesis River 埃西斯河（意大利）

Aesium 埃西乌姆城（意大利弗拉米尼乌斯大道右边）

Aesop 伊索（传说中生活在约公元前6世纪的希腊寓言家）

Aesyetes 埃西特斯（神话人物，安特诺尔之父）

Aethalia 埃萨利亚岛（位于意大利和西尔努斯岛之间）

Aethaloeis. R 埃萨洛伊斯河（锡普西斯）

Aethices 埃塞斯人（伊庇鲁斯的部落）

Aethicia 埃塞西亚（埃塞斯人居住地区）

Aethiopia 埃塞俄比亚（古代利比亚境内）

Aethiopians 埃塞俄比亚的

Aethiopians 埃塞俄比亚人（利比亚部落）

Aethiopic 埃塞俄比亚的

Aetna 埃特纳火山（西西里）

Aetna 埃特纳城（西西里卡塔纳城新名）

Aetnaean 埃特纳的

Aetnaeans 埃特纳人（埃特纳居民）

Aetolia 埃托利亚（希腊北部地区名）

Aetolian 埃托利亚的

Aetolian Artemis 埃托利亚的阿尔忒弥斯

Aetolians 埃托利亚人（埃托利亚居民）

Aetolicus 埃托利亚的（德米特里的绰号）

Aetolus 埃托卢斯（神话人物，恩迪米昂之子）

Aexoneis 埃克索尼斯（古代阿提卡居民点之一）

Aexonici 埃克索尼齐（古代阿提卡居民点之一）

Afranius 阿弗拉尼乌斯（庞培的副将，公元前49年在伊莱尔达城投降凯撒）

Africanus 阿非利加努斯（罗马国务活动家西庇阿绰号）

Agaeus 阿盖乌斯（神话人物，阿尔戈斯建城者）

Agamedes 阿加梅德斯（神话人物，德尔斐第二神庙的建立者）

Agamennon 阿伽门农（神话人物，麦西尼的国王）

Agapenor 阿加佩诺尔（神话人物，塞浦路斯帕福斯城的建立者）

Agatharchides 阿加萨奇德斯（尼多斯的逍遥派哲学家、历史学家）

Agathe 阿加特城（凯尔特的纳伯境内）

Agathocleia 阿加索克利亚（托勒密四世·菲洛梅托之母）

Agathocles 阿加索克利斯（公元前361—前289年，锡拉库萨的僭主）

Agathocles 阿加索克利斯（公元前4—前3世纪，亚历山大继业者之一利西马库斯之父）

Agathocles 阿加索克利斯（利西马库斯之子）

Agathyrnum 阿加赛尔努姆城（西西里）

Agdistis 阿格迪斯提斯（众神之母，见

瑞亚）

Agesilaus 阿格西劳斯（阿希达穆斯之父，斯巴达国王）

Agidae 阿吉斯族（拉克代蒙国王阿吉斯的后代）

Agis 阿吉斯（神话人物，拉克代蒙国王）

Agnu-Ceras 阿格努–塞拉斯角（意为"柳树角"，埃及）

Agoracritus 阿哥拉克里图斯（公元前5世纪，菲迪亚斯的学生、帕罗斯的雕刻家）

Agra 阿格拉（阿提卡地名）

Agradatus. R 阿格拉达图斯河（从前的居鲁士河）

Agraean region 阿格里地区（埃托利亚）

Agraeans 阿格里人（埃托利亚部落）

Agraeans 阿格里人（阿拉比亚部落）

Agri 阿格里人（梅奥提斯部落一支）

Agriades 阿格里亚德斯（伊利斯的建城者）

Agrianes 阿格里亚人（马其顿罗多彼山附近部落）

Agrii 阿格里人（埃塞俄比亚部落）

Agrii 阿格里人（梅奥提斯部落一支）

Agrippa 阿格里帕（公元前63—前12年，罗马将领和政治家、多次担任执政官）

Agrius 阿格里乌斯（神话人物，波塔昂之子）

Agylla 阿吉拉城（佩拉斯吉人所建，后称凯雷）

Agyllaei 阿吉拉人（他们在德尔斐的宝库）

Aiacidae 埃阿科斯族（神话故事中埃阿科斯的后代）

Aiantes 埃阿斯的士兵

Aias 埃阿斯（神话人物，萨拉米斯国王

特拉蒙之子）

Aias 埃阿斯河（伊庇鲁斯）

Aias 埃阿斯（神话人物，萨拉米斯国王透克罗斯之子）

Aias 埃阿斯（神话人物，俄庞提洛克里人的国王）

Aïclus 埃克卢斯（神话人物，埃洛普斯的兄弟）

Ajax 埃贾克斯河（伊庇鲁斯）

Ajax 埃贾克斯（神话人物，透克罗斯之子）

Ajax 埃贾克斯（神话人物，特拉蒙之子）

Ajax 埃贾克斯（神话人物，俄庞提克里人的国王）

akamatos 阿卡马托斯（希腊词汇）

Akamathos 阿卡马托斯角（塞浦路斯）

Akamathos 阿卡马托斯（神话人物，索利岛的开拓者）

Alabanda 阿拉班达城（卡里亚）

alabes 阿拉贝斯（埃及鱼类，鳍鳝）

Alaesa 阿莱萨城（西西里）

Alaeeis 阿莱伊人（古代阿提卡居民）

Alalcomenae 阿拉勒科梅尼城（阿斯特里亚岛）

Alalcomenae 阿拉勒科梅尼城（又作 Alalcomenium，维奥蒂亚）

Alalcomenae 阿拉勒科梅尼城（伊庇鲁斯，埃里贡河旁）

Alazia 阿拉齐亚城（小亚细亚密细亚的奥德里塞斯河畔）

Alazones 阿拉宗人（密细亚部落）

Alazones 阿拉宗人（西徐亚部落）

Alazonia 阿拉佐尼亚（锡普西斯的）

Alazonius. R 阿拉佐尼乌斯河（伊比利亚）

Alba 阿尔巴城（拉丁姆）

Alban. Mt 阿尔班山（又作 Albanus，意
大利拉丁姆）

Albani 阿尔巴人（欧罗巴的）

Albani 阿尔巴尼人（亚细亚的）

Albania 阿尔巴尼亚（亚细亚古高加索
地名）

Albanians 阿尔巴尼亚人（欧罗巴的）

Albanians 阿尔巴尼亚人（古高加索的）

Albian. Mt 阿尔比斯山（阿尔卑斯山脉
旧称）

Albienses 阿尔比恩斯人（阿尔卑斯部
落居民）

Albingaunum 阿尔宾高努姆城（意大利
北部）

Albioeci 阿尔比奥西人（阿尔卑斯部落
居民）

Albion 阿尔比昂（古代希腊罗马人对英
格兰的称呼）

Albis R. 阿尔比斯河（又作 Albium，日
耳曼）

Albium Intemelium 阿尔比乌姆·因特
梅利乌姆城（利古里亚）

Albius 阿尔比乌斯山（凯尔特的雅波德
人地区）

Albula 阿尔布拉河（拉丁姆）

Alcaeus 阿尔凯奥斯（公元前 7—前 6
世纪，米蒂利尼的诗人）

Alcestis 阿尔刻提斯（神话人物，普勒
阿德斯之中最美的仙女）

Alchardamnus 阿尔卡德姆努斯（叙利
亚部落首领）

Alcibiades 亚西比德（公元前 450—前
404 年，雅典将军和政治家）

Alcides 阿尔喀德斯（希腊神，即赫拉
克勒斯）

Alcimedon 阿尔基墨冬（神话人物，阿
喀琉斯的车夫）

Alcimus 阿尔基摩斯（神话人物，即阿尔
基梅登）

Alcion. S 阿尔西翁海（克里萨湾的一
部分）

Alcmaeon 阿尔克迈翁（神话人物，安
菲阿劳斯之子）

Alcmaeonis《阿尔克迈翁家族》

Alcman 阿尔克曼（约公元前 625 年，
萨迪斯诗人）

Alcmene 阿尔克墨涅（赫拉克勒斯之母）

Alcyonian 阿尔西翁的（海或海湾）

Alean Athene 阿莱安的雅典娜

Aleian Plain 阿莱平原（西里西亚）

Aleisium 阿莱西乌姆（阿莱西伊乌姆城）

Aleisius. R 阿莱西乌斯河（伊利斯）

Alesia 阿莱西亚城（凯尔特）

Alesiaeium 阿莱西伊乌姆城（阿莱西乌
姆城）

Aletes 阿莱特斯（神话人物，科林斯建
城者）

Aletia 阿莱提亚城（雅皮吉亚）

Aletrium 阿莱特里乌姆城（意大利）

Aleus 阿莱乌斯（神话人物，奥吉之父）

Alexander 亚历山大大帝（公元前
336—前 323 年，腓力二世之子、古
代最著名军事家和政治家之一，亚历
山大帝国创始人）

Alexander 亚历山大（犹太国王）

Alexander Balas 亚历山大·巴拉斯（公
元前 150—前 146 年，安条克·埃皮
法尼斯之子、叙利亚国王）

Alexander 亚历山大（以弗所的演说家）

Alexander 亚历山大（公元前 342—前
330 年，伊庇鲁斯国王）

Alexander 亚历山大（劳迪西亚人菲拉
勒特斯之子、卡鲁拉城希罗菲卢斯学
派的首领，斯特拉博同时代人）

专用名词一览表 **1523**

Alexander 亚历山大（约公元前 315 年，埃托利亚诗人）

Alexander 亚历山大（参见帕里斯）

Alexandereia 亚历山大城（阿里亚）

Alexandereians 亚历山大城居民（埃及）

Alexandereians 亚历山大城居民（特洛阿德）

Alexandria 亚历山大城（埃及）

Alexandreia 亚历山大城（西里西亚）

Alexandria 亚历山大城（叙利亚）

Alexandria 亚历山大城（特洛阿德）

Alexandria. Mt 亚历山大山（阿德拉米特内湾）

Alexandrium 亚历山大里乌姆（犹太要塞）

Alexarchus 亚力萨库斯（安提帕特之子，建立乌拉诺波利斯城）

Algidum 阿尔吉杜姆城（拉丁姆）

Alinda 阿林达城（卡里亚）

Alizonium 阿里左尼乌姆城（小亚细亚）

Allifae 阿利费城（萨莫奈人的）

Allitrochades 阿利特洛查德斯（印度国王）

Allobroges 阿洛布罗克斯人（凯尔特部落）

Allobrogian Gauls 阿洛布罗克斯高卢（凯尔特）

Allotrigans 阿罗特里甘人（伊比利亚部落）

Alobe 阿洛贝城（荷马史诗之中的地名）

Alope 阿洛佩城（色萨利）

Alope 阿洛佩城（奥佐利亚的洛克里斯）

Alope 阿洛佩城（俄庞提的洛克里斯）

Alope 阿洛佩城（埃皮克内米迪亚的洛克里斯）

Alope 阿洛佩城（荷马史诗之中的地名）

Alopecia 阿洛佩西亚岛（梅奥提斯）

Alopeconnesians 阿洛佩康内斯人（阿洛佩康内斯城居民）

Alopeconnesus 阿洛佩康内斯城（色雷斯半岛）

Alorium 阿洛里乌姆（拉科尼亚）

Alorus 阿洛鲁斯城（马其顿）

Alpheionia 阿尔菲翁尼亚圣域（又称阿尔菲乌萨圣域，阿尔菲乌斯河口）

Alpheius. R 阿尔菲乌斯河（伊利斯）

Alpheiusa 阿尔菲乌萨圣域（阿尔菲乌斯河口）

Alpian 阿尔卑斯山的

Alpine. Mt 阿尔卑斯山脉

Alpionian 阿尔卑奥山脉（阿尔卑斯山脉旧称）

Alponus 阿尔伯努斯城（洛克里斯，被地震毁灭）

Alps 阿尔卑斯山脉诸行省

Alsium 阿尔西乌姆城（意大利第勒尼亚，今帕洛）

Alsos 阿尔索斯（小树林）

Altars 祭坛

Altars of Conon 科农的祭坛（埃塞俄比亚，阿拉伯湾）

Altes 阿尔特斯（神话人物，普里阿摩斯的岳父，勒勒吉人的统治者）

Althaea 阿尔萨亚（塞斯提乌斯之子）

Althaemenes 阿尔萨梅涅斯（神话人物，克里特的建城者）

Altinum 阿尔提努姆城（意大利）

Alura 阿卢拉城（麦西尼亚的奥隆城）

Aluris 阿卢里斯城（麦西尼亚的奥隆城）

Alus 阿卢斯城（色萨利，又名 halus, hal）

Alyattes 阿利亚特斯（克罗伊斯之父，吕底亚国王）

Alybe 阿利贝（荷马史诗之中的地名）

Alybes 阿利贝人（部落）

Alyzeus 阿利宙斯（伊卡里乌斯之子）

Alyzia 阿利齐亚城（阿卡纳尼亚）

Amadocus 阿马多库斯（色雷斯部落小王）

Amaltheia 阿马尔特亚（神话故事，给婴儿时期宙斯喂奶的山羊，它的角象征着取之不尽用之不竭的财富）

Amanides Gates 阿马努斯门（山间通道）

Amanus. Mt 阿马努斯山（西里西亚的托罗斯山支脉）

Amardi 阿马尔迪人（又称马尔迪人，波斯部落）

Amarium 阿马里乌姆（宙斯的圣树林）

Amarynces 阿马林塞斯（神话人物，埃佩人的国王）

Amarynthia 阿马林图斯的（埃雷特里亚）

Amarynthium 阿马林图斯神庙（埃雷特里亚）

Amarynthus 阿马林图斯村（埃雷特里亚）

Amaseia 阿马西亚城（斯特拉博的故乡、卡帕多西亚）

Amaseians 阿马西亚人（斯特拉博的同乡、卡帕多西亚）

Amasias. R 阿马西亚斯河（日耳曼尼亚）

Amastris 阿马斯特里城（帕夫拉戈尼亚）

amathodes 多沙的

Amathus. R 阿马图斯河（皮卢斯城附近）

Amathus 阿马图斯城（塞浦路斯）

Amathusians 阿马图斯人（塞浦路斯阿马图斯城居民）

Amaxiki 阿马克西基（阿卡纳尼亚人的城市）

Amazones 亚马孙平原（科尔基斯）

Amazons 亚马孙人（神话故事，女战士部落、科尔基斯）

Ambarvia 安巴维亚（罗马的宗教节日）

Ambiani 安比亚尼人（凯尔特部落）

Amblada 安布拉达城（皮西迪亚）

Ambracia 安布拉西亚城（伊庇鲁斯、今阿尔塔城）

Ambracian. G 安布拉西亚湾（希腊伊庇鲁斯，今阿尔塔湾）

Ambrones 安布罗尼人（凯尔特部落）

Ambryseans 安布里西人（安布里苏斯城居民）

Ambrysus 安布里苏斯城（福基斯）

Amenanus. R 阿梅纳努斯河（卡塔纳）

Ameria 阿梅里亚城（意大利弗拉米尼乌斯大道）

Ameria 阿梅里亚城（卡帕多西亚）

Amiseni 阿米塞尼人（阿米苏斯城居民）

Amisenians 阿米塞尼亚人（阿米苏斯城）

Amisus 阿米苏斯城（本都）

Amiternum 阿米特努姆城（意大利萨宾人的）

Ammon 阿蒙神（神庙，神谕所，利比亚）

Ammonia 阿蒙尼亚城（利比亚，即巴累同尼乌姆）

Ammon Balithon 阿蒙·巴利托角（迦太基地区）

Amnias. R 安尼亚斯河（帕夫拉戈尼亚）

Amnisus 安尼苏斯港（克里特岛米诺斯王国的港口）

Amollius 阿莫利乌斯（神话人物，罗马国王）

Amorgos. I 阿莫尔戈斯岛（斯波拉德斯群岛之一）

Amorium 阿莫里乌姆城（大弗里吉亚）

Ampelus 安培鲁斯城和海角（萨摩斯岛）

Amphaxion 安法克西翁城（安法克西提斯境内）

Amphaxites 安法克西特人（安法克西翁

部落名）

Amphaxitis 安法克西提斯（马其顿地名）

Amphiale. C 安菲阿莱角（阿提卡）

Amphiaraeium 安菲阿雷乌姆（安菲阿
劳斯神庙和神谕所）

Amphiaraus 安菲阿劳斯（神话人物，阿
尔克迈翁和阿姆菲罗库斯之父）

Amphictynic Leage 近邻同盟（古希腊
为了保卫德尔斐神庙而建立的城市
同盟）

Amphictyonic Council 近邻同盟会议
（同上）

Amphictyons 近邻同盟成员（同上）

Amphictyony 近邻同盟（同上）

Amphidolis 安菲多利斯（又称 Amphi-
dolia，伊利斯地名）

Amphigeneia 安菲格尼亚（特里菲利亚）

Amphilochi 安菲罗奇人（阿尔戈斯居民）

Amphilochi 安菲罗奇城（伊比利亚）

Amphilochian 安菲罗奇的

Amphilochians 安菲罗奇人（阿尔戈斯）

Amphilochicum 安菲罗奇人的

Amphilochus 安菲罗库斯（神话人物，
阿尔克迈翁的兄弟）

Amphimalla 安菲马拉城（克里特）

Amphinomus 安菲诺摩斯（神话故事，
珀涅罗珀的求婚者之一）

Amphinomus 安菲诺摩斯（挽救父母者）

Amphion 安菲翁（传说中的底比斯国王）

Amphipolis 安菲波利斯（马其顿，今奈
奥霍里）

Amphiscian 安菲斯的（波塞多尼奥斯
提到的热带）

Amphissians 安菲斯人（福基斯部落）

Amphisians 安菲斯人（热带部落）

Amphissa 安菲萨城（西洛克里斯，今
萨洛纳）

Amphistratus 安菲斯特拉图斯（神话人
物，狄俄斯库里兄弟的车夫）

Amphitheatre 圆形露天竞技场

Amphitryon 安菲特律翁（神话人物，
梯林斯国王）

Amphius 安菲乌斯（神话人物，迈罗普
斯之子）

Amphrysus. R 安弗里斯河（色萨利）

Amyclae 阿米克莱城（拉科尼亚）

Amyclaeum 阿米克莱神庙（阿波罗神庙）

Amycteres 阿米克特雷人（印度神话传
说部落，一说独目人）

Amydon 阿米登城（荷马史诗中的城
市，即阿拜登）

Amymone 阿米莫内（勒内湖的源头）

Amymone 阿米莫内（神话人物，纳夫
普利乌斯之母）

Amynander 阿米南德（阿萨马尼亚人的
国王）

Amyntas 阿敏塔斯（马其顿国王腓力
之父）

Amyntas 阿敏塔斯（加拉提亚国王）

Amyntor 阿敏托（神话人物，奥尔梅努
斯之子）

Amyrgaean Sacae 阿米尔盖塞种（西徐亚
人一支）

Amyrus 阿米鲁斯城（维贝湖）

Amyrus. R 阿米鲁斯河（色萨利）

Amythaonides 阿米塔奥德人（神话故
事，阿尔戈斯的移民）

Amyzon 阿米佐城（卡里亚）

Anabura 阿纳布拉城（皮西迪亚）

Anacharsis 阿纳查西斯（约公元前 590
年，西徐亚人，希腊七贤之一）

Anacreon 阿纳克雷翁（约公元前 560
年，特奥斯抒情诗人）

Anactorium 阿纳克托里乌姆城（阿卡纳

尼亚）

Anacyndaraxes 阿纳辛达拉克斯（亚述国王萨尔达纳帕卢斯之父）

Anadatus 阿纳达图斯（伊朗主神）

Anadiomene 阿纳迪奥梅内（意为"海中出现的"）

Anagnia 阿纳尼亚城（意大利）

Anagyrasii 阿纳吉拉西（古代阿提卡居民点之一）

Anaitis 阿娜希塔女神（伊朗）

Anaphe 阿纳费岛（克里特海）

Anapias 阿纳皮亚斯（安菲诺摩斯的兄弟、挽救父母者）

Anaphlystii 阿纳弗律斯提（古代阿提卡居民点之一）

Anaphlystus 阿纳弗律斯图斯（阿提卡地名，有阿弗罗蒂忒神庙）

Anariacae 阿纳里亚凯人（里海部落）

Anariace 阿纳里亚斯城（亚细亚）

Anariaci 阿纳里亚齐人（里海部落）

Anas. R 阿纳斯河（伊比利亚）

Anatolian Plateau 安纳托利亚高原（小亚细亚）

Anatolian Religion 安纳托利亚宗教

Anatolian Stories 安纳托利亚的故事

Anatolians 安纳托利亚人（小亚细亚居民）

Anaurus. R 阿瑙鲁斯河（色萨利）

Anaxarchus 安那克萨库斯（公元前4世纪，亚历山大随从，语言学家）

Anaxagoras 安那克萨哥拉（约公元前500年生，克拉佐梅尼的哲学家）

Anaxenor 阿纳克塞诺尔（马格尼西亚的）

Anaxicrates 阿那克西克拉特斯（公元前3世纪，历史学家）

Anaxilaus 阿那克西劳斯（公元前499—前476年，雷吉乌姆城的僭主）

Anaximander 阿那克西曼德（公元前610年，第一位地图出版者米利都哲学家）

Anaximenes 阿纳克西梅涅斯（公元前380—前320年，兰普萨库斯的演说家、历史学家、亚历山大的随从）

Anaximenes 阿纳克西梅涅斯（公元前6世纪，阿那克西曼德的弟子、米利都人）

Ancaeus 安凯厄斯（爱奥尼亚勒勒吉人的国王）

Ancara 安卡拉城（意大利）

Anchiale 安恰勒城（西里西亚）

Anchialus 安恰卢斯（神话人物，门特斯之父）

Anchises 安喀塞斯（神话人物，埃尼亚斯之父）

Anchoe 安科（维奥蒂亚）

Ancona 安科纳（意大利的希腊城市）

Ancus Marcius 安库斯·马基乌斯（神话人物，罗马国王）

Ancyra 安西拉城（凯尔特特克托萨吉人的要塞）

Ancyra 安西拉城（弗里吉亚）

Andania 安达尼亚城（阿卡迪亚）

Andanis 安达尼斯（阿卡迪亚）

Andeira 安戴拉城（特洛阿德）

Andizetii 安迪则提人（潘诺尼亚部落）

Andraemon 安德雷蒙（科洛封的奠基人，皮卢斯人）

Andreia 安德赖亚（克里特和斯巴达的公共食堂）

Andretium 安德列提乌姆（据点）

Andriaca 安德里亚卡城（色雷斯）

Andriclus. Mt 安德里克鲁斯山（西里西亚）

Andrii 安德里人（基克拉泽斯群岛之一

安德洛斯岛居民）

Androclus 安德洛克卢斯（神话人物，
国王科德鲁斯之子，以弗所奠基人）

Andromache 安德洛马刻（神话故事，
赫克托耳之妻）

Andromeda 安德洛墨达（神话人物，埃
塞俄比亚人、卡西俄帕亚之女）

Andron 安德龙（公元前 4 世纪，哈利
卡纳苏斯的历史学家）

Andronicus 安德罗尼库斯（公元前 1 世
纪，罗德岛逍遥派哲学家）

Andropompus 安德洛庞普斯（神话人
物，莱贝图斯的奠基人）

Andros 安德洛斯岛（基克拉泽斯群岛
之一）

Androsthenes 安德洛西尼（塔索斯的地
理学家）

Andrus 安德鲁斯河（特洛阿德）

Anea 阿尼亚（女神，与阿娜希塔女神
相同）

Anemoleia 阿内莫利亚城（福基斯，即
阿内莫里亚）

Anemoreia 阿内莫里亚城（福基斯）

Anemurium. P 阿内姆里乌姆角（西里
西亚）

Anias. R 阿尼亚斯河（阿卡迪亚）

Anigriades 阿尼格里亚德斯（女神）

Anigrus, R. 阿尼格鲁斯河（特里菲利亚）

Anio. R 阿尼奥河（意大利）

Anniceris 安尼塞里斯（昔兰尼派哲学家）

Annius. R 安尼乌斯河（特里菲利亚）

antacaei 安塔凯伊（鲟鱼）

Antaeus 安泰乌斯（神话人物，他林克
斯附近的陵墓）

Antaeus 安泰乌斯（博斯普鲁斯的国王）

Antalcidas 安塔尔西达斯（公元前 386
年，斯巴达驻波斯宫廷代表安塔尔西

达斯与波斯签订和约）

Antandria 安坦德里亚（特洛阿德）

Antandrians 安坦德里亚人（特洛阿德安
坦德鲁斯城居民）

Antandrus 安坦德鲁斯城（勒勒吉人，
亚细亚）

Antemnae 安坦内城（拉丁姆）

Antenor 安特诺尔（神话人物，多个城
市的建立者）

Anthedon 安提登城（维奥蒂亚）

Anthedonian 安提登的（安提登城附近）

Antheia 安提亚城（麦西尼亚）

Anthemis 安提米斯岛（Anthemus，荷
马对萨摩斯的称呼）

Anthemusia 安提姆西亚（美索不达米亚
地名）

Anthenodorus 安提诺多鲁斯（哲学家，
斯特拉博的朋友）

Anthes 安提斯（神话人物，哈利卡纳苏
斯的奠基者）

Anthraces 红宝石（印度）

Anticasius. Mt 外卡西乌斯山（叙利亚）

Anticeites 安提西特斯河（萨尔马提亚）

Anticinolis 安提西诺利斯城（帕夫拉戈
尼亚）

Anticleides 安提克利德斯（公元前 4 世
纪，雅典历史学家）

Anticragus. Mt 外提克拉古斯山（吕西亚）

Anticyra 安提西拉城（福基斯）

Anticyra 安提西拉城（色萨利）

Antigonia 安提柯尼亚城（尼西亚城古称）

Antigonia 安提柯尼亚城（亚历山大城）

Antigonus of Apelles 阿佩莱斯的作品
《安提柯》（绘画）

Antigonus 安提柯（公元前 380—前 301
年，亚细亚王、腓力之子）

Antigonus Gonatas 安提柯·戈纳塔斯

（公元前 319—前 240/239 年，马其顿王）

Antilibanus. Mt 前黎巴嫩山（黎巴嫩）

Antilochus 安提洛科斯（神话人物，涅斯托尔之子）

Antimachus 安提马科斯（公元前 5 世纪，史诗作家）

Antimenidas 安提梅尼达斯（公元前 7—前 6 世纪，米蒂利尼诗人阿尔凯奥斯的兄弟）

Antimnestus 安廷内斯图斯（神话人物，雷吉乌姆城的建立者）

Antioch 安条克城（叙利亚）

Antiocheia 安条克基亚城（即尼西比斯城）

Antiocheia 安条克基亚城（叙利亚）

Antiocheia 安条克基亚城（马尔吉安纳）

Antiocheia 安条克基亚城（皮西迪亚）

Antiocheia 安条克基亚城（弗里吉亚）

Antiocheia 安条克基亚城（迈安德河畔的）

Antiocheians 安条克基亚人

Antiochian War 安条克战争（公元前 192—前 191 年，罗马与的战争）

Antiochis 安条西斯（亚该乌斯之女、阿塔罗斯一世之妻）

Antiochus 安条克（约公元前 420 年，锡拉库萨历史学家）

Antiochus 安条克（约公元前 358 年，塞琉古一世之父，叙利亚安条克城用其名字命名）

Antiochus Soter 安条克一世·索特尔（公元前 280—前 261 年，塞琉古之子、叙利亚国王）

Antiochus Hierax 安条克·西拉克斯（公元前 263—前 226 年，叙利亚国王）

Antiochus Theos 安条克二世·塞奥斯（公元前 287—前 246，叙利亚国王）

Antiochus The Great 安条克三世（公元前 242—187 年，叙利亚国王）

Antiochus Epiphanes 安条克·埃皮法尼斯（公元前 175—前 164 年，叙利亚国王）

Antiochus Sidetes 安条克七世·西德特斯（公元前 137—前 128 年，德米特里之子、叙利亚国王）

Antiope 安提俄珀（神话人物）

Antipater 安提帕特（公元前 400—前 319 年，亚历山大部将）

Antipater 安提帕特（小亚美尼亚国王）

Antipater Derbetes 安提帕特·德尔贝特斯（海盗）

Antipater 安提帕特（公元前 151/150 年去世，塔尔苏斯哲学家）

Antipater 安提帕特（推罗哲学家，斯特拉博同代人）

Antiphanes 安提法奈斯（公元前 3 世纪贝尔格人，虚构的地理游记作者）

Antiphellus 安提菲卢斯城（吕西亚）

Antiphilus 安提菲卢斯港（阿拉伯湾）

Antiphrae 安提弗雷（埃及地名）

Antiphus 安提普斯（色萨卢斯之子）

Antiphus 安提普斯（神话人物，梅奥尼人首领）

Antipolis 安提波利斯城（凯尔特，今昂蒂布城）

Antirrhium 安提里乌姆角（科林斯湾）

Antirrhodos. I 安提罗德岛（意为"罗德岛的对手"，埃及亚历山大城）

Antissa 安提萨城（莱斯沃斯）

Antitaurus. M 前托罗斯山（小亚细亚）

Antium 安提乌姆城（意大利）

Antonius Marcus 马可·安东尼（公元前 81—前 31 年，罗马后三头之一）

Antony Gaius 安东尼（马可·安东尼的

叔父）

Antron 安特戎城（又作 Antrum，色萨利）

Anu. R 安努河（伊比利亚）

Anubis 安努比斯（埃及的神）

Aones 奥内人（又作 Aonians，维奥提亚的蛮族部落）

Aonian Plain 奥内平原（维奥提亚）

Aornum 奥尔努姆洞穴（卡里亚）

Aornus 奥尔努斯（参见卡里亚洞穴条）

Aornus 奥尔努斯（印度河的礁石）

Aorsi 奥尔西人（萨尔马提亚部落，高加索地区）

Aous. R 奥乌斯河（伊利利亚）

Apaesus 阿培苏斯城和河（特洛阿德）

Apama 阿帕马（塞琉古一世之妻、安条克·索特尔之母）

Apameia 阿帕米亚城（米底）

Apameia Cibotus 西波图斯的阿帕米亚城（弗里吉亚）

Apameia 阿帕米亚城（比西尼亚）

Apameia 阿帕米亚城（叙利亚）

Apameians 阿帕米亚人（比希尼亚阿帕米亚城居民）

Apameians 阿帕米亚人（西波图斯的阿帕米亚城居民）

Aparni 阿帕尼人（大益人）

Aparnians 阿帕尼人（大益人）

Apasiacae 阿帕西亚凯人（西徐亚人）

Apaturum 阿帕图鲁姆城（辛梅里安人的博斯普鲁斯）

Apaturus 阿帕图鲁斯城（又称 Apaturum，博斯普鲁斯）

Apeanismos 阿佩尼斯莫斯（赞歌）

Apelles 阿佩莱斯（哲学家）

Apelles 阿佩莱斯（公元前 4 世纪，以弗所艺术家）

Apellicon 阿佩利孔（约公元前 84 年去

世，图书收藏家，购买了亚里士多德和提奥弗拉斯图斯的藏书，特奥斯人）

Apeliotes 东南风（阿佩利奥特斯）

Apennine. Mt 亚平宁山脉（又作 Apennines，意大利）

Aphamiotae 阿法米奥泰人（克里特的下层劳动者）

Aphenis 阿菲尼斯（皮克索达鲁斯之妻）

Aphetae 阿费泰城（色萨利，伊阿宋船队出发之处）

apheterium 阿费特里乌姆（意为阿尔戈英雄"出发的地方"）

aphetor 阿费托（希腊语，意为"射手"）

Aphidna 阿菲德纳城（又作 Aphidnae 阿提卡的居民点和 12 座城市之一）

Aphneii 阿弗伊人（特洛阿德阿弗尼提斯湖畔居民）

Aphnitis 阿弗尼提斯湖（特洛阿德）

Aphrodisias 阿弗罗蒂西亚城（弗里吉亚）

Aphrodisium 阿弗罗蒂忒神庙（特洛阿德）

Aphrodisium 阿弗罗蒂忒城（塞浦路斯岛）

Aphrodite 阿弗罗蒂忒（爱与美女神，单数）

Aphrodite of Anadyomene《阿纳迪奥梅内的阿弗罗蒂忒》（意为"从大海之中出来的阿弗罗蒂忒"，阿佩莱斯的绘画）

Aphrodite 阿弗罗蒂忒城（埃及）

Aphroditopolis 阿弗罗蒂托波利斯（埃及）

Aphroditopolite Nome 阿弗罗蒂托波利斯州（阿拉比亚）

Aphytis 阿菲提斯城（帕莱恩半岛）

Aphytis. L 阿菲提斯湖（又名达西利提湖）

Aphytis. L 阿菲提斯湖（维奥蒂亚）

Apia 阿皮亚（阿尔戈斯地名）

Apia 阿皮亚平原（平原、亚细亚）

Apidanus. R 阿皮达努斯河（色萨利佩内乌斯河支流）

Apidones 阿皮多人（阿尔戈斯）

Apiola 阿皮奥拉城（意大利）

Apis 阿匹斯（埃及神牛）

Apis 阿匹斯村（埃及）

Apobathra 阿波巴斯拉（塞斯图斯附近地名，亚细亚）

Apoecus 阿波库斯（神话人物，雅典人、特奥斯的建城者）

Apollo 阿波罗（希腊太阳神）

Apollocrates 阿波罗克拉特斯（公元前354年，小狄奥尼修斯之子）

Apollodorus 阿波罗多罗斯（公元前2世纪，阿尔戎弥塔的历史学家）

Apollodorus 阿波罗多罗斯（约公元前140年，雅典人、阿里斯塔查的学生、语法学家）

Apollodorus 阿波罗多罗斯（公元前1世纪，帕加马演说家、阿波罗多罗斯学派首领、奥古斯都的教师）

Apollonia 阿波罗尼亚城（西西里）

Apollonia 阿波罗尼亚港口（昔兰尼）

Apollonia 阿波罗尼亚城（小亚细亚帕加马地区）

Apollonia 阿波罗尼亚城（伊利里亚）

Apollonia 阿波罗尼亚城（马其顿）

Apollonia 阿波罗尼亚城（本都的密细亚）

Apollonia 阿波罗尼亚村（叙利亚的阿帕米亚城附近）

Apollonia 阿波罗尼亚城（马其顿）

Apollonia 阿波罗尼亚城（西波图斯的阿帕米亚城附近）

Apolloniatae 阿波罗尼亚提斯人（阿波罗尼亚提斯城居民）

Apolloniates 阿波罗尼亚特斯城（奥乌斯河畔）

Apolloniatis 阿波罗尼亚提斯城（巴比伦尼亚）

Apolloniatis. L 阿波罗尼亚提斯湖（亚细亚）

Apollonides 阿波罗尼德斯（作家，欧罗巴《航海指南》的作者）

Apollonis 阿波罗尼斯城（吕底亚）

Apollonis 阿波罗尼斯城（基齐塞内）

Apollonis 阿波罗尼斯（阿塔罗斯一世之妻，基奇库斯人）

Apollonium 阿波罗尼乌姆角（利比亚伊提斯附近）

Apollonium 阿波罗尼乌姆（公元前1世纪，斯特拉博同时代人、塞浦路斯医生）

Apollonium 阿波罗尼乌姆（昔兰尼的哲学家）

Apollonium Molon 阿波罗尼乌姆·莫隆（公元前1世纪，演说家、西塞罗和凯撒的教师）

Apollonium 阿波罗尼乌姆（公元前1世纪，逍遥派学者）

Apollonium 阿波罗尼乌姆（公元前295—前215年，罗德岛的诗人）

Apollonium 阿波罗尼乌姆（公元前1世纪，提尔的哲学家）

Apollonium 阿波罗尼乌姆（公元前120年，演说家）

Apollonius 阿波罗尼奥斯（公元前1世纪，提尔的哲学家）

Apollonius Cronus 阿波罗尼奥斯·克罗诺斯（克罗诺斯意为"老糊涂"，昔兰尼哲学家）

Apollonius Mys 阿波罗尼奥斯·米斯（公元前1世纪，埃利色雷的医生）

Apollonius 阿波罗尼奥斯（公元前1世纪，斯多葛派学者帕内提乌斯的学生）

专用名词一览表 1531

Apollonius Malacus 阿波罗尼奥斯·马
拉库斯（公元前 120 年，阿拉班达的
演说家）

Apollonius Molon 阿波罗尼奥斯·莫隆
（公元前 1 世纪，演说家、西塞罗和
凯撒的教师）

Apollonius 阿波罗尼奥斯（公元前 295—
前 215 年，罗德岛诗人）

Apollonius 阿波罗尼奥斯（公元前 1 世
纪，塞浦路斯基提翁城的医生）

Apollonnesi 阿波罗尼斯（即赫卡通内西）

Apollonospolis 阿波罗诺斯波利斯（尼
罗河，靠近科普斯）

Apollospolis 阿波罗波利斯（尼罗河南
部靠近底比斯）

Appaitae 阿佩泰人（本都部落，又称塞尔
齐泰人）

Appian Way 阿庇安大道（从罗马到布
伦特西乌姆的大道）

Apthinthis 阿普辛提斯（色雷斯科尔皮
里人居住地区）

Apsinthus 阿普辛图斯城（又称埃努斯、
色雷斯境内）

Apsyrtides 阿普西尔提德斯岛（亚得里
亚海）

Apsyrtus 奥普西尔图斯（神话人物，美
狄亚的兄弟）

Aptera 阿普特拉城（克里特岛）

Apuli 阿普利人（意大利部落，希腊人
称为多尼人）

Apulia 阿普利亚（意大利地区名）

Apusus. R 阿普苏斯河（伊利利亚）

Aqua Marcia 马西亚水道（罗马的输水
管路）

Aquae Statiellae 阿奎·斯塔迪莱（利古
里亚的疗养地）

Aquileia 阿奎利亚城（意大利）

Aquinum 阿奎努姆城（拉丁姆）

Aquitani 阿奎塔尼人（凯尔特部落）

Aquitania 阿奎塔尼亚（凯尔特）

Aquitanian 阿奎塔尼亚的

Arabia 阿拉比亚（亚细亚地区名）

Arabia Felix 阿拉伯福地

Arabian Gulf 阿拉伯湾

Arabian Troglodytes 阿拉比亚的特罗格
洛迪特人（阿拉比亚蛮族部落）

Arabians 阿拉比亚人（前伊斯兰时期阿
拉伯居民称号）

Arabus 阿拉布斯（神话人物，赫尔马昂
之子、阿拉比亚人的名祖）

Arachosia 阿拉霍西亚（中亚）

Arachotas. R 阿拉霍塔斯河（又称 Ar-
ghand-ab）

Arachoti 阿拉霍提人（阿拉霍西亚）

Aracynthus 阿拉辛图斯山（埃托利亚）

Aradians 阿拉德人（腓尼基部落）

Aradus 阿拉杜斯城（腓尼基）

Aradus 阿拉杜斯岛（阿拉比亚海岛）

Araethyrea 阿雷西里（阿尔戈斯）

Araethyree 阿雷西里（阿尔戈斯地名）

Aragus 阿拉古斯河（高加索）

Aramaeans 阿拉米人（又称 Arammae-
ans，阿拉比亚部落）

Arambians 阿兰比亚人（又称 Erembi，
波塞多尼奥斯所说阿拉比亚部落）

Araphenides 阿拉费尼德人（哈莱）

Arar 阿拉尔河（凯尔特）

Ararene 阿拉雷内（阿拉比亚游牧部落
地区）

Aras R 阿拉斯河（又称 Araxes，居鲁士
河支流，亚美尼亚）

Arattus. R 阿拉图斯河（伊庇鲁斯）

Aratus 阿拉托斯（约公元前 315 年，西
里西亚索利的诗人、《现象》一书的

作者）

Aratus 阿拉托斯（公元前 271—前 213 年，西锡安僭主）

Aratus 阿拉托斯（约公元前 315 年，西里西亚诗人）

Arauris 阿劳里斯河（纳伯尼提斯）

Arausio 阿劳西奥城（凯尔特）

Araxene 阿拉色内（亚美尼亚）

Araxene Plain 阿拉色内平原（亚美尼亚）

Araxes. R 阿拉斯河（居鲁士河支流、亚美尼亚）

Araxes. R 阿拉斯河（波斯）

Araxes. C 阿拉斯角（又称 Araxus、正对着阿卡纳尼亚）

Araxus. C 阿拉克索斯角（正对着阿卡纳尼亚）

Arbaces 阿尔巴塞斯（亚述最后一位国王）

Arbies 阿尔比人（阿里亚纳最早的部落居民）

Arbela 埃尔贝勒城（巴比伦尼亚）

Arbelus 埃尔贝卢斯（阿斯莫尼乌斯之子、埃尔贝勒的建立者）

Arbis. R 阿尔比斯河（阿里亚纳）

Arcadia 阿卡迪亚（伯罗奔尼撒半岛）

Arcadian 阿卡迪亚（伯罗奔尼撒半岛）

Arcadian League 阿卡迪亚同盟（阿卡迪亚各城邦的同盟组织）

Arcadians 阿卡迪亚人（阿卡迪亚居民）

Arcadicus 阿卡迪库斯河（参见马马乌斯河）

Archaenax 阿凯那科斯（米蒂利尼人，据说以伊利昂的建筑石材修建西盖乌姆的城墙）

Arcesilaus 阿凯西劳斯（约公元前 316 年，中期学园的创始人，皮塔内人）

Archedemus 阿基德姆斯（塔尔苏斯斯

多葛派哲学家）

Archelaus 阿基劳斯（神话人物，彭西乌斯之子，埃奥利斯向小亚细亚殖民的首领）

Archelaus 阿基劳斯（公元前 1 世纪，卡帕多西亚末王）

Archelaus 阿基劳斯一世（公元前 1 世纪）

Archelaus 阿基劳斯二世（公元前 1 世纪，阿基劳斯一世之子、被托勒密·奥莱特斯所杀）

Archelaus 阿基劳斯（公元前 5—前 4 世纪，安那克萨哥拉的学生、克拉佐梅尼的哲学家）

Archemachus 阿基马库斯（公元前 3 世纪，埃维亚历史学家）

Archias 阿基亚斯（科林斯人，锡拉库萨建立者）

Archias 阿基亚斯（图里亚人，安提帕特派去逮捕狄摩西尼）

Archidamus 阿基达姆斯（约公元前 400—前 338 年，斯巴达国王）

Archilochus 阿基洛库斯（公元前 685 年左右，帕罗斯抒情诗人）

Archimedes 阿基米德（公元前 287—前 212 年，锡拉库萨的大数学家、力学家）

Archytas 阿契塔（公元前 4 世纪，塔拉斯的国务活动家、学者）

Arconnesus. I 阿尔康内苏斯岛（阿斯皮斯岛、小亚细亚）

Arcturus 大角、牧夫座 α 星

Ardanis 阿达尼斯角（昔兰尼）

Ardea 阿尔代亚（意大利）

Ardeatae 阿尔代亚泰人（拉丁姆部落）

Ardia 阿尔迪亚（达尔马提亚南部地区）

Ardiaei 阿尔迪伊人（达尔马提亚部落）

Arduenna. Mt 阿尔杜恩那山（凯尔特多

森林的地区）

Arecomisci 阿雷科米希人（凯尔特部落）

Arecuthus. R 阿雷库图斯河（叙利亚）

Aregon 阿雷冈（科林斯的艺术家）

Areion 阿雷昂（飞马）

Areius 阿雷乌斯（哲学家，斯特拉博同时代人）

Areius 阿瑞斯（战神）

Arelate 阿雷拉特城（凯尔特罗达努斯河畔）

Arene 阿雷内村（参见埃拉纳城）

Areopagite 阿雷奥帕吉特（希腊地区）

Ares 阿瑞斯（又作 Areius，战神）

Aretai 智慧（斯多葛派学者认为科学家应当具备的"三种最优秀的品质"，即自然科学、伦理道德和逻辑学，它是学者们获取知识的最佳手段，即智慧）

Aretas 阿雷塔斯（阿拉比亚的小统治者）

Arete 智慧（意为"最优秀的品质之一"）

Arete 阿雷特（阿里斯提普斯之女，昔兰尼派哲学家的首领）

Arethusa 阿瑞托萨（埃维亚岛卡尔西斯城圣泉）

Arethusa 阿瑞托萨（西西里奥尔提吉亚岛的泉水与河流）

Arethusa 阿瑞托萨城（马其顿）

Arethusa 阿瑞托萨城（叙利亚）

Argaeus Mt. 阿尔盖乌斯山（卡帕多西亚）

Arganthonius 阿尔甘托尼乌斯（伊比利亚塔特苏斯城国王）

Arganthonium. Mt 阿尔甘托尼乌姆山（小亚细亚普鲁西亚）

Argeadae 阿吉德人（色雷斯部落）

Argeia 阿尔盖亚（即阿尔戈利斯）

Argennum 阿尔根努姆角（埃利色雷地区）

Argestes 阿吉斯特斯（西北风）

argillae 阿吉莱（意为"土屋"）

Argilus 阿吉卢斯城（马其顿斯特雷蒙湾）

Arginussae. I 阿吉努斯群岛（埃奥利斯海岸边）

Argissa 阿吉萨城（色萨利，佩内乌斯河畔）

Argive 阿尔戈斯的

Argive Hera 阿尔戈斯的赫拉（神庙）

Argives 阿尔戈斯人（阿尔戈斯的居民）

Argo 阿尔戈（神话故事，伊阿宋的船队）

Argolis 阿尔戈利斯（伯罗奔尼撒半岛）

Argonauts 阿尔戈英雄（伊阿宋的流浪故事）

Argonauts《阿尔戈英雄传》（狄奥尼修斯和阿波罗尼奥斯）

Argoan Hera 阿尔戈斯的赫拉

Argolic 阿尔戈利斯的

Argos 阿尔戈斯城（阿尔戈利斯的城市和地区）

Argos 阿尔戈斯城（阿姆菲罗奇人）

Argos 阿尔戈斯（阿伽门农统治的亚该亚人伯罗奔尼撒地区）

Argos 阿尔戈斯城（色萨利，佩拉斯吉的）

Argos 阿尔戈斯城（伊纳谢人的）

Argos 阿尔戈斯要塞（托罗斯山脉）

Argos 阿尔戈斯城（伊庇鲁斯奥雷斯泰人的）

Argos 阿尔戈斯城（伊纳库斯的）

Argos 阿尔戈斯港（埃萨利亚岛）

Argos 阿尔戈斯（伯罗奔尼撒半岛原名）

Argos Hippium 阿尔戈斯·希皮乌姆城（又称阿吉利帕和阿尔皮，今阿格里诺）

Argous 阿尔戈（伊阿宋的船队）

Agura 阿古拉城（阿吉萨）

Argyria 阿吉利亚（锡普西斯的）

Argyrippa 阿吉利帕城（意大利，又称
　阿尔戈斯·希皮乌姆、阿尔皮）

Argyrippini 阿吉利皮尼人（阿吉利帕城
　居民）

Argyrusci 阿吉卢西人（意大利部落）

Aria 阿里亚（阿里亚纳的一部分）

Ariamazes 阿里亚马泽斯崖（粟特）

Ariana 阿里亚纳（中亚）

Arians 阿里亚人（阿里亚纳部落）

Ariathres 阿里亚拉塞斯（公元前 220 年
　去世，卡帕多西亚国王）

Ariaspi 阿里亚斯皮（参见阿里马斯皮人）

Aricia 阿里西亚城（拉丁姆）

Aridaeus 阿里蒂乌斯（公元前 4 世纪，
　马其顿国王，亚历山大之弟）

Arii 阿里人（中亚部落）

Arima. Mt 阿里马山脉（西里西亚）

Arimaeans 阿里米人（即阿里米人，叙利
　亚部落）

Arimaspians 阿里马斯皮人（又作 Arias-
　pi, Arimaspi, 本都部落）

Arimaspian Epic《阿里马斯皮史诗》（阿
　里斯泰斯作）

Arimi. Mt 阿里米山脉（西里西亚）

Arimi 阿里米（荷马提到的名字，后人
　认为可能是叙利亚或叙利亚部落）

Arimi. R 阿里米河（西里西亚）

Ariminum 阿里米努姆城（意大利）

Arimus 阿里姆斯（神话人物，密细亚
　卡塔塞考梅内的国王）

Ariobarzanes 阿里奥巴尔赞（卡帕多西
　亚国王）

Arion 阿里昂（神话故事，阿德拉斯图
　斯的马）

Arion 阿里昂（公元前 7—前 6 世纪，
　莱斯沃斯岛梅塞姆纳的吉他拉手）

Arisba 阿里斯巴城（莱斯沃斯岛）

Arisbe 阿里斯贝城（特洛阿德）

Arisbe 阿里斯贝城（莱斯沃斯岛）

Arisbus. R 阿里斯布斯河（色雷斯）

Arisbus. R 阿里斯布斯河（特洛伊）

Aristarcha 阿里斯塔查（马萨利亚以弗
　所人的阿尔忒弥斯神庙女祭司）

Aristarchus 阿里斯塔科斯（约公元前
　217—前 145 年，希腊古文献校勘家、
　亚历山大城语法学家、萨莫色雷斯人）

Aristeas 阿里斯蒂斯（普罗康内斯的史诗
　作家，号称"天下第一号大骗子"，有
　人说他是荷马的老师）

Aristeides 阿里斯提德斯（约公元前 360
　年，底比斯的艺术家）

Aristes 阿里斯特斯（亚历山大大帝的历
　史学家、萨拉米斯人）

Aristion 阿里斯提昂（公元前 1 世纪，
　米特拉达梯战争之后的雅典僭主，后
　被罗马推翻）

Aristippus 阿里斯提普斯（约公元前 428
　年生，苏格拉底派哲学家，昔兰尼学
　派创始人）

Aristippus 阿里斯提普斯二世（公元前
　45 年在世，阿里斯提普斯后裔，昔兰
　尼学派哲学家）

Aristobulus 阿里斯托布卢斯（犹太国王
　亚历山大之子，被庞培所废）

Aristobulus 阿里斯托布卢斯（公元前
　4—前 3 世纪，亚历山大大帝的随从
　和历史学家、卡桑德里亚人）

Aristocles 阿里斯托克利斯（罗德岛的
　语法学家，斯特拉博同时代人）

Aristocrates 阿里斯托克拉特斯（奥尔科
　梅努斯的国王）

Aristodemus 阿里斯托德姆斯（梅内克
　拉特斯之子、哲学家、斯特拉博之

师、尼萨人）

Aristodemus 阿里斯托德姆斯（阿里斯托德姆斯的堂兄弟、大庞培的教师）

Ariston 阿里斯通（约公元前 260 年，希俄斯的斯多葛派哲学家）

Ariston 阿里斯通（公元前 225 年，凯奥斯尤利斯的逍遥派哲学家）

Ariston 阿里斯通（斯特拉博同时代的地理学家，逍遥派哲学家）

Ariston 阿里斯通（雷吉乌姆的西塔那琴演奏家）

Ariston 阿里斯通（凯奥斯的哲学家阿里斯通的学生、科斯人）

Aristonicus 阿里斯托尼库斯（亚历山大的语言学家，斯特拉博同时代人）

Aristonicus 阿里斯托努库斯（公元前 2 世纪，贫民和奴隶起义首领）

Aristopatra 阿里斯托帕特拉（亚历山大大帝的随从克拉特鲁斯之母）

Aristophanes 阿里斯托芬（约公元前 450—前 380 年，雅典喜剧家）

Aristotle 亚里士多德（公元前 384—前 322 年，希腊大哲学家、斯塔吉拉人）

Aristotle 亚里士多德（公元前 4 世纪，埃维亚卡尔西斯的作家）

Aristoxenus 阿里斯托塞诺斯（公元前 330 年，亚里士多德的学生、哲学家、音乐家）

Aristus 阿里斯图斯（萨拉米斯的，亚历山大的历史学家）

Arius 阿里乌斯河（阿里亚）

Ariusia 阿里乌西亚（希俄斯难以通行的地方）

Armene 阿尔梅内（参见亚美尼亚）

Armenia 亚 美 尼 亚（又作 Armene、Armina、小亚细亚）

Armenians 亚美尼亚人（亚美尼亚居民）

Armenium 亚美尼乌姆城（色萨利）

Armenius 亚美尼乌斯（公元前 1 世纪，部落首领）

Armenus 亚美努斯（神话人物，亚美尼亚得名于他、色萨利人）

Armina 亚米纳（参见亚美尼亚）

Arnaei 阿尔内伊人（色萨利）

Arnaeus 阿尔内伊乌斯（奥德修斯的化名）

Arnna 阿尔纳城（色萨利）

Arne 阿尔内城（又作 Arnna、维奥蒂亚的科佩斯湖畔）

Arne 阿尔内城（又作 Arnna、色萨利）

Arnus. R 阿努斯河（第勒尼亚）

Aroma 阿罗马村（吕底亚）

Arotrebrians 阿罗特雷布里亚人（又称阿尔塔布里亚人、伊比利亚）

Arotria 阿罗特里亚（埃雷特里亚古称）

Arpi 阿尔皮城（参见阿吉利帕城）

Arpina 阿尔皮纳城（奥林皮斯附近）

Arrabaeus 阿拉比乌斯（林塞斯泰人的统治者、巴基亚兹族）

Arrechi 阿雷齐人（梅奥提斯人一支）

Arrentium 阿伦提乌姆城（意大利）

Arsaces 阿萨息斯（帕提亚历代国王之名）

Arsaces 阿萨息斯（约公元前 250 年，帕提亚国王）

Arsaces 阿萨息斯（法尔纳西斯之子）

Arsacia 阿萨西亚城（米底的拉加）

Arsene 阿尔塞内湖（亚美尼亚）

Arses 阿尔塞斯（波斯国王）

Arsinoe 阿尔西诺伊城（埃托利亚）

Arsinoe 阿尔西诺伊（公元前 3 世纪，托勒密二世之妻和姐妹）

Arsinoe 阿尔西诺伊（公元前 3 世纪，利西马库斯之妻）

Arsinoe 阿尔西诺伊（公元前 1 世纪，

埃及女王克娄巴特拉之妹）

Arsinoe 阿尔西诺伊城（戴雷角的海港）

Arsinoe 阿尔西诺伊城（埃及）

Arsinoe 阿尔西诺伊城（又称克娄巴特里斯，红海地峡）

Arsinoe 阿尔西诺伊城（利比亚西尔提湾）

Arsinoe 阿尔西诺伊城（吕西亚）

Arsinoe 阿尔西诺伊城（西里西亚、纳吉图斯与米拉尼亚之间）

Arsinoe 阿尔西诺伊城（塞浦路斯，泽菲里乌姆角与）

Arsinoe 阿尔西诺伊城（塞浦路斯，萨拉米斯与莱夫科拉之间）

Arsinoe 阿尔西诺伊城（塞浦路斯，索利与阿卡马斯角之间）

Arsinoe 阿尔西诺伊城（西里西亚，）

Arsinoite Nome 阿尔西诺伊州（埃及）

Arsinoite Nome 阿尔西诺伊州（利比亚）

Arsinus. R 阿尔西努斯河（参见埃拉西努斯河）

Art of Rhetoric《修辞术》（赫尔马戈拉斯作）

Artabazus 阿尔塔巴祖斯（塞琉古之妻阿帕马之父）

Artabrians 阿尔塔布里亚人（伊比利亚部落）

Artacaena 阿尔塔塞纳城（阿里亚）

Artace 阿尔塔塞山（基奇库斯，贝斯比科斯岛）

ArtaceMt 阿尔塔塞山（基奇库斯半岛）

Artace 阿尔塔塞岛（普罗庞提斯）

Artacene 阿尔塔塞内（亚述地名）

Artacene 阿尔塔塞内（阿里亚）

Artageras 阿尔塔格拉斯要塞（亚美尼亚、幼发拉底河畔）

Artanes 阿尔塔尼斯（扎利亚德里斯的后裔）

Artavasdes 阿尔塔瓦斯德斯（亚美尼亚国王、提格兰之子）

Artaxata 阿尔塔克萨塔城（亚美尼亚）

Artaxerxes 阿尔塔薛西斯（波斯国王）

Artaxias 阿尔塔夏斯（亚美尼亚国王）

Artaxiasata 阿尔塔夏萨塔城（即阿尔塔克萨塔城）

Artemeas 健康和不受损害的（阿尔忒弥斯的绰号）

Artemidorus 阿尔特米多鲁斯（公元前100年左右，以弗所地理学家）

Artemidorus 阿尔特米多鲁斯（尼多斯的泰奥彭波斯之子，斯特拉博同时代人）

Artemidorus 阿尔特米多鲁斯（塔尔苏斯的语法学家）

Artemis 阿尔忒弥斯（狩猎女神）

Artemisa 阿尔特米萨（阿尔忒弥斯的小树林）

Artemisia 阿尔忒米西亚（摩索拉斯之姊妹和妻子，为其夫建立陵墓）

Artemisium 阿尔忒弥斯神庙（以弗所的）

Artemisium 阿尔忒弥西神庙（亚平宁大道左边）

Artemisium 阿尔忒弥西乌姆角和神庙（小亚细亚）

Artemita 阿尔忒弥塔城（巴比伦尼亚）

Artemita 阿尔忒弥塔岛（埃奇纳德斯群岛之一）

Artis 阿尔提斯（小亚细亚莱贝图斯岛附近地方）

arum 疆南星属（植物）

Arupini 阿努皮尼城（雅波德人的）

Arvacans 阿尔瓦坎人（凯尔特部落最强大的一支）

Arvernians 阿维尔尼人（又称 Arverni，凯尔特部落一支）

Arx 要塞（罗马，避难所）

Arxata 阿尔克萨塔城（亚美尼亚）

Asander 阿桑德（博斯普鲁斯国王）

Asbystians 阿斯比斯提亚人（埃塞俄比亚部落）

Asca 阿斯卡城（阿拉比亚）

Ascaeus 阿斯凯乌斯（安条克基亚附近地名）

Ascalon 阿斯卡隆城（犹太）

Ascalonitae 阿斯卡隆人（阿斯卡隆城居民）

Ascania 阿斯卡尼亚（亚细亚地区）

Ascanian. L 阿斯卡尼亚湖（比希尼亚）

Ascania 阿斯卡尼亚村（弗里吉亚和密细亚）

Ascanius 阿斯卡尼乌斯（神话人物，达达尼亚人首领埃尼亚斯之子）

Ascanius 阿斯卡尼乌斯（神话人物，弗里吉亚部落首领）

Ascanius 阿斯卡尼乌斯（神话人物，密细亚部落首领）

Ascanius. R 阿斯卡尼乌斯河（密细亚）

Ascanius 阿斯卡尼乌斯（神话人物，埃尼亚斯之子）

Asclepiadae 阿斯克勒皮阿迪家族（色萨利）

Asclepiades 阿斯克勒皮阿德斯（公元前1世纪，普鲁萨的医生）

Asclepiades 阿斯克勒皮阿德斯（公元前1世纪，米尔利安历史学家、语言学家）

Asclepeium 阿斯克勒皮俄斯神庙（医神庙）

Asclepius 阿斯克勒皮俄斯（医药神）

Ascre 阿斯克雷村（维奥蒂亚，赫西奥德的故乡）

Asculum Picenum 阿斯科利·皮切诺（皮森提亚地名）

Asdrubal 阿斯德鲁巴尔（伊比利亚新迦太基的建立者）

Asea 阿塞亚村（阿卡迪亚迈加洛波利斯城附近）

Asia 亚细亚（古代世界三个大陆之一）

Asia 亚细亚（托罗斯山脉这边的地区和罗马亚细亚行省）

Asiarchs（罗马时期亚细亚人担任的高级职务）

Asiatic School 亚细亚学派

Asiatic Stathmi《亚细亚道路驿站录》（阿敏塔斯）

Asii 阿西人（希尔卡尼亚部落）

Asinê 阿西内城（阿尔戈斯）

Asinê 阿西内城（麦西尼亚）

Asinê 阿西内城（拉科尼亚）

Asinaean G 阿西内湾（麦西尼亚）

Asinius 阿西尼乌斯（公元前76—公元4年，执政官、演说家、历史学家和诗人）

Asioneis 阿西奥尼人（即埃西奥尼人）

Asius 阿西乌斯河（伊斯特河）

Asius 阿西乌斯（公元前7世纪，萨摩斯诗人）

Asius 阿西乌斯（神话人物，希尔塔库斯之子、特洛伊第六王朝国王）

Asopia 阿索皮亚（伯罗奔尼撒阿索普斯河边的地区）

Asopian 阿索普斯河的

Asopus 阿索普斯城（拉科尼亚）

Asopus 阿索普斯河（维奥蒂亚）

Asopus 阿索普斯河（底比斯等）

Asopus 阿索普斯河（西锡安尼亚的）

Asopus 阿索普斯河（伯罗奔尼撒）

Asopus 阿索普斯河（色萨利）

Asopus 阿索普斯河（帕罗斯）

Aspaneus 阿斯帕尼乌斯（特洛阿德的木材市场）

Aspendus 阿斯彭杜斯城（潘菲利亚）

Asphalios 阿斯法利奥斯（特拉到特拉西亚岛中途的波塞冬神庙名）

Aspionus 阿斯皮奥努斯（中亚行省名）

Aspis. Mt 阿斯皮斯山（意为"盾牌"，迦太基西尔提湾）

Aspis. I 阿斯皮斯岛（小亚细亚沿岸）

Aspledon 阿斯普莱登城（又称斯普莱登城，后更名为欧戴耶洛斯城，维奥蒂亚）

Aspordenum 阿斯波尔德努姆山（帕加马附近）

Asporene 阿斯波雷内神庙（阿斯波雷努姆山）

Asporenum 阿斯波雷努姆山（即阿斯波尔德努姆山）

Aspurgiani 阿斯普吉亚尼人（梅奥提斯人一支）

Ass 阿斯城（又称 Assus，特洛阿德）

Assacanus 阿萨卡努斯（印度国王和他的国家）

Assians 阿苏斯人（阿斯城居民）

Assus 阿苏斯城（特洛阿德）

Assyrians 亚述人（亚细亚部落）

Asta 阿斯塔城（伊比利亚）

Astaboras. R 阿斯塔波拉斯河（埃塞俄比亚）

Astacene. G 阿斯塔塞内湾（又称 Astacenus，普罗庞提斯）

Astaceni 阿斯塔塞尼人（印度部落）

Astacenus. G 阿斯塔塞努斯湾（普罗庞提斯）

Astacus 阿斯塔库斯城（阿卡纳尼亚）

Astacus 阿斯塔库斯城（比希尼亚）

Astae 阿斯泰人（色雷斯部落）

Astapus. R 阿斯塔普斯河（埃塞俄比亚）

Astasobas. R 阿斯塔索巴斯河（埃塞俄比亚）

Asteeis. R 阿斯提斯河（小亚细亚）

Asteria. I 阿斯特里亚岛（参见 Asteris，爱奥尼亚海）

Asteris. I 阿斯特里斯岛（参见 Asteria，爱奥尼亚海）

Asterium 阿斯特里乌姆城（色萨利）

Asteropaeus 阿斯特罗皮乌斯（神话人物，佩莱冈之子）

Astigis 阿斯提吉斯城（伊比利亚）

Astrapaeus 闪电神（宙斯）

Astronomers 阿斯特罗诺默斯（天文学家）

Astropaeus 阿斯特罗皮乌斯（贝拉戈尼亚部落首领）

Asturia 阿斯图里亚（伊比利亚地区名）

Asturians 阿斯图里亚人（伊比利亚部落）

Astyages 阿斯提亚格斯（米底国王）

Astypalaea 阿斯提帕莱亚城（即科斯）

Astypalaea. I 阿斯提帕莱亚岛（斯波拉德斯群岛）

Astypalaea. C 阿斯提帕莱亚角（阿提卡）

Astypalaea. C 阿斯提帕莱亚角（卡里亚）

Astypalaeans 阿斯提帕莱亚人（特洛阿德）

Astyra 阿斯提拉城（阿德拉米特内湾）

Astyra 阿斯提拉城（特洛阿德）

Astirene 阿斯提拉的（阿斯提拉城的）

Atabyris 阿塔比里斯山（又称 Atabyrius，罗德岛）

Atabyrius 阿塔比里乌斯山（罗德岛）

Atagisi. R 阿塔吉斯河（雷吉乌姆境内）

Atalanta 阿塔兰塔岛（佩雷乌斯港）

Atalanta 阿塔兰塔岛（埃维亚）

Atameus 阿塔梅乌斯城（特洛阿德）

Atameus 阿塔梅乌斯城（皮塔内下方的，亚细亚地名）

Atanatos 阿萨纳托斯（希腊语词汇）

Atargatis 阿塔加提斯（叙利亚女神）

Atargatis 阿塔加提斯（蛮族的名字）

Atarneitae 阿塔内泰人（阿塔内乌斯城居民）

Atarneus 阿塔内乌斯城（特洛阿德）

Atarneus 阿塔内乌斯（亚细亚地名，正对着埃莱夫萨岛）

Atax R. 阿塔克斯河（凯尔特）

Ateas 阿泰斯（辛梅里安博斯普鲁斯的国王）

Ategua 阿特瓜城（伊比利亚、凯撒在此杀死庞培诸子）

Atella 阿特拉城（坎帕尼亚）

Ateneis 阿特尼斯（古代阿提卡居民点之一）

Ateporix 阿特波利克斯（加拉提亚的小王公）

Aternum 阿特努姆城（意大利）

Aternum 阿特努姆河（意大利）

Atesinus. R 阿特西努斯河（亚平宁山脉）

Athamanes 阿萨马尼亚人（又称 Athamanians，阿萨马尼亚居民）

Athamania 阿萨马尼亚（伊庇鲁斯地名）

Athamanians 阿萨马尼亚人（阿萨马尼亚居民）

Athamantis 阿萨曼提斯城（即特奥斯城）

Athamas 阿萨马斯（神话人物，哈卢斯和特奥斯的建城者）

Athara 阿萨拉（波斯人的名字）

Athena 雅典娜（胜利和智慧女神）

Athenaeum 雅典尼乌姆角（坎帕内拉）

Athenaeum 雅典尼乌姆神庙（以弗所士麦拿附近）

Athenaeus 雅典尼乌斯（帕加马国王阿塔罗斯一世之子）

Athenaeus 雅典尼乌斯（西里西亚的塞琉西亚城逍遥派哲学家，斯特拉博同时代人）

Athenais 雅典娜伊斯（埃利色雷女预言家，亚历山大同时代人）

Athenians 雅典人

Athenocles 雅典诺克利斯（雅典人在阿米苏斯殖民的首领）

Athenodorus 雅典诺多罗斯（约公元前74年，哲学家、斯特拉博的朋友、卡纳尼特斯人）

Athenodorus Cordylion 雅典诺多罗斯·科迪里昂（塔尔苏斯哲学家）

Athene 雅典娜（希腊女神、雅典城的保护神）

Athens 雅典城（雅典城邦的都城）

Athens 雅典城（维奥蒂亚）

Athens 雅典城（埃维亚迪亚德斯的）

Athens 雅典角（参见雅典尼乌姆角）

Athmonius 阿斯莫尼乌斯（神话人物，阿尔贝卢斯之父）

Athos. Mt 圣山

Athribis 阿斯里比斯城（埃及）

Athribitae 阿斯里比斯人（埃及）

Athribite Nome 阿斯里比斯州（埃及）

Athrula 阿斯鲁拉城（阿拉比亚）

Athymbradus 阿希姆布拉图斯（神话人物，阿希姆布鲁斯之弟、建城者）

Athymbrus 阿希姆布鲁斯（神话人物，尼萨的奠基人）

Athyras, R. 阿西拉斯河（普罗庞提斯）

Atintanes 阿廷塔内人（伊庇鲁斯部落）

Atlantic 亚特兰蒂斯海、亚特兰蒂斯海的

Atlantic Ocean 亚特兰蒂斯洋（又作 Atlantic Sea）

Atlantis 亚特兰蒂斯岛或大陆（从来不存在的地方）

Atlantis 亚特兰蒂斯（亚特兰图斯之女）

Atlantus 亚特兰图斯（神话人物，支撑天地的人）

Atlas. Mt 阿特拉斯山（利比亚）

Atlas 阿特拉斯（巨神）

Atmoni 阿特莫尼人（巴斯塔尼亚人部落一支）

Atrax Mt 阿特拉克斯山（色萨利）

Atrebatii 阿特雷巴提人（凯尔特部落）

Atreus 阿特柔斯（神话人物，阿伽门农的父亲）

Atria 阿特里亚城（意大利）

Atropaian（可能是阿特罗帕特米底）

Atropates 阿特罗帕特斯（小米底国王）

Atropatia 阿特罗帕提亚（小米底地名）

Atropatian Media 阿特罗帕特米底（小米底）

Atropatne 阿特洛帕特（小米底）

Atropatii 阿特洛帕特人（米底部落）

Atropene 阿特洛佩内（即阿特洛帕特）

Attaleia 阿塔利亚城（潘菲利亚）

Attalic 阿塔罗斯王朝

Attalus 阿塔罗斯（阿塔罗斯一世之父）

Attalus 阿塔罗斯（阿塔罗斯一世之子）

Attalus 阿塔罗斯一世（公元前 241—前 197 年，帕加马国王）

Attalus Philadelphus 阿塔罗斯二世·费拉德尔夫斯（公元前 159—前 138 年，帕加马国王）

Attalus Philometor 阿塔罗斯三世·费罗梅托（公元前 138—前 133 年，阿塔罗斯二世之侄、帕加马国王）

Attasii 阿塔西人（西徐亚人）

Attea 阿蒂城（特洛阿德）

Attela 阿特拉城（坎帕尼亚）

Atthis 阿西斯（阿提卡古称）

Atthis 阿西斯（克拉劳斯之子）

Attic 阿提卡的、阿提卡方言

Attica 阿提卡（希腊地名）

Aturia 阿图里亚（古亚述地名）

Atys 阿提斯（神话人物，第勒尼亚的殖民者，吕底亚人）

Aufidus. R 奥非杜斯河（今阿玛赛诺河，意大利）

Augaeae 奥吉伊城（又称埃盖城、拉科尼亚）

Auge 奥吉（阿莱乌斯之女）

Augeas 奥吉亚斯（埃莱亚的国王）

Augeiae 奥盖伊（洛克里斯古城，后废）

Augila 奥吉拉城（利比亚）

Augusta Emerita 奥古斯都光荣城（图尔德塔尼亚）

Augustus Caesar 奥古斯都凯撒（公元前 27—公元 14 年，罗马皇帝）

Aule 奥勒（希腊语，意为"牛奶场"）

Auletes 奥莱特斯（托勒密九世的绰号）

Aulis 奥利斯港（维奥蒂亚）

Aulon 奥隆谷地（麦西尼）

Aulonia 奥罗尼亚城（参见考洛尼亚城）

Ausar. R 奥萨河（第勒尼亚）

Auscii 奥思齐人（阿奎塔尼人部落之一）

Ausones 奥索尼人（意大利部落）

Ausonian 奥索尼人的、奥索尼亚的

Ausonian. S 奥索尼亚海（意大利）

Autariatae 奥塔里亚特人（伊利里亚部落）

Autesion 奥特西昂（波吕尼刻斯的后裔、特拉斯之父）

Autolycus 奥托利库斯（锡诺普的建城者）

Automala 奥托马拉要塞（昔兰尼、利

比亚）

Automedon 奥托墨冬（阿喀琉斯的车夫）

Auxumum 欧克苏蒙城（皮森提尼人的）

Avenio 阿维尼奥城（凯尔特）

Aventine Hill 阿芬丁山（罗马）

Averni. G 阿维尔努斯湾（意大利）

Averni. L 阿维尔努斯湖（又作 Avernus, 意大利）

Avernus. L 阿韦尔努斯湖（意大利）

Axine 阿克辛海（意为"不好客海"，希腊人对古代本都海早期的称呼）

Axius, R. 阿修斯河（马其顿）

Azamora. R 阿扎莫拉要塞（伊比利亚）

Azanes 阿扎尼人（阿卡迪亚古部落）

Azani 阿扎尼城（弗里吉亚·埃皮克特图斯境内）

Azanitis 阿扎尼提斯（亚细亚地名）

Azara 阿扎拉城（亚美尼亚）

Azara 阿扎拉（巴比伦尼亚的阿尔忒弥斯神庙）

Azaritia 阿扎里提亚（比希尼亚）

Azorus 阿左鲁斯城（贝拉戈尼亚）

Azotians 阿佐图斯人（叙利亚部落）

Azotus 阿佐图斯城（今阿什杜德，犹太）

Babanomus 巴巴诺姆斯城（本都的卡帕多西亚）

Babylon 巴比伦（两河流域）

Babylon 巴比伦要塞（上埃及的）

Babylonia 巴比伦尼亚（两河流域）

Babylonians 巴比伦人（巴比伦尼亚居民）

Babyrsa 巴拜萨要塞（亚美尼亚）

Babys 巴比斯（菲勒塞德斯之父）

Bacchae 酒神的众女伴（又作巴克伊、狄奥尼索斯的同伴）

Bacchae of Euripides《酒神的伴侣》（幼里披底斯）

Bacchiads 巴基亚兹家族（又作 Bacchiadae, 科林斯的统治家族，长期担任僭主，后被推翻）

Bacchic 酒神节的

Bacchides 巴基德斯（锡诺普的城防司令）

Bacchus 巴克斯（酒神，意大利）

Bcchylides 巴基利德斯（约公元前505—前450年，凯奥斯岛尤利斯诗人）

Bactra 巴克特拉城（巴克特里亚都城）

Bactria 巴克特里亚（又称巴克特里亚纳，我国古称大夏）

Bactriana 巴克特里亚纳（巴克特里亚）

Bactrians 巴克特里亚人（又称 Bactriani）

Badas. R 巴达斯河（叙利亚）

Baenis 贝尼斯河（卢西塔尼亚）

Baetera 贝特拉城（凯尔特）

Baetica 贝提卡（伊比利亚地名）

Baetis 贝提斯河（伊比利亚）

Baetis 贝提斯城（伊比利亚）

Baetorix 贝托里克斯（反叛罗马的部落首领之子）

Baeturia 贝图里亚（阿纳斯河畔地名）

Baetylus 贝提卢斯城（又称俄提努斯城）

Bagadania 巴加达尼亚（又称 Bagadaonia, 亚美尼亚地名）

Bagas 巴加斯（帕夫拉戈尼亚的名字）

Bagous 巴勾斯（波斯太监）

Bagradas. R 巴格拉达斯河（迦太基）

Baiae 贝伊城（坎帕尼亚，有温泉的地方）

Baius 巴乌斯（奥德修斯的同伴）

Balanaea 巴拉尼亚（叙利亚）

Balari 巴拉里人（撒丁岛部落）

Balbura 巴尔布拉城（弗里吉亚）

Balbus 巴尔布斯（约公元前 40 年，西班牙地区的度支官）

Baleares 巴利雷斯岛（伊比利亚诸岛之一）

Balearides 巴利亚里德（腓尼基人对轻装步兵的称呼）

Baliarides 巴利亚里德斯岛（又称盖姆内西亚岛、伊比利亚海岛居民）

Balithon 巴利托角（利比亚）

Balkh 巴尔赫（即巴克特拉）

Bambyce 班柏塞城（叙利亚，又名埃德萨城等）

Bamonitis 巴莫尼提斯（黑海北部地名）

Bandobene 班多贝内（印度地名）

Barathra 巴拉斯拉沼泽（意为"井"，埃及培琉喜阿附近）

Barbarians 蛮族（希腊人对外族的称呼）

Barbarium 巴巴里乌姆角（伊比利亚）

Barbitos 巴比托斯（乐器名）

Barca 巴尔卡城（后名托勒密城，昔兰尼）

Barcas 巴卡斯（汉尼拔之父）

Barce 巴斯城（今称托勒密城，昔兰尼）

Bards 巴兹人（伊比利亚部落）

Bardulians 巴杜利亚人（巴迪坦人）

Bardyetans 巴迪坦人（伊比利亚部落）

Bargasa 巴加萨城（尼多斯附近）

Bargosa 巴戈萨城（印度）

Bargus 巴古什河（参见马尔古什河）

Bargylia 巴吉利亚城（卡里亚）

Baris 巴里斯（亚美尼亚神名）

Baris 巴里斯镇（雅皮吉亚）

Barium 巴里乌姆（亚得里亚湾）

Barnichius 巴尼奇乌斯河（又名伊尼佩乌斯河、色萨利）

Barnus. Mt 巴努斯山（马其顿西部）

Basgoedariza 巴斯戈塔里扎要塞（小亚美尼亚，米特拉达梯所建）

Basileians 巴西利亚人（伊斯特河畔的游牧部落）

Basileius. R 巴西利乌斯河（美索不达米亚）

Basoropeda 巴索罗佩达（亚美尼亚）

Bassus 巴苏斯（即罗马在叙利亚驻军长官塞西利乌斯·巴苏斯）

Bastarnia 巴斯塔尼亚（萨尔马提亚部落居住地区）

Bastarnians 巴斯塔尼亚人（又作 Bastar-nae，欧罗巴的萨尔马提亚部落，后与色雷斯部落混合）

Bastetania 巴斯特塔尼亚（伊比利亚）

Bastetanians 巴斯特塔尼亚人（伊比利亚部落）

Bastulians 巴斯图里亚人（即巴斯特塔尼亚人）

Bata 巴塔城（辛梅里安人的博斯普鲁斯）

Bathynias 巴塞尼亚斯河（汇入普罗庞提斯海）

Bathys Limen 深港（德利乌姆和奥利斯之间）

Batiae 巴提亚城（塞斯普罗提亚）

Batieia 巴提叶亚（特洛伊平原山丘）

Bato 巴托（潘诺尼部落首领）

Baton 巴通（公元前 3 世纪后期，锡诺普历史学家，《波斯历史》作者）

battarizein 说话结巴

Battus 巴图斯（公元前 631 年，昔兰尼的建立者）

Bear 熊星座（荷马所指的北极地区）

Beas 贝西人（色雷斯的强盗部落）

Bebricians 贝布里西亚人（色雷斯部落）

Bebryces 贝布里塞人（小亚细亚部落）

Belbina 贝尔比拉岛（埃伊纳附近，地中海）

专用名词一览表 1543

Belgae 贝尔盖人（凯尔特三个部落之一）

Belion 贝利翁河（伊比利亚的卢西塔尼亚境内）

Bellerophon 柏勒洛丰（神话人物）

Bellovaci 贝罗瓦奇人（雷努斯河地区部落）

Belon 贝隆河和城市（伊比利亚）

Belus 贝卢斯（巴比伦主神）

Bembina 本比纳村（阿尔戈斯人的村庄）

Benacus 贝纳库斯湖（阿尔卑斯山脉）

Bendideian 本迪戴（色雷斯人的节日）

Beneventum 贝内文图姆（贝内文托）

Berecyntes 贝勒辛特人（弗里吉亚部落）

Berecyntia 贝勒辛提亚（弗里吉亚地名）

Berecyntian 贝勒辛提亚的（弗里吉亚地名）

Berecyntus 贝勒辛图斯（弗里吉亚部落）

Berenicê 后发星座

Berenicê 贝勒奈西城（阿拉伯湾的）

Berenicê 贝勒奈斯城（红海）

Berenicê 贝勒奈斯（托勒密之女，埃及女王）

berethra 深渊（希腊语）

Bergaean 贝尔盖的（欧伊迈罗斯的绰号）

Berge 贝尔格城（马其顿）

Berisades 贝里萨德斯（奥德里塞人的国王）

Bermium. Mt 贝尔米乌姆山（马其顿）

Bermius. Mt 贝尔米乌斯山（弗里吉亚）

Beroea 贝洛亚城（马其顿）

Beroea 贝洛亚城（叙利亚）

Bertiscus. Mt. 贝尔蒂斯库斯山（马其顿北部）

Berytus 贝里图斯城（叙利亚）

Besaeeis 贝萨人（阿提卡贝萨社区居民）

Besbicos. I 贝斯比科斯岛（普罗庞提斯海）

Bessa 贝萨（洛克里斯古城，后废）

Bessi 贝西人（以抢劫为生的色雷斯部落）

Bessus 贝苏斯（巴克特里亚总督、杀害大流士三世）

Bias 比亚斯（希腊七贤之一，普里恩人）

Biasas 比亚萨斯（帕夫拉戈尼亚人名）

Bibracte 比布拉克特要塞（埃杜伊人的）

Bilbilis 比尔比利斯城（凯尔特伊比利亚）

Billarus 比拉努斯（锡诺普人名）

Bion 彼翁（约公元前 400 年，大约是阿贝德拉城的占星家）

Bion 彼翁（约公元前 250 年，波里斯提尼斯城的哲学家）

Biremens 二层浆船（希腊罗马古战船）

Bisa 彼萨泉（比萨提斯，伊利斯）

Bisaltae 比萨尔泰人（马其顿部落）

Bistonis. L 比斯托尼斯湖（色雷斯）

Bistonians 比斯托尼斯人（比斯托尼斯湖边色雷斯部落）

Bithyrua 比希尼亚（小亚细亚地名）

Bithynian 比希尼亚的

Bithynians 比希尼亚人（小亚细亚部落）

Bithynium 比希尼乌姆城（比希尼亚）

Bitter Lakes 苦湖（埃及）

Bituitus 比退图斯（阿维尔尼人的首领）

Bituriges 比图里吉人（阿奎塔尼亚的凯尔特部落、绰号立方体）

Bituriges 比图吉人（凯尔特部落、绰号维维西人）

Bizone 比佐内城（本都）

Bizye 比奇耶城（色雷斯）

Black Corcyra 黑克基拉岛（伊利里亚）

Blaene 布莱内（帕夫拉戈尼亚地名）

Blascon 布拉斯康岛（加拉提亚湾）

Blaudus 布劳杜斯城（弗里吉亚）

Bleminatis 布莱米纳提斯（拉科尼亚

地名）

Blemmyes 布莱米斯人（埃及南部部落）

Blera 布莱拉城（意大利）

Blesinon 布莱辛翁城（西尔努斯岛）

Blest. I 极乐岛（斯特拉博指的是加那利群岛）

Blusium 布卢西乌姆要塞（托里斯托波古人的）

Boagrius. R 博格里乌斯河（洛克里斯）

Bocalia. R 博卡利亚河（古称博卡鲁斯河）

Bocarus. R 博卡鲁斯河（今称博卡利亚河，萨拉米斯）

Bocchus 博库斯（小莫鲁西亚国王，被阿格里帕所杀）

Bocchus 博库斯（老莫鲁西亚国王）

Boea 维亚城（拉科尼亚）

Boebe 维贝城（色萨利）

Boebe. L 维贝湖（色萨利）

Boebeis. L 维贝湖（同上）

Boenoa 维诺亚城（拉西昂的大道）

Boeotia 维奥蒂亚（希腊地区名）

Boeotian 维奥蒂亚的

Boeotian League 维奥蒂亚同盟

Boeotians 维奥蒂亚人（维奥蒂亚居民）

Boeotus 维奥图斯（西顿的亚里士多德派哲学家，斯特拉博的朋友）

Boeotus 维奥图斯（据说是博伊图斯之母）

Boerebistas 博伊雷比斯塔斯（盖坦部落的首领）

Boethus 博伊图斯（塔尔苏斯的国务活动家）

Boeum. Mt 博伊乌姆山（奥雷斯提亚）

Boeum 博伊乌姆城（多利亚人城市之一）

Bogodiatarus 博格迪亚塔鲁斯（庞培送给米特拉达梯乌姆要塞）

Bogus 博古斯（老、小莫鲁西亚国王）

Boihaemum 博伊黑姆（马拉波杜斯占领的日耳曼尼亚地方）

Boii 博伊人（日耳曼部落）

Bolbe. L 博尔贝湖（马其顿）

Bolbitine, m 博尔比提内河口（埃及亚历山大城）

Bomians 波米亚人（埃托利亚部落）

Bonones 博诺涅斯（弗拉特斯四世之子，罗马人质）

Bononia 博诺尼亚城（意大利）

Boös Aulê 布斯·奥莱（意为"牛栏"、埃维亚的洞穴、伊俄生伊帕福斯之地）

Boosura 布苏拉（塞浦路斯地名）

Boreas 北风神（北风）

Boreium 博雷乌姆角（利比亚）

Borrama 博拉马要塞（黎巴嫩山）

Borsippa 博尔西帕城（巴比伦尼亚）

Borsippeni 博尔西佩尼人（迦勒底天文学家的部落）

Borus 波鲁斯（荷马史诗人物）

Borysthenes 波里斯提尼斯城（米利都人建立）

Borysthenes. R 波里斯提尼斯河（西徐亚河流，今第聂伯河）

Borysthenite 波里斯提尼斯城的

Bos 博斯（尼罗河鱼类）

Bosmorum 博斯莫努姆（印度的作物）

Bosporeni 博斯普鲁斯人（辛梅里安人的博斯普鲁斯部落名）

Bosporians 博斯普鲁斯人（同上）

Bosporus 博斯普鲁斯（本都，又称博斯普鲁斯王国）

Botrys 博特里斯山寨（黎巴嫩山强盗的集穴）

Bottiaea 博提亚城（马其顿、居住着克里特移民）

专用名词一览表　　**1545**

Bottiaean 博提亚的

Bottiaeans 博提亚人（克里特来马其顿的移民）

Bottiaei 博提亚人（同上）

Botton 博通（克里特移民，博提亚城得名于他的名字）

boulai 布赖（荷马使用过的一个词汇）

Bovianum 博维安努姆城（萨莫奈人的）

Boxus 博克苏斯（波斯人，向阿加萨奇德斯提供信息的人）

Branchidae 布兰奇代人（狄杜马城的祭司部落，米利都）

Brachmanes 婆罗门（印度祭司种姓称号）

Branchus 布兰库斯（马契雷乌斯的后裔）

Brastae 布拉斯泰（地震出现的石头）

Brauron 布劳隆城（阿提卡 12 座城市之一）

Brauronia 布劳隆尼亚（阿提卡）

Brenae 布雷内人（色雷斯部落）

Brennus 布伦努斯（凯尔特部落首领，进攻德尔斐）

Brentesini 布伦特西尼人（布伦特西乌姆城居民）

Brentesium 布伦特西乌姆城（雅皮吉亚）

Brettii 布雷提人（意大利部落）

Brettiium 布雷提乌姆（意大利南部地区）

Breuci 布罗奇人（潘诺尼亚部落）

Breuni 布罗尼人（阿尔卑斯部落）

Brilessus. Mt 布里莱苏斯山（又作 Brilessus，阿提卡）

Brigantii 布里甘提人（温德利奇部落之一）

Brigantium 布里甘提乌姆城（温德利奇人的）

Brigantium 布里甘提乌姆村（纳伯尼提斯）

Brigians 布里吉亚人（马其顿的色雷斯部落）

Brilessus. Mt 布里莱苏斯山（阿提卡）

Briseis 布里西斯（神话故事，阿喀琉斯的女俘）

Britain 不列颠（距离极北地区 6 天路程海岛）

Britainians 不列颠人（不列颠居民）

British Channel 不列颠海峡（不列颠与凯尔特之间的）

Britomartis 布里托玛尔提斯（克里特岛的女神）

Britons 不列颠人

Briula 布留拉城（吕底亚的尼萨附近，迈安德河畔）

Brixia 布雷夏城（阿尔卑斯山脉、凯尔特人的）

Bromius 布洛米乌斯（意为"喧嚣的人"）

Bructeri 布鲁克特里人（阿马西亚斯河东南部的日耳曼部落）

Brueni 布罗尼人（山南高卢部落）

Brutus 布鲁图（公元前 138 年）

Brutus 布鲁图（公元前 84 年生）

Brutus 布鲁图（公元前 43 年在腓力城被击败）

Bryaium 布里埃乌姆城（埃里贡河旁）

Bryges 布里吉人（马其顿色雷斯部落）

Brygi 布里吉人（马其顿色雷斯部落）

Bubali 狷羚（动物）

Bubastite Nome 布巴斯图斯州（埃及三角洲）

Bubastus 布巴斯图斯城（埃及三角洲）

Bubon 布邦城（弗里吉亚）

Buca 布卡城（意大利）

Bucephalas 布塞法拉斯（亚历山大的战马）

Bucephalia 布塞法利亚城（以亚历山大的战马命名的城市）

Buchetium 布赫提乌姆城（塞斯普罗提亚卡索皮伊人的）

Bucolopolis 布科罗波利斯城（意为"牧人城"，腓尼基）

Budorus. R 布多鲁斯河（埃维亚岛）

Buprasia 布普拉西亚城（伊利斯）

Buprasians 布普拉西亚人（布普拉西亚城居民）

Buprasium 布普拉西乌姆城（伊利斯）

Bura 布拉城（亚该亚人 12 座城市之一）

Burchanis 伯查尼斯岛（日耳曼）

Burdigala 伯迪加拉港（今波尔多、比图里吉人的）

Busiris 布西里斯（埃及国王）

Busiris 布西里斯城（埃及）

Busirite Nome 布西里斯州（埃及）

Buthrotum 布特洛图姆城和港口（伊庇鲁斯的、罗马人的殖民地）

Butice. L 布提塞湖（埃及）

Butones 布托内人（日耳曼部落）

Butrium 布特里乌姆城（意大利）

Butus 布陀城（埃及）

Byblus 比布卢斯（叙利亚）

Byblus 埃及纸莎草

Bylliaca 比利亚卡（伊庇鲁斯比利昂人的地区）

Bylliones 比利昂人（伊庇鲁斯部落）

Byrebistas 比雷比斯塔斯（盖坦人国王）

Byrsa 拜萨城（迦太基的卫城）

Byssus 比苏斯（蚕丝，当时被认为是棉花的一个种类）

Byzacians 拜扎齐亚人（靠近迦太基的利比亚部落）

Byzantines 拜占庭人

Byzantium 拜占廷城（色雷斯）

Byzeres 拜泽雷人（本都卡帕多西亚的蛮族部落）

Cabaeum 卡贝乌姆角（凯尔特）

Cabaleis 卡巴利斯（弗里亚地名）

Cabalis 卡巴利斯（弗里吉亚地名）

Caballa 卡巴拉（亚美尼亚）

Caballio 卡巴利奥城（凯尔特）

Cabeira 卡贝拉城（本都的卡帕多西亚）

Cabeiri 卡贝里（萨莫色雷斯的众神）

Cabeirides 卡贝里德斯（神话故事中的仙女）

Cabeiro 卡贝罗（神话故事，仙女的祖母）

Cabeirus 卡贝鲁斯山（弗里吉亚的贝勒辛提亚）

Cabesus 卡贝苏斯（亚细亚地名）

Cabyllium 卡比利乌姆城（阿拉尔河畔）

Cadena 卡德纳城（西西内斯的都城、卡帕多西亚）

Cadme 卡德梅城（即普里恩）

Cadmean 卡德摩斯的、卡德摩斯式的

Cadmeia 卡德梅亚要塞（底比斯的卫城）

Cadmilus 卡德米卢斯（神话人物，卡贝罗和赫菲斯托斯之子）

Cadmus 卡德摩斯（腓尼基移民首领、底比斯卡德梅亚要塞的建立者）

Cadmus. Mt 卡德摩斯山（弗里吉亚名字相同的河流）

Cadmus 卡德摩斯（公元前 550 年，米利都逻辑学家）

Cadena 卡德纳城（卡帕多西亚）

Cadi 卡迪城（弗里吉亚·埃皮克特图斯）

Cadurci 卡德齐人（阿奎塔尼部落）

Cadusians 卡杜西人（米底的强盗部落）

Cadusii 卡杜西人（小米底）

Caecias 凯基亚斯（东北风）

Caecuban P 凯库班平原（拉丁姆）

Caelium 凯利乌姆山（罗马）

Caeni 凯尼人（色雷斯部落）

Caenys 凯尼斯角（西西里附近）

专用名词一览表　　　**1547**

Caepio 凯皮奥（罗马统帅，因洗劫神庙而被流放）

Caepio 凯皮奥灯塔（伊比利亚贝提斯河口的）

Caeratusi 凯拉图斯城（克里特岛克诺索斯古称）

Caerea 凯雷城（原名阿吉拉，拉丁姆）

Caeretani 凯雷塔尼人（拉丁姆部落）

Caesar 凯撒（罗马统治者）

Caesar Augusta 奥古斯都凯撒城（伊比利亚）

Caesar Augustus 奥古斯都·凯撒（公元前27—公元14年，罗马皇帝）

Caesar Deified 神圣的凯撒（公元前48—公元44年，罗马独裁者）

Caesar Julius 尤里乌斯·凯撒（公元前102/100？—前44年，罗马独裁者）

Caesaria 凯撒里亚（利比亚，旧称约尔城）

Caesarium 凯撒里乌姆神庙（埃及亚历山大城）

Caesena 凯塞纳（小镇）

Caicus, plain of the 凯库斯平原（密细亚）

Caicus. R 凯库斯河（小亚细亚）

Caietan 凯伊塔斯（意为"凹处或洞穴"，拉科尼亚）

Caietas 凯伊塔斯湾（意大利）

Cailias 凯利亚斯（萨福的注释者，莱斯沃斯人）

Calabri 卡拉布里人（意大利部落、雅皮吉亚地区）

Calabria 卡拉布里亚（意大利）

Calachene 卡拉基内（亚美尼亚）

Calaguris 卡拉古里斯城（伊比利亚瓦斯科尼亚人的）

Calamis 卡拉米斯（约公元前450年，雅典雕刻家）

Calanus 卡拉努斯（印度哲学家）

Calasarna 卡拉萨纳城（西西里地名）

Calatia 卡拉提亚城（意大利亚平宁大道旁）

Calatis 卡拉提斯（伊斯特河畔）

Calauria 卡劳利亚岛（米尔图海）

Calbis. R 卡尔比斯河（卡里亚考努斯城附近）

Calchas 卡尔卡斯（神话人物，预言家和塞尔格城的建立者）

Caledonian boar 喀里多尼亚猪（神话故事）

Caleni 卡莱尼人（意大利坎帕尼亚部落）

Calenian 卡莱尼亚的（意大利）

Cales 卡莱斯城（坎帕尼亚卡莱尼人的）

Caleti 卡莱提人（凯尔特部落）

Calipso 卡利布索岛（神话人物，亚特兰图斯的女儿，居住在奥吉吉亚）

Calipso. I 卡利布索岛（本名高多斯岛，被卡利马科斯改为现名、地中海）

Callaicans 卡莱坎人（伊比利亚部落）

Callaicia 卡莱西亚（伊比利亚）

Callaicus 卡莱库斯（罗马将军布鲁图·卡莱库斯姓氏）

Callas. R 卡拉斯河（埃维亚岛）

Callatis 卡拉提斯城（赫拉克勒利人的、本都）

Calliarus 卡利亚鲁斯（洛克里斯古城，后为耕地）

Callicolone 卡里科罗内（伊利昂附近山丘）

Callidromus 卡利德洛姆斯山（德摩比利以北）

Callimachus 卡利马科斯（公元前250年，克里特诗人、数学家）

Callinicus Seleucus 卡利尼库斯·塞琉古（塞琉西王室成员）

Callinus 卡利努斯（公元前 7 世纪，挽歌诗人）

Calliope 卡利俄珀（希腊女神）

Callipidae 卡利皮迪人（波里斯提尼斯河流域上方的西徐亚部落）

Callipolis 卡利波利斯城（马其顿）

Callipolis 卡利波利斯城（距离兰普萨库斯 40 斯塔德，亚细亚）

Callipolis 卡利波利斯城（西西里，无人居住）

Calliste 卡利斯特岛（克里特海）

Callisthenes 卡利斯提尼斯（公元前 4 世纪，亚里士多德门徒，历史学家）

Callydium 卡利迪乌姆要塞（克里昂在密细亚的奥林波斯山的要塞）

Calpas. R 卡尔帕斯河（又作卡尔佩，小亚细亚）

Calpe. Mt 卡尔佩山（赫拉克勒斯石柱旁）

Calpe 卡尔佩城（伊比利亚）

Calpe. R 卡尔佩河（小亚细亚）

Calybe 卡利贝城（阿斯泰人的）

Calycadnus. Mt 卡利卡德努斯山（西里西亚和叙利亚境内）

Calycadnus. R 卡利卡德努斯河（西里西亚和叙利亚境内）

Calycadnus 卡利卡德努斯城（西里西亚）

Calydian 卡利德的

Calydna. I 卡利德纳岛（又称卡林纳岛）

Calydna. I 卡利德纳岛（特内多斯）

Calydnae. I 卡利德群岛（又称斯波拉德斯群岛，特内多斯附近）

Calydnian 卡利德群岛的

Calydon 卡利登城（埃托利亚）

Calymna. I 卡林纳岛（又作 Calymnae，斯波拉德斯群岛之一）

Calrmnae. I 卡林尼岛（复数）

Calynda 卡林达城（小亚细亚）

Calipso 卡利布索岛（卡利马科斯对高多斯的称呼）

camarae 卡马雷（意为"有篷的船只"）

Camarina 卡马里纳（西西里的锡拉库萨人殖民地）

Camarinum 卡马里努姆城（意大利翁布里卡地区）

Cambodunum 坎波杜努姆城（温德利奇人）

Cambsani 坎布萨尼人（反抗罗马人统治的部落）

Cambysene 坎比塞内（伊利利亚地名）

Cambyses 冈比西斯（公元前 529—前 522 年，古波斯国王）

Cameirians 卡梅努斯人（罗德岛卡梅努斯城居民）

Cameirus 卡梅努斯城（罗德岛）

Camertes 卡默特斯城（意大利弗拉米尼乌斯大道右边）

Camici 卡米齐城（西西里、科卡卢斯的王宫）

Camisa 卡米萨要塞（卡帕多西亚）

Camisene 卡米塞内（本都的）

Camni 坎尼（意大利）

Campani 坎帕尼人（坎帕尼亚居民）

Campania 坎帕尼亚（意大利地名）

Campanian 坎帕尼亚的

Campsani 坎普萨尼人（又称 Campsiani，日耳曼小部落）

Campsiani 坎普西亚尼人（日耳曼小部落）

Campus 坎普斯（古罗马练兵场、竞技场）

Campus Martius 战神广场（罗马）

Camuni 卡姆尼人（雷提人部落之一）

Canae 卡尼城（埃奥利斯）

Canae 卡尼角（埃奥利斯）

Canastra 卡纳斯特拉角（又称 Canastrae-um，马其顿）

Canastra, Mt. 卡纳斯特拉山（马其顿）

Canastraeum 卡纳斯特雷乌姆角（马其顿）

Canastrum 卡纳斯特鲁姆角（马其顿）

Candace 坎达斯（埃塞俄比亚女王）

Candavia 坎达维亚城（伊利里亚）

Cane. P 卡内角（埃奥利斯的海角）

Canethus 卡内图斯山（卡尔西斯）

Canges 恒河（印度）

Canidius 卡尼迪乌斯（罗马将军，公元前 40 年执政官）

Cannae 坎尼（加尔加努姆角地名、坎尼战争发生之地）

Canobic 卡诺布斯的

Canobic. m 卡诺布斯河口（埃及尼罗河口之一）

Canobus 卡诺布斯城（埃及亚历山大城附近）

Canobus 卡诺布斯（神话人物，墨涅拉俄斯的向导）

Canopus 克诺珀斯（老人星）

Cantabri 坎塔布里人（坎塔布里亚居民）

Cantabria 坎塔布里亚（伊比利亚地区）

Cantabrian. Mt 坎塔布里亚山（伊比利亚）

Cantabrian 坎塔布里亚的

Cantabrians 坎塔布里亚人（伊比利亚部落）

Cantharius 坎萨里乌斯角（萨摩斯）

Cantharolethron 坎萨莱特隆（斑蝥死亡地）

Cantharos 斑蝥

Cantium 坎提乌姆（今肯特，不列颠）

Canusitae 坎努西泰人（奥菲杜斯河的市场）

Canusium 坎努西乌姆城（雅皮吉亚）

Capauta 卡波塔港（小米底）

Capedunum 卡佩杜努姆（潘诺尼亚）

Capherenus 卡菲雷乌斯角（阿尔戈斯人的）

Caphyeis 卡菲斯城（阿卡迪亚）

Capitol 卡皮托（地名，罗马）

Capitolium 朱庇特神庙（罗马卡皮托利乌姆山）

Capitulum 卡皮图卢姆城（意大利）

capnobatae 卡布罗巴泰人（意为“在烟边行走的人”，密细亚部落）

Cappadocia 卡帕多西亚（小亚细亚）

Cappadocian 卡帕多西亚的

Cappadocians 卡帕多西亚人（卡帕多西亚居民）

Capreae 卡普雷伊岛（坎帕尼亚海岸附近）

Capreae 卡普雷伊地峡

Capri 卡普里

Capria 卡普里亚湖（潘菲利亚）

Caprus 卡普鲁斯港

Caprus R 卡普鲁斯河（亚述）

Caprus R 卡普鲁斯河（弗里吉亚）

Capsa 卡普萨城（利比亚）

Capture of Miletus by Dareius《大流士攻占米利都》（弗里尼库斯）

Capture of Oechalia《攻占奥卡利亚》（荷马）

Capua 卡普阿城（意大利）

Capus Martius 马蒂乌斯竞技场

Capyae 卡皮伊城（阿卡迪亚）

Capys 卡皮斯（神话人物，其名字用来命名卡皮伊城）

Caracoma 卡拉科马城（色雷斯）

Caralis 卡拉利斯城（撒丁岛）

Carambis 卡兰比斯角（帕夫拉戈尼亚）

Carana 卡拉纳城（本都的卡帕多西亚）

Caranitis 卡拉尼提斯（本都）

Carcathiocerta 卡尔卡西奥塞塔（索费内王城）

Carcinites 卡尔西尼特斯地峡（大切尔松尼斯）

Carcinites. G 卡尔西尼特斯湾（大切尔松尼斯）

Cardaces 卡尔达塞斯（波斯少年）

Cardamum 卡尔达姆（旱金莲类植物）

Cardamyle 卡尔达米莱城

Cardia 卡迪亚城

Carduchians 卡尔杜齐人（美索不达米亚）

Cardytis 卡尔蒂提斯

Carenitis 卡雷尼提斯（小亚美尼亚地名）

Caresene 卡雷塞内（特洛阿德山区名）

Caresus. R 卡雷苏斯河（荷马提到的河流，小亚细亚）

Caresus 卡雷苏斯（特洛阿德地名）

Caria 卡里亚（小亚细亚）

Carian 卡里亚的

Carians 卡里亚人（卡里亚部落）

Cariatae 卡里亚泰城（巴克特里亚的）

Carmalas River 卡尔马拉斯河（大卡帕多西亚）

Carmania 卡尔马尼亚（中亚地名）

Carmel. Mt 卡尔迈勒山（腓尼基）

Carmentis 卡尔门提斯（神话人物，埃万德之母）

Carmo 卡莫（城市）

Carmylessus 卡尔米莱苏斯（吕西亚地名）

Carna 卡尔纳城（阿拉比亚）

Carnana 卡尔纳那城（即卡尔纳，阿拉比亚）

Carnaedes 卡尔尼德斯（柏拉图学派的哲学家，昔兰尼）

Carneates. Mt 卡尔尼特斯山（阿尔戈斯）

Carni 卡尔尼人（亚得里亚海湾部落）

Carnic 卡尔尼人的

Carnutes 卡尔努特人（凯尔特部落）

Carnus 卡尔努斯（叙利亚）

Carpasia 卡尔帕西亚城（塞浦路斯岛）

Carpathian, S. 卡尔帕图斯海（地中海）

Carpathos 卡尔帕索斯（又称 Carpathus，斯波拉德斯群岛之一）

Carpathus 卡尔帕图斯岛（斯波拉德斯群岛之一）

Carpetania 卡尔佩塔尼亚（伊比利亚地名）

Carpetanians 卡尔佩塔尼亚人（伊比利亚部落）

Carpetanians 卡尔佩塔尼亚人（在凯尔特地区的伊比利亚部落）

Carretanians 卡雷塔尼亚人（伊比利亚部落之一）

Carrhae 卡雷城（美索不达米亚）

Carrhae, Battle of 卡雷大战（公元前 53 年罗马与帕提亚之间的战争）

Carseoli 卡塞奥利城（瓦莱里安大道上的城市）

Carsuli 卡苏利城（弗拉米尼乌斯大道旁的城市）

Carta 卡塔城（中亚）

Cartalias 卡塔利亚斯城（伊比利亚）

Carteia 卡泰亚城（古称塔特苏斯、伊比利亚）

Cartera Come 卡特拉科姆（意为"坚固的村庄"，狄俄墨得斯的宫廷）

Carthaea 卡菲亚城（凯奥斯城的一部分）

Carthage 迦太基（古利比亚境内强大国家）

Carthaginian 迦太基的

Carthaginians 迦太基人

Carura 卡鲁拉城（弗里吉亚和卡里亚边界地区）

Caryanda 卡里安达（特洛阿德地名）

Caryanda 卡里安达岛（港口，卡里亚）

Caryandian 卡里安达的

Caryandians 卡里安达人（卡里安达岛居民）

Caryotic 椰子树（埃及）

Carystian 卡律司托斯的

Carystus 卡律司托斯（埃维亚岛）

Casiana 卡西亚纳要塞（阿帕米亚）

Casians 卡索斯人（斯波拉德斯群岛卡索斯岛居民）

Casilinum 卡西利努姆城（意大利）

Casinum 卡西努姆城（意大利）

Casium 卡西乌姆山（叙利亚）

Casius. Mt 卡西乌斯山（埃及）

Casos 卡索斯岛（斯波拉德斯群岛）

Caspiane 卡斯皮阿内（米底地名）

Caspian Getes 里海门（中亚）

Caspian Sea 里海

Caspians 里海人（里海居民）

Caspii 里海人（里海居民）

Caspius 卡斯皮乌斯山脉（即高加索山脉）

Cassander 卡桑德（腓力的女婿）

Cassandra 卡桑德拉（神话人物，普里阿摩斯之女）

Cassandreia 卡桑德里亚城（先前的波提戴亚，马其顿）

Cassiope 卡西俄珀港（伊庇鲁斯）

Cassiopeia 卡西俄珀亚（仙后星座）

Cassiterides 卡西特里德斯岛（阿尔塔布里亚人的北方）

Cassius, Mt 卡西乌斯山（埃及）

Cassius. Mt 卡西乌斯山（叙利亚）

Cassopaeans 卡索皮伊人（塞斯普罗提亚部落）

Cassopaei 卡索皮伊人

Castabala 卡斯塔巴拉镇（西里西亚）

Castalian fountain 卡斯塔利亚泉（德尔斐）

Castalo 卡斯塔罗城（伊比利亚）

Castellum 卡斯特卢姆港城（皮森提尼人的）

Casthanaea 卡斯塔尼亚村（皮利翁山麓）

Castnietis 卡斯特尼提斯（伊索米的阿尔忒弥斯神庙）

Castor 卡斯托（帕夫拉戈尼亚国王戴奥塔鲁斯的女婿）

Castor 卡斯托（戴奥塔鲁斯之父，帕夫拉戈尼亚国王）

Castrum 卡斯特努姆（皮森提尼人的）

Castrum Novum 新卡斯特努姆城（皮森提尼人的）

Casystes 卡西斯特斯港（小亚细亚埃利色雷附近）

Catabathmus. Mt 卡塔巴特姆斯山脉（位于埃及与昔兰尼之间）

Catacecaumene 卡塔塞考梅内（小亚细亚地名）

Catacecaumenite 卡塔塞考梅内的

Catalepton《小诗歌》（弗拉托斯）

Catalogue of the Trojans《特洛伊人名录》（荷马著）

Catalogue《神谱》（赫西奥德）

Catalogue《船只登记册》

Catalogue of Ships《船只登记册》（阿波罗多罗斯作）

Catana 卡塔纳城（西西里）

Catanaeans 卡塔纳人（卡塔纳城居民）

Cataonia 卡陶尼亚（小亚细亚）

Cataonians 卡陶尼亚人（卡陶尼亚部落）

Cataractes. R 卡塔拉克特斯河（潘菲利
　亚境内）
Catenneis 卡特尼斯人（皮西迪亚部落）
Cathaea 卡萨亚（印度地名）
Cathaeans 卡萨亚人（卡萨亚居民）
Cato 加图（公元前 46 年去世，罗马国
　务活动家和统帅）
Catopterius 卡托普特里乌斯悬崖（帕纳
　塞斯山的分支）
Catoriges 卡托里吉人（阿尔卑斯山顶的
　居民）
Cattabania 卡塔巴尼亚（阿拉伯福地
　地名）
Cattabanians 卡塔巴尼亚人（阿拉比亚
　部落）
Catullus 卡图卢斯（约公元前 87—前
　54 年活动于罗马、诗人）
Caucasian 高加索的
Caucasus 高加索山脉（印度的兴都库什
　山脉）
Caucasus 高加索山脉（小亚细亚）
Cauci 考齐人（日耳曼部落之一）
Caucon. R 考康河（考科尼亚）
Caucon 考康（神话人物）
Caucones 考科尼亚人（马里安迪尼人）
Cauconian 考科尼亚的（伊利斯）
Cauconians 考科尼亚人（考科尼亚居民）
Cauconiatae 考科尼亚人（考科尼亚居民）
Caudium 考迪乌姆城（萨莫奈人的）
Caulci 考尔齐人（日耳曼部落之一）
Caulonia 考洛尼亚城（布雷提乌姆）
Caulonia 考洛尼亚城（西西里的）
Caunians 考努斯人（考努斯城居民）
Caunus 考努斯城（卡里亚罗德岛人的）
Cavaran Vari 卡瓦里人的瓦里城（罗达
　努斯河流域）
Cavari 卡瓦里人（凯尔特部落）

Cayster. R 凯斯特河（小亚细亚）
Cayster the plain of 凯斯特平原（以弗
　所，小亚细亚）
Cayster 凯斯特（神话人物，英雄）
Caystrian 凯斯特里的（拉里萨人的一支）
Cebi 卷尾猴（又称 Cebus，埃及）
Cebren 塞布伦城（又称塞布雷内，特洛
　阿德）
Cebrene 塞布雷内城（特洛阿德）
Cebreni 塞布雷尼人（塞布雷尼亚居民）
Cebrenia 塞布雷尼亚（特洛阿德）
Cebrenian Thracians 塞布雷内的色雷
　斯人
Cebrenians 塞布雷内人（特洛阿德）
Cebrenians 塞布雷内人（色雷斯）
Cebriones 塞布里奥涅斯（普里阿摩斯的
　私生子）
Cecilius Bassus 塞西利乌斯·巴苏斯
　（公元前 44 年去世，罗马统帅）
Cecropia 塞克罗皮亚城（阿提卡）
Cecrops 塞克罗普斯（神话人物、阿提
　卡的建城者）
Ceians 凯奥斯人（凯奥斯岛的）
Celadon 塞拉登河（伊利斯、荷马提
　到的）
Celaenae 塞莱内山（弗里吉亚）
Celaenae 塞莱内城（弗里吉亚）
Celaeno 塞莱诺（波塞冬之妻、达那俄
　斯之女）
Celaenus 塞莱努斯（波塞冬与塞莱诺
　之子）
Celenderis 塞伦德里斯城（西里西亚）
Celia 塞利亚城（布伦特西乌姆城和贝
　内文图姆之间）
Celmis 塞尔米斯（伊达山的一部分达克
　提利）
Celossa. Mt 塞罗萨山（阿尔戈斯）

Celsa 塞尔萨山（伊比利亚）

Celtae 凯尔特人

Celti 凯尔特人（伊比利亚部落）

Celtiberia 凯尔特伊比利亚（塔古斯河流域的伊比利亚地区）

Celtiberians 凯尔特伊比利亚人

Celtic 凯尔特人的、凯尔特语的

Celtica 凯尔特（大致相当于法国）

Celtoligures 凯尔特利古里亚人（参见利古里亚人）

Celts 凯尔特人（凯尔特地区部落）

Celtscythians 凯尔特西徐亚人（西北部落的统称）

Cemmenus. Mt 塞梅努斯山（凯尔特）

Cenabum 塞纳本港（利格河畔的卡尔努特人）

Cenaeum. C 塞内乌姆角（埃维亚）

Cenaeus 塞内乌姆角的（埃维亚）

Cenchreae 森契雷伊港（科林斯）

Cenchreae 森契雷伊城（阿尔戈斯）

Cenchrius. R 森契里乌斯河（以弗所附近）

Cenomani 塞诺马尼人（上意大利部落）

Centaurs 半人半马怪物（希腊神话）

Centaurs 森陶尔斯人（神话故事中的色萨利部落）

Centoripa 森托里帕城（西西里）

Ceos 凯奥斯城（凯奥斯岛）

Ceos 凯奥斯岛（基克拉泽斯群岛之一）

Cephalae 凯法莱角（利比亚）

Cephallenia 凯法莱尼亚岛（科林斯湾）

Cephallenia 凯法莱尼亚（今称凯法利尼亚）

Cephallenia 凯法莱尼亚（参见爱奥尼亚的萨摩斯）

Cephallenian 凯法莱尼亚的

Cephallenians 凯法莱尼亚人（凯法莱尼亚岛居民）

Cephaloedis 凯法罗迪斯（凯法罗迪乌姆的一个地区）

Cephaloedium 凯法罗迪乌姆城（西西里）

Cephalon 凯法隆（盖尔吉西斯人）

Cephalus 凯法卢斯（神话人物，戴奥内乌斯之子，塔福斯统治者）

Cephenians 凯菲尼亚人（神话故事，埃塞俄比亚部落）

Cephisia 凯菲西亚城（阿提卡）

Cephisian. L 凯菲西斯湖（维奥蒂亚）

Cephissis. L 凯菲西斯湖（维奥蒂亚）

Cephissus 凯菲苏斯泉（阿波罗尼亚）

Cephisus, R 凯菲苏斯河（阿尔戈斯）

Cephisus, R 凯菲苏斯河（阿提卡）

Cephisus, R 凯菲苏斯河（维奥蒂亚）

Cephisus, R 凯菲苏斯河（萨拉米斯岛）

Cephisus, R 凯菲苏斯河（西锡安）

Cephisus, R 凯菲苏斯河（斯基罗斯岛）

Cephisus. R 凯菲苏斯河（福基斯）

Cepi 塞皮城（博斯普鲁斯）

Ceramus 塞拉姆斯城（尼多斯附近）

Cerasus 塞拉苏斯（卡帕多西亚的本都）

Cerata 塞拉塔（先前的克诺索斯城、克里特）

ceratia 洋槐树

Ceraunia 塞劳尼亚城（亚该亚）

Ceraunian. Mt 塞劳尼亚山脉（伊庇鲁斯）

Ceraunian, Mt 塞劳尼亚山脉（高加索山脉）

Cerberus 刻耳柏洛斯（地狱凶狠的看门狗）

Cerbesian 刻耳柏洛斯的

Cerbesians 刻耳柏洛斯人（神话故事，荷马所说的部落）

Cercaphus 塞尔卡福斯（神话人物，奥尔梅努斯之父）

Cercertae 塞尔塞特人（亚细亚部落）

Cercesura 塞耳塞苏拉城（欧多克索斯天文台附近，利比亚）

Cerceteus 塞耳塞托伊斯山（伊卡里亚岛）

Cercinna 塞尔辛纳岛（小西尔特湾沿岸）

Cercinnitis 塞尔辛尼提斯岛（小西尔特湾沿岸）

Cercitae 塞尔齐泰人（本都部落，又称阿佩泰人）

Cereate 塞里特城（意大利拉丁姆）

Ceres 刻瑞斯（谷神星）

Cereus. R 塞瑞乌斯河（埃维亚）

Cerili 塞里利城（劳斯附近的）

Cerinthus 塞林图斯城（埃维亚岛）

Cerne 塞尔内岛（利比亚西部海岸）

Cersobleptes 塞尔索布莱普特斯（奥德里塞人的国王）

Cestreus 塞斯特雷乌斯（尼罗河鱼类）

Cestrus. R 塞斯特鲁斯河（潘菲利亚）

Ceteians 塞泰人（欧里皮卢斯统治的部落）

Ceteius. R 塞泰乌斯河（埃利亚地区）

Ceutrones 修特罗涅人（利古里亚部落）

Chaa 恰阿城（原名勒普雷乌姆、特里菲利亚）

Chaalla 恰阿拉村（阿拉比亚）

Chaarene 恰雷内（中亚地名）

Chabaca 沙巴卡要塞（卡帕多西亚的本都）

Chabrias 卡布里亚斯村（埃及）

Chabrias 卡布里亚斯要塞（位于腓尼基前往埃及的道路上）

Chabum 沙布姆要塞（切尔松尼斯、西卢鲁斯及其诸子所建）

Chaere 喀雷（凯雷城的别名）

Chaeremon 喀雷蒙（亚历山大人，加卢斯的随从）

Chaeroneia 喀罗尼亚城（维奥蒂亚）

Chalastra 卡拉斯特拉城（塞尔迈湾马其顿城市，被卡桑德毁灭）

Chalcanthite 硫酸铜、胆矾、蓝矾

Chalce 紫红染料

Chalcedon 卡尔西顿城（比希尼亚）

Chalcedonia 卡尔西顿尼亚（比希尼亚）

Chalcedonian 卡尔西顿的

Chalcedonians 卡尔西顿人（卡尔西顿居民）

Chalcetor 卡尔西托城（卡里亚）

Chalcetores 卡尔西托雷斯城（卡里亚）

Chalcia 卡尔西亚山（卡尔西斯山，埃托利亚）

Chalcia 卡尔西亚城（埃维亚的雅典殖民地）

Chalcia 卡尔西亚城（伊利斯）

Chalcia 卡尔西亚岛（喀尔巴阡海）

Chalcideis 卡尔西戴斯人（卡尔西斯城居民，埃维亚岛）

Chalcidice 卡尔西迪斯（叙利亚地名）

Chalcidians 卡尔西斯人（卡尔西斯居民）

Chalcidic 卡尔西斯的

Chalcis. R 卡尔西斯河

Chalcis 卡尔西斯城（叙利亚）

Chalcis 卡尔西斯山（埃托利亚）

Chalcis 卡尔西斯城（埃维亚岛）

Chalcis 卡尔西斯城（伊利斯）

Chalcis 卡尔西斯城（埃托利亚）

Chalcis. R 卡尔西斯河（特里菲利亚）

Chaldaeans 迦勒底人（巴比伦的部落）

Chaldaeans 迦勒底人（巴比伦的贤哲）

Chaldaeans 迦勒底人（卡帕多西亚的部落）

Chaldaei 迦勒底人（卡帕多西亚部落）

Chalonitis 卡洛尼提斯（亚述地名）

Chalybe 卡里比城（卡里比人的）

Chalybes 卡里比人（本都部落，荷马提到的哈利宗人）

Chalybians 卡里比人（本都部落）

Chalymonian 卡里莫尼亚的（叙利亚）

Chamaecoetae 查米克特人（睡在地下的人）

Chamanene 查马尼内（卡帕多西亚地名）

Chanes 卡尼斯河（亚美尼亚）

Chaones 朝内人（伊庇鲁斯部落）

Charadra 查拉德拉城（拉科尼亚、珀洛普斯建立）

Charadrus 查拉德鲁斯要塞（西里西亚）

Charax 查拉克斯城（科西嘉岛）

Charax 查拉克斯城（迦太基商业中心）

Charaxus 查拉克苏斯（萨福的兄弟）

Chares. R 查雷斯河（狄俄斯库里亚斯城附近）

Chares 查雷斯（公元前 3 世纪，林都斯雕刻家、罗德岛巨像的雕刻者）

Charilaus 查理劳斯（波利德克特斯之子、斯巴达国王）

Charimortus 查理莫图斯（石柱和祭坛，埃塞俄比亚）

Charmides 查尔米德斯（菲迪亚斯之父）

Charmoleon 查尔莫利昂（哲学家波塞多尼奥斯之友，马萨利亚人）

Charmothas 查尔莫塔斯港（阿拉伯湾）

Charon 卡隆（冥卫一）

Charon 卡隆（约公元前 460 年，兰普萨库斯的历史学家）

Charondas 卡隆达斯（公元前 6 世纪立法家）

Charonia 查罗尼亚（意为"洞穴"，卡里亚的马格尼西亚附近）

Charonium 查罗尼乌姆洞穴（卡里亚的

阿哈拉卡城）

Charybdis 卡律布迪斯（怪物和旋涡，西西里海峡）

Charybdis 卡律布迪斯（旋涡，叙利亚奥龙特斯河）

Chatramotitae 查特拉莫提泰人（阿拉比亚部落）

Chatramotitis 查特拉莫提提斯（阿拉伯福地）

Chatti 卡蒂人（日耳曼部落）

Chattuarii 卡图阿里人（日耳曼部落）

Chaubi 肖比人（日耳曼部落）

Chaulotaeans 肖洛泰人（阿拉比亚部落）

Chazane 卡扎内（亚述地名）

Cheimerium. C 切梅里乌姆角（伊比鲁斯河地区）

Cheirocrates 切罗克拉特斯（马其顿建筑师）

Chelidonia 切利多尼亚城（弗里吉亚）

Chelidoniae. I 切利多尼亚群岛（潘菲利亚海）

Chelidoniae 切利多尼亚城（弗里吉亚）

Chelidonian. I 切利多尼亚群岛（潘菲利亚海）

Chelonatas 切罗纳塔斯角（伊利斯）

Chelonophagi 切洛诺法吉人（食龟者，埃塞俄比亚部落）

Cherronesus 切罗内苏斯城（伊比利亚）

Cherronesus 切罗内苏斯港（克里特利克图斯城的）

Cherronesus 切罗内苏斯角（利比亚）

Cherronesus 切罗内苏斯（阿帕米亚卫城）

Cherronesus 切罗内苏斯要塞（埃及）

Chersicrates 切尔西克拉特斯（神话人物，赫拉克勒族，克基拉岛的建城者）

Chersiphron 切尔西弗隆（以弗所阿尔

忒弥斯神庙第一位建筑师）

Chersonese 切尔松尼斯（参见阿帕米亚）

Chersonese 切尔松尼斯港（克里特的利
克图斯）

Chersonese 切尔松尼斯港（克里特）

Chersonese 切尔松尼斯城（伊比利亚）

Chersonese 切尔松尼斯城（利比亚）

Chersonese 切尔松尼斯要塞（埃及、亚
历山大城西）

Chersonese 切尔松尼斯半岛（爱奥尼亚）

Chersonese 切尔松尼斯（陶里人、辛梅
里安人或西徐亚人的半岛，今克里木）

Chersonese 切尔松尼斯老城（已毁，陶
里人的、克里木）

Chersonese 切尔松尼斯城（赫拉克利德
族的）

Chersonese 切尔松尼斯新城（陶里人的、
克里木）

Chersonese 切尔松尼斯（色雷斯半岛和
海角）

Chersonesian 切尔松尼斯半岛的

Chersonesites 切尔松尼斯人（陶里人）

Chersonesus 切尔松尼斯半岛（色雷斯
的）

Cheruscan 切鲁斯齐人的（日耳曼部落）

Cherusci 切鲁斯齐人（日耳曼部落）

Cherysa 切里萨城（特洛阿德、古城底
比斯平原地区）

Cherysa 切里萨城（特洛阿德、斯特拉
博时期的）

Chian 希俄斯的

Chians 希俄斯人（希俄斯岛居民）

Chiliocomum 基里奥科姆平原（本都）

Chimaera 希梅拉（神话故事中的动物吐
火兽）

Chimaera 希梅拉（吕西亚地名）

Chios 希俄斯岛（爱琴海，原名皮提
乌萨）

chlamy 希腊人的短斗篷

Chloris 克洛里斯（涅斯托尔之母）

Choaspes, R 乔阿斯佩斯河（印度）

Choaspes, R 乔阿斯佩斯河（苏萨）

Choenices 科尼西斯（容量单位，等于 1
加仑半）

choenicides 科尼西德斯（小石洞）

Choerilus 科里洛斯（公元前 5 世纪，萨
摩斯人，《跨过本都桥》的作者）

Choerus 科努斯（石触，尼罗河鱼类）

Chone 乔内城（意大利、菲洛克特特斯
建立）

Chones 乔内人（意大利部落）

Chonia 乔尼亚（意大利地名）

Chonians 乔内人（得名于乔内城，意大
利部落）

Chorasmii 花拉子模人（塞种和马萨革
泰部落）

Chordiraza 乔尔迪拉扎城（美索不达
米亚）

Chorene 乔雷内（中亚地名）

Chorographer 地志编写者

Chorography 地志图编写学

Chorsene 乔尔塞内（亚美尼亚地名）

Chorus 合唱队

Chrysa 克律萨城（今，特洛阿德）

Chrysa 克律萨城（古，特洛阿德）

Chrysaoreus 克律绍里（卡里亚地名）

Chrysaorian 克律绍里的（卡里亚）

Chryses 克律塞斯（阿波罗的女祭司）

Chryseis 克律塞伊斯（克律塞斯之女）

Chrysippus 克里西普斯（索利人，芝诺
的门徒）

Chrysopolis 克里索波利斯村（本都）

Chrysorrhoas. R 克里索罗亚斯河（叙
利亚）

Chytrium 希特里乌姆城（爱奥尼亚地）

ciborium 华盖

Cibotus 西波图斯港（埃及亚历山大城）

Cibyra, the Great, the Lesser 大小西拜拉城（弗里吉亚）

Cibyrans 西拜拉人（西拜拉居民）

Cibyratae 西拜拉人（西拜拉居民）

Cibyratis 西拜拉提斯（弗里吉亚地名）

Cicero 西塞罗（公元前 63 年罗马执政官，演说家）

Cichyrus 西齐鲁斯城（原名埃菲拉，塞斯普罗提亚人的）

Cicones 西科内人（色雷斯部落）

Ciconian 西科尼人的

Cicynethos 西辛托斯岛（帕加西湾）

Cicysium 西基西乌姆城（比萨提斯）

Cidenas 西德纳斯（巴比伦迦勒底部落的天文学家）

Cierus 西鲁斯城（色萨利）

Cigulum. Mt 齐古卢姆山（翁布里卡）

Cilbian Plain 西尔比亚平原（吕底亚）

Cilicia 西里西亚（小亚细亚）

Cilician 西里西亚的

Cilicians 西里西亚人（小亚细亚部落）

Cilician. S 西里西亚海（地中海东部）

Cilla 西拉城（特洛阿德）

Cillaean Apollo, temple of 西拉的阿波罗神庙（西拉）

Cillaeum 西里乌姆城（莱斯沃斯）

Cillaeum. Mt 西里乌姆山（加尔加拉和安坦德鲁斯之间）

Cillaeus. R 西拉河（特洛阿德）

Cillanian Plain 西拉平原（特洛阿德）

Cillus 西卢斯（神话人物，珀洛普斯的车夫）

Cimarus 西马鲁斯角（克里特岛）

Cimbri 辛布里人（即辛梅里安人）

Cimbrian 辛布里的

Cimbrians 辛布里人（即辛梅里安人）

Cimmerian 辛梅里安的

Cimmerians 辛梅里安人（日耳曼部落之一）

Cimmericum 辛梅里库姆城（亚细亚梅奥提斯湖畔）

Cimmerii 辛梅里人

Cimmeris 辛梅里斯城（赫卡泰奥斯提到的城市）

Cimmerius 辛梅里乌斯山（克里木）

Cimiata 西米亚塔要塞（帕夫拉戈尼亚地名）

Cimiatene 西米亚特内（帕夫拉戈尼亚地名）

Ciminian. L 西米尼亚湖（意大利）

Cimolian 西莫洛斯的（克里特海）

Cimolos 西莫洛斯岛（克里特海）

cinaedus 西尼杜斯（意为"说下流话的人"）

Cindyas 辛迪亚斯（卡里亚地名）

Cindye 辛迪（辛迪亚斯附近地名、卡里亚）

Cineas 西尼亚斯（人名）

Cinnamon-producing country 盛产肉桂的国家（非洲）

Cinolis 奇诺利斯城（帕夫拉戈尼亚）

Cinyras 奇尼拉斯（腓尼基比布卢斯的统治者）

Circaeum 喀耳凯乌姆角（拉丁姆）

Circe 喀耳刻（神话故事，女神、巫师、美狄亚的姐妹）

Circuit of the Earth《大地环游记》（赫西奥德）

Circuit of Earth《大地环游记》（赫卡泰奥斯）

Circuit of the Hellespont《赫勒斯滂环游

记》（梅内克拉特斯）

Circumunavigation of Ophelas《奥费拉斯环游记》（昔兰尼的奥费拉斯著）

Circumunavigation《周航记》

Cirphis. Mt 切尔菲斯山（福基斯）

Cirrha 切尔拉城（福基斯）

Cirta 基尔塔城（迈西里亚人的都城）

Cisalpine 阿尔卑斯山南的

Cisalpine Celtica 阿尔卑斯山南的凯尔特地区

Cisalpine Galatae 阿尔卑斯山南的加拉泰人

Cisamus 西萨姆斯港（克里特岛）

Cis-Halys 哈里斯河以南

Cispadana 波（帕杜斯）河以南的

Cis-Tauran 托罗斯山以南的

Cisses 西塞斯（神话人物，色雷斯人的首领、安特诺尔之子）

Cissia 齐西亚（神话人物，门农的母亲）

Cissians 齐西亚人（希腊人对苏萨人的称呼）

Cissus 西苏斯城（马其顿）

Cissus 西苏斯（神话人物，西苏斯城统治者）

Cissus 西苏斯（阿尔萨马涅斯之父，阿尔戈斯的殖民者）

Cisthene 西斯特内城（特洛阿德）

Cisthene 西斯特内岛（吕西亚沿岸）

Cithaeron 基塞龙山（维奥蒂亚）

cithara 吉他拉（希腊乐器）

Citharist 音乐教师

Citharoedes 吟游诗人（边演奏吉他拉边歌唱的音乐家）

Citharus 基塞鲁斯（尼罗河鱼类）

Citium 基提翁城（斯多葛派哲学家芝诺的故乡，塞浦路斯）

Citrum 基特鲁姆城（皮德纳）

City of Crocodile 鳄鱼城（埃及）

City of Dionysus 狄奥尼修斯城（虚构的城市）

City of Eileithuia 埃莱图亚城（埃及）

City of Hawks 鹰城（埃及）

Cius 西乌斯城（比希尼亚）

Clanis. R 克拉尼斯河（第勒尼亚）

Clarius 克拉鲁斯城的

Clarus 克拉鲁斯城（小亚细亚地名）

Clastidium 卡拉斯提迪翁城（意大利）

Claterna 克拉特纳城（上意大利）

Clautenatii 克劳特纳提人（温德利奇部落之一）

Clazomenae 克拉佐梅尼城（爱奥尼亚）

Clazomenians 克拉佐梅尼人（克拉佐梅尼城居民）

claenactidae 克莱纳克提德家族（米蒂利尼的僭主）

Cleandria 克莱安德里亚（特洛阿德地名）

Cleandridas 克莱安德里达斯（拉克代蒙的流放者）

Cleanthes 克莱安西斯（约公元前330年生，斯多葛派哲学家、芝诺的继承人、阿斯城人）

Cleanthes 克莱安西斯（科林斯的著名艺术家）

Cleides 克利德斯群岛（塞浦路斯附近）

Cleitarchus 克莱塔库斯（公元前4世纪、亚历山大随从、历史学家）

Cleitor 克莱托城（阿卡迪亚）

Cleoblus 克莱奥布卢斯（公元前6世纪，希腊七贤之一，罗德岛林都斯人）

Cleochares 克莱奥查雷斯（比希尼亚米尔利亚的演说家）

Cleomachus 克莱奥马库斯（马格尼西亚拳击手）

Cleombrotus 克莱昂布罗图斯（阿卡迪

亚赫里斯社区的建城者）

Cleon 克里昂（强盗首领，后为祭司）

Cleonae 克莱奥内城（阿尔戈斯）

Cleonae 克莱奥内城（圣山）

Cleonaeans 克莱奥内人（阿尔戈斯克莱奥内城居民）

Cleonimus 克莱奥尼姆斯（阿卡迪亚赫里斯社区的建城者）

Cleopatra 克娄巴特拉（公元前 117 年，托勒密七世之妻、埃及女王）

Cleopatra 克娄巴特拉（公元前 30 年自杀，埃及女王）

Cleopatra 克娄巴特拉（在塞琉西亚被亚美尼亚国王提格兰所杀）

Cleopatris 克娄巴特里斯城（阿拉伯湾）

Cleues 克洛伊斯（多鲁斯之子）

climata 纬度（又作 clima）

Climax. Mt 克里马克斯山（叙利亚）

Climax. Mt 克里马克斯山（潘菲利亚海边）

Clupea 克卢皮城（迦太基人的、又名阿斯皮斯）

Clusium 克卢西乌姆城（第勒尼亚）

Clyrnene 克莱梅内（神话人物，俄克阿诺斯之女、埃塞俄比亚国王迈罗普斯之妻）

Clytaemnestra 克莱泰姆内斯特拉（神话人物，阿伽门农之妻）

Cnaeus Piso 克尼乌斯·皮索

Cnemides. Mt 克内米德斯要塞（洛克里斯）

Cnemis. Mt 克内米斯山（埃皮克内米迪亚洛克里斯的）

Cnidia 尼多斯地区（尼多斯城附近地区）

Cnidian 尼多斯的（卡里亚）

Cnidians 尼多斯人（尼多斯地区居民）

Cnidus 尼多斯城（卡里亚）

Cnopia 克诺皮亚城（底比斯）

Cnopus 克诺普斯（神话人物，科德鲁斯的私生子、爱奥尼亚埃利色雷建城者）

Cnossus 克诺索斯城（克里特岛米诺斯王国的都城）

Cnossusian 克诺索斯的

Cnossusians 克诺索斯人（他们与戈提纳人的战争）

Cnuphis 克卢菲斯（埃及的神）

Coans 科斯人（科斯城居民）

Coasting Voyages《沿岸航行记》（作者不详）

Cobialus 科比亚卢斯（帕夫拉戈尼亚的小地方）

Cobus 科布斯（特雷雷人的首领）

Cocalus 科卡卢斯（国王）

Cocces 科齐斯（托勒密一世的绰号）

Cocceius 科齐乌斯（罗马工程师）

Coccus 胭脂果（染料）

Codridae 科德里德族（从雅典前往卡里亚移民者）

Codrus 科德鲁斯（蛮族的名字）

Codrus 科德鲁斯（神话故事，米兰图斯之子、阿提卡国王）

Coele 盆地

Coele Elis 伊利斯盆地

Coelepersis 波斯盆地（波斯）

Coelesyria 叙利亚盆地

Coelius 科埃利乌斯（罗马历史学家）

Coeus 科乌斯（勒托之母）

Cogaeonum 科贾奥努姆山（盖坦人地区）

Cohorts 大队（罗马军队组织单位）

Colapis. R 科拉皮斯河（潘诺尼亚）

Colchi 科尔基斯人（高加索部落）

Colchian. Mt 科尔基斯山脉（高加索山脉分支）

Colchians 科尔基斯人（高加索部落）

Colchis 科尔基斯（本都）

Coldui 科尔杜伊人（苏伊维部落之一）

Colias 科利亚斯（阿纳弗律斯图斯附近地名）

Collatia 科拉提亚城（罗马附近的拉丁姆）

Collection of the Rivers《河流名录大全》（卡利马科斯）

Colline Gate 科林内门（罗马）

Colobi 科洛比人（埃塞俄比亚部落）

Coloe. L 科洛湖（吕底亚萨迪斯附近）

Colonae 科洛尼（赫勒斯滂地名）

Colonae 科洛尼（兰普萨库斯附近米利都人殖民地）

Colonae 科洛尼（色萨利地名）

Colonae 科洛尼（福基斯地名）

Colonae 科洛尼（埃利色雷地名）

Colophon 科洛封城（爱奥尼亚）

colos 科洛斯（无角雄山羊）

Colossae 科洛塞城（大弗里吉亚）

Colosseni 科洛塞尼人（大弗里吉亚科洛塞城居民）

Colotes 科洛特斯（公元前 440 年，雕刻家）

Columna 石柱

Columna Heracles 赫拉克勒斯石柱（60 次）

Columna Rheginorum 雷吉诺卢姆石柱（意大利南部）

Colyttus 科利图斯（阿提卡居民点）

Comana 科马纳城（大卡帕多西亚）

Comana 科马纳城（本都的）

Comarus 科马鲁斯港（伊庇鲁斯）

Comisene 科米塞内（亚美尼亚地名）

Comisene 科米塞内（帕提亚地名）

Commagenê 科马吉尼（小亚细亚地名）

Commentaries《高卢战记》

Comum 科姆城（凯尔特人的城市）

Conchliae 贝壳（尼罗河水生动物）

Concordia 康科迪亚城（意大利）

Coniacans 科尼亚坎人（可能是笔误，斯特拉博后来把他们称为坎塔布里亚部落的"Coniscans"，伊比利亚部落）

Coniaci 科尼亚奇人（部落，印度南部）

Conisalus 科尼萨卢斯（阿提卡的神）

Coniscans 科尼斯坎人（被误称为 Coniacans、伊比利亚部落）

Conistorgis 科尼斯托吉斯城（伊比利亚）

Conopa 科诺帕村（阿尔西诺伊古称，埃托利亚）

Consentia 孔森提亚城（布雷提人的首府）

consuls 执政官（罗马官员）

Contium 康提乌姆（不列颠）

Convenae 康弗内人（意为"乌合之众"，凯尔特部落）

Copae 科佩城（维奥蒂亚）

Copais 科佩斯湖（得名于科佩城，维奥蒂亚）

Cophes. R 科费斯河（印度）

Cophus. H 科普斯港（马其顿德里斯角附近）

Copiae 科比伊城（罗马人统治的意大利城市，原名图里）

Copratas. R 科普拉塔斯河（苏萨）

Copria 科普里亚（陶罗梅尼亚的岸边）

Coptic 科普特的

Coptus 科普图斯城（埃及底比斯地名）

Cora 科拉城（拉丁姆）

Cora 科拉（参见珀耳塞福涅）

Coracesium 科拉凯西乌姆要塞（西里西亚境内）

coracinus 科拉西努斯（埃及鱼类）

Coracius. Mt 科拉西乌斯山（小亚细亚科洛封城附近）

Coracius 科拉西乌斯（埃塞俄比亚地名）

Coralis. L 科拉利斯湖（利考尼亚）

Coralli 科拉利人（海姆斯山的强盗部落）

Coralius. R 科拉利乌斯河（科罗尼亚）

Coralius. R 科拉利乌斯河（维奥蒂亚、阿尔凯奥斯将其代替夸里乌斯河的名字）

Coralli 科拉利人（海姆斯山的强盗部落）

Corassiae 科拉夏岛（斯波拉德斯群岛）

Coraus 科拉乌斯（埃塞俄比亚要塞名）

Corax. Mt 科拉克斯山（埃托利亚）

Corbilo 科尔比洛港（凯尔特地区）

Corcoras. R 科科拉斯河（潘诺尼亚）

Corcoras. R 科科拉斯河（诺波图斯附近）

Corcyra 克基拉岛（伊庇鲁斯海岸附近）

Corcyraea 克基拉城（伊庇鲁斯）

Corcyraea 克基拉岛（又称黑克基拉岛、伊庇鲁斯海岸附近）

Corcyraean 克基拉的

Corcyraeans 克基拉人（克基拉的居民）

Corcyra Scheria 克基拉·谢里亚（即克基拉岛，意大利）

Corduba 科尔杜巴（今科尔多瓦）

Cordyle 科迪勒（鲣鱼属）

Cordylion 科迪里昂（雅典诺多罗斯绰号）

Core 科雷（珀耳塞福涅）

Coressia 科雷西亚城（凯奥斯的一部分）

Coressus. Mt 科雷苏斯山脉（以弗所附近）

Corfinium 科菲尼乌姆城（佩利格尼人的都城、瓦莱里安大道旁）

Corinth 科林斯城（原名埃菲拉城、希腊）

Corinthia 科林斯地区（希腊）

Corinthian. G 科林斯湾

Corinthians 科林斯人（科林斯居民）

Coriscus 科里斯库斯（锡普西斯的苏格拉底派哲学家）

Cornelius Gallus 科尼利厄斯·加卢斯（公元前 69—前 26 年，罗马驻埃及的行政长官）

Cornelius Sula 科尼利厄斯·苏拉（公元前 138—前 78 年，罗马独裁者）

cornopion 蝗虫天敌

Corocondame 科洛康达梅村（博斯普鲁斯）

Corocondamitis 科洛康达米提斯湖（博斯普鲁斯）

Coroebus 科罗布斯（第一届奥运会竞走冠军）

Coronaeis 科罗尼伊人（麦西尼亚科罗尼亚的居民）

Coronê 科罗内城（麦西尼）

Coroneia 科罗尼亚城（维奥蒂亚科拉利乌斯湖畔）

Coroneia 科罗尼亚城（麦西尼亚）

Coroneia 科罗尼亚城（弗西奥蒂斯）

Coronii 科罗尼人（维奥蒂亚的）

Coropassus 科罗帕苏斯村（利考尼亚）

Corpili 科尔皮利人（色雷斯部落）

Corpilice 科尔皮利斯（地中海地名）

Corsia 科尔西亚岛（爱琴海）

Corsica 科西嘉岛（又称西尔努斯岛，地中海）

corsium 科西乌姆（尼罗河睡莲，味如胡椒）

Corsura. I 科尔苏拉岛（又称科苏拉岛，迦太基湾口）

Corus. R 科鲁士河（居鲁士河古称）

Corybanteium 科里班特斯神庙（亚历山大城境内）

Corybantes 科里班特斯（宙斯之子）

Corybissa 科里比萨（特洛阿德地名）

Corycaeans 科里库斯人（居住在科里库斯山附近的海盗）

Corycian 科里库斯的

Corycium 科里西乌姆（帕纳塞斯的山泽女神洞穴）

Corycus 科里库斯角（克里特）

Corycus 科里库斯山（小亚细亚埃利色雷）

Corycus 科里库斯海岸（吕西亚）

Corycus 科里库斯角（西里西亚）

Corycus 科里库斯城（潘菲利亚）

Corydalleis 科里达利斯村（阿提卡社区）

Corydallus. Mt 科里达卢斯山（阿提卡）

Coryphantis 科里方提斯村（米蒂利尼人的）

Coryphasium 科里法西乌姆海角和要塞（麦西尼亚）

Cos 科斯岛（伊卡里亚海）

Cos 科斯城（科斯岛）

Cos 科斯城（神话故事虚构的迈罗皮斯城市）

Cosa 科萨河（拉丁姆）

Cosa 科萨城（又作 Cossa，第勒尼亚）

Coscinia 科斯希尼亚城（小亚细亚尼萨附近，迈安德河畔）

Coscinii 科斯希尼人（卡里亚科斯希尼亚城居民）

Cos Meropis 迈罗皮斯的科斯城（神奇的国家）

Cosmi 科斯米（克里特官职名）

Cossa 科萨城（又作 Cosa，第勒尼亚）

Cossa 科萨河（拉丁姆）

Cossaea 科塞亚（与波斯交界地区）

Cossaean 科塞亚人（波斯边界的强盗部落）

Cossaei 科塞伊人（亚细亚强盗部落）

Cossura 科苏拉岛（又作 Cossurus、Corssura，西西里与利比亚之间）

Cossurus 科苏鲁斯岛（又称 Cossura、Corssura，西西里与利比亚之间）

Costaria 白肉桂

Coteis. Mt 科泰斯山（利比亚）

Cothon 科松岛（迦太基）

Cothus 科图斯（神话人物，埃洛普斯的兄弟）

Cotiaeium 科提亚伊乌姆城（弗里吉亚·埃皮克特图斯）

Cotiliae 科提利伊冷泉（萨宾地区雷特城）

Cotinae 科提内（伊比利亚地区）

Cottius 科提乌斯（利古里亚部落首领）

Cotuantii 科图安提人（雷提人的部落）

Cotyle 科提尔（复数为 Cotylae，阿提卡重量单位，约半品脱）

Cotylus 科提卢斯山（伊达山的顶峰之一）

Cotyora 科提奥拉城（又称 Cotyorus、Cotyorum，卡帕多西亚的本都）

Cotyorum 科提奥鲁姆（本都）

Cotyorus 科提奥鲁斯（本都）

Cotys 科提斯（奥德里塞人的国王）

Cotys 科提斯（神话，色雷斯人的女神）

Cotytian 科提斯神的（色雷斯女神的）

Cragus. Mt 克拉古斯山（吕西亚）

Cragus. R 克拉古斯礁（西里西亚）

Crambusa. I 克兰布萨岛（西里西亚）

Crambusa. I 克兰布萨岛（吕西亚）

Cranae 克拉那埃岛（阿提卡）

Cranai 克拉奈（古代阿提卡居点的称号）

Cranaüs 克拉劳斯（神话之中的阿提卡国王阿西斯之父）

Cranes 鹤

Cranii 克拉尼城（凯法莱尼亚）

Crannon 克兰农城（色萨利）

Crannonians 克兰农人（色萨利部落）

Crapathos 克拉帕索斯岛（斯波拉德斯群岛）

Crassus 克拉苏（公元前 114—前 53 年，罗马独裁者）

Crassus 克拉苏（公元前 131 年，罗马执政官）

Crater. G 克拉特湾（坎帕尼亚）

Craterus 克拉特鲁斯（亚历山大远征印度的随从、将领）

Crates 克拉特斯（卡尔西斯的工程师、学者）

Crates 克拉特斯（约公元前 150 年，西里西亚马卢斯的斯多葛派哲学家、语法学家）

Crathis 克拉西斯河（亚该亚）

Crathis, R. 克拉西斯河（意大利）

Cratippus 克拉蒂普斯（特拉莱斯僭主之子）

Cremaste 克雷马斯特（cremasti，克雷马斯蒂）

Cremna 克雷姆纳要塞（皮西迪亚）

Cremona 克雷莫纳城（意大利）

Crenides 克雷尼德斯城（参见腓力城，马其顿）

Creophagi 克雷奥法吉人（埃塞俄比亚部落）

Creontiades 克雷昂提亚德斯（公元前 540 年，埃莱亚的建立者）

Creophylus 克雷奥菲卢斯（萨摩斯人，荷马的老师）

Creopolus. Mt 克雷奥波卢斯山（阿尔戈斯和泰耶阿之间）

Cresphontes 克雷斯方特斯（麦西尼亚统治者）

Crestonia 克雷斯托尼亚（马其顿地名）

Cretan 克里特的

Cretan. S 克里特海（地中海一部分）

Cretan Cosmi 克里特的科斯米（克里特元老院任命的高级行政官员）

Cretans 克里特人

Crete. I 克里特岛（地中海）

Creusa 克勒萨港（维奥蒂亚）

Creusis 克勒西斯港（即克勒萨）

Crimissa 克里米萨角和城市（塔兰提内湾）

Crimtopon 克里木托庞（地名）

Crinagoras 克里纳哥拉斯（米蒂利尼演说家，斯特拉博同代人）

Crinacus 克里纳库斯（蛮族名字）

Crisa 克里萨城（福基斯，意大利）

Crisaean. G 克里萨湾（福基斯）

Crisaeans 克里萨人（福基斯克里萨城居民）

Crisaean Plain 克里萨平原（洛克里斯）

Crisaean War 克里萨战争（约公元前595 年）

Crisaean. S 克里萨海（福基斯）

Critasirus 克里塔西鲁斯（陶里齐人的国王）

Crithote 克里托特城（色雷斯的切尔松尼斯半岛）

Crithote 克里托特角（阿卡纳尼亚）

Critias 克里提亚斯（公元前 460—前403 年，雅典政治家、苏格拉底的朋友，柏拉图之母的表兄）

Criumetopon 克里乌梅托庞角（色雷斯的）

Criumetopon 克里乌梅托庞角（克里特的）

Crobyzi 克罗比齐人（本都的色雷斯部落）

Crocian. P 克罗齐平原（弗西奥蒂斯地区）

Crocodeilopolis 克罗科戴波利斯（意为"鳄鱼城"，埃及）

Crocodeilopolis 克罗科戴波利斯（意为"鳄鱼城"，腓尼基）

Crocuttas 克罗库塔斯（鬣狗）

Crocyleia 克罗西利亚城（阿卡纳尼亚）

Croesus 克罗伊斯（公元前 560—前 546 年，吕底亚国王）

Crommyon 克罗米昂角（塞浦路斯）

Crommyon 克罗米昂村（科林斯地峡）

Crommyonia 克罗米昂尼亚（科林斯地峡地名）

Crommyus. R 克罗米乌斯角（西里西亚）

Cromna 克罗姆纳（阿马斯特里斯的一个区）

Cronion 克罗诺斯之子（宙斯）

Cronis 克罗诺斯之子（宙斯）

Cronus 克罗诺斯（宙斯之父）

Cronus 克罗诺斯（见阿波罗尼奥斯）

Crossing of Pontoon-Bridge, The《跨过本都桥》（科里洛斯）

Croton 克罗同城（意大利）

Crotoniates 克罗同人（克罗同城居民）

Cruni 克鲁尼城（攸克辛海旁的本都）

Cruni 克鲁尼河（特里菲利亚）

Crusis 克鲁西斯（马其顿地名）

Ctenus Limen 克特努斯港（今塞瓦斯托波尔港，陶里人的切尔松尼斯半岛）

Ctesias 克特西亚斯（公元前 5 世纪，尼多斯的历史学家、阿尔塔薛西斯的御医）

Ctesiphon 泰西封城（帕提亚都城、两河流域）

Ctistae 克提斯泰人（意为"造物主"，这里指与妇女分开居住的色雷斯人）

Ctistes 克提斯特斯（帕夫拉戈尼亚人）

Cuarius. R 夸里乌斯河（维奥蒂亚）

Cuarius. R 夸里乌斯河（色萨利）

Cubi 库比

Cubit 肘尺

Cuculum 库库卢姆城（拉丁姆）

Culupene 库卢佩内（本都地名）

Cumae 库迈城（意大利）

Cumaean 库迈的

Cumaean. G 库迈湾（意大利）

Cumaeans 库迈人（库迈城居民）

Cumaei 库迈人（意大利部落）

Cuneus 库尼乌斯角（意为"楔形"，伊比利亚圣角的拉丁名字）

Cupra 库普拉（埃特鲁斯坎人对赫拉的称呼）

Curalius. R 库拉利乌斯河（色萨利佩内乌斯河的支流）

Cures 库雷斯村（萨宾地区）

Curetan 库雷特的

Curetes 库雷特人（以弗所部落）

Curetes 库雷特人（埃托利亚部落）

Curetes 库雷特（诸神的仆人或魔鬼）

Curetis 库雷提斯（埃托利亚的普勒隆尼亚）

Curias 库里亚斯角（塞浦路斯）

Curites 库里特人（埃托利亚）

Curium 库里乌姆城（塞浦路斯）

Curium. Mt 库里乌姆山（埃托利亚）

Cyamus 埃及豆类

Cyaneae 基亚尼（又称 Cyanean Rocks 本都入口处两个小岛）

Cyaxares 基亚克萨雷斯（米底国王，萨姆米提克的同时代人）

Cybeba 基贝巴山

Sybebe 基贝贝（见瑞亚）

Cybela 基贝拉山（弗里吉亚地名）

Cybele 基贝勒（希腊女神，得名于弗里吉亚的基贝勒山）

Cybele 基贝勒（希腊女神，伊达母亲）

Cybelia 基贝利亚村（爱奥尼亚米马斯

山下）

Cybiosactes 基比奥萨克特斯（埃及女王的丈夫）

Cybistra 基比斯特拉镇（西里西亚）

Cychreia 基契雷亚（萨拉米斯古称）

Cychreides 基契雷德斯（神蛇）

Cychreius 基契雷乌斯（神话人物，他的名字成了基契雷德斯的名字）

Cyclades 基克拉泽斯群岛（米尔图海与爱琴海之间）

Cyclopeian 库克罗普斯（梯林斯城墙建立者）

Cyclopes 库克罗普斯人（荷马史诗之中的民族）

Cyclus 基克卢斯（克里特不明地点）

Cycnus 基克努斯（坦内斯之父，科洛尼国王）

Cydippe 基迪佩（神话人物，塞尔卡福斯之妻）

Cydnus. R 基德努斯河（雷格马沼泽的雷格马沼泽）

Cydonia 基多尼亚城（克里特岛古城）

Cydonians 基多尼亚人

Cydoniatae 基多尼亚人（克里特西部居民）

Cydrae 基德里城（希腊北部，布里吉人的）

Cydrelus 基德雷卢斯（科德鲁斯的私生子，米乌斯的奠基人）

Cyinda 基因达要塞（西里西亚）

Cyllene 基雷内（莱斯沃斯岛地名）

Cyllene 基雷内山（阿卡迪亚）

Cyllene 基雷内山（特洛阿德）

Cyllene 基雷内河（特洛阿德）

Cyllene 基雷内港（埃莱亚人的）

Cyllenian 基雷内的

Cyllenians 基雷内人（埃莱亚基雷内港

居民）

Cymaean 基梅的

Crmaeans 基梅人（埃奥利斯基梅城居民）

Cyme 基梅城（爱奥尼亚）

Cyme 基梅城（埃奥利斯）

Cyme 基梅（传说中的亚马孙人居住地）

Cynaetha 基尼撒城（阿卡迪亚）

Cynaethius 基尼西乌斯城（拉科尼亚）

Cynamolgi 基纳莫尔吉人（埃塞俄比亚部落）

Cynia 基尼亚湖（埃托利亚）

Cynical 犬儒学派的

Cynic 犬儒学派（古希腊安提西尼创立学派的信徒）

Cyniras 基尼拉斯（赠送阿伽门农铠甲的塞浦路斯人）

Cynocephali 基诺赛法利人（阿拉比亚部落、他们的水井）

cynocephalus 狗面狒狒（埃及）

Cynolis 基诺利斯（帕夫拉戈尼亚）

Cynopolis 基诺波利斯城（埃及，尼罗河畔）

Cynopolite Nome 基诺波利斯州（埃及）

Cynoscephalae 基诺斯塞法利城（色萨利）

Cynoscephali 基诺塞法利（神圣的狒狒）

Cynospolis 基诺斯波利斯城（意为"狗城"，埃及西里斯城附近）

Cynos-Sema 锡诺塞马角（意为"婊子狗的坟墓"，色雷斯的切尔松尼斯半岛）

Cynos-Sema 锡诺塞马（意为"婊子的狗的坟墓"，卡里亚地名）

Cynos-Sema 锡诺塞马村（意为"婊子狗的坟墓"，埃及亚历山大城附近）

Cynthus 金图斯山（提洛岛）

Cynuria 西努里亚（拉科尼亚与阿尔戈利斯的边界）

Cynus 西努斯港（俄庞提的洛克里人的）

Cynus 西努斯（希腊，遭受严重的地震破坏）

Cyparisseeis 西帕里西伊斯河（拉科尼亚）

Cyparissia 西帕里西亚城（拉科尼亚）

Cyparissia 西帕里西亚城（麦西尼亚）

Cyparissia 西帕里西亚城（特里菲利亚）

Cyparissians 西帕里西亚人（特里菲利亚西帕里西亚城居民）

Cyparisson 西帕里桑（亚述的城市或地区名）

Cyparissus 西帕里苏斯村（利科里亚山麓）

Cyphus. Mt 西弗斯山（色萨利）

Cyphus 西弗斯城（色萨利）

Cyprians 塞浦路斯人（塞浦路斯居民）

Cyprus 塞浦路斯（又作 Cypros，地中海东部）

Cypsela 塞普西拉城（赫布鲁斯河畔）

Cypselus 塞普西努斯（公元前 655—前 625 年，科林斯的僭主、戈尔古斯之父）

Cyra 居拉城（又称古居鲁士城，古波斯居鲁士大帝所建粟特）

Cyrbas 西尔巴斯（神话人物，克里特岛希拉皮特拉城奠基人）

Cyrbantes 西尔班特斯（萨莫色雷斯诸神）

Cyrenaea 昔兰尼（利比亚）

Cyrenaean 昔兰尼的

Cyrenaeans 昔兰尼人（昔兰尼居民）

Cyrenaic 昔兰尼派的（昔兰尼的哲学流派）

Cyrenê 昔兰尼城（利比亚）

Cyrictica 西里克提卡岛（亚得里亚海）

Cyrinius 西里尼乌斯（叙利亚统治者）

Cyrnus 西尔努斯岛（又作 Cyrnos，今科西嘉岛，意大利沿海）

Cyrrha 西拉城（福西亚）

Cyrrhestis 西雷斯提斯（又作 Cyrrhestice，叙利亚地名）

Cyrsilus 西尔西卢斯（亚历山大大帝的随从、法萨利人）

Cyrtii 西尔提人（波斯部落，以抢劫为生）

Cyrus 居鲁士（公元前 6 世纪，波斯帝国创始人）

Cyrus. R 居鲁士河（波斯帕萨尔加迪地区）

Cyrus. R 居鲁士河（伊比利亚和阿尔巴尼亚）

Cytaea 基泰亚人（神话故事，地中海部落）

Cythera 基西拉岛（米尔图海）

Cytherius. R 基西里乌斯河（伊利斯）

Cytherus 基西努斯城（阿提卡）

Cythnos 基斯诺斯岛（基克拉泽斯诸岛之一）

Cytinium 基西尼乌姆城（多利亚人城市之一）

Cytisus（香料）

Cytorum 基托鲁姆（阿马斯特里斯的一个区）

Cytorus 基托鲁斯（弗里克苏斯之子）

Cyzicene 基齐塞内（密细亚地名）

Cyziceni 基齐库斯人（基奇库斯岛居民）

Cyzicus 基奇库斯岛和城（普罗庞提斯）

Daae 大益人（西徐亚部落，又称阿帕尼人）

Daci 达契人（阿尔卑斯山部落）

Dacia 达契亚（日耳曼和伊斯特河地区）

Dacians 达契亚人（盖坦人部落、居住在达契亚）

专用名词一览表 **1567**

Dacieus 达西乌斯（卡陶尼亚地名）

Dactyli 达克提利（伊达山的尽头、克里特岛）

Dactyli 达克提利（伊达山神）

Daedala 代达拉城（罗德岛人的）

Daedala. Mt 代达拉山（吕西亚）

Daedalus 代达罗斯（雅典雕刻家，伊卡鲁斯之父）

Daedalus 代达罗斯（神话人物，阿斯塔库斯城的建城者）

Daes 戴斯（历史学家，特洛阿德科洛尼人）

Daesitiatae 戴西提亚泰人（ ）

Dai 戴人（达契人）

Dalion. R 达利昂河（特里菲利亚）

Dalmatia 达尔马提亚（亚得里亚海地区）

Dalmatian 达尔马提亚的

Dalmatians 达尔马提亚人（达尔马提亚居民）

Dalmium 达尔米乌姆城（达尔马提亚城市）

Damascene 大马士革地区（叙利亚）

Damasceni 大马士革人（叙利亚）

Damascus 大马士革城（叙利亚）

Damasia 达马西亚城（利卡提人的卫城）

Damastes 达马斯特斯（希罗多德同代历史学家）

Damastium 达马斯提乌姆城（伊庇鲁斯）

Damasus 达马苏斯（神话人物，雅典人、特奥斯建城者）

Damasus Scombrus 达马苏斯·斯康布鲁斯（迈安德河畔马格尼西亚的演说家）

Damnameneus 丹纳梅内乌斯（伊达山达克提利的一部分）

Danaan Women《达那伊得斯姐妹》（埃斯库罗斯）

Danaans 达那俄斯人（希腊部落）

Danae 达娜俄（珀尔修斯之母）

Danala 达纳拉要塞（特罗克米人，本都）

Danaus 达那俄斯（神话中的阿尔戈斯国王）

Dandarii 丹达里人（梅奥提斯人一支）

Dantheletae 丹菲勒泰人（色雷斯的强盗部落）

Danube 多瑙河（欧罗巴）

Danubis 达努比斯河（又称 Danuvius，参见伊斯特河）

Danuvius. R 达努维乌斯河（参见伊斯特河）

Daorizi 道里齐人（达尔马提亚部落）

Daphitas 达菲塔斯（语法学家，因为侮辱帕加马历代先王国王被钉死在十字架上）

Daphne 达弗内（叙利亚地名）

Daphnia 达弗尼亚（阿尔忒弥斯神庙所在地）

Daphnus 达弗努斯城（洛克里斯）

Daphnus 达弗努斯港（埃塞俄比亚）

Daphnus 达弗努斯（达弗努斯城的一个地区）

Daraba 达拉巴城（阿拉伯湾）

Darapsa 达拉普萨城（中亚）

Dardani 达达尼人（色雷斯伊利里亚部落）

Dardani 达达尼人（又作 Dardanians, Dardanii, 荷马所说的特洛伊人）

Dardania 达达尼亚城（伊达山麓地区）

Dardania 达达尼亚（特洛阿德的达达尼亚和平原，埃涅阿斯统治地区）

Dardania 达达尼亚城（第二城，在原址上）

Dardania 达达尼亚地区（伊利里亚）

Dardanian 达达尼亚的

Dardaniatae 达达尼亚人（色雷斯部落）

Dardanus 达达努斯（宙斯之子，达达尼亚的建立者）

Dardanus 达达努斯城（特洛阿德）

Dareius 大流士一世（公元前 522—前 486 年在位，波斯国王）

Dareius 大流士三世（公元前 336—前 330 年在位，波斯国王）

Darieces 大流塞斯（希腊人对大流士名字的另一种读音）

Dascylium 达西利乌姆城（达西利提斯湖下方，密细亚）

Dascylitis. L 达西利提斯湖（密细亚）

Dasmenda 达斯门达要塞（查马尼内）

Dassaretii 达萨雷提人（伊利里亚部落）

Dastarcum 达斯塔库姆要塞（大卡帕多西亚）

Dasteira 达斯提拉城（亚美尼亚）

Datis 达提斯（波斯将军）

Datum 达图姆（参见腓力城）

Daucalion 多卡利昂（又作 Deucalion，神话人物，赫楞之父）

Daucalion 多卡利昂岛（色萨利皮拉角附近）

Daudorix 多多里克人（参见苏冈布里人）

Dauli 多利人（多利斯城居民）

Dauli 多利（意为"灌木丛"）

Daulia 多利亚城和地区（荷马的多利斯城，福基斯）

Daulians 多利人（多利斯城居民）

Daulis 多利斯城（后称多利亚，福基斯）

Daulius 多利乌斯（克里萨城僭主）

Daunia 多尼亚（意大利）

Daunians 多尼亚人（又作 Daunii，意大利部落）

Daunii 多尼人（意大利）

Daus 多斯（阿提卡达契亚奴隶之名）

Dausis 多西斯河（西徐亚人对伊斯特河的称号）

Dazimonitis 达齐莫尼提斯平原（本都）

Debae 德贝人（阿拉比亚部落）

Decaeneus 德卡内乌斯（巫师，被盖坦人视为神）

Deceleia 德塞莱亚城（阿提卡的居民区）

Deceleian 德塞莱亚的

Decietae 德西泰人（利古里亚人）

Decimus Brutus 德西默斯·布鲁图（公元前 43 年去世，罗马将军）

Degmenus 德格梅努斯（埃佩部落战士，被埃托利亚人所战胜）

Deïaneira 得伊阿尼拉（女神，赫拉克勒斯的妻子）

Deified Caesar 神圣的凯撒（公元前 48—前 44 年，罗马独裁者）

Deimachus 戴马库斯（公元前 3 世纪，印度历史学家）

Deïoneus 戴奥内乌斯（神话人物，凯法卢斯之父）

Deïotarus 戴奥塔鲁斯（庞培所立的加拉提亚国王）

Deïotarus 戴奥塔鲁斯（帕夫拉戈尼亚国王）

Deiphontes 戴方特斯（阿尔戈斯建城者）

Deire 戴雷角（阿拉比亚）

Delia 提洛节（提洛岛人的共同节日）

Delian 提洛岛的

Delians 提洛岛人（提洛岛居民）

Delium 德利乌姆（拉科尼亚塔纳格拉人的小镇、阿波罗圣所）

Delium 德利乌姆城（维奥蒂亚）

Delium 德利乌姆（安东尼的随从、历史学家）

Dellius 德利乌斯（罗马后三头安东尼之友，《安东尼远征帕提亚记》的作者）

Delos 提洛岛（爱琴海）

专用名词一览表　　1569

Delphi 德尔斐城（福基斯）

Delphinian Apollo 德尔斐的阿波罗（神庙）

Delphinians 德尔斐人（德尔斐城居民）

Delphinium 德尔斐乌姆港（圣港）

Delta 三角洲地区（埃及尼罗河）

Demaratus 德马拉图斯（传说中的罗马国王卢库莫之父）

Deme 古希腊的居民点、乡镇

Demeter 得墨忒耳（希腊农神）

Demetrias 德米特里亚斯城（色萨利马格尼西亚的）

Demetrias 德米特里亚斯城（巴比伦地区）

Demetrium 德米特里乌姆（色萨利的得墨忒耳神庙）

Demetrius 德米特里（伊利里亚统治者、法罗斯人）

Demetrius 德米特里（马其顿王腓力五世之父）

Demetrius 德米特里（欧西德莫斯之子，巴克特里亚国王）

Demetrius 德米特里（公元前163—前150年，塞琉古四世之子、叙利亚国王）

Demetrius 德米特里（阿米苏斯的数学家）

Demetrius 德米特里（公元前205年生，锡普西斯的语法家、地理家）

Demetrius 德米特里（普罗塔科斯的学生、拉科尼亚的哲学家）

Demetrius Poliorcetes 德米特里·波利奥尔塞特斯（公元前334—前283年，亚细亚国王）

Demetrius 德米特里·埃托利亚的（公元前239—前222年，安提柯之子）

Demetrius 德米特里（法莱鲁姆的、生于公元前350年左右、哲学家、国务活动家）

Demetrius 德米特里（约公元前200年，卡拉提斯的历史学家）

Democles 德莫克勒斯（公元前5—前4世纪，吕底亚人）

Democoon 德莫库恩（普里阿摩斯的非婚生子）

Democritus 德谟克利特（约公元前460年生，阿夫季拉的著名哲学家）

Demosthenes 狄摩西尼（公元前383—前322年，希腊著名演说家）

Demus 德姆斯（卡利马科斯虚构的伊萨卡地名）

Derbe 德尔贝城（卡帕多西亚）

Derbe 德尔贝城（利考尼亚）

Derbetes 德尔贝特斯（德尔贝僭主安提帕特的绰号）

Derbices 德比塞人（西徐亚人）

Derceto 德塞托（阿塔加提斯的另一种读音）

Derdae 德迪人（印度部落）

Derrhis 德里斯角（本义为"兽皮"，埃及港口）

Derton 德通城（意大利埃米利安大道旁）

Dertossa 德托萨城（伊比利亚）

Description of the Earth《大地通论》（阿波罗多罗斯作）

Deucalion 丢卡利翁（神话人物，赫楞之父）

Deucalion 丢卡利翁岛（色萨利皮拉附近）

Deudorix 德多里克斯（贝托里克斯之子，反抗罗马的部落首领）

Deuriopes 德里奥普人（马其顿部落）

Deuriopus 德里奥普斯（马其顿地区）

Dia 迪亚（西齐昂等地崇拜的女神）

Dia 迪亚岛（克里特对面）

Diacopene 迪亚科佩内（本都地名）

Diades 迪亚德斯（埃维亚岛）

Diagesbes 迪亚戈斯贝人（撒丁岛山区部落）

diakonos 迪亚科诺斯（希腊语词汇）

Dialetician 辩证论者、研究方言者

Dialogues《对话录》（本都的赫拉克利德斯）

Diana 狄安娜（罗马女神，相当于希腊的阿尔忒弥斯）

Dianium 狄安娜神庙（参见赫梅罗斯科佩乌姆，相当于阿尔忒弥斯神庙）

Dicaea 狄凯亚城（色雷斯）

Dicaearchia 狄凯阿恰城（坎帕尼亚）

Dicaearchus 狄凯阿科斯（约公元前 320 年，西西里的哲学家、历史学家和地理学家、亚里士多德的学生、麦西尼人）

Dictaean 迪克特的（克里特）

Dicte. Mt 迪克特山（克里特）

Dicte 迪克特（锡普西亚）

Dictynna 迪克廷纳（女神，克里特）

Dictynnaean 迪克廷纳的（女神，克里特）

Dictynnaeum 迪克廷纳乌姆（迪克廷纳神庙）

Dictys 迪克提斯（神话人物，珀尔修斯及其母达那俄斯的救命恩人）

Dido 迪多（神话人物，迦太基的建立者）

Didyma 狄杜马城（小亚细亚米利都附近）

Didyman 狄杜马（色萨利的山丘）

Didyme 狄杜梅（加德斯的双城）

Didyme 狄杜梅岛（利帕里群岛之一）

Didymene 狄杜梅

Didymeus 狄杜马的（小亚细亚米利都）

Didymi 狄杜米城（小亚细亚）

Diegylis 狄伊吉利斯（色雷斯部落凯尼人的国王）

Dindymene 丁迪梅内（弗里吉亚地名）

Dindymene 丁迪梅内（女神名、见瑞亚）

Dindymum. Mt 丁迪姆山（基奇库斯）

Dindymum. Mt 丁迪姆山（加拉提亚）

Dio Cassius 迪奥·卡修斯（155—230 年，罗马历史学家，《罗马史》作者）

Diochares. G 迪奥查雷斯门（雅典）

Diokles 狄奥克莱斯（神话人物，奥尔提洛库斯国王之子）

Diodorus 狄奥多罗斯（阿波罗尼奥斯·克罗诺斯的学生、卡里亚雅索斯的逻辑学家）

Diodorus 狄奥多罗斯（米特拉达梯的统帅，阿德拉米提乌斯人）

Diodorus, the elder 大狄奥多罗斯（演说家，萨迪斯）

Diodorus, the younger 小狄奥多罗斯（历史学家、诗人和斯特拉博的朋友，萨迪斯）

Diodorus 狄奥多罗斯（塔尔苏斯的语法学家）

Diodotus 狄奥多托斯（雕刻家）

Diodotus 狄奥多托斯（西顿哲学家维奥图斯的兄弟、斯特拉博的朋友）

Diodotus Tryphon 狄奥多托斯·特里丰（反叙利亚国王的起义首领）

Diogenes 第欧根尼（公元前 3 世纪，锡诺普的犬儒派哲学家）

Diogenes 第欧根尼（塔尔苏斯的哲学家）

Diogenes 第欧根尼（公元前 150 年去世，巴比伦塞琉西亚的哲学家）

Diolcus 狄奥尔库斯（科林斯地峡最狭窄部分）

Diomades 狄俄墨得斯平原（意大利南部）

Diomedeae 狄俄墨得斯群岛（亚得里亚海）

Diomedes 狄俄墨得斯（神话中的英雄人物）

Dion 狄翁城（又称 Dium，圣山）

Dion 狄翁城（又称 Dium，希斯提亚伊

附近，埃维亚岛）

Dion 狄翁（小狄奥尼修斯的内弟）

Dion 狄翁（公元前 1 世纪，亚历山大城的学园派哲学家，派往罗马的使团首领）

Dione 狄俄涅（与宙斯共同受崇拜的女神）

Dionysiac 狄奥尼索斯（酒神节）

Dionysides 狄奥尼西德斯（塔尔苏斯悲剧诗人）

Dioninsium 狄奥尼索斯神庙（罗德岛）

Dionysius 狄奥尼修斯（特尔马尔的）

Dionysius 狄奥尼修斯（哈里卡尔纳索斯历史学家、斯特拉博同时代人）

Dionysius 狄奥尼修斯（西西里三座城市的僭主）

Dionysius 狄奥尼修斯（本都赫拉克利亚的僭主）

Dionysius 狄奥尼修斯（比希尼亚的辩证法学者）

Dionysius 狄奥尼修斯（公元前 4 世纪，埃维亚岛卡尔西斯城历史学家）

Dionysius 狄奥尼修斯（叙利亚三座城市的统治者，赫拉克利昂之子）

Dionysius 狄奥尼修斯（阿波罗多罗斯的学生、帕加马阿提库斯的诡辩学者、历史学家）

Dionysius 狄奥尼修斯（色雷斯人、亚历山大城的语法学家）

Dionysius, the eld 老狄奥尼修斯（公元前 430—前 367 年，西西里锡拉库萨人的僭主）

Dionysius, the yuonger 小狄奥尼修斯（公元前 367—前 357 年，西西里锡拉库萨人的僭主）

Dionysocles 狄奥尼索克利斯（迈安德河畔马格尼西亚的演说家）

Dionysodorus 狄奥尼索多鲁斯（阿米苏斯的数学家）

Dionysus 狄奥尼索斯（酒神）

Dionysus 狄奥尼索斯（阿里斯提得斯的名画，被罗马人掠夺）

Diophanes 狄奥法尼斯（米蒂利尼的雄辩家）

Diophantus 丢番图（米特拉达梯·欧帕托的统帅）

Dioscuri 狄俄斯库里兄弟（神话人物，勒达之子）

Dioscurias 狄俄斯库里亚斯城（科尔基斯）

Diospolis 狄奥斯波里斯城（庞培建立）

Diospolis 狄奥斯波里斯城（卡帕多西亚）

Diospolis 狄奥斯波里斯城（埃及门德斯附近）

Diospolis 狄奥斯波里斯城（意为"宙斯城"，即古埃及底比斯）

Diospolis 小狄奥斯波里斯城（埃及尼罗河）

Diotimus 狄奥提姆斯（斯特龙比科斯之子，雅典使团的首领）

Diotrephes 狄奥特雷费斯（安条克基亚的哲学家、演说术教师、演说家希布里斯的老师、斯特拉博同时代人）

Diphilus 迪菲卢斯（锡诺普的诗人）

Dircaean 迪尔塞河的

Dircê. R 迪尔塞河（亚该亚法拉城附近）

Dircê. R 迪尔塞河（底比斯境内）

dithyramb 狄奥尼索斯的赞美诗，狂热的诗文

Ditiones 迪提奥内人（潘诺尼部落）

Dium 迪乌姆城（马其顿奥林波斯山麓）

Dium 迪乌姆城（埃维亚岛）

Dius 迪乌斯（诗人赫西奥德之父）

Diviners 占卜者、预言家

Doberus 多贝鲁斯城（马其顿）

Docimaea 多西米亚村（弗里吉亚）

Docimaean 多西米亚的（弗里吉亚）

Docimite 多西米的（弗里吉亚）

Dodona 多多纳城（伊庇鲁斯、有一座宙斯神庙在此）

Dodona 多多纳城（珀里比亚人的城市，色萨利）

Dodonaean Zeus 多多纳人的宙斯

Doedalus 代达罗斯（神话人物，雅典艺术家、伊卡鲁斯之父）

Doedalsus 代达尔苏斯（阿斯塔库斯城的建立者）

Dolabella 多拉贝拉（公元前 43 年去世，罗马政治家）

Dolicha 多利查岛（即杜里奇乌姆）

Dolion 多利昂（神话人物，西莱努斯和墨利埃之子）

Doliones 多里奥内人（荷马提到的部落）

Dolionis 多里奥尼斯（基奇库斯地名）

Dolomene 多洛梅内（亚述地名）

Dolopia 多洛皮亚（色萨利地名）

Dolopian 多洛皮亚的

Dolopians 多洛皮亚人（色萨利部落）

Domanitis 多马尼提斯（帕夫拉戈尼亚地名）

Dometius Ahenobarbus 多梅提乌斯·阿赫诺巴布斯（公元前 1 世纪，罗马统帅）

Domnecleius 多姆内克利乌斯（加拉提亚的四分之一地区行政长官）

Donnus 唐努斯（利古里亚小王公、科提乌斯之父）

Dorians 多利亚人（希腊部落之一）

Doric dialect 多利亚方言

Doricha 多里查（又称 Rhodopis，埃及高级妓女，孟斐斯国王之妻）

Doris 多里斯（帕纳塞斯山附近地区）

Doriscus 多里斯库斯（色雷斯地名）

Dorium 多里乌姆（麦西尼亚的山和城市）

Dorus 多鲁斯（赫楞之子）

Dorylaeum 多里利乌姆城（弗里吉亚的埃皮克特图斯）

Dorylaus 多里劳斯（米特拉达梯·欧帕托的弟弟）

Dorylaus 多里劳斯（斯特拉博的外祖父、战术家）

Dorylaus 多里劳斯二世（多里劳斯的侄子）

Dosci 多齐人（梅奥提斯人一支）

Dotian Plain 多提平原（色萨利，埃尼亚尼亚人居住地）

Dotium 多提乌姆（色雷斯）

Drabescus 德拉贝斯库斯城（马其顿）

Drabus. R 德拉布斯城河（潘诺尼亚）

Dracanum 德拉卡努姆城（伊卡里亚岛）

drachma 德拉克马（古希腊钱币和重量单位）

Draco 德拉古（神话人物、奥德修斯的朋友）

Dracoman Laws 德拉古的法律

Dracontium 德拉康提乌姆（埃及的植物）

Dragon 龙

Drangae 德兰吉人（中亚部落）

Drangge 德兰吉（中亚地名）

Drangiana 德兰吉亚纳（中亚地区名）

Dravus. R 德拉乌斯河（阿尔卑斯山脉）

Drecanum 德雷卡努姆角（科斯岛）

Drepanum 德雷帕努姆角（埃及）

Drepanum 德雷帕努姆角（伊卡里亚）

Drepanum 德雷帕努姆角（科林斯湾，参见里昂）

Dria 德里亚（维奥蒂亚地名）

Drilo. R 德里洛河（达尔马提亚）

Drium 德里乌姆山（多尼亚）

Dromichaetes 德罗米契德斯（盖坦人的国王，俘虏利西马库斯）

dromus 德罗姆斯（意为"跑"，埃及神庙前的道路）

Druentia. R 德鲁恩提亚河（凯尔特）

Druids 德鲁伊兹人（高卢部落之一）

Drusus 德鲁苏斯（皇帝提比略之子）

Drusus Germanicus 德鲁苏斯·日耳曼尼库斯（皇帝提比略的兄弟、公元前9年任执政官）

Drymas 德莱马斯（蛮族名字）

Drymus 德莱姆斯（埃维亚岛，意为"橡树"）

Drynemetum 德莱内米图姆（加拉提亚人部落首领聚会的地方）

Dryopes 德莱奥佩人（小亚细亚部落）

Dryopian Mt 德莱奥佩山（色萨利）

Dryopians 德莱奥皮人（色萨利）

Dryopis 德莱奥皮斯城（色萨利，意为"四城"）

Dryops 德莱奥普斯（阿卡迪亚人，将德莱奥皮人移居到阿尔戈斯的阿西内）

Dubis 杜比斯河（凯尔特）

Dulichium 杜里奇乌姆岛（埃奇纳德斯群岛之一）

Dunax. Mt 杜纳克斯山（色雷斯）

Duras. R 杜拉斯河（发源于亚平宁山脉）

Durias. R 杜里亚斯河（意大利、发源于阿尔卑斯山）

Durias. R 杜里亚斯河（伊比利亚）

Duricortora 杜里科托拉城（雷米人的都城）

Durio 杜里奥城（凯尔特）

Duris 杜里斯（约公元前350年，萨摩斯的历史学家）

Durius. R 杜里乌斯河

Dyestae 迪厄斯泰人（埃皮达姆努斯、阿波罗尼亚的部落）

Dymaea 迪梅地区（亚该亚）

Dymaeans 迪梅人（迪梅地区居民）

Dymas 迪马斯（赫卡贝之父）

Dymê 迪梅城（亚该亚）

Dyras. R 迪拉斯河（色萨利）

Dyris 迪里斯山（即阿特拉斯山，利比亚）

Dyrrhachium 都拉基乌姆城（伊利利亚，参见埃皮达姆努斯城）

Dyspontium 迪斯庞提乌姆城（比萨提斯境内）

Dyteutus 迪托伊图斯（阿迪亚托利克斯之子、被奥古斯都任命为科马纳城的祭司）

Eastern Sae 东海（印度洋的一部分）

Eberus 伊庇鲁斯河（密细亚）

Eberus 伊庇鲁斯河（伊比利亚）

Eberus 伊庇鲁斯河（埃托利亚）

Ebrodunum 埃布罗杜努姆城（凯尔特）

Ebura 埃布拉城（伊比利亚）

Eburones 埃布罗内人（凯尔特部落）

Ebusus 埃布苏斯岛（又作 Ebysus，伊比利亚皮提乌萨群岛之一）

Ebysus 埃比苏斯岛（同上）

Ecbatana 埃克巴坦那（米底都城）

Echedorus. R 埃切多鲁斯河（马其顿）

Echeiae 埃谢伊城（拉科尼亚）

Echinades 埃奇纳德斯群岛（科林斯湾）

Echinades, I. 埃奇纳德斯诸岛

Echinus 埃奇努斯城（弗西奥蒂斯）

Echnae 伊赫尼（色萨利地名）

Echnaean 伊赫尼的

Ecregma 埃克雷格马（从西波尼斯湖到地中海的道路名）

Edessa 埃泽萨（马其顿）

Edessa 埃德萨城（美索不达米亚）

Edetanians 埃德塔尼亚人（伊比利亚部落）

Edoni 埃多尼人（又作 Edonians，马其顿、色雷斯部落）

Edonian 埃多尼的

Edonians 埃多尼人（又称 Edoni，马其顿、色雷斯部落）

Eetion 埃提翁（底比斯城统治者，特洛阿德）

Egelasta 埃格拉斯塔城（比利牛斯山麓）

Egeria 埃吉里娅（罗马仙女）

Egertius 埃格提乌斯（神话人物，希俄斯的建立者）

Egnatia 埃格纳提亚城（意大利）

Egnatian. Road 埃格纳提大道（从爱奥尼亚湾开始，终结于塞萨洛尼西亚）

Egra 埃格拉村（阿拉比亚）

Egypt 埃及（利比亚境内国家）

Egyptian 埃及的

Egyptians 埃及人（古代埃及居民）

Egyptian Sea 埃及海

Eidomene 埃多梅内城（马其顿）

Eileon 埃莱翁城（帕尔纳塞斯山）

Eileithuia 埃雷图娅神庙和城市（埃及）

Eileithuia 埃雷图娅（希腊司生殖的女神）

Eilesium 埃勒西乌姆城（荷马提到的地名）

Eilethyia 埃雷图娅（希腊生育女神）

Eion 埃翁要塞（洛克里斯）

Eiones 埃奥内斯村（阿尔戈利斯）

Eipidauria 埃皮多里亚（埃皮多鲁斯地区、萨罗尼亚湾）

Eipidaurians 埃皮多里亚人（埃皮多鲁斯居民）

Eipidaurus 埃皮多鲁斯城（拉科尼亚）

Eiresione 圣树枝（希腊神话中的树枝）

Eisadici 埃萨迪西人（高加索部落）

Elaea 埃利亚港（阿拉伯湾）

Elaea 埃利亚城（莱夫卡尼亚）

Elaea 埃利亚城（凯库斯河畔，帕加马湾）

Elaeus 埃利乌斯城（卡里亚沿岸）

Elaeus 埃利乌斯城（色雷斯的切尔松尼斯）

Elaeussa 埃利乌萨城/岛（西里西亚）

Elaeussa 埃利乌萨城（色雷斯的切尔松尼斯）

Elaeussa 埃利乌萨岛（阿提卡附近）

Elaeussa 埃利乌萨岛（卡里亚沿岸）

Elaeussa 埃里乌萨岛（埃奥利斯）

Elaitic 埃来提的（埃奥利斯）

Elaitic. G 埃来提湾（埃奥利斯）

Elaitis 埃来提斯（弗里吉亚地名）

Elaphia 埃拉菲亚（阿尔忒弥斯神庙所在地）

Elara 埃拉拉（提蒂乌斯之母）

Elarium 埃拉里乌姆洞穴（埃维亚岛）

Elateia 埃拉泰亚城（福基斯最大的城市）

Elatria 埃拉特里亚城（伊庇鲁斯）

Ele 埃利（埃利亚城别名）

Elea 埃利亚城（莱夫卡尼亚）

Electrides. I 埃莱克特里德斯岛（帕杜斯河口外）

Electrum 埃莱克特鲁姆（天然金银合金）

Elees, R. 埃莱斯河（莱夫卡尼亚）

Eleia 埃莱亚（又称伊利斯，伯罗奔尼撒半岛地名）

Eleian 埃莱亚的

Eleians 埃莱亚人（埃莱亚居民）

Eleon 埃莱翁城（帕纳塞斯）

Elephantine 埃利潘蒂尼城（埃及）

Elephantophagi 食象者（阿拉比亚部落）

Elephas. Mt 埃利法斯山（意为"象

山", 埃塞俄比亚)

Elephas. Mt 埃利法斯山 (莫鲁西亚)

Eleus 埃莱夫斯城 (色雷斯切尔松尼斯)

Eleus 埃莱夫斯城 (卡里亚沿岸)

Eleusinian 埃莱夫西斯的

Eleusinian. G 埃莱夫西斯湾

Eleusis 埃莱夫西斯城 (阿提卡)

Eleusis 埃莱夫西斯村 (埃及亚历山大城
　附近)

Eleussa 埃莱夫萨岛 (阿提卡)

Eleussa 埃莱夫萨城 (色雷斯的切尔松尼
　斯)

Eleussa 埃莱夫萨岛 (卡里亚)

Eleussa 埃莱夫萨城 (岛,西里西亚)

Eleussa 埃莱夫萨岛 (正对着埃奥利斯)

Eleutherae 埃莱提里城 (属于阿提卡或
　维奥蒂亚)

Eleutheria 埃莱提里亚 (希腊人为纪念
　普拉蒂亚大捷在埃莱提里举行的运
　动会)

Eleutherius 埃莱提里的 (宙斯神庙所
　在地)

Eleuthero-Lacones 埃莱提里-拉科尼人
　(意为 "自由的拉科尼人")

Eleutherus. R 埃莱提鲁斯河 (叙利亚)

Elian 伊利斯的

Elians 伊利斯人 (伊利斯居民)

Elimeia 伊利梅亚 (波斯地名)

Elimeia 伊利梅亚 (米底与苏西斯交界
　地区)

Elimiotae 伊利米奥泰人 (马其顿)

Elis 伊利斯 (又称 Eleia,伯罗奔尼撒半
　岛地名)

Elisa. R 伊利萨河 (又作 Elison,伊利
　斯盆地)

Elison. R 伊利森河 (又作 Elisa,伊利
　斯盆地)

Ellopia 埃洛皮亚岛 (埃维亚岛古称)

Ellopia 埃洛皮亚 (埃维亚岛地名)

Ellopians 埃洛皮亚人 (埃维亚岛居民)

Ellops 埃洛普斯 (神话人物,伊翁之子)

Elonê 埃洛内城 (色萨利的珀里比亚)

Elpiae 埃尔皮伊城 (意大利多尼亚人)

Elthon 埃尔同 (意为 "来者",用于诗
　歌之中)

Elui 埃卢伊人 (阿奎塔尼亚的凯尔特
　部落)

Elvetii 埃尔夫提人 (雷努斯河地区部落)

Elymaea 埃利迈亚 (波斯的地区)

Elymaea 埃利迈亚 (又称 Elymais,米
　底与苏西斯交界地区)

Elymaeans 埃利迈人 (埃利迈亚居民)

Elymaei 埃利迈伊人 (亚述部落)

Elymais 埃利迈斯 (伊庇鲁斯和色萨利附
　近地区)

Elymais 埃利迈斯 (米底与苏西斯交界
　地区)

Elymus 埃利姆斯 (特洛伊人,埃尼亚斯
　的同伴)

Elysians 埃律西昂人 (埃律西昂居民)

Elysian Plain 埃律西昂平原 (神话中的
　福地)

Elysium 埃律西昂 (神话中的福地)

Elixus. R 埃利克苏斯河 (凯奥斯境内
　河流)

Emathia 埃马提亚 (马其顿古称)

Emathia 埃马提亚城 (马其顿)

emathoeis 多沙的

Emeseni 埃梅塞尼人 (叙利亚部落)

Emoda. Mt 埃莫达山脉 (又作 Emodi,
　Emodus,托罗斯或印度高加索山脉
　的一部分)

Emodi. Mt 埃莫达山脉 (同上)

Emodus. Mt 埃莫达山脉 (同上)

Empedocles 恩培多克勒（公元前 490 年，阿克拉甘提的哲学家，火山探索者）

Emporicus. G 恩波里库斯海湾（利比亚）

Emporitans 恩波里坦人（伊比利亚恩波里乌姆居民）

Emporium 恩波里乌姆城（埃及亚历山大城）

Emporium 恩波里乌姆城（伊比利亚）

Emporium 恩波里乌姆军港（布雷提乌姆）

Emporium 恩波里乌姆城（阿克拉甘提尼人）

Emporium 恩波里乌姆港（坎努西泰人在奥非杜斯河的）

Emporium 恩波里乌姆港（埃格斯塔人的）

Enchanters 巫师、魔术师

Enchelii 恩克利人（伊庇鲁斯部落）

Endera 恩德拉村（埃塞俄比亚）

Endymion 恩迪米昂（神话人物，埃托卢斯之父）

Enete 埃内特城（帕夫拉戈尼亚）

Eneti 埃内提人（又称 Enetians，最早是小亚细亚的色雷斯部落，后进入帕夫拉戈尼亚和意大利）

Enetian 埃内提的

Enetians 埃内提亚人（又称埃内提人）

Engnatia 恩格纳提亚（雅皮吉亚）

Eniconiae 伊尼科尼亚城（西尔努斯岛或科西嘉岛）

Enienians 伊尼尼亚人（荷马提到的多多纳地区居民）

Enipeus. R 伊尼佩乌斯河（又称 Eniseus，色萨利）

Enipeus 伊尼佩乌斯（伊尼佩乌斯河神）

Enipeus. R 伊尼佩乌斯河（比萨提斯）

Enipeus. R 伊尼佩乌斯河（伊利斯）

Enipeus 伊尼佩乌斯河（河神）

Eniseus. R 伊尼塞乌斯河（色萨利）

Enispe 伊尼斯佩城（阿卡迪亚）

Enna 恩纳城（西西里）

Ennea Hodoi 恩尼霍多伊（意为"新路"，安菲波利斯城所在地区名）

Ennius 恩尼乌斯（公元前 239 年生，罗马诗人）

Enope 伊诺佩城（麦西尼）

Enotocoetae 伊诺托科泰人（印度神话传说中的部落）

Enydra 伊尼德拉（腓尼基地名）

Enyo 厄尼俄（又称妈，战争女神）

Eordi 埃奥尔迪人（马其顿部落）

Eos 厄俄斯（黎明女神）

Epacria 伊帕克里亚城（阿提卡）

Epameinondas 伊巴密浓达（又作 Epameinondes，公元前 418—前 362 年，底比斯统治者）

Epaphus 伊帕福斯（伊俄之子）

Epeian 埃佩人的

Epeians 埃佩人（又称 Epeii，伊利斯居民）

Epeirote 伊庇鲁斯人的

Epeirotes 伊庇鲁斯人（伊庇鲁斯居民）

Epeirotic 伊庇鲁斯的

Epeiros 伊庇鲁斯（希腊中部，参见 Epeirus）

Epeirus 伊庇鲁斯（希腊中部）

Ipeius 伊皮乌斯（帕诺佩乌斯的福西亚部落首领）

Ephebeia 运动场（意为"年轻人运动的地方"）

Ephesian 以弗所的、以弗所人的

Ephesian Artemis 以弗所阿尔忒弥斯神庙（以弗所）

Ephesians 以弗所人（以弗所居民）

专用名词一览表　　**1577**

Ephesium 以弗西乌姆（以弗所阿尔忒弥斯神庙）

Ephesus 以弗所城（爱奥尼亚）

Ephialtes 厄菲阿尔特（神话故事，巨人）

Ephialtes 厄菲阿尔特（带领波斯人由后路进攻温泉关的叛徒）

Ephor 古斯巴达执政官（斯巴达）

Ephorus 埃福罗斯（约公元前 400—前330年，埃奥利斯基梅城，历史学家、著有《历史》）

Ephyra 埃菲拉（现名西齐鲁斯、塞斯普罗提亚人）

Ephyra 埃菲拉城（阿尔戈斯）

Ephyra 埃菲拉城（科林斯）

Ephyra 埃菲拉城（塞斯普罗提亚）

Ephyra 埃菲拉城（色萨利）

Ephyra 埃菲拉城（伊利斯）

Ephyra 埃菲拉城（塞斯普罗提亚）

Ephyra 埃菲拉村（西锡安）

Ephyra 埃菲拉村（埃托利亚）

Ephyrae 埃菲里（马其顿地名，共有 9 个名字相同的地方）

Ephyri 埃菲里人（荷马提到的部落，代表克兰农人）

Epicarus 埃皮卡鲁斯（埃皮多鲁斯）

Epicharmus 埃庇卡摩斯（公元前 54—483 年，科萨的喜剧诗人）

Epicleti 埃皮克来提（意为“议员”）

Epicnemidian 埃皮克内米迪的

Epicnemidians 埃皮克内米迪亚人

Epicteti 埃皮克特提部落（居住在密细亚奥林匹亚的弗里吉亚人）

Epictetus 埃皮克特图斯（弗里吉亚）

Epicurean 伊壁鸠鲁主义的

Epicurus 伊壁鸠鲁（公元前 341—前271 年，尼奥克利斯之子，哲学家）

Epidamnus 埃皮达姆努斯城（伊利利亚）

Epidauria 埃皮多里亚（萨罗尼亚湾埃皮多鲁斯城地区）

Epidauria 埃皮多里亚（拉科尼亚）

Epidaurian 埃皮多里亚的（拉科尼亚）

Epidaurians 埃皮多里亚人（前往埃伊纳岛殖民的埃皮多鲁斯城居民）

Epidaurus 埃皮多鲁斯城（萨罗尼亚）

Epidaurus 埃皮多鲁斯城（拉科尼亚）

Epigoni 埃皮哥尼（又称 Epigonoi，神话故事中阿尔戈斯的首领）

Epimenides 埃皮米尼得斯（公元前 6 世纪，克里特巫师）

Epiphanes 埃皮法尼斯（托勒密五世的绰号）

Epirotic 伊庇鲁斯的

Epirus 伊庇鲁斯（希腊中部地区）

Epistrategi 军事长官（罗马时期埃及官吏名称）

Epistrophus 埃皮斯特罗夫斯（神话人物，哈利宗人首领）

Epitalium 埃皮塔里乌姆城（马西斯提亚境内、特里菲利亚）

Epitimaeus 埃皮提梅乌斯（意为“毁谤者”）

Epizephyrian Locrians 伊皮泽菲里的洛克里人（意为“西洛克里人”，利比亚部落）

Epopeus. Mt 伊波佩乌斯（皮塞库萨）

Epopis 埃波皮斯山（意大利）

Eporedia 埃波雷迪亚城（罗马人在意大利的殖民地）

equinoctial east 二分点东方

equinoctial hour 二分时

Erae 埃雷城（爱奥尼亚特奥斯人城市）

Erana 埃拉纳城（麦西尼）

eran embainein 走进地下的（埃伦比人的词源）

Erasinus. R 埃拉西努斯河（伯罗奔尼撒）

Erasinus. R 埃拉西努斯河（阿提卡）

Erasinus. R 埃拉西努斯河（埃雷特里亚）

Erasistratus 埃拉西斯特拉图斯（活跃时期为公元前 250 年，古希腊生理学派创始人，亚历山大城名医、解剖家，凯奥斯人）

Erasistrateian school 埃拉西斯特拉图斯学派（以研究循环系统和神经系统为主的学派）

Erastus 埃拉斯都（公元前 5—前 4 世纪，锡普西斯的苏格拉底派哲学家）

Erato 埃拉托（爱情诗女神）

Eratosthenes 厄拉多塞（公元前 276—前 196 年，昔兰尼的哲学家、地理学家和数学家）

Eratyra 埃拉提拉（地名）

Erechtheus 厄瑞克透斯（神话故事，阿提卡的精灵，可能是代表土地的蛇）

Erechtheian 厄瑞克透斯的

Erembi 埃伦比人（又作 Erembians，传说的阿拉伯野蛮部落）

Erembians 埃伦比人（传说的阿拉伯野蛮部落）

Eremni 埃伦尼人（对埃伦比人的不同读法）

Eiresione 圣树枝

Eressus 埃雷苏斯城（莱斯沃斯岛）

Eretria 埃雷特里亚城（埃维亚岛）

Eretria 埃雷特里亚城（色萨利、弗西奥蒂斯）

Eretria 埃雷特里亚（雅典，现为市场）

Eretria 埃雷特里亚（埃维亚岛、老城）

Eretrian 埃雷特里亚的

Eretrians 埃雷特里亚人（埃维亚岛居民）

Eretrieus 埃雷特里乌斯（马西斯图斯

城，埃雷特里亚的殖民者）

Eretum 埃雷图姆村（意大利萨宾地区）

Erichthomius 埃里克托尼乌斯（阿提卡史诗中的英雄人物）

Ericodes 埃里科德斯（西西里地名）

Ericusa 埃里库萨岛（西西里）

Eridanus 埃里达努斯河（神话、意大利）

Eridanus 埃里达努斯河（雅典）

Erginus 厄耳癸诺斯（奥尔科梅努斯的僭主）

Erigon. R 埃里贡河（马其顿）

Erimanthus. R 埃里曼图斯河（又称 Erymanthos，阿卡迪亚）

Erineus 厄里尼乌斯城（弗西奥蒂斯）

Erineus 无花果树（特洛阿德地名）

Eros 厄洛斯（爱神）

Eros of Praxiteles 普拉克西特列斯的厄洛斯

Erymanthos. R 埃里曼索斯河（阿卡迪亚）

Erymnae 埃里姆内城（色萨利）

erysibe 甘露

Erysichaean 埃利西契的

Erysichaeans 埃里西契人（阿卡纳尼亚部落）

Eurytanians 埃里塔尼亚人（埃托利亚部落）

Erytheia 埃里西亚岛（伊比利亚）

Erythibius 甘露的

Erythini 埃里西尼城（帕夫拉戈尼亚）

Erythras 埃利色拉斯（红海地区的国王）

Erythras 埃利色拉斯港（小亚细亚埃利色雷附近）

Erythra. S 埃利色拉海（又称红海，得名于埃利色拉斯）

Erythra 埃利色拉斯（神话人物，传说是波斯人或珀尔修斯之子）

Erythrae 埃利色雷城（维奥蒂亚）

专用名词一览表 1579

Erythrae 埃利色雷城（爱奥尼亚）

Erythraean 埃利色雷的

Erythraeans 埃利色雷人（爱奥尼亚埃利
色雷城居民）

Erythraean Sea 埃利色拉海（红海）

Erythras 埃利色拉斯港（小亚细亚埃利
雷附近）

Erythras 埃利色拉斯（神话人物，珀尔
修斯之子，波斯人）

Erythus 欧律托斯（神话人物，奥卡利亚
的国王）

Eryx 厄里克斯城（西西里）

Esiones 埃西奥尼人（吕底亚部落）

Esquiline Gate 厄斯奎莱恩门（罗马）

Esquiline Hill 厄斯奎莱恩丘（罗马）

Estiones 埃斯提奥内人（温德利奇人
部落）

Eteo-Cletans 古克里特人（克里特部落）

Eteocles 厄忒俄克勒斯（神话之中的奥
尔科梅努斯国王）

Eteonus 埃特奥努斯（维奥蒂亚）

Etesian 地中海季风

Ethiopia 埃塞俄比亚（利比亚的地区）

Ethiopians 埃塞俄比亚人（利比亚的
部落）

Ethnarchs 部落首领（罗马时期埃及官
吏名称）

Etruscan 伊特鲁斯坎人的

Etrusci 伊特鲁斯坎人（参见第勒尼
亚人）

Euaemon 埃维蒙（神话人物，奥尔梅努
斯之子）

Euboea 埃维亚岛（爱琴海）

Euboea 埃维亚城（马其顿）

Euboea 埃维亚城（西西里的）

Euboea 埃维亚城（埃维亚岛的）

Euboea 埃维亚城（克基拉岛）

Euboea 埃维亚城（利姆诺斯岛）

Euboea 埃维亚山（阿尔戈斯）

Euboean 埃维亚的

Euboean. S 埃维亚海

Euboeans 埃维亚人（埃维亚岛居民）

Eubois 埃维斯城（埃维亚岛）

Eucarpia 欧卡皮亚城（弗里吉亚）

Eucleides 欧几里得（公元前 4 世纪，苏
格拉底派哲学家）

Eucratides 欧克拉提德斯（约公元前
181—前 161 年，巴克特里亚国王）

Eucratidia 欧克拉提迪亚城（中亚）

Eudeielos 欧戴耶洛斯城（维奥蒂亚）

Eudemus 欧德姆斯（公元前 4 世纪，罗
德岛哲学家）

Eudorus 欧多鲁斯（斯特拉博同时代的地
理学家）

Eudoxus 欧多克索斯（公元前 130 年，
旅行家，探险家，基齐库斯）

Eudoxus 欧多克索斯（公元前 400—前
347，克尼多斯的天文学、数学家和
地理学家）

Euergetes 奥伊尔格特斯（埃及国王、
克娄巴特拉之夫）

Euhemerus 欧伊迈罗斯（地理学家）

Eulaeus. R 欧莱乌斯河（苏萨）

Eulogy of the Tenedians《特内多斯人颂》
（佐伊卢斯作）

Eumaeus 欧米乌斯（神话人物，奥德修
斯家的牧猪人）

Eumedes 欧梅德斯（托勒密城的建
立者）

Eumelus 欧墨洛斯（色萨利皮拉的统
治者）

Eumeneia 欧梅尼亚城（大弗里吉亚地名）

Eumenes 欧迈尼斯（欧迈尼斯一世之父）

Eumenes 欧迈尼斯（卡尔迪亚的、亚

历山大部将）

Eumenes 欧迈尼斯一世（公元前 263—前 241 年，菲雷泰鲁斯的兄弟、帕加马国王）

Eumenes 欧迈尼斯二世（公元前 197—前 159 年，帕加马国王）

Eumenes. H 欧迈尼斯港（埃塞俄比亚）

Eumolpus 尤摩尔普斯（神话人物，音乐家、色雷斯国王）

Euneos 欧内奥斯（伊阿宋之子、利姆诺斯的国王）

Eunomia《文明秩序》

Eunomus 欧诺姆斯（洛克里斯的西塔那琴吟游诗人）

Eunostus 欧诺斯图斯（索利的国王）

Eunostus 欧诺斯图斯港（埃及亚历山大城）

Eunus 攸努斯（西西里奴隶起义首领）

Euonymus 欧奥尼姆斯岛（西西里）

Eupalium 欧帕里乌姆城（西洛克里斯）

Eupator 欧帕托（本都国王米特拉达梯·欧帕托）

Eupatoria 欧帕托里亚城（卡帕多西亚本都的法纳罗亚境内）

Eupatorium 欧帕托里乌姆港（陶里人的切尔松尼斯、丢番图所建）

Eupharates 幼发拉底河（两河流域）

Euphorion 欧福里翁（卡尔西斯的数学家、诗人）

Euphrantas 欧夫兰塔斯灯塔（西尔提湾，迦太基）

Euphronius 欧夫罗尼奥斯（公元前 3 世纪，亚历山大城语法家）

Eureeis. R 欧里斯河（特洛阿德）

Euripides 欧里庇得斯（公元前 406 年，雅典悲剧作家）

Euripus 埃夫里普海峡（大陆与埃维亚岛）

Euripus 埃夫里普运河（罗马）

Euripus 埃夫里普河（卡尔西斯）

Euripus 埃夫里普湾（莱斯沃斯岛）

Euritus 欧里图斯（荷马提到的地名）

Euromus 欧罗姆斯城（小亚细亚米利都附近）

Europe 欧罗巴（有人居住世界的一部分，本书指地中海北部希腊化地区）

Europus 欧罗普斯城（米底）

Europus, R 欧罗普斯河（马其顿与色萨利）

Eurotas 埃夫罗塔斯（拉科尼亚埃夫罗塔斯河神）

Eurotas. R 埃夫罗塔斯河（拉科尼亚）

Eurus 东风、南风（欧洛斯）

Euryleia 欧里克利亚（神话故事，奥德修斯的保姆）

Eurycles 欧里克利斯（公元前 1 世纪，斯巴达僭主）

Eurycydeium 欧里西戴乌姆（特里菲利亚的一片圣树林）

Eurydice 欧律狄刻（阿敏塔斯之子腓力的母亲）

Eurylochus 欧里洛库斯（神话人物，从萨拉米斯赶走神蛇基契雷德斯）

Eurylochus 欧里洛库斯（公元前 595 年，色萨利人、毁灭克里萨）

Eurymachus 欧里马库斯（神话人物，珀涅罗珀的求婚者之一）

Eurymedon, R 欧里墨冬河（潘菲利亚）

Eurymedon 欧里墨冬（公元前 5 世纪，雅典统帅）

Eurypon 欧里庞（普罗克利斯之子、斯巴达国王）

Eurypontidae 欧里庞提族（欧里庞的后裔）

Eurypylus 欧里皮卢斯（神话人物，菲

专用名词一览表   *1581*

尼克斯的兄弟）

Eurypylus 欧里皮卢斯（神话人物，特
勒福斯之子）

Eurysthenes 欧里西尼（赫拉克利德族成
员，占领拉科尼亚）

Eurysthenidae 欧里西尼族（欧里西尼的
后裔）

Eurystheus 欧里西乌斯（斯塞内卢斯
之子）

Eurytanians 欧里塔尼亚人（埃托利亚部
落）

Eurytus 欧律托斯（著名的弓箭手，拉克
代蒙人）

Eurytus 欧律托斯（奥卡利亚国王）

Eusebeia 欧塞维亚（托罗斯山附近地名）

Euthydemus 欧西德莫斯（公元前 3 世纪
末，巴克特里亚国王，占领塞里斯）

Euthydemus 欧西德莫斯（米拉萨的演
说家，斯特拉博同时代人）

Euthymus 欧西莫斯（洛克里斯的拳击
运动员）

Eutresis 欧特雷西斯城（维奥蒂亚）

Euxine 攸克辛海（友情海）

Euxine Pontus 攸克辛海

Euxinthetus 尤克辛西图斯（克里特人、
莱夫科科马斯的情人）

Evander 埃万德（传说中罗马的建立者）

Evanthes 埃文塞斯（约公元前 700 年，
意大利洛克里斯的建立者）

Evenus. R 埃文努斯河（密细亚）

Evenus. R 埃文努斯河（埃托利亚）

Evergetae 埃沃格泰人（中亚部落）

Exitanians 埃克塞塔尼亚人（伊比利亚）

Exterior Sea 外海（即大海）

Fabius 费边（公元前 220 年左右，历史
学家）

Fabius 费边（公元前 217 年，罗马独
裁官）

Fabrateria 法布拉特里亚城（拉丁姆）

Fabra 法布拉岛（阿提卡）

Falerii 法莱里人（意大利部落）

Falerii 法莱里城（意大利）

Falernian 法勒尼亚的（意大利）

Falisci 法利斯齐人（意大利部落）

Faliscum 法利斯库姆城（意大利）

Fathoms 拓、英寻（水深单位，6 英尺）

Faustulus 福斯图卢斯（神话人物，罗慕
路斯和雷穆斯的抚养人、牧人）

Faventia 法文提亚城（意大利）

Fennel Plain 茴香平原（伊比利亚）

Ferentinum 费伦提努姆城（意大利）

Feronia 费罗尼亚城（意大利）

Festi 费斯提（罗马附近拉丁姆）

Fidenae 菲德内城（意大利）

Fimbria 芬布里亚（公元前 87 年罗马财
务官，罗马统帅）

Firmum Picenum 菲穆·皮切努姆城（皮
塞努姆）

Fish-Eaters 食鱼者（利比亚等地原始
部落）

Flaminian Way 弗拉米尼乌斯大道（从
罗马到阿里米努姆城）

Flaminius 小弗拉米尼乌斯（公元前 187
年，罗马执政官）

Flaminius 老弗拉米尼乌斯（公元前 223
和前 217 年，罗马执政官）

Formiae 福尔米伊城（意大利）

Foruli 福鲁利城（意大利萨宾地区）

Forum（古罗马）广场

Forum Cornelium 科尼利乌姆广场（意
大利埃米利安大道旁）

Forum Flaminium 弗拉米尼乌姆广场
（意大利）

Forum Hephaestus 赫菲斯托斯广场（意大利）

Forum Julium 尤利乌斯场（凯尔特、奥古斯都、凯撒的海军基地）

Forum Sempronium 森普罗尼乌姆广场（意大利弗拉米尼乌斯大道）

Fregellae 弗雷格莱城（拉丁姆）

Fregena 弗雷格纳城（意大利第勒尼亚）

Frentani 弗伦塔尼人（意大利部落）

Frusino 弗鲁西诺城（意大利）

Fundanian 丰达尼亚的（阿庇安大道）

Fundi 丰迪城（意大利阿庇安大道）

Fucinus. L 富齐努斯湖（意大利）

Gabae 加比城（波斯境内）

Gabales 加巴利人

Gabala 加巴拉城（叙利亚）

Gabiane 加比亚内（亚细亚埃利迈亚地名）

Gabii 加比城（意大利）

Gabinius 加比尼乌斯（公元前1世纪，罗马执政官）

Gabinius 加比尼乌斯（罗马历史学家）

Gabreta 加布雷塔（地名）

Gadaris 加达里斯（腓尼基地名）

Gadeira 加戴拉城（伊比利亚）

Gades 加德斯城（伊比利亚）

Gaditanian 加德斯的

Gaditanians 加德斯人（伊比利亚部落）

Gaetulans 盖图兰人（又作 Gaetulians，利比亚最大部落）

Gaetulia 盖图里亚（利比亚）

Gaetulians 盖图里亚人（利比亚最大部落）

Gaezatae 盖扎泰人（凯尔特部落）

Gaius Antonius 盖尤斯·安东尼（马可·安东尼的叔父）

Gaius Flaminius 盖尤斯·弗拉米尼乌斯

（公元前187年，罗马执政官）

Gaius Scipio 盖尤斯·西庇阿（罗马统帅）

Galabrii 加拉布里人（伊利里亚的达达尼亚部落）

Galactophagi 加拉克托法吉人（意为"饮奶的"部落，与西徐亚部落同族）

Galatae 加拉泰人（又作 Galatians，凯尔特和小亚细亚部落）

Galatia 加拉提亚（凯尔特部落占领的大弗里吉亚地区）

Galatians 加拉提亚人（凯尔特和小亚细亚部落）

Galatic 加拉提亚的

Galatic. G 加拉提亚湾（凯尔特南部）

Galeotae 加莱奥泰（剑鱼或狗鱼）

Galepsus 加莱普斯城（马其顿）

Galilaea 加利利（腓尼基地名）

Galilee. S 加利利海（腓尼基）

Gallesius. Mt 加勒西乌斯山（小亚细亚以弗所和科洛封之间）

Galli 加利（弗里吉亚基贝勒女神的祭司）

Gallic 高卢的

Gallo-Greacians 加拉提亚希腊人（又作 Gallo-Greacians，定居加拉提亚的希腊人）

Gallo-Greece 加拉提亚希腊地区（弗里吉亚割让给加拉提亚人的地区）

Gallus. R 加卢斯河（小亚细亚）

Gamabrivii 加马布里维人（日耳曼部落）

Gambarus 冈巴鲁斯（叙利亚的小统治者）

Gandaris 甘达里斯（波鲁斯统治的印度小国）

Gandaritis 甘达里提斯（印度地名）

gangame 甘加梅（小圆网）

Ganges, R. 恒河（印度）

专用名词一览表 **1583**

Gangitis 甘吉提斯（宝石产地）

Gangra 干格拉城（帕夫拉戈尼亚国王的城市和王宫）

Ganymede 加尼梅德（特洛伊王子，被拐走）

Garamantes 加拉曼特斯人（又作 Garamantians，利比亚部落）

Garamantians 加拉曼提亚人（利比亚部落）

Garescus 加雷斯库斯城（马其顿）

Garganum 加尔加努姆角（意大利，阿普利亚）

Gargara 加尔加拉城（特洛阿德埃奥利斯人的）

Gargarians 加尔加里亚人（高加索部落）

Gargaros 加尔加罗斯（伊达山顶峰）

Gargarum 加尔加鲁姆（特洛阿德伊达山地名）

Gargarus 加尔加鲁斯（特洛阿德伊达山的顶峰）

Gargettus 加尔格图斯（阿提卡地名）

Garimna. R 加里姆纳河（纳伯尼西斯）

Garindaeans 加林迪人（阿拉比亚部落）

Garmanes 沙门（印度佛教僧侣另一种写法）

Garsauira 加尔索伊拉镇（卡帕多西亚）

Garsaura 加尔索拉城（卡帕多西亚）

Garsauritis 加尔索里提斯（卡帕多西亚）

Garumna, R. 加鲁姆纳河（凯尔特）

Gasys 加西斯（帕夫拉戈尼亚人名）

Gaudos 高多斯岛（西西里附近）

Gaugamela 高加梅拉村（亚述地名）

Gauls 高卢人

Gaulish 高卢的、高卢语的

Gaza 加沙（腓尼基港口与城市）

Gaza 加沙城（叙利亚）

Gazaca 加沙卡城（米底）

Gazacene 加沙塞内（本都地名）

Gazaeans 加沙人（叙利亚部落）

Gazelon 加泽隆城（卡帕多西亚）

Gazelonitis 加泽洛尼提斯（卡帕多西亚地名）

Gaziura 加齐乌拉城（本都）

Gedroseni 格德罗塞尼人（印度部落）

Gedrosia 格德罗西亚（中亚地名）

Gedrosii 格德罗西亚人（中亚部落）

Gela 格拉（参见阿谢雷港）

Gela 格拉城（西西里、无人居住的）

Gelae 格莱人（西徐亚部落）

Gelo 格洛（锡拉库萨的僭主）

Geloans 格洛人（西西里部落）

Gelon 格隆（锡拉库萨的僭主）

Genaeum 格内乌姆

Genauni 格劳尼人（阿尔卑斯部落）

General Descriptions of Earth《大地综述》（作者不详）

Genetes. R 盖内特斯河（卡帕多西亚的本都）

Gennesaritis. L 根内萨里提斯湖（叙利亚）

Genua 盖努阿城（利古里亚）

Genuine 真正的（罗马人对日耳曼人的称呼）

Georgi 格奥尔基人（意为"农夫"，居住在托罗斯山陶里人的切尔松尼斯）

Geography 地理学

Gephyraeans 格菲里人（又称塔纳格拉人，维奥蒂亚）

Geraestus 格里斯图斯角（埃维亚岛）

Geranius. R 格拉尼乌斯河（伊利斯）

Gerena 格雷纳（卡利马科斯虚构的伊萨卡岛地名）

Gerena 格雷纳（麦西尼地名）

Gerenia 格雷尼亚（伊利斯地名）

Gerenian 格雷尼亚的

Gerenus 格雷努斯（伊利斯地名）

Geres 格雷斯（神话人物，维奥蒂亚人、特奥斯建城者）

Gergitha 盖尔吉塔城（特洛阿德，辛梅里安部落所建）

Gergithes 盖尔吉西斯（基梅地区的地名）

Gergithians 盖尔吉塔人（盖尔吉塔城居民）

Gergithium 盖吉西乌姆（兰普萨库斯地名）

Gergovia 热尔戈维城（阿维尔尼人的，与罗马人的战争）

German. Mt 日耳曼山

germani 日耳曼人（罗马人对日耳曼人的称呼，意为"真正的"加拉泰人）

Germanicus 日尔曼尼库斯（提比略皇帝之子、帮助父亲）

Germanicus 小日尔曼尼库斯（克劳狄乌斯与安东尼娅之子）

Germans 日耳曼人

Germany 日耳曼

Geron. R 格隆河（伊利斯）

gerontes 元老（斯巴达）

Gerrha 格尔雷城（腓尼基）

Gerrha 格尔雷城（阿拉比亚，位于腓尼基和埃及之间）

Gerrhaeans 格尔雷人（阿拉比亚部落）

Gerrhaeidae 格尔雷城和港口（距离特奥斯 30 斯塔德）

Geryon 吉里昂（巨人）

Geta 盖塔（奴隶的名字）

Getae 盖坦人（又作 Getans，伊斯特河畔的色雷斯部落）

Getan 盖坦的

Getans 盖坦人

Gezatorix 盖塔托里克斯（帕夫拉戈尼亚统治者）

Giants 巨人（又称吉安特人，古代维奥提亚部落）

Gigartus 吉加尔图斯（叙利亚盗匪据点）

Gindarus 金达努斯城（叙利亚）

Ginni 金尼（利古里亚人的马和骡子）

Glaucias 格劳西亚斯（锡德内的僭主）

Glaucopium 格劳科皮乌姆（雅典卫城）

Glaucus 格劳库斯河（科尔基斯）

Glaucus 格劳库斯湾（小亚细亚）

Glaucus 格劳库斯（神话中的英雄、安提登的）

Glaucus 格劳库斯（神话中的英雄、底比斯附近本都的）

Glaucus Pontius《本都的格劳库斯》（埃斯库罗斯剧本）

Glechon 格莱琼城（福基斯）

Glissas 格利萨斯（维奥蒂亚地名）

Glycera 格利塞拉（塞斯皮亚名妓，把普拉克西特列斯雕刻的厄洛斯雕像献给塞斯皮人）

Glycys Limen 格利西斯·利梅（意为"迷人的港口"，伊庇鲁斯）

Gnaeus 格内乌斯（罗马将军）

Gnaeus Ahenobarbus 格内乌斯·阿赫诺巴布斯（罗马将军，在温达卢姆城打败凯尔特部落）

Gnaeus Carbo 格内乌斯·卡波（罗马将军，与辛布里人发生冲突）

Gogarene 戈加雷内（亚美尼亚地名）

Gomphi 冈菲城（色萨利）

Gonnus 贡努斯城（色萨利）

Gonoessa 戈诺萨城（亚该亚佩莱内城附近）

Gorbeus 戈尔贝乌斯城（加拉提亚桑加利乌斯河畔）

Gorbiane 戈尔比亚内（埃利迈斯的省）

专用名词一览表　　　**1585**

Gordium 戈尔迪乌姆城（加拉提亚）

Gordius 戈尔迪乌斯（神话人物，弗里吉亚国王）

Gordus 戈尔杜斯（特洛阿德地名）

Gordyaea 戈尔迪亚（小亚细亚与巴比伦尼亚交界地区）

Gordyaean. Mt 戈尔迪亚山脉（小亚细亚）

Gordyaeans 戈尔迪亚人

Gordyene 戈尔迪尼（与亚美尼亚交界的地区）

Gordys 戈尔迪斯（特里普托勒摩斯之子，戈尔迪尼的建立者）

Gorgipia 戈尔吉皮亚（亚细亚的博斯普鲁斯）

Gorgon 戈尔工（神话故事中的怪物、单数）

Gorgons 戈尔工（神话故事中的怪物、复数）

Gorgus 戈尔古斯（科林斯僭主，塞普西努斯之子）

Gorgus 戈尔古斯（印度矿业专家）

Gortyn 戈廷（即戈提纳、克里特岛古城）

Gortyna 戈提纳城（克里特岛古城）

Gortynia 戈提亚（戈提纳周边地区）

Gortynian 戈提纳的

Gortynians 戈提纳人（克里特岛戈提纳居民）

Gortynium 戈提尼乌姆城（马其顿）

Gorys 戈里斯城（印度）

Graces 美惠三女神（希腊神话）

Graea 格雷亚城（维奥蒂亚）

Granicus, R 格拉尼卡斯河（伊达山，小亚细亚）

Gras 格拉斯（阿基劳斯之子，埃奥利斯人殖民运动的首领）

Gravisci 格拉维齐城（第勒尼亚）

Great Chersonesus 大切尔松尼斯（卡尔西尼特斯）

Great Pityus 大皮提乌斯城（科尔基斯）

Great Rhombites River 大朗比特河（博斯普鲁斯）

Great Synod 大会议（印度）

Greece 希腊

Grecian wane 希腊葡萄酒（阿里乌西亚出产）

Greek 希腊的

Greek dialects 希腊方言

Greeks 希腊人

Grium. Mt 格里乌姆山脉（米利都附近）

Grosphus 格罗斯福斯（高卢人的投掷武器）

Grove of Colobi 科洛比的小树林（阿拉伯湾）

Grove of Eumenes 欧迈尼斯的小树林（阿拉伯湾）

Grumentum 格鲁门图姆城（卢卡尼亚）

Gryllus 格吕卢斯（色诺芬之父）

Grynian 格吕尼的（小亚细亚）

Grynium 格吕尼乌姆城（小亚细亚，有阿波罗神庙）

Guneus 古内乌斯（神话人物）

Guranii 古拉尼人（亚美尼亚）

Gyaros 加罗斯岛（基克拉泽斯群岛之一）

Gygaea 盖吉亚湖（吕底亚附近）

Gygas 盖加斯角（特洛阿德）

Gyges 盖吉兹（吕底亚国王）

Gymnasia 盖姆纳西亚群岛（即盖姆内西伊群岛）

Gymnasium 盖姆纳西乌姆（埃及亚历山大城的体育馆）

Gymnesiae. I 盖姆内西伊群岛（又作

Gymnisian，利古里亚海）

Gymnetes 盖姆内特（意为"轻装兵"、腓尼基）

Gymnisian. I 盖姆尼西亚岛（利古里亚海）

Gymnosophists 盖姆诺索菲斯兹（印度教徒）

Gynaecopolis 盖内科波利斯（埃及）

Gynaecopolite Nome 盖内科波利斯州（埃及）

Gyrton 盖尔通城（又称 Gyrtone，色萨利）

Gyrton 盖尔通城（又称 Gyrtone，荷马所说的城市）

Gyrtonians 盖尔通人（色萨利居民）

Gythium 盖西乌姆城（卡帕多西亚）

Hades 哈德斯（冥王、地狱）

Hadylius. Mt 哈迪利乌斯山（福基斯）

Haemon 海蒙（神话人物，塞萨卢斯之父，佩拉斯古斯之子）

Haemonia 海莫尼亚（色萨利古称）

Haemus. Mt 海姆斯山（西徐亚）

Halae 哈莱（阿提卡居民点）

Halae 哈莱（维奥蒂亚居民点）

Halesian 哈莱克斯平原（特洛阿德）

Halex, R. 哈莱克斯河（雷吉亚和洛克里地区的分界线）

Haliacom. R 哈利亚科姆河（马其顿）

Haliartis 哈利阿尔提斯湖（维奥蒂亚）

Haliartus 哈利阿尔图斯城（维奥蒂亚）

Halicarnassus 哈利卡纳苏斯城（卡里亚）

Halicyrna 哈利西尔纳村（埃托利亚）

Halïeis 哈利伊斯城（阿尔戈斯）

Halïeis 哈利伊斯人（渔夫，阿尔戈斯）

Halimusii 哈利姆西（古代阿提卡居民区之一）

Halisarna 哈利萨纳（科斯岛附近地名）

Halius 哈利乌斯城（色萨利）

Halizone 哈利宗

Halizones 哈利宗人（又称 Halizoni，荷马提到的部落，即本都卡里比人）

Hlizoni 哈利宗人（帕莱恩附近的）

Halonnesos 哈隆尼索斯（马格尼西亚人的海岛）

Halonnesus 哈隆尼索斯岛（又称 Halonnesos，正对着色萨利境内马格尼西亚的海岛）

Halus 哈卢斯城（洛克里斯）

Halys. R 哈利斯河（小亚细亚）

Hamaxia 哈马克西亚城（西里西亚）

Hamaxitans 哈马克西特人（特洛阿德哈马克西图斯居民）

Hamaxitia 哈马克西提亚（又称 Hamaxitis，特洛阿德）

Hamaxitis 哈马克西提斯（特洛阿德）

Hamaxitus 哈马克西图斯城（特洛阿德）

Hannibal 汉尼拔（公元前246—前183年，迦太基著名统帅）

Harbous《港口记》（提莫斯提尼著）

Harma 哈尔马（阿提卡地名）

Harma 哈尔马（维奥蒂亚地名）

Harmatus 哈尔马图斯角（埃奥利斯，形成埃来提湾）

Harmonia 哈尔莫尼亚（神话人物，卡德摩斯之妻）

Harmozi 哈莫齐角（卡尔马尼亚）

Harmozice 哈莫齐斯城（伊比利亚居鲁士河畔）

Harpagia 哈尔帕基亚（基奇库斯和普利阿普斯之间地名）

Harpagus 哈尔帕戈斯（约公元前540年，占领福西亚的波斯将领）

Harpalus 哈尔帕卢斯（马其顿统帅，被西布隆所杀）

Hasdrubal 哈斯德鲁巴（伊比利亚新迦

太基城的建立者）

Hawk. I 鹰岛（阿拉比亚）

Hawks 鹰（埃及鹰城崇拜的动物）

Hebe 赫柏（春之女神）

Hebruion Cipscal 赫布鲁伊翁·齐普西尔（地中海）

Hebrus. R 赫布鲁斯河（色雷斯）

Hebrus. R 赫布鲁斯河（特洛伊）

Hecabe 赫卡柏（神话人物，普里阿摩斯之妻）

Hecabes Sema 赫卡柏的坟墓

Hecate 赫卡特（希腊司黑夜和冥界之神）

Hecaterus 赫卡特鲁斯（神话人物，仙女的祖先）

Hecateus 赫卡泰奥斯（约公元前 540 年生，米利都地理学家、哲学家）

Hecateus 赫卡泰奥斯（特奥斯的历史学家）

Hecatomnus 赫卡通努斯（又作 Hecatomnos，卡里亚国王）

Hecatompylus 赫卡通皮洛斯城（帕提亚王国都城）

Hecatonnesi 赫卡通内西群岛（亚细亚与莱斯沃斯岛之间）

Hecatus 赫卡图斯（即希腊的阿波罗神）

Hector 赫克托耳（神话人物，特洛伊的英雄）

Hedylus 赫迪卢斯（萨摩斯或雅典诗人，卡利马科斯同时代人）

Hedyosmos 香薄荷（植物）

Hedyphon, R 赫迪丰河（巴比伦尼亚）

Hegesianax 赫格西亚纳克斯（约公元前 196 年，亚历山大城历史学家）

Hegesias 赫格西亚斯（约公元前 250 年，马格尼西亚演说家）

Heilesium 海莱西乌姆（维奥蒂亚地名）

Heleian 赫卢斯的

Heleians 赫卢斯人（斯巴达赫卢斯地区的居民，即后来的希洛人）

Heleii 沼泽居民（埃塞俄比亚部落）

Helen 海伦（神话故事，勒达之女）

Helena 海伦娜岛（又称 Helene，阿提卡附近）

Helene 海伦娜岛（又称 Helena，阿提卡附近）

Heleon 海莱翁村（维奥蒂亚）

Heliadae 海利亚迪族（神话人物，赫利乌斯的子女、罗德岛统治者）

Heliades 海利亚德斯（神话人物，后化为杨树）

Helicê 赫利塞城（亚该亚）

Helicê 赫利塞城（色萨利）

Helicon. Mt 赫利孔山（维奥蒂亚）

Heliconia 赫利孔尼亚（维奥蒂亚）

Heliconian 赫利塞的（亚该亚）

Heliconians 赫利塞人（亚该亚埃利塞城居民）

Heliopolitae 太阳城的居民（埃及赫利奥波利斯城居民）

Heliopolite Nome 赫利奥波利斯州（埃及三角洲）

Helios 赫利俄斯（又称 Helius，神话人物，珀尔修斯之子）

Heliopolis 赫利奥波利斯城（意为"太阳城"，埃及）

Heliopolis 赫利奥波利斯城（叙利亚）

Helius 赫利乌斯（又称 Helios，神话人物，珀尔修斯之子）

Helius 赫利乌斯（太阳神）

Hellanicus 赫兰尼科斯（公元前 430 年，莱斯沃斯的历史学家）

Hellas 赫拉斯（神话故事，赫勒斯滂得名于她）

Hellas 赫拉斯（希腊古称）

Hellas 赫拉斯（色萨利的一个地区）

Hellatic 希腊的

Helle 赫勒（希腊公主）

Hellen 赫楞（希腊人的祖先，丢卡利翁之子）

Hellenes 古希腊人城（卡莱西亚）

Hellenes 赫楞涅斯人（古希腊人）

Hellespont 赫勒斯滂海（亚欧大陆的分界线之一）

Hellespontia 赫勒斯滂提亚（赫勒斯滂地区）

Hellespontian 赫勒斯滂的

Hellespontii 赫勒斯滂人（密细亚人、居住在密细亚的奥林波斯山）

Helli 赫利人（又称塞利人，佩拉斯吉部落）

Hellopia 赫洛皮亚（赫利人居住的地区）

Helus 赫卢斯（涅斯托尔统治的地方）

Helus 赫卢斯（维奥蒂亚因沼泽得名的地方）

Helus 赫卢斯（斯巴达附近、拉科尼亚人的）

Helots 希洛人（斯巴达，没有参加麦西尼亚战争的人）

Helus 赫卢斯村（拉科尼亚）

Helvetii 赫尔维蒂人（意大利部落）

Hemeroscopeium 赫梅罗斯科佩乌姆（古希腊移民城市，阿尔忒弥斯神庙所在地）

Heneti 赫内提人（又作 Henetians，色雷斯部落，最初在亚细亚，然后在帕夫拉戈尼亚和意大利）

Henetians 赫内提人（又作 Heneti）

Henetic 赫内提的

Henetic 赫内提斯（意大利赫内提人居住地区）

Heniochi 赫尼奥奇人（又称 Heniochians，博斯普鲁斯辛梅里安部落）

Heniochia 赫尼奥奇亚（博斯普鲁斯辛梅里安部落居住地区）

Heniochians 赫尼奥奇人（赫尼奥奇亚居民）

Heniti 赫尼提人（帕西尼乌斯河地区）

Heorta 赫奥尔塔城（潘诺尼亚斯科迪斯齐人的）

Hephaesteium 赫菲斯提乌姆（火神庙，埃及）

Hephaestus 赫菲斯托斯（火神）

Heptacomitae 赫普塔科米泰人（科尔基斯山区部落）

Hepta Phreata 赫普塔弗里塔（意为"七眼井"，阿拉比亚地名）

Heptaporus. R 赫普塔波鲁斯河（荷马提到的密细亚河流）

heptaspondylic 7 节椎骨的（动物）

Heptastadium 赫普塔斯塔迪乌姆（亚历山大城与法罗斯岛之间防波堤）

Heptastadium 赫普塔斯塔迪乌姆（意为"7 斯塔德海峡"，亚细亚与欧罗巴的分界）

Heptoporus 赫普托波鲁斯河（密细亚）

Hera 赫拉（宙斯的姐姐和妻子、天后）

Hera Cupra 赫拉·库普拉城（第勒尼亚、城内有赫拉神庙）

Heracleia 赫拉克利亚（色萨利）

Heracleia 赫拉克利亚城（马其顿）

Heracleia 赫拉克利亚城（卡里亚）

Heracleia 赫拉克利亚角（塔兰提内的莱夫卡尼亚）

Heracleia 赫拉克利亚城（米底）

Heracleia 赫拉克利亚城（米利都）

Heracleia 赫拉克利亚城（本都）

Heracleia 赫拉克利亚城（叙利亚、安条克城东方）

专用名词一览表 1589

Heracleia 赫拉克利亚城（奥林比亚的伊利斯）

Heracleia 赫拉克利亚城（马其顿）

Heracleia 赫拉克利亚城（本都切尔松尼斯）

Heracleia 赫拉克利亚城（色雷斯）

Heracleia 赫拉克利亚城（色萨利，德摩比利附近）

Heracleia 赫拉克利亚城（伊比利亚）

Heracleia 赫拉克利亚村（米蒂利尼人的，亚细亚）

Heracleia《赫拉克勒斯的伟绩》（佩山大著）

Heraclean 赫拉克利亚的

Heracleidae 赫拉克利德族（赫拉克勒斯的后裔）

Heracleides 赫拉克利德斯（赫罗菲利乌斯学派的医生、小亚细亚埃利色雷人）

Heracleides 赫拉克利德斯（约公元前380年，柏拉图和亚里士多德的学生、本都的）

Heracleiotic 赫拉克利奥提克（尼罗河最后的河口）

Heracleitus 赫拉克利特（哈利卡纳苏斯诗人、卡利马科斯的老友）

Heracleitus 赫拉克利特（公元前535—前475年，以弗所的哲学家）

Heracleium 赫拉克勒斯角（包括神庙和圣域，意大利）

Heracleium 赫拉克勒斯城（埃及）

Hracleium 赫拉克勒斯城（克里特岛克诺索斯的海港）

Heracleium 赫拉克勒斯城（梅奥提斯湖畔）

Heracleium 赫拉克勒斯城（叙利亚）

Heracleium 赫拉克勒斯城（西西里）

Heracleon 赫拉克利昂（叙利亚三座城市统治者狄奥尼修斯之父）

Heracleotae 赫拉克利人（又称 Heracleotes，本都的赫拉克勒斯城居民）

Heracleote Nome 赫拉克利奥特州（埃及）

Heracleotes 赫拉克利人

Heracleotic 赫拉克勒斯的（埃及）

Heracleotis 赫拉克利奥提斯（以弗所附近）

Heracles 赫拉克勒斯山（伊达山的一部分达克提利）

Heracles 赫拉克勒斯城（埃及）

Heracles 赫拉克勒斯（神话人物）

Heraea 赫里斯城（伯罗奔尼撒半岛）

Heraeum 赫拉神庙（阿尔戈斯）

Hercynian Forest 海西森林（伊斯特河到卡尔帕索斯之间）

Hermaea 赫尔米亚（希腊的神）

Hermaea 赫尔米亚角（迦太基地区）

Hermaea 赫尔米亚城（迦太基地区）

Hermagoras 赫尔马戈拉斯（作家，藤努斯人）

Hermaon 赫尔马昂（阿拉布斯之父）

Hermeias 赫尔米亚斯（阿苏斯僭主）

Hermeneia《赫尔梅尼亚》（诗）

Hermes 赫耳墨斯（希腊神，多才多艺）

Hermes 赫耳墨斯（小神像，印度国王送给凯撒的礼物）

Hermionê 赫米昂城（阿尔戈斯）

Hermionic 赫米昂的

Hermionic. G 赫米昂湾（阿尔戈斯）

Hermocreon 赫莫克雷昂（特洛阿德帕里乌姆大祭坛的建造者）

Hermodorus 赫莫多鲁斯（以弗所人，为罗马人制定法律者）

Hermonassa 赫莫纳萨城（本都的卡帕多西亚）

Hermonassa 赫莫纳萨城（辛梅里安人

的博斯普鲁斯）

Hermonax 赫莫纳克斯城（提拉斯河口）

Hermondori 赫蒙多里人（苏伊维部落之一、阿尔卑斯山地区）

Hermonthis 赫蒙西斯城（埃及的底比斯）

Hermopolis 赫尔穆波利斯（埃及，布图斯城附近）

Hermupolis 赫尔穆波利斯（埃及）

Hermupolitic 赫尔穆波利斯的（埃及）

Hermus, the plain of 赫尔姆斯平原（小亚细亚）

Hermus. R 赫尔姆斯河（小亚细亚）

Hernici 赫尔尼齐人（意大利部落）

Hero 希罗（神话人物，其灯塔在塞斯图斯附近）

Herod 希律（犹太祭司，国王）

Herod 希律（犹太地区四分之一地区行政长官、参见大希律）

Herodes 希罗德

Herodians 希律党人

Herodonia 西罗多尼亚城（从布伦特西乌姆到罗马的道路旁）

Herodotus 希罗多德（公元前484—前425年，希腊人的"历史之父"）

Heroes 西罗城（阿拉比亚湾）

Heroes 英雄、半神

Heroonpolis 西朗波利斯（意为"男人城"，阿拉伯湾地峡）

Herphae 赫尔菲城（卡帕多西亚）

Herophilius 希罗菲卢斯（托勒密一世时期地中海地区最伟大的医生，解剖学的奠基人，多部医学著作的作者）

Herophileian school 希罗菲卢斯学派（以希罗菲卢斯为主的医学派别）

Herostratus 赫罗斯特拉图斯（以弗所放火烧毁神庙者）

Herpa 赫尔帕镇（萨加劳塞内地名）

Hesiod 赫西奥德（公元前8世纪，史诗作家，生于埃奥利斯的基梅，定居维奥蒂亚的阿斯克雷村）

Hesione 赫西俄涅（普里阿摩斯的姊妹，被赫拉克勒斯救出）

Hesperides 赫斯珀里得斯城（利比亚）

Hesperides 赫斯珀里得斯港（利比亚）

Hesperides 赫斯珀里得斯（女神）

Hesperus 金星

Hestiaea 赫斯提亚（《伊里亚特》研究论文集作者，亚历山大城人）

Hestiaeotis 赫斯提伊奥普斯（色萨利地名）

Heteroscian 赫特罗西（波塞多尼奥斯提到的温带）

Hetrosians 赫特罗西人（热带部落）

Hicesius 海斯西乌斯（士麦拿医学流派首领）

Hicetaon 海斯塔昂（牧人梅拉尼普斯之父）

Hidrieis 海德里伊人（卡里亚人部落之一，小亚细亚）

Hidrieus 海德里耶乌斯（卡里亚国王赫卡通努斯之子）

Hiera 希拉角（意为"圣角"）

Hiera of Hepheaestus 赫菲斯托斯的希拉岛（原名塞尔梅萨，西西里附近）

Hierapolis 希拉波利斯城（美索不达米亚，又称埃德萨、班柏塞）

Hierapolis 希拉波利斯城（弗里吉亚，梅索吉斯附近）

Hierapolitic 希拉波利斯的

Hierapytna 希拉皮特拉城（克里特岛）

Hierapytnians 希拉皮特拉人（克里特岛）

Hieratica 埃及祭司用纸莎草

hierax 鸢

Hiericus 希里库斯（腓尼基地名）

Hiero 希罗（僭主）

Hierocepis 希罗塞皮斯城（塞浦路斯）

Hierocles 希罗克利斯（阿拉班达的演说家）

Hieron 希伦（劳迪西亚的慈善家）

Hieron 希伦城（本都）

Hieron Oros 希伦·奥罗斯（圣山）

Hieronymus 希罗尼姆斯（公元前 290—前 230 年，罗德岛历史学家）

Him 祭祀之地（即耶路撒冷城）

Himera 希梅拉城（西西里）

Himera. R 希梅拉河（西西里）

Hipparchus 喜帕恰斯（公元前 190—前 120 年，比西尼亚尼西亚城的数学家、天文学家和地理学家）

Hippeis 骑士（斯巴达）

Hippemolgi 希佩莫尔吉人（意为"挤马奶者"部落，与西徐亚人同族）

Hippi. I 希皮群岛（意为"马匹"，爱奥尼亚埃利色雷之外）

Hippian 希皮的（马的国度）

Hippobotae 骑士

Hippocapus 马头鱼尾海怪

Hippocles 希波克利斯（埃维亚人、意大利库迈城的建立者之一）

Hippocoon 希波坤（神话人物，赶走滕达雷乌斯兄弟）

Hippocorona 希波科罗纳（阿德拉米提乌姆）

Hippocoronium 希波科罗尼乌姆（克里特岛）

Hippocrates 希波克拉底（约公元前 460—前 370 年，希腊医学之父）

Hippodrome 希波德罗姆（埃及亚历山大城附近地名）

Hippomarathi 希波马拉提（埃及植物，马茴香）

Hipponax 希波纳克斯（约公元前 546—前 520 年，以弗所抑扬格诗人）

Hipponiate. G 希波尼亚特湾（意大利）

Hipponium 希波尼乌姆城（意大利）

Hippos 西波斯城（迦太基的伊提斯城附近）

Hippos 西波斯城（迦太基，位于基尔塔与特雷图姆角之间）

Hippothous 希波托乌斯（莱图斯之子）

Hippotion 希波提昂（神话人物，莫里斯之父）

Hippu-crene 马泉

Hippus 希普斯河（伊比利亚）

Hire 希雷城

Hirpini 赫皮奈人（萨莫奈部落之一，得名于赫普斯）

Hirpus 赫普斯（萨莫奈人对狼的称号）

Hispalis 伊斯帕利斯城（伊比利亚）

Hispania 西班牙（古称）

Hispellum 希斯佩努姆城（意大利弗拉米尼斯大道）

Histi 西斯锚地（伊卡里亚岛）

Histiaea 希斯提伊亚城（埃维亚）

Histiaeans 希斯提伊亚人（色萨利）

Histiaeans 希斯提伊亚人（埃维亚）

Histiaeotis 希斯提艾奥提斯（色萨利）

Historical Sketches《历史札记》（斯特拉博）

History of events after Polybius《波利比奥斯之后的历史大事记》（斯特拉博）

Hollow Lacedaemon Ketoessan 群山环抱的拉克代蒙（本义为"到处是峡谷或深沟的"）

Holmiae 霍尔米伊角（科林斯湾）

Holmi 霍尔米城（弗里吉亚）

Holmi 霍尔米城（西里西亚）

Homer 荷马

Homereium 荷马里乌姆（士麦拿的一个

四棱柱柱廊及钱币名）

Homeridae 荷马族（希俄斯人说荷马是希俄斯人的证据）

Homole 霍莫利城（霍莫利乌姆）

Homolium 霍莫利乌姆城（马其顿，奥萨山）

Homonadies 霍莫纳德人（皮西迪亚山区部落）

Hormiae 福尔米伊城（意大利拉丁姆）

Hormina 霍尔米纳角（又称希尔米纳、基雷内附近）

hormos 锚地

Hormozi 霍尔木兹角（波斯湾）

Hortensius 霍滕修斯（加图的朋友）

Hunting ground of Pythangelus 皮桑格卢斯狩猎场（阿拉比亚）

Hya 海阿城（海恩波利斯）

Hyacinthian festival 雅辛托斯庆典（拉科尼亚）

Hyacinthus 雅辛托斯

Hyameitis 海厄梅提斯城（麦西尼亚）

Hyampeia 海恩佩亚城（福西亚）

Hyampolis 海恩波利斯城（福西亚）

Hyantes 海安特人（维奥蒂亚古代部落）

Hyarotis. R 海厄罗提斯河（印度）

Hyas 海厄斯城（福基斯）

Hybla 希布拉城（卡塔纳和锡拉库萨之间、后称希加拉）

Hyblaean 希布拉的

Hyblaean Megarians 希布拉的迈加拉人（希布拉城居民）

Hybreas 希布里斯（公元前 1 世纪，卡里亚米拉萨的演说家、政治家）

Hybrianes 西布里亚人（伊斯特河地区的小部落）

Hyda 许达城（荷马提到的，吕底亚特莫卢斯山）

Hydara 希达拉要塞（小亚美尼亚，米特拉达梯所建）

Hydarnes 希达尼斯（波斯七大贵族之一）

Hydaspes. R 希达斯佩斯河（印度）

Hydatos-Potamoi 希达托斯-波塔莫伊城（叙利亚，后称塞琉西亚）

Hyde 海德城（荷马提到的城市，吕底亚）

Hyde 海德（对荷马史诗中维奥蒂亚一地名不正确的读音）

Hydra 海德拉（被赫拉克勒斯所杀的怪物）

Hydra 海德拉角（埃来提湾旁，小亚细亚）

Hydra 海德拉湖（见利西马基亚）

Hydrelus 海德雷卢斯（神话人物，阿希姆布鲁斯之弟、建城者）

Hydrus 海德鲁斯城（雅皮吉亚）

Hydrussa 海德鲁萨岛（对着阿提卡）

Hylas 海拉斯（神话人物，赫拉克勒斯的同伴）

Hyele 海埃尔城（参见 Eleia，福西亚人建立的，意大利）

Hylê 许勒（赫拉克勒斯的同伴）

Hylê 许勒村（维奥蒂亚，荷马提到的城市）

Hylic 许勒湖（维奥蒂亚）

Hyllus. R 海卢斯河（吕底亚）

Hyllus 海卢斯（神话人物，赫拉克勒斯的长子）

Hylobii 出家人（印度佛教僧侣）

Hymettian 伊米托斯的（阿提卡）

Hymettus. Mt 伊米托斯山（阿提卡）

Hypaepa 海佩帕城（吕底亚特莫卢斯山区）

Hypaesia 海佩西亚（特里菲利亚）

Hypana 海帕纳城（特里菲利亚）

Hypanis. R 海帕尼斯河（塔奈斯和与伊

斯特河之间的）

Hypanis. R 海帕尼斯河（印度）

Hypanis, R. 海帕尼斯河（梅奥提斯的）

Hypasii 海帕西人（又称 Hypasians，印度部落）

Hypasians 海帕两人（印度部落）

Hypatus. Mt 希帕图斯山（维奥蒂亚）

Hypelauus 希佩劳斯泉（士麦拿附近）

Hyperboreans 希佩尔波里人（神话故事，荷马提到的极北居民）

Hypereia 希佩里亚泉（色萨利的赫拉斯）

Hiperesie 希佩雷西城（亚该亚同盟的城邦）

Hyperesia 希佩雷西亚城（亚该亚人的）

Hyperion 许珀里翁（太阳神）

Hypernotians 希佩尔诺提亚人（神话故事，荷马提到的极南居民）

Hypnos 许普诺斯（希腊睡眠之神）

Hypochalcis. Mt 希波查尔齐斯山（埃托利亚）

Hypocremnus 希波克雷姆努斯（埃利色雷人和克拉佐梅尼人的边界地区）

Hypophetae 注释者

Hypoplacia 普拉库斯附近的（特洛阿德）

Hypothebans 下底比斯人（下底比斯城居民）

Hypothebes 下底比斯城（维奥蒂亚、底比斯城的低下地区）

Hypsicrates 希普西克拉特斯（历史学家、阿米苏斯的地理学家、尤里乌斯·凯撒的同时代人）

Hypsoeeis. R 希普索伊斯河（马西斯提亚）

Hyrcani 希尔卡尼人（希尔卡尼亚居民）

Hyrcania 希尔卡尼亚（中亚）

Hyrcanian Plain 希尔卡尼亚平原（中亚）

Hyrcanian. S 希尔卡尼亚海（里海）

Hyrcanium 希尔卡尼乌姆（犹太要塞）

Hyrcanus 希尔卡努斯（亚历山大之子）

Hyria 希里亚（荷马提到的地名、奥利斯附近）

Hyria 希里亚城（雅皮吉亚）

Hyrieans 希里亚人（维奥蒂亚希里亚居民）

Hyrieus 希里乌斯（神话人物、俄里翁之父）

Hyrmina 希尔米纳角（又名霍尔米纳角）

Hyrmine 希尔米内城（伊利斯）

Hyrtacus 希尔塔库斯（阿西乌斯之父）

Hysiae 希西伊村（阿尔戈利斯）

Hysiatae 希西亚特人（阿尔戈利斯希西伊居民）

hyssus 罗马短矛

Hystaspis 希斯塔斯普（大流士一世之父）

Hystaspes 希斯塔斯普（大流士一世之父）

Iaccetania 雅塞塔尼亚（伊比利亚）

Iaccetanias 雅塞塔尼亚人（伊比利亚部落）

Iacchic 伊阿科斯的

Iacchus 伊阿科斯（希腊神话中的引导之神）

Ialysians 雅利苏斯人（罗德岛雅利苏斯城居民）

Ialysus 雅利苏斯（神话人物，赫利乌斯的后裔、罗德岛英雄）

Ialysus 雅利苏斯城（罗德岛）

Ialmenus 雅尔梅努斯（神话中奥尔科梅尼亚人的首领）

Iambics 抑扬格

Iambrichus 扬布里科斯（叙利亚部落酋长之子）

Iamneia 扬尼亚村（腓尼基约佩城附近）

Iaonians 亚奥尼亚人（即爱奥尼人）

Iapix 雅皮克斯（又作 Iapyx，代达罗斯之子，克里特人的首领）

Iapodes 雅波德人（伊利里亚部落）

Iapydia 雅皮迪亚（雅波德人地区）

Iapyges 雅皮吉人（又称 Iapygians，塔
　兰提尼地区居民）

Iapygia 雅皮吉亚（意大利地名）

Iapygian. C 雅皮吉亚角（意大利）

Iapygians 雅皮吉亚人（又称 Iapyges）

Iapyx 雅皮克斯（又作 Iapyges）

Iardanus 雅尔达努斯（特里菲利亚神话
　中的英雄或河神）

Iardanus. R 雅尔达努斯河（荷马提到的
　河流，比萨提尼）

Ias 雅斯（阿提卡古称，也是爱奥尼亚
　和阿尔戈斯的别称）

Iasian 雅斯的（爱奥尼亚和阿尔戈斯的
　别称）

Iasidae 雅斯族（阿尔戈斯的居民）

Iasion 雅西昂（神话人物，达达努斯的
　兄弟）

Iassus 雅索斯城（卡里亚）

Iaxartes. R 药杀水（今名锡尔河，中亚）

Iazyges 雅齐吉人（本都海以北）

Iazygian 雅齐吉的

Iberia 伊比利亚（欧罗巴、西班牙）

Iberia 伊比利亚（高加索的）

Iberians 伊比利亚人（西班牙的）

Iberians 伊比利亚人（高加索的）

Iberus 伊比鲁斯河（伊比利亚）

Ibycus 伊拜库斯（约公元前 540 年，抒
　情诗人）

Icaria 伊卡里亚岛（斯波拉德斯群岛）

Icarian 伊卡里亚的

Icarian Sea 伊卡里亚海

Icarius 伊卡里乌斯（神话人物，珀涅罗
　珀之父）

Icaros. I 伊卡鲁斯岛（斯波拉德斯群岛）

Icarus. I 伊卡鲁斯岛（即伊卡里亚岛，
　斯波拉德斯群岛）

Icarus. I 伊卡鲁斯岛（波斯湾）

Icarus 伊卡鲁斯（神话人物，代达罗斯
　之子、伊卡里亚岛的开垦者）

Ichneumon 獴（埃及獴）

Ichnnae 伊赫尼城（色萨利）

Ichthiophagi 伊赫提奥法吉人（食鱼者，
　热带部落）

Ichthys 伊齐提斯角（伯罗奔尼撒）

Icizari 伊齐扎里要塞（本都）

Iconii 伊科尼人（凯尔特纳伯部落）

Iconium 伊科尼乌姆城（利考尼亚）

Iconoum 伊科诺乌姆城（小亚细亚利考
　尼亚重要城市）

Icos 伊科斯岛（马格尼西亚）

Ictinus 伊克提努斯（雅典帕台农神庙建
　立者）

Ictumuli 伊克图姆利村（意大利普拉森
　提亚城附近）

Ida. Mt 伊达山（克里特）

Ida. Mt 伊达山（特洛阿德）

Idaean 伊达的

Idaean Dactyli 伊达诸神

Idaean Gulf 伊达湾（特洛阿德）

Idaean Mother 伊达母亲（女神）

Ideëssa 伊德萨城（又称弗里克苏斯，伊
　比利亚）

Idiologus 州长（罗马时期埃及官员）

Idomeneus 伊多梅纽斯（神话人物，米
　诺斯的后裔，克里特国王）

Idomeneus 伊多梅纽斯（兰普萨库斯人，
　伊壁鸠鲁的朋友）

Idubeda 伊杜贝达山（西班牙的伊比
　利亚）

Idumaeans 伊杜马人（叙利亚部落）

Ierne 爱尔兰（古称）

Igletes 伊格莱特人（伊比利亚部落）

Iguvium 伊古维乌姆城（意大利弗拉米

尼乌斯大道）

Ilasarus 伊拉萨鲁斯（阿拉比亚统治者）

Ilerda 伊莱尔达城（伊比利亚）

Ilergetans 伊莱尔格坦人（西班牙伊比利
亚部落）

Iliad 伊利亚特（《荷马史诗》之一）

Ilians 伊利昂人（古代特洛阿德居民）

Ilians 伊利昂人（参见特洛伊人）

Ilibirris 伊利比里斯河和城市（凯尔特）

Iliocolone 伊利昂科洛内（帕里乌姆
地名）

Ilion 伊利昂（又作 Ilium, Ilios，特洛阿
德古城与新城）

Ilipa 伊利帕城（图尔德塔尼亚）

Ilissus. R 伊利苏斯河（阿提卡）

Ilium 伊利乌姆（参见 Ilion）

Ilus 伊卢斯（传说人物，达达努斯之
子、伊利昂的建立者）

Illyria 伊利里亚（希腊西北部）

Illyrian 伊利里亚的

Illyrians 伊利里亚人（又作 Illyrii，伊利里
亚居民）

Illyrii 伊利里亚人（参见 Illyrians）

Imandes 伊曼德斯（即神话堤丰之子门
农的埃及名字）

Imaius. Mt 伊梅乌斯山脉（托罗斯山脉
或印度的高加索山脉一部分）

Imbrasus 伊姆布拉苏斯（色雷斯人的首
领、埃努斯城人）

Imbrasus 伊姆布拉苏斯河（帕西尼乌
斯河）

Imbros 伊姆布罗斯岛（又作 Imbrus，爱
琴海）

Imbrus 伊姆布鲁斯要塞（罗德岛）

Inacheian 伊纳库斯人的（阿尔戈斯）

Inachus 伊纳库斯城（参见阿尔戈斯）

Inachus. R 伊纳库斯河（伊庇鲁斯）

Inachus. R 伊纳库斯河（阿尔戈斯）

Inachus 伊纳库斯（阿尔戈斯的国王）

Inaros 伊纳罗斯城（埃及）

India 印度

Indian 印度的

Indians 印度人

Indian. Mt 印度山脉（印度的高加索
山脉）

Indian. S 印度海

Indicetans 印地塞坦人（伊比利亚部落）

Indus River 印度河（古印度，今巴基
斯坦）

Ingauni 因高尼人（利古里亚人，阿尔
比因高努姆城居民）

Innesa 英尼萨（埃特纳山下的丘陵
地区）

Inns of Pictae 皮克泰人的小旅馆（拉丁
姆地区）

Inopus 伊诺普斯河（提洛岛）

Insubri 因苏布里人（凯尔特最大部落
之一）

Intemelii 因特梅利人（阿尔比乌姆·因
特梅利乌姆居民）

Interamna 因特拉姆纳城（弗拉米尼乌
斯大道右边）

Interamnium 因特拉姆尼乌姆城（拉丁姆）

Intercatia 英特卡提亚城（伊比利亚）

Interior Sea 内海（即地中海）

Interocrea 英特罗克里城（萨宾地区）

Io 伊俄（宙斯的情人，在埃维亚生伊帕
福斯）

Iol 约尔城（利比亚，后称凯撒里亚）

Iolaes 伊俄莱人（又称迪伊戈斯贝人、
撒丁岛居民）

Iolaus 伊俄拉俄斯（神话人物，赫拉克
勒斯之子、伊俄莱人的首领）

Iolcan 约尔库斯人（约尔库斯城的

居民）

Iolcus 约尔库斯城（色萨利、伊阿宋的故乡）

Iolcus 约尔库斯（色萨利的海岸）

Ioleia 约利亚（神话人物，赫拉克勒斯之子）

Ion. R 伊翁河（色萨利）

Ion 伊翁（神话人物，克苏图斯之子、爱奥尼亚人的名祖英雄）

Ion 伊翁（约公元前 440 年，希俄斯悲剧作家）

Ion《伊翁》（幼里披底斯的戏剧）

Ionaeum 爱奥内乌姆（埃利亚的圣域）

Ionia 爱奥尼亚（阿提卡古名）

Ionia 爱奥尼亚（亚该亚，伯罗奔尼撒半岛爱奥尼亚人地区）

Ionia 爱奥尼亚（亚细亚地区的）

Ioniades Nymphs 爱奥尼亚仙女（伊利斯）

Ionian 爱奥尼亚的

Ionian. G 爱奥尼亚湾

Ionian League 爱奥尼亚同盟

Ionians 爱奥尼亚人（希腊主要部落之一）

Ionic 爱奥尼亚的、爱奥尼亚方言

Ionic speech 爱奥尼亚方言

Iope 约佩城（今雅法，腓尼基）

Ios 约什岛（克里特海）

Iphicrates 伊菲克拉特斯（公元前 4 世纪，雅典统帅）

Iphicrates 伊菲克拉特斯（没有名气的历史学家）

Iphidamas 伊菲达马斯（安特诺尔之子）

Iphigeneia 伊菲革涅亚（神话人物，阿伽门农之女）

Iphigeneia《伊菲革涅亚》（欧里庇得斯）

Iphitus 伊菲托斯（重新恢复举办奥林匹克运动会的埃莱亚统治者）

Iphitus 伊菲托斯（神话人物，欧律托斯

之子）

Ipirus 伊庇鲁斯（希腊北部地区）

Ipni 伊普尼（马格尼西亚海岸地名）

Ipoctonus 瘿蜂天敌

Iris. R 伊里斯河（本都）

Is 伊斯（意大利锡巴里斯城的建城者）

Isar 伊萨尔河（凯尔特，与伊达努斯河汇合）

Isaras. R 伊萨斯河（凯尔特，汇入亚得里亚海）

Isaura 伊萨拉（在伊索里斯境内）

Isauras 伊索拉斯村（新旧两村，多数，在伊索里斯境内）

Isaurice 伊索里斯（又称伊索里亚，利考尼亚地名）

Isauricus 伊索里库斯（塞尔维利乌斯之绰号）

Ischopolis 伊斯科波利斯城

Isinda 伊辛达（小亚细亚地名）

Islands of the Blest 极乐岛

Isis 伊西斯（埃及女神）

Isis 伊西斯河谷（阿拉比亚）

Isis 伊西斯（小亚细亚地区名）

Ismandes 伊斯曼德斯（神话人物，又称门农，堤丰之子）

Ismara 伊斯马拉城（又作 Ismarus，色雷斯）

Ismaris 伊斯马里斯湖（色雷斯）

Ismarus 伊斯马鲁斯城（色雷斯地名）

Ismenus. R 伊斯梅努斯河（维奥蒂亚）

Isocrates 伊索克拉底（公元前 6 世纪，雅典著名演说家）

Isodromian Mother 伊索德罗米母亲（意为"众神之母"，小亚细亚）

Issa 伊萨（莱斯沃斯）

Issa 伊萨岛（亚得里亚海）

Issian. G 伊苏斯湾（西里西亚）

Issian. S 伊苏斯海（西里西亚）

Issic Sea 伊苏斯海（小亚细亚）

Issican Sea 伊苏斯海（同上）

Issus 伊苏斯城（西里西亚）

Ister. R 伊斯特河（今欧洲多瑙河）

Isthmian Games 地峡运动会（科林斯）

Isthmus 地峡

Istri 伊斯特里（又称 Istrians，伊斯特里
  亚居民）

Istria 伊斯特里亚（上意大利地名）

Istrians 伊斯特里亚人（伊斯特里亚居民）

Isus 伊苏斯（遗迹）

Italian 意大利的

Italians 意大利人（意大利居民）

Italica 意大利卡城（伊比利亚）

Italica 意大利卡城（原为佩利格尼人的
  首府科菲尼乌姆，后改用此名作为意
  大利南部古希腊移民城邦起义中心）

Italiote 意大利南部古希腊城邦移民（又
  称 Italiotes，）

Italiotes 意大利南部古希腊城邦移民

Italy 意大利（欧罗巴的一部分）

Ithaca 伊萨卡城（伊萨卡岛）

Ithaca. I 伊萨卡岛（神话故事，奥德修斯
  的故乡）

Ithacans 伊萨卡人（伊萨卡居民）

Ithome 伊索米（麦西尼的卫城）

Ithome 伊索米山（麦西尼）

Ithome 伊索米城（色萨利）

Itimonius 伊提摩纽斯（神话人物，被涅
  斯托尔所杀）

Itinerary《旅行日记》（厄拉多塞使用过
  的书籍）

Itium 伊提乌姆港（凯尔特，凯撒由此
  前往不列颠）

Itonian 伊托努斯的

Itonus 伊托努斯城（色萨利）

Ituraeans 伊图里人（叙利亚部落）

Ityce 伊提斯城（利比亚的迦太基）

Itymoneus 伊提摩纽斯

Iulis 尤利斯城（凯奥斯城的一部分）

Iulius 尤利乌斯（罗马氏族之名）

Iulus 尤卢斯（神话人物，埃尼亚斯的
  后裔）

Ixia 伊克西亚要塞（罗德岛）

Ixion 伊克西翁（神话人物，拉皮斯人
  的国王）

Jason 伊阿宋（神话人物、美狄亚的丈夫）

Jasonia 伊阿宋神庙（阿夫季拉）

Jasonium. C 伊阿宋角（本都卡帕多西亚）

Jerusalem 耶路撒冷（犹太都城）

Jewish 犹太的

Jews 犹太人

Joppa 乔帕城（又作 Jopa，今以色列雅
  法市）

Jordan. R 约旦河（叙利亚）

Juba 朱巴一世（莫鲁西亚国王）

Juba 朱巴二世（莫鲁西亚国王）

Judaea 犹太（今朱迪亚地区）

Judaeans 犹太人（犹大王国的居民）

Judah 犹大王国和犹大部落（古代以色
  列王国）

Jugurtha 朱古达（努米底亚国王）

Julia Ioza 尤利娅·约扎城（原泽利斯
  城，伊比利亚）

Juliopolis 朱利奥波利斯（小弗里吉亚）

Juncarian Plain 灯芯草平原（伊比利亚）

Jura, Mt. 侏罗山（凯尔特）

Kaietaessan 凯厄泰桑（意为"盛产薄
  荷"，希腊人对拉克代蒙的写法）

Kaietas 凯厄塔斯（拉克代蒙语言中意为
  "监狱"）

Kaietoi 凯厄托伊（拉克代蒙语言中地震的名字）

Kainon Chorion 凯农·霍里翁（意为"新地"，本都王国要塞和国库所在地）

kakeis 卡基斯（埃及的一种面包）

Kalaminthode 盛产薄荷

Kete 科特（意为"深海怪物、鲸目动物、沟壑、裂缝"）

Ketoessan 科托桑（意为"大"，希腊人对拉克代蒙的写法）

kiki 基基（一种果实）

kleinos 光荣的（斯巴达）

koïkina 科伊基纳（一种织物）

Kolpos 海湾（希腊语）

Ktimene 克提梅内（神话人物，奥德修斯的姐姐）

Kumata 库马塔（希腊语意为"巨浪"）

Labana waters 拉巴纳泉（拉丁姆）

Labican Way 拉比克大道（以罗马厄斯奎莱恩为起点的大道）

Labicum 拉比库姆城（拉丁姆）

Labienus 拉比耶努斯（公元前 1 世纪，罗马统帅、亚细亚行政长官）

Labotas, R 拉波塔斯河（叙利亚）

Labours of Heracles and Theseus《赫拉克勒斯和忒修斯的功绩》（利西波斯）

Labranda 拉布兰达村（卡里亚）

Labrandenus 拉布兰村的（卡里亚）

Labyrinth 迷宫（神话故事，米诺斯王国）

Lacedaemon 拉克代蒙（斯巴达）

Lacedaemonian 拉克代蒙的

Lacedaemonians 拉克代蒙人（斯巴达人）

Laceter 拉塞特角（科斯岛）

Lacinium 拉齐尼乌姆角（意大利南部）

Lacmus 拉克姆斯（品都斯山顶峰之一）

Laconia 拉科尼亚（伯罗奔尼撒半岛地名）

Laconian 拉科尼亚的

Laconians 拉科尼亚人

Lade 拉德岛（米利都附近）

Ladon. R 拉东河（阿卡迪亚）

Laenae 利尼（斗篷）

Laertes 莱尔特斯（神话人物，奥德修斯之父）

Laertes 莱尔特斯要塞（西里西亚）

Laestrygonians 莱斯特里贡人（又称 Laestrygonians，荷马史诗提到的神话部落）

Laestrygonians 莱斯特里贡人（荷马史诗提到的神话部落）

Lagaria 拉加里亚要塞（意大利、埃皮和福西亚人建立）

Lagaritan 拉加里亚的

Lagetas 拉吉塔斯（多里劳斯之子、斯特拉博祖母的兄弟）

Lagina 拉吉纳城（卡里亚）

Lagus 拉古斯（托勒密一世之父）

Lagusa 拉古萨岛（克里特海）

Laian 劳伊（莱夫卡尼亚）

Laius 拉伊斯（希俄斯岛锚地）

Lamia 拉米亚城（色萨利）

Lamia 拉米亚（神话之中的怪物）

Lamian 拉米亚的（色萨利）

Lamians 拉米亚人（色萨利拉米亚城居民）

Lamian War 拉米亚战争（公元前 324—前 323 年）

Lampeia. Mt 兰皮亚山脉（阿卡迪亚）

Lampians 兰皮亚人（克里特岛）

Lamponia 兰波尼亚城（埃奥利斯的）

Lampsaceni 兰普萨库斯人（赫勒斯滂兰普萨库斯城居民）

Lampsacus 兰普萨库斯城（原名皮提乌

萨，赫勒斯湾）

Lamptreis 兰普特莱斯（古代阿提卡居民点之一）

Lamus. R 拉姆斯河（西里西亚）

Land of Atthis《阿西斯的土地》（阿提卡古称）

Landi 兰迪人（日耳曼部落之一）

Langobardi 兰戈巴尔迪人（苏伊维人部落之一）

Lanuvium 拉努维乌姆城（意大利）

Laodiceia 劳迪西亚城（利考尼亚）

Laodiceia 劳迪西亚城（叙利亚）

Laodiceia 劳迪西亚城（弗里吉亚）

Laodiceia 劳迪西亚城（米底的希腊化城市）

Laodiceians 劳迪西亚人（弗里吉亚劳迪西亚居民）

Laomedon 劳梅东（神话人物，特洛伊国王）

Lapathus 拉帕图斯城（塞浦路斯岛）

Lape 拉佩（纳佩的误写）

Lapersae 拉斯的掠夺者

Laphrian 拉夫利亚的（卡利登附近的阿波罗神庙）

Lapith 拉皮斯人（色萨利部落）

Lapithae 拉皮泰人（又称 Lapiths 拉皮斯人，神话故事中的色萨利部落）

Lapiths 拉皮斯人（神话故事中的色萨利部落）

Laranda 拉兰达城（利考尼亚）

Larimnum 拉里姆努（一种香料）

Larisaean 拉里萨的

Larisaeans 拉里萨人（色萨利）

Larisaeus 拉里萨的

Larissa 拉里萨城（佩拉斯吉人的）

Larissa 拉里萨城（亚美尼亚）

Larissa 拉里萨城（色萨利）

Larissa 拉里萨河（伊利斯和基梅的边界）

Larissa 拉里萨卫城（阿尔戈斯）

Larissa 拉里萨城（阿提卡）

Larissa 拉里萨城（克里特）

Larissa 拉里萨城（本都）

Larissa 拉里萨城（叙利亚）

Larissa 拉里萨城（特洛阿德）

Larissa 拉里萨城（奥萨山）

Larissa 拉里萨城（色萨利的佩拉斯吉、克雷马斯特）

Larissa 拉里萨城（弗里科尼斯，亚细亚）

Larissa 拉里萨村（特拉莱、亚细亚）

Larissa 拉里萨（佩拉斯吉人首领皮阿苏斯之女）

Larissa 拉里萨岩石（距离米蒂利尼 50 斯塔德）

Larissa 拉里萨村（亚细亚，以弗所）

Larisus. R 拉里萨河（伊利斯和迪梅的界河）

Larius. L 拉里乌斯湖（阿尔卑斯山脉）

Larolon 拉罗隆城或河（弗拉米尼乌斯大道旁）

Lartolaeetans 拉托利坦人（东伊比利亚部落）

Larymna 拉里姆纳城（维奥蒂亚）

Larymna 拉里姆纳城（洛克里斯）

Las 拉斯港（斯巴达）

Lasion 拉西昂城（伊利斯）

Lathon. R 拉松河（利比亚）

Lathurus 拉图鲁斯（埃及国王托勒密八世的绰号）

Latii 拉丁人（又作 Latini，拉丁姆部落）

Latin 拉丁的（拉丁人的）

Latin Way 拉丁大道（罗马附近）

Latini 拉丁人（又作 Latii）

Latinus 拉丁努斯（神话人物，意大利阿博里吉内人的国王）

Latium 拉丁姆（意大利中西部）

Latmian. G 拉特姆斯湾（爱奥尼亚米利都附近）

Latmus. Mt 拉特姆斯山（米利都附近）

Latomiae. I 拉托迈伊岛（阿拉伯湾）

Latopolis 拉托波利斯城（埃及）

Latopolitae 拉托波利斯人（埃及）

Latus 拉图斯（埃及尼罗河的鱼类）

Laurentum 劳伦图姆城（意大利拉丁地区）

Laurium 劳里昂（雅典银矿）

Laus 劳斯城（莱夫卡尼亚）

Laus. R 劳斯河（莱夫卡尼亚）

Laviansene 拉维安塞内（卡帕多西亚地名）

Lavinia 拉维尼亚（拉丁姆）

Lavinium 拉维尼乌姆城（拉丁姆）

Leap 舍身崖（阿卡纳尼亚的莱夫卡斯）

Lebadeia 莱巴代亚城（维奥蒂亚）

Lebanon. Mt 黎巴嫩山（又称 Libanus，腓尼基）

Lebedus 莱贝图斯城（小亚细亚）

Leben 莱本城（克里特，戈提纳的海港）

Lebenians 莱本人（克里特岛莱本港居民）

Lebinthos 莱彬托斯岛（斯波拉德斯群岛）

Lechaeum 莱契乌姆港（科林斯）

Lectum 莱克图姆角（位于特内多斯岛与莱斯沃斯岛之间）

Leda 勒达（神话人物，滕达雷乌斯之妻）

Leetanians 利塔尼亚人（伊比利亚）

Legae 勒盖人（亚美尼亚西徐亚人）

legeti 总督（罗马皇帝派往行省的）

legion 军团（罗马军队组织）

Leibethra 莱贝特拉城（马其顿南部）

Leibethrides 莱贝斯里德斯（仙女）

Leibathrum 莱贝斯鲁姆城（色雷斯）

Leimon 莱蒙（意为"牧场"，吕底亚的

梅索吉斯山南部）

Leimone 莱莫内城（埃莱昂）

Lelantine Plain 利兰丁平原（埃维亚岛）

Leleges 勒勒吉人（古代伯罗奔尼撒和小亚细亚部落）

Lelex 莱勒克斯（神话人物，勒勒吉人的名祖）

Lemenna. L 莱蒙纳湖（日内瓦湖）

Lemma 已经或者将要证实的命题

Lemnos. I 利姆诺斯岛（爱琴海）

Lemovices 勒莫维塞人（阿奎塔尼亚的凯尔特部落）

Lenae 莱尼（神话故事的魔鬼，狄奥尼索斯的同伴）

Leocorium 莱奥克里乌姆（雅典的神庙）

Leon 狮子城（戴雷角直到罗图—塞拉斯角之间的）

Leones 狮子城（腓尼基）

Leones 狮子城（埃及三角洲）

Leonidas 莱奥尼达斯（公元前 491?—前480年，斯巴达国王，死于希波战争）

Leonides 莱奥尼德斯（罗德岛斯多葛派哲学家）

Leonnatus 莱昂纳图斯（亚历山大的统帅，死于拉米亚战争）

Leonnorius 莱昂诺里乌斯（加拉提亚人主要首领）

Leonteus 莱昂特乌斯（兰普萨库斯人，哲学家伊壁鸠鲁的朋友）

Leontine 莱昂提内（狮子城地区）

Leontines 莱昂提内人（又作 Leontini，建立埃维亚城）

Leontini 莱昂提尼人（狮子城居民）

Leontopolis 莱昂托波利斯（意为"狮子城"，埃及）

Leontopolitae 莱昂托波利斯人（埃及狮子城居民）

专用名词一览表 1601

Leontopolite Nome 莱昂托波利斯州（埃及）

Leosthenes 莱奥西尼（雅典将军，死于拉米亚战争）

lepidotus 鳞齿鱼

Lepidum 李必杜姆城（帕杜斯河流域）

Lepidus, Marcus Aemilius 李必达，马可·埃米利乌斯（公元前187年，罗马执政官、埃米利安大道的修建者）

Lepontii 勒蓬提人（雷提人的部落）

Lepra Acte 勒普拉·阿克特（士麦拿附近的山脉）

Lepreatae 勒普里坦人（又作 Lepreatans，勒普雷乌姆城居民）

Lepreatans 勒普里坦人（勒普雷乌姆城居民）

Lepreatic 勒普里坦人的

Lepreum 勒普雷乌姆城（特里菲利亚）

Lepreus 勒普雷乌斯（考科尼亚部落的统治者）

Leptis 勒普提斯城（即奈阿波利斯，利比亚）

Lerne. L 勒内湖（阿尔盖亚）

Lerne. R 勒内河（阿尔盖亚）

Lerians 莱罗斯人（莱罗斯岛居民）

Leros 莱罗斯岛（斯波拉德斯群岛）

Leronus 莱罗（神话人物，来罗岛的名祖）

Lero 莱罗岛（马萨利亚）

Lesbian 莱斯沃斯的

Lesbian. I 莱斯沃斯岛（埃奥利斯沿岸）

Lesbians 莱斯沃斯人（莱斯沃斯岛居民）

Lesbocles 莱斯沃克利斯（米蒂利尼人，斯特拉博的同代人）

Lesbos. I 莱斯沃斯岛（埃奥利斯沿岸）

Lethaeus. R 莱西乌斯河（克里特岛戈提纳城）

Lethaeus. R 莱西乌斯河（利比亚西部）

Lethaeus. R 莱西乌斯河（卡里亚）

Lethaeus. R 莱西乌斯河（迈安德河支流）

Lethaeus. R 莱西乌斯河（色萨利）

Lethe. R 莱塞河（又称利米阿斯河、贝利翁河，发源于凯尔特伊比利亚人和瓦凯人的地区）

Lethus 莱图斯（佩拉斯吉人希波托乌斯之父）

Leto 勒托（阿波罗神和阿尔忒弥斯之母）

Letopolite 勒托波利斯州（埃及）

Letoum 勒托乌姆（阿波罗神之母的神庙）

Leuca 莱夫卡山脉（克里特岛）

Leucadians 莱夫卡德人（莱夫卡斯岛居民）

Leucadius 莱夫卡迪乌斯（伊卡里乌斯之子）

Leucae 莱夫凯城（爱奥尼亚）

Leucani 莱夫卡尼人（又作 Leucanians，莱夫卡尼亚居民）

Leucania 莱夫卡尼亚（意大利地区名）

Leucanians 莱夫卡尼人（莱夫卡尼亚居民）

Leucas 莱夫卡斯城（阿卡纳尼亚）

Leucas 莱夫卡斯岛（阿卡纳尼亚）

Leucas 莱夫卡斯沿岸（阿卡纳尼亚附近）

Leucaspis 莱夫卡斯皮斯港（埃及亚历山大城）

Leucatas 莱夫卡塔斯城（阿卡纳尼亚）

Leucatas 莱夫卡塔斯角和悬崖（阿卡纳尼亚附近）

Leucatas 莱夫卡塔斯（阿卡纳尼亚沿岸，特洛伊战争之后得名）

Leuce 莱夫斯岛（提拉斯河口）

Leuce 莱夫斯人（凯尔特部落）

Leuce 莱夫斯城（爱奥尼亚）

Leuce 莱夫斯平原（拉科尼亚）

Leuce Acte 莱夫斯阿克特角（意为"白

滩"，普罗庞提斯海）

Leuce Acte 莱夫斯阿克特角（埃维亚）

Leuce Acte 莱夫斯阿克特角（利比亚）

Leuce Come 莱夫斯科姆港（意为"白村"，纳巴泰人的商港，阿拉比亚）

Leuci 莱夫斯人（凯尔特部落）

Leucimma 莱夫其马角（克基拉岛东部）

Leucippus 莱夫齐普斯（亚该亚人，意大利梅塔庞提乌姆殖民地的建立者）

Leucius Mummius 留基乌斯·穆米乌斯（罗马统帅，公元前146年毁灭科林斯）

Leuco 莱夫科（博斯普鲁斯的西徐亚王朝名）

Leuco. L 莱夫科湖（切尔松尼斯）

Leucocomas 莱夫科科马斯（克里特岛莱本人）

Leucolla 莱夫科拉港（塞浦路斯）

Leuconotus 南风

Leucopetra 莱夫科佩特拉角（白岩）

Leucophryene 莱夫科弗里恩的（一座神庙）

Leucophrys 莱夫科弗里斯岛（即特内多斯岛）

Leucosia 莱夫科西亚岛（莱夫卡尼亚附近）

Leucothea 琉科忒亚（希腊神话的女海神）

Leuctra 留克特拉城（维奥蒂亚）

Leuctra, Battle of 留克特拉战役（公元前371年）

Leuctri 莱夫克特里人（维奥蒂亚留克特拉城居民）

Leuctrum 留克特鲁姆城（拉科尼亚）

Leucullus 卢库卢斯（罗马统帅）

Leucullus 卢库卢斯（公元前106—前56年，罗马统帅）

Leuternian 莱夫特尼亚的

Leuternian Giants 莱夫特尼亚巨人

Lexobii 莱克索比人（又称 Lexovii，凯尔特部落）

Lexovii 莱克索维人（凯尔特部落）

Libanus. Mt 黎巴嫩山（小亚细亚）

Libes 利贝斯（卡蒂人的祭司）

Libo-Phoenicians 利比亚-腓尼基人（利比亚）

Liburnii 利布尔尼人（又称 Liburnians，伊利里亚部落）

Liburnian 利布尔尼人的

Liburnians 利布尔尼人（伊利里亚部落）

Liburnides 利布尔尼德斯岛（亚得里亚海）

Libya 利比亚（古代非洲的称呼）

Libyan 利比亚的

Libyans 利比亚人（利比亚居民）

Licastus 利卡斯图斯城（克里特）

Licattii 利卡提人（温德利奇部落）

Lichades 理查德斯岛（埃维亚附近）

Lichades. I 利卡斯群岛（埃维亚岛附近）

Lichas 利卡斯（神话人物）

Lichas 利卡斯（捕捉大象的地方）

Lichas 利卡斯（柱子和祭坛）

Licus. R 利库斯河（两河流域）

Licymna 利辛纳卫城（梯林斯）

Licymnius 利辛尼乌斯（神话人物）

Liger. R 利格河（凯尔特）

Ligues 利古人（又作 Ligures、Ligurians、意大利部落）

Ligures 利古里亚人

Ligures Ingaini 因高尼的利古里亚人（阿尔比因高努姆城的利古里亚人）

Liguria 利古里亚（又作 Ligustica，意大利）

Ligurian 利古里亚的

Ligurians 利古里亚人（从前的希腊部落萨利斯人）

Ligurian Sea 利古里亚海

Ligurisci 利古里斯齐人（即陶里斯齐人）

Ligustica 利古斯提卡（利古里亚地名）

Lilaea 利莱亚城（福基斯）

Lilybaeum 利利比乌姆城和海角（又称 Lilybanaeum，西西里）

Lilybanaeum 利利巴内乌姆角（西西里）

Limaeas 利米阿斯河（莱塞河）

Limenera 利梅内拉港（又称 Limera，基西拉岛）

Limenia 利梅尼亚城（塞浦路斯）

Limera 利梅拉港（利梅内拉的缩写）

Limiaeas. R 利米亚斯河（即莱塞河、贝利翁河，起源于凯尔特伊比利亚）

Limnae 利姆内城（拉科尼亚与麦西尼亚边界）

Limnae 利姆内城（色雷斯的切尔松尼斯）

Limnaeum 利姆内乌姆神庙（斯巴达）

Limyra 利米拉城（吕西亚）

Limyrus. R 利米鲁斯河（吕西亚）

Lindian 林都斯的

Lindians 林都斯人（林都斯城居民）

Lindus 林都斯城（罗德岛）

Lindus 林都斯（神话人物，塞尔卡福斯之子）

Lingones 林贡人（凯尔特部落）

Lipara. I 利帕拉岛（利帕里群岛最大岛屿、尼多斯的殖民地）

Liparaean. I 利帕里群岛（又作 Lipari，西西里附近）

Lipari, I. 利帕里群岛（西西里附近）

Lips 利普斯（从利比亚西部吹来的西南风）

Liris. R 利里斯河（意大利）

Lissen 利森城（克里特岛米诺斯王国）

Lissus 利苏斯城（伊利里亚）

Liternum 利特努姆城（坎帕尼亚）

Liternum 利特努姆河（坎帕尼亚）

Lithrus. Mt 利斯鲁斯山（本都、亚细亚）

Livia 利维亚（罗马的公园）

Lixus 利克苏斯城（又称廷克斯、林克斯，利比亚莫鲁西亚人的）

Lixus. R 利克苏斯河（莫鲁西亚沿岸）

Lochias. P 洛奇亚斯角（埃及）

Locri 洛克里人（又称 Locrians，希腊部落）

Locri Epizephyrii 伊皮泽菲里的洛克里人（在意大利的城市和部落）

Locri Opuntii 奥庞提的洛克里人（他们在克里萨湾的殖民地）

Locria. R 洛克里亚河（意大利泽菲里乌姆附近）

Locrian 洛克里人的

Locrians 洛克里人（希腊部落）

Locris 洛克里斯（希腊）

Locris 洛克里斯（意大利南部洛克里人居住地区）

Locrus 洛克卢斯（勒勒古人部落首领）

Lookoout of Demetrius 德米特里的瞭望台（埃塞俄比亚）

Lookoouts of Leon 狮子瞭望台（阿拉比亚）

Lopadussa. I 洛帕杜萨岛（迦太基）

Loryma. Mt 洛利马山（卡里亚）

Lotophagi 洛托法吉人（又称 Lotus-eater，利比亚部落）

Lotus-eater 食落拓枣者（利比亚的梅宁克斯岛）

Lotus-eater 食落拓枣者（伊比利亚）

Lower Egypt 下埃及（尼罗河开罗至地中海之间的地区）

Luca 卢卡城（意大利）

Lucania 卢卡尼亚（见莱夫卡尼亚、意大利地名）

Luceria 卢切里亚城（多尼亚人）

Lucius Tarquinius Priscus 卢西乌斯·塔尔奎尼乌斯·普利斯库斯（传说中的罗马国王）

Lucotocia 卢科托西亚城（今巴黎）

Lucrinus. G 卢克里努斯海湾（贝伊附近）

Lucullus, LuciusLicinius 卢库卢斯（约公元前117—前56年，罗马将军和执政官，远征东方，击败本都国王米特拉达梯）

Lucumo 卢库莫（神话中的罗马国王、德马拉图斯之子）

Ludias. R 卢迪亚斯河（马其顿）

Ludias. l，卢迪亚斯湖（马其顿培拉附近）

Luerio. R 卢埃里奥河（萨利斯人地区）

Luerius 卢埃里乌斯（阿维尔尼人首领比退图斯之父）

Lugdunensis 卢格杜努姆的（山北高卢地名）

Lugdunum 卢格杜努姆城（今里昂、凯尔特城市）

Lugeum 卢吉乌姆沼泽（奥克拉山附近）

Lugii 卢吉人（日耳曼部落）

Luna 卢纳城（第勒尼亚）

Lupiae 卢皮埃城（意大利雅皮吉人的）

Lupias, R. 卢皮亚斯河（日耳曼尼亚）

Lusitania 卢西塔尼亚（伊比利亚）

Lusitanians 卢西塔尼亚人（又称 Lusonians，伊比利亚部落）

Lusonians 卢索尼亚人（伊比利亚部落）

Lutus-Eaters 食莲者（又称 Lotus-eater，利比亚部落）

Lux Dubia 卢克斯·杜比亚（意为"带来光明者神庙"，伊比利亚的埃布拉城）

Lycabettus. Mt 利卡贝图斯山（阿提卡）

Lycaeum. Mt 利凯乌姆山（阿卡迪亚）

Lycaeus 利凯乌斯山（希腊地名）

Lycaon 吕卡昂（普里阿摩斯之子，赫克托耳的兄弟）

Lycaonia 利考尼亚（小亚细亚地名）

Lycaonians 利考尼亚人（利考尼亚居民）

Lycastus 利卡斯图斯城（克里特岛）

Lyceium 吕刻昂神庙（雅典、亚里士多德学园在附近）

Lyceium 吕刻昂山（阿卡迪亚的）

Lyceium 利塞乌姆山（雅典）

lychnite 里合尼特（意为"发光的石头"，即电石）

Lychnidus 利克尼杜斯城（伊利里亚埃格纳提大道旁）

lychnus 利克努斯（尼罗河鱼类）

Lychnus 利克努斯（意为"灯光"，演说家亚历山大的绰号）

Lycia 吕西亚（亚细亚地名）

Lycian 吕西亚的

Lycians 吕西亚人（吕西亚部落）

Lycias 吕西亚斯城（弗里吉亚）

Lycidas 利西达斯

Lycius 吕西乌斯

Lycormas. R 利克马斯河

Lycomedes 利科梅德斯（斯基罗斯国王）

Lycomedes 利科梅德斯（卡帕多西亚科马纳的祭司）

Lycomedes 利科梅德斯（国王，法尔纳西斯之子）

Lycopolis 利科波利斯（埃及）

Lycopolitae 利科波利斯人（埃及）

Lycoreia 利科里亚（德尔斐以北的地名）

Lycormas 利科马斯河（埃托利亚）

Lyctians 利克图斯人（利克图斯城居民）

Lyctus 利克图斯城（克里特岛）

Lycupolis 利库波利斯（埃及塞贝尼提州）

Lycurgus 来库古（约公元前396年，雅典演说家）

Lycurgus 来库古（神话人物，斯巴达立法家）

Lycurgus 来库古（神话人物，埃多尼人的国王）

Lycus, R. 莱古斯河（巴比伦地区）

Lycus, R 莱古斯河（小亚细亚）

Lycus, R. 莱古斯河（叙利亚）

Lycus, R. 莱古斯河（弗里吉亚）

Lycus 吕古斯（潘迪昂之子）

Lycus 利库斯（埃及豺狼）

Lydia 吕底亚（亚细亚地区和国家）

Lydian 吕底亚的

Lydians 吕底亚人（吕底亚居民）

Lydus 吕杜斯（阿提斯之子、第勒努斯的兄弟）

Lydus 吕底亚人（阿提卡对吕底亚籍奴隶的称号）

Lygaeus 吕吉乌斯（神话人物，波利卡斯特之父）

Lygdamis 利格达米斯（辛梅里安人的国王）

Lyncestae 林塞斯泰人（马其顿部落）

Lyrceium 利尔塞乌姆（阿尔戈斯）

Lyrceius. Mt 利尔塞乌斯山（阿卡迪亚）

Lyncus 林库斯（马其顿地名）

Lynx 林克斯城（即利克苏斯，利比亚）

Lyric 利里湖（维奥蒂亚）

Lyrnessian 利尔内苏斯的

Lyrnessus 利尔内苏斯城（潘菲利亚）

Lyrnessus 利尔内苏斯城（特洛阿德）

Lysias 利西亚斯（犹太要塞）

Lysimacheia 利西马凯亚城（色雷斯的切尔松尼斯城）

Lysimacheia 利西马凯亚城（埃托利亚）

Lysimacheia 利西马凯亚湖（埃托利亚）

Lysimachia 利西马基亚城（色雷斯的切尔松尼斯半岛）

Lysimachia 利西马基亚城（埃托利亚）

Lysimachia 利西马基亚湖（埃托利亚）

Lysimachus 利西马库斯（公元前 355—前 281 年，继业者之一）

Lysioedi 利西奥迪（黄色歌曲的演唱者）

Lysippus 利西波斯（公元前 4 世纪希腊雕刻家）

Lysis 利西斯（马格尼西亚的诗人和音乐家）

Lyttus 利图斯城（克里特岛，即利克图斯城）

Lyxus 利克苏斯城（利比亚）

Ma 妈（又称厄尼俄，战争女神）

Macae 马凯角（阿拉比亚）

Macar 马卡尔城（荷马，莱斯沃斯）

Macar 马卡尔（神话人物，莱斯沃斯的统治者）

Macaria 马卡里亚（麦西尼亚平原）

Macedon 马其顿（马其顿地区的名祖）

Macedonia 马其顿（希腊北部地区）

Macedonian 马其顿的

Macedonian. G 马其顿湾

Macedonians 马其顿人（马其顿居民）

Macestus 马塞斯图斯河（密细亚）

Macetan 马塞提斯的（克里特地名）

Machaereus 马契雷乌斯（德尔斐人，杀害尼奥普托列墨斯的凶手）

Machaerus 马契鲁斯（犹太要塞）

Macistia 马西斯提亚（特里菲利亚地名）

Macistian 马西斯提亚的

Macistians 马西斯提亚人（特里菲利亚马西斯提亚居民）

Macistii 马西斯提人（马西斯提亚居民）

Macistum 马西斯图姆城（特里菲利亚）

Macistus 马西斯图斯城（特里菲利亚）

Macraeones 长寿者（图尔德塔尼亚人的

外号）

Mcras. R 马克拉斯河（第勒尼亚）

Mcras. S 马克拉斯海（叙利亚）

Macri Campi 马克里·坎皮城（意为"贫瘠的平原"，意大利埃米利安大道旁商业城市）

Macris 马克里斯岛（意为"长岛"、埃维亚）

Macrones 马克罗尼人（本都部落、原名桑尼人）

Macron Teichos 马克隆·泰科斯（长城）

Macropagones 麦克罗帕戈尼人（本都东岸部落）

Macynia 马西尼亚城（埃托利亚）

Macyperna 马西珀纳（奥林图斯城的锚地）

Madys 马迪斯（西徐亚人的迁徙活动）

Madytus 马迪图斯城

Maeander. R 迈安德河（吕底亚和卡里亚）

Maeandrius 迈安德里乌斯（米利都历史学家）

Maecene 梅塞内（阿拉比亚地名）

Maenaca 梅纳卡城（伊比利亚）

Maenalus 梅纳卢斯城（阿卡迪亚）

Maenalus. Mt 梅纳卢斯山（阿卡迪亚）

Meiones 梅奥尼人（又称 Meiones，荷马提到的部落）

Maeonian 梅奥尼人的

Maeonians 梅奥尼人（荷马提到的部落，后称吕底亚人）

Maeonias 梅奥尼亚斯（参见吕底亚）

Maeotae 梅奥提斯人（梅奥提斯湖居民）

Maeotic 梅奥提斯的

Maeotis. L 梅奥提斯湖（今亚速海）

Magadis 马加提斯（乐器名）

Magarsa 马加尔萨城（西里西亚）

Magi 麻葛（祆教祭司）

Magi 麻葛人（波斯部落之一）

Magna Graecia 大希腊

Magnesia 马格尼西亚城（迈安德河畔）

Magnesia 马格尼西亚（色萨利地名）

Magnesia 马格尼西亚（吕底亚）

Magnesia 马格尼西亚（马其顿地名）

Magnesians 马格尼西亚人（色萨利和卡里亚居民）

Magnetan 马格尼西亚的

Magnetans 马格尼西亚人（迈安德河附近的）

Magnetis 马格尼提斯（马其顿）

Magnopolis 马格诺波利斯城（卡帕多西亚的本都）

Magoedi 马哥迪（黄色歌曲的作家和演唱者）

Magus 麻古斯（公元前 5 世纪环绕利比亚航行的航海家）

Malaca 马拉卡城（伊比利亚）

Malacus 马拉库斯（阿波罗尼奥斯的绰号）

Malaus 马劳斯（阿伽门农的后裔）

Malea 马莱角（又称 Maleae、拉科尼亚）

Maleae 马莱伊角（拉科尼亚）

Maleos 马来奥斯（神话人物，佩拉斯吉人的国王）

Malia 马利亚角（莱斯沃斯岛）

Maliac 马利亚湾的

Maliac. G 马利亚湾（爱琴海诸海湾之一）

Malians 马利亚人（色萨利部落）

Malians 马利亚人（美索不达米亚的阿拉比亚部落）

Malis 马利斯湾（爱琴海）

Malli 马利人（印度）

Mallos 马洛斯（又称 Malus，特洛阿德）

Mallus 马卢斯城（西里西亚）

Malotha 马洛塔村（阿拉比亚）

Malus 马卢斯（特洛阿德地方名）

Mamaus 马马乌斯河（特里菲利亚）

Mamertine 马麦丁人的

Mamertini 马麦丁人（坎帕尼部落）

Mamertium 马麦提乌姆（布雷提人乌姆）

Mandanis 曼达尼斯（印度哲学家）

Mandubii 曼杜比人（凯尔特部落）

Manes. R 马尼斯河（见博格里乌斯河）

Manes 马尼人（弗里吉亚奴隶在雅典的称呼）

Manes 马尼斯（帕夫拉戈尼亚人的名字）

Manius Aquillius 马尼乌斯·阿奎利乌斯（罗马执政官）

Mantiane 曼提阿内湖（亚美尼亚）

Mantineia 曼提尼亚城（阿卡迪亚）

Manto 曼托（泰瑞西亚斯之女、女预言家）

Mantua 曼图阿城（意大利阿尔卑斯山脉附近、凯尔特人的）

Maophernes 毛弗内斯（斯特拉博母亲的叔父）

Marabodus 马拉波杜斯（日耳曼人的国王）

Maracanda 马拉坎达城（粟特）

Maranitae 马拉尼泰人（阿拉比亚部落）

Marathesium 马拉塞西乌姆城（小亚细亚）

Marathon 马拉松城（阿提卡）

Marathonian 马拉松的

Marathus 马拉图斯（腓尼基地名）

Marcellus 马塞卢斯（公元前 152 年，科尔杜巴的建立者）

Marcellus 马塞卢斯（奥古斯都的外甥）

Marcia 马西娅（加图的妻子）

Marcina 马尔齐纳城（坎帕尼亚）

Marcomanni 马科曼尼人（日耳曼部落）

Marcus Agrippa 马可·阿格里帕（公元前 63—前 12 年，罗马将领和政治家、多次担任执政官）

Marcus Antonius 马可·安东尼（公元前 81—前 31 年，罗马后三头之一）

Marcus Cato 马可·卡托（公元前 46 年去世，罗马政治家、统帅）

Marcus Lepidus 马可·李必达（公元前? —前 152 年，罗马政治家，长期担任重要职务，修筑埃米利安大道）

Marcus Lucullus 马可·卢库卢斯（罗马统帅，洗劫阿波罗尼亚的阿波罗神庙）

Marcus Metellus 马可·梅特卢斯（罗马统帅，向凯尔特伊比利亚人索取沉重的贡赋）

Marcus Perpernas 马可·珀佩尔纳斯（罗马统帅）

Marcus Pompey 马可·庞培（米蒂利尼人提奥法尼斯之子）

Mardi 马尔迪人（波斯部落，以抢劫为生）

Mardonius 马多尼奥斯（波斯国王薛西斯侵略希腊时的将领）

Mareia. L 马雷亚湖（埃及，又称马雷奥提斯湖）

Mareotic 马雷奥提斯的

Mareotis. L 马雷奥提斯湖（埃及）

Margala 马加拉（又称 Margalae 特里菲利亚地名）

Margalae 马加拉利（特里菲利亚）

Margiana 马尔吉安纳（中亚、我国古籍称木鹿）

Margianas 马尔吉安纳人（马尔吉安纳居民）

Margus 马尔古什河（木鹿）

Margus 马尔古什河（伊利里亚）

Mariaba 马里亚巴城（阿拉比亚）

Mariandyni 马里安迪尼人（又称 Mari-
andynians，小亚细亚）

Mariandynians 马里安迪尼亚人（小亚
细亚）

Mariandynus 马里安迪努斯（帕夫拉戈
尼亚地区小王）

Marisus, R. 马里苏斯河（达契亚的达努
维乌斯河支流）

Marius 老马里乌斯（公元前 157—前 86
年，罗马国务活动家）

Marius 小马里乌斯（公元前 82 年任执
政官，死于围城之中）

Marmaridae 马尔马里迪人（又称 Mar-
maridians，利比亚部落，昔兰尼附近）

Marmaridians 马尔马里迪人（利比亚部
落，昔兰尼附近）

Marmarinus 马尔马里努斯（埃维亚岛）

Marmarium 马尔马里乌姆（埃维亚岛）

Marmolitis 马莫利提斯（帕夫拉戈尼亚西
部地名）

Maron 马隆（神话故事中的英雄人物）

Maroneia 马罗尼亚城（色雷斯）

Marrucine 马鲁西尼人的地区（意大利
部落）

Marrucini 马鲁西尼人（意大利部落）

Marshalling of the Trojan Forces《特洛
伊军队的阵形》（阿波罗多罗斯）

Marsi 马尔西人（亚平宁山区部落，意大
利部落）

Marsiaba 马尔西亚巴城（阿拉比亚）

Marsic War 马尔西战争（公元前 91 年，
又称同盟战争）

Marsyas 马尔西亚斯（长笛的发明者）

Marsyas. R 马尔西亚斯河（弗里吉亚）

Maruvium 马鲁维乌姆城（意大利佩拉
斯吉人）

Masaesylians 马塞西利亚人（希腊语意

为"游牧者"，利比亚部落）

Masanasses 马萨纳西斯（利比亚迈西里
亚人的国王）

Mases 马塞斯城（阿尔戈斯）

Masiani 马西亚尼人（印度部落）

Masius. Mt 马西乌斯山（亚美尼亚）

Masoga 马索加城（又称 Mesoga，印度
王城）

Massabatice 马萨巴提斯（亚细亚埃利迈
亚地名）

Massagetae 马萨革泰人（又称 Massage-
tans，里海地区部落）

Massagetans 马萨革泰人（里海地区部落）

Massalia 马萨利亚城（今马赛，凯尔特
纳伯尼提斯）

Massalian 马萨利亚的

Massalians 马萨利亚人（马萨利亚城
居民）

Massiliote 马萨利亚古希腊移民

Massyas 马西亚斯（叙利亚的平原）

Mastaura 马斯托拉城（小亚细亚尼萨附
近，迈安德河畔）

Masthles 马斯特勒斯（神话人物，卡里亚
人首领）

Masylian 迈西里亚人的（利比亚）

Masylians 迈西里亚人（利比亚游牧部落）

Matalum 马塔卢姆城（克里特，戈提纳
的海港）

Mataurus 马陶鲁斯山（西西里）

Matiana 马提亚纳（又称 Matiane，米底
地名）

Matiane 马提亚内（米底地名）

Matiani 马提亚尼人（又称 Matieni，亚细
亚部落）

Matiene 马蒂尼人的

Matieni 马蒂尼人（亚细亚部落）

Matoas 马托阿斯（伊斯特河原名）

Matrinus. R 马特里努斯河（皮塞努姆）

Mauri 莫里人（莫鲁西亚土著居民）

Maurusia 莫鲁西亚（利比亚地区名）

Maurusians 莫鲁西亚人（莫鲁西亚居民）

Mausolcum 陵墓（摩索拉斯的）

Mausolus 摩索拉斯（公元前 395—前 377 年，赫卡通努斯之子、卡里亚国王、希腊七贤之一）

Maximus Aemilianus 马克西穆斯·埃米利亚努斯（公元前 121 年，罗马执政官）

Maximus Fabius 马克西穆斯·费边（公元前 217 年，罗马独裁官）

Mazaca 马扎卡城（卡帕多西亚）

Mazaceni 马扎塞尼人（马扎卡城居民）

Mazaei 马齐伊人（潘诺尼亚部落）

Mazenes 马泽尼斯（波斯湾奥拉克塔岛的统治者）

Mazeni 马泽尼人

Mazusia 马祖西亚角（米拉斯湾）

Mecone 梅科内城（西锡安）

Medea 美狄亚（又称 Medeia，伊阿宋之妻、科尔基斯的女巫）

Medeia 美狄亚

Medeon 梅德昂城（福基斯的）

Medeon 梅德昂城（维奥蒂亚的）

Medes 米底人（米底居民）

Medi 米迪人（色雷斯部落）

Media 米底（伊朗地名）

Medic 米底的

medimni 梅迪姆尼（又作 medimnus，约 1.5 蒲式耳或 52.53 升）

Mediolanium 梅迪奥拉尼乌姆城（帕杜斯河、因苏布里人的）

Mediomatrici 梅迪奥马特里齐人（日耳曼部落）

Mediterranean 地中海的

Mediterranean Sea 地中海（亚细亚、欧罗巴和利比亚交界地区）

Medius 梅迪乌斯（拉里萨人、亚历山大远征的参加者）

Medma 梅德马城（Brettiium）

Madoaci 梅多亚齐人（意大利北部部落）

Medoacus 梅多亚库斯港（意大利北部）

Medobithynians 梅多比西尼亚人（色雷斯部落）

Medon 米登（色萨利人的首领）

Medulli 梅杜利人（阿尔卑斯部落）

Medus. R 梅杜斯河（米底）

Medus 梅杜斯（传说中的米底始祖）

Medusa 梅杜萨（神话故事，被柏勒洛丰所杀的女妖）

Megabari 梅加巴里人（埃塞俄比亚部落）

Megabates 梅加巴特斯（薛西斯时期的波斯将军）

Megabyzi 梅加比齐（以弗所阿尔忒弥斯神庙阉人祭司的称号）

Megalopolis 迈加洛波利斯（本都的卡帕多西亚地区名）

Megalopolitans 迈加洛波利斯人（迈加洛波利斯居民）

Megalopolis 迈加洛波利斯城（阿卡迪亚）

Megalopolis 迈加洛波利斯城（本都）

Megara 迈加拉城（迈加里斯）

Megara 迈加拉城（西西里）

Megara 迈加拉城（叙利亚）

Megarians 迈加拉人（本都）

Megarians 迈加里斯人（西西里）

Megarians 迈加里斯人（希腊的迈加里斯居民）

Megaris 迈加里斯（希腊地区名）

Megasthenes 麦加斯提尼（历史学家和塞琉古一世派往印度的大使）

Megasthenes 麦加斯提尼（库迈建立者）

Meges 梅格斯（神话人物，菲雷乌斯

之子）

Megillus 梅吉卢斯（印度历史学家）

Megiste. I 迈伊斯特岛（吕西亚沿海）

Meineke 迈内克（历史学家）

Meiones 梅奥尼人（又称 Meionians，荷
马提到的部落，与吕底亚人混在一起）

Meionia 梅奥尼亚（吕底亚地名）

Meionians 梅奥尼人（吕底亚人古称）

Melaena 梅利纳角（希俄斯）

Melaenae 梅利尼城（西里西亚）

Melaenae 梅利尼村（特洛阿德）

Melampus 墨兰普斯（神话人物，希腊
狄奥尼索斯崇拜仪式的确立者）

Melampylus 墨兰皮卢斯岛（荷马对萨
摩斯的称呼）

Melanchrus 梅兰克鲁斯（米蒂利尼僭主）

Melaneis 梅拉尼斯（埃雷特里亚古称）

Melaniae 梅拉尼伊城（西里西亚）

Melania 米拉尼亚城（西里西亚）

Melanippe 米拉尼佩（神话人物，维奥图
斯之母）

Melanippus 梅拉尼普斯（海斯塔昂之子）

Melanthus 米兰图斯（神话人物，麦西
尼亚人的国王、科德鲁斯之父）

Melanus 梅拉努斯角（贝斯比科斯岛）

Melas 米拉斯（波塔昂之子）

Melas. R 米拉斯河（卡帕多西亚，幼发
拉底河支流）

Melas. R 米拉斯河（维奥蒂亚）

Melas. R 米拉斯河（色萨利）

Melas. R 米拉斯河（潘菲利亚）

Melas. G 米拉斯湾（今沙罗湾，色雷斯）

Meldi 米尔迪人（塞卡纳河畔）

Meleager 梅利杰（俄纽斯之子）

Meleager 梅利杰（公元前 1 世纪，加达
里斯的哲学家和诗人）

Meles. R 梅莱斯河（士麦拿城附近）

Melia 墨利埃（神话人物，特内鲁斯
之母）

Melia 墨利埃（神话人物，西莱努斯之
妻，多利昂）

Meliboea 梅利维亚城（色萨利）

Meligunis 梅利古尼斯岛（原名利帕
拉岛）

melilotus 落拓枣（希腊神话中的植物）

Melinus 梅利努斯港（埃塞俄比亚）

Melita 梅利塔岛（正对着帕奇努斯角，
出产名犬）

Melitaea 梅利泰亚城（色萨利）

Melitaean 梅利塔的

Melitaeans 梅利塔人（色萨利梅利泰亚
城居民）

Melite 梅利特（雅典社区或城镇）

Melite 梅利特湖（阿卡纳尼亚）

Melite 梅利特岛（原称萨摩色雷斯岛）

Melitene 梅利特内（卡帕多西亚地名）

Melithe. I 梅利塞岛（利比亚）

Melitina 梅利提纳（卡帕多西亚地名）

Melo 梅洛（部落首领）

Melos 梅洛斯岛（克里特海）

Melpis. R 梅尔皮斯河（从阿奎努姆城
流过）

Melsus. R 梅尔苏斯河（流过阿斯图里
亚地区）

Memnon 门农（神话人物，堤丰之子）

Memnon 门农（公元前 4 世纪，罗德岛
人，波斯军队统帅）

Memnonium 门农宫（苏萨卫城）

Memnonium 门农宫（阿拜多斯的王宫）

Memoirs《回忆录》（德米特里）

Memphis 孟斐斯城（埃及）

Men 梅恩（神）

Men Ascaeus 梅恩·阿斯凯乌斯神庙（阿
卡迪亚）

专用名词一览表　　**1611**

Men Carus 梅恩·卡鲁斯神庙（阿卡迪亚）

Menaca 梅纳卡城（伊比利亚）

Menander 米南德（公元前 342 年生，雅典喜剧诗人）

Menander 米南德（巴克特里亚国王）

Menapii 梅纳皮人（日耳曼部落）

Menas 梅纳斯（梅内布里亚的建城者）

Mende 门德城（帕莱恩半岛）

Mendes 门德斯城（埃及）

Mendesian. m 门德斯河口（埃及）

Mendesian Nome 门德斯州（埃及）

Mendesians 门德斯人（埃及）

Menebria 梅内布里亚（意为"梅纳斯之城"，后称梅桑布里亚）

Menecles 梅内克利斯（罗德岛演说家，演说家阿波罗尼奥斯·马拉库斯和莫隆的老师）

Menecles 梅内克利斯（阿拉班达的演说家）

Menecrates 梅内克拉特斯（色诺克拉特斯的门徒、埃利亚人）

Menecrates 梅内克拉特斯（阿里斯塔库斯的学生、尼萨学者）

Menedemus 墨涅德摩斯（公元前 278 年去世，埃雷特里亚哲学家、新迈加拉学派的创始人）

Menelaite Nome 墨涅拉俄斯州（埃及、得名于托勒密一世之弟墨涅拉俄斯）

Menelaus 墨涅拉俄斯城（埃及）

Menelaus 墨涅拉俄斯（神话人物，海伦的丈夫）

Menelaus 墨涅拉俄斯（托勒密一世的兄弟）

Menelaus 墨涅拉俄斯港（昔兰尼）

Menestheus 梅内斯提乌斯港（伊比利亚）

Menestheus 梅内斯提乌斯（神谕所）

Menestheus 梅内斯提乌斯（神话人物，佩特奥斯之子、率领雅典人建立斯库莱提乌姆）

Meninx 梅宁克斯岛（利比亚）

Menipus 梅尼普斯（公元前 3 世纪，腓尼基加达里斯的讽刺作家）

Menipus Catocas 梅尼普斯·卡托卡斯（斯特拉托尼西亚的演说家、教师、斯特拉博的上一代人）

Menlaria 门拉里亚城（伊比利亚）

Mennaeus 门内乌斯（托勒密之父）

Menoba 梅诺巴（城市）

Menodorus 梅诺多鲁斯（特拉莱斯宙斯神庙祭司，斯特拉博同时代人）

Menodotus 梅诺多图斯（帕加马，斯特拉博同时代人）

Menon 梅农（亚历山大部将）

Menoetius 墨诺提俄斯（神话人物，帕特罗克卢斯之父）

Mentes 门特斯（神话人物，塔福斯国王）

Mentor 门特（神话中雅典娜的形象之一）

Mermadalis. R 梅尔马达利斯河（亚美尼亚）

Mermodas. R 梅尔莫达斯河（流过亚马孙人的地区）

Meroë 麦罗埃城（埃及与埃塞俄比亚）

Meroë 麦罗埃岛（尼罗河）

Meroë 麦罗埃（冈比西斯之妹和妻子）

Meropian Cos 迈罗皮斯的科斯（神话故事虚构的迈罗皮斯城市）

Meropis 迈罗皮斯（神话故事虚构的国家）

Merops 迈罗普斯（神话人物，阿德拉斯提亚国王）

Merops 迈罗普斯（神话人物，埃塞俄比亚国王）

Merus 梅鲁斯山（印度）

Mesembria 梅桑布里亚城（迈加拉人在本都的殖民地，原名梅内布里亚）

Mesembriani 梅桑布里亚人（梅桑布里亚居民）

Mesena 梅塞纳港（巴比伦地名）

Mesenian 梅塞纳的（巴比伦地名）

Mesoga 梅索加（印度王城）

Mesogis. Mt 梅索吉斯山（小亚细亚）

Mesogitan wine 梅索吉斯葡萄酒（优质葡萄酒）

Mesola 梅索拉（麦西尼亚的社区之一）

Mesopotamia 美索不达米亚（幼发拉底河与底格里斯河之间的两河流域）

Mesopotamians 美索不达米亚人（美索不达米亚居民）

Messala 梅萨拉（奥古斯都时期的罗马统帅和国务活动家）

Messapia 梅萨皮亚（雅皮吉亚的希腊名字、意大利）

Messapian 梅萨皮亚的

Messapians 梅萨皮亚人（梅萨皮亚居民）

Messapius. Mt 梅萨皮乌斯山（维奥蒂亚）

Messapus 梅萨普斯（神话人物、维奥蒂亚人）

Messe 麦西城（荷马提到过的城市）

Messeis 梅塞斯泉（色萨利的赫拉斯）

Messenê 麦西尼（见麦西尼亚）

Messenê 麦西尼城（麦西尼亚）

Messenê 麦西尼城（伯罗奔尼撒半岛）

Messenia 麦西尼亚（伯罗奔尼撒半岛的地区）

Messenian 麦西尼亚的

Messenians 麦西尼亚人（又称 Messenii，伯罗奔尼撒半岛麦西尼亚居民）

Messenian war 麦西尼亚战争（公元前 8—前 7 世纪斯巴达与麦西尼亚之间的战争）

Messina 墨西拿海峡（荷马提到的地名）

Messina 墨西拿城（西西里）

Messoa 麦索（斯巴达的一部分）

Mesthles 梅斯勒斯（神话人物，盖吉亚湖神女和塔利梅尼斯之子、梅奥尼人的首领）

Metabum 梅塔布姆城（原名梅塔庞提乌姆，意大利）

Metabus 梅塔布斯（神话人物、梅塔庞提乌姆的英雄）

Metagonian 梅塔戈尼亚的

Metagonium 梅塔戈尼乌姆（利比亚地区名）

Metagonium 梅塔戈尼乌姆角（莫鲁西亚）

Metapontians 梅塔庞提人（梅塔庞提乌姆居民）

Metapontium 梅塔庞提乌姆（意大利的希腊殖民地）

Metapontus 梅塔庞图斯（神话中虚构的人物）

Metaurus, R. 梅托鲁斯河

Metellus Baleares 梅特卢斯·巴利阿里（罗马执政官）

Methana 梅萨拉（阿尔戈利斯同名半岛上的要塞）

Methonê 迈索尼城（赫米昂湾的）

Methonê 迈索尼城（马格尼西亚的）

Methonê 迈索尼城（马其顿的）

Methonê 迈索尼城（色雷斯的）

Methonê 迈索尼城（麦西尼的）

Methonê 迈索尼城（特罗伊曾）

Methydrium 梅西德里乌姆城（阿卡迪亚）

Methymna 梅塞姆纳城（莱斯沃斯）

Methymnaeans 梅塞姆内人（莱斯沃斯岛）

Methymne 梅塞姆内平原（莱斯沃斯岛）

meterets 米特（容量单位、小于 9 加仑）

Metrodidactus 梅特罗迪达克图斯（公元前 45 年在世，本名阿里斯提普斯二世，昔兰尼哲学家首领）

Metrodorus 梅特罗多鲁斯（死于公元前 277 年，兰普萨库斯的哲学家）

Metrodorus 梅特罗多鲁斯（公元前 2 世纪，锡普西斯的哲学家，政治家）

Metropolians 梅特罗波利斯居民（色萨利）

Metropolis 梅特罗波利斯要塞（色萨利）

Metropolis 梅特罗波利斯城（爱奥尼亚以弗所和士麦拿之间）

Metropolis 梅特罗波利斯城（大弗里吉亚）

Metroum 大母神庙（士麦拿）

Metulum 梅图卢姆城（雅波德人的）

Mevania 梅瓦尼亚城（翁布里亚）

Micipsas 米齐普萨斯（利比亚马塞西利亚的国王）

Micythus 米齐图斯（西西里麦西尼城的统治者）

Midaeium 米代乌姆城（弗里吉亚·埃皮克特图斯）

Midas 米达斯人（弗里吉亚籍奴隶的称呼）

Midas 米达斯（神话人物，弗里吉亚国王）

Midea 米代亚（阿尔戈斯）

Midea 米代亚（维奥蒂亚）

Mideia 米戴亚城（维奥蒂亚）

Milesians 米利都人（亚细亚米利都城居民）

Miletopolis 米利都波利斯（又称 Miletus，克里特岛）

Miletopolitis. L 米利都波利提斯湖（亚细亚的密细亚）

Miletus 米利都城（小亚细亚）

Miletus 米利都城（克里特）

Milo 米洛（著名运动员、毕达哥拉斯的同伴）

Miltiades 米太亚德（公元前 5 世纪，雅典将军）

Milyae 米利伊人（Milyans，小亚细亚部落，荷马所说的索利米人）

Milya. Mt 米利亚山脉（小亚细亚）

Milyas 米利亚斯（皮西迪亚附近地名）

Mimallones 米马罗尼斯（神话故事的魔鬼，狄奥尼索斯的同伴）

Mimas. Mt 米马斯山（爱奥尼亚半岛）

Mimnermus 米姆奈尔姆斯（公元前 625 年，科洛封的哀歌诗人）

Minaeans 米内人（阿拉比亚部落）

Mina 明那（希腊重量单位，等于 436.6 克）

Mincius. R 明齐乌斯河（意大利、发源于贝纳库斯湖）

Minius. R 米尼乌斯河（卢西塔尼亚）

Minoa 米诺亚要塞（拉科尼亚）

Minoa 米诺亚角和港（又称尼塞亚港，迈加里斯）

Minoa 米诺亚城（克里特）

Minoa 米诺亚村（迈加里斯）

Minoan 米诺斯的

Minos 米诺斯（神话故事中的克里特国王）

Minotaurs 人身牛头怪（神话故事，米诺斯王国迷宫怪物）

Minteius. R 明蒂乌斯河（米尼耶乌斯河的误写）

Minthe 明泰山（特里菲利亚）

Minthe 明泰（神话人物、死后变为薄荷）

Minturnae 明特内城（拉丁姆）

Minyae 米尼伊人（奥尔科梅尼亚人）

Minyans 米尼安人（特里菲利亚部落之一）

Minyeian 米尼安人的

Minyeius. R 米尼耶乌斯河（又称 Minteius，参见阿尔格鲁斯河）

Misenum 米塞努姆角（坎帕尼亚）

Misenus 米塞努斯（神话故事，奥德修斯的同伴）

Micipsas 米西普萨斯（迈西里亚人的国王）

Mithra 密特拉（伊朗印度的太阳神）

Mithracina 米特拉节（波斯）

Mithras 米特拉（波斯太阳神，相当于希腊的赫利乌斯）

Mithridates 米特拉达梯（公元前337—前302年，本都王）

Mithridates 米特拉达梯（博斯普鲁斯王）

Mithridates Euergetes 米特拉达梯·奥伊尔格特斯（公元前150—前120年，本都王）

Mithridates Eupator 米特拉达梯·欧帕托（公元前120—前63年，本都王）

Mithridatic War 米特拉达梯战争（公元前87—前63年）

Mithridatism 耐毒性、解毒剂

Mithridatium 米特拉达梯乌姆（特罗克米人要塞，本都）

Mithropastes 米特罗帕斯特斯（弗里几亚总督阿里斯特斯之子）

Mitylenaeans 米蒂利尼人（米蒂利尼城居民）

Mitylene 米蒂利尼城（莱斯沃斯岛）

Mnasalces 姆纳萨尔塞斯（公元前3世纪，普拉蒂亚诗人）

Mnasyrium 姆纳西里乌姆（罗德岛地名）

Mnesthles 姆内斯勒斯（神话人物，即梅斯勒斯，梅奥尼人首领）

Mneuis 尼维斯神牛（赫利奥波利斯城）

Mnoan 姆诺人（克里特）

Moagetes 莫阿格特斯（西拜拉的僭主）

Moaphernes 莫阿菲尼斯（副总督）

Moasada 莫阿萨达（死海附近的村庄）

Mochus 莫库斯（西顿人）

Modra 莫德拉城（弗里吉亚）

Moeris. L 莫里斯湖（埃及）

Moesi 摩细人（密细人的同族）

Moesians 摩细人（密细人的同族）

Molicrian Rhium 莫利克里的里乌姆

Molochath. R 莫洛查斯河（莫鲁西亚）

Molon 莫隆（意为"来者"，见阿波罗尼奥斯·莫隆）

Molossi 莫洛西人（又称 Molossians，伊庇鲁斯部落）

Molossian 莫洛西人的

Molossians 莫洛西人（伊皮鲁斯部落）

Molycreia 莫利克里亚城（埃托利亚）

Momemphis 莫孟斐斯（意为"女人城"，埃及）

Momemphitae 莫孟斐斯人（莫孟斐斯居民）

Momemphite 莫孟斐斯州（埃及）

Monarite 莫纳里特（葡萄酒名）

Monetium 莫内提乌姆城（雅波德人的）

Monoecus 莫诺埃库斯港（利古里亚人）

Monommati 莫嫩马提人（印度神话传说的部落）

Mopsuestia 莫普修斯提亚城（西里西亚）

Mopsium 莫普西乌姆城（色萨利）

Mopsopia 莫普索皮亚（阿提卡古称）

Mopsopus 莫普索普斯（阿提卡古代英雄）

Mopsuestia 莫普苏伊斯提亚城（西里西亚）

Mopsus 莫普苏斯（神话人物，阿尔戈英雄）

Mopsus 莫普苏斯（神话人物，阿波罗与曼托之子、预言家）

Morene 莫雷内（密细亚的一部分）

Morgantium 摩甘提乌姆城（西西里）

Morgetes 摩格特人（意大利南部部落）

Morimene 莫里梅内（卡帕多西亚地名）

Morini 莫里尼人（凯尔特部落）

Mormolyce 莫尔莫利斯（神话中的怪物）

Moron 莫隆城（伊比利亚）

Morys 莫里斯（神话人物，密细亚人希波提昂之子）

Morzeus 莫尔佐斯（帕夫拉戈尼亚的国王）

Moschican. Mt 莫西坎山（亚美尼亚）

Moschi 莫希人（博斯普鲁斯辛梅里安部落）

Moschian 莫希的

Moschian. Mt 莫希山脉（托罗斯山脉分支）

Moses 摩西（犹太教创始人和部落首领）

Mosynoeci 莫西内齐人（小亚细亚部落、见赫普塔科米泰人）

Mugilones 姆吉洛内人（日耳曼部落）

Mulius 姆利乌斯（神话人物，被涅斯托尔杀死）

Mummius 穆米乌斯（罗马统帅，公元前 146 年毁灭科林斯）

Munda 芒达城（伊比利亚）

Mundas 芒达斯河（卢西塔尼亚）

Munychia 姆尼恰山（阿提卡）

Murena 姆雷纳（公元前 1 世纪，罗马政治家）

Musaeus 缪塞乌斯（色雷斯的预言家）

Musaeus 缪塞乌斯（埃及亚历山大城的缪斯神庙）

Muses 缪斯（希腊女神、记忆女神摩涅莫绪涅之女）

Musicanus 穆西卡努斯（印度国王）

Musmones 姆斯莫内（欧洲盘羊）

Mutina 穆蒂纳城（意大利）

Mycale 米卡利（小亚细亚萨摩斯岛附近海角和山脉）

Mycalessus 米卡利苏斯村（又称米卡利图斯村，维奥蒂亚）

Mycalettus 米卡利图斯村（即米卡利苏斯村）

Mycenae 迈锡尼城（阿尔戈斯）

Mycenaean 迈锡尼的

Mycenaeans 迈锡尼人（迈锡尼城居民）

Mychus 米库斯港（福基斯，意为"海湾"）

Myconians 米科诺斯人（米科诺斯岛居民）

Myconos 米科诺斯岛（基克拉泽斯群岛之一）

Myexians 米乌斯人（米乌斯城居民）

Mygdones 米格多尼人（美索不达米亚）

Mygdonia 米格多尼亚平原（美索不达米亚）

Mygdonians 米格多尼亚人（特洛阿德）

Mygdonians 米格多尼亚人（色雷斯，色萨利）

Mygdonis 米格多尼斯（密细亚）

Mygdonis 米格多尼斯（马其顿）

Mylae 米莱城（西西里）

Mylasa 米拉萨城（米利都）

Mylasians 米拉萨人（米拉萨城居民）

Mylias 米利亚斯（皮西迪亚附近地名）

Myndians 门杜斯人（哈利卡纳苏斯的居民）

Myndus 门杜斯城（勒勒吉人城市，佩达西斯、卡里亚）

Mynes 米内斯（神话人物，特洛阿德利尔内斯城的统治者）

Myonnesus 米昂内苏斯岛（马利亚湾）

Myonnesus 米昂内苏斯城（爱奥尼亚）

Myos Hormos 米奥斯·霍尔木兹港（埃及）

Myra 米拉城（吕西亚）

Myrcinus 米尔齐努斯城（马其顿）

Myriandrus 米里安德鲁斯城（伊苏斯湾）

Myrina 米里纳（神话人物，亚马孙人）

Myrina 米里纳城（又称 Myrine，小亚细亚地名）

Myrlean 米尔利安（希腊）

Myrleia 米尔利亚（普罗庞提斯的）

Myrleians 米尔利亚人（比希尼亚米尔利亚城居民）

Myrleiatis 米尔利亚提斯（比希尼亚米尔利亚地区）

Myrmecium 米尔梅齐乌姆城（陶里人的切尔松尼斯）

Myrmidons 密尔弥冬人（传说之中跟随阿喀琉斯参加特洛伊战争的色萨利居民）

Myrmidons《密尔弥冬人》（埃斯库罗斯剧本）

Myron 米隆（约公元前 430 年，雕刻家）

Myrrinus 米里努斯（阿提卡居民区）

Myrsilus 米尔西卢斯（公元前 3 世纪，莱斯沃斯岛梅塞姆内的历史学家）

Myrsilus 米尔西卢斯（米蒂利尼僭主）

Myrsinus 米尔西努斯城（伊利斯）

Myrtoan. S 米尔图海（克里特与阿提卡之间）

Myrtontium 米尔顿提乌姆城（原名米尔西努斯，伊利斯的）

Myrtuntium 米尔通提乌姆湖（莱夫卡斯和安布拉西亚湾之间）

Myscellus 米塞卢斯（建城者）

Mysi 密细人

Mysia 密细亚城（小亚细亚密细亚人的）

Mysia 密细亚（基奇库斯地名）

Mysia 密细亚（特洛阿德交界地区）

Mysia 密细亚（密细亚的一部分）

Mysia 密细亚（吕底亚地名）

Mysian 密细亚的

Mysians 密细亚人（又称密细人，居住在欧罗巴和亚细亚的部落）

Mysians《密细亚人》（索福克勒斯）

Mysius. R 密细乌斯河（特洛阿德）

Myus. H 米乌斯港（埃及）

Myus 米乌斯城（小亚细亚）

Nabata 纳巴塔城（埃塞俄比亚）

Nabataea 纳巴泰亚（阿拉伯湾地名）

Nabataean 纳巴泰人的（阿拉伯湾）

Nabataeans 纳巴泰人（又称伊杜马人，阿拉伯福地）

Nabiani 纳比亚尼人（亚细亚部落）

Nablas 纳布拉斯（乐器名）

Nabocodrosor 纳布科德罗索尔（迦勒底人的国王）

Nabrissa 纳布里萨城（图尔德塔尼亚）

Naburianus 纳布里亚努斯（巴比伦迦勒底部落的天文学家和数学家）

Nacolia 纳科利亚城（弗里吉亚·埃皮克特图斯）

Nagidus 纳吉图斯城（西里西亚）

Naiad 那伊阿得（仙女，萨特尼乌斯之母）

Naides 那伊德斯（魔鬼，狄奥尼索斯的仆人）

Namnitae 南尼泰人（凯尔特部落）

Nanno《南诺》（米姆奈尔姆斯著）

Nantuates 南图阿特人（阿尔卑斯部落）

naos 神庙本身（埃及神庙建筑用语）

Napata 纳帕塔城（埃塞俄比亚）

Nape 纳佩（莱斯沃斯岛）

Napetine 纳佩提内（希波尼亚特湾）

Nar. R 纳尔河（翁布里亚）

Narbo 纳伯城（凯尔特）

Narbonitis 纳伯尼提斯（行省名，凯尔特）

Narbonitis. L 纳伯尼提斯（湖泊）

Narna 纳尔纳城（弗拉米乌斯大道旁）

Naro, R. 纳罗河（达尔马提亚）

Narrows 海峡、隘口

Narsissus 纳尔西苏斯（埃雷特里亚人）

Narthacium 纳塔齐乌姆城（弗西奥蒂斯）

Narthecis 纳尔西奇斯岛（萨摩斯附近）

Narycus 纳里库斯城（洛克里斯，埃阿斯的故乡）

Nasamones 纳萨莫尼斯人（又称 Nasa-monians，利比亚部落）

Nasamonians 纳萨莫尼亚人

Nasica 纳西卡（罗马统帅）

Natiso. R 纳提索河（阿奎利亚）

Nauclus 诺克卢斯（科德鲁斯的私生子、普里恩第二位建城者）

Naucratis 诺克拉提斯城（埃及）

Naulochus 诺洛卡斯镇（本都）

Naupactus 诺帕克图斯城（西洛克里斯）

Nauplia 纳夫普利亚港（阿尔戈斯）

Nauplieis 纳夫普利伊斯城（阿尔戈斯）

Nauplius 纳夫普利乌斯（神话人物，波塞冬和阿米莫内之子、纳夫普利伊斯城建立者）

Nauportus 诺波图斯村（陶里斯齐人的，潘诺尼亚）

Naustathumus 诺斯塔斯姆斯（利比亚地名）

Naxians 纳克索斯人（在西西里建立卡利波里斯城）

Naxos 纳克索斯岛（基克拉泽斯群岛之一）

Naxus 纳克索斯城（西西里）

Nea 尼亚村（锡普西斯的）

Nea Come 尼亚科姆村（特洛阿德）

Neaethus. R 内伊图斯河（意大利南部）

Neandria 尼安德里亚（特洛阿德地区名）

Neandria 尼安德里亚城（特洛阿德，亚历山大城境内）

Neandrians 尼安德里亚人（特洛阿德尼安德里亚城居民）

Neanthes 尼安塞斯（基齐库克的历史学家）

Neapolis 奈阿波利斯（坎帕尼亚的）

Neapolis 奈阿波利斯城（本都的卡帕多西亚）

Neapolis 奈阿波利斯城（亚细亚，先后属于以弗所和萨摩斯人）

Neapolis 奈阿波利斯城（马其顿）

Neapolis 奈阿波利斯城（迦太基的）

Neapolis 奈阿波利斯城（利比亚、大希尔特湾附近）

Neapolis 奈阿波利斯要塞（陶里人的切尔松尼斯）

Neapolitans 奈阿波利斯人（坎帕尼亚奈阿波利斯居民）

Neapolitis 奈阿波利提斯城（本都的帕泽莫尼提斯）

Neapolitis 奈阿波利提斯城（本都的帕泽蒙附近）

Nearchus 奈阿尔科斯（亚历山大部将，率军由印度航海回两河流域）

Nebrodes. Mt 内布罗迪山（西西里）

Necropolis 尼克罗波利斯（埃及亚历山大城地名）

Neco 尼科（公元前 6 世纪，埃及国王）

Necyia 内西亚（荷马虚构的地方）

Neda. R 内达河（特里菲利亚）

Nedon 内东（麦西尼亚地名）

Nedon. R 内东河（麦西尼亚）

Nedusia 内杜西亚（得名于内东）

Negrana 内格拉纳城（又称 Negrani，阿拉比亚）

Neilus 奈鲁斯河谷（阿拉比亚）

Neium 内乌姆山（伊萨卡的，又名内里图姆）

Neleian 内莱乌斯（神话人物，涅斯托尔之父）

Neleidae 内莱迪族

Neleus 内莱乌斯（神话人物，涅斯托尔之父）

Neleus 内莱乌斯（皮卢斯人，米利都的奠基人）

Neleus 内莱乌斯（科里斯库斯之子，亚里士多德门徒，锡普西斯人）

Neleus 内利乌斯河（埃维亚岛）

Nelia 内利亚城（色萨利）

Nemausus 内马乌苏斯城（凯尔特）

Nemea. R 奈迈阿河（科林斯）

Nemea. R 奈迈阿城（阿尔戈斯）

Nemean Games 奈迈阿运动会

Nemesis 内梅西斯（复仇女神）

Nemossus 内莫苏斯城（凯尔特）

Nemus 内姆斯（圣林）

Nemydian 内梅迪安的

Noarus. R 诺阿鲁斯河（伊斯特河支流）

Neocles 尼奥克利斯（伊壁鸠鲁之父）

Neo-Comitae 新共同体成员（希腊移民的称号）

Neon 尼昂（帕纳塞斯山地名）

Neon Teichos 新城墙（拉里萨）

Neoptolemus 涅俄普托勒摩斯（米特拉达梯·欧帕托的将军）

Neoptolemus 涅俄普托勒摩斯（神话人物，阿喀琉斯之子）

Neoptolemus 涅俄普托勒摩斯（帕里乌姆人，词汇学家）

Nepeta 内佩塔城（意大利）

Nepheris 涅非里斯城（利比亚）

Nericum 涅里库姆（涅里图姆的误写）

Nericus 涅里库斯城（莱夫卡斯岛）

Neritum. Mt 涅里图姆山（莱夫卡斯岛）

Neritum 涅里图姆山（伊萨卡岛）

Nerium 内里乌姆角（凯尔特）

Neroassus 内劳苏斯（即诺拉要塞、卡帕多西亚地名）

Nervii 内尔维人（凯尔特的日耳曼部落）

Nesaea 尼萨（希尔卡尼亚）

Nesaean 尼萨的

Nesson 内桑（神话人物，色萨卢斯之子）

Nessonis. L 内桑尼斯湖（色萨利）

Nessonis 内桑尼斯（色萨利古称）

Nessus 内萨斯（希腊神话半人半马怪物）

Nessus 内萨斯（神话人物，摆渡者，被赫拉克勒斯所杀）

Nestor 涅斯托尔（神话人物，皮卢斯人的国王、特洛伊战争时期的希腊贤明长老）

Nestor 涅斯托尔（塔尔苏斯斯多葛派派哲学家）

Nestor 涅斯托尔（塔尔苏斯学园派哲学家）

Nestus. R 内斯图斯河（色雷斯）

Netium 内提乌姆城（阿普利亚）

New Carthage 新迦太基（伊比利亚）

Nibarus. Mt 尼巴鲁斯山（亚美尼亚）

Nicaea 尼西亚城（洛克里斯）

Nicaea 尼西亚城（印度，亚历山大所建）

Nicaea 尼西亚城（比希尼亚首府）

Nicaea 尼西亚城（凯尔特）

Nicaea 尼西亚（安提帕特之女、利西马库斯之妻）

专用名词一览表 1619

Nicander 尼坎德尔（公元前 185—前 135 年，诗人、语言学家和医师）

Nicator 尼卡托（胜利者）

Nicatorium. Mt 尼卡托里乌姆山（埃尔贝勒附近，意为"胜利山"）

Nicephorium 尼塞福里乌姆城（美索不达米亚）

Nicephorium 尼塞福里乌姆公园（帕加马城附近）

Nicias 尼西亚斯（科斯的僭主）

Nicias 尼西亚斯村（利比亚沿岸地名）

Nicolaus Dmascenus 大马士革的尼古拉（公元前 64 年生，斯特拉博同时代的历史学家）

Nicomedeia 尼科墨底亚城（比希尼亚）

Nicomedes Ⅱ尼科墨德斯二世（公元前 149—前 128/115 年，比希尼亚国王）

Niconia 尼科尼亚城（提拉斯）

Nicopolis 尼科波利斯城（阿卡纳尼亚）

Nicopolis 尼科波利斯（埃及亚历山大城附近）

Nicopolis 尼科波利斯城（西里西亚）

Nicopolis 尼科波利斯（小亚美尼亚）

Nicostrate 尼科斯特拉特（神话人物，埃万德之母）

Nigretes 尼格里特人（又称 Nigritae、Nigritans，埃塞俄比亚部落）

Nigritae 尼格里特人（埃塞俄比亚部落）

Nigritans 尼格里特人（埃塞俄比亚部落）

Nile 尼罗河（非洲）

nilometer 尼罗河水位测量尺

Nimphae 尼姆菲（神话故事的魔鬼，狄奥尼索斯的同伴）

Nineveh 尼尼微

Nineveh 尼尼微（又称 Ninus，亚述都城）

Ninia 尼尼亚城

Ninus 尼努斯（又称 Nineveh，亚述都城）

Ninus 尼努斯（尼尼微的建立者）

Niobê 尼奥贝（神话人物，安菲翁之妻）

Niobê《尼奥贝》（埃斯库罗斯剧本）

Niphates, Mt 尼法特斯山脉（亚美尼亚）

Nisa 尼萨村（维奥蒂亚）

Nisa 尼萨城（迈加里斯）

Nisa 尼萨城（印度）

Nisa 尼萨山（印度）

Nisa 尼萨城（卡里亚）

Nisaea 尼塞亚（又称米诺亚，迈加里斯人的军港）

Nisibis 尼西比斯城（亚述）

Nisibis 尼西比斯城（米格多尼亚）

Nissus 尼苏斯（潘迪昂之子）

Nisyrians 尼西罗斯人（尼西罗斯城居民）

Nisyros 尼西罗斯城（卡尔帕索斯）

Nisyros 尼西罗斯岛（斯波拉德斯群岛）

Nisyrus 尼西努斯岛（尼多斯海外）

Nitiobriges 尼提奥布里吉人（凯尔特部落）

Nitre 碱（埃及）

Nitriote Nome 碱州（埃及）

Noarus. R 诺阿鲁斯河（伊斯特河支流）

Noega 诺加城（卢西塔尼亚）

Nola 诺拉港（拉丁大道）

Nomads 游牧者

Nomantini 诺曼提尼人

Nomarchs 州长（罗马时期埃及官吏名称）

Nome 州、省（埃及的地方行政单位）

Nomentan Way 诺蒙坦大道（意大利）

Nomentum 诺蒙图姆城（拉丁姆）

Nomodus 朗读法律者（马扎塞尼人的司法家）

Nora 诺拉要塞（卡帕多西亚）

Noreia 罗赖亚城（陶里人的）

Noric 罗里齐人的

Norici 罗里齐人（阿尔卑斯山部落）

Notium 诺蒂翁（希俄斯岛锚地和海角）

Notu-ceras 罗图—塞拉斯角（意为"狗头部落"，埃塞俄比亚南部）

Notus 南风神（南风）

Novum Comum 新共同体成员（凯撒时期希腊移民的称号）

Nubae 努比人（利比亚部落）

Nubia 努比亚（埃及南部）

Nuceria 努塞里亚港（拉丁大道）

Numa Pompilius 努马·庞贝利乌斯（神话人物，罗马国王）

Numantia 努曼提亚城（伊比利亚）

Numitor 努米托（神话人物，阿尔巴人的国王）

Nycteus 尼克特乌斯（神话人物、安提俄珀之父）

nycticorax 夜啼鸟（埃及动物）

Nymphaeum 尼姆菲乌姆（叙利亚的一个宗教洞窟）

Nymphaeum 尼姆菲乌姆火山（伊利里亚）

Nymphaeum 尼姆菲乌姆港（陶里人的切尔松尼斯）

Nymphaeum 尼姆菲乌姆（参见圣山，色雷斯 Athos）

Nymphs 尼姆弗斯（狄奥尼索斯的伴侣）

Nysa 尼萨城（卡里亚）

Nysaei 尼塞伊人（印度部落）

Oaracta. I 奥拉克塔岛（波斯湾）

Obidiaceni 奥比迪亚塞尼人（梅奥提斯人一支）

Obodas 奥波达斯（公元前1世纪，纳巴泰人的国王）

Obscure, the 晦涩的（赫拉克利特的外号）

Obulco 奥布尔科城（伊比利亚）

Ocalea 奥卡利城（维奥蒂亚）

Ocalee 奥卡利城（维奥蒂亚）

Ocean 洋

Oceanus 俄克阿诺斯（海神与环绕地球的大川）

Ocelas 奥塞拉斯城（意大利西北部）

Ocelas 奥塞拉斯（特洛伊人，安特诺尔的同伴）

Ocelum 奥赛卢姆城（帕杜斯河）

Ochê. I 奥凯岛（埃维亚岛古称）

Ochê. Mt 奥凯山（埃维亚岛）

Ochus. R 奥库斯河（由巴克特里亚流入里海，中亚）

Ochyroma 奥奇罗马城（罗德岛）

Ocra. Mt 奥克拉山（阿尔卑斯山脉分支）

Ocricli 奥克里克利城（翁布里亚）

Octavia 屋大维娅（凯撒的姐妹）

Ocypodes 奥西波德人（印度神话中的部落）

Odeium 表演场地（古希腊供演员和演说家活动的地方）

Odesseus 奥德修斯（又作 Odysseus，荷马史诗的主人翁，莱尔特斯之子，伊萨卡国王，以木马计使希腊人最后获得特洛伊战争的胜利）

Odessey《奥德赛》（又作 Odyssey，荷马史诗之一）

Odessus 奥德苏斯城（马其顿）

Odius 奥迪乌斯（伊利亚特人名）

Odomantes 奥多曼特人（希腊北部的部落）

Odomantis 奥多曼提斯（亚美尼亚地名）

Odrysae 奥德里塞人（色雷斯部落）

Odrysses. R 奥德里塞斯河（密细亚）

Odysseia 奥德修斯城（伊比利亚）

Odysseium 奥德修斯乌姆河（发源于伊斯马里斯湖）

Odysseus 奥德修斯（荷马史诗主人翁）

Odyssey《奥德赛》

专用名词一览表 1621

Oeantheia 奥安西亚城（西洛克里斯）

Oeaso 奥阿索

Oechalia 奥卡利亚（埃维亚岛）

Oechalia 奥卡利亚城（阿卡迪亚）

Oechalia 奥卡利亚城（色萨利的特拉钦尼亚）

Oechalia 奥卡利亚城（埃托利亚）

Oechalia 奥卡利亚城（欧里图斯国王的城市，后为佩内乌斯河畔的安达尼亚）

Oechalian 奥卡利亚人（欧里图斯奥卡利亚城居民）

Oedanes 奥达内斯河（恒河支流）

Oedipus 俄狄浦斯（国王）

Oeneiadae 俄尼亚迪城（色萨利）

Oeneiadae 俄尼亚迪城（老城与新城，阿卡纳尼亚）

Oeneus 俄纽斯（希腊众神之一，波塔昂之子，得伊阿尼拉之父）

Oenoandon 俄诺安东城（弗里吉亚）

Oenoe 俄诺城（阿提卡）

Oenone 俄诺涅城（埃伊纳古称）

Oenone 俄诺涅（神话人物，亚历山大的妻子）

Oenomaüs 俄诺马乌斯（比萨雷斯统治者）

Oenoparas. R 俄诺帕拉斯河（叙利亚）

Oenops 俄诺普斯（神话人物，萨特尼乌斯之父）

Oenotri 俄诺特里人（第勒尼亚）

Oenotria 俄诺特里亚（意大利原名）

Oenotrian 俄诺特里亚的

Oenotrians 俄诺特里人（俄诺特里亚居民）

Oenotrides 俄诺特里德斯群岛（地中海）

Oeta. Mt 俄塔山（希腊北部）

Oetaean 俄塔的

Oetaeans 俄塔人（色萨利部落）

Oetylus 俄提努斯城（麦西尼湾）

Oeum 俄乌姆要塞（奥珀斯）

Ogyges 奥吉格斯（国王）

Ogygia 奥吉吉亚（维奥蒂亚古称）

Ogygia 奥吉吉亚岛（神话故事的卡利布索岛）

Ogyium. Mt 奥吉乌姆山（位置不明）

Ogyris. I 奥吉里斯岛（红海岛屿）

Olane 奥兰内要塞（亚美尼亚）

Olbe 奥尔贝城（西里西亚）

Olbia 奥尔比亚城（波里斯提尼斯河畔）

Olbia 奥尔比亚城（马萨利亚古希腊移民的）

Olbia 奥尔比亚城（潘菲利亚）

Old Women Eurycleia《欧里克利亚的老妇女》

Oleastrum 奥利亚斯特鲁姆城（伊比利亚伊比鲁斯河附近）

Olenian 奥莱内的

Olenian Rock 奥莱内礁（伊利斯）

Olenians 奥莱内人（亚该亚奥莱努斯城居民）

Olenê 奥莱内城（亚该亚）

Olenê 奥莱内城（埃托利亚）

Oliaros 奥利亚罗斯岛（基克拉泽斯群岛之一）

Oligasys 奥利加西斯（帕夫拉戈尼亚人名）

Olimpicum 奥林匹克神庙（雅典，公元前 2 世纪建成）

Olimpian Games 奥林匹克竞赛、奥林匹克运动会

Olimpium 奥林匹克神庙（雅典、安条克二世所建）

Oligassys 奥利加西斯（帕夫拉戈尼亚人名）

Oligassys 奥利加西斯山（潘菲利亚）

Olizon 奥利总城（色萨利）

Olmeius. R 奥尔梅乌斯河（发源于赫利孔山）

Olmiae 奥尔米亚伊角（阿尔戈利斯）

Olosson 奥洛松城（荷马所说的城市）

Olophyxis 奥洛菲克西斯城

Olympene 奥林佩内（密细亚地名）

Olympia 奥林匹亚（伊利斯，奥林匹克运动会举办地）

Olympiad 古代两次奥林匹亚运动会之间的 4 年

Olympiads 奥林匹亚节

Olympian 奥林匹亚的、奥林匹斯山神的

Olympicum 奥林匹克神庙（又称 Olympium，雅典）

Olympus 奥林波斯（神话人物，长笛的发明者）

Olympus 奥林波斯山和海角（塞浦路斯）

Olympus 奥林波斯山（塞浦路斯）

Olympus 奥林波斯城（吕西亚）

Olympus 奥林波斯山（吕西亚）

Olympus 奥林波斯山（马其顿）

Olympus 奥林波斯山（比萨提斯）

Olympus 奥林波斯山（密细亚，靠近伊达山）

Olympus 奥林波斯峰（伊达山高峰）

Olythus 奥林图斯城（马其顿）

Olysipo 奥利西波城（伊比利亚）

Omanus 奥马努斯（伊朗主神）

Ombri 翁布利人（又作 Ombrici，意大利部落）

Ombrica 翁布里卡（又称翁布里亚，意大利地名）

Ombrican 翁布里卡人的

Ombrici 翁布里卡人（意大利部落）

Omphale 翁法勒（神话故事，赫拉克勒斯之妻）

Omphale《翁法勒》（埃维亚的伊翁创作）

Omphalion 翁法利昂（神话故事，潘塔利昂之父）

Onchesmus 翁切斯姆斯港（正对着克基拉岛）

Onchestus 翁切斯图斯城（维奥蒂亚）

Oneian. Mt 奥奈山（迈加里斯）

Onesicritus 奥内西克里图斯（亚历山大的随从和历史学家）

Onesii 奥内西人（阿奎塔尼亚部落）

On Europe《论欧罗巴》（埃福罗斯）

On Floating Bodies《论浮体》（阿基米德）

On the Founding of Cities《城市建设论》（梅内克拉特斯）

On the Good《论财富》（厄拉多塞）

On Habits《论风俗习惯》（梅特罗多鲁斯）

on *Inventions*《论创造力》（埃福罗斯）

On Italy《论意大利》（安条克）

On Oceanus《论海洋》（波塞多尼奥斯）

On the Marshalling of the Ships《论战船的阵形》（卡利斯提尼斯）

On the Martialling of the Trojan Forces《论特洛伊人的阵型》

on *Rhetoric*《演说术指南》（阿波罗多罗斯）

On the Catalogue of Ships《论船只登记册》（阿波罗多罗斯）

Onoba 奥诺巴城（图尔德塔尼亚）

Onomarchus 奥诺马库斯（福西亚的统帅）

Onthurian 昂图里的（色萨利）

Onthurium 昂图里乌姆城（色萨利）

Onugnathus 奥努格拉图斯半岛和海角（拉科尼亚）

Ophians 奥菲人（埃托利亚部落）

Ophiodes. I 奥菲奥德斯岛（阿拉伯湾）

Ophiogeneis 奥菲奥格内斯人（意为"蛇

生的",特洛阿德部落）

Ophiussa 奥菲乌萨（罗德岛原名）

Ophiussa 奥菲乌萨城（提拉斯河）

Ophiussa 奥菲乌萨岛（皮提乌萨岛之一）

Ophlimus. Mt 奥菲姆斯山（本都、亚细亚）

Ophrynium 奥弗里尼乌姆城（特洛阿德）

Opici 奥皮齐人（意大利坎帕尼亚部落）

Opis 俄皮斯村（亚述境内底格里斯河畔）

Opistholeprian 俄皮斯托来普里安（意为"勒普拉后面的地方"、爱奥尼亚地名）

Opisthomarathus 俄皮斯托马拉图斯城（福西亚人的）

Opitergium 俄皮特吉乌姆城（第勒尼亚）

Opoeis 俄珀斯城（洛克里人的）

Opsicella 奥普西塞拉城（神话故事，奥塞拉斯建立）

Opuntii 俄庞提人（又称 Opuntians，奥珀斯城居民）

Opuntian 俄庞提的

Opuntian. G 俄庞提湾（洛克里斯）

Opuntians 俄庞提人

Opus 奥珀斯城（洛克里人的）

Orae 奥雷泰人（Oreitae 的笔误）

Orbelus. Mt 奥尔贝卢斯山（马其顿）

Orbis. R 奥尔比斯河（凯尔特）

Orcaorci 奥尔考尔齐（弗里吉亚地名）

Orcheni 奥尔切尼人（迦勒底天文学家的部落）

Orchistene 奥尔齐斯特内（亚美尼亚行省名）

Orchomenian 奥尔科梅尼亚的

Orchomenians 奥尔科梅尼亚人（维奥蒂亚）

Orchomenus 奥尔科梅努斯城（阿卡迪亚）

Orchomenus 奥尔科梅努斯城（维奥蒂亚）

Orchomenus 奥尔科梅努斯城（埃维亚岛）

Oreitae 奥雷泰人（阿里亚纳部落）

Oreithyia 奥雷西亚（神话人物，厄瑞克透斯之女，被北风神盗走）

Oreskoioi 山洞（又称 orichaleum）

Orestae 奥雷斯泰人（马其顿）

Orestes《俄瑞斯忒斯》

Orestes 俄瑞斯忒斯（阿伽门农之子）

Orestias 俄瑞斯提亚斯（贝拉戈尼亚原名）

Oresticum 俄瑞斯忒斯的（俄瑞斯忒斯建立的城市）

Orestis 奥雷斯提斯（伊庇鲁斯地名）

Oretania 奥雷塔尼亚（伊比利亚）

Oretanians 奥雷塔尼亚人（伊比利亚部落）

Oreus 奥雷乌斯城（埃维亚岛，古称希斯提伊亚）

Orgas. R 奥尔加斯河（弗里吉亚，迈安德河支流）

Oria 奥里亚（埃维亚地名）

Oria 奥里亚城（伊比利亚）

orichaleum 山洞

Oricum 奥里库姆城（伊庇鲁斯）

Orion 歌唱者（印度的鸟儿）

Orion 猎户星座（俄里翁所变）

Orion 俄里翁（猎手、希里乌斯之子）

Ormenium 奥尔梅尼乌姆城（又称奥尔米尼乌姆，色萨利）

Ormenus 奥尔梅努斯（神话人物，塞尔卡福斯之子）

Orminium 奥尔米尼乌姆（又称奥尔内尼乌姆，色萨利）

Orneae 奥尔尼村（科林斯附近）

Ornithes 奥尔尼西斯城（腓尼基）

Orneae 奥尔尼村（阿尔戈斯）

Orneatan 奥尔尼的（阿尔戈斯）

Orneiae 奥尔尼埃（阿尔戈斯）

Oroatis. R 奥罗阿提斯河（波斯）

Orobia 奥罗比亚城（埃维亚岛）

Orobiae 奥罗比伊城（埃维亚）

Orodes 奥罗德斯（帕提亚国王名）

Orontes 奥龙特斯（亚美尼亚统治者）

Orontes 奥龙特斯（奥龙特斯河渡桥建造者）

Orontes 奥龙特斯河（叙利亚）

Oropian 奥罗普斯的

Oropians 奥罗普斯人（奥罗普斯城居民）

Oropus 罗普斯城（维奥蒂亚）

Orospeda. Mt 奥罗斯佩达山（伊比利亚）

Orpheus 奥菲士（神话人物，色雷斯的音乐家）

Orphic 奥菲士的

Orphism 奥菲士教（奥菲士创立的宗教派别）

Orthagoras 奥尔塔戈拉斯（印度历史学家）

Orthagoria 奥尔塔戈亚里亚城

Orthane 奥尔塔内（阿提卡的神）

Orthe 奥尔塞城（荷马所说的城市）

Orthopolis 奥尔托波利斯（马其顿）

Orthosia 奥尔托西亚（叙利亚城市与地区）

Orthosia 奥尔托西亚村（卡里亚）

Orthosia 奥尔托西亚村（小亚细亚尼萨附近，迈安德河畔）

Ortilochus 奥尔提洛库斯（狄奥克莱斯之父）

Orton 奥尔通城（意大利弗伦塔尼人的）

Ortonium 奥尔托尼乌姆城（意大利弗伦塔尼人的）

Ortospana 奥尔托斯帕纳城（中亚）

Ortygia 奥尔提吉亚（神话故事，阿波罗和阿尔忒弥斯的抚养者）

Ortygia 奥尔提吉亚（神话故事，荷马史诗之中的岛屿）

Ortygia 奥尔提吉亚岛（锡拉库萨对面的海岛）

Ortygia 奥尔提吉亚公园（以弗所附近）

Ortygia 奥尔提吉亚岛（雷尼亚岛古称）

Osca 奥斯卡（伊比利亚）

Oscan tribe 奥西人部落（坎帕尼亚）

Osci 奥西人（坎帕尼亚部落）

Osiris 俄赛里斯（埃及地狱之神）

Osismii 奥西斯米人（奥斯提米人）

Osogo 奥索戈（米拉萨人的宙斯神庙）

Ossa 奥萨山（色萨利）

Ossonoba 奥索诺巴城（伊比利亚）

Ostia 奥斯提亚城（第勒尼亚）

Ostimians 奥斯提米人（又作 Ostimii, 凯尔特部落）

Ostimii 奥斯提米人

Othryades 奥斯里亚德斯（拉克代蒙统帅）

Othryoneus 奥斯里奥涅乌斯（神话人物，特洛伊人的盟友）

Othrys. Mt 奥斯里斯山（色萨利）

Othryoneus 奥斯里奥内乌斯（神话故事，特洛伊人的盟友、卡贝苏斯人）

Otreus 奥特雷乌斯（奥特雷亚的建城者）

Otroea 奥特雷亚城（阿斯卡尼亚湖）

Otus 奥图斯（神话人物，基雷内人首领）

Our Sea 我们的海（地中海）

Oxeiae 奥克塞伊群岛（即埃奇纳德斯群岛）

Oxibian Ligures 奥克西比·利古里亚人

Oxibii 奥克西比人（利古里亚人部落）

Oxibius 奥克西比乌斯港（马萨利亚）

Oxineia 奥克西尼亚城（伊庇鲁斯）

Oxus River 奥克苏斯河（乌浒河、妫水、今称阿姆河，中亚）

Oxyartes 奥克希亚特斯（罗克桑娜之父）

Oxyathres 奥克西亚特雷斯（大流士三世之弟）

Oxybius 奥克西比乌斯港（利古里亚人的）

Oxylus 奥克西卢斯（伊利斯的建城者）

Oxyrynchus 奥克西林库斯城（意为"棱鱼城"，埃及）

Oxyrynchus 棱鱼（埃及）

Ozalion 奥扎里昂

Ozolae 奥佐利人（福基斯部落）

Ozolian 奥佐利亚的

Ozolian Locrians 奥佐利亚洛克里人（福基斯部落）

Paches 帕切斯（雅典统帅，公元前 427 年占领米蒂利尼）

Pachynum 帕奇努姆（西西里的）

Pachynus 帕奇努斯角

Pacorus 帕科罗斯（帕提亚国王奥罗德斯的长子）

Pactolus. R 帕克托卢斯河（吕底亚）

pacton 帕克同（柳条船）

Pactye 帕克提城

Pactyes. Mt 帕克提山（以弗所）

Padus 帕杜斯河（波河、意大利）

Paean 赞歌

Paeonia 培奥尼亚（色雷斯）

Paeonian 培奥尼亚的

Paeonians 培奥尼亚人（色雷斯部落）

Paeonius 帕奥尼乌斯

Paeseni 培苏斯人（培苏斯城居民）

Paestan Gulf 培斯坦湾（坎帕尼亚）

Paestus 培斯图斯城

Paesus 培苏斯城（河，兰普萨库斯与帕里乌姆之间）

Pagae 帕盖（要塞，迈加里斯）

Pagasae 帕加西港（色萨利）

Pagasitic 帕加西湾（色萨利）

Pagrae 帕格雷要塞（叙利亚安条克基亚附近）

Palacium 帕拉齐乌姆要塞（切尔松尼斯）

Palacus 帕拉库斯（西卢鲁斯之子、西徐

亚国王）

Palaea 帕莱亚村（密细亚）

Palaea 帕莱亚城（塞浦路斯）

Palaebyblus 帕莱比布卢斯城（叙利亚）

Palaepaphus 帕莱帕福斯城（塞浦路斯）

Palaepharsalus 帕莱法尔萨卢斯（意为古法萨卢斯，色萨利）

Palaephatus 帕莱法图斯（历史学家）

Palaerus 帕莱鲁斯城（阿卡纳尼亚）

Palaescepsis 帕莱西普西斯城（特洛阿德）

Palaestine country 巴勒斯坦地区（西亚）

Palaetyre 帕莱提尔（腓尼基）

Palamedes 帕拉梅德斯（纳夫普利乌斯之子）

Palatium 帕拉丁（罗马山丘）

Paleis 帕莱斯城（凯法莱尼亚）

Palibothra 帕利波特拉城（Palimbothra，印度恒河地区）

Palibothrus 帕利波特鲁斯（印度国王别名）

Palici 帕利齐人（西西里居民）

Paliephatus 帕利法图斯

Palinthus 帕林图斯（阿尔戈斯达那俄斯的陵墓）

Palinurus 帕利努鲁斯角（莱夫卡尼亚）

paliuri 有刺的植物

Paliurus 帕利厄鲁斯村（昔兰尼）

Pallades 贞女（希腊处女祭司）

Pallantia 帕兰提亚城（伊比利亚阿尔瓦坎人）

Pallas 帕拉斯（神话人物，潘迪昂国王之子）

Pallene 帕莱恩半岛（马其顿）

Palma 帕尔马城（盖姆尼西群岛）

Palmys 帕尔米斯（神话人物，弗里吉亚人首领）

Paltus 帕尔图斯城（叙利亚）

Pamboeotian 泛维奥蒂亚的

Pamisus. R 帕米苏斯河（特里菲利亚）

Pamphylia 潘菲利亚（小亚细亚）

Pamphylian 潘菲利亚的

Pamphylians 潘菲利亚人（潘菲利亚居民）

Pan 潘（畜牧之神）

Panaenus 帕内努斯（公元前 5 世纪，雕刻家菲迪亚斯之侄、艺术家）

Panaetius 帕内提乌斯（公元前 180—前 110 年，斯多葛派哲学家）

Panchaea 潘契亚岛（印度幻想中的海岛）

Pandareus（见潘达鲁斯）

Pandarus 潘达鲁斯（神话人物，吕卡昂之子、吕基亚人首领）

Pandateria 潘达特里亚岛

Pandion 潘迪昂（西乌斯之父）

Pandion 潘迪昂（印度国王）

Pandora 潘多拉（神话人物，丢卡利翁之母）

Pandosia 潘多西亚城

Paneium 潘神的避难所（埃及）

Pangaeus. Mt 潘盖乌斯山（马其顿）

Panhellenes 泛希腊人

Pan-Ionian 泛爱奥尼亚节日（亚细亚爱奥尼亚人的节日）

Panionium 泛爱奥尼乌姆（举行泛爱奥尼亚节日的地方，以弗所）

Panna 本纳城城（意大利）

Pannonia 潘诺尼亚（福基斯）

Pannonians 潘诺尼亚人（潘诺尼亚居民）

Pannonii 潘诺尼人（潘诺尼亚居民）

Panopaens 帕诺皮人（福基斯帕诺佩乌斯城）

Panopeus 帕诺佩乌斯城（即法诺特乌斯、福基斯）

Panopolis 帕诺波利斯（埃及）

Panormus 帕诺姆斯港（以弗所附近）

Panormus 帕诺姆斯港（伊利里亚）

Panormus 帕诺姆斯城（西西里，罗马人的）

Pans 潘（神话人物，狄奥尼索斯的同伴）

Pantalion 潘塔利昂（比萨提斯的统帅）

Panthilus 潘提卢斯（神话人物）

Panticapaeans 潘提卡皮人（潘提卡皮乌姆居民）

Panticapaeum 潘提卡皮乌姆城（博斯普鲁斯首府）

Panxani 潘克萨尼人（黑海与里海之间的亚细亚部落）

Paphian 帕福斯的（塞浦路斯）

Paphlagonia 帕夫拉戈尼亚（小亚细亚）

Paphlagonian 帕夫拉戈尼亚的

Paphlagonians 帕夫拉戈尼亚人（帕夫拉戈尼亚居民）

Paphos 帕福斯城（又称 Paphus，塞浦路斯）

Paphus 帕福斯城（塞浦路斯）

Paracheloitae 帕拉切诺泰城（色萨利）

Paracheloitae 帕拉切诺泰人（帕拉切诺泰城居民）

Paracheloitis 帕拉赫洛伊提斯（因为“河流泛滥的地方”，阿卡纳尼亚地名）

Parachoathras. Mt 帕拉科亚斯拉斯山脉（亚美尼亚）

Paradeisus 帕拉迪苏斯（叙利亚地名）

Paraetacae 帕雷塔塞尼人（与下面同）

Paraetacene 帕雷塔塞尼（亚细亚与波斯相邻地区）

Paraetaceni 帕雷塔塞尼人（又称 Paraeta-cenians，帕雷塔塞尼居民）

Paraetacenians 帕雷塔塞尼人（帕雷塔塞尼部落）

Paraetaci 帕雷塔齐人（与波斯邻近的

部落）

Paraetonium 帕累托尼乌姆城（利比亚）

Paralus 帕拉卢斯（神话人物，克拉佐梅尼建城者）

Parapotamia 帕拉波塔米亚（叙利亚地区名）

Parapotamii 帕拉波塔米村（福基斯）

Parasopia 帕拉索皮亚地区（特拉钦尼亚的）

Parasopian 帕拉索皮亚的（基塞龙山麓）

Parasopias 帕拉索皮亚斯村（俄塔地区）

Parasopii 帕拉索皮人（特拉钦尼亚的）

parastathentes 帕拉斯塔特恩特斯（被绑架者）

Parati 帕拉提人（撒丁岛部落）

Pareisactus 帕雷萨克图斯（托勒密的绰号）

Parian 帕罗斯的

Pariani 帕里阿尼人（特洛阿德）

Parians 帕罗斯人（帕罗斯岛居民）

Parii 帕里人（大益人）

Paris 帕里斯河（伊利里亚和达契亚边界）

Paris 帕里斯（神话人物，海伦之夫，普里阿摩斯之子）

Parisades 帕里萨德斯（公元前347—前309年，博斯普鲁斯国王）

Parisii 帕里斯人（居住在塞卡纳河附近）

Parisus 帕里苏斯河（伊利里亚和达契亚的界河，欧罗巴）

Parium 帕里乌姆城（普罗庞提斯海）

Parma 帕尔马城（意大利北部）

Parmenides 帕尔梅尼德斯（约公元前510年，意大利的哲学家和诗人，第一个把地球分为五个带的人）

Parmenion 帕尔梅尼昂（马其顿将军，菲洛塔斯之父）

Parmenion 帕尔梅尼昂（阿夫季拉的伊阿宋神庙建立者）

Parnacia 帕尔纳西亚城（本都的西里西亚）

Parnasians 帕尔纳索斯人

Parnassus. Mt 帕尔纳索斯山（福基斯和多利斯境内）

Parnes. Mt 帕尔内斯山（阿提卡）

Paropamisadae 帕罗帕米萨迪人（印度）

Paropamisus. Mt 帕罗帕米苏斯山脉（印度）

Paroraea. M 帕罗里亚山（伊庇鲁斯）

Paroraei 帕罗里人（伊庇鲁斯部落）

Paroraetae 帕罗里泰人（特里菲利亚）

Parorbelia 帕罗尔贝利亚（马其顿地名）

Paroreia 帕罗里亚（弗里吉亚靠近山区的部分）

Paros 帕罗斯岛（基克拉泽斯群岛之一）

Parrhasians 帕拉西人（埃莱亚地区居民）

Parrhasii 帕拉西人（亚细亚部落）

Parrhasii 帕拉西人（阿卡迪亚部落）

Parrhasius 帕拉西乌斯（约公元前400年，以弗所画家）

Parsii 帕西人（亚细亚的帕拉西人）

Parthenia 帕西尼亚岛（荷马对萨摩斯的称呼）

Partheniae 帕西尼埃人（处女之子）

Pathenias 帕西尼亚斯河（埃利亚）

Parthenos 处女庙（阿尔忒弥斯）

Parthenium 帕西尼乌姆角（陶里人的切尔松尼斯）

Parthenium. Mt 帕西尼乌姆山（阿卡迪亚）

Parthenium. R 帕西尼乌姆河（比萨提斯）

Parthenium. R 帕西尼乌姆河（比希尼亚和帕夫拉戈尼亚界河）

Parthenium 帕西尼乌姆村（辛梅里安人的博斯普鲁斯）

Parthenium. R 帕西尼乌姆河（萨摩斯古称）

Parthenius. R 帕西尼乌斯河

Parthenon 帕台农神庙（雅典）

Parthenope 帕耳忒诺珀城（意大利奥皮齐人地区）

Parthenope 帕耳忒诺珀（塞壬女妖之一）

Parthia 帕提亚（伊朗古国和中亚行省，我国称为安息）

Parthian 帕提亚的

Parthians 帕提亚人（帕提亚居民）

Parthinii 帕提尼人（伊利里亚部落）

Paryadres 帕里亚德雷斯山脉（托罗斯山脉分支）

Parysatis 帕里萨提斯（波斯人的名字）

Pasargadae 帕萨尔加迪（印度）

Pasargadae 帕萨尔加迪（波斯帝国古都）

Pasiani 帕西亚尼人（西徐亚部落）

Pasitigris. R 帕西底格里斯河（苏萨）

Patala 帕塔纳城（印度帕塔雷内岛）

Patalena 帕塔雷纳岛（印度地名）

Patara 帕塔拉城（吕西亚）

Patarus 帕塔鲁斯（帕塔拉城建立者）

Patavium 帕塔维乌姆城（意大利）

Pateischories 帕特斯霍里人（波斯境内部落）

Patmos 帕特莫斯岛（斯波拉德斯群岛）

Patrae 帕特雷城（里乌姆附近）

Patraeus 帕特雷乌斯村（博斯普鲁斯）

Patroclus 帕特罗克莱斯（公元前 312—前 261 年，历史学家，马其顿将军）

Patroclus 帕特罗克卢斯（神话人物，阿基利斯的伙伴）

Paulus 保卢斯（人名）

Pausanias 保萨尼阿斯（公元前 404—前 394 年，斯巴达国王）

Pausanias 保萨尼阿斯（公元 2 世纪希腊旅行家）

Pax Augusta 奥古斯都和平城（凯尔特地区）

Peace of Antalcidas 安塔尔西达斯和约（公元前 386 年，斯巴达驻波斯代表与波斯签订的条约）

Pedalium 佩迪利乌姆角（塞浦路斯）

Pedasa 佩达萨城（哈利卡纳苏斯）

Pedasians 佩达西斯人（佩达西斯居民）

Pedasis 佩达西斯（哈利卡纳苏斯地名）

Pedasus 佩达苏斯城（特洛阿德）

Pedasu 佩达苏姆城（斯特拉托尼西亚）

Pedias 佩迪亚斯（意为"平坦的地区"）

Pedonia 佩多尼亚（埃及沿岸海岛、海港）

Pegastics 珀加索斯的（飞马的）

Pegasus 珀加索斯（飞马）

Peiraeus 佩雷乌斯（原名阿米苏斯）

Peiraeus 佩雷乌斯港（雅典）

Peirene 佩雷内（小溪）

Peirithous 佩里托乌斯（伊克西翁之子）

Peirossus 佩罗苏斯城（密细亚）

Peirus. R 佩鲁斯河（伊利斯）

Peirus. R 佩鲁斯河（亚该亚）

Peirustae 佩鲁斯泰人（潘诺尼部落）

Peisander 佩山大（神话人物，柏勒洛丰之子）

Peisander 佩山大（罗德岛诗人）

Peisistratus 庇西特拉图（神话人物，涅斯托尔之子）

Peisistratus 庇西特拉图（雅典僭主）

Peium 佩乌姆要塞（托里斯托波吉人的）

Pelagon 贝拉冈（神话人物，阿斯特罗皮乌斯之父）

Pelagonia 贝拉戈尼亚（马其顿北部三座城市）

Pelagonian 贝拉戈尼亚的

Pelagonians 贝拉戈尼亚人（马其顿）

Pelamydes 贝拉米德斯（金枪鱼）

专用名词一览表　　1629

Pelargi 佩拉尔吉人（佩拉斯吉人在雅典的称呼）

Pelasgi 佩拉斯吉人（又称 Pelasgians，古希腊部落名）

Pelasgia 佩拉斯吉亚（莱斯沃斯岛和伯罗奔尼撒半岛原名）

Pelasgia 佩拉斯吉亚城（色萨利）

Pelasgian 佩拉斯吉的

Pelasgian Argos 佩拉斯吉人的阿尔戈斯

Pelasgians 佩拉斯吉人（古希腊部落）

Pelasgicon 佩拉斯吉康（雅典的一部分）

Pelasgiotae 佩拉斯奥泰人（又作 Pelasgiotes，色萨利部落）

Pelasgiotes 佩拉斯吉奥泰人（色萨利部落）

Pelasgiotis 佩拉斯吉奥提斯城（色萨利）

Pelasgus 佩拉斯古斯（神话人物，吕卡昂之父）

Pelegon 佩莱冈（神话人物，阿斯特罗皮乌斯之父）

Peleiades 佩莱阿德（宙斯神谕所的女神职人员）

Pelethronium 佩莱斯罗尼乌姆（阿喀琉斯受教育的地方）

Peleus 珀琉斯（阿喀琉斯之父）

Peleus 珀琉斯（神话人物，米尔米东人的国王）

Peliai 佩里埃（神庙之中的女神职人员）

Pelian 珀利阿斯的

Pelias 珀利阿斯（神话人物，约尔库斯的国王）

Peligni 佩利格尼人（意大利亚平宁山区部落）

Peligones 佩利戈内斯（显要）

Pelinnaeum 佩林内乌姆城（色萨利）

Pelinnaeus. Mt 佩林内乌姆山（希俄斯岛）

Pelioi 佩里奥伊（神话中的男性神职人员）

Pelion 皮利翁山（色萨利）

Pella 培拉城（阿帕米亚）

Pella 培拉城（马其顿王国都城）

Pellaea 培拉人（培拉城居民）

Pellana 佩拉纳（要塞、村庄）

Pellenê 佩莱内要塞和村庄（亚该亚）

Pellenic 佩莱内的

Pelodes 见洛德斯港（伊庇鲁斯）

Peloponnesian 伯罗奔尼撒的

Peloponnesian League 伯罗奔尼撒同盟（以斯巴达为首的反雅典同盟）

Peloponnesians 伯罗奔尼撒人（伯罗奔尼撒半岛居民）

Peloponnesian War 伯罗奔尼撒战争（公元前431—前404年，以雅典为首的提洛同盟和以斯巴达为首的伯罗奔尼撒同盟之间的战争）

Pelopennesus 伯罗奔尼撒半岛（希腊）

Pelopidae 珀洛普斯族（神话故事，珀洛普斯的后裔）

Pelops 珀洛普斯（神话人物，弗里吉亚人、比萨提斯国王）

Pelorias 珀洛里亚斯角（西西里）

Pelorus 珀洛鲁斯（被迦太基人杀死的向导）

Pelos 佩洛斯（意为"泥土"，埃及地名）

Peltae 珀尔泰城（弗里吉亚）

Peltasts 珀尔塔斯特人（意为"轻装步兵"伊比利亚部落）

Peltine Plain 佩尔廷平原（弗里吉亚）

Pelusiac 培琉喜阿的（埃及）

Pelusian 培琉喜阿的

Pelusium 培琉喜姆城（埃及）

Peneius. R 佩尼乌斯河（又称 Peneus，亚美尼亚）

Peneius. R 佩尼乌斯（又称 Peneus，伯罗奔尼撒半岛）

Peneius. R 佩尼乌斯河（又称 Peneus，色

Penelope 珀涅罗珀（神话人物，奥德修斯之妻）

Penestae 佩内斯特人（色萨利人的农奴）

Peneus. R 佩内乌斯河（亚美尼亚）

Peneus. R 佩内乌斯河（色萨利）

Peneus. R 佩内乌斯河（伯罗奔尼撒半岛）

Pentathla 五项运动（斯巴达培养年轻人的比赛项目）

Pentelic 彭特利库的（阿提卡的采石场）

Pentelicus, Mt. 彭特利库斯山（阿提卡）

Pentheus 彭塞乌斯（神话人物、底比斯国王）

Penthilus 彭西卢斯（神话人物，俄瑞斯忒斯之子）

Peparethos 佩帕雷托斯岛（马格尼西亚）

Peraea 大陆地区（罗德岛对面的）

Perasian 佩拉西亚的（阿尔忒弥斯的绰号）

Percote 珀科特城（特洛阿德）

Perdiccas 珀迪卡斯（亚历山大部将）

Pergaea 佩尔格的（佩尔格城）

Pergamene 帕加梅内（亚细亚地名）

Pergamenians 帕加马人（帕加马城居民）

Pergamum 帕加马城（小亚细亚）

Perge 佩尔格城（潘菲利亚）

Periander 佩里安德（公元前 627—前 586 年，科林斯僭主）

Perias 佩里亚斯（埃维亚岛）

Pericles 伯里克利（公元前 500—前 429 年，雅典政治家）

Periegete 佩里厄格特斯（地图绘制人员）

Perinthus 佩林图斯城（马其顿）

Perioeci 庇里阿西人（斯巴达居民）

Peripatetic 佩里帕特提的（栉虫的）

Periscians 佩里西人（波塞多尼奥斯提到的寒带部落）

Periscian 佩里西（波塞多尼奥斯提到的寒带）

Permessus 佩尔梅苏斯河（维奥蒂亚）

Perperene 珀佩雷内村（特洛阿德）

Perrhaebia 珀里比亚（色萨利）

Perrhaebian 珀里比亚的

Perrhaebians 珀里比亚人（珀里比亚居民）

Persea 波斯果树（埃及杏）

Persephone 珀耳塞福涅（女神，冥后）

Persepolis 波斯波利斯（古波斯帝国都城，在今伊朗法尔斯境内）

Perseus 珀尔修斯（神话人物，杀死女怪者）

Perseus 珀尔修斯（公元前 178—前 167 年，马其顿王）

Perseus 珀尔修斯（神话人物，埃利色拉斯之父）

Persia 波斯（古代波斯帝国或其中的波斯行省）

Persian. G 波斯湾

Persian. S 波斯海

Persians 波斯人（古代希腊人对伊朗人的称呼）

Persica, The《波斯历史》（巴通著）

Persis 波斯（又称波斯行省）

Perusia 佩鲁西亚城（第勒尼安）

Pessinuntis 佩西农提斯（大弗里吉亚地区）

Pessinus 佩西努斯城（大弗里吉亚）

Petalia 佩塔利亚岛（埃维亚岛附近）

Petelia 佩特里亚（莱夫卡尼亚乔内人的首府）

Peteon 佩特昂（荷马提到的地名、许勒附近）

Peteos 佩特奥斯（神话人物）

Petnelissus 佩特内利苏斯城（皮西迪亚）

Petra 佩特拉城（纳巴泰人的都城）

Petraeans 佩特拉人（佩特拉城居民）

Petreius 佩特雷乌斯（庞培的代理人）

Petrocorii 佩特罗科里人（阿奎塔尼亚的凯尔特部落）

Petronius 佩特罗尼乌斯（奥古斯都时期埃及行政长官）

Peuce. I 普斯岛（伊斯特河江心岛）

Peucetians 普斯提人（又称 Peucetii，阿普利亚部落）

Peucetii 普斯提人（又称 Peucetians，阿普利亚部落）

Peucini 普斯尼人（普斯岛居民，参见巴斯塔尼亚人）

Peucolaitis 普科莱提斯城（印度河附近）

Phabda 法布达要塞（卡帕多西亚的本都）

Phabra 法布拉岛（阿提卡）

Phacussa 法库萨村（埃及）

Phaeacians 费埃克斯人（《奥德赛》中的部落）

Phaedimus 费狄摩斯（国王）

Phaedon 斐多（公元前5—前4世纪，伊利斯哲学家）

Phaedrus《费德鲁斯》（苏格拉底著）

Phaenomena《现象》（阿拉托斯作）

Phaestian 菲斯托斯人的（菲斯托斯城居民）

Phaestus 菲斯托斯城（克里特岛，米诺斯王国）

Phaestus 菲斯托斯（波鲁斯之子）

Phaethon 法厄同（神话故事人物，变成了杨树）

Phaethon《法厄同》（欧里庇得斯）

Phagres 法格雷斯城（色雷斯）

Phagrioropolis 法格里奥罗波利斯（埃及）

Phagrioropolite Nome 法格里奥罗波利斯州（埃及）

phagrorius 法格罗里乌斯（尼罗河鱼类）

Phagrus 法格鲁斯（即法格罗里乌斯，尼罗河鱼类）

Phalacrum 法拉克鲁姆角（克基拉岛）

Phalaenae 须鲸

Phalanna 法兰纳城（色萨利）

Phalannaeans 法兰纳人（色萨利）

Phalanthus 法兰图斯（斯巴达密谋分子，塔拉斯移民首领）

Phalara 法拉拉城（色萨利）

Phalasarna 法拉萨纳城（克里特岛）

Phalces 法尔塞斯（西锡安的建城者）

Phalereis 法莱赖斯城（阿提卡）

Phaleric. G 法莱隆湾（阿提卡）

Phalerum 法莱隆（阿提卡）

Phalerus 法莱鲁斯（雅典人、塞浦路斯索利城的奠基人之一）

Phanae 法尼港（希俄斯岛）

Phanagoreia 法纳戈里亚城（博斯普鲁斯）

Phanagoreium 法纳戈里乌姆城（博斯普鲁斯）

Phanagoria 法纳戈里亚（亚细亚的博斯普鲁斯）

Phanaroea 法纳罗亚（本都地名）

Phanias 法尼亚斯（亚里士多德门徒，莱斯沃斯的逍遥派哲学家）

Phanoteus 法诺特乌斯城（福基斯，即帕诺佩乌斯）

Phaon 法昂（萨福所喜爱的男子）

Phara 法拉城（利比亚）

Phara 法拉城（爱奥尼亚）

Phara 法拉城（麦西尼亚）

Pharae 法雷城（维奥蒂亚）

Phareis 法雷人（法雷城居民）

Pharaeatae 法雷阿泰人（麦西尼亚法拉城居民）

Pharaoh 法老（古埃及国王称号）

Pharbetite Nome 法尔贝提特州（埃及）

Pharcadon 法尔卡东城（色萨利）

Pharian 法罗斯人的（伊利里亚）

Pharis 法里斯城（拉科尼亚、赫拉克利德族的国库）

Pharmacussae 法尔马库塞岛（阿提卡）

Pharnaces 法尔纳西斯（辛梅里安的博斯普鲁斯国王）

Pharnacia 法尔纳西亚城（本都的卡帕多西亚）

Pharos. I 法罗斯岛（亚得里亚海）

Pharos. I 法罗斯岛（埃及）

Pharsalian 法萨卢斯的

Pharsalians 法萨卢斯人

Pharsalus 法萨卢斯城和地区（色萨利）

Pharsaluses 法萨卢斯城（复数）

Pharusians 法鲁西人（利比亚部落）

Pharygae 法里吉城（洛克里斯）

Pharygae 法里吉（阿尔戈利斯人的地区）

Pharygaean 法里吉的

Pharygium. C 法里吉乌姆角（福基斯）

Pharziris 法尔齐里斯（即帕里萨提斯，波斯人的名字）

Phaselis 法塞利斯城（吕西亚）

Phasis 法西斯城（科尔基斯）

Phasis. R 法西斯河（科尔基斯）

Phatnitic. m 法特尼提河口（埃及）

Phauene 帕夫伊内（亚美尼亚行省名）

Phaunitis 帕夫尼提斯（米底地名）

Phayllus 法伊卢斯（福西亚将军、掠夺德尔斐神庙）

Phazemon 帕泽蒙（本都卡帕多西亚的）

Phazemonitae 帕泽莫尼提人（帕泽莫尼提斯居民）

Phazemonitis 帕泽莫尼提斯（本都卡帕多西亚的）

Phayllus 帕伊卢斯（古代抢劫德尔斐的首领）

Phea 费艾（小河）

Phaedrus《费德鲁斯》（苏格拉底著）

Phaedrus 费德鲁斯（雅典拉米亚战争指挥者）

Phegus 菲古斯（意为"橡树"，今伊利乌姆附近地名）

Pheia 菲亚角（雅尔达努斯河畔）

Pheia 菲亚城（雅尔达努斯河畔）

Pheidias 菲迪亚斯（公元前 460 年左右，雅典雕刻家）

Pheidippus 菲迪普斯（色萨卢斯之子）

Pheidon 菲敦（公元前 650 年，特梅努斯的后裔、阿尔戈斯国王）

Pheidonian 菲敦的（菲敦发明的量器）

Phellus 菲卢斯（吕西亚地名）

Phemonoe 菲莫诺伊（皮托的第一位女祭司）

Pheneus 菲内乌斯城（阿卡迪亚）

Pherae 菲雷城（色萨利）

Pheraeans 菲雷人（菲雷城居民）

Pherecydes 菲勒塞德斯（公元前 540 年，锡罗斯岛巴比斯之子、哲学家和最早的散文家）

Pherecydes 菲勒塞德斯（公元前 5 世纪，莱罗斯的历史学家）

Phigalia 菲加利亚城（阿卡迪亚）

Philadelphia 费拉德尔菲亚城（吕底亚）

Philadelphia 费拉德尔菲亚城（犹太地名）

Philadelphia 费拉德尔菲亚城（密细亚）

Philadelphia 费拉德尔菲亚城（叙利亚）

Philadelphus 菲拉德尔福斯（帕夫拉戈尼亚国王）

Philae 菲莱岛（埃及赛伊尼上方）

Philae 菲莱村（埃及红海附近）

Philaeni 菲莱尼人（利比亚部落）

Philalethes 菲拉勒特斯（医学家亚历山大之父）

专用名词一览表 1633

Philemon 菲雷蒙（斯多葛派哲学家克里西普斯之父，喜剧诗人）

Philetaerus 菲雷泰鲁斯（多里劳斯的长兄、斯特拉博的亲戚）

Philetaerus 菲雷泰鲁斯（阿塔罗斯一世之子）

Philetaerus 菲雷泰鲁斯（阿塔罗斯王朝创始人）

Philetas 菲雷塔斯（科斯的诗人和批评家）

Philetor 情夫、甜心（斯巴达）

Philip 腓力（《卡里亚历史》的作者）

Philip 腓力（珀尔修斯之弟，参见伪腓力）

Philip 腓力（安提柯之父）

Philip 腓力二世（公元前 359—前 336 年，亚历山大之父、马其顿王）

Philip 腓力五世（公元前 220—前 178 年，马其顿王德米特里之子）

Philippi 腓力城（马其顿）

Philippopolis 腓力珀波利斯（马其顿）

Philistides 菲利斯提德斯（埃维亚僭主）

Philo 菲洛（希腊地理学家，埃塞俄比亚游记的作者）

Philo 菲洛（公元前 4 世纪，建筑师、雅典佩雷乌斯军事设施的建立者）

Philochorus 菲洛科鲁斯（公元前 261 年去世，雅典历史学家，著作现存残篇）

Philoctetes 菲洛克特特斯（色萨利首领）

Philodemus 菲洛德姆斯（公元前 1 世纪，加达里斯的伊壁鸠鲁派学者）

Philogenes 菲洛格尼斯（神话人物，亚细亚的福西亚建城者）

Philomela 菲洛梅拉（神话人物，潘迪昂之女）

Philomelium 菲洛梅利乌姆城（弗里吉亚）

Philometor 菲洛梅托（埃及国王托勒密六世的绰号）

Philon 菲隆（公元前 4 世纪，雅典建筑家）

Philon 菲隆（地理学家、埃塞俄比亚游记的作者）

Philonomus 菲洛诺姆斯（神话人物，把拉科尼亚赠送给赫拉克利德族）

Philopator 菲洛帕托（埃及国王托勒密四世的绰号）

Philopoemen 菲洛皮门（死于公元前 193 年，亚该亚同盟首领）

Philotaerus 菲洛泰鲁斯（多里劳斯的兄弟）

Philotas 菲洛塔斯（神话人物，维奥蒂亚人，普里恩的第二位建设者）

Philotas 菲洛塔斯（亚历山大部将，后被处死）

Philotera 菲洛特拉城（阿拉比亚）

Phineus 菲内乌斯（神话人物，索罗马提人的国王，被暴风之神带走）

Phinopolis 菲诺波利斯城（色雷斯）

Phiscon 菲斯康（埃及国王托勒密七世的绰号）

Phlegra 弗莱格拉（意为"燃烧的土地"，库迈地区原名）

Phlegra 弗莱格拉（马其顿的帕莱恩古称）

Phlegraean Plain 弗莱格拉平原（马其顿）

Phlegyae 弗莱吉伊人（荷马提到的部落，代表盖尔通人）

Phlegyas 弗莱吉亚斯（神话人物，伊克西翁的兄弟）

Phliasia 弗利亚西亚（阿尔戈斯）

Phligadia 弗利加迪亚山（阿尔卑斯）

Phlius 弗利乌斯城（阿尔戈斯）

Phocae. I 海豹岛（阿拉比亚）

Phocaea 福西亚城（爱奥尼亚）

Phocaea 福西亚城（中希腊地区）

Phocaeans 福西亚人（福西亚城居民）

Phocian 福基斯的

Phocians 福基斯人（福基斯居民）

Phocis 福基斯（克里萨湾附近希腊地名）

Phocylides 福西利德斯（公元前 560 年，格言诗人）

Phoebia 菲比亚城（雷吉乌姆后来的名字）

Phoebus 福玻斯（即阿波罗、太阳神）

Phoenice 腓尼卡城（伊庇鲁斯）

Phoenicia 腓尼基（西亚）

Phoenicians 腓尼基人（腓尼基居民）

Phoenicis 腓尼基斯城（维奥蒂亚）

Phoenicius. Mt 腓尼基乌斯山（维奥蒂亚）

Phoenicodes 菲尼科德斯岛（西西里附近）

Phoenicon 棕榈园（希里库斯平原）

Phoenicus 菲尼库斯港（埃及沿岸）

Phoenicus 菲尼库斯（吕西亚地名）

Phoenicussa 菲尼库萨岛（西西里附近）

Phoenix. R 菲尼克斯河（色萨利）

Phoenix 菲尼克斯（神话人物，多洛皮亚人首领）

Phoenix 菲尼克斯村（克里特岛）

Phoenix 菲尼克斯要塞（卡里亚菲尼克斯山）

Phoenix 菲尼克斯山（卡里亚的罗德岛）

Pholegandros 福莱冈德罗斯岛（克里特海）

Pholoe. R 福洛山（阿卡迪亚）

Phorcys 福尔西斯（荷马史诗人物）

Phoron 福隆港（阿提卡）

Phoroneus 福罗尼乌斯（神话人物，赫卡特鲁斯之女）

Phoronis 福罗尼斯（神话人物，仙女之祖）

Phosphorus 带来光明者神庙（伊比利亚）

Phraates 弗拉特斯（帕提亚国王名）

Phraates 弗拉特斯（弗拉特斯四世之子，罗马人质）

Phraates 弗拉特斯四世（帕提亚国王）

Phranicates 弗拉尼卡特斯（帕提亚将军）

Phratriae 胞族（希腊语）

Phricium 弗里齐乌姆山（洛克里斯）

Phricius. Mt 弗里齐乌斯山（希腊德摩比利）

Phriconian 弗里科尼斯的（小亚细亚）

Phriconis 弗里科尼斯（拉里萨基梅的别名）

Phrixa 弗里克萨城（特里菲利亚）

Phrixus 弗里克苏斯（神话人物、阿萨曼图斯之子）

Phrixus 弗里克苏斯城（弗里克苏斯建立的城市，科尔基斯）

Phrixus 弗里克苏斯城（今为伊比利亚小城伊德萨）

Phryconian 弗里科尼亚的（拉里萨人的一支）

Phryconis 弗里科尼斯（亚细亚，基梅的另一个名字）

Phryges 弗里奇人（马其顿部落）

Phrygia 大弗里吉亚（小亚细亚地区名）

Phrygia 弗里吉亚（特洛伊战争之后特洛阿德之名）

Phrygia 弗里吉亚（赫勒斯滂的，参见小弗里吉亚）

Phrygia 弗里吉亚（小亚细亚的卡塔塞考梅内）

Phrygia 小弗里吉亚（小亚细亚）

Phrygia 下弗里吉亚（小亚细亚）

Phrygia 弗里吉亚（小亚细亚的帕罗里亚）

Phrygia Epictetus 埃皮克特图斯的弗里吉亚（参见大弗里吉亚）

Phrygian 弗里吉亚的

Phrygians 弗里吉亚人（弗里吉亚居民）

Phrygius 弗里吉乌斯河（弗里吉亚）

Phryni 弗里尼人（中国西北地区部落）

Phrynichus 弗里尼库斯（公元前 5 世纪，雅典悲剧诗人）

Phrynon 弗里农（雅典大力士，奥运会获胜者）

Phryxus 弗里克苏斯（神话人物）

Phtheires 弗提雷斯人（米利都附近部落）

Phtheirophagi 弗泰罗法吉人（亚细亚部落）

Phthia 弗西亚城（色萨利）

Phthians 弗西亚人（弗西亚城居民）

Phthiotae 弗西奥特人（色萨利的亚该亚部落）

Phthiotic 弗西奥提斯的（色萨利弗西奥提斯的）

Phthiotis 弗西奥提斯（色萨利地名）

Phycus 菲库斯角（昔兰尼）

Phylace 菲拉斯城（弗西奥蒂斯）

phylarchus 部落首领

Phyle 菲雷（阿提卡居民点）

Phyleides 菲利德斯（奥图斯共同朋友）

Phyleus 菲雷乌斯（神话人物，梅格斯之父）

Phyllian 菲卢斯的

Phyllus 菲卢斯城（色萨利）

Physa 菲萨（尼罗河鱼类）

Physcon 菲斯康（托勒密七世绰号）

Physcus 菲斯库斯城（卡里亚）

Piasus 皮阿苏斯（拉里萨的佩拉斯吉人统治者）

Picentes 皮森特人（又称皮森提尼人，意大利部落）

Picentia 皮森提亚城（皮森特人的首都，意大利）

Picentine 皮森提尼人的

Picentini 皮森提尼人

Picenum 皮塞努姆城（皮森提尼人地区）

Picrum Hydor 苦河（西里西亚）

Pictae 皮克泰人（拉丁姆居民）

Pictones 皮克托内人（凯尔特部落、阿奎塔尼亚）

Picus 皮库斯（一种鸟名，农事之神）

Pieres 皮埃雷人（居住在皮埃里亚的色雷斯部落）

Pieria 皮埃里亚（色雷斯地名）

Pieria 皮埃里亚（叙利亚地区）

Pieria. Mt 皮埃里亚山（叙利亚）

Pierian 皮埃里亚的

Pieriotae 皮埃里奥泰人（马其顿部落）

Pieris 皮埃里斯（先色雷斯、后马其顿）

PierusR 皮埃鲁斯河（又称佩鲁斯河，麦西尼亚）

Pillars 纪念柱、柱（三处）

Pillars of Helacles 赫拉克勒斯石柱（利比亚）

Pilos 皮洛斯城（阿卡迪亚、特里菲利亚、勒普里提等地的）

Pilos 皮洛斯城（又称 Pylus，麦西尼亚）

Pilos 皮洛斯城（又称 Pylus，伊利斯的比萨提斯）

Pilos 皮洛斯城（又称 Pylus，涅斯托尔的）

Pimolisa 皮莫利萨要塞（本都）

Pimolisene 皮莫利塞内（又称 Pimolitis，本都的卡帕多西亚地名）

Pimolitis 皮莫利提斯（本都的卡帕多西亚地名）

Pimpla 宾普拉（色雷斯地名）

Pimpleia 宾普莱亚村（奥林波斯山麓，奥菲士居住的地方）

Pinaca 皮纳卡城（美索不达米亚）

Pinara 皮纳拉城（吕西亚）

Pinarus 皮纳鲁斯河（西里西亚）

Pindar 品达（公元前 5 世纪，底比斯抒情诗人）

Pindus. Mt 品都斯山（色萨利）

Pindus 品都斯城（多利亚人城市之一）

Pindus. R 品都斯河（多利亚地区）

Pioniae 皮奥尼伊城（特洛阿德）

pirates 海盗

Pirithous 庇里托俄斯（神话人物，古代的航海家）

Pisa 比萨城（意大利）

Pisa 比萨城和河（比萨提斯和伊利斯）

Pisatae 比萨泰人（又称 Pisatans，比萨提斯居民）

Pisatans 比萨提斯人

Pisatis 比萨提斯（伊利斯地名）

Pisidia 皮西迪亚（小亚细亚地名）

Pisidian 皮西迪亚的（小亚细亚地区）

Pisidians 皮西迪亚人（小亚细亚部落）

Pisilis 皮西利斯（罗德岛地名）

Piso 皮索（见德尔斐）

Pissuri 皮苏里人（西徐亚部落）

pistra 比斯特拉（即波提斯特拉、比萨提斯地名）

Pitanaei 皮塔内人（又称 Pitanatae，皮塔内城居民）

Pitanatae 皮塔纳泰人（部分萨莫奈人的绰号）

Pitane 皮塔内城（特洛阿德城市和地名）

pitheci 猴子（第勒尼亚语）

Pithecussa 皮塞库萨（又称 Pithecussae，意大利附近的群岛）

Pithecussaeans 皮塞库萨人（皮塞库萨居民）

Pitnissus 皮特尼乌斯（加拉提亚地名）

Pittacus 皮塔库斯（希腊七贤之一，米蒂利尼人）

Pittheus 皮塞乌斯（珀洛普斯之子）

Pitya 皮提亚城（特洛阿德）

Pitya 皮提亚城（帕里乌姆境内）

Pityassus 皮提亚苏斯城（皮西迪亚）

Pityeia 皮泰亚城（特洛阿德）

Pityocamptes 皮提奥康普特斯（被忒修斯打死的阿提卡的强盗，名叫希尼斯）

Pityus 皮提乌斯（帕里乌姆周边地区）

Pityus 皮提乌斯城（科尔基斯本都）

Pityussa 皮提乌萨（后名兰普萨库斯）

Pityussa 皮提乌萨岛（又称 Pityussae，伊比利亚）

Pityussae 皮提乌萨岛（伊比利亚）

Pixodarus 皮克索达鲁斯（卡里亚国王赫卡通努斯之子）

Placentia 普拉森提亚城（帕杜斯河附近）

Placus. Mt 普拉库斯山（森林密布的山，特洛阿德）

Planasia 普拉纳西亚岛（地中海）

Planctae 普兰克泰礁（荷马提到的）

Planesia 普拉尼亚岛（伊比利亚）

Platamodes 普拉塔莫德斯角（麦西尼亚西部）

Plataeae 普拉蒂亚（西锡安尼亚）

Plataeae 普拉蒂亚（维奥蒂亚）

Plataeans 普拉蒂亚人（普拉蒂亚居民）

Platanestes 普拉塔尼斯特斯（西里西亚崎岖不平的海岸线）

Platanistus 普拉塔尼斯图斯

Plato 柏拉图（公元前427—前347年，雅典哲学家）

Platonic way 柏拉图的方式

Plax. Mt 普拉克斯山（荷马所说，实际上不存在的山）

Pleiads 普勒阿得斯（七仙女、七星团或昴宿星团）

Pleias《普莱亚斯》（意为"七星"）

Pleistus. R 普莱斯图斯河（福基斯）

Plemyrium 普莱米利乌姆城（印度）

Plentuisans 普伦图桑人（伊比亚不出名的部落）

Pleraei 普莱雷伊人（纳罗河畔）

Plethron 普勒斯伦（复数为 *Plethra*，希腊长度单位，等于 1/5 斯塔德，或32.8 米）

Pleuron 普勒隆城（老城与新城，埃托利亚）

Pleuronia 普勒隆尼亚（埃托利亚）

Pleuronian 普勒隆的

Pleuronians 普勒隆人（普勒隆居民）

Pleutaurans 普勒托兰人（伊比利亚北部小部落）

Plinthine 普林两内（利比亚沿岸地名）

Plumbaria 普拉姆巴里亚岛（赫梅罗斯科佩乌姆附近）

Plutiades 普鲁提亚德斯（塔尔苏斯的哲学家）

Pluto 普路托（原指冥王，这里是文字游戏，把它与财神普路托斯混为一谈）

Plutonia 普路托尼亚（洞穴）

Plutonium 普路托尼乌姆神庙（阿哈拉卡城）

Plutus 普路托斯（财神）

Plynus 普利努斯港（克里特）

Pneuentia 普诺恩提亚城（皮塞努姆）

Pnigeus 普尼格乌斯村（埃及沿岸）

Podaleirius 波达莱里乌斯神庙（多尼亚）

Podarces 波达塞斯（色萨利人首领）

Poeaessa 波伊萨城（麦西尼亚）

Poecile 波齐莱礁（西里西亚）

Poedicli 波迪克利人（原名普斯提人）

Poeäessa 波伊萨城（麦西尼亚）

Poeäessa 波伊萨城（凯奥斯的一部分）

Poemandrian 波曼德里亚的（奥罗普斯地名）

Poeninus 波尼努斯（阿尔卑斯山地名）

Poeus. Mt 普乌斯（马其顿和色萨利）

Pogon 波冈港（特洛伊曾）

Pola 波拉城（即波莱，意大利）

Polae 波莱城（意大利）

Polemon 波莱蒙（公元前 200 年左右，地图绘制员）

Polemon 波莱蒙（公元前 273 年去世，雅典哲学家，芝诺的老师）

Polemon 波莱蒙一世（博斯普鲁斯国王）

Polemon 波莱蒙二世（皮托多里斯之子、博斯普鲁斯国王）

Polentia 波伦提亚城（盖姆内西人）

Polias 波利亚斯（雅典娜的女祭司）

Polichna 波利赫纳城（特洛阿德）

Polichne 波利赫内（迈加里斯地名）

Polieium 波利伊乌姆城（意大利，特洛伊移民城市）

Polioreetes 波利奥尔塞特斯（德米特里的绰号）

Polisma 波利斯马（即波利乌姆）

Polites 波利特斯（神话人物，奥德修斯的同伴）

Polites 波利特斯（神话人物，特洛伊的警卫）

Polities《政治学》（亚里士多德）

Polity of the Acananians《阿卡纳尼亚人的政治》（亚里士多德）

Polity of the Aetolians《埃托利亚人的政治》（亚里士多德）

Polium 波利乌姆（特洛阿德）

Poltyobria 波利提奥布里亚城（埃努斯的）

Polyandrium 波利安德里乌姆（埋葬斯巴达士兵的陵墓）

Polyanus. Mt 波利亚努斯山（伊庇鲁斯）

Polybius 波利比奥斯（约公元前 204 年生，迈加洛波利斯的历史学家和地理学家）

Polybotes 波利波特斯（巨人，被波塞冬杀死）

Polycaste 波利卡斯特（吕吉乌斯之女）

Polycleitus 波利克莱图斯（公元前452—前412年，阿尔戈斯的雕刻家）

Polycleitus 波利克莱图斯（公元前4世纪，拉里萨的历史学家）

Polycles 波利克利斯（荷马史诗人物）

Polycrates 波利克拉特斯（公元前 522 年去世，萨摩斯僭主）

Polycritus 波利克里图斯（波斯历史学家）

Polidamas 波利达马斯（神话人物，特洛伊人）

Polydamna 波利达姆纳（神话人物，托恩之妻）

Polydectes 波利德克特斯（来库古之兄）

Polydectes 波利德克特斯（神话人物，塞里福斯国王）

Polydorus 波利多鲁斯（普里阿摩斯之子）

Polymedium 波利梅迪乌姆（特洛阿德地名）

Polymetium 波利梅提乌姆（特洛阿德地名）

Polymnastus 波利姆纳斯图斯（科洛封的音乐家）

Polyphagi 波利法吉人（贪吃的人）

Polyneices 波吕尼刻斯（神话人物，奥特西昂的前辈）

Polypoetes 波利普埃特斯（神话人物，国王）

Polyporus 波利波鲁斯河（即赫普塔波鲁斯河，特洛阿德）

Polyrrhenians 波利雷尼亚人（克里特岛部落）

Polystephanos 波利斯特法诺斯城（原名普雷内斯特、罗马附近）

Polytimetus. R 波利提梅图斯河（粟特）

Polyxena 波吕克塞娜（特洛伊国王之女）

Pompaedius 庞佩迪乌斯（公元前 88 年去世，马尔西人起义首领）

Pompaia 庞佩亚城（意大利萨努斯河畔）

Pompeiupolis 庞贝奥波利斯城（今索利、西里西亚）

Pompelo 庞佩罗城（伊比利亚）

Pompey the Grreat 大庞培（公元前 106—前 48 年，罗马国务活动家、统帅）

Pompey Marcus 庞培·马可（米蒂利尼人提奥法尼斯之子）

Pompeius Sextus 庞培·塞克斯都（大庞培之子）

Pompeius Magnus 庞培·马克努斯（即大庞培）

Pompeiy Strabo 庞培·斯特拉博（公元前 89 年罗马执政官、大庞培之父）

Pomptine Plain 庞普提内平原（拉丁姆地区沃尔西人的土地）

Pontia 庞提亚岛（拉丁姆海岸边）

Pontica 本都的

Pantici 本都人

Pontus 本都海（本义为"海"，即黑海，又称 pontic Sea）

Pontus 本都（卡帕多西亚地名）

Pontus 本都（本都王国和罗马的本都行省）

Poplonium 波普洛尼乌姆城（第勒尼亚）

Pordalis 波尔达利斯（帕加马附近的地名）

Pordasian 波尔达西亚的（又称 Pordacian，可能是沼泽地区）

Pordoselene 波尔多塞莱内岛（莱斯沃斯岛附近）

专用名词一览表　　*1639*

Pornopion 波尔诺皮昂（埃奥利斯人月名）

Poroselene 波罗塞莱内岛（即波尔多塞雷内）

Porphyrius 波菲里乌斯（新柏拉图派学者，《荷马史诗研究》的作者）

Porsinas 波尔西纳斯（第勒尼亚一小国王）

Porta Collina 科利纳门（罗马的城门）

Porthaon 波塔昂（神话人物，埃涅阿斯之父）

Porticanus 波提卡努斯（印度国王）

Portua Argous 阿尔戈斯港（第勒尼亚）

Porus 波鲁斯（印度犍陀罗国王）

Porus 波鲁斯（印度国王，亚历山大的俘虏）

Porus 波鲁斯（印度国王，亚历山大俘虏的波鲁斯的堂弟）

Porus 波鲁斯（印度 600 位国王的国王，奥古斯都同时代人）

Poseidium 波塞迪乌姆城（叙利亚）

Poseidium 波塞迪乌姆角（塞斯普罗提亚）

Poseidium 波塞迪乌姆角（阿拉比亚）

Poseidium 波塞迪乌姆角（米利都附近）

Poseidium 波塞迪乌姆角（萨摩斯）

Poseidium 波塞迪乌姆角（色萨利）

Poseidium 波塞迪乌姆（亚历山大城的圣地）

Poseidium 波塞迪乌姆（圣地，萨摩斯）

Poseidium 波塞迪乌姆（爱奥尼亚）

Poseidon 波塞冬（希腊海神）

Poseidonia 波塞多尼亚湾（莱夫卡尼亚）

Poseidonia 波塞多尼亚（阿尔戈斯）

Poseidonian 波塞多尼亚的

Poseidoniatae 波塞多尼亚人

Poseidonium 波塞冬神庙

Poseidonius 波塞多尼奥斯（约公元前 130 年生，叙利亚阿帕米亚的哲学家和学者，罗德岛行政长官）

Potamia 波塔米亚（帕夫拉戈尼亚）

Potamii 波塔米人（阿提卡波塔姆斯社区居民）

Potamon 波塔蒙（米蒂利尼的雄辩家，斯特拉博的同代人）

Potamus 波塔姆斯（阿提卡社区之一）

Potentia 波滕提亚城（皮森提尼人）

Potidaea 波提戴亚城（马其顿、科林斯人的殖民地，后毁于卡桑德）

potistra 波特斯特拉河（比萨提尼）

Potniae 波特尼伊城（维奥蒂亚、底比斯附近）

Potnian 波特尼伊的

Practius 普拉克提乌斯河（特洛阿德）

Practius 普拉克提乌斯（特洛阿德地名）

Pramnae 普兰尼派（印度哲学家派别）

praefect 长官（罗马）

Praeneste 普雷内斯特城（意大利）

Praenestine Way 普雷内斯特大道（从罗马的厄斯奎莱恩开始）

Praenestini 普雷内斯提尼人（普雷内斯特城居民）

Praetors 行政长官、司法官、军事执政官（罗马）

Prasia 普拉西亚（阿提卡居民点）

Prasiae 普拉西伊城（阿尔戈利斯）

Prasians 普拉苏斯人（神话故事，克里特岛普拉苏斯城居民）

Prasieis 普拉西伊斯（阿尔戈利斯普拉西伊城居民）

Prasii 普拉西人（印度帕利波特拉城居民）

Prasus 普拉苏斯城（克里特岛）

Prausans 普罗桑人（凯尔特部落）

Praxander 普拉克山德（塞浦路斯岛拉帕图斯城的建立者）

Praxiphanes 普拉克西法尼斯（公元前 4 世纪，罗德岛哲学家）

Praxiteles 普拉克西特列斯（约公元前 390 年生，以弗所雕刻家）

Preferni 普雷费尼人（意大利部落）

Premnis 普雷姆尼斯城（埃塞俄比亚）

Prepesinthos 普雷佩辛托斯岛（基克拉泽斯群岛之一）

Priam 普里阿摩斯（特洛伊国王）

Priamidae 普里阿摩斯家族（特洛伊王族）

Priamo 普里阿摩城

Priapeia《普利阿普斯赞》（欧夫罗尼奥斯）

Priapenii 普利阿普斯人（特洛阿德）

Priapus 普利阿普斯（男性生殖力之神、阴茎）

Priapus 普利阿普斯城（特洛阿德）

Priene 普里恩城（卡里亚）

Prienians 普里恩人（普里恩城居民）

Prion. Mt 普里昂山脉（即士麦拿附近的勒普拉·阿克特山脉）

Priscus 普利斯库斯（罗马国王卢西乌斯·塔奎尼乌斯的绰号）

Privernum 普里维努姆城（意大利）

Probalinthus 普罗巴林图斯城（阿提卡）

Prochyta. I 普罗奇塔岛（又称 Prothyta，正对着意大利米塞努姆角）

Prochyte. I 普罗奇特岛（意大利）

Procleidae 普罗克利斯族（斯巴达奠基人普罗克利斯的后裔）

Procles 普罗克利斯（神话人物，斯巴达的奠基人）

Procles 普罗克利斯（神话人物，赫拉克利德族）

Procles 普罗克利斯（莱罗斯居民之中唯一的好人）

Procles 普罗克利斯（神话人物，萨摩斯第二位建立者）

Procne 普罗克涅（神话人物，潘迪昂之女）

Proconnisian 普罗康内斯的

Proconnesus 普罗康内斯岛（新、旧城，普罗庞提斯）

proconsuls 地方总督

Procurator 地方财政长官、代理人（罗马）

Proerna 普罗尔纳城（弗西奥蒂斯）

Proetides 普罗提得斯姐妹（神话人物，在阿尼格鲁斯河洗澡）

Proetus 普罗透斯（神话故事，海怪）

Promenade 公园（罗马）

Prometheus 普罗米修斯（神话故事中的巨人）

Prometheus Unbound《被释的普罗米修斯》（埃斯库罗斯）

pronaus 前厅（埃及神庙）

Pronesus 普罗内苏斯城（凯法莱尼亚）

Pronia 普罗尼亚（阿尔戈利斯地名）

Prophthasia 普洛弗萨西亚城（德兰吉亚纳）

Propontis 普罗庞提斯海（前海，又称 Propuntus，今黑海）

Proschium 普罗奇乌姆城（先为埃托利亚城市，后为埃奥利亚城市）

Prosopite Nome 普罗索皮特州（埃及）

Prosymna 普罗辛纳城（与米代亚交界的）

Protarchus 普罗塔科斯（巴吉利亚的伊壁鸠鲁派学者）

Prote 普罗特岛（麦西尼亚）

Protesilaus 普罗特西劳斯（色萨利首领）

专用名词一览表

Protesileon 普罗特西劳斯神庙（切尔松尼斯的埃莱夫萨）

Proteus 普洛透斯（海怪）

Prothyta 普罗奇塔岛（正对着意大利米塞努姆角）

Protogenes 普罗托格内斯（公元前332—前300年，卡里亚考努斯城艺术家）

Prusa 普鲁萨城（比希尼亚）

Prusa 普鲁萨城（密细亚奥林匹亚）

Prusians 普鲁萨人（比希尼亚普鲁萨城居民）

Prusias 普鲁西亚斯城（比希尼亚）

Prusias 普鲁西亚斯（泽拉斯之子，普鲁西亚斯国王）

Prusias 普鲁西亚斯（密细亚奥林匹亚境内普鲁萨城的建立者）

Prytanes 主席团（雅典）

Prytanis 行政长官（罗马）

Psamathus 萨马图斯城（拉科尼亚）

Psammitichus 萨姆米提克（公元前7世纪，埃及国王）

Psaphis 萨菲斯（奥罗普斯人的土地，阿提卡）

Psebo. L 普塞波湖（埃塞俄比亚）

Pselchis 普塞尔奇斯城（埃塞俄比亚）

Psellizein 说话口吃

Pseudo-penias 伪佩尼亚斯角（大西尔提湾）

Pseudo-Philip 伪腓力（珀尔修斯之弟，被罗马人打败）

Psillas. R 普西拉斯河（比希尼亚）

Psygmus 普西格姆斯港（阿拉比亚）

Psylli 普西利人（利比亚部落，昔兰尼附近）

Psyllians 普西利人（利比亚部落）

Psyllis. R 普西利斯河（又称 Psillas，比希尼亚）

Psyra 普西拉（希俄斯附近的岛屿和城市）

Psyttalia. I 普西塔利亚岛（雅典佩雷乌斯港附近）

Pteleasium 普泰利西乌姆（色萨利地名）

Pteleos 普泰莱奥斯城（色萨利）

Pteleos 普泰莱奥斯湖（特洛阿德）

Pteleum. Mt 普泰莱乌姆山（安布拉西亚湾附近）

Pteleum 普泰莱乌姆城（色萨利）

Pteleum 普泰莱乌姆湖（特洛阿德）

Pteleus 普泰莱乌斯城（色萨利殖民者的城市）

Pterelas 普泰雷拉斯（戴奥内乌斯之子）

Ptolemaic 托勒密的

Ptolemaeus 托勒密一世

Ptolemaeus 托勒密（门内乌斯之子，叙利亚小国的统治者）

Ptolemais 托勒密城（野蛮人国家的）

Ptolemais 托勒密城（腓尼基）

Ptolemais 托勒密城（埃及底比斯）

Ptolemais 托勒密城（古称巴斯城，昔兰尼）

Ptolemais 托勒密城（阿拉比亚）

Ptolemais 托勒密城（潘菲利亚）

Ptolemies 托勒密王朝诸王

Ptolemy 托勒密（公元前80—前57年，塞浦路斯国王）

Ptolemy Ceraunus 托勒密·塞劳努斯（公元前279年去世，马其顿国王）

Ptolemy（门内乌斯之子、叙利亚马西亚斯和伊图里人的统治者）

Ptolemy（公元22—40年，安东尼和克娄巴特拉之女所生、莫鲁西亚国王）

Ptolemy（绰号"科齐斯"和"帕雷萨克图斯"、来自叙利亚）

Ptolemy Ⅰ Soter 托勒密一世·索特尔（公元前 323—前 285 年，拉古斯之子、托勒密王朝创立者）

Ptolemy Ⅱ Philadelphus 托勒密二世·菲拉德尔福斯（公元前 285—前 247 年）

Ptolemy Ⅲ Euergetes 托勒密三世·奥伊尔格特斯（公元前 247—前 221 年，托勒密王朝国王）

Ptolemy Ⅳ Philopator 托勒密四世·菲洛帕托（公元前 222—前 205 年，托勒密王朝国王）

Ptolemy Ⅴ Epiphanes 托勒密五世·埃皮法尼斯（公元前 222—前 205 年，托勒密王朝国王）

Ptolemy Ⅵ Philometor 托勒密六世·菲洛梅托（公元前 181—前 146 年，托勒密王朝国王）

Ptolemy Ⅶ Euergetes Ⅱ Physcon 托勒密七世·奥伊尔格特斯·菲斯康（公元前 146—前 117 年，托勒密王朝国王）

Ptolemy Ⅷ Lathurus 托勒密八世·拉图鲁斯（公元前 117—前 80 年，托勒密王朝国王）

Ptolemy Ⅸ Auletes 托勒密九世·奥莱特斯（公元前 80—前 58，前 55—前 51 年，托勒密王朝国王）

Ptous. Mt 普托乌斯山（科佩斯湖以北）

Publius Claudius Pulcher 帕布利乌斯·克劳迪乌斯·普尔切（罗马统帅）

Publius Crassus 帕布利乌斯·克拉苏（公元前 131 年，罗马执政官）

Publius Servilius Isauricus 帕布利乌斯·塞尔维利乌斯·伊索里库斯（罗马统帅）

Punic wars 布匿战争（罗马与迦太基之间的战争）

Puteoli 普特奥利城（狄凯阿恰城的罗马名字）

Pydna 皮德纳城（马其顿）

Pygela 皮格拉城（爱奥尼亚）

Pygmies 俾格米人（神话故事，荷马提到的部落）

Pylae 比利（即德摩比利）

Pylaea 比利亚（意为"议会"）

Pylaean 比利亚的（议会的）

Pylaemenes 皮莱梅内斯（传说中的帕夫拉戈尼亚首领）

Pylaeus 皮莱乌斯（神话人物，佩拉斯吉人首领）

Pylaeus. Mt 皮莱乌斯山（莱斯沃斯）

Pylagorae 皮拉戈雷（议会成员，复数）

Pylagoras 比拉戈拉斯（议会成员）

Pylaic 比利的

Pylenê 皮莱内城（埃托利亚）

Pylian 皮卢斯人的

Pylians 皮卢斯人（伯罗奔尼撒皮卢斯城居民）

Pylians 皮卢斯人（特里菲利亚皮卢斯城居民）

Pylon 皮隆（马其顿与伊利里亚边境地区）

Pylus 皮卢斯城（涅斯托尔建立的）

Pylus 皮卢斯城（阿卡迪亚、特里菲利亚或埃莱亚、勒普里提）

Pylus 皮卢斯城（麦西尼亚的）

Pylus 皮卢斯城（伊斯、比萨提斯）

Pyramus. R 皮拉姆斯河（又称 Pyrasus，西里西亚）

Pyraechmes 皮雷赫梅斯（埃托利亚的士兵）

Pyraetheia 皮雷西亚（麻葛的宗教圣地）

Pyraethi 皮雷西人（卡帕多西亚麻葛之中的一个派别）

Pyrasus 皮拉苏斯城（弗西奥蒂斯）

专用名词一览表　　**1643**

Pyrasus. R 皮拉苏斯河（又称 Pyramus，西里西亚）

Pyrenees 比利牛斯山脉（伊比利亚和凯尔特的界山）

Pyrenees 比利牛斯人（比利牛斯山区的居民）

Pyrenees 比利尼斯泉（阿克罗科林斯）

Pyrgetans 皮尔吉人（皮尔吉城居民）

Pyrgi 皮尔吉城（第勒尼亚）

Pyrgi 皮尔吉城（特里菲利亚）

Pyriphlegethon. R 皮里弗莱格松河（意大利）

Pyrrha 皮拉（神话人物，丢卡利翁之妻）

Pyrrha 皮拉角（阿德拉米特内湾）

Pyrrha 皮拉角（色萨利）

Pyrrha 皮拉岛（色萨利沿岸）

Pyrrha 皮拉城（爱奥尼亚）

Pyrrha 皮拉城（色萨利）

Pyrrha 皮拉城（莱斯沃斯岛）

Pyrrhaea 皮拉伊（色萨利古称）

Pyrrhaeans 皮拉人（皮拉城居民）

Pyrrhic dance 皮里库斯舞（战争舞蹈）

Pyrrhicus 皮里库斯（神话人物，战争舞蹈的发明者）

Pyrrhon 皮朗（伊利斯的）

Pyrrhus 皮洛士（迦太基人）

Pythagoras 毕达哥拉斯（约公元前 570—前 495 年，萨摩斯哲学家）

Pythagorean 毕达哥拉斯的

Pythagoreians 毕达哥拉斯派学者（又称 Pythagoreans，毕达哥拉斯学派门徒）

Pythaistae 皮塞斯特人（在哈尔马观察闪电）

Pythangelus 皮桑格卢斯港（阿拉比亚）

Pytheas 皮西亚斯（公元前 4 世纪，马萨利亚的海员和地理学家，其记载过去被斯特拉博认为不可靠，现在认为

是可靠的）

Pythesthai 皮塞斯塞（意为"询问神谕"）

Pythian 皮托的

Pythian Games 皮托竞技会（德尔斐举行）

Pythium 皮托乌姆（阿波罗神庙、阿提卡）

Pytho 皮托（神话中被阿波罗杀死在德尔斐的恶人，Pythons）

Pythodoris 皮托多里斯（波莱蒙一世之妻、本都女王）

Pythodorus 皮托多鲁斯（皮托多里斯女王之父、庞培的朋友、尼萨或特拉莱斯人）

Pytholaus 皮托劳斯角（埃塞俄比亚）

Pytholaus 皮托劳斯石柱（埃塞俄比亚）

Pytna 皮特纳（伊达山）

Pyxus 皮克苏斯（角、港和河，意大利南部）

Quintilius Varus 昆提利乌斯·瓦鲁斯（公元前 13 年执政官，公元 9 年败死）

Quintus Fabius Maximus Aemilianus 昆图斯·费边·马克西穆斯·埃米利安努斯（公元前 145 年执政官，以少胜多打败凯尔特部落）

Quirinal 奎里纳（今为奎里纳莱、罗马）

Quirinal Hill 奎里纳山丘

Ravenna 拉韦纳城（翁布里亚）

Reate 雷特城（萨宾人的）

Recension of the Casket《盒装校订本》

Reclaiming of Helen《要求送还海伦》（索福克勒斯）

Red Sea 红海

Regis Villa 雷吉斯别墅（第勒尼亚地名）

Register of Days Journeys《旅行日记》

Regium 雷吉乌姆城（意大利埃米利安大道）

Remi 雷米（凯尔特部落）

Republic《理想国》（柏拉图著）

Racotisi 拉科提斯村（埃及亚历山大城）

Rhadamanthys《拉达曼提斯》（幼里披底斯的戏剧）

Rhadamanthys 拉达曼提斯（又作 Rhadmanthus，传说中的克里特国王）

Rhadine 拉迪内（科林斯僭主杀死的少女，她的故事被诗人写成了一首诗歌）

Rhaeci 雷齐人（意大利不出名的部落）

Rhaeti 雷提人（雷努斯河畔）

Rhaga 拉加城（又称欧罗普斯，单数米底）

Rhagae 拉加城（多数，米底）

Rhambaeans 拉姆比人（叙利亚部落）

Rhamis 拉米斯（罗马战俘塞西塔库斯之妻）

Rhammanitae 拉姆马尼泰人（阿拉比亚）

Rhamnus 拉姆努斯（阿提卡居民点）

Rhaphia 拉菲亚城（腓尼基）

Rhathenus 拉塞努斯（锡兰内的数学家）

Rhatotes 拉托特斯（帕夫拉戈尼亚人名）

Rhea 瑞亚（希腊女神）

Rhea Silvia 瑞亚·西尔维娅（罗慕洛兄弟之母）

Rhecas 雷卡斯（赫尼奥奇人首领）

Rhegian 雷吉乌姆的

Rhegini 雷吉乌姆人（雷吉乌姆城居民）

Rheginia. R 雷吉尼亚河

Rhegium 雷吉乌姆城（意大利）

Rhegma 雷格马沼泽（西里西亚基德努斯河口附近）

Rheneia 雷尼亚岛（提洛岛附近小岛）

Rhenus. R 雷努斯河（今莱茵河）

Rhesus. R 雷苏斯河（特洛阿德）

Rhetia 雷提亚（神话故事，科里班特斯之母）

Rhine. R 莱茵河

Rhinocolura 里诺科卢拉城（意为"割掉了鼻子的"，埃及附近的腓尼基城市）

Rhipaean. Mt 里佩山（神话中的山脉）

Rhipae 里佩城（又作 Rhipe, Rhipis 荷马提到的无人居住的地方、阿卡迪亚）

Rhipe 里佩城（同上，前者为复数，后者为单数）

Rhipis 里皮斯（又称 Rhipe）

Rhium 里乌姆城（图里亚湾、麦西尼亚人）

Rhium 里乌姆角（科林斯湾、亚该亚）

Rhizo 里佐城（伊利里亚海岸）

Rhizonic. G 里佐湾（伊利里亚海岸）

Rhizophagi 食根者（埃及部落）

Rhizus 里祖斯城（色萨利）

Rhodanus. R 罗达努斯河（今罗纳河、凯尔特）

Rhodaspes 罗达斯佩斯（弗拉特斯四世之子，罗马人质）

Rhodes. I 罗德岛（又称 Rhodia，爱琴海地区）

Rhodians 罗德岛人

Rhodius. R 罗迪乌斯河（特洛阿德）

Rhodope. Mt 罗多彼山（马其顿）

Rhodopis 罗多皮斯（埃及孟斐斯高级妓女多里查）

Rhoduntia 罗登提亚要塞（德摩比利附近）

Rhodus 罗杜斯城（又称罗德岛城，伊比利亚恩波里坦人的）

Rhoe Agathe 罗·阿加特要塞（罗达努

斯河）

Rhoeites. R 罗伊特斯河（特洛阿德）

Rhoetaces. R 罗达塞斯河（居鲁士河
支流）

Rhoeteians 罗泰人（罗泰乌姆居民）

Rhoeteium 罗泰乌姆城（特洛阿德）

Rhombites. R 朗比特河（大小两条河流
汇入梅奥提斯湖）

Rhone 罗纳河（阿奎塔尼人居住地区）

Rhosus 罗苏斯城（叙利亚伊苏斯湾）

Rhoxana 罗克桑娜（又称 Rhoxane，亚
历山大之妻）

Rhyndacus. R 林达库斯河（密细亚）

Rhypes 里佩斯城（亚该亚）

Rhypis 里皮斯（亚该业地名）

Rhytium 里提乌姆城（克里特岛米诺斯
王国）

Rodiae 罗迪伊城（雅皮吉亚的希腊城
市）

Romans 罗马人（最初为罗马城居民，
后为拥有罗马公民权的所有意大
利人）

Rome 罗马城（意大利）

Romulus 罗慕路斯（又作 Remlus 罗马的
建立者）

Romus 罗慕斯（又作 Remus 罗慕路斯
的弟弟）

Roxolani 罗克索兰尼人（又称 Roxola-
nians，西徐亚部落）

Roxolanians 罗克索兰尼人

Rubicon 鲁比孔河（意大利第勒尼亚）

Rucantii 鲁坎提人（凯尔特部落雷提人
的一支）

Ruscino 鲁齐诺河和城市（凯尔特）

Rush 灯芯草

Rush Plain 灯芯草平原（比利牛斯山区）

Ruspinum 鲁斯皮努姆城（利比亚）

Ruteni 鲁特尼人（阿奎塔尼亚部落）

Rutuli 鲁图利人（意大利部落）

Saba 萨巴港（阿拉伯湾）

Sabae 萨比城（阿拉伯湾）

Sabaeans 萨比人（阿拉比亚部落）

Sabaitic 萨巴提（阿拉伯湾的尼罗河口）

Sabata 萨巴塔城（查特拉莫提泰人的，阿
拉比亚）

Sabata 萨巴塔城（意大利北部）

Sabata. L 萨巴塔湖（意大利盖努阿城的
附近）

Sabatorum 萨巴托鲁姆（盖努阿城的
附近）

Sabazius 萨巴齐乌斯（弗里吉亚人的神）

Sabelli 萨贝利人（萨莫奈人的绰号）

Sabine 萨宾人的

Sabine Lands 萨宾人的土地（意大利）

Sabini 萨宾人（意大利部落）

Sabos 萨波斯（阿拉比亚游牧部落国王）

Sabus 萨布斯（印度国王）

Sabyce 萨比斯（乐器名）

Sacae 塞种（又称 Sacesians、Sacians，西
徐亚部落的东支）

Sacae 塞卡伊（卡帕多西亚泽拉城的宗
教节日）

Sacarauli 塞卡劳利人（中亚西徐亚部落）

Sacasene 塞卡塞内（亚美尼亚地名）

Saccopodes 萨科波德人（即阿迪亚贝
纳人）

Sacians 塞种（西徐亚部落的东支）

Sacred Habour 圣港（德尔斐）

Sacred Mouth 圣河口（伊斯特河）

Sadacora 萨达科拉城（卡帕多西亚）

Sagalasseis 萨加拉塞斯人（皮西迪亚部
落）

Sagalassus 萨加拉苏斯要塞（皮西迪亚）

Sagapeni 萨加佩尼人（巴比伦部落）

Sagaris 战斧（西徐亚人的）

Sagi 萨吉（又称 *Sagus*，高卢人的粗糙斗篷）

Sagra. R 萨格拉河（意大利）

Sagrus. R 萨格鲁斯河（意大利）

Saguntum 萨冈图姆城（伊比利亚）

Sagus 萨古斯（高卢人粗糙的斗篷）

Sagylium 萨吉利乌姆要塞（本都卡帕多西亚的）

Saïi 萨伊人（萨摩斯古代居民）

Sais 赛斯城（埃及）

Saitae 赛斯人（埃及）

Saitic 赛斯的

Saitic Nome 赛斯州（埃及）

Salacia 萨拉西亚城（卢西塔尼亚）

Salaminiac 萨拉米湾（伯罗奔尼撒）

Salamis 萨拉米斯城（塞浦路斯）

Salamis 萨拉米斯岛（米尔图姆海）

Salapia 萨拉皮亚城和港口（阿吉利皮尼人）

Salas, R. 萨拉斯河（日耳曼尼亚）

Salassi 萨拉西人（意大利北部部落）

Salda 萨尔达港（利比亚）

Salentia 萨伦提亚（意大利雅皮吉亚地区的一部分）

Salentina 萨伦提纳（参见雅皮吉亚和梅萨皮亚）

Salentine 萨伦提尼的

Salentini 萨伦提尼人（萨伦提亚居民）

Salernum 萨莱努姆城（第勒尼亚）

Salganeus 萨尔加内乌斯（维奥蒂亚人，为波斯船队带路）

Salganeus 萨尔加内乌斯（维奥蒂亚地名）

Sallyes 萨利斯人（凯尔特的希腊部落）

Salmacis 萨尔马齐斯泉（哈利卡纳苏斯）

Salmonê 萨尔莫内城（比萨提斯）

Salmoneus 萨尔莫内乌斯（比萨提斯国王）

Salmonium 萨尔莫尼乌姆角（克里特岛东部）

Salmydessus 萨尔米德苏斯（本都海）

Salo 萨洛港（达尔马提亚海岸）

Salome 撒罗米（犹太王希律的姐妹）

Salon 萨隆城（比希尼亚）

Samaeans 萨梅人（凯法莱尼亚）

Samaria 撒马利亚（犹太地名）

Samariane 萨马里亚内城（中亚）

S0ame 萨梅岛（即萨摩斯岛）

Samian 萨摩斯日（古代萨摩斯波塞冬神庙祭司宣布的停战日）

Samians 萨摩斯人（凯法莱尼亚的萨摩斯人）

Samicum 萨米库姆要塞（又称萨摩斯，特里菲利亚）

Samicum 萨米库姆平原（特里菲利亚）

Samnitae 萨莫奈人（意大利部落）

Samnite 萨莫奈人的

Samnitic 萨莫奈人的

samoi 高地（希腊语）

Samonium 萨莫尼乌姆角（克里特东部海岬）

Samonium 萨莫尼乌姆（特洛阿德平原）

Samos 萨摩斯岛（爱琴海）

Samos 萨摩斯岛（爱奥尼亚）

Samos 萨摩斯城（萨摩斯岛）

Samosata 萨摩萨塔城（科马吉尼）

Samothrace 萨莫色雷斯岛（爱琴海）

Samothracian 萨莫色雷斯的

Samothracians 萨莫色雷斯人

Sampsiceramus 桑普西塞拉姆斯（叙利亚部落酋长）

Samus 萨姆斯（即萨摩斯）

专用名词一览表 *1647*

Sanaus 萨瑙斯城（弗里吉亚·埃皮克特图斯）

Sandalium 桑达利乌姆要塞（皮西迪亚）

Sandaracurgium. Mt 桑达拉库尔吉乌姆山（帕夫拉戈尼亚）

Sandobanes 桑多巴尼斯河（古阿尔巴尼亚）

Sandon 桑登（雅典诺多罗斯之父）

Sandracae 桑德拉吉（大流士的宫廷）

Sandrocottus 桑德罗科图斯（印度国王）

Sandyx 桑迪克斯（砷矿）

Sane 萨内城（帕莱恩半岛地峡）

Sangarius. R 桑加利乌斯河（小亚细亚）

Sangia 桑吉亚村（小亚细亚）

Sanisene 萨尼塞内（帕夫拉戈尼亚西部地名）

Sanni 桑尼人（卡帕多西亚本都部落）

Santoni 桑托尼人（阿奎塔尼亚部落）

Saocondarius 扫康达利乌斯（加拉提亚统治者）

Sapaean 萨佩伊人的

Sapaei 萨佩伊人（色雷斯部落）

Saperdes 萨珀德斯（地名）

Saphnioeis 萨弗尼奥伊斯城（即佩达苏斯，特洛阿德）

Sapis. R 萨皮斯河（意大利）

Sappho 萨福（公元前 7 世纪，米蒂利尼女诗人）

Sapra. L 萨普拉湖（特洛阿德的阿斯提拉附近）

Saramene 萨拉梅内（卡帕多西亚地区名）

Saraostus 萨劳斯图斯（印度小国名）

Sarapana 萨拉帕纳要塞

Saraparae 萨拉帕雷人（色雷斯人）

Sarapis 萨拉皮斯（埃及的神）

Sarapium 萨拉皮乌姆（萨拉皮斯的神庙，埃及亚历山大城）

Saravene 萨拉维内（卡帕多西亚）

Sardanapallus 萨尔达纳帕卢斯（亚述末王）

Sardeis 萨迪斯城（又作 Sardis，吕底亚首府）

Sardes 萨迪斯城（又作 Sardeis，吕底亚首府）

Sardinia 撒丁岛（又称萨多岛，地中海）

Sardinian 撒丁的

Sardinian Sea 撒丁海

Sardo 萨多（采石场）

Sardo 萨多岛（即撒丁岛，地中海）

Sareisa 萨奈萨城（美索不达米亚）

Sargarausene 萨加劳塞内（卡帕多西亚地名）

sarissa 马其顿长矛

Sarmatae 萨尔马提亚人（又称 Sarmatians，梅奥提斯湖畔游牧部落）

Sarmatian 萨尔马提亚人的

Sarmatians 萨尔马提亚人（又称 Sarmatae，梅奥提斯湖畔游牧部落）

Sarnius. R 萨尔尼乌斯河（亚细亚）

Sarnus. R 萨尔努斯河（坎帕尼亚）

Saronic 萨罗尼亚的

Saronic. G 萨罗尼亚湾（即萨拉米斯湾）

Saronic. S 萨罗尼亚海（即萨拉米斯湾）

Sarpedon 萨耳珀冬角（色雷斯）

Sarpedon 萨耳珀冬（神话人物，宙斯之子、克里特人首领）

Sarpedon 萨耳珀冬角（西里西亚）

Sarpedon 萨耳珀冬（叙利亚国王德米特里的统帅）

Sarpedonian 萨耳珀冬的

Sarsina 萨尔西纳城（翁布里亚人）

Sarus. R 萨鲁斯河（卡帕多西亚）

Sason 萨松岛（正对着伊利里亚）

Satalca 萨塔尔卡城（美索不达米亚戈尔迪亚）

Satnioeis. R 萨特尼奥伊斯河（特洛阿德）

Satnius 萨特尼乌斯（神话人物，俄诺普斯之子）

Satyri 萨蒂里（狄奥尼索斯的同伴，举行秘密仪式者）

Satyrium 萨蒂利乌姆（意大利塔拉斯地名）

Satyrs 萨蒂罗斯（希腊森林之神，好色之徒）

Satyrus 萨蒂鲁斯（博斯普鲁斯莱夫科王朝的统治者之一）

Saunitae 索尼泰人（意大利萨莫奈部落）

Sauromatae 索罗马提人（又称 Sauromatians，本都西徐亚部落）

Sauromatians 索罗马提人

Saus. R 索斯河（伊斯特河支流）

Savious 救世主

Scaean Getes 斯凯安门（特洛阿德）

Scaean Wall 斯凯安长城（色雷斯）

Scaeans 斯凯安人（色雷斯部落）

Scaeus 斯凯乌斯河（色雷斯）

Scamander. R 斯卡曼德河（西西里）

Scamander. R 斯卡曼德河（特洛阿德）

Scamanderian. P 斯卡曼德平原（特洛阿德）

Scamanderius 斯卡曼德里乌斯（神话人物，赫克托耳之子）

Scandaria 斯坎达里亚角（又称 Scandarium，科斯）

Scandarium 斯坎达里乌姆（科斯）

Scardo 斯卡尔多城（马其顿）

Scardus 斯卡杜斯城（利布尔尼亚）

Scarphe 斯卡菲城（维奥蒂亚）

Scarpheia 斯卡菲亚城（洛克里斯）

Scarphia 斯卡菲亚城（希腊）

Scarphians 斯卡菲亚人（洛克里斯）

Scarthon 斯卡通河（特洛阿德）

Scaurus, Marcus Aemilian 斯考鲁斯，马可·埃米利安（公元前 163—前 80 年，罗马建筑家，埃米利安大道的建筑者）

Sceiron 谢隆（神话人物、阿提卡的强盗）

Sceironian Rocks 谢隆礁

Scenae 锡尼城（美索不达米亚）

Scenitae 锡尼人（锡尼城居民、阿拉比亚游牧部落）

Scepsia 锡普西亚城（特洛阿德）

Scepsian 锡普西斯的

Scepsian 锡普西斯人（锡普西亚居民）

Scepsis 锡普西斯城（特洛阿德）

sceptuchi 锡普图奇（持节杖者）

Schedia 谢迪亚城（埃及）

Schedius 谢迪乌斯（神话人物，福西亚人的首领）

Schedieium 谢迪伊乌姆（谢迪乌斯的陵墓）

Scheria 谢里亚岛（卡利马科斯对克基拉的称呼）

Schoeni 斯科尼（波斯长度单位，复数）

Schoenus 斯科努斯（波斯长度单位，单数、1 斯科努斯＝30 斯塔德）

Schoenus 斯科努斯港（萨罗尼湾）

Schoenus 斯科努斯河（维奥蒂亚）

Sciathos 夏托斯岛（马格尼西亚）

Scilluntia 西伦提亚城（特里菲利亚）

Scillus 西卢斯（皮卢斯平原）

Scilurus 西卢鲁斯（西徐亚部落首领帕拉库斯之父）

Scingomagus 辛戈马古斯城（凯尔特与伊比利亚的分界线）

Scione 斯基奥尼城（帕莱恩半岛）

Scipio Africanus 西庇阿·阿非利加努斯

（公元前 237 年生，罗马统帅，第一
个获得阿非利加努斯绰号的政治活动
家）

Scipio Gaius 西庇阿（罗马统帅）

Scipio 西庇阿（公元前 46 年去世，罗
马统帅）

Scipio Aemilianus 西庇阿·埃米利亚努
斯（公元前 185 年生，罗马统帅）

Scira 斯基拉（阿提卡地名）

Sciras 斯基拉斯（萨拉米斯古称）

Scirones 斯基罗内（西风和西北风）

Scironian 斯基罗礁（阿提卡）

Scirophorion 斯基洛弗里昂节（阿提卡
月名，纪念斯基鲁斯）

Scirus 斯基鲁斯（神话人物、阿提卡的
强盗）

Scoleces 蠕虫

Scollis. Mt 斯科利斯山（又称 Scollium，
迪梅人、特里提亚人和埃莱亚人的领
土，荷马称为奥莱努斯礁）

Scollis. Mt 斯科利斯山（伊利斯）

Scolus 斯科卢斯城（奥林图斯附近）

Scolus 斯科卢斯村（维奥蒂亚基塞龙
山麓）

scolymi 马小茴香

Scombraria 斯康布拉里亚岛（新迦太基）

Scopas 斯科帕斯（公元前 4 世纪，帕罗
斯的雕刻家）

Scordiscan Galatae 斯科迪斯齐的加拉泰人

Scordisci 斯科迪斯齐人（又称 Scordis-
tae，凯尔特部落）

Scordistae 斯科迪斯泰人（又称 Scordisci）

Scotussa 斯科图萨城（色萨利）

Scultenna 斯库尔坦纳河（意大利）

Scydises. Mt 西迪塞斯山脉（托罗斯山
脉分支）

Scylacium 斯库拉齐乌姆城（即斯库莱

提乌姆，意大利）

Scylax. R 西拉克斯河（本都）

Scylax 西拉克斯（公元前 6 世纪，卡里
安达的航海家、地理家和历史学家）

Scylla 斯库拉（神话人物，尼苏斯之女）

Scylla 斯库拉（海中的怪物和漩涡、西
西里）

Scyllaeum 斯库拉角（阿尔戈斯）

Scyllaeum 斯库拉礁石（又称 Scyllaean.
R，西西里海峡）

Scylletic 斯库莱提的、斯库莱提湾（意
大利）

Scylletium 斯库莱提乌姆（雅典人在意
大利的殖民地）

Scyrian 斯基罗斯的

Scyros 斯基罗斯岛（马格尼西亚）

Scythia 西徐亚（泛指古代欧亚大草原游
牧部落）

Scythian 西徐亚的

Scythians 西徐亚人（欧亚大草原游牧
部落）

Scythopolis 西徐托波利斯（犹太地名）

Seal. I 海豹岛（阿拉比亚）

Sebaste 塞巴斯特城（即狄奥斯波里斯
城，皮托多里斯所改）

Sebaste 塞巴斯特城（撒马利亚，犹太
地名）

Sebennytic 塞本尼提的（埃及）

Segeda 塞格达（伊比利亚）

segesama 塞格萨马城（伊比利亚）

Segestes 塞格斯特斯（切鲁斯齐人、亚
美尼乌斯的岳父）

Segestica 塞格斯提卡城（潘诺尼亚）

Segimerus 塞吉梅鲁斯（塞西塔库斯之父）

Segimuntus 塞吉蒙图斯（塞格斯特斯之
子、切鲁斯齐人首领）

Segobriga 塞戈布里加城（伊比利亚）

Segusiavi 塞古西亚维人（凯尔特部落）

Seilenus 塞莱努斯（神话人物，多里奥内斯之子）

Seiris 西里斯（意大利地名）

Selene 塞勒涅（月神）

Selene 塞勒涅港（月亮港）

Selene Ceopatra 塞勒涅·克娄巴特拉（埃及女王，被提格兰所杀）

Seleuceia 塞琉西亚城（赫迪丰河畔）

Seleuceia 塞琉西亚城（卡利卡德努斯河畔）

Seleuceia 塞琉西亚城（叙利亚奥龙特斯河畔）

Seleuceia 塞琉西亚城（底格里斯河）

Seleuceia 塞琉西亚要塞（两河流域）

Seleuceians 塞琉西亚人（底格里斯河畔塞琉西亚城居民）

Seleucis 塞琉西斯（叙利亚地名）

Seleucus 塞琉古（公元前 2 世纪，巴比伦迦勒底部落的天文学家）

Seleucus Callinicus 塞琉古·卡利尼库斯（公元前 246—前 226 年，塞琉西王朝国王）

Seleucus Ⅰ Nicator 塞琉古一世·尼卡托（公元前 312—前 280 年，塞琉西王朝创立者）

Seleucus Ⅳ Philopator 塞琉古一世·菲洛帕托（公元前 187—前 175 年，叙利亚国王）

Selge 塞尔格城（皮西迪亚人的）

Selgeis 塞尔格人（又称 Selgians，皮西迪亚部落之一）

Selgessus 塞尔格苏斯城（萨加拉苏斯城别名）

Selgians 塞尔格人

Selgic 塞尔格的

Selinuntius 塞利农提乌斯城市与河流（西

里西亚）

Selinuntius 塞利农提乌斯城市与河流（西西里）

Selinuntius 塞利农提乌斯河（亚该亚）

Selinuntius 塞利农提乌斯河（伊利斯）

Selinuntius 塞利农提乌斯河（以弗所）

Selinuntius 塞利农提乌斯（奥罗比亚）

Selinus. L 塞利努斯湖（凯斯特河口）

Selinus. R 塞利努斯河（亚该亚）

Selinus. R 塞利努斯河（伊利斯）

Selinus. R 塞利努斯河（以弗所附近）

Selinus. R 塞利努斯河和城（西西里）

Selinusia. L 塞利努西亚湖（以弗所）

Sellans 塞拉人（多多纳部落）

Selleeis 塞勒埃斯河（亚该亚）

Selleeis 塞勒埃斯河（特洛阿德）

Selleeis 塞勒埃斯河（伊利斯）

Selli 塞利人（居住在多多纳圣所附近的部落）

Selurus 塞卢鲁斯（西西里的牧人、强盗）

Selybria 塞里布里亚城（普罗庞提斯）

Selys 塞吕斯（塞里布里亚城的建立者）

Sema 塞麻（托勒密王宫的国王墓地）

Sembritae 塞姆布里泰人（意为"外国人"，埃及逃亡者）

Semiramis 塞米拉米斯（希腊传说中尼努斯国王之妻，巴比伦城的建立者）

Semnones 塞姆诺内人（苏伊维部落）

Sena 塞纳（翁布里亚）

Senate 参议院（罗马）

Senones 塞农人（凯尔特部落）

Sentinum 森提努姆山（翁布里亚）

sepia 乌贼

Sepias 塞皮亚斯城（马格尼西亚）

Sepias 塞皮亚斯角（色萨利）

Sepius 塞皮乌斯城（即西普斯城，得名

于乌贼，意大利南部）

Septempeda 塞坦皮达城（皮森提尼人）

Sequana. R 塞卡纳河（凯尔特）

Sequani 塞卡尼人（凯尔特部落）

Seraspadanes 塞拉斯佩达斯（弗拉特斯四世之子，罗马人质）

Seres 塞里斯人（一般认为是我国西北部地区古代居民）

Serguntia 塞尔冈提亚城（伊比利亚）

Seri 塞里人（又称 Seres）

Serica 塞里卡（用比苏斯制成的纺织品或丝织品）

Seriphians 塞里福斯人（塞里福斯岛居民）

Scriphos 塞里福斯岛（基克拉泽斯群岛之一）

Serrhium 塞里乌姆（今马克里角、色雷斯）

Sertorius 塞多留（公元前 72 年阵亡，罗马统帅）

Servilius Isaurlcus 塞尔维利乌斯·伊索里库斯（罗马统帅、斯特拉博的朋友）

Servius 塞尔维乌斯·图利乌斯（神话故事、罗马国王）

Sesamus 塞萨姆斯（阿马斯特里斯城的一个区）

Sesarethii 塞萨雷提人（参见恩克利人，伊庇鲁斯部落）

Sesithacus 塞西塔库斯（切鲁斯齐人）

Sesostris 塞索斯特里斯（公元前 1333 年，埃及国王拉美西斯二世）

Sethroite Nome 塞斯罗伊特州（又称 Sethroiyte，埃及）

Sestias 塞斯提亚斯角（色雷斯）

Sestus 塞斯图斯城（色雷斯的切尔松尼斯）

Setabis 塞塔比斯城（伊比利亚）

Sete 塞特（又称 Seth，埃及的战神和保护神）

Setia 塞提亚城（拉丁姆）

Setinian 塞提亚的（拉丁姆）

Setium 塞提乌姆山（加拉提亚湾）

Seusamora 修萨莫拉要塞（高加索）

Seuthes 修塞斯（奥德里塞人的国王）

Seven Wonders of the World 世界七大奇迹（古希腊人对金字塔、法罗斯灯塔巴比伦城墙、空中花园等著名建筑的称号）

Seven Wise 希腊七贤

Sextian 塞克斯都的（马萨利亚附近的温泉）

Sextus 塞克斯都城（恩披里柯）

Sextus Pompeius 塞克斯都·庞培（大庞培之子）

Sextus Titus 塞克斯都·提图斯（凯撒派驻努米底亚的统治者）

shell-creatures 甲壳类动物（尼罗河）

Shoals 肖尔斯（意为"浅滩"）

Sibae 西贝人（印度部落）

Sibini 西比尼人（日耳曼部落）

Sibyl 西比尔（又作 Sibylla，古代埃利色雷的女巫）

Sicani 西卡尼人（西西里部落）

Siceli 西塞利人（意大利南部和西西里部落）

Sicilia. I 西西里岛（又作 Sicily，意大利端附近海岛）

Sicilian 西西里的

Sicilian. S 西西里海（地中海一部分）

Sicilian. Str 西西里海峡

Sicilians 西西里人（西西里岛居民）

Siciliotes 西西里古希腊城邦移民

Sicinos 西齐诺斯岛（克里特海）

Sickle 镰刀

Sicyon 西锡安城（伯罗奔尼撒半岛）

Sicyonia 西锡安尼亚（伯罗奔尼撒半岛）

Sicyonians 西锡安尼亚人（西锡安尼亚居民）

Side 锡德城（潘菲利亚的殖民地）

Side 锡德要塞（锡德内）

Sidene 锡德内城（特洛阿德）

Sidene 锡德内（卡帕多西亚地名）

Sidicini 西迪齐尼人（意大利奥西人部落）

Sidicinum 西迪齐努姆城（西迪齐尼人的、拉丁姆）

Sidon 西顿城（腓尼基）

Sidoni 西多尼人（又称 Sidonians，巴斯塔尼亚部落一支）

Sidonians 西顿人（西顿城居民）

Siga 西加城（利比亚的马塞西利亚地区）

Sigeian 西盖乌姆的（特洛阿德）

Sigeium 西盖乌姆城和海角（特洛阿德）

Sigelus 西格卢斯纪念碑（意为"沉默的纪念碑"、奥罗普斯）

Sigerdis 西格尔迪斯（印度小国名）

Sigia 西吉亚（特洛阿德亚历山大城原名）

Siginni 西金尼人（亚细亚的部落）

Sigmia 西格尼亚城（拉丁姆）

Signine 西格尼亚的

Sigriane 西格里亚内（米底地名）

Sigrium. P 西格里乌姆角（莱斯沃斯岛）

Sila 西拉（布雷提的森林）

Silaceni 西拉塞尼人（巴比伦部落）

Silanus 西拉努斯（罗马历史学家）

Silaris. R 西拉里斯河（意大利坎帕尼亚）

Silas. R 西拉斯河（印度）

Sileni 西莱尼（神话故事的魔鬼，狄奥尼索斯的同伴）

Silenus 西莱努斯（神话人物，多利昂之父）

Silli 希利（意为"讽刺诗"）

Silphium 罗盘草（指南菊属）

Silta 西尔塔（小亚细亚地名）

Silurus 西卢鲁斯（尼罗河鱼类）

Silver. Mt 银山（伊比利亚）

Silvium 西尔维乌姆城（普斯提人的）

Simi 西米人（埃塞俄比亚部落）

Simmias 西米亚斯（约公元前 300 年，罗德岛语法学家）

Simodia 西莫迪亚（意为"松散的诗歌"）

Simoeis. R 西莫伊斯河（西西里）

Simoeis. R 西莫伊斯河（特洛阿德）

Simoeisian 西莫伊斯平原（特洛阿德）

Simonides 西莫尼德斯（公元前 556—前 468 年，凯奥斯岛抒情诗人）

Simonides 西莫尼德斯（公元前 7 世纪，阿莫尔戈斯岛抑扬格诗人）

Simuntian 西蒙提亚人的（特洛伊城）

Simus 西姆斯（马格尼西亚抒情诗人）

Simus 西姆斯（科斯岛医生）

Simyra 西米拉（塞琉西亚地名）

Sinda 辛达城（皮西迪亚）

Sindi 辛迪人（辛梅里安博斯普鲁斯地区部落）

Sindic 辛迪人的

Sindice 辛迪斯（博斯普鲁斯地区名）

Sindomana 辛多马纳城（印度）

Singitic. G 辛吉蒂克湾（马其顿）

Singus 辛古斯城（辛吉蒂克湾）

Sinna 辛纳要塞（黎巴嫩山顶峰）

Sinnaca 辛纳卡城（美索不达米亚）

Sinope 锡诺普城（博斯普鲁斯）

Sinopean 锡诺普的

Sinopaeans 锡诺普人（又称 Sinopians，锡诺普城居民）

Sinopians 锡诺普人

Sinopis 锡诺皮斯（小亚细亚锡诺普地区）

Sinopitis 锡诺皮提斯（哈利斯河口）

Sinoria 锡诺里亚要塞（亚美尼亚）

Sinotium 西诺提乌姆城（老城和新城、达尔马提亚）

Sinti 辛提人（即 Sinties，色雷斯部落）

Sinties 辛提埃斯人（荷马提到的色雷斯部落）

Sinuessa 锡纽萨城（意大利拉丁姆）

Sinus 锡努斯（意为"海湾"）

Sinus 锡努斯城（萨拉皮亚附近）

Siphnian 锡弗诺斯的

Siphnos 锡弗诺斯岛（克里特海）

Sipus 西普斯城（狄俄墨得斯建立的）

Sipylene 西皮莱内（瑞的另一个名字）

Sipylus 西皮卢斯山（弗里吉亚）

Sipylus 西皮卢斯城（吕底亚）

Siracene 西纳塞内（亚马孙地区）

Siraces 西拉齐人（又称 Siraci，梅奥提斯湖与里海之间的部落）

Siraci 西拉齐人（又称 Siraces）

Sirbis. R 希尔比斯河（即桑索斯河、吕西亚）

Sirbonis. L 西波尼斯湖（腓尼基）

Sirens 塞壬（礁石）

Sirens 塞壬（女神）

Sirens 塞壬（又作 Sirenes，海岛）

Sirenussae 西雷努塞角（坎帕尼亚）

Sirenussae 西雷努塞岛（波塞冬湾）

Siris 西里斯城与河（莱夫卡尼亚）

Sirmium 西尔米乌姆城（今密特罗维查，潘诺尼亚）

Sirra 西拉（林塞斯泰人统治者阿拉比乌斯之女）

Sisapo 西萨珀（老城与新城、图尔德塔尼亚）

Siscia 西希亚要塞（潘诺尼亚）

Sisimithres 西西米特雷斯要塞（巴克特里亚）

Sisines 西西内斯（卡帕多西亚卡德拉城的统治者）

Sisis 西西斯（安提帕特之父）

Sispheium 西西菲乌姆（神庙或宫廷）

Sisyphus 西西弗斯（阿克罗科林斯的神庙或宫廷）

Sisyrbe 西西尔贝（神话故事，亚马孙人的名字）

Sisyrbitae 西西尔贝人（某些以弗所人的名字）

Sitacene 西塔塞内城（即阿波罗尼亚提斯）

Sithones 西索内人（色雷斯埃多尼人部落）

Sittaceni 西塔塞尼人（梅奥提斯人一支）

smaragdus 祖母绿（埃及）

Smintheus 斯明西乌斯（特洛阿德村庄和神庙名）

Sminthi 斯明西（意为"老鼠"，特洛阿德的村庄和阿波罗神庙）

Sminthia 斯明西亚（特洛阿德地名）

Sminthian 斯明西亚的（特洛阿德）

Sminthium 斯明两乌姆村（特洛阿德）

Sminthium 斯明西乌姆神庙（特洛阿德）

Smirna 士麦拿城（神话故事，亚马孙人的）

Smyrna 士麦拿城（从前的以弗所、爱奥尼亚）

Smyrna 士麦拿城（以弗所城一个不确定的地方）

Smyrnaeans 士麦拿人（爱奥尼亚士麦拿城居民）

Soandum 索安杜姆城（卡帕多西亚）

Soanes 索恩人（高加索山区部落）

Soatra 索特拉城（利考尼亚）

Socrates 苏格拉底（公元前 399 年去世，雅典哲学家）

Socratic 苏格拉底学派的

Sodom 所多玛城（犹太地区）

Sogdiana 粟特（中亚）

Sogdiani 粟特人（粟特居民）

Sogdianians 粟特人（粟特居民）

Soli 索利城（西里西亚）

Solima. Mt 索利马山（吕西亚）

Solmissus. Mt 索尔米苏斯山（以弗所附近）

Soloce 索罗斯城（即赫迪丰河畔的塞琉西亚）

Solon 梭伦（雅典）

Solyma. Mt 索利马山（吕西亚）

Solymi 索利米人（吕西亚部落）

Solymus. Mt 索利姆斯山（弗里吉亚）

Sopeithes 索佩塞斯（印度统治者）

Sophax 索法克斯（利比亚的马塞西利亚国王）

Sophene 索费内（大亚美尼亚地名）

Sophenian 索费尼的

Sophenii 索费尼人（索费内居民）

Sphixes 斯芬克斯（大狒狒）

Sophocles 索福克勒斯（公元前 496—前 406 年，科洛尼的悲剧诗人）

Sora 索拉城（意大利阿丁姆）

Soracte. Mt 索拉克特山（意大利）

sorceress 女巫

Sorrentine 索伦提内（意大利坎帕尼亚地名）

Sosicrates 索西克拉特斯（罗德岛的历史学家）

Sossinati 索西纳提人（撒丁岛部落）

Sostratus 索斯特拉图斯（尼多斯的工程师，法罗斯灯塔建造者）

Sostratus 索斯特拉图斯（尼萨的语言学家）

Sotades 索塔德斯（公元前 280 年，马隆的诗人）

Soteira 索泰拉港（阿拉伯湾）

Southern Sea 南海（地中海的）

Spadines 斯巴迪尼斯（奥尔西人的国王）

Span 磔、指距（长度单位，相当于拇指与食指伸开的长度）

Sparta 斯巴达城（伯罗奔尼撒半岛）

Spartans 斯巴达人（斯巴达居民，参见拉克代蒙人）

Spartarian Plain 大米草平原（伊比利亚）

Spartiatae 斯巴达人（斯巴达的统治阶级）

Spercheius. R 斯珀凯乌斯河

Spercheius 斯珀凯乌斯（梅内斯提乌斯之父）

Spermophagi 食种子者（埃及部落）

Sphacteria. I 斯法克特里亚岛（又称 Sphagia，麦西尼亚皮洛斯城附近）

Sphagia 斯法吉亚岛（又称斯法克特里亚岛，麦西尼亚）

Sphettus 斯费图斯城（阿提卡）

Sphinx 斯芬克斯（埃及狮身人面像）

Sphragides 斯弗拉基德斯（喜帕恰斯划分世界各地的单位）

Spina 斯皮纳城（意大利韦纳附近）

Spinetae 斯皮纳人（又称 Spinitae，斯皮纳城居民）

Spitamenes 斯皮塔梅尼斯（中亚部落反亚历山大首领）

Spledon 斯普莱登城（维奥蒂亚）

Spoletium 斯波莱提乌姆城（意大利弗拉米尼乌斯大道右边）

Sporades 斯波拉德斯群岛（希腊）

Sramanes 沙门（印度佛教僧侣称呼）

Stadia 斯塔迪亚岛（罗德岛原名）

Stadium 斯塔德（古希腊罗马长度单位，相当于今 607 英尺）

Stageira 斯塔盖拉城（又作 Stageirus，亚里士多德故乡）

Staphylini 斯塔费里尼（埃及的植物，可能是胡萝卜或欧防风属植物）

Staphylus 斯塔菲卢斯（诺克拉提斯城历史学家）

Stasanor 斯塔萨诺（亚历山大的将领之一、塞浦路斯索利城人）

Statanian 斯塔塔尼亚的（意大利）

staphylini 胡萝卜或欧洲防风草（植物）

Statonia 斯塔托尼亚城（意大利）

Steiria 斯泰里亚（阿提卡居民点）

Steirians 斯泰里亚人（阿提卡）

Stenyclarus 斯特尼克拉鲁斯城

Stephane. L 斯蒂芬湖（本都）

Stephanus 斯蒂芬（拜占庭历史学家）

Sterope 斯特罗普（多里劳斯之妻）

Stesichorus 斯特西科罗斯（公元前 600 年，诗人）

Stesimbrotus 斯特辛布罗图斯（约公元前 460 年，塔索斯的作家）

Sthenelus 斯塞内卢斯（珀尔修斯之子）

Sthenis 斯塞尼斯（雕刻家）

stibi 斯提比（美眉用的黑色颜料）

Stobi 斯托比城（马其顿）

Stoechades 斯托查德斯群岛（凯尔特沿岸附近）

Stoic 斯多葛派的

Stoics 斯多葛派学者

Stomalimne 斯托马林内沼泽（凯尔特）

Stomalimne 斯托马林内湾（特洛阿德）

Stomalimne 斯托马林内村（科斯岛）

Stoni 斯托尼人（利古里亚阿尔卑斯部落）

Stony Plain 斯托尼平原（利古里亚）

Storas 斯托拉斯河（意大利）

Stratarchas 斯特拉塔尔卡斯（多里劳斯之子）

Stratie 斯特拉提伊城（阿卡迪亚）

Stratius 斯特拉提乌斯（阿卡迪亚）

Strato 斯特拉托（腓尼基的塔楼）

Strao 斯特拉托（本都阿米苏斯的僭主）

Strao 斯特拉托（公元前 3 世纪，逍遥派哲学家首领，兰普萨库斯人）

Strato. I 斯特拉托岛（阿拉伯湾）

Stratocles 斯特拉托克利斯（公元前 425 年，雅典统帅）

Stratocles 斯特拉托克利斯（罗德岛哲学家）

Straton 斯特拉顿（公元前 1 世纪，本都阿米苏斯城僭主）

Straton 斯特拉顿（公元前 3 世纪，兰普萨库斯逍遥派哲学家首领）

Stratonice 斯特拉托尼斯（欧迈尼斯之妻，阿塔罗斯之母）

Stratoniceia 斯特拉托尼西亚城（卡里亚）

Stratoniceia 斯特拉托尼西亚城（托罗斯山脉附近）

Stratoniceians 斯特拉托尼西亚人（斯特拉托尼西亚城）

Stratonicus 斯特拉托尼库斯（音乐教师）

Stratos 斯特拉托斯城（后称迪梅，亚该亚）

Stratus 斯特拉图斯城（阿卡纳尼亚，阿谢洛奥斯河畔）

Strombichus 斯特龙比科斯（雅典使团的首领狄奥提姆斯之父）

Strongyle 斯特隆吉尔岛（利帕里群岛之一）

Strophades 斯特罗法德斯岛（麦西尼亚

附近）

Struthophagi 斯特鲁托法吉人（食鸟者，埃塞俄比亚部落）

Strymon. R 斯特雷蒙河（马其顿）

Strymonic 斯特雷蒙湾（爱琴海）

Stubara 斯图巴拉城（德里奥普人的，埃里贡河旁）

Studies in Declamation《演说术研究》（厄拉多塞）

Stymphalian. L 斯蒂姆法卢斯湖（阿卡迪亚）

Stymphalians 斯蒂姆法卢斯人（斯蒂姆法卢斯城居民）

Stymphalides 斯蒂姆法利德斯（斯蒂姆法卢斯湖的鸟名）

Stymphalus 斯蒂姆法卢斯城（阿卡迪亚）

Styra 斯提拉城（埃维亚岛）

Styrax 帽饰（阿拉比亚人的）

Styx 冥河（神话故事，罗德岛）

Styx 斯提克斯水（阿卡迪亚的小河）

Suchus 苏库斯（埃及的神圣鳄鱼）

Sucro. R 苏克罗河（伊比利亚）

Sudinus 苏迪努斯（巴比伦迦勒底部落的数学家）

Suessa 苏伊萨城（意大利沃尔西人的）

Suessa 苏伊萨城（意大利庞培重建的）

Suessiones 苏伊西奥内人（凯尔特部落）

Suessula 苏伊苏拉城（坎帕尼亚）

Suevi 苏伊维人（雷努斯河沿岸最强大的日耳曼部落）

Sugambri 苏冈布里人（雷努斯河畔）

Sugambrian 苏冈布里人的

Suidas 修达斯（公元前 3 世纪，色萨利历史学家）

Sulchi 苏尔奇城（撒丁岛）

Sulgas 苏尔加斯河（凯尔特）

Sulla 苏拉（公元前 138—前 78 年，罗

马统帅）

Sulmon 苏尔蒙城（意大利）

Sunium 苏尼乌姆（阿提卡居民点）

Sunium 苏尼乌姆角（阿提卡）

Suppliants《请愿者》（埃斯库罗斯）

Surena 苏林（消灭克拉苏大军的帕提亚将领）

Surrentum 苏伦图姆城（坎帕尼亚人的）

Susa 苏萨城（伊朗西南部，古波斯帝国都城之一）

Susian 苏萨的

Susiana 苏西亚纳（古代伊朗西南部地区）

Susians 苏萨人（苏萨城居民）

Susis 苏西斯（即苏西亚纳）

Sutrium 苏特里乌姆城（意大利）

Syangela 西安格拉城（勒勒吉人城市，佩达西斯）

Sybaris 锡巴里斯城（意大利南部）

Sybaris 锡巴里斯（意大利锡巴里斯城地区）

Sybaris. R 锡巴里斯河（意大利）

Sybaris 锡巴里斯城（亚该亚人的）

Sybarites 锡巴里斯人（锡巴里斯城居民）

Sybaritae 西巴里泰人（第勒尼亚海边）

Sybota 西波塔岛（伊庇鲁斯沿岸）

Sycaminopolis 西卡米诺波利斯城（意为“桑树城”，腓尼基）

Sycaminus 桑科植物

Sycomorus 聚果榕

Sycum 无花果

Sydracae 西德拉凯人（印度）

Syene 赛伊尼（埃及，今阿斯旺）

Syes 赛伊斯人（维奥蒂亚部落旧称）

Syllaeus 西利乌斯（公元前 1 世纪，纳巴泰人的统治者）

专用名词一览表 1657

Syllium 西利乌姆城（潘菲利亚）

Syloson 西洛松（公元前 6 世纪，萨摩斯僭主）

Symaethus. R 西米图斯河（西西里）

Symbace 辛巴斯（米底）

Symbolon Limen 辛波伦港（信号港）

Symbri 辛布里人（意大利）

Syme 希梅岛（卡里亚附近）

Symplegades 辛布里加德斯礁（又称基亚尼礁、黑海入口处）

Sinda 辛达城（皮西迪亚）

Syndi 辛迪人

Syndic 辛迪斯或辛迪人的（辛梅里安的博斯普鲁斯地区）

Synnada 辛纳达城（弗里吉亚）

Synnadic 辛纳达的（大理石产地）

Synod 宗教集会（印度）

Syracusans 锡拉库萨人（锡拉库萨城居民）

Syracuse 锡拉库萨城（又译作叙拉古，意大利西西里岛）

Syria 叙利亚（亚细亚的）

Syria 叙利亚（荷马对锡罗斯岛的称呼）

Syrians 叙利亚人（叙利亚居民）

Syrmus 西尔姆斯（特里巴利人的国王）

Syros 锡罗斯岛（基克拉泽斯群岛之一）

Syrtis 西尔提湾（利比亚）

Syrtis, Graet 大西尔提湾

Syrtis, Little 小西尔提湾（利比亚）

Syrus 叙鲁斯人（阿提卡对叙利亚出身的奴隶称号）

Syspiritis 西斯皮里提斯（亚美尼亚地名）

Tabae 塔贝城（大弗里吉亚）

Tabene Plain 塔贝平原（吕底亚）

Taenarian 泰纳里亚的（泰纳鲁姆角附近地名）

Taenarum 泰纳鲁姆角（拉科尼亚）

Tagus. R 塔古斯河（凯尔特伊比利亚）

Talabroce 塔拉布罗斯城（希尔卡尼亚）

Talaemenes 塔利梅尼斯（梅奥尼人首领）

Talares 塔拉雷人（色萨利）

talent 塔兰特（古代重量单位）

Tamarum 塔马鲁姆（印度地名）

Tamassus 塔马苏斯城（塞浦路斯）

Tamna 坦纳城（卡塔巴尼亚人的都城，阿拉比亚）

Tamyna 塔米纳城（埃维亚）

Tamynae 塔米尼城（埃雷特里亚）

Tamyraces. G 塔米拉斯湾（本都海）

Tamyraces. C 塔米拉斯角（本都海）

Tamyras. R 塔米拉斯河（腓尼基）

Tanagra 塔纳格拉城（维奥蒂亚）

Tanagraean 塔纳格拉的

Tanagraeans 塔纳格拉人（塔纳格拉城居民）

Tanagria 塔纳格里亚（维奥蒂亚地名）

Tanais 塔奈斯城（梅奥提斯湖畔，希腊人建立的）

Tanais. R 塔奈斯河（今顿河，流入梅奥提斯湖）

Tanis 塔尼斯城（埃及）

Tanite Nome 塔尼斯州（埃及）

Tanitic 塔尼斯的（埃及）

Tantalus 坦塔卢斯（神话人物，弗里吉亚国王）

Taoce 陶斯城（波斯境内）

Tape 塔佩城（中亚）

Taphians 塔福斯人（塔福斯岛）

Taphiassus 塔菲亚苏斯山（埃托利亚）

Taphitis 塔菲提斯角（迦太基）

Taphius 塔菲乌斯岛（即塔福斯岛）

Taphos 塔福斯岛（爱奥尼亚海）

Taphrians 塔弗里亚人（卡尔西尼特斯

湾塔弗罗斯城居民）

Taposeiris 塔波西利斯（埃及亚历山大城以西）

Taposeiris small 小塔波塞利斯（埃及亚历山大城以东）

Taposeiris 塔波西里斯（埃及亚历山大城西地名）

Taposeiris 小塔波西里斯（埃及亚历山大城东地名）

Taprobanê 塔普罗巴内岛（今锡兰）

Tapyri 塔皮里人（居住在希尔卡尼亚和阿里亚之间的西徐亚人）

Tarantine. G 塔兰提内湾（意大利南部）

Tarantini 塔兰提尼人（意大利塔伦图姆居民）

tarantulas 毒蜘蛛

Taras 塔拉斯城（古称 Tarentum，意大利南部）

Tarbassus 塔尔巴苏斯城（皮西迪亚）

Tarbelli 塔尔贝利人（加拉提亚湾的阿奎塔尼亚部落）

Tarco 塔尔科（第勒尼亚部落首领）

Tarcondimotus 塔尔康迪莫图斯（西里西亚国王、斯特拉博同时代人）

Tarentum 塔伦图姆城（后称 Taras，意大利南部）

Taricheiae. L 塔里凯伊湖（犹太）

Taricheiae 塔里凯伊城（犹太）

Taricheiae. I 塔里凯伊群岛（利比亚）

Tamne 塔尔内（吕底亚）

Tamne 塔尔内（维奥蒂亚）

Taronitis 塔罗尼提斯（小亚细亚）

Tarpetes 塔尔佩特人（梅奥提斯人一支）

Tarphe 塔尔费城（洛克里斯）

Tarquinia 塔尔奎尼亚（意大利）

Tarquinians 塔尔奎尼亚人（又称 Tarquinii，塔奎尼亚城居民）

Tarquinii 塔尔奎尼城（意大利）

Tarquinius, the "Superbus" 暴君塔尔奎尼乌斯（罗马国王）

Tarquinius Priscus 塔尔奎尼乌斯·普里斯库斯（暴君塔奎尼乌斯之父，罗马国王）

Tarracina 塔拉齐纳城（拉丁姆）

Tarraco 塔拉科城（伊比利亚）

Tarsians 塔尔苏斯人（塔尔苏斯城居民）

Tarsius 塔尔西乌斯河（特洛阿德）

Tarsus 塔尔苏斯城（西里西亚）

Tartarus 塔尔塔罗斯（地狱）

Tartessians 塔特斯人（伊比利亚居民）

Tartessis 塔特西斯（古称塔特苏斯、伊比利亚）

Tartessus 塔特苏斯城（伊比利亚）

Tartessus 塔特苏斯河（伊比利亚）

Tarusco 塔鲁斯科城（凯尔特）

Tasius 塔西乌斯（罗克索兰尼人首领）

Tatta. L 塔塔湖（盐湖，大卡帕多西亚）

Taucheira 托凯拉城（又名阿尔西诺伊，利比亚西尔提湾）

Taulantii 陶兰提人（伊利里亚部落）

Tauri 陶里人（又称 Taurians，西徐亚强盗部落）

Tauri 陶里（阿拉伯湾的两座山）

Tauriana 陶里亚纳（意大利地区）

Tauric 陶里人的

Taurini 陶里尼人（利古里亚人）

Taurisci 陶里斯齐人（又称 Tauristae，加拉太部落）

Tauroentium 陶罗恩提乌姆城（凯尔特马萨利亚古希腊移民殖民地）

Tauromenian 陶罗梅尼乌姆的

Tauromenium 陶罗梅尼乌姆城（西西里）

Tauropolium 陶罗波里乌姆（伊卡里亚的阿尔忒弥斯神庙）

Tauropolos 陶罗波洛斯（又称 Tauropolus，阿拉比亚的阿尔忒弥斯神谕所）

Taurus. Mt 托罗斯山脉（亚细亚西南部）

Taurus. Mt 托罗斯山脉（西里西亚的）

Taurus. Mt 托罗斯山脉（皮西迪亚的）

Taurus 托罗斯城（西里西亚塔尔苏斯上方）

Taurus 托罗斯要塞（耶路撒冷）

Tavium 塔维乌姆（特罗克米人的要塞）

Taxila 塔克西拉城（古印度）

Taxiles 塔克西利斯（塔克西拉国王）

Taygetus. Mt 泰格图斯山脉（拉克代蒙）

Teanum Apulum 蒂努姆·阿普鲁姆城（意大利）

Teanum Sidicinum 蒂努姆·西迪齐努姆城（意大利）

Tearco 蒂科（埃塞俄比亚首领）

Teate 蒂特城（意大利马鲁西尼人的）

Tectosages 特克托萨吉人（凯尔特部落）

Tegea 泰耶阿城（阿卡迪亚）

Tegeatans 泰耶阿人（泰耶阿城居民）

Teians 特奥斯人（特奥斯城居民）

Teichius 泰齐乌斯要塞（德摩比利）

Teiresias 泰瑞西亚斯（神话人物，底比斯的预言家）

Telamon 特拉蒙（神话人物，透克罗斯之父）

Telamon 特拉蒙（神话人物，埃阿斯之父）

Telchines 特尔奇尼斯（神话中克里特、罗德岛和塞浦路斯岛的魔鬼或巫师，希腊最早制造铁器和铜器者）

Telchinis 特尔奇尼斯岛（罗德岛原名）

Teleboaea 特利博伊人（又称 Teleboans，阿卡纳尼亚强盗部落）

Teleboans 特利博人（阿卡纳尼亚强盗部落）

Teleboas 特利博亚斯（莱勒克斯的外孙）

Teleclus 特利克卢斯（斯巴达国王，被麦西尼亚人所杀）

Telemachus 忒勒马科斯（神话人物，奥德修斯之子）

Telephus 特勒福斯（神话人物，欧里皮卢斯之父，密细亚国王）

Telepolemus 特勒博勒姆斯（赫拉克勒斯之子）

Telesia 特利西亚城（萨莫奈人的）

Telethrius. Mt 特利斯里乌斯山（埃维亚岛）

Tellenae 特利内城（拉丁姆）

Telmessis 特尔梅西斯角和港口（吕西亚）

Telmessus 特尔梅苏斯镇（吕西亚）

Telos 特洛斯岛（斯波拉德斯群岛）

Tembrion 滕布里昂（爱奥尼亚神话人物，萨摩斯殖民先驱）

Temenium 特米尼乌姆（阿尔戈利斯地名）

Temenus 特梅努斯（神话人物，赫拉克利德族的向导）

Temesa 特梅萨城（意大利）

Temmices 滕梅西人（维奥蒂亚蛮族部落）

Temnus. Mt 藤努斯山（特洛阿德）

Temnus 藤努斯城（埃奥利斯人在亚细亚的）

Tempê 坦佩河谷（佩内乌斯河）

Temple of Aphrodite 阿佛洛狄忒神庙（详见阿佛洛狄忒）

Temple of Fortuna 命运女神庙（详见命运女神）

Temple of Parthenos 处女庙（详见处女庙条）

Temple of Polites 波利特斯神庙（详见波利特斯）

Tempsa 藤布萨城（原名特梅萨城，奥索尼人的）

Tempyra 坦皮拉城（色雷斯）

Tenea 特内村（科林斯）

Teneas 特内斯河（意大利）

Teneatan Apollo 特内人的阿波罗神庙

Tenedians 特内多斯人（特内多斯岛居民）

Tenedus 特内多斯岛（爱琴海）

Teneric Plain 特内尔平原（哈利阿尔图斯）

Tenerus 特内鲁斯（神话中阿波罗之子）

Tenessis 特内西斯（阿拉比亚地名）

Tennes 坦内斯（特内多斯国王）

Tenos 特诺斯岛（基克拉泽斯群岛之一）

Tent-dwellers 住帐篷者（亚细亚的游牧部落）

Tentyra 坦提拉城（埃及）

Tentyritae 坦提拉人（埃及）

Teos 特奥斯城（爱奥尼亚）

Teredon 特雷登城（巴比伦地区）

Terentius Varro 泰伦提乌斯·瓦罗

Tereia. Mt 特雷亚山（特洛阿德）

Tereus 特瑞俄斯（色雷斯人）

Tergeste 特尔格斯特村（伊利里亚）

Terina 特里纳城（意大利）

Termerum 特尔梅鲁姆（卡里亚地名）

Termerium 特尔梅内乌姆角（卡里亚门杜斯人的）

Termessians 特尔梅苏斯人（弗里吉亚部落）

Termessus 特尔梅苏斯城（皮西迪亚）

Termilae 特尔米利城（吕西亚）

Termilae 特尔米利人（小亚细亚卡里亚部落之一）

Terminthus（香料树）

Terpander 泰尔潘德（莱斯沃斯岛音乐家）

Tetrachoritae 泰特拉霍里泰人（又称 Tetracomi，斯特拉博提到的部落）

Tetracomi 泰特拉科米人（斯特拉博提到的部落）

Tetrapolis 泰特拉波利斯城（阿提卡、意为"四城"）

Tetrapolis 泰特拉波利斯城（马拉松、意为"四城"）

Tetrapolis 泰特拉波利斯城（叙利亚、意为"四城"）

Tetrapolis 泰特拉波利斯城（弗里吉亚、意为"四城"）

Tetrapyrgia 泰特拉皮尔吉亚城（意为"四城"，在昔兰尼边界上）

Teucer 透克罗斯（神话人物，特拉蒙之子、塞浦路斯萨拉米斯的建立者）

Teucrians 透克罗斯人（特洛伊部落名）

Teucrians 透克罗斯（西里西亚女祭司之名）

Teumessus 托梅苏斯城（维奥蒂亚）

Teurisci 托里齐人（又称陶里齐人，凯尔特部落）

Teuristae 托里斯泰人（又称陶里齐人，凯尔特部落）

Teutamus 托塔姆斯（神话人物，佩拉斯吉人莱图斯之父）

Teuthea. R 托特亚河（伊利斯）

Teuthrania 托斯拉尼亚（密细亚地名）

Teuthras 托斯拉斯（神话人物，托斯拉尼亚国王）

Teutones 托托尼人（日耳曼部落之一）

Thala 塔拉城（利比亚）

Thalami 塔拉米城（拉科尼亚）

Thales 泰勒斯（约公元前 636—前 546 年，米利都哲学家，希腊七贤之一）

Thalestria 泰勒斯特里亚（亚马孙女王）

Thamyris 塔米里斯（色雷斯的音乐家，因为说大话受到神的惩罚）

Thapsacus 塔普萨库斯城（美索不达米亚）

Thapsus 塔普苏斯城（利比亚）

专用名词一览表

Thasian 萨索斯的

Thasians 萨索斯人（萨索斯岛居民）

Thasion Cephalae 萨索斯凯法莱（本义为"萨索斯人的脑袋"，地名）

Thasos 萨索斯岛（爱琴海）

Thaumaci 索马奇城（弗西奥蒂斯）

Thaumacia 索马西亚（弗西奥蒂斯地名）

Thebaic 底比斯的

Thebais 底比斯城（埃及地区名）

Thebans 底比斯人（维奥蒂亚）

Thebans 底比斯人（埃及）

Thebe 底比斯城（潘菲利亚）

Thebae 底比斯城（又称 Thebe，特洛阿德德普拉库斯山麓的）

Thebes 底比斯城（埃及，后称狄奥斯波里斯）

Thebes 底比斯城（维奥蒂亚）

Thebes 底比斯城（弗西奥蒂斯的）

The Harbours《港口》（提莫斯提尼）

Themellas 迪梅拉斯（叙利亚的小统治者）

Themis 忒弥斯（司法与正义女神）

Themiscyra 特米斯齐拉平原（卡帕多西亚）

Themisonium 特米索尼乌姆城（弗里吉亚）

themistes 特米斯特斯（托姆罗伊人的另一种称呼）

Themistocles 地米斯托克利（公元前459 年去世，雅典政治家）

Thena 塞纳城（利比亚沿岸）

Thenapnae 特拉普尼（底比斯的）

Theocles 提奥克勒斯（雅典人、西西里纳克索斯城的建立者）

Theocritus 提奥克里图斯（希俄斯的诡辩学者）

Theodectes 西奥德克底（公元前4 世纪，

悲剧作家）

Theodorus 西奥多鲁斯（公元前 1 世纪，腓尼基加达里斯的雄辩学家、奥古斯都的教师）

Theodosia 提奥多西亚城（切尔松尼斯）

Theodosius 提奥多西乌斯（比希尼亚数学家）

Theomnestus 提奥姆尼斯图斯（科斯的竖琴手）

Theon Limen 提昂·里门港（意为"神的港口"，利比亚的马塞西利亚地区）

Theophanes 提奥法尼斯（公元前62 年，庞培的朋友，记载庞培东征的历史学家，米蒂利尼人）

Theophilus 提奥菲卢斯（斯特拉博母亲的堂兄弟）

Theophrastus 提奥弗拉斯图斯（约公元前 372—前 278 年，亚里士多德的学生、亚里士多德之后学园的管理人）

Theopompus 泰奥彭波斯（公元前 380 年生，伊索克拉底的学生、希俄斯历史学家）

Theopompus 泰奥彭波斯（尼多斯人，凯撒的朋友）

Thera 特拉岛（古称卡利斯特岛，克里特海）

Theras 特拉斯（人名、特拉岛的殖民者）

Therasia 特拉西亚岛（克里特海）

Theriaca《解毒药剂》（尼坎德尔所作）

Therma 塞尔马城（马其顿）

Thermaean. G 塞尔迈湾（马其顿）

Thermesa 塞尔梅萨岛（利帕拉群岛）

Thermissa 塞尔米萨（西西里岛）

Thermodon. R 特尔莫东河（小亚细亚）

Thermopylae 德摩比利（温泉关、洛克里斯）

Theseium 西塞乌姆神庙（雅典）

Theseum 忒修斯神庙（雅典）

Theseus 忒修斯（雅典政治家）

Thesmophoria 塞斯莫弗洛斯节（阿尔卑斯地区）

Thespeia 塞斯皮亚城（又称塞斯皮伊城，维奥蒂亚）

Thespeiae 塞斯皮伊城（即塞斯皮亚）

Thespian 塞斯皮亚的

Thespians 塞斯皮亚人

Thesproti 塞斯普罗提人（又称 Thesprotians，伊庇鲁斯蛮族部落）

Thesprotia 塞斯普罗提亚（伊庇鲁斯地名）

Thesprotian 塞斯普罗提亚的

Thesprotians 塞斯普罗提亚人（伊庇鲁斯蛮族部落）

Thessalian 色萨利的

Thessalian Plain 色萨利平原

Thessalians 色萨利人（色萨利居民）

Thessaliotae 色萨利奥泰人（色萨利部落）

Thessaliotis 色萨利奥提斯（色萨利）

Thessalonica 塞萨洛尼卡（腓力之女、卡桑德之妻）

Thessaloniceia 塞萨洛尼两亚（马其顿地名）

Thessalus 色萨卢斯（神话人物，海蒙之子）

Thessaly 色萨利（希腊北部地区名）

Thestius 塞斯提乌斯（神话人物，普勒隆人的统治者）

Thetideium 塞提戴乌姆（阿基利斯之母，海神的神庙）

Theuprosopon 特普罗索庞城（腓尼基）

Thibron 西布隆（马其顿统帅）

Thisbae 西斯比城（又称 Thisbê，维奥蒂亚）

Thisbê 西斯贝城（维奥蒂亚）

thoai 尖尖的（希腊语）

Thoae 托伊群岛（荷马诗中的埃奇纳德斯群岛）

Thoantium 托安提乌姆角（罗德岛）

Thoas 托阿斯河（阿谢洛奥斯河）

Thon 托恩（神话人物，托尼斯城国王）

Thonis 托尼斯城（埃及）

Thopitis 托皮提斯湖（即阿尔塞内湖，亚美尼亚境内）

Thorax. Mt 托拉克斯山（马格尼西亚城附近）

Thoreis 托莱斯（古代阿提卡居民点之一）

Thoricus 托里库斯城（阿提卡）

Thrace 色雷斯（希腊北部）

Thracian 色雷斯的

Thracians 色雷斯人（色雷斯居民）

Thrason 斯拉松（雕刻家）

Thrasyalces 色拉西亚尔塞斯（古代塔索斯的物理学家）

Thrasybulus 色拉西布卢斯（公元前 403 年，雅典政治家）

Threx 色雷克斯（耶路撒冷的要塞）

Thriasian Plain 斯里亚西亚平原（阿提卡）

Thrinacria 斯里拉克里亚岛（意为"三角岛"，即西西里岛）

Thrinacis 斯里拉齐斯岛（意为"三叉戟岛"，即西西里岛）

Thrissa 斯里萨（尼罗河鱼类）

Throni 斯罗尼角（塞浦路斯）

Thronia 斯罗尼雅（神话人物、贝鲁斯国王之女）

Thronians 斯罗尼亚人（斯罗尼乌姆城居民）

Thronium 斯罗尼乌姆城（洛克里斯）

Thryoessa 斯里奥萨城（埃皮塔里乌姆）

Thryum 斯里乌姆城（马西斯提亚城市）

Thucydides 修昔底德（公元前 5 世纪，雅典著名史学家）

Thule 极北地区（图勒）

Thumelicus 图梅利库斯（切鲁斯齐人部落首领之子）

Thunatae 吐纳泰人（伊利里亚达达尼人部落）

Thuria 图里亚城（麦西尼亚）

Thurian 图里亚的

Thuriates. G 图里亚湾（麦西尼亚湾的一部分）

Thurii 图里城（意大利希腊移民城市）

Thusnelda 图斯内尔达（切鲁斯齐人部落首领的姐妹）

Thyamis. R 锡亚米斯河（伊庇鲁斯）

Thyateira 锡亚蒂拉城（小亚细亚）

Thyiae 西伊（神话故事的魔鬼，狄奥尼索斯的同伴）

Thymbra 辛布拉（特洛阿德的村庄和平原名）

Thymbraean 辛布拉的

Thymbria 辛布里亚村（迈安德河口）

Thymbrius. R 辛布里乌斯河（特洛阿德）

Thynians 西尼亚人（色雷斯部落）

Thynia 西尼亚岛（比希尼亚）

Thynias 西尼亚斯角（攸克辛本都）

Thyreae 锡雷城（阿尔戈利斯）

Thyrides 塞里德斯角（泰纳鲁姆角附近）

Thyrides 塞里德斯岛（泰纳鲁姆角附近）

Thysa 西萨（狄奥尼索斯之女）

Thyssus 锡斯城（圣山）

Tibarani 蒂巴拉尼人（又称 Tibareni，本都部落名）

Tibarania 蒂巴拉尼亚（本都）

Tibaranian tribes 蒂巴拉尼部落

Tiber. R 台伯河（罗马）

Tiberius 提比略（公元 14—37 年，罗马皇帝）

Tiberius Gracchus 提比略·格拉古（公元前 177 年执政官，毁灭凯尔特伊比利亚的城市）

Tibius 提比乌斯人（阿提卡对帕夫拉戈尼亚籍奴隶的称呼）

Tibius 提比乌斯（斯特拉博母亲的亲属）

Tibius 提比乌斯（帕夫拉戈尼亚人名）

Tibur 提布尔城（罗马附近拉丁姆）

Tiburtine 提布尔的

Ticinum 提齐努姆城（意大利）

Ticinus. R 提齐努斯河（发源于意大利阿尔卑斯山脉地区）

Tieium 蒂艾乌姆城（比希尼亚）

Tigranes 提格兰（公元前 96—前 56 年，亚美尼亚国王）

Tigranocerta 提格兰诺塞尔塔城（亚美尼亚）

Tigris 底格里斯河（亚细亚）

Tigyreni 提吉雷尼人（赫尔维蒂人地区的部落）

Tilphossa. R 提尔福萨河（维奥提亚）

Tilphossian 提尔福萨的

Tilphusium 提尔福西乌姆城（维奥蒂亚）

Tilphusius. Mt 提尔福修斯山（维奥提亚）

Timaeus 提迈乌斯（约公元前 352 年生，陶罗梅尼亚的历史学家）

Timagenes 提马格尼斯（公元之交，亚历山大城演说家、历史学家）

Timavum 提马乌姆神庙（罗赖亚城的狄俄墨得斯神庙）

Timavus. R 提马乌斯河（罗赖亚城，意大利）

Timomachus 提莫马库斯（即忒勒马科斯）

Timinitis 提米尼提斯（帕夫拉戈尼亚内

陆地区）

Timon 提蒙（雅典人，厌世独居者）

Timonitis 提莫尼提斯（帕夫拉戈尼亚地名）

Timonium 提蒙尼乌姆（得名于提蒙，埃及亚历山大城）

Timosthenes 提莫斯提尼（公元前 3 世纪埃及舰队司令、历史学家）

Timotheus Patrion 提莫修斯帕特里昂（锡诺普的哲学家）

Timouchoi 提莫科伊（马萨利亚古希腊移民城邦议员）

Timouchos 提莫科斯（马萨利亚古希腊移民城邦常务议员）

Tingis 廷吉斯城（莫鲁西亚）

Tinx 廷克斯城（利比亚）

Tirizis 提里齐斯角（色雷斯）

Tiryns 梯林斯城（阿尔戈斯）

Tisamenus 提萨梅努斯（俄瑞斯忒斯之子）

Tisaminus 提萨米努斯（亚该亚建城者）

Tisiaus 提西亚乌斯城（利比亚）

Titanismos 提塔尼斯莫斯

Titans 提坦（太阳神、巨人）

Titanus. Mt 提塔努斯山（色萨利）

Titaresius. R 提塔雷西乌斯河（参见欧罗普斯河）

Titarius, Mt. 提塔里乌斯山（色萨利的奥林波斯）

Tithonus 提托努斯（希腊神话人物，门农之父、苏萨的建立者）

Titius Tatius 提丢斯·塔提乌斯（罗马国王）

Titius 提丢斯（罗马的叙利亚总督）

Titus Flaminius 提图斯·弗拉米尼乌斯

Titus Quintius 提图斯·昆提乌斯（罗马统帅）

Tityri 提蒂里（神话故事中的魔鬼，狄奥尼索斯的同伴）

Tityrus. Mt 提蒂鲁斯山（克里特岛基多尼亚）

Tityus 提蒂乌斯（神话故事中福基斯的国王）

Tlepolemus 特利波利姆斯（神话人物，赫拉克勒斯之子）

Tlos 特洛斯城（吕西亚）

Tmarus. Mt 特马鲁斯山（塞斯普罗提亚）

Tmolus. Mt 特莫卢斯山（吕底亚）

Tochari 吐火罗人（西徐亚部落）

Toenii 托尼人（埃尔夫提人一支）

Togati 穿托加袍者（罗马在伊比利亚的支持者）

Tolistobogii 托里斯托波吉人（加拉提亚人部落）

Tolosa 托洛萨城（凯尔特）

Tomarophylakes 托马鲁斯山的卫队（托马鲁罗伊人）

Tomarouroi 托马鲁罗伊人（托马鲁斯山居民）

Tomarus. Mt 托马鲁斯山（塞斯普罗提亚）

Tomis 托米斯镇（幼发拉底河对河的卡帕多西亚）

Tomisa 托米萨要塞（索费内）

Tomouri 托姆里人（又称 Tomouroi，神话故事，多多纳的部落）

Tomouroi 托姆罗伊人（又称 Tomouri，多多纳部落）

Toparchy 省

Topaz 黄玉（托巴兹）

Topeira 托佩拉城（色雷斯）

Toreatae 托里泰人（梅奥提斯人一支）

Toronaean. G 托罗纳湾（卡尔西斯的）

Tortoise 龟岛（阿拉比亚）

专用名词一览表 *1665*

Tosuches 托苏克斯（埃及人，阿拉伯湾要塞的建立者）

Toygeni 托伊格尼人（赫尔维蒂部落之一，凯尔特）

Tracheia 特拉吉亚（意为"崎岖不平的"山区）

Tracheian 特拉吉亚的（意为"崎岖不平的"，爱奥尼亚山区）

Tracheiotae 特拉吉奥泰人（意为"崎岖不平的山区居民"，两利西亚）

Tracheiotis 特拉吉奥提斯（意为"崎岖不平的山区"，西里西亚）

Trachin 特拉钦城（色萨利）

Trachin 特拉钦城（福西亚人的）

Trachinia 特拉钦尼亚（色萨利）

Trachinian 特拉钦尼亚的

Trachinians 特拉钦尼亚人（又称 Trachiotae，福西亚特拉钦城居民）

Trachine 特拉钦内城（参见拉丁姆塔拉齐纳城）

Trachiotae 特拉奇奥特人（福西亚特拉钦城居民）

Trachis 特拉奇斯（希腊地名）

Trachones 特拉霍尼斯山（叙利亚的两座山）

Tragaeae 特拉盖伊港（米利都附近军港）

Tragasaean 特拉加西的（特洛阿德）

Tragedians 悲剧演员

Tragium 特拉吉乌姆城（拉科尼亚）

Tragurium 特拉古里乌姆岛（西西里海）

Tralleis 特拉莱斯城（小亚细亚）

Tralles 特拉利斯（小亚细亚城市）

Transalpine 阿尔卑斯山北的

Transalpine Celti 阿尔卑斯山北凯尔特人

Transalpine Celtica 阿尔卑斯山北凯尔特地区

Transpadane 帕杜斯河以北的

Trans-Tauran 托罗斯山以北的

Trapezus 特拉佩祖斯山（叙利亚）

Trapezus 特拉佩祖斯山（切尔松尼斯）

Trapezus 特拉佩祖斯城（本都）

Trapezusia 特拉佩祖西亚（本都）

Trapontium 特拉庞提乌姆（意大利）

Trarium 特拉里乌姆村（特洛阿德）

Trasumenna 特拉苏蒙纳湖（意大利）

traulizein 说话咬舌

Trentius Varro 特伦蒂乌斯·瓦罗（公元前 23 年，罗马执政官，征服萨拉西人）

Trebia 特雷比亚河（帕杜斯河支流）

Trebonius 特雷博尼乌斯（公元前 43 年被处死，刺杀凯撒的凶手之一）

Trebula 特雷布拉村（意大利）

Trephia. L 特雷菲亚湖（维奥蒂亚）

Trerans 特雷兰人（又称 Treres，色雷斯辛梅里安部落）

Trerus 特雷鲁斯河（拉丁姆）

Treta 特雷塔城（塞浦路斯）

Tretum. P 特雷图姆角（利比亚）

Treveri 特雷维里人（凯尔特部落）

Triballi 特里巴利人（又称 Triballians，色雷斯部落）

Triballians 特里巴利人（色雷斯部落）

Tribocchi 特里波奇人（日耳曼部落）

Tricca 特里卡城（色萨利）

Triccaaean Asclepius 特里卡的阿斯克勒皮俄斯神庙

Tricces 特里斯城（色萨利）

trichaïces 意为"帽缨在舞动"

trichini 意为"毛发制成的"

Trichonium 特里科尼乌姆城（埃托利亚）

Triclari 特里克拉里人（伊利里亚部落）

Tricorii 特里科里人（凯尔特部落）

Tricorynthus 特里科林图斯城（阿提卡）

Tridentini 特里登提尼人（里提乌姆城）

trilophia 意为"三根帽缨"

Trirems 三层桨战船（古希腊战船）

triremes 特里雷斯要塞（腓尼基）

Trieterides 狄奥尼索斯节（庆祝酒神的节日）

Trinacria 特里纳克里亚岛（三角岛）

Trinemeis 特里内梅斯（阿提卡居民点）

Triphylia 特里菲利亚（伯罗奔尼撒半岛地名）

Triphylian 特里菲利亚的

Triphylians 特里菲利亚人（特里菲利亚居民）

Tripodes 特里波德斯（又称 Tripodiscium，迈加里斯）

Tripodiscium 特里波迪齐乌姆（特里波德斯、迈加里斯）

Tripolis 特里波利斯城（意为"三座城市"，叙利亚）

Tripolitis 特里波利提斯（意为"三座城市"，贝拉戈尼亚地区）

Triptolemus《特里普托勒摩斯》（索福克勒斯）

Triptolemus 特里普托勒摩斯（神话人物）

Triremes 三层桨船（希腊罗马古战船）

Tritaea 特里提亚城（亚该亚）

Tritaea 特里提亚人（又称 Trytaeans，特里提亚居民）

Triton, R. 特里顿河（维奥蒂亚）

Tritonias. L 特里托尼亚斯湖（利比亚）

Troad 特洛阿德（伊利昂地区，小亚细亚）

Trocmi 特罗克米人（加拉提亚人部落）

Troes 特罗伊斯（阿提卡的社区之一）

Troezen 特罗伊曾城（阿尔戈利斯）

Troezen 特罗伊曾（珀洛普斯之子）

Troezenians 特罗伊曾人（特罗伊曾城居民）

Trogilian 特罗吉利亚的（爱奥尼亚的萨摩斯岛）

Trogitis 特罗吉提斯（利考尼亚）

Trogitis. L 特罗吉提斯湖（利考尼亚）

Troglodytae 特罗格洛迪特人（又称 Troglodytes，意为"穴居人"，居住在红海西岸）

Troglodytes 特罗格洛迪特人（阿拉比亚部落和国家）

Troglodytic 特罗格洛迪特人的

Trojan 特洛伊的

Trojan War 特洛伊战争（希腊城邦远征小亚细亚的战争）

Trojans 特洛伊人（特洛伊居民）

Trophies of Pompey 庞培的纪念碑（伊比利亚）

Trophonian 特罗福尼亚的

Trophonius 特罗福尼乌斯（神话中建立德尔斐神庙的人）

Troy 特洛伊（参见伊利昂）

Troy 特洛伊村（阿拉比亚古特洛伊俘虏居民点）

Truentinus. R 特鲁恩提努斯河（皮塞努姆）

Tryphon Diodutus 特里丰·狄奥多托斯（反叙利亚国王的首领）

Trytaeans 特里提亚人（又称 Tritaea）

Tubattii 图巴提人（日耳曼部落）

Tuder 图德尔城（意大利弗拉米尼乌斯大道旁）

Tuliopolis 图利奥波利斯城（克里昂所建）

Tullum 图卢姆山脉（阿尔卑斯山）

Turdetania 图尔德塔尼亚（伊比利亚）

Turdetanians 图尔德塔尼亚人（又称

专用名词一览表

Turdulians，图尔德塔尼亚居民）

Turdulians 图尔杜利亚人（参见图尔德塔尼亚人）

Turccis 图尔齐斯城（伊利利亚）

Turiva 图里瓦（巴克特里亚行省名）

Tuscani 托斯卡尼人（又称 *Tusci*，参见第勒尼人）

Tusci 托斯卡尼人（又称 Tuscani，参见第勒尼人）

Tusculan. Mt 图斯库兰山（拉丁姆）

Tusculum 图斯库卢姆城（拉丁姆）

Tyana 提阿纳城（卡帕多西亚）

Tyanitis 提阿尼提斯（卡帕多西亚地名）

Tychius 提齐乌斯（神话人物，海德的皮匠）

Tychon 提洪（阿提卡的神）

Tymbriada 滕布里亚达（皮西迪亚）

Tymphaei 滕非人（希腊北部伊皮鲁斯部落居民）

Tympanaea 滕帕尼亚城（特里菲利亚）

Tymphe. M 滕非山（伊庇鲁斯）

Tyndareus 滕达雷乌斯（神话人物，勒达之夫、伊卡里乌斯之兄）

Tyndarian Rocks 滕达里亚礁（四座岛屿和一个港口、埃及）

Tyndaris 滕达里斯城（西西里地名）

Tynis 提尼斯城（利比亚）

Typhon 堤丰（神话故事，巨人、门农之父）

Typhon. R 堤丰河（即奥龙特斯河，叙利亚）

Typhonia 提丰尼亚（埃及地名）

Typhrestus. Mt 提弗雷斯图斯山（埃托利亚）

Tyrambe 提兰贝城（梅奥提斯湖）

Tyrannion 提兰尼昂（文法教师、斯特拉博的老师）

Tyras 提拉斯城（提拉斯河畔）

Tyras. R 提拉斯河（今第聂伯河、盖坦人地区）

Tyre 提尔城（又名推罗，腓尼基）

Tyregetae 提雷盖蒂人（又称 Tyregetans，位于雷努斯河和塔奈斯河流域的部落）

Tyriaeum 提里亚乌姆城（弗里吉亚）

Tyrians 提尔人（腓尼基）

Tyro 提罗（神话人物，萨尔莫内乌斯之女）

Tyrranion 提兰尼昂（阿米苏斯的语法学家）

Tyrrheni 第勒尼人（第勒尼亚居民）

Tyrrhenia 第勒尼亚（意大利）

Tyrrhenian 第勒尼亚的

Tyrrhenians 第勒尼亚人（第勒尼亚居民）

Tyrrhenian. S 第勒尼亚海（地中海一部分）

Tyrrhenus 第勒努斯（神话人物，第勒尼亚人的名祖、阿提斯之子）

Tyrtaeus 提尔泰奥斯（公元前 7 世纪，诗人）

Tyrtamus 提尔塔姆斯（哲学家提奥弗拉斯图斯原名）

Ubii 乌比人（日耳曼部落，自愿迁移到别处）

Ucromirus 乌克罗米鲁斯（部落首领）

Ugernum 乌戈努姆城（凯尔特）

Ulia 乌利亚城（图尔德塔尼亚）

Ulius 健康之神（阿波罗的绰号）

Umbria 翁布里亚（即 Ombrica，意大利地名）

Undalum 温达卢姆城（凯尔特）

UpperLarymna 上拉里姆纳（洛克里斯）

Uranopolis 乌拉诺波利斯城（圣山半岛）

Urgi 乌尔吉人（黑海北岸游牧部落，或为匈牙利人）

Uria 乌里亚城（雅皮吉亚）

Uria 乌里亚湖（埃托利亚）

Urium 乌里乌姆城（阿普利亚）

Urso 乌尔索城（伊比利亚）

Usipi 乌斯皮人（日耳曼部落）

Uxia 乌克西亚（苏萨与波斯交界地区）

Uxii 乌克西人（苏萨与波斯交界地区部落）

Uxisame 乌克西萨马岛（凯尔特沿岸）

Uzita 乌齐塔城（参见伊提斯、利比亚）

Vaccaeans 瓦凯人（伊比利亚部落）

Vaccaenas 瓦凯纳人

Vacua 瓦库阿河（卢西塔尼亚）

Vada 瓦达港（利古里亚）

Vaga 瓦加城（利比亚）

Valerian Way（意大利）瓦莱里安大道

Valerius Flacus 瓦勒里乌斯·弗拉库斯（公元前 86 年罗马执政官）

Vapanes 瓦帕尼斯城（西尔努斯岛）

Varagri 瓦拉格里人（阿尔卑斯部落）

Vardiaei 瓦尔迪亚伊人（原名阿尔迪伊人，以海盗活动为生，后衰败）

Varia 瓦里亚城（瓦莱里安大道旁）

Varus. R 瓦鲁斯河（凯尔特）

Vasconians 瓦斯科尼亚人（伊比利亚部落）

Vates 瓦特人（高卢部落之中的预言家和哲学家）

Veii 维爱城（意大利台伯河）

Velitrae 维利特雷城（意大利）

Vellavii 维拉维人（阿奎塔尼亚的凯尔特部落）

Venafrum 维拉弗鲁姆城（意大利坎帕尼亚）

Venasa 维纳萨城（卡帕多西亚地名）

Venasian 维纳萨的

Vendo 文多城（雅波德人的）

Veneti 维内提人（意大利）

Vennones 文诺内人（温德利奇部落）

Ventidius 文提蒂乌斯（公元前 1 世纪，罗马将军）

Venus Erycina 厄里克斯的维纳斯（罗马城）

Venusia 维努西亚城（阿庇安大道旁）

Vera 维拉要塞（阿特罗帕特米底国王的冬都）

Verbanus 韦尔巴努斯湖（阿尔卑斯山脉）

Vercelli 维尔切利村（意大利普拉森提亚城附近）

Vercingetorix 韦辛格托里克斯（公元前 52 年，阿维尔尼人与凯撒作战时的向导）

Verestis. R 韦勒斯提斯河（意大利）

Veretum 韦勒图姆（参见巴里斯）

Verona 维罗纳（意大利）

Veronians 维罗纳人（凯尔特部落）

Vertinae 维尔提内城（卢卡尼亚）

Vesta 维斯太（女灶神）

Vestine 维斯提内人的

Vestini 维斯提内人（亚平宁部落，意大利）

Vesuvius 维苏威火山（意大利）

Veteres 维特雷斯城（伊比利亚）

Vettonia 维托尼亚（伊比利亚地名）

Vettonians 维托尼亚人（伊比利亚部落）

Via Nomentana 诺门塔纳路（通过萨宾地区的道路）

Via Salaria 萨拉里亚路（通过萨宾地区的道路）

Vibo Valentia 维博瓦伦蒂亚城（意大利）

Vicetia 维塞提亚城（上意大利）

Vienna 维也纳（阿罗布洛格斯人的都城）

Villa Publica 检院

Viminal Hill 维米纳尔丘（罗马附近）

Vindelici 温德利奇人（日耳曼部落）

Virgil 维吉尔（公元前 70—前 19 年，罗马诗人）

Viriathus 维里亚图斯（公元前 150 年，伊比利亚的强盗）

Visurgis. R 维苏尔吉斯河（日耳曼尼亚）

Visuvius 维苏威火山（意大利）

Vivisci 维维西人（加拉提亚部落）

Vitia 维提亚（亚细亚地名）

Vitian 维提亚的

Vitii 维提人（亚细亚部落）

Vocontii 沃康提人（凯尔特部落）

Volaterrae 沃拉特雷城（第勒尼亚）

Volaterrani 沃拉特拉尼人（沃拉特雷城居民）

Volcae 沃尔凯人（凯尔特部落）

Volsci 沃尔西人（意大利部落）

Volsinii 沃尔西尼城（意大利）

Volturnus. R 沃尔图努斯河（意大利）

Vulternus 瓦尔特努斯河（意大利）

Wagon-Dwellers 大篷车居民（游牧部落）

Wain 北斗七星

Wall of Semiramis 塞米拉米斯城墙（巴比伦）

Wanderings of Menelaus《墨涅拉俄斯流浪记》（荷马）

Watch-Tower of Perseus 珀尔修斯瞭望塔（埃及尼罗河三角洲）

Xandii 桑迪人（大益人，居住在梅奥提斯湖畔）

Xantheia 桑西亚（色雷斯地名）

Xanthians 桑西人（色雷斯部落）

Xanthii 桑西人（色雷斯部落）

Xanthus 桑索斯（公元前 5 世纪，吕底亚历史学家）

Xanthus 桑索斯（维奥蒂亚人的国王）

Xanthus 桑索斯城（吕西亚）

Xanthus 桑索斯河（吕西亚）

Xanthus 桑索斯河（特洛阿德）

Xenarchus 色纳尔库斯（西里西亚的塞琉西亚城逍遥派哲学家，斯特拉博同时代人）

Xenocles 色诺克勒斯（阿德拉米提乌姆的演说家）

Xenocles 色诺克勒斯（亚历山大大帝的国库官员）

Xenocrates 色诺克拉特斯（比希尼亚哲学家）

Xenophanes 色诺法尼斯（公元前 6 世纪，科洛封的自然哲学家）

Xenophanes 色诺法尼斯（某位僭主之女）

Xenophon 色诺芬（公元前 5—前 4 世纪，苏格拉底的学生）

Xerxene 薛西内（小亚美尼亚地名）

Xerxes 薛西斯（波斯国王）

Ximene 克西梅内（本都地名）

Xiphonia 克西福尼亚角（西西里）

Xoanon 圣像复制品（本义为"天降木质圣像"）

Xois 霍伊斯岛和城市（埃及）

Xuthus 克苏图斯（伊翁之父）

Xuthus 克苏图斯（赫楞之子）

Xypeteones 克西佩特奥尼人（雅典的特洛伊人）

Zacynthians 扎金托斯人（扎金托斯岛居民）

Zacynthos 扎金托斯岛和城市（又称 Zacynthus，西西里海）

Zacynthos 扎金托斯角（伯罗奔尼撒）

Zagrus. Mt 扎格罗斯山脉（位于米底和

巴比伦尼亚之间）

Zagrus. R 扎格罗斯河（位于米底和巴比伦尼亚之间）

Zaleucus 扎琉库斯（约公元前 660 年，洛克里斯人的立法者）

Zama 扎马城（努米底亚，朱巴的都城）

Zamolxis 扎莫尔西斯（盖坦人的祭司）

Zanclaeans 赞克尔人（赞克尔）

Zancle 赞克尔（西西里、原名麦西尼）

zanclion 赞克利昂（意为"弯曲的"）

Zardoces 扎尔多塞斯（帕夫拉戈尼亚人名）

Zariadris 扎里亚德里斯（亚美尼亚小王）

Zariaspa 扎里亚斯帕城（即巴克特拉）

Zarmanochegas 扎尔马诺切加斯（印度自焚于雅典的使节）

zeia 二粒小麦

Zela 泽拉城（本都）

Zelas 泽拉斯（普鲁西亚斯之父）

Zeleia 泽莱亚城（特洛阿德，伊达山麓地区）

Zelis 泽利斯城（莫鲁西亚）

Zelitis 泽利提斯（本都地名）

Zella 泽拉（利比亚）

Zenicetus 泽尼塞图斯（吕西亚的海盗，后自焚于奥林波斯城）

Zenodorus 泽诺多鲁斯（叙利亚强盗集团首领）

Zenodotus 泽诺多托斯（又称佐诺多图斯，约公元前 208 年，以弗所的哲学家、亚历山大图书馆员）

Zephyra 泽菲拉城（卡里亚的哈利卡纳苏斯原名）

Zephyria 泽菲里亚角（塞浦路斯）

Zephyrium 泽菲里乌姆角（利比亚）

Zephyrium 泽菲里乌姆（两个港湾，昔兰尼）

Zephyrium 泽菲里乌姆（埃及亚历山大城东）

Zephyrium 泽菲里乌姆角（埃及亚历山大城西）

Zephyrium 泽菲里乌姆角（卡里亚）

Zephyrium 泽菲里乌姆角（西里西亚卡利卡德努斯河附近）

Zephyrium 泽菲里乌姆角（西里西亚索利城附近）

Zephyrium 泽菲里乌姆角（洛克里斯）

Zephyrus 泽菲鲁斯（西风神、西风）

zerethra 深渊（阿卡迪亚语）

Zethus 泽图斯（传说中的底比斯国王、北风神之子）

Zeugma 宙格马桥（幼发拉底河的科马吉尼旁）

Zeus 宙斯（希腊主神）

Zeuxis 宙克西斯（斯特拉博同时代人，卡鲁拉城医学流派创始人）

Zincha 津查城（利比亚）

Zoilus 佐伊卢斯（公元前 400—前 320 年，语法家、修辞家）

Zonas 佐纳斯（萨迪斯的演说家、狄奥多罗斯兄弟中的老大）

Zoster. C 佐斯特角（阿提卡）

Zuchis. L 祖奇斯湖（利比亚）

Zumi 祖米人（马拉波杜斯统治的日耳曼部落）

Zygi 齐基人（又称 Zygians，亚细亚部落）

Zygians 齐基人（又称 Zygi，亚细亚部落）

Zygopolis 齐戈波利斯（卡帕多西亚地名）

附 录

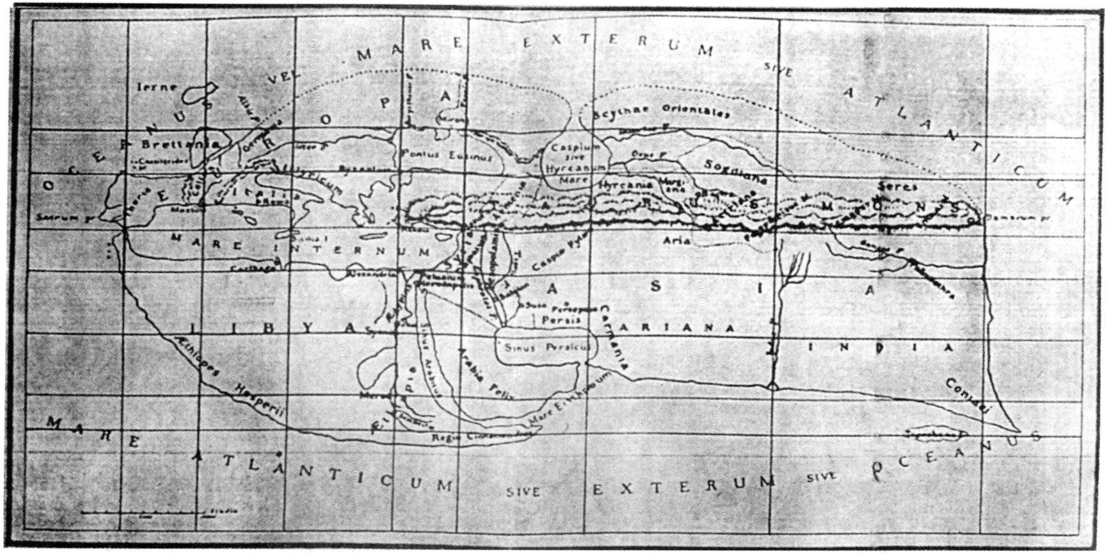

斯特拉博有人居住世界地图

伊比利亚（西班牙）地图

附　　录　　　　　　　　　　　　　　　　　　　*1673*

凯尔特（高卢）地图

意大利地图

日耳曼、萨尔马提亚、伊利里亚和色雷斯地图

1676　　　　　　　　　　　　　附　录

希腊、伯罗奔尼撒地图

附　录　　　　　　　1677

中希腊、伊利斯地图

1678　　　　　　　　附　录

小亚细亚、本都地图

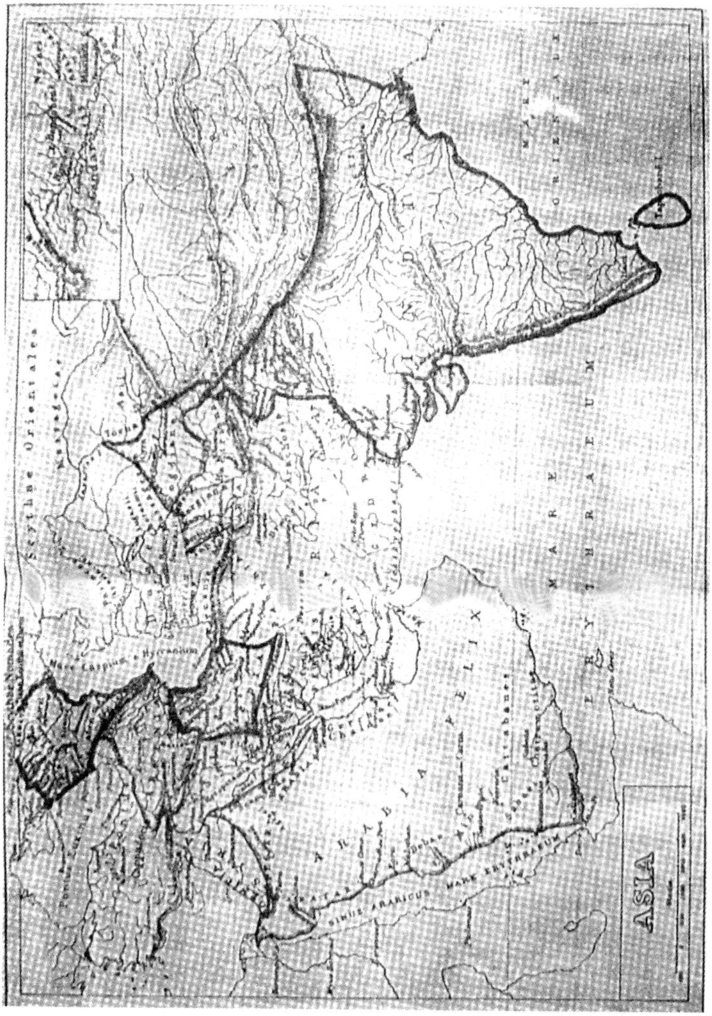

附　录　　　　　　　　　　　　1679

亚细亚图

1680 附　录

埃及、埃塞俄比亚地图

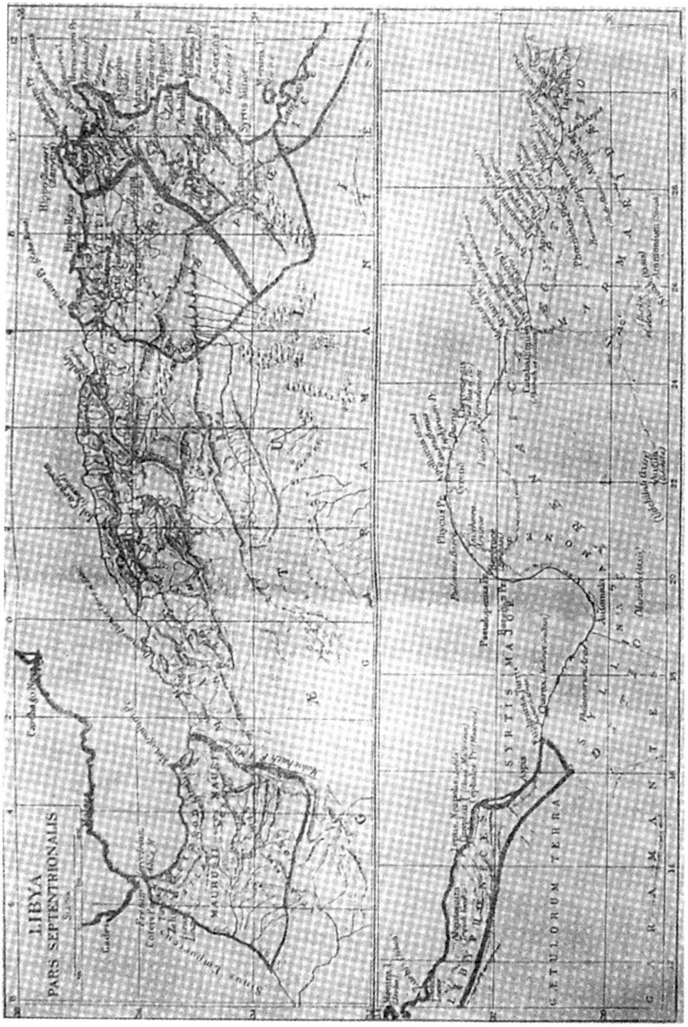

利比亚地图

图书在版编目（CIP）数据

斯特拉博地理学 / （古希腊）斯特拉博著；李铁匠译 . -- 北京：商务印书馆，2025. -- （汉译世界学术名著丛书）. -- ISBN 978-7-100-24747-4

Ⅰ. K916.2

中国国家版本馆CIP数据核字第2024051SA1号

权利保留，侵权必究。

汉译世界学术名著丛书

斯特拉博地理学

（全三册）

〔古希腊〕斯特拉博　著

李铁匠　译

商 务 印 书 馆 出 版
（北京王府井大街36号　邮政编码100710）
商 务 印 书 馆 发 行
北京市白帆印务有限公司印刷
ISBN 978－7－100－24747－4

2025年3月第1版　　　开本 850×1168　1/32
2025年3月北京第1次印刷　印张 53
定价：260.00元